개발자를 넘어
기술 리더로 가는 길

| 표지 설명 |

표지 그림은 '다양하고 다채로운 사람들의 독립적인 면모'라는 작품으로, 온라인에서 씨앤피
cienpies 라는 닉네임으로 활동하는 작가가 그렸다. 스태프 엔지니어는 개발자 진로 중에서
도 충분한 경력을 쌓아야만 도달할 수 있는 직급이다. 일반적으로 인턴, 주니어 엔지니
어, 중간급 엔지니어, 시니어 엔지니어 등 다양한 직급을 거쳐야만 비로소 스태프 엔지
니어 또는 매니저 중에서 진로를 선택할 수 있다. 역량 면에서 보면, 뛰어난 기술 지식
과 풍부한 경험을 기반으로 '빅 픽처 관점의 사고력', '성공적인 프로젝트 실행력', '조
직 차원의 레벨업' 등 다양한 역량을 갖춰야만 진정한 스태프 엔지니어가 될 수 있다.
이 작품은 스태프 엔지니어의 다면적인 특성을 반영함과 동시에 다양한 직급을 경험하고
다양한 역량을 쌓아 스태프 엔지니어로 진로를 선택한 사람을 표현하고 있다.

개발자를 넘어 기술 리더로 가는 길

초판 1쇄 발행 2023년 5월 12일
초판 2쇄 발행 2023년 9월 20일

지은이 타냐 라일리 / **옮긴이** 김그레이스

펴낸이 김태헌 / **펴낸곳** 한빛미디어(주) / **임프린트** 디코딩
주소 서울시 서대문구 연희로2길 76 2층 / **전화** 02-325-0300 / **팩스** 02-325-9898
등록 2022년 12월 12일 제2022-000114호 / **ISBN** 979-11-981408-2-1 93000

총괄 고지연 / **기획** 장혜림 / **편집** 최승헌 / **진행** 고지연
디자인 표지·내지 박정화 / **전산편집** 이소연
영업 김형진, 장경환, 조유미 / **마케팅** 박상용, 한종진, 이행은, 고광일, 성화정, 김선아, 김한솔 / **제작** 박성우, 김정우

디코딩은 한빛미디어(주)의 임프린트로 IT 전문 출판 브랜드입니다.
이 책에 대한 의견이나 오탈자 및 잘못된 내용에 대한 수정 정보는 홈페이지나 이메일로 알려주세요.
잘못된 책은 구입하신 서점에서 교환해드립니다. 책값은 뒤표지에 표시되어 있습니다.

홈페이지 www.decoding.co.kr / **이메일** ask@decoding.co.kr / **기획·원고 모집** writer@decoding.co.kr

개발자를 넘어 기술 리더로 가는 길

The Staff Engineer's Path

타냐 라일리 지음
김그레이스 옮김

A Guide for
Individual
Contributors
Navigating Growth
and Change

디코딩

내가 프린시플 엔지니어로 승진했을 때 이 책이 있었으면 좋았겠다는 생각이 들었다. 스태프 플러스 역할의 의미를 모르겠거나 조직에서 본인의 역할을 성공적으로 수행하는 방법이 궁금하다면 이 책을 추천한다. 타냐는 실용적이고 통찰력 있는 수많은 조언을 바탕으로 해답을 제시한다. 스태프 엔지니어가 영향력을 발휘하면서 기술 전문가의 역할을 성공적으로 수행하고 싶다면 이 책을 필독하기를 바란다.

사라 웰스 Sarah Wells **(독립 컨설턴트이자 저자, 전 파이낸셜 타임즈**Financial Times **프린시플 엔지니어)**

이 책은 내 경력에서 누락된 부분을 모아서 보여주는 설명서 같다. 엔지니어 역할에서 모호한 부분을 글로 정확히 표현해낸 부분을 읽다 보면 놀라울 정도로 안심이 된다. 일정 관리, 합의점 형성 등에 대한 매우 구체적인 지침을 잘 담은 책이다. 앞으로 이 책을 많이 인용하고자 한다.

타이터스 윈터스 Titus Winters **(구글 프린시플 엔지니어, 『구글 엔지니어는 이렇게 일한다**Software Engineering at Google**』 공동 저자)**

타냐 라일리는 스태프 플러스 엔지니어라는 모호한 역할을 탐색하는 이 특별한 안내서의 완벽한 저자다. 이 책 전반에 걸쳐서 그녀의 풍부한 실전 경험이 녹아 있어 많은 것을 배울 수 있었다.

윌 라슨 Will Larson **(캄**Calm **최고 기술 책임자, 『스태프 엔지니어**Staff Engineer**』 저자)**

시니어 리더라는 역할은 오랫동안 모호하고 정의하기 어려웠다. 이 책은 우리 산업에서 비교적 새로운 그 역할을 성공적으로 수행하기 위해서 꼭 필요한 지침서다. 타냐는 스태프 엔지니어 역할을 성공적으로 수행할 수 있도록 종합적인 관점을 제공하고, 대기업의 시각과 기업 규모에 따라 도전 과제를 제공하는 역할을 훌륭하게 해냈다.

실비아 보트로스 Silvia Botros **(프린시플 엔지니어, 『MySQL 성능 최적화』 공동 저자)**

스태프 엔지니어로서 가장 높은 위치에 도달하면 나침반과 목적지를 얻을 수 있다. 목적지에 어떻게 도달할 수 있을지는 여러분에게 달려 있다. 그리고 다른 사람들을 목적지로 어떻게 이끌고 갈지는 모든 사람이 고민해야 하는 문제다. 타냐는 '여기'에서 '거기'로 이어지는 데 도움이 되도록 견고한 프레임워크와 지도 제작 방식을 제공한다. 이 책은 상위 수준의 스태프 엔지니어들에게 견고한 닻을 제공하고, 관련 경험이 풍부한 이들에게 새로운 관점을 제공한다. 스태프 엔지니어들이여, 자신을 알라.

이자르 타란다크Izar Tarandach (프린시플 보안 아키텍트, 『개발자를 위한 위협 모델링Threat Modeling』 공동 저자)

타냐 라일리는 내가 처음으로 '누군가는 무언가를 해야 하는 상황'에서 그 '누군가'가 되었을 때 겪었던 철렁한 느낌을 섬뜩할 정도로 정확하게 묘사한다. 이 책은 그것이 스태프 엔지니어 직급의 사람들에게 실제로 무엇을 의미하는지에 대한 상세한 탐구 기록이다.

니얼 리처드 머피Niall Richard Murphy (스타트업 설립자이자 CEO, 『사이트 신뢰성 엔지니어링Site Reliability Engineering』, 『Reliable Machine Learning』 공동 저자)

타냐 라일리는 이 책에서 '직속 보고자가 없어도 시니어 기술 리더가 될 수 있는가?'라는 모호하고 종종 오해를 불러일으키는 질문에 대해 명확한 해답을 제시한다. 이 책은 여러분의 역할, 조직, 경력을 개척하는 데 도움을 준다. 모든 페이지에 타냐의 트레이드마크인 재치, 통찰력, 솔직함이 가득 담겨 있다. 이 책은 걸작이다.

케이티 세일러 밀러Katie Sylor-Miller (엣시Etsy 시니어 스태프 프런트엔드 아키텍트)

시니어 엔지니어의 다음 단계(스태프 레벨 엔지니어 또는 스태프 엔지니어의 매니저)가 궁금하다면 이 책을 읽어보라. 이 책은 그간 아무도 말해주지 않은 이 역할에 대해 많은 것을 알려준다. 심지어 훌륭한 멘토들도 발견하는 데 오랜 시간이 걸린 조언들이다. 이 책은 스태프 엔지니어의 역할과 정신 모형, 직접적인 경험을 핵심만 모아서 제공한다.

그레고르 오로스Gergely Orosz (『The Practical Engineer』 저자)

2016년에 『개발 7년차, 매니저 1일차The Manager's Path』를 집필했을 때, 내게는 많은 목표가 있었다. 먼저 내가 매니저로서 성장하면서 배운 교훈을 사람들과 나누고, 매니저를 희망하는 사람들에게 그 직업이 어떤 것인지 보여주고 싶었다. 그리고 업계 전반에 걸쳐서 우리가 매니저에게 더 많은 것을 기대해야 하며, 현재 매니저로 승진된 이들이 사람, 프로세스, 프로덕트 및 스킬 역량에 대한 집중력이 부족해서 업무를 잘 수행하지 못한다는 사실을 산업 전반에 알리고 싶었다. 즉, 기술 업계에서 문화적으로 실패한 점을 바로잡고 싶었다. 경력을 쌓고 싶어 하는 야심 찬 엔지니어들이 매니저 역할을 단지 거쳐 가는 경로로 여기지 않고 중요하게 받아들이도록 하는 것이 내 목표였다.

나는 이 점에서 부분적으로는 성공했다고 말하고 싶다. 누군가가 내 책을 읽고 매니저가 되지 않기로 결정했다고 말할 때마다 나는 작은 승리의 춤을 춘다. 그런 관점에서 볼 때, 적어도 몇몇 사람은 내 책을 읽고 매니저의 길이 자신에게 적합한 길이 아님을 깨달은 것이다. 하지만 스태프 플러스 엔지니어 진로의 경우, 내 책과 비슷한 지침서가 부족했다. 그로 인해 대규모 그룹의 책임을 더 이상 떠맡기 싫은 많은 사람이 별다른 선택지가 없어서 매니저를 선택하는 경우가 많았다. 이는 엔지니어와 매니저 모두에게 큰 좌절감을 불러일으키는 일이다. 대부분의 매니저는 자기 조직에 더 실력 있는 스태프 플러스 엔지니어를 두고 싶어 하지만 이들을 육성하는 방법을 모르며, 상당수 엔지니어가 기술 전문가로 계속 성장하고 싶어 하지만 매니저 진로로 가는 것 외에는 현실적인 선택지가 없었다.

스태프 플러스 엔지니어 진로의 핵심 과제 중 하나는 적절한 안내 없이 그 직급에 도달하는 방법을 스스로 알아내야 한다는 것이다. 일반적인 통념에 따르면, 만약 여러분이 스태프 플러스 엔지니어가 될 운명이라면, 그 목표에 도달하는 방법을 스스로 알아낼 수 있다고 한다. 편견으로 가득 찬 이런 접근 방식은 경력 개발 측면에서 여러분에게 좌절감만 불러일으킨다. 점점 더 많은 기업이 스태프 플러스 엔지니어의 필요성을 인식하는 상황에서, 성공적인 기술 리더로 이끄는 기술 리더십 역량을 무시하는 이런 신비주의 방법은 유지할 필요가 없다.

이런 점에서 타냐 라일리가 내 책이 다루지 못한 경력 사다리의 절반 부분을 채울 수 있는, 스태프 엔지니어 경력 성장에 관한 책을 낸다고 했을 때 내가 얼마나 감격했는지 여러분은 상상할 수 있을 것이다. 나는 타냐가 기술 리더십에 대해 글을 쓰고 강연하는 것을 보았다. 그녀는 나와 마찬가지로 기술 업계에서 스태프 플러스 엔지니어 접근 방식을 다룰 때 문화적으로 실패한 지점을 바로잡으려는 의지가 분명하다. 즉, 타냐는 코딩 및 기술적 기여에 과도하게 집중하는 문제와 엔지니어가 사람을 관리하지 않고도 기업에 성공적으로 기여할 수 있는 역량을 명확하게 정의하고자 한다.

이 책에서 타냐는 성공적인 스태프 엔지니어에게 중요한 기본 기술들을 명확하게 설명하고자 노력했다. 그녀는 '빅 픽처 관점의 사고력', '성공적인 프로젝트 실행력', '조직 차원의 레벨업'이라는 세 항목을 기반으로 프레임워크를 제공한다. 그리고 이를 통해 스태프 엔지니어의 영향력을 개인적인 차원을 넘어서 조직 차원으로 확장할 수 있도록 돕는다.

또한, 타냐는 스태프 플러스 엔지니어 역할의 다면적인 특성을 반영하며, 시니어 엔지니어 이상의 각 단계에서 필요한 기술이 무엇인지 정확하게 지시하지 않는다. 그 대신 그녀는 현명하게 현재 상황에서 기술 전략 개발하기, 대규모 프로젝트를 성공적으로 이끌기, 멘토 역할에서 조직의 성장을 촉진하는 차원에 이르기 등의 중요한 기둥을 어떻게 구축할 수 있는지에 중점을 둔다. 이를 통해 여러분에게 코드를 작성하는 차원을 넘어 기업의 성공을 위해 영향력을 높이는 방법을 보여준다.

여러분 경력에 대한 책임은 오직 여러분에게 있다. 여러분의 진로를 올바르게 파악하는 것은 인생에서 가장 좋은 기회이자 도전 중 하나이며, 그 책임을 빨리 받아들일수록(그리고 행운이 함께한다면) 여러분은 직장이라는 세계를 여행할 때 더욱 잘 대처할 수 있다. 이 책은 스태프 엔지니어 역할에 필요한 기술을 알려주며, 모든 엔지니어의 책장에 놓여야 하는 책이다.

카미유 푸르니에Camille Fournier
『개발 7년차, 매니저 1일차 The Manager's Path』 저자
『97 Things Every Engineering Manager Should Know』 편집자
JP모건 체이스 이사
ACM Queue 이사
2022년 9월 뉴욕에서

지은이 소개 및 머리말

지은이 **타냐 라일리** Tanya Reilly

아일랜드 출신으로, 소프트웨어 엔지니어링 분야에서 20년 이상의 경력을 쌓았다. 수십억 명이 사용하는 구글의 분산 시스템, 사이트 안정성 엔지니어링 분야를 담당하는 스태프 엔지니어였으며, 현재 미국의 웹사이트 구축 및 호스팅 기업인 스퀘어스페이스 Squarespace 의 시니어 프린시플 엔지니어로서 아키텍처 및 기술 전략을 연구하고 있다.

개인 활동으로 본인의 블로그에 기술 전문 리더십과 소프트웨어 신뢰성에 대한 글을 기고하고 있다. 또한, 리드데브 LeadDev 의 스태프 플러스 콘퍼런스의 주최자이자 진행자, 단골 연사이자 기조연설자로 활동하고 있다. 에스프레소 커피를 직접 내려 마시는 것을 좋아하며, 현재 브루클린에서 가족과 함께 살고 있다.

- 블로그 https://noidea.dog/
- 커뮤니티 https://leaddev.com/community/tanya-reilly
- 링크드인 https://www.linkedin.com/in/tanyareilly/

한국의 독자 여러분에게 인사를 전한다.

이 책을 읽는 여러분은 아마도 기술 리더이거나 기술 리더의 길에 관심이 있는 사람일 것이다. 아니면 매니저[1]가 되지 않더라도 더 많은 영향력을 발휘할 방법을 찾고 있는 시니어 엔지니어일 수도 있다. 또는 이미 '기술 진로'를 떠나서 매니저가 되었을 수도 있다. 그것도 아니라면 이미 기술 리더, 리드 엔지니어, 핵심 기술 리더, 프린시플 엔지니어 또는 아키텍처와 같은 직함을 가진 비매니저 리더십 역할을 맡고 있을 수도 있다. 나는 이 책에서 많은 소프트웨어 기업에서 흔히 볼 수 있는 스태프 엔지니어라는 직함을 사용할 예정이다.

나는 중간급 엔지니어가 되었을 때 매니저가 되고 싶지 않았지만, 다른 대안이 있을지 확신할 수 없었다. 즉, '스태프 엔지니어의 길'을 가고 싶었지만, 그 방법을 몰랐다. 그래서 처음에 스태프 엔지니어로 승진했을 때도 내 직무가 무엇인지 확신할 수 없었다. 그만큼 스태프 엔지니어라는 역할에 대

---

1 이 책에서는 개발자의 진로 중에서 관리 리더십을 발휘하는 직책을 '매니저'로 표현했다. 1장의 [그림 1-1] 참조.

한 기업의 기대치는 모호했고, 업무에 대한 피드백 루프는 더 길었다. 그래서 내가 옳은 일을 하고 있는지 확신하기가 어려웠다. 충분한 권한 없이 영향력을 행사하고, 기술 전략을 수립하며, 전체 조직을 보다 성공적으로 이끌어야 한다는 힌트가 있긴 했지만, 어떻게 이를 해내야 할지 알 수 없었다.

2019년 10월에 이 책을 쓰기 시작했을 때, 나는 마침내 훌륭한(영향력 있는) 기술 리더가 되는 몇 가지 방법을 알아냈다고 생각했다. 그래서 지금까지 경험으로 배운 것을 공유하자고 결심한 것이다. 글쓰기는 내 역할에 대해 계속 생각하고 아이디어를 풀어내는 방법이었다. 3년 후에 이 책이 출간되자마자 충격적인 판매량을 기록했다. 생각보다 많은 사람이 스태프 엔지니어의 길을 찾고 있었던 것이다. 만약 여러분이 방황하고 있다고 느낀다면, 이 책은 여러분에게 좋은 친구가 될 것이다!

이 책의 첫 번역판인 『개발자를 넘어 기술 리더로 가는 길』의 출간이 무척 기대된다. 아마존의 시니어 소프트웨어 엔지니어이자 훌륭한 번역가인 김그레이스 님과 이 책의 출간을 위해 애쓴 모든 사람에게 감사를 표한다. 그리고 이 책을 선택해주신 독자 여러분께도 감사드린다. 이 책이 여러분에게 큰 도움이 되기를 바란다.

타냐 라일리

옮긴이 소개 및 머리말

옮긴이 **김그레이스** kimcoderllc@gmail.com

아마존에서 시니어 소프트웨어 엔지니어로 근무하고 있다. 소셜 미디어인 커리어리 careerly 에서 수많은 팔로워를 보유 중이며, 코딩·개발, 영어, 취업 노하우를 공유한다. 블로그 사이트인 미디엄 Medium 과 벨로그 velog 에 개발자로서의 공부, 취업 및 생활 이야기를 꾸준히 올리고 있다.

* 커리어리 https://careerly.co.kr/@kimcoder

뒤늦게 개발에 관심을 두고 코딩 공부를 시작해서 어느덧 개발자 경력 8년 차에 이르렀다.

사회 초년생이었을 때는 주니어 개발자에 대한 기대치가 명확했다. 그러나 연차가 쌓여 빅테크 차원에서 조직 차원에 이르는 많은 팀과 엔지니어가 참여하는 프로젝트를 이끄는 위치에 이르자, 현 직급과 직무에 관한 역할 기대치가 모호하다는 사실을 깨달았다. 어느 정도 비슷한 길을 걸어온 사람에게 물어볼 수는 있었지만, 그 수와 정보가 제한적이었다. 이런 이유로, 수많은 엔지니어가 조직 단위로 참여하는 프로젝트와 인시던트 대응을 효과적으로 해내는 방법에 대해서 끊임없이 고민하고 있다. 나 역시 좋은 기술 리더로 성장하는 방법을 늘 궁금해하던 차였다. 그런 면에서 타냐 라일리의 이 책은 나에게 실무에 적용할 수 있는 명확한 방법을 간결하면서도 확실하게 알려주었다.

개발자가 되려고 공부하는 중이거나 주니어 개발자인 독자 분들은 이 책을 통해서 좋은 기술 리더로 성장하는 법을 깨닫고 미리 계획해서 나보다는 덜 힘든 길을 걸으면 좋겠다. 그리고 이제 막 기술 리더가 된 개발자 독자 분들에게는 이 책이 명확한 역할 범위를 제공하고 그 역할을 잘 해내는 데 도움을 주기를 바란다. 또한, 기술 리더의 길을 걷는 독자 분이라면 이 책을 읽고 잘하고 있는 점과 성장할 점을 파악해서 더 좋은 기술 리더가 되기를 바란다.

번역 기회를 준 한빛미디어와 함께 고생해주신 최승헌 편집자님께 감사드린다. 원활하게 번역 프로젝트를 진행할 수 있게 도와준 배우자 알란 닐과 어머니 권옥남 님에게도 고마움을 전한다.

김그레이스

이 책의 소개 및 구성

5년 후 여러분의 모습을 머릿속에 그려보자. 먼저 이런 질문을 떠올려볼 수 있다. 아이들에게 하는 "앞으로 커서 무엇이 되고 싶은가?"와 같은 질문 말이다. 대개 아이들에게 이런 질문을 할 때는 사회적으로 용인되는 통상적인 대답이 있다. 그리고 이 질문은 여러분에게는 없는 긴 시간(성장의 시간)을 염두에 둔 질문이기도 하다.[2] 하지만 경력을 지속해서 쌓고 더 성장하고자 하는 시니어 소프트웨어 엔지니어라면 이 질문은 지금 당장 여러분 앞에 놓인 매우 현실적인 질문이 될 것이다.[3] 여러분은 지금 어느 길로 가고 있다고 생각하는가?

두 가지 진로

여러분은 개발자로서 앞으로 뻗은 두 개의 뚜렷한 갈림길(그림 P-1) 위에 서 있는 자신을 발견할 수 있다. 첫 번째 길은 직속 보고를 받는 매니저가 되는 길이다. 두 번째 길은 기술 리더의 길로, 흔히 스태프 엔지니어라고 부르는 길이다. 만약 여러분이 두 길의 5년 후 앞날을 모두 내다볼 수 있다면, 많은 공통점이 있음을 알게 될 것이다. 두 길은 수많은 동일한 장소로 이어진다. 그리고 여러분이 더 멀리 여행할수록, 같은 종류의 스킬이 점점 더 많이 필요하다. 다만 이 두 길은 처음에는 꽤 달라 보인다.

매니저의 길은 이미 많은 사람이 걸어본 길인 만큼, 상대적으로 명확하게 밝혀져 있다. 매니저의 길은 명확하게 의사소통하고, 위기 상황에서 침착함을 유지하며, 동료들이 더 나은 일을 할 수 있도록 돕는 길이다. 아마 이런 일을 원하는 사람들에게는 매니저가 기본적인 진로 방향이 될 것이다. 그리고 여러분 주변에도 이 길을 선택한 사람들이 꽤 있을 것이다. 게다가 여러분은 아마 이전에 매니저와 함께 일하는 과정을 통해서 그들이 한 일 중에서 무엇이 옳고 그른지에 대한 개인적인 견해도 가지고 있을 것이다. 경영 분야 역시 이미 많은 연구가 이루어진 학문이다. 승진과 리더십이라는 단어는 종종 '누군가의 상사가 되는 것'과 동의어로 여겨진다. 공항 서점에만 가보아도 매니저 직무를 어

---

2 여러분은 이런 질문에 아이들처럼 "우주인이자 사육사가 되고 싶다."라고 대답하면 안 된다. 성인의 삶은 매우 제한적이다.

3 이런 직무를 표현하는 용어는 많지만, 이 책에서는 통일하여 '소프트웨어 엔지니어'로 표현하고자 한다. 여러분의 직업이 시스템 엔지니어, 데이터 과학자 또는 다른 기술 전문가라 해도 이 직무와 관련이 있다고 생각한다. 모두 환영한다!

떻게 잘 수행할 수 있는지 이야기하는 책들이 널려 있다. 따라서 매니저의 길을 걷겠다면 쉬운 길은 아니지만, 적어도 앞으로 본인의 여정이 어떨지는 어느 정도 짐작할 수 있다.

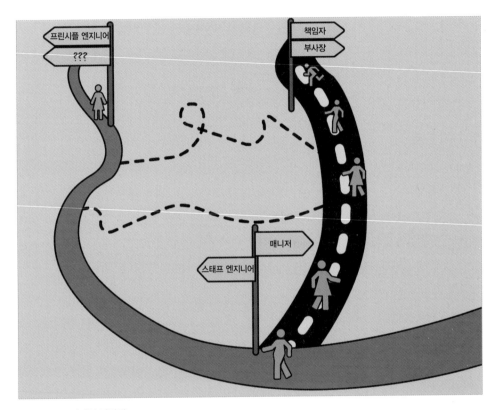

그림 P-1 두 갈래의 갈림길

반면에 스태프 엔지니어의 길은 상대적으로 불분명한 편이다. 이제는 많은 기업에서 엔지니어들이 직속 보고자를 두거나 보고서를 작성하지 않고도 계속해서 본인의 경력을 쌓도록 허용하지만, 이런 '기술 전문가 진로'는 여전히 많은 사람이 가보지 않은 길이다. 그래서 이 길은 진흙투성이에다가 마일스톤도 제대로 세워져 있지 않다. 그리고 이 길을 걸을지 고민하는 엔지니어들은 이전에 스태프 엔지니어와 함께 일한 적이 없었을 수도 있고, 이 길에서 본인이 달성하지 못할 것만 같은 부분들을 볼 수도 있다(반드시 그런 것은 아니다. 모두 배울 수 있다). 게다가 기업마다 스태프 엔지니어 직급에 대한 기대치가 모두 다르다. 심지어 기업 내에서조차 스태프 엔지니어를 고용하거나 승진시키는 기준이 모호한 경우도 있고, 이마저 실행 여부가 불투명한 상황도 많다.

실제로 막상 역할을 수행해보아도 업무가 명확하지 않은 경우가 많다. 필자는 지난 몇 년 동안 본인의 역할이나 역할의 기대치를 잘 알지 못하겠다는 수많은 스태프 엔지니어와 이야기를 나누어보았다. 그들은 직속 보고자나 동료들과 함께 일하는 법을 잘 알지 못했다.[4] 이런 모호성이야말로 그들에게 스트레스를 일으키는 원인이었다. 여러분의 직무가 명확하게 정의되어 있지 않다면, 그 일을 잘하는지 어떻게 알 수 있겠는가?

심지어 기대치는 명확하지만, 기대치를 달성하는 길이 명확하지 않을 수도 있다. 여러분은 새롭게 스태프 엔지니어가 되었을 때 기술 리더가 되어야 하고, 사업적으로 올바른 결정을 내려야 하며, 권한은 없지만 영향력을 행사해야 한다는 이야기를 들어본 적이 있을 것이다. 하지만 어떻게 해야 하는가? 어디서부터 시작해야 하는가?

스태프 엔지니어의 세 기둥

필자는 그 느낌을 충분히 이해한다. 필자는 이 업계에서 20년 동안 스태프 엔지니어의 길을 걸어왔다. 지금은 시니어 프린시플 엔지니어로서 기업의 경력 사다리를 기준으로 보면 책임자와 같은 위치에 있다. 그간 매니저의 길을 걸을지 여러 번 고민했지만, 항상 '기술 전문가 진로'야말로 필자에게 에너지를 주고 아침에 출근하고 싶게 만드는 원동력이라는 결론에 이르렀다. 새로운 기술을 익히고, 아키텍처를 깊이 이해하며, 새로운 기술 영역을 배우는 데 시간을 쏟고 싶었다. 무슨 업무든 당연히 시간을 투자할수록 더 잘할 수밖에 없다. 필자는 계속해서 기술적인 업무를 더 잘하고 싶었다.[5]

---

4 지금은 이런 현상이 많이 바뀌었다. 윌 라슨(*https://staffeng.com*), 리드데브 등의 사람들은 이 진로를 명확하게 하기 위해 노력해왔고, 경이적인 성과를 거두었다. 필자는 이 책에서 이들의 자료에 필자의 자료를 추가하고, 각 자료를 서로 연결할 것이다.
5 물론 나중에 필자의 마음이 바뀔 수도 있다.

이 책의 소개 및 구성

그래도 경력 초기에는 스태프 엔지니어 진로를 이해하고자 부단히 노력했다. 하지만 중간급 엔지니어가 되었을 때는 왜 기술 개발자들에게 '시니어' 이상의 직급이 존재하는지 이해할 수 없었다. 그 사람들은 온종일 어떤 업무를 수행하는지 의문이었다. 당시 필자의 위치에서는 그 역할로 가는 방법이 무엇인지 확실히 알 수 없었다. 나중에 새롭게 스태프 엔지니어가 되고 나서야 말로 표현하기 어려운 그 역할에 대한 진정한 기대치와 부족한 기술들을 발견할 수 있었지만, 그때도 행동으로 옮기지는 못했다. 이후 여러 해 동안 수많은 프로젝트에서 성공과 실패를 겪으며 다른 기업의 훌륭한 직장 동료들과 친구들에게서 많은 것을 배웠다. 물론 지금은 스태프 엔지니어라는 역할의 필요성이 널리 알려졌지만, '그때 내가 지금 알고 있는 것을 알았더라면 좋았을 텐데.'라는 생각이 항상 들었다.

여러분이 스태프 엔지니어의 길을 걷고 있거나 걸을지 고려하는 중이라면 얼마든지 환영한다! 이 책은 여러분을 위한 책이다. 스태프 엔지니어와 함께 일하거나, 스태프 엔지니어를 관리하거나, 이 새로운 역할에 대해 더 알고 싶다면 이 책에서 답을 찾을 수 있을 것이다. 앞으로 총 9개의 장을 통해서 훌륭한 스태프 엔지니어가 되는 방법에 대해 그간 필자가 배운 것을 공유하고자 한다. 물론 필자가 모든 주제의 규범을 정하거나 모든 질문에 답하지는 않을 것이다. 스태프 엔지니어 역할은 아직도 많은 부분이 모호하며, 가장 올바른 대답은 "상황에 따라서 모든 것이 다르다."라는 대답이다. 하지만 필자는 여러분에게 모호한 부분을 어떻게 극복할지, 무엇이 중요한지, 다른 리더들과 함께 일하려면 어떻게 해야 할지 보여주고자 한다.

일단 필자가 생각하는 대로 '빅 픽처 관점의 사고력', '성공적인 프로젝트 실행력', '조직 차원의 레벨업'이라는 세 개의 기둥을 통해서 스태프 엔지니어의 역할을 설명해보겠다.

■ 빅 픽처 관점의 사고력

빅 픽처 관점에서 생각한다는 것은 한발 물러서서 더 넓은 시야를 가진다는 의미다. 즉, 즉각적인 세부사항은 뒤로하고, 먼저 여러분이 맡은 상황을 충분히 이해하는 것이다. 이는 1년 단위의 프로젝트를 시작하거나, 해체하기 쉬운 소프트웨어를 구축하거나, 3년 후에 기업에 필요한 것이 무엇인지 예측하는 것 등을 의미한다.[6]

---

6 이 책에서 고용주를 언급할 때는 주로 '기업'이라는 용어를 사용할 것이다. 물론 여러분이 비영리 단체, 정부 기관, 학술 기관 등 다른 유형의 단체에 재직 중일 수도 있다. 그럴 때는 여러분에게 맞는 단어로 바꾸어서 읽으면 된다.

■ 성공적인 프로젝트 실행력

스태프 엔지니어 직급이 맡는 프로젝트는 일반적인 프로젝트보다 더 혼란스럽고 모호하다. 더 많은 사람들과 함께 일하고 프로젝트를 성공으로 이끌기 위해서는 더 많은 정치적 자본이나 영향력, 기업 문화의 변화가 필요하다.

■ 조직 차원의 레벨업

스태프 엔지니어는 팀이나 기업 또는 업계 등 본인이 할 수 있는 범위 내에서 엔지니어의 표준과 스킬 역량을 향상시켜야 할 책임이 있다. 롤모델이 되어서 무의식적으로 영향력을 발휘하는 것뿐만 아니라 가르침과 멘토링으로 영향력을 의도적으로 발휘하는 것도 포함된다.

[그림 P-2]에서와 같이 세 개의 기둥이 여러분의 영향력을 뒷받침한다.

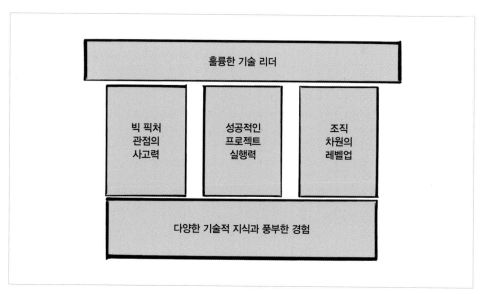

그림 P-2 스태프 엔지니어 역할을 뒷받침하는 세 기둥

그림을 보면 세 기둥이 여러분이 그동안 쌓아온 다양한 기술적 지식과 풍부한 경험이라는 토대 위에 놓여 있다는 사실을 알 수 있다. 이 토대는 매우 중요하다. 빅 픽처 관점은 가능한 것들을 이해하고

좋은 판단력을 지니는 것을 포함한다. 프로젝트를 진행할 때는 여러분이 내놓은 해결책이 실제로 문제를 해결할 수 있어야 한다. 그리고 롤 모델 역할을 맡을 때는 여러분이 검토하고 공유하는 의견이 코드와 아키텍처를 실제로 더 좋게 만들어야 한다. 또한, 의견을 공유할 때는 신중해야 한다. 여러분의 의견이 옳아야 하기 때문이다. 스킬 역량(기술적 지식)은 모든 스태프 엔지니어의 기본 소양이기에 해당 역량을 키우기 위해서 계속 노력해야 한다.

하지만 스킬 역량만으로는 충분하지 않다. 빅 픽처 차원의 사고를 능숙하게 하고, 더 큰 차원의 프로젝트를 실행하며, 주변 사람들의 역량을 키우기 위해서는 다음과 같은 '리더십' 역량도 필요하다.

- 커뮤니케이션 및 리더십
- 복잡한 문제 탐색하기
- 업무상 관점 제시하기
- 멘토링, 후원 그리고 위임하기
- 다른 사람들이 관심을 갖도록 문제 구성하기
- 리더가 아니어도 리더처럼 행동하기[7]

리더십 역량을 고딕 양식으로 지어진 성당에서 흔히 볼 수 있는 공중부벽flying buttresses과 같은 건축 기술에 비유해서 생각해보자(그림 P-3 참조). 공중부벽은 벽을 짓거나 다른 기술적 결정을 내리지 않아도 건축가가 더 높고 웅장하며 경외감을 주는 건물을 지을 수 있게 해준다.

세 개의 기둥은 각각 다양한 기술을 필요로 한다. 이 중 여러분의 적성에 잘 맞는 기둥이 있을 것이다. 어떤 사람은 대규모 프로젝트를 이끌고 끝내는 것은 잘해도 두 가지 전략적 방향 중 하나를 선택하는 것은 어려워할 수도 있다. 또 어떤 사람은 기업과 산업의 방향성을 잘 이해하는 능력이 있지만, 인시던트incident에 대응하거나 관리하는 것을 어려워할 수도 있다. 함께 일하는 사람들의 실력을 향상시키는 데는 뛰어나지만, 기술 결정에 대한 합의를 구축하는 데는 어려움을 겪는 사람도 있다. 좋은 소식은 여러분이 이 모든 역량을 배울 수 있고, 세 가지 기둥 모두에 능숙해질 수 있다는 것이다.

---

7 카미유 푸르니에의 기사 「코딩 외에도 시니어 엔지니어에게 필요한 기술의 불완전한 목록(An incomplete list of skills senior engineers need, beyond coding)」(*https://oreil.ly/gGe2T*)을 참조하라.

그림 P-3 리더십 기술은 거대한 건물을 안정적으로 유지할 수 있게 해주는 공중부벽과 같다.

이 책은 크게 세 개의 부로 나뉜다.

1부. 빅 픽처 관점의 사고력

1부에서는 넓고 전략적인 관점을 취하는 방법에 대해서 살펴볼 것이다. 먼저 1장은 여러분의 역할과 관련된 가장 중요한 질문들로 시작한다. "여러분은 본인의 역할에 대해서 어떤 기대치를 갖고 있는가?", "스태프 엔지니어는 무엇을 위한 역할인가?" 등이다. 2장에서는 범위를 좀 더 축소해서 전망을 알아보겠다. 상황에 맞추어서 업무를 살펴보고, 조직을 탐색하며, 목표가 무엇인지 파악한다. 마지막으로 3장에서는 기술 비전 또는 전략을 수립해서 이를 빅 픽처에 추가하는 방법을 살펴보겠다.

2부. 성공적인 프로젝트 실행력

2부에서는 전술을 수립하고 프로젝트를 주도하면서 문제를 해결하는 실용적인 방법을 살펴본다. 먼저 4장에서는 업무를 선택하는 방법에 대해 알아보겠다. 어디에 시간을 써야 하는지, 에너지를 어떻게 관리해야 하는지 살펴보고, 신뢰성과 사회 자본을 유지하면서도 잘 소비하는 '기술'에 대해 다루고자 한다. 5장에서는 팀과 조직 전반에 걸쳐서 프로젝트를 이끄는 방법, 즉 프로젝트를 성공으로 이끌기 위한 명확한 설정, 올바른 결정 및 정보 흐름 유지에 대해 설명하겠다. 6장에서는 프로젝트 진행 도중에 만나게 될 장애물을 탐색하고, 성공적으로 끝난 프로젝트를 축하하며, 프로젝트가 중단되었을 때 완전히 종료되었는지 여부를 되돌아보는 과정을 다룰 것이다(심지어 프로젝트가 중단되었다 해도 필자는 여러분에게 축하의 박수를 보낸다).

3부. 조직 차원의 레벨업

3부는 조직 차원의 레벨업에 관한 것이다. 7장에서는 훌륭한 엔지니어가 어떤 행동을 하는지, 어떻게 배우는지, 어떻게 심리적으로 안전한 기업 문화를 구축하는지를 설명한다. 이어서 여러분이 롤모델이 되어서 동료들의 실력을 키우는 방법을 살펴볼 것이다. 또한, 인시던트나 기술적인 의견 차이가 발생했을 때 소위 '방 안의 어른'이 되는 방법에 대해서 알아볼 것이다. 8장에서는 코칭, 설계 검토하기, 코드 리뷰하기, 동료들의 실력을 향상시키는 더 의도적인 방법을 다룰 것이다. 마지막으로, 9장에서는 본인의 수준을 높이는 방법, 즉 스스로 계속 성장하는 방법과 경력에 대해 생각하는 방법을 탐구할 것이다.

이 책을 본격적으로 시작하기 전에 한 가지 이야기해둘 것이 있다. 이 책은 기술 전문가 진로에 머무르는 것을 전제로 내용을 진행한다. 스태프 엔지니어가 되기 위해서는 다양한 기술적 지식과 풍부한 경험을 탄탄하게 갖추어야 한다. 물론 이 책은 기술서가 아니기에 다양한 기술적 지식을 탄탄하게 갖추는 데는 도움이 되지 않을 것이다. 여러분에게 필요한 전문 스킬은 여러분이 속한 분야에 따라서 모두 다르다. 그래서 이 책은 여러분이 본인의 분야에서 최고 수준의 엔지니어가 되기 위해 필요한 전문 스킬을 이미 보유하고 있거나 습득하기 시작했다고 가정한다.

그래서 스킬만 중요하게 여기는 사람이라면 이 책에서 원하는 답을 찾을 수 없을 것이다. 하지만 여러분은 이 책에서 가장 많은 것을 얻을 수도 있다. 스킬 역량이 뛰어난 사람이 자신의 아이디어를 수용하도록 동료들을 설득하고, 주변 엔지니어들의 실력을 향상시키고, 조직의 교착 상태를 풀어낼 수 있다면 업무가 훨씬 더 쉬워질 것이다. 그런 역량들은 배우기가 쉽지 않지만, 그래도 누구나 충분히 배울 수 있다. 필자가 이 책에서 최선을 다해 그 길을 보여줄 예정이다.

스태프 엔지니어가 되고 싶은가? 더 높은 기술자 직급을 열망하지 않아도 괜찮다. 매니저 진로로 이직하거나(또는 왔다 갔다 하는 것) 좋아하는 일을 계속하면서 시니어 레벨에 머무르는 것도 좋다. 어떤 상태이든 여러분이 조직의 목표를 달성하는 것을 돕고 주변 엔지니어들의 실력을 향상시키면서 기술적인 역량을 계속해서 구축하고자 한다면, 이 책을 계속 읽어보기를 바란다.

감사의 글

이 책이 세상에 나올 수 있도록 도와주신 많은 분께 감사드린다. 사라 그레이Sarah Grey, 최고의 편집자들, 오라일리의 모든 관계자 분들에게 감사드린다. 원고 취득 편집자인 멀리사 더필드Melissa Duffield, 프로덕션 편집자인 리즈 피엄Liz Faerm, 본문 편집자인 조시 올레자즈Josh Olejarz, 그리고 멋진 (원서) 표지를 만들어 준 수전 톰프슨Susan Thompson, 연필로 휘갈겨 쓴 글씨를 멋진 예술로 다듬어 준 일러스트레이터인 케이트 둘리Kate Dullea에게도 감사드린다. 이 책은 내가 처음으로 쓴 책이다. 여러분은 내가 책을 쓰는 두려움을 없애는 데 많은 도움을 주었다.

윌 라슨Will Larson의 격려와 지원에 감사드리며, 그간 교류가 많지 않았던 스태프 엔지니어링 커뮤니티들이 처음으로 교류하도록 도와주어서 고맙다. 그리고 "제가 과연 책을 쓸 수 있을까요?"라고 무작정 DM을 보냈을 때 열정적으로 내 이야기를 들어주고 만나준 라라 호건Lara Hogan에게도 감사드린다. 진정한 후원이 어떤 것인지 보여주신 두 분께 감사드린다.

나는 운이 좋게도 책을 쓰는 동안 내가 아는 가장 현명하고 통찰력 있는 두 명의 엔지니어를 만났다. 이 책은 지난 1년간 킨 신놋Cian Synnott과 카트리나 소스테크Katrina Sostek의 리뷰와 피드백 덕분에 더욱 발전할 수 있었다. 특히 불필요한 부분을 잘 짚어준 두 분의 배려에 감사드린다. 항상 누군가에게 건설적인 비판을 건네는 것은 힘든 일이다. 두 분이 시간과 에너지를 쏟아주신 데 감사드린다.

수많은 사람이 이 책에 대한 아이디어와 피드백을 주고, 나에게 무언가를 가르쳐주기 위해서 그들의 시간을 아낌없이 썼다. 특히 프랭클린 앙굴로Franklin Angulo, 재키 베노위츠Jackie Benowitz, 크리스티나 베넷Kristina Bennett, 실비아 보트로스Silvia Botros, 모히트 체푸디라Mohit Cheppudira, 존 콜튼John Colton, 트리시 크레인Trish Craine, 주니퍼 크로스Juniper Cross, 스테판 다비도비치Stepan Davidovic, 티어난 데 부르카Tiarnan de Burca, 로스 도널드슨Ross Donaldson, 테스 도널리Tess Donnelly, 톰 드라포Tom Drapeau, 데일 엠브리Dale Embry, 리즈 퐁 존스Liz Fong-Jones, 카미유 푸르니에Camille Fournier, 스테이시 개먼Stacey Gammon, 카를라 가이저Carla Geisser, 폴리나 기랄트Polina Giralt, 탈리 거트먼Tali Gutman, 리즈 헤더스톤Liz Hetherston, 모즈타바 호세이니Mojtaba Hosseini, 케이트 휴스턴Cate Huston, 조디 노어Jody Knower, 로버트 코니그즈버그Robert Konigsberg, 랜들 쿠트닉Randal Koutnik, 레르 로Lerh Low, 케빈 린치Kevin Lynch, 제니퍼 메이스Jennifer Mace, 글렌 메일러Glen Mailer, 키비 맥민Keavy

McMinn, 대니얼 미콜Daniel Micol, 자크 밀먼Zach Millman, 사라 밀스테인Sarah Milstein, 아이작 페레즈 몬초Isaac Perez Moncho, 댄 나Dan Na, 카트리나 오언Katrina Owen, 에바 패리시Eva Parish, 이베트 파스쿠아Yvette Pasqua, 스티브 프리메라노Steve Primerano, 숀 리즈Sean Rees, 존 리즈John Reese, 맥스 슈버트Max Schubert, 크리스티나 슐먼Christina Schulman, 패트릭 실즈Patrick Shields, 조앤 스미스Joan Smith, 비타 스트랙Beata Strack, 칼 서덜랜드Carl Sutherland, 케이티 세일러 밀러Katie Sylor-Miller, 이자르 타란다크Izar Tarandach, 파비아나 타시니Fabianna Tassini, 엘리자베스 보타우Elizabeth Votaw, 아만다 워커Amanda Walker, 사라 웰스Sarah Wells에게 감사드린다. DM이나 이메일, 영감이 가득한 슬랙 스레드를 통해 나와 대화를 나눈 이들에게도 감사드린다. 여러분은 이 책을 발전시켜 주었다.

나와 함께 애프터눈 티를 마시는 이들에게도 감사드린다. 그들은 매일 나에게 공동체의 힘을 보여준다. 랜즈 리더십 슬랙의 #staff-principal-engineering 채널에 있는 모든 사람에게도 감사드린다. 내가 좋은 책을 쓸 수 있도록 끊임없이 지원하고 본인의 경험을 겸손하게 공유해 주어서 고맙다. 스퀘어스페이스의 직장 동료들과 구글의 SRE 디아스포라에게도 큰 감사를 드린다. 여러분에게서 많은 것을 배웠다. 그리고 루스 야닛Ruth Yarnit, 롭 스미스Rob Smith, 마리아나 발레트Mariana Valette 및 리드데브 팀 전체에게 그들이 전 세계와 공유한 놀라운 기술 리더십 콘텐츠에 대해서 감사를 표현하고 싶다. 힐포크 가족에게도 감사드린다. 아주 착한 강아지도 포함해서 말이다. 당신을 친구로 둔 것이 내 행운이자 특권이다. 당신의 카라반에서 글을 쓸 수 있게 해주어 고맙다.

부모님, 대니Danny와 캐슬린Kathleen, 가족 모두에게 감사드린다. 지난 1년간 내가 사라졌을 때도 인내심을 가지고 기다려 주어서 감사하다.

그리고 조엘Joel과 Ms 9은 토요일에 다시 뵙기를 기대한다. 리더십 기술을 공중부벽에 비유하는 아이디어를 생각해 낸 조엘은 특히 개발자 조직과 좋은 소프트웨어를 만드는 것에 관해 깊이 있는 의견을 공유해주었다. 샌드위치를 사준 것도 감사하다. 그리고 내가 Ms 9은 내게 훌륭한 아이디어와 그림을 제공해주었고 따뜻하게 포옹해주었다. 당신들의 지지에 감사드린다.

CONTENTS

추천평 ··· **4**

추천의 글 ·· **6**

지은이 소개 및 머리말 ·· **8**

옮긴이 소개 및 머리말 ·· **10**

이 책의 소개 및 구성 ·· **11**

감사의 글 ·· **20**

PART 1 빅 픽처 관점의 사고력

CHAPTER 1 스태프 엔지니어의 업무

1.1 왜 스태프 엔지니어인가? ··· **34**

1.1.1 빅 픽처 관점에서 엔지니어가 필요한 이유 ····························· **38**

1.1.2 여러 팀과 협업하며 프로젝트를 이끄는 엔지니어가 필요한 이유 ······· **41**

1.1.3 선한 영향을 미치는 엔지니어가 필요한 이유 ························· **43**

1.2 스태프 엔지니어는 무엇인가? ··· **45**

1.2.1 스태프 엔지니어는 매니저가 아니라 리더다 ··························· **45**

1.2.2 스태프 엔지니어는 '기술 전문' 엔지니어다 ··························· **47**

1.2.3 스태프 엔지니어는 자율성을 추구한다 ·································· **48**

1.2.4 스태프 엔지니어는 기술 방향성을 설정한다 ························· **49**

1.2.5 스태프 엔지니어는 의사소통의 달인이다 ····························· **49**

1.3 스태프 엔지니어의 역할 ·· **50**

1.3.1 조직 내에서 스태프 엔지니어의 위치 ·································· **50**

1.3.2 스태프 엔지니어의 업무 범위 설정 ····································· **53**

1.3.3 스태프 엔지니어의 역할 정의 ·· **56**

1.3.4 스태프 엔지니어의 주요 업무 파악 ····································· **60**

1.4 범위, 유형 및 중점 사항에 맞춘 조정 ·· **62**

    1.4.1 스태프 엔지니어의 목표 ·· **64**

1.5 마치며 ··· **65**

CHAPTER 2 스태프 엔지니어의 세 가지 지도

2.1 지도 작성 ·· **68**

    2.1.1 위치 인식 지도: 현 위치 중심 지도 ································· **69**

    2.1.2 지형 지도: 지형 학습 중심 지도 ····································· **69**

    2.1.3 보물 지도: 목표 지점 중심 지도 ····································· **70**

    2.1.4 전장의 안개 걷어내기 ·· **70**

2.2 위치 인식 지도: 다른 관점 제공 ······································ **72**

    2.2.1 빅 픽처 관점 ··· **75**

2.3 지형 지도: 지형 탐색 방법 제공 ······································ **82**

    2.3.1 거친 지형의 위험성 ··· **84**

    2.3.2 기업과 조직 ·· **84**

    2.3.3 본인만의 지형 지도 작성 ·· **96**

    2.3.4 지형 지도 최신화 방법 ·· **101**

    2.3.5 다리 만들기 ··· **104**

2.4 보물 지도: 목적지 제공 ··· **105**

    2.4.1 반짝이는 것만 쫓을 때의 위험성 ···································· **106**

    2.4.2 장기적인 안목을 보유하는 방법 ····································· **107**

    2.4.3 새로운 지도 작성 ··· **110**

2.5 개인 여정 이야기 ··· **110**

2.6 마치며 ·· **111**

CONTENTS

CHAPTER **3** 빅 픽처 관점 수립

3.1 삭 매처 사례 ·········· 115

3.2 비전과 전략의 개념 ·········· 118

    3.2.1 기술 비전의 정의 ·········· 119

    3.2.2 기술 전략의 정의 ·········· 122

    3.2.3 비전 및 전략 문서의 필요성 ·········· 124

3.3 문서 작성 방법 ·········· 125

    3.3.1 지루한 아이디어 받아들이기 ·········· 126

    3.3.2 이미 진행 중인 탐험에 참여하기 ·········· 127

    3.3.3 후원자 찾기 ·········· 129

    3.3.4 핵심 그룹 선택하기 ·········· 131

    3.3.5 범위 정하기 ·········· 132

    3.3.6 실현 가능성 확인하기 ·········· 133

    3.3.7 공식화하기 ·········· 134

3.4 실제 문서 작성 ·········· 135

    3.4.1 작성 프로세스 ·········· 136

    3.4.2 의사결정 ·········· 141

    3.4.3 의견 일치 및 유지 ·········· 145

    3.4.4 최종 초안 작성 ·········· 149

3.5 출시 ·········· 150

    3.5.1 문서 공식화 ·········· 150

    3.5.2 문서 최신화 ·········· 151

3.6 삭 매처 사례 연구 ·········· 151

    3.6.1 접근 방법 ·········· 152

    3.6.2 작성 ·········· 156

    3.6.3 출시 ·········· 161

3.7 마치며 ·········· 163

PART 2 성공적인 프로젝트 실행력

CHAPTER **4 업무 시간 한계**

4.1 업무 선별 ·· **168**

4.2 시간 측면 고려 ··· **169**

　4.2.1 한정된 업무 시간 ·· **169**

　4.2.2 일정 구성 방법 ··· **172**

　4.2.3 PROJECTQUEUE.POP( )? ·· **174**

4.3 자원 제약 고려 ··· **175**

　4.3.1 프로젝트 자원 ·· **176**

　4.3.2 E + 2S + …? ·· **182**

　4.3.3 빈 패킹 문제 적용 ··· **183**

4.4 적합한 프로젝트 선택 ··· **184**

　4.4.1 상황별 프로젝트 가치 평가 ··· **184**

　4.4.2 업무의 목적성 파악 ··· **190**

　4.4.3 적합한 프로젝트 선택을 위한 자원 관련 질문 ······························· **191**

　4.4.4 적합하지 않은 프로젝트 대처 방법 ·· **200**

　4.4.5 사례별 분석 ··· **204**

　4.4.6 업무 시간 관리 ··· **211**

4.5 마치며 ··· **212**

CHAPTER **5 대규모 프로젝트 진행**

5.1 프로젝트 진행 프로세스 ·· **214**

5.2 프로젝트 시작 ·· **215**

　5.2.1 새로운 프로젝트의 압박감을 극복하는 방법 ·································· **216**

CONTENTS

5.2.2 맥락 쌓기 ·· **220**

5.2.3 프로젝트 공식 구조 설정 ······························· **227**

5.3 프로젝트 진행 ·· **236**

5.3.1 탐색 ·· **237**

5.3.2 명확성 확보 ·· **239**

5.3.3 설계 ·· **243**

5.3.4 코딩 ·· **253**

5.3.5 의사소통 ··· **256**

5.3.6 안내 ·· **258**

5.4 마치며 ·· **260**

CHAPTER 6 **프로젝트 중단**

6.1 프로젝트의 진행이 원활하지 않은 상황 ··················· **262**

6.1.1 프로젝트가 정체되고 있을 때 ·························· **264**

6.1.2 다른 팀 때문에 프로젝트 진행이 막혔을 때 ········· **265**

6.1.3 이해관계자의 결정 때문에 프로젝트 진행이 막혔을 때 ··· **268**

6.1.4 개별 팀 때문에 프로젝트 진행이 막혔을 때 ········· **271**

6.1.5 개별 인물 때문에 프로젝트 진행이 막혔을 때 ······ **274**

6.1.6 업무 미할당 때문에 프로젝트 진행이 막혔을 때 ···· **277**

6.1.7 너무 많은 인원이 필요해서 프로젝트 진행이 막혔을 때 ··· **280**

6.2 프로젝트의 길을 잃어버린 상황 ····························· **283**

6.2.1 목적지가 어디인지 모를 때 ····························· **283**

6.2.2 목적지로 가는 방법을 모를 때 ························· **286**

6.2.3 현 위치를 파악하기 어려울 때 ························· **289**

6.3 프로젝트가 진정한 목적지에 도착하지 못한 상황 ········ **291**

6.3.1 형식적인 완료만 달성했을 때 ·························· **292**

6.3.2 완료했지만 아무도 프로덕트를 사용하지 않을 때 ··· **294**

6.3.3 불안정한 기반 위에서 완료했을 때 ··················· **296**

6.3.4 프로젝트가 더 이상 진행되지 않고 중단될 때 ·················· **298**

6.4 마치며 ··· **302**

PART **3** 조직 차원의 레벨업

CHAPTER **7** 롤모델 역할

7.1 훌륭한 업무 수행의 기준 ·· **308**

7.1.1 스태프 엔지니어의 업무상 가치 ······························ **308**

7.1.2 롤모델의 개념 ·· **309**

7.1.3 스태프 엔지니어의 훌륭한 업무 수행 기준 ···················· **310**

7.2 스태프 엔지니어의 역량: 유능함 ································· **310**

7.2.1 경험 및 지식 축적 ··· **310**

7.2.2 자각의 중요성 ·· **315**

7.2.3 상위 기준 유지 ··· **317**

7.3 스태프 엔지니어의 역량: 책임감 ································· **319**

7.3.1 소유권 행사 ·· **320**

7.3.2 프로젝트 책임 담당 ·· **323**

7.3.3 차분한 분위기 형성 ·· **328**

7.4 스태프 엔지니어의 역량: 목표 파악 ······························ **330**

7.4.1 사업 맥락 이해 ·· **331**

7.4.2 사용자 맥락 이해 ·· **333**

7.4.3 팀 맥락 이해 ·· **334**

7.5 스태프 엔지니어의 역량: 미래 대비 ······························ **334**

7.5.1 미래의 나를 위해 현재의 내가 준비해야 할 사항 ················ **335**

7.5.2 실패 가능성 예측 ·· **337**

7.5.3 유지보수를 위한 최적화 ······································ **339**

CONTENTS

7.5.4 미래의 리더 준비 ·· **341**

7.6 마치며 ··· **342**

  CHAPTER **8** 선한 영향력 전파

8.1 선한 영향력이란? ··· **346**

  8.1.1 선한 영향력 전파하기 ·· **347**

8.2 조언 ··· **350**

  8.2.1 개인 차원 ·· **351**

  8.2.2 그룹 차원 ·· **356**

  8.2.3 촉진제 차원 ·· **357**

8.3 교육 ··· **358**

  8.3.1 개인 차원 ·· **359**

  8.3.2 그룹 차원 ·· **365**

  8.3.3 촉진제 차원 ·· **366**

8.4 가드레일 ·· **366**

  8.4.1 개인 차원 ·· **367**

  8.4.2 그룹 차원 ·· **370**

  8.4.3 촉진제 차원 ·· **374**

8.5 기회 ··· **376**

  8.5.1 개인 차원 ·· **376**

  8.5.2 그룹 차원 ·· **380**

  8.5.3 촉진제 차원 ·· **381**

8.6 마치며 ··· **383**

CHAPTER 9 경력 사다리 설계

9.1 적절한 방향 설정 ·· **386**

9.1.1 여러분의 우선순위는 무엇인가? ······················· **388**

9.1.2 어디로 가야 하는가? ································· **390**

9.1.3 무엇에 투자해야 하는가? ····························· **391**

9.2 직업 적합성 ·· **396**

9.2.1 주시해야 할 다섯 가지 지표 ························· **397**

9.2.2 장기적인 목표를 위한 직업 선택 ····················· **399**

9.3 현 위치에서 나아갈 수 있는 경로 ······················· **402**

9.3.1 하던 일 계속하기 ·································· **402**

9.3.2 승진 추구하기 ···································· **403**

9.3.3 워라밸 추구하기 ·································· **403**

9.3.4 팀 변경하기 ······································ **404**

9.3.5 새로운 전문 분야 구축하기 ························· **405**

9.3.6 탐색하기 ··· **405**

9.3.7 매니저 역할 도전해보기 ····························· **406**

9.3.8 처음으로 직속 부하 직원 관리하기 ··················· **407**

9.3.9 본인만의 틈새시장을 찾거나 만들기 ················· **409**

9.3.10 새 직무 심사숙고해서 선택하기 ···················· **411**

9.3.11 이직을 통해 직급 올리기 ·························· **412**

9.3.12 이직을 통해 직급 내리기 ·························· **412**

9.3.13 스타트업 창업하기 ································ **413**

9.3.14 독립적으로 일하기 ································ **414**

9.3.15 전업하기 ·· **415**

9.4 새로운 길로 나아가는 경로 ······························ **415**

9.5 선택의 중요성 ·· **416**

9.6 마치며 ··· **418**

찾아보기 ·· **419**

Part

1

1장   스태프 엔지니어의 업무

2장   스태프 엔지니어의 세 가지 지도

3장   빅 픽처 관점 수립

빅 픽처 관점의
사고력

훌륭한 스태프 엔지니어의 첫 번째 핵심 역량은 '빅 픽처 관점의 사고력'이다. 이는 한발 물러서서 더 넓은 시야를 가지고 생각한다는 것을 의미한다. 즉, 즉 각적인 세부사항을 뒤로하고, 먼저 상황을 충분히 이해하고 더 넓은 관점에서 생각하는 것이다. 빅 픽처 관점의 사고력을 갖추면 1년 단위의 프로젝트를 시 작하거나, 소프트웨어를 구축하거나, 3년 후에 기업에 필요한 것을 예측하는 등 스태프 엔지니어로서 더 큰 역량을 발휘할 수 있다.

스태프 엔지니어의 업무

1.1 왜 스태프 엔지니어인가?

1.2 스태프 엔지니어는 무엇인가?

1.3 스태프 엔지니어의 역할

1.4 범위, 유형 및 중점 사항에 맞춘 조정

1.5 마치며

전 세계적으로 '스태프 엔지니어staff engineer track'나 '기술 전문가technical track'라는 용어는 아직 생소한 개념이다. 기업이나 조직마다 최고참 시니어 엔지니어들에게 요구하는 자질과 부과하는 업무가 각각 다르기 때문이다. 클라우드 기업 트윌리오Twilio의 소프트웨어 아키텍트인 실비아 보트로스Silvia Botros가 본인의 칼럼¹에서도 다룬 것처럼, 대다수 사람들이 시니어보다 선임인 엔지니어라 해도 기술 전문가의 최상위 직급이 아니라는 데는 동의하지만, 명확하게 정의된 기준은 아직 없다. 따라서 이 책의 1장에서는 '기업이 시니어 엔지니어를 필요로 하는 이유'처럼 구체적인 부분에서부터 이야기를 시작하고자 한다. 그 후 스태프 엔지니어의 필요조건, 리더십의 필요조건, 그리고 자율적으로 일하는 것의 의미를 차례대로 상세하게 설명할 것이다.

스태프 엔지니어의 **역할**과 **직무 수행 방법**은 매우 다양하다. 그러나 사실 특정한 상황에는 특정 직군이 더 적합한 데다가 모든 조직이 모든 종류의 스태프 엔지니어를 필요로 하지도 않는다. 따라서 이 책은 스태프 엔지니어 역할의 범위, 업무의 정도, 보고 체계, 업무상 주요 초점 및 자질부터 설명할 것이다. 여러분은 이를 통해 원하는 업무 수행 방식, 성장하고자 하는 역할 그리고 협업을 위해 어떤 사람을 고용해야 하는지 등을 정확하게 파악할 수 있을 것이다. 마지막으로 기업마다 스태프 엔지니어의 업무에 관한 견해가 다르므로, 필자는 여러분이 재직하는 기업의 주요 인력과 여러분의 이해를 일치시키기 위해서 노력할 것이다.

일단 스태프 엔지니어라는 직업이 정확하게 무엇인지부터 알아보자.

1.1 왜 스태프 엔지니어인가?

기업 내에서 경력을 쌓는 유일한 방법이 [그림 1-1]의 왼쪽 경력 사다리처럼 매니저가 되는 길밖에 없다고 가정해보자. 그렇다면 많은 엔지니어가 엔지니어 역할에 그대로 머무르면서 스킬 역량을 계속 기르는 길과 매니저로 이직해서 경력을 계속 쌓는 길 사이에서 진지하게 고민할 것이다.

그래서 요즘 기업들은 엔지니어에게 매니저 직급에 준하는 경력인 '기술 리더technical', '개인 기여자individual contributor'와 같은 다양한 방향성을 지닌 경력 사다리career ladder를 제공해서 선택의 기회를 넓혀준다. 상당히 바람직한 현상이다. [그림 1-1]에서 오른쪽 경력 사다리는 진로

---

1 「프린시플 엔지니어의 현실(The reality of being a Principal Engineer)」, *https://oreil.ly/xwgRn*

방향성을 한 갈래 더 추가한 다중 경로 경력 사다리의 예시다.

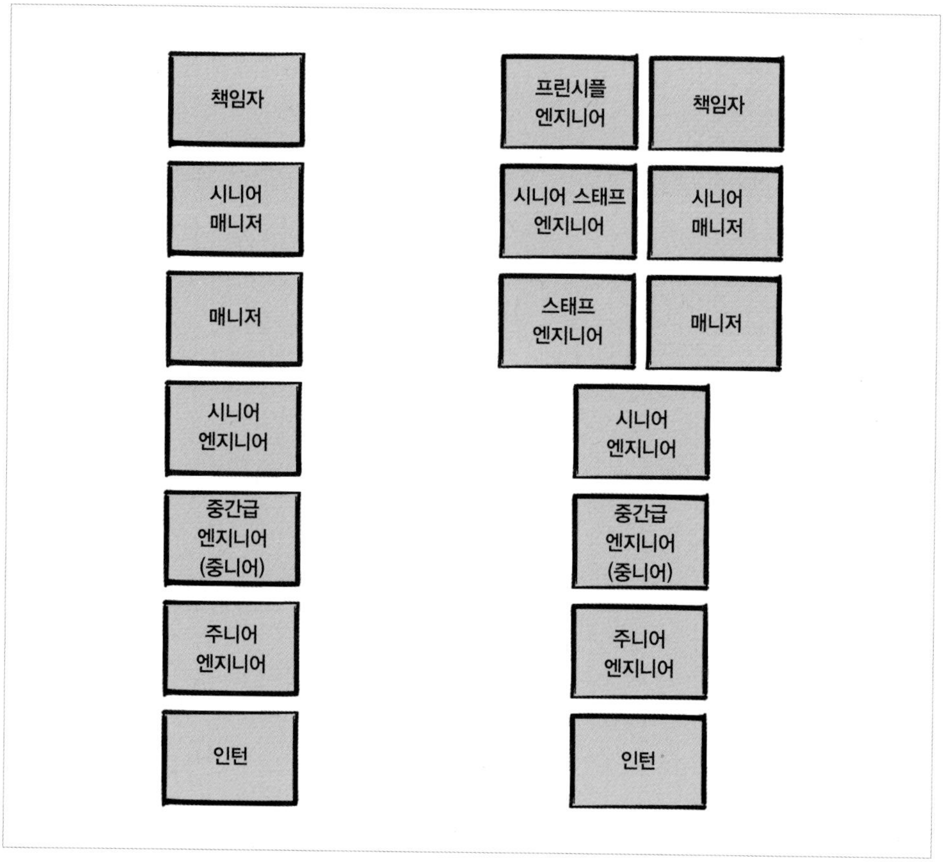

그림 1-1 두 종류의 경력 사다리 예시(단일 경로 대 다중 경로)

이처럼 기업마다 경력 사다리 종류가 다양해지면서, 이를 비교해주는 웹사이트[2]까지 등장했다. 필자가 해당 웹사이트에 직접 들어가 보니 직급의 수는 직위 명칭만큼이나 다양하다는 사실을 알 수 있었다. 또한, 명칭이 같더라도 서열이 다른 경우도 있었다.[3] 하지만 이런 여러 차

----

2 _https://levels.fyi_는 다양한 IT 기업에서 사용하는 수많은 경력 사다리를 모아 놓은 웹사이트다. _https://progression.fyi_ 웹사이트도 추천한다.

3 어떤 기업은 '시니어', '스태프', '프린시플(선임, 수석)' 순으로 직급 서열을 매겼는데, 다른 기업에 인수합병되면서 그곳의 경력 사다리 순서에 맞춰서 '스태프'는 모두 '프린시플'로, '프린시플'은 '스태프'로 직함이 바뀌었다. 그런데 구성원들은 이를 강등으로 여기고 불만족스러워했다고 한다. 이처럼 기업에서 직함은 정말 중요하다!

이점에도 불구하고 한 가지 공통점은 [그림 1-1]의 예시에서처럼 **시니어**라는 단어를 자주 쓴다는 사실이었다. 두 기업에서 경력 사다리를 쌓은 엔지니어링 책임자 마르코 로저스Marco Rogers는 '시니어' 직무는 경력 사다리에서 '전환점' 역할을 한다고 정의했다. 그는 "시니어보다 낮은 직급은 자율성을 기르는 데 힘쓰고, 그보다 높은 직급은 영향력과 책임감을 키우기 위해서 노력한다."라고 말했다.

종종 시니어라는 직급을 '**최종 직급**tenure'으로 여겨서 관련 역량이나 스킬을 더 이상 개발할 필요가 없다고 단정 짓는 사람들이 있다.[4] 하지만 시니어 단계에 이르더라도 꾸준히 자기 계발을 지속하면 한 단계 더 나아가 '기술 전문 리더십' 수준에 도달할 수 있다. 이 단계에 도달한 사람을 주로 '스태프 엔지니어'라고 부른다. 이 책에서도 이 용어를 사용했다.

[그림 1-1]의 두 경력 사다리를 다시 살펴보자. 시니어 엔지니어는 매니저나 스태프 엔지니어로 승진할 때 매니저가 되기 위한 스킬을 배울지, 아니면 스태프 엔지니어가 되기 위한 스킬을 배울지를 선택해야 한다. 하지만 스태프 엔지니어에서 매니저가 되거나 반대로 매니저에서 스태프 엔지니어 역할을 맡게 된다면 사실 더 높은 직위로 승진하는 것이 아니라 이직으로 보아야 한다. 즉, 시니어 스태프 엔지니어는 시니어 매니저와 동급이고, 프린시플 엔지니어는 책임자와 동급이니 정확한 비교는 이러한 기준으로 이루어져야 한다(이 표현들은 윌 라슨Will Larson의 『스태프 엔지니어』(길벗, 2022)에서 다룬 표현으로, 앞으로 이 책에서도 시니어보다 높은 직급은 **스태프 플러스**staff+로 표기할 예정이다).

직함의 중요성

기업에서 직함과 직급을 중시해서는 안 된다거나 그다지 중요하지 않다고 주장하는 사람들이 있다. 이들은 자신이 속한 기업은 위계질서를 배제한 상태에서 수평적이고 성과주의적인 문화를 추구한다면서 자기 합리화를 한다. 예컨대 그들은 "우리 기업은 업무 면에서 상향식 접근Bottom-up을 하고, 모든 아이디어를 평등하게 존중한다."라고 주장한다. 물론 사회 초년생의 의견도 자유롭게 받아들일 만한 환경을 조성한다는 관점에서는 분명히 존중할 만하다.

그렇다 해도 직함은 아주 중요하다. 블로그 플랫폼을 만드는 기업인 미디엄Medium의 엔지니어링팀은 직함이 중요한 이유를 세 가지로 설명하는 글을 발행했다. 이들의 설명에 따르면 직함이 중요한 첫 번째 이유는 구성

---

4 필자의 동료 티어난 데 부르카(Tiarnan de Burca)는 '시니어 엔지니어'를 이렇게 정의했다. 시니어 엔지니어는 지금부터 성장하기를 멈춘다 해도 퇴직할 때까지 지금의 생산성, 역량, 결과물의 수준을 꾸준하게 유지할 수 있으며, 퇴사하면 기업에 '유감스러운 인력 손실(regrettable attrition)'이 되는 수준의 엔지니어다.

원들이 자기 경력을 잘 쌓고 있는지를 스스로 인지하도록 만들어준다는 점이고, 두 번째는 필요한 경우 구성원들에게 권위를 부여할 수 있다는 점이다. 그리고 마지막은 직책별 기대치를 기업 외부에도 손쉽게 알릴 수 있다는 점이다.

기업이 수평적인 문화이든 아니든 간에 대다수 사람들은 직위를 조금이라도 의식한다. 게다가 서열에 따라서 다르게 반응하는 사람은 어디에나 있다. 콜로라도 주립대학교의 기업가 정신 임상 교수인 키프 크루코스키 Kipp Krukowski 박사는 2017년에 발행한 자신의 논문[5]에서 "직함은 상징적인 의미를 지니고 있으며, 기업은 직원의 자질을 기업 안팎으로 알리기 위해서 직함을 사용한다."라고 분석했다.

인간은 처음 만나는 사람에 대해서 무의식적으로 선입견이나 편견을 갖는다. 무의식에 자리 잡은 편견은 의식적으로 인식하려고 노력하지 않으면 고정관념의 영향을 받기 쉽다. 예를 들어서 2015년에 진행한 한 설문조사[6]에 따르면 스템STEM, Science·Technology·Engineering·Mathematics 전문 분야에 종사하는 557명의 흑인과 라틴계 여성 중에서 절반 정도의 인원이 청소부나 운영팀 직원으로 오해받은 적이 있다고 한다.

엔지니어도 마찬가지다. 특히 생면부지의 사람과 처음으로 미팅할 때는 무의식적인 편견이 더 크게 작용한다. 대표적인 편견은 다음과 같다. 백인이나 아시아계 남성 엔지니어는 갓 졸업한 사람이든, 아니면 수십 년의 경력을 보유한 경력자든 간에 실제 경력 여부보다 더 경력자로 대우받거나, 스킬 역량이 뛰어나고 코딩 작업도 더 잘할 것이라고 여겨진다. 반면에 여성들, 특히 유색인종 여성들은 경력과 상관없이 주니어 엔지니어나 자격 미달자로 치부 당할 때가 많다. 그래서 그들이 이런 편견을 깨고 유능함을 입증하기 위해서는 미팅할 때 남들보다 더 열심히 일해서 자신을 증명해내야 한다.

앞서 미디엄 엔지니어링팀이 직함을 중시하는 이유를 설명한 글에서도 언급했듯이, 직함은 권위를 갖지 못한 사람들에게 자동으로 힘을 부여해주고 그들의 역량 수준을 대변해준다. 그리고 이를 통해 사람들이 저절로 좋은 편견을 갖도록 만들어서 자신을 증명하는 데 사용할 시간과 에너지를 아껴준다. 상당한 시간과 에너지를 절약하는 것이다.

게다가 직함은 다음 커리어에도 영향을 미친다. 다른 엔지니어들처럼, 필자도 링크드인의 채용 담당자에게서 매일 이메일을 받는다. 그런데 채용 담당자가 필자의 현재 직함보다 더 경력자급에 해당하는 포지션 면접을 권유한 적은 단 세 번뿐이었다. 그 외에는 전부 현재 직책과 같거나 더 낮은 직책의 역할을 제안했다.

이것이 경력 사다리에서 다루는 스태프 엔지니어라는 직급의 현실이다. 이런 상황에서도 스태프 엔지니어라는 **기술 전문 리더십 진로**가 존재하는 이유는 무엇일까? 필자는 '이 책의 소개 및 구성'에서 기술 전문가 진로를 지탱하는 세 가지 기둥이 '빅 픽처 관점의 사고력', '성공적인 프

---

5 「직책과 고객 신뢰의 효과(The Effects of Employee Job Titles on Respect Granted by Customers)」, *https://oreil.ly/zD3kp*

6 「STEM 여성 인재가 유출되는 다섯 가지 원인과 편견(The 5 Biases Pushing Women Out of STEM)」, *https://oreil.ly/snmmY*

로젝트 실행력' 그리고 '조직 차원의 레벨업'이라고 이야기했다. 왜 이런 역량을 가진 **엔지니어**가 필요한가? 더 정확하게 말하자면, **'스태프 엔지니어가 필요한 이유'**는 무엇인가?

1.1.1 빅 픽처 관점에서 엔지니어가 필요한 이유

모든 엔지니어 조직은 기술 선택, 빌드 대상 선택, 시스템 존속 여부 등과 같은 다양한 결정을 내린다. 이런 여러 결정 중 일부는 프로젝트의 소유자가 명확하고 결과도 충분히 예측할 수 있다. 그러나 대부분의 나머지 결정은 모든 시스템에 영향을 미칠 근본적인 아키텍처에 대한 선택과 결정이다. 게다가 이 시스템이 어떻게 작동하는지 정확하게 아는 사람은 아무도 없다.

이런 상황에서는 올바른(혹은 좋은) 결정을 내리는 것이 중요하다. 올바른 결정은 **맥락**context에 기반을 둔다. 그래서 시니어 엔지니어는 기술 선택 시 대부분의 해답이 '때에 따라 다르다.'임을 잘 알고 있다. 결정을 잘 내리려면 특정 기술의 장단점을 아는 것만으로는 부족하다. 지엽적인 세부사항까지 꼼꼼하게 알아야 올바르게 결정할 수 있다. '달성하고자 하는 것은 무엇인가?', '얼마나 많은 시간과 투자금이 필요하며 이를 위해서 충분한 인내심을 갖추었는가?', '위기 대처 능력은 어느 정도인가?', '사업 가능성은 어떠한가?' 등이 바로 올바른 결정에 필요한 맥락이다. 이는 때에 따라 다르다.

이런 맥락을 제대로 파악하려면 충분한 시간과 노력이 필요하다. 일반적으로 개별 팀(단일 팀)은 기업 차원에서 생각하고 선택하기보다는 자기 팀에 최대한 많은 이익이 발생하도록 팀 차원에서만 최적화된 선택을 하려는 경향이 크다. 각 팀의 엔지니어도 주로 이러한 개별 팀의 목표를 달성하는 데만 집중한다. 하지만 개별 팀에서 내린 결정은 자칫하면 그 팀의 영향력을 벗어난 결과를 초래할 수도 있다. 그래서 개별 팀에는 최상의 결정(**로컬 최댓값**local maximum[7]에 의존해서 내리는 결정)이라 해도 빅 픽처 관점에서 보면 최상의 결정(빅 픽처 사고력을 바탕으로 한 더 나은 결정)이 아닐 수도 있다.

[그림 1-2]는 개별 팀이 소프트웨어 A, B 중에서 하나를 선택하는 상황의 예시다. 두 소프트웨어 모두 필요한 기능을 갖추었지만, 셋업 면에서는 A를 셋업하는 게 더 쉽다. 반면에 B는 셋업하기가 조금 더 어려우며, 여러 번의 스프린트를 거쳐야 한다.

---

7 옮긴이_'로컬 최댓값'은 '전체를 바라보고 결정한 것이 아니라 지엽적인 차원에서 최대한으로 생각하는 것'을 의미한다.

이런 상황에서 팀 차원에서만 생각한다면 당연히 A를 선택할 것이다. 하지만 다른 팀은 B를 선호한다. 사실 A를 선택하면 법률팀과 보안팀에는 새로운 업무가 생기는 것이다. 게다가 인증도 필요하기에 IT팀과 플랫폼팀에도 A는 기존 업무를 벗어난 예외 업무가 된다. 결국 개별 팀이 로컬 최댓값 관점에서 A를 선택하는 것이 기업 차원에서 시간을 더 투자해야 하는 해결책을 선택하는 셈이다. 반면에 B는 팀 차원에서 볼 때 최상의 선택지가 아니지만, 기업 차원에서는 훨씬 더 나은 선택지다. B를 선택하면 지금 당장은 개별 팀에 2개의 스프린트가 추가되는 것처럼 보여도, 한 분기 이내로 기업 차원에서는 반드시 그만한 가치를 충분히 창출할 것이다. 팀에 큰 차원, 즉 빅 픽처를 볼 수 있는 사람이 있다면 이처럼 맥락을 잘 파악해서 올바른 결정을 내릴 수 있다.

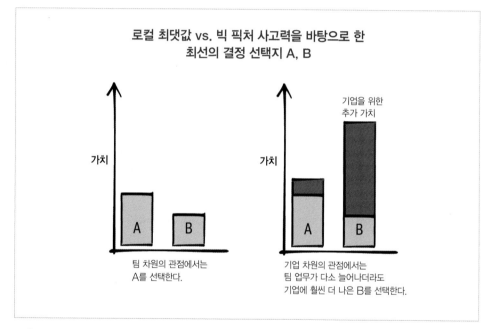

그림 1-2 로컬 최댓값 vs. 빅 픽처 사고를 바탕으로 한 더 나은 결정

로컬 최댓값에만 의존해서 내리는 잘못된 결정을 피하려면, 개별 팀 차원을 넘어 여러 팀의 목표를 고려하고 조직 전체적인 관점이나 제3자 관점에서 가장 좋은 결정을 내릴 수 있는 의사결정자(또는 적어도 의사결정에 영향력을 행사하는 사람)가 필요하다. 2장에서는 이런 빅 픽처를 보는 법을 다룰 예정이다.

또한, 빅 픽처를 보는 것만큼이나 현재의 결정이 미래에 어떤 영향을 미칠지 예측하는 것도 중요하다. 기업이 '1년 후에는 어떤 점을 개선하게 될 것인가?', '3년 후에는 과거에 어떤 사업을 그때 당장 시작했으면 좋았겠다고 생각하게 될까?'와 같은 예측을 정확하게 하려면 기술 전략에 대한 합의를 마쳐야 한다. 예를 들어서 어떤 기술에 투자하고 어떤 플랫폼을 표준화할지 등과 같은 것들이다. 이런 결정은 중대하기에 그만큼 위험성을 미리 감지하기가 힘들고 종종 논란의 여지도 생긴다. 그래서 결정을 내릴 때는 결정의 기반이 되는 맥락을 모든 사람이 공유하고, 이를 다른 사람들에게도 이해시키는 프로세스를 반드시 거쳐야 한다. 3장은 조직 차원에서 조직이 나아갈 방향성을 설정하는 기술을 설명할 것이다.

결국 기업 차원에서 광범위하고 미래 지향적인 결정을 내리려면 빅 픽처 관점에서 볼 수 있는 사람이 필요하다. 그런데 여기까지 읽었다면 이런 의문이 들 수도 있다. '매니저가 그런 사람이 되면 되지 않을까?' 즉, "최고 기술 책임자CTO, Chief Technology Officer가 '사업에 관련된 모든 것'을 알고, 이를 기술적인 결과물로 변환해서 중요한 사항을 전달할 수는 없을까?"라는 의문이다.

이러한 시스템은 일부 팀에서만 가능하다. 소규모 팀이라면 매니저가 주요 의사결정을 하면서 동시에 기술 방향을 제시해주는 경험 많은 기술 전문가 역할까지 충분히 해낼 수 있다. 즉, 작은 기업에서는 최고 기술 책임자가 모든 결정의 세부사항에 깊이 관여할 수 있다. 이런 기업이라면 스태프 엔지니어가 필요하지 않을 수도 있다. 그러나 이 지점에서 매니저 역할에 대해서 다시 한번 깊이 생각해볼 필요가 있다. 매니저가 관리 분야와 기술 분야 모두를 담당한다면 기술적인 면에서는 판단력이 떨어질 수도 있다. 게다가 팀원이 생각하기에 더 나은 해결책이 있다고 해도 매니저의 권위 때문에 매니저의 기술 결정에 이의를 제기하는 데 불편함을 느낄 수도 있다. 직무 면에서도 마찬가지다. 다른 사람을 관리하는 것은 매니저의 업무 시간을 다 쏟아부어도 어려운 풀타임 직무다. 즉, 좋은 매니저가 되는 데 모든 시간을 쏟아붓는 사람이라면 기술 발전과 관련된 최신 정보를 얻는 데는 많은 시간을 할애하지 못할 수밖에 없다. 반대로 관리가 아니라 소위 '잡일'을 하는 데 많은 시간을 쓰는 사람은 팀원들의 요구를 제대로 충족해줄 수 없다. 물론 단기적으로 보았을 때는 괜찮을 수도 있다. 어떤 팀은 많은 주의나 관심을 기울이지 않아도 팀원들 스스로 일을 해내기도 한다. 그러나 일반적으로 팀의 니즈와 기술 전략의 니즈 양 측면이 다 필요한 상황이라면 매니저는 반드시 어디에 집중할지 선택해야 한다. 자칫 잘못하면 팀 구성원과 기술 전략 양쪽 모두 소홀해질 수 있기 때문이다.

이것이 많은 기업에서 **기술 전문 리더십**과 **관리 리더십** 경력 사다리를 별도로 설정하는 한 가지 이유다. 기업 내에 충분한 경험을 쌓은 엔지니어가 있다면, 모든 결정을 최고 기술 책임자나 매니저가 내릴수록 비효율적일 뿐만 아니라 부하 직원들의 선택권까지 제한하므로 비자율성까지 증가한다. 대신에 경험이 풍부한 엔지니어에게 올바른 기술 방향을 설정할 수 있도록 충분한 시간과 적절한 맥락 및 권한을 주면 더 나은 결과물을 얻을 수 있다.

물론 엔지니어도 독단적으로 기술 방향을 설정하는 것은 아니다. 기술 계획에 필요한 인력을 공급할 책임이 있는 매니저도 주요 기술과 관련된 의사결정 프로세스에 당연히 포함되어야 한다. 엔지니어와 매니저 간의 이해관계는 1장의 마지막과 3장에서 전략에 관해서 이야기할 때 한 번 더 다룰 것이다.

아키텍트라는 직함은 무엇인가?

일부 기업에는 '아키텍트'라는 직함이 경력 사다리 목록에 있다. 아키텍트는 추상적인 수준에서 정의를 내리고 시스템을 설계하는 사람으로서 또 다른 진로 방향이며, 시스템을 직접 구현하는 엔지니어와는 구별되는 직함이다. 그래도 이 책에서는 소프트웨어 디자인과 설계 모두 스태프 플러스 엔지니어의 역할로 간주할 예정이다. 다만 이것이 이 업계에서 보편적으로 적용되는 사항은 아니다.

1.1.2 여러 팀과 협업하며 프로젝트를 이끄는 엔지니어가 필요한 이유

가장 이상적인 조직은 조직 내의 모든 팀이 현재 진행 중인 프로젝트의 여러 측면을 고려해서 서로 퍼즐처럼 잘 맞춰진 형태로 협업하는 조직이다. 그러나 이런 이상적인 조직은 속내를 들여다보면 모두 과거의 제약이나 레거시 시스템legacy system[8]을 활용하는 수준이라 해결책이 전혀 없는 일시적인 그린필드green-field 프로젝트를 진행하고 있으며, 모든 팀원이 그 프로젝트에만 전념하고 있다. 물론 이런 상황에서는 팀 간 책임의 경계가 명확하기에 당연히 논쟁거리도 없다. 전 세계적인 기술 기업 써트웍스Thoughtworks의 기술 컨설턴트는 **역 콘웨이 전략**Inverse Conway Maneuver[9]을 인용하며 '이상적인 조직'을 "원하는 아키텍처 컴포넌트가 정확하고 명확하게 나열된 팀이다."라고 정의했다. 이러한 프로젝트는 완벽해 보이지만, 실제로는 깊이 있는 연구와 창의성이 필요하므로 실행하기가 어렵다. 또한, 프로젝트의 소유자들도 문제의 기술적인 면에 도전하여 전문가답게 난관을 해결하고 명성을 얻으려는 욕구가 있어서 더욱더 진행하기 어려울 수밖에 없다.

---

8 옮긴이_'레거시 시스템'은 '현재 조직 내에서 사용하고 있으며 가치를 부여하지만, 더 이상 성장이나 확장이 어려운 시스템'을 의미한다.

9 「역 콘웨이 전략」, *https://oreil.ly/HdKyK*

물론 필자도 이런 프로젝트를 진행해보고 싶다. 하지만 현실은 이상과 다르다. 여러 팀과 협력해야 하는 프로젝트에 관여하는 팀이라면 이미 해당 프로젝트가 사전에 계획되었을 가능성이 있다. 심지어는 더 중요한 프로젝트를 고려해서 내린 기존 결정들도 있을 수 있다. 또한, 프로젝트를 진행하는 도중에 미처 생각지도 못한 **의존성**을 발견할 수도 있다. 게다가 팀 간의 명확한 업무 분담과 경계는 오히려 아키텍처의 중복이나 차이를 초래할 수도 있다. 프로젝트에서 모호하거나 어려운 부분도 마찬가지다. 이런 부분은 단순히 매력적인 알고리즘을 쓴다고 해서 해결되는 수준이 아닌 경우가 많다. 레거시 코드를 훑어보고, 아무것도 바꾸고 싶어 하지 않는 팀과 협상해야 하며, 이미 수년 전에 퇴사한 엔지니어의 의도를 알아내는 작업까지 손대야 할 수도 있다.[10] 어떤 경우에는 무엇을 바꿔야 하는지 알아내는 것조차 어렵고, 맨 처음에 어떤 일을 해야 하는지 온전히 파악되지 않는 상황도 발생한다. 설계 문서를 자세히 들여다보면 가장 중요한 의사결정을 연기했거나 거부한 경우도 있다.

이것이 프로젝트에 대한 좀 더 현실적인 차원의 설명이다. 어떤 팀에 큰 프로젝트를 맡기고 아무리 계속 신경 써도, 아무도 책임을 지지 않는 부분이 생기거나 두 팀이 중복 책임을 맡게 되는 일이 발생할 수도 있다. 아니면 정보가 잘 전달되지 않거나 소통 프로세스에서 얽히고설켜서 갈등이 일어날 수도 있다. 이렇게 되면 팀은 **제한된 상황**에서 의사결정을 내릴 수밖에 없기에 프로젝트 진행 자체가 어려워진다.

이때 프로젝트를 올바르게 진행하는 방법은 지엽적인 부분보다 전체적인 그림(빅 픽처)을 볼 수 있는 사람을 팀에 두는 것이다. 이런 사람은 프로젝트를 시작하기 전부터 작업 범위를 설정하고 제안서를 작성한다. 그리고 프로젝트를 시작하면 상위 시스템의 단독 아키텍트나 공동 아키텍트 역할을 맡거나 주요 의사소통 담당자를 맡을 가능성이 크다. 이들은 프로젝트 진행 프로세스에서 일어날 만한 위험을 예측해서 이에 대비하고, 본인의 경력을 바탕으로 심도 있는 질문을 이끌어낼 수 있도록 높은 수준의 엔지니어링을 유지한다. 그리고 비공식적으로는 멘토링이나 코칭을 담당하거나 프로젝트에서 개별 주도권을 확립해 기업의 모범 사례가 되기도 한다. 또한, 이들은 프로젝트의 진행이 막히면 다양한 관점에서 원인을 찾아 문제를 해결할 수 있다(자세한 내용은 6장 참조). 게다가 이들은 프로젝트와 관련된 내외적인 부분까지 살펴서 전체적으로 무슨 일이 일어나는지 파악하고, 프로젝트의 비전을 다른 직원들에게 설명하며, 궁극적으로는 프로젝트를 통해 달성할 수 있는 과업과 영향을 이야기한다.

---

10 이럴 때는 "이 사람들은 도대체 무슨 생각을 했던 거지? 정말 이것을 의도했던 거야?"라고 말할 수도 있다. 물론 미래의 담당 팀도 여러분의 프로젝트를 보고 똑같은 의문을 품을 것이다.

그렇다면 왜 기술 전문 프로그램 매니저TPM, Technical Program Managers는 합의점을 찾거나 소통을 할 수 없을까? 직무 면만 놓고 보면 분명히 겹치는 부분은 있다. 다만 기술 전문 프로그램 매니저는 설계나 엔지니어링 퀄리티에 대한 책임보다는 궁극적으로 업무 완료에 초점을 맞추어 일을 진행한다. 즉, 기술 전문 프로그램 매니저의 주 업무는 프로젝트를 **제시간에 완료**하도록 관리하는 것이고, 스태프 엔지니어의 주 업무는 높은 퀄리티의 엔지니어링으로 프로젝트를 완료하는 것이다. 다시 말해서 스태프 엔지니어는 **견고한 시스템 결과물을 구성**하고 **기업의 기술 환경이 적합한지 확인**해야 할 책임이 있다. 그들은 기술 부채를 신중한 관점에서 바라보고, 향후 시스템 관리자들에게 함정이 될 만한 요소를 경계한다. 그렇기에 기술 전문 프로그램 매니저가 시스템을 설계하거나 테스트 또는 코드 리뷰 기준을 설정하는 것은 매우 이례적인 일이며, 아무도 그들이 어느 팀이 레거시 시스템을 통합해야 하는지 결정하기 위해 시스템의 핵심 부분을 파고들 것이라 기대하지 않는다. 이처럼 두 직급은 핵심 역할이 각각 다르기에 스태프 엔지니어와 기술 전문 프로그램 매니저가 서로 협력할 때야말로 최고의 팀이 이루어질 수 있다.

1.1.3 선한 영향을 미치는 엔지니어가 필요한 이유

소프트웨어는 중요하다. 여러분이 구축하는 소프트웨어 시스템은 사람들의 복지와 소득에 영향을 미칠 수 있다. 그런 의미에서 위키피디아의 버그 목록[11]은 정신이 맑을 때 한 번씩 읽어두면 좋다. 비행기 추락 사고[12]와 구급차 시스템 장애[13], 그리고 소프트웨어 버그 또는 중단 인시던트에 의한 의료 장비 오작동[14]은 심각한 인명사고를 초래할 수 있다. 이런 사례가 있는데도 미래에는 소프트웨어가 일으키는 더 큰 비극이 발생하지 않으리라고 단정 짓는 것은 현실을 잘 모르는 순진한 생각이다.[15] 우리는 소프트웨어를 좀 더 **진지하게** 받아들일 필요가 있다.

---

11 「소프트웨어 버그 리스트(List of software bugs)」, *https://oreil.ly/eNIXO*

12 「보잉737 여객기, 여전히 소프트웨어 수리 중(Boeing Promised Pilots a 737 Software Fix Last Year, but They're Still Waiting)」, *https://oreil.ly/iJgF2*

13 「1992년 10월 26일: 소프트웨어 오류로 구급차 서비스 마비(Oct. 26, 1992: Software Glitch Cripples Ambulance Service)」, *https://oreil.ly/s9GQf*

14 「테락-25(Therac-25) 프로덕트의 소프트웨어 버그로 일어난 최악의 의료 사고(An Investigation of the Therac-25 Accidents)」, *https://oreil.ly/fr7Dj*

15 힐렐 웨인(Hillel Wayne)의 에세이 「우리는 특별하지 않다(We Are Not Special)」(*https://oreil.ly/WK0TK*)에서는 예전의 공학적인 해결책이 물리적 장비를 정밀하게 조정하는 작업 위주였다면, 지금은 이런 개념보다는 '소프트웨어 클루지(서투르고, 비효율적이며, 확장이나 유지가 어려운 해결책)'로 불리고 있다고 한다. 이런 상황에서 지금까지 소프트웨어로 인한 치명적인 사고가 거의 없었다는 사실은 가히 천운이라 할 만하다. 그러나 이제는 더 이상 운에만 매달릴 수는 없다.

더 많은 부를 창출하기 위해서만 소프트웨어를 만드는 것이 아니다. 몇 가지 연구개발과 관련된 예를 제외하면, 일반적으로 엔지니어링 조직은 더 많은 기술을 구축하기 위해서만 존재하지는 않는다. 어떤 조직은 사업 문제를 해결하거나 사람들이 사용하길 원하는 것을 만들기 위해서 존재한다. 그리고 자원을 효율적으로 사용해 적당한 품질의 소프트웨어를 만들어낸다.

다만 이런 경우에는 고품질과 고효율, 그리고 규칙적인 결과물을 기대하기가 어렵다. 특히 마감일까지 정해진 경우라면 더욱더 그렇다. 일반적으로 모든 프로세스와 규칙을 엄수하며 작업하다 보면 진행이 더뎌지기에 빠른 출시를 원하는 팀은 테스트를 건너뛰거나 코드 리뷰를 생략할 수도 있다. 이처럼 좋은 소프트웨어를 만드는 일은 쉽게 이루어지거나 직관적으로 이루어질 수 있는 일이 아니다. 그렇기에 모름지기 팀에는 성공과 실패를 두루 경험하여 원활하게 작동하는 소프트웨어를 만들어낼 수 있는 숙련된 경력자가 필요하다.

우리는 모든 프로젝트로부터 배우고 성장하지만, 개인이 직접 경험할 수 있는 경험의 양은 한정되어 있다. 이 말은 결국 모든 사람은 다른 사람의 실수와 성공으로부터 배워야 한다는 말이다. 경력이 적은 팀원은 좋은 소프트웨어가 만들어지는 것을 본 적이 없거나 코드를 짜는 것만이 소프트웨어 엔지니어링에서 유일하게 중요한 스킬 역량이라고 속단해버릴 수도 있다. 시니어 엔지니어는 이런 상황에서 코드와 설계를 리뷰하고 아키텍처의 모범 사례를 제공하며, 좀더 쉽고 빠르게 일할 수 있는 도구를 만들어내서 상당한 영향력을 행사할 수 있다.

스태프 엔지니어는 **롤모델**이다. 매니저는 팀 문화를 조성하고 팀의 구성원들에게 좋은 영향력을 행사하며 기준이 충족되는지 확인해야 할 책임이 있다. 하지만 우수한 엔지니어링의 표준은 프로젝트에서 가장 존경받는 엔지니어들이 스스로 모범을 보임으로써 정해진다. 대부분의 시니어 엔지니어가 테스트하지 않는 상황에서 다른 사람들에게 테스트하라고 강요할 수는 없다. 이는 기술적인 영향력을 넘어서 기업 문화에도 영향을 미친다. 결국 시니어 엔지니어는 다른 사람의 업무를 격려하고 서로를 존중하며 명확하게 질문하는 식으로 긍정적인 모습을 보임으로써 다른 사람에게 좋은 영향을 끼칠 수 있다. 특히 사회 초년생들은 롤모델을 찾았을 때 그 롤모델에게서 강력한 동기를 부여받는다(7장에서는 스태프 엔지니어가 롤모델이 됨으로써 조직의 수준을 높이는 방법에 대해서 알아볼 예정이다).

이쯤이면 여러분은 아마도 스태프 엔지니어가 조직 내에서 빅 픽처를 보고 대규모 프로젝트를 실행하며 선한 영향력을 행사해야 한다는 사실을 이해했을 것이다. 다만 여기에는 한 가지 문제점이 있다. 시니어 엔지니어가 본인이 수행해야 하는 코딩 업무를 진행하면서 앞서 언급한 모든 업무를 다 해낼 수는 없다. 즉, 전략을 파악하고 프로젝트 설계를 검토하며 표준을 정하는 동안, 코드를 짜거나 시스템을 설계하거나 소프트웨어 엔지니어로서 성과를 평가받는 업무까지는 해내지 못할 수도 있다는 말이다. 만약 기업 내 최고참 시니어 엔지니어들이 온종일 코드만 짠다면 그들의 스킬 역량 덕분에 코드 베이스에는 큰 도움이 되겠지만, 그 기업은 최고참 선임 엔지니어들만 할 수 있는 일을 놓치게 된다. 그래서 이러한 기술 전문 리더십의 업무는 직무 설명란job description에 명확하게 규정되어 있어야 한다. 이 업무는 다른 업무를 방해하는 업무가 아니라 오히려 스태프 엔지니어라면 반드시 수행해야 할 직무다.

1.2 스태프 엔지니어는 무엇인가?

앞에서 언급한 대로 스태프 엔지니어의 역할은 무척 다양하지만, 모든 스태프 엔지니어가 갖춘 몇 가지 공통점과 일관된 속성이 있다. 여기서는 이를 정리해서 다루고자 하며, 이후의 내용은 이 내용을 전제로 하여 진행한다. 스태프 엔지니어는 다음과 같은 특징들이 있다.

1.2.1 스태프 엔지니어는 매니저가 아니라 리더다

첫 번째로, 스태프 엔지니어는 **리더 역할**을 맡는다. 시니어 스태프 엔지니어는 주로 시니어 매니저와 같은 직급이다. 프린시플 엔지니어는 책임자와 직급이 같다. 결국 스태프 플러스 엔지니어는 매니저와 같은 직급이니 매니저만큼 '조직의 고참'이 되어야 한다. 심지어 조직의 일부 매니저들보다 시니어 직급으로서의 경험이 더 많을 수도 있다. 이런 상황에서 기업 프로젝트나 팀 차원에서 '누군가가 이 지점에서는 무언가를 해야 하는' 상황이 발생한다면 그 누군가가 바로 스태프 엔지니어일 확률이 높다.

꼭 리더가 되어야 할까? 아직 시니어 엔지니어가 아닌 중간급 엔지니어(중니어)라면 군이 컴퓨터와 직접적인 관련이 없어 보이는 업무까지 잘해야 하는지 의문을 가질 수도 있다. '기술만 잘 다루면 되는 것 아닌가?'라는 의문이다. 만약 기술 전문 업무를 맡고 싶고, 다른 사람과 이야기하는 것을 좋아하지 않는 성격이라서 소프트웨어 엔지니어링에 입문한 사람이라면 사람을 다루어야 하는 업무를 맡는 것을 불공평하다고 느낄 수 있다. 하지만 경력을 지속해서 쌓고 싶다면 기술 부문만 깊이 파고들어서는 목표를 달성하기가 어렵다. 큰 목표를 달성하려면 다양한 스킬을 구사하는 것 외에도 당연히 다른 사람과 잘 협업해야 한다.

엔지니어의 연봉이 오를수록, 기업에서는 당연히 그들이 좀 더 중요한 일을 하기를 기대한다. 스태프 엔지니어라면 사업을 현실적인 면에서 바라보고 자신에게 주어진 프로젝트가 진행할 가치가 있는지 제대로 판단할 능력을 갖추어야 한다. 경력이 쌓일수록 모든 면에서 협업과 원활한 의사소통이 필요하고, 여러 부분을 조율해야 성공할 수 있는 좀 더 큰 프로젝트를 맡게 될 것이다. 본인이 아무리 훌륭한 해결책을 갖고 있어도 다른 팀원들을 설득하지 못한다면 다 무용지물이기에 원활한 의사소통 능력은 필수다. 게다가 원하든 원치 않든 스태프 엔지니어는 주니어 엔지니어들의 롤모델이 될 것이다. 그러므로 리더가 되는 것을 피할 수는 없다.

다만 스태프 엔지니어는 매니저와는 다른 방식으로 팀원들을 이끈다는 점을 명심하자. 스태프 엔지니어에게는 직속 부하 직원direct report [16]이 없다. 즉, 스태프 엔지니어는 주변 엔지니어들의 기술력을 키우는 데 관여하고 그들의 성장을 위해 자신의 능력을 발휘하지만, 성과를 관리하거나 휴가를 승인할 책임은 지지 않는다. 인사 분야도 마찬가지다. 스태프 엔지니어가 다른 사람을 해고하거나 승진시킬 수는 없다. 그렇지만 매니저가 팀원의 실력과 성과를 평가할 때는 스태프 엔지니어의 의견을 중요시해야 한다. 이처럼 스태프 엔지니어는 매니저와는 다른 방식으로 조직에 영향력을 행사한다.

또한, 스태프 엔지니어의 리더십은 다양한 형태로 발현되므로 어떤 면에서는 곧바로 인지하지 못할 수도 있다. 우선 다른 엔지니어들이 자주 저지르는 실수가 있다면, 모두가 좋아할 만한 해결책을 설계하는 방식으로 리더십을 보일 수 있다. 아니면 다른 엔지니어의 코드를 리뷰해서 그들의 자신감과 기술력을 향상시킬 수도 있다. 나아가 설계 제안서가 기업의 사업적 요구를 충족하지 못한다는 점을 분석하는 모습으로 나타날 수도 있다. 다른 사람을 교육하는 것, 조용히 여러 직원의 성장을 돕는 것, 기술 방향성을 설정하는 것도 전부 리더십이다. 마지막으로, 다른 사람들이 여러분을 신뢰한다는 이유만으로 여러분의 계획을 받아들이게 하는 훌륭한 기술자로서의 명성을 떨치는 것도 스태프 엔지니어 리더십의 한 형태다. 이 이야기가 여러분에 대한 이야기처럼 들리는가? 그렇다면 여러분은 이미 리더다.

---

16 옮긴이_이 책에서는 특정 대상에게 직접 보고하는 사람을 '직속 부하 직원', 보고를 받는 사람은 '직속 보고자'라는 용어로 표현하고자 한다.

내성적인 사람은 괜찮아도 무례한 사람은 안 된다

리더의 자리에 오르는 것은 두려운 일일 수도 있다. 하지만 걱정하지 않아도 된다. 스태프 엔지니어나 프린시플 엔지니어라고 해서 무조건 외향적일 필요는 없다. 내성적인 사람도 스태프 엔지니어로서 충분히 리더십을 발휘할 수 있다. 심지어는 내성적인 엔지니어가 오히려 강단 있는 판단력과 선한 영향력을 발휘해서 기술 방향성을 더 잘 설정할 수도 있다. 사람들과 잘 어울려야만 좋은 리더가 되는 것은 아니다. 다만 앞서 말한 것처럼 좋은 롤모델이 되어야 한다는 점과 팀원들을 잘 대해야 한다는 점은 유념하자.

다들 같이 일하기 어려워서 소외된 엔지니어를 한 번쯤은 본 적이 있을 것이다. 한때 유즈넷Usenet 등의 온라인 커뮤니티에서는 1980~1990년대의 기술 문화를 잘 표현한 소프트웨어 엔지니어의 이미지가 화두가 된 적이 있다. 그 이미지는 직장 동료가 상대하기 싫어하는, 그래서 불쾌해도 참을 수밖에 없어 이상한 기술 관련 결정을 내리게 만드는 소프트웨어 엔지니어를 잘 표현한 이미지였다. 즉, 다루기 어렵고 같이 일하기 싫은 소프트웨어 엔지니어를 표현한 이미지였다. 그 시절이었다면 그래도 같이 일했을지 몰라도, 오늘날 이런 엔지니어는 특히 골칫거리다. 그들의 성과와는 별개로, 다른 엔지니어의 성장을 방해하고 여러 팀과 잘 협업하지 못해서 프로젝트를 망치는 직원은 기업 차원에서 가치 없는 직원이다. 특히 이런 사람들을 본보기로 삼으면 조직 전체가 망할 수도 있다. 여러분이 이런 부류에 속할지도 모른다는 생각이 들면 웹사이트 구축 및 호스팅 기업 스퀘어스페이스Squarespace의 웹사이트 신뢰성 엔지니어SRE, Site Reliability Engineer 매니저인 이반 스미스Evan Smith가 쓴 '친절한 동료가 되는 방법에 대해 구체적이고 적극적으로 조언해주는 선한 엔지니어링'에 관한 이야기[17]를 읽어볼 바란다. 함께 일하기 힘든 동료라는 평판을 얼마나 빨리 바꿀 수 있는지 알게 되면 깜짝 놀랄 것이다.

1.2.2 스태프 엔지니어는 '기술 전문' 엔지니어다

스태프 엔지니어는 리더십을 발휘해야 하는 역할인 동시에 굉장히 전문화된 역할이기도 하다. 그간 쌓아온 기술 경력 및 경험에서 나오는 실력과 직감이 필요하다. 선한 영향력을 행사하려면 당연히 **우수한** 엔지니어링을 잘 알아야 하며, 무언가를 생산할 때도 이를 기반으로 삼아야 한다. 스태프 엔지니어가 작성한 코드와 설계 리뷰가 직원들에게 가이드라인이 되어야 하며, 이를 통해서 코드 베이스와 아키텍처가 더 나은 방향으로 개선되도록 기여해야 한다. 또한, 기술 관련 결정을 내릴 때 이견이 있다면 절충점trade-off을 찾아서 다른 사람들이 이를 이해할 수 있도록 도와야 한다. 필요하면 세부적인 요소를 깊게 파고들어야 하고 심도 있는 질문을 해야 하며 답을 이해할 수 있어야 한다. 특정 방침이나 기술 문화 변화에 여러 사람의 이견이 있을

---

17 「선한 엔지니어링: 친절한 엔지니어가 되는 법(Kind Engineering: How To Engineer Kindness)」, *https://kind.engineering*

때는 본인이 그것에 관해 제일 잘 알고 자신 있게 의견을 개진해야 한다. 그러려면 당연히 기술적인 기본기가 탄탄해야 한다.

물론 그렇다고 해서 많은 코드를 작성해야 하는 것은 아니다. 스태프 엔지니어는 모든 문제를 효율적으로 해결해야 한다. 이러한 관점에서 코드 작성은 효율적인 업무 처리에 직접적인 영향을 미치지 않는다. 그보다는 스태프 엔지니어만이 할 수 있는 설계 또는 리더십 업무를 수행하고, 코드 작성은 다른 사람들에게 맡기는 것이 적합하다. 스태프 엔지니어들은 종종 모호하고 엉망진창이거나 어려운 문제를 처리하고, 다음에는 다른 사람이 이를 대신 처리할 수 있는 상태로 만든다. 일단 문제를 해결할 수 있는 상태가 되면, (때론 스태프 엔지니어의 도움을 받더라도) 경험이 적은 엔지니어에게는 이것 또한 성장의 기회가 된다.

다만 이것이 모든 스태프 엔지니어에게 동일하게 적용되는 사항은 아니다. 어떤 스태프 엔지니어는 코드 베이스를 자세히 들여다볼수록 많은 문제를 해결할 수 있다. 반면에 어떤 스태프 엔지니어들은 서류를 작성하거나 데이터를 능숙하게 분석하는 일 또는 다수의 면담을 통해서 문제를 더 잘 해결한다. 어떤 방법을 사용하든 간에, **문제를 해결하는 것**이 중요하다.[18]

1.2.3 스태프 엔지니어는 자율성을 추구한다

여러분이 주니어 엔지니어라면 매니저가 여러분에게 모든 업무와 수행 방법을 꼼꼼하게 알려줄 것이다. 그러나 시니어 엔지니어라면 매니저가 중요한 문제만 알려줄 것이고, 해결 방법은 스스로 찾아야 한다. 더 나아가 스태프 플러스 엔지니어라면 매니저에게 정보와 맥락을 얻는다고 해도, 결국 여러분이 직접 매니저에게 무엇이 중요한지 알려주어야 한다. 누군가가 소프트웨어 기업 인터콤Intercom의 프린시플 엔지니어인 사브리나 레안드로Sabrina Leandro에게 "영향력과 가치가 있는 일을 해야 한다는 것은 압니다. 하지만 꼭 해야 하는 업무 목록 같은 것은 어디서 찾을 수 있나요?"라고 질문한 적이 있다. 그녀의 대답은 "여러분이 만들어야죠!"였다.[19]

---

18 이것이 바로 필자가 숙련된 스태프 엔지니어에게 코딩 인터뷰를 하는 것을 좋아하지 않는 이유다. 스태프 엔지니어가 됐다면 이미 그 사실만으로도 당연히 코드를 잘 작성할 수 있거나, 다양한 방법을 사용해서 기술적인 문제를 푸는 방법을 알고 있다는 말이다. 어떤 방법이든 좋은 결과를 내는 것이 중요하다.

19 「축하합니다. 스태프 플러스가 되셨습니다!⋯그다음은 뭐죠(So you're Staff+ ⋯ now what)?」, *https://oreil.ly/FOI1L*

또한, 여러분이 스태프 엔지니어라면 조직의 시니어 직급으로서 방향성을 설정하는 데 깊이 관여할 수 있다. 매주 한정된 시간이 주어지는데(자세한 내용은 4장 참조), 그 시간을 잘 관리하는 것도 여러분 자신에게 달렸다. 여러분의 시간을 어떻게 사용할지 알아서 결정하는 자율성이 생기는 것이다. 그리고 누군가가 업무를 부탁하면 여러분의 전문지식에 근거해서 스스로 결정을 내려야 한다. 즉, 업무 우선순위, 도움 요청자와의 관계, 이점 등 다양한 사항을 고려해서 자율적으로 결정해야 한다. 최고 경영자CEO, Chief Executive Officer 등의 상사가 여러분에게 업무를 지시하면 그 업무가 적절한지부터 고려해보아야 한다. 여러분이 판단하기에 옳지 않은 업무라 여겨지면 이를 그대로 받아들여서 수행하지 말고, 반대 의견을 명확하게 내야 한다. 가만히 앉아서 안 좋은 결과가 여러분 앞에 들이닥치도록 놔두어서는 안 된다(물론 다른 사람이 여러분의 말을 귀 기울여서 들어주길 바란다면 먼저 여러분이 신뢰할 만한 사람이라는 평판을 쌓아야 한다). 자율성은 그만큼의 책임감도 수반한다.

1.2.4 스태프 엔지니어는 기술 방향성을 설정한다

스태프 엔지니어의 또 다른 역할 중 하나는 기술 전문가로서 조직이 **올바른 기술 방향을 설정**하고 있는지 확인하는 것이다. 조직의 프로덕트와 서비스에는 스태프 엔지니어의 아키텍처와 스토리지 시스템 그리고 사용하는 도구와 프레임워크 등 수많은 관련 기술 결정이 내재되어 있다. 이러한 결정이 개별 팀, 복수 팀, 조직에서 내려질 때 스태프 엔지니어의 임무는 그 결정이 잘 내려졌는지, 그리고 그것이 잘 기록되어 있는지 확인하는 것이다. 그렇다고 모든 방향의 기술 결정(또는 불필요한 것까지)에 관여해야 할 의무는 없다. 다만 모든 사람이 그 결정에 동의하는지, 그들이 해결책을 잘 이해했는지는 필히 확인해야 한다.

1.2.5 스태프 엔지니어는 의사소통의 달인이다

스태프 엔지니어는 경력이 쌓일수록 원활한 **의사소통 능력**이 더 중요해진다. 모든 업무는 다른 사람에게 전달된 정보와 그들에게서 받는 정보를 기반으로 진행된다. 원활한 의사소통으로 다른 직원들의 이해도를 높일수록 업무를 훨씬 수월하게 진행할 수 있다.

1.3 스태프 엔지니어의 역할

앞서 다룬 스태프 엔지니어의 특징들은 여러분이 스태프 엔지니어의 개념과 역할을 이해하는데 도움이 될 것이다. 다만 직장에서 생활하면서 이를 실제로 구현하는 데는 여러 어려움이 있다. 스태프 엔지니어의 업무는 기업마다, 조직마다 천차만별이기 때문이다. 직무는 기업의 규모와 조직에 무엇이 필요한지에 따라서 다르고, 개인적인 업무 스타일과 선호도에도 영향을 받는다.

특히 이러한 변동성 때문에 여러분은 주변의 다른 스태프 엔지니어와 자신을 비교하기 어려웠을 것이다. 앞부분에서 스태프 엔지니어의 공통 특성을 다루었다면, 이번에는 스태프 엔지니어별로 다르게 적용될 수 있는 특성 차이를 다루어보고자 한다.

먼저 보고 체계부터 알아보자.

1.3.1 조직 내에서 스태프 엔지니어의 위치

아직 업계에서 스태프 플러스 엔지니어의 조직 내 보고 방식이 표준화되지는 않았다. 어떤 기업은 최고참 엔지니어가 최고 아키텍트 또는 최고 기술 책임자에게 보고하지만, 어떤 기업에서는 다수의 조직을 맡은 책임자나 다양한 직급의 매니저에게 보고한다. 또는 이런 방식들을 섞은 형태로 보고하는 기업도 있다. 그렇기에 스태프 엔지니어의 조직 내 보고 방식에 정답은 없지만, 여러분이 달성하고자 하는 것에 따라서 여러 형태의 답을 찾을 수 있다.

일단 보고 체계(그림 1-3 참조)는 여러분이 스태프 엔지니어로서 기업에서 지원받는 수준, 접근할 수 있는 정보, 그리고 무엇보다 외부 조직에 있는 동료에게 어떻게 인식되는지에 따라서 달라진다. 다음 그림을 살펴보자.

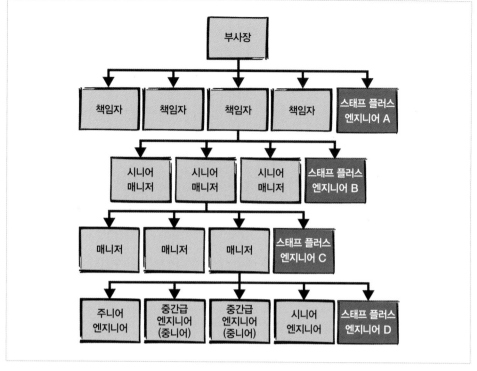

그림 1-3 조직 계층의 다양한 직급에 보고하는 스태프 플러스 엔지니어들의 예시. 그림의 구성과 동일한 조직도를 가진 기업이라면 경력이 같은 엔지니어라도 A가 D보다 책임자급 의사소통에 관한 정보를 훨씬 더 수월하게 알 수 있다.

윗선 보고

조직에서 책임자나 부사장을 대상으로 하는 '윗선 보고'는 여러분의 시야를 넓혀준다. 이러한 보고를 통해 조직 내에서 상위 수준의 영향력 있는 정보를 얻을 수 있다. 해결해야 할 문제가 있을 때도 마찬가지다. 만약 여러분이 실력 있는 선임에게 보고해야 한다면 그들이 내리는 의사결정, 회의를 이끄는 방법, 어려움을 타개하는 프로세스를 유심히 보는 것만으로도 특별한 배움의 기회가 될 수 있다.

다만 이 경우 부서 또는 팀 매니저와 보내는 시간이 줄어들 수밖에 없다. 그리고 해당 매니저는 스태프 엔지니어가 하는 일을 잘 알지 못해서 그를 지지하거나 도와주지 못할 수도 있다. 이처럼 개별 팀과 가까이 일하지만, 책임자에게 보고하는 스태프 엔지니어는 다른 팀원들과 동떨어졌다고 느끼거나 팀 내에서 풀어야 할 분열을 해결하지 못해서 책임자를 찾아갈 가능성이 있다.

물론 매니저가 바쁘거나, 여러분이 하는 일을 잘 이해하지 못하거나, 하위 수준의 기술적 의사 결정을 내리느라 바쁘다면, 여러분과 같은 시각을 가진 매니저와 함께 일하는 것이 더 행복할 수 있다는 사실도 고려해야 한다.

아랫선 공유

스태프 엔지니어가 본인보다 직급이 낮은 매니저에게 업무 사항을 공유(보고)하는 것은 장단점이 있다. 이 경우 매니저에게 좀 더 많은 관심을 받을 수 있기에 그들이 여러분을 지지해줄 가능성이 크다. 그리고 여러분이 한 가지 기술 분야에 관심을 두는 것을 선호한다면 그 분야와 가까운 매니저와 일하는 것이 좋다.

그러나 개별 팀에 배정된 스태프 엔지니어는 조직 전체에 영향력을 미치기 어려울 수 있다. 기업에 속한 직원이라면 개인의 선호 여부와 상관없이 누구나 사회적인 위치와 직위, 보고 체계에 대해 신경을 쓴다. 이런 상황에서 같은 직급이거나 하급자인 매니저에게 여러분의 업무 사항을 공유한다면 여러분의 영향력은 줄어들 것이다. 여러분이 받게 될 정보 또한 중요도가 많이 희석된 정보이거나 특정 팀의 문제에 한정된 정보일 수 있다. 매니저가 특정 정보에 접근하지 못하면, 함께 일하는 스태프 엔지니어 또한 접근하지 못할 가능성이 크기 때문이다.

또한, 같은 직급이나 하급 매니저와 상황을 공유하는 것은 여러분보다 경력이 적은 사람에게 보고한다는 의미이기도 하다. 이 자체가 문제는 아니지만, 여러분이 매니저를 보고 배울 점이 적을 수 있고 경력을 쌓는 데 큰 도움이 안 될 수도 있다. 게다가 매니저가 어떻게 스태프 엔지니어를 도와야 할지 모를 가능성도 높다. 다만 다른 방향으로 적절한 관리 체계를 충족할 수 있다면 괜찮다.[20] 특히 낮은 직급자와 공유하는 경우, 주로 스킵 레벨 매니저 manager's manager[21]와 미팅해야 한다.[22] 이럴 때는 조직의 목표를 지속해서 알아낼 수 있는 방법을 스스로 찾아두는 것이 좋다.

----

20 이와 관련해서는 라라 호건(Lara Hogan)이 쓴 「매니저의 지원이 없다면 볼트론을 만들어라(When your manager isn't supporting you, build a Voltron)」 기사(*https://oreil.ly/wY9Mp*)를 읽어볼 것을 추천한다. 매니저 대신 여러분을 서포트해줄 수 있는 다섯 명의 크루를 만든다는 내용이다.

21 옮긴이_'스킵 레벨 매니저'는 '매니저의 매니저'를 의미한다. 카미유 푸르니에(Camille Fournier)의 저서 『개발 7년차, 매니저 1일차 (The Manager's Path)』(한빛미디어, 2020) 참조.

22 기업에서 스킵 레벨 미팅(매니저를 제외하고 매니저에게 보고하는 직원들과 미팅하는 것)이 일반적이지 않다면, 여러분은 지금 본인이 조치하는 행동이 매니저를 무시하거나 이르는 것이 아니라 조직 차원의 관점에서 우선순위를 이해하기를 원하고 조직에 큰 영향을 미치는 데 도움되는 연결 고리를 만드는 것이라는 점을 분명히 해야 한다. 이것이 잘 이루어진다면 매니저가 스킵 레벨 미팅의 가치를 이해하고 미팅을 잡는 데 도움을 줄 것이다.

만약 매니저와 스태프 엔지니어가 효과적인 방식에 관해 서로 다른 생각을 하고 있다면 마찰이 일어날 수 있다. **조직** 내에서 스태프 엔지니어를 필요로 하는 더 큰 문제가 있어도, 매니저는 **팀**에 가장 중요한 업무, 예를 들어서 앞서 언급한 로컬 최댓값을 추구하는 업무를 할당할 가능성이 있다. 한 사람이 다른 사람의 성과를 평가하고 보상을 책임질 때는 직급의 우선순위와 역량을 논하기 어렵다. 그래서 만약 논쟁이 자주 일어난다고 느껴지면 바로 매니저의 상사에게 이를 보고하는 것이 좋다.

1.3.2 스태프 엔지니어의 업무 범위 설정

여러분이 특정 도메인에서 공식적인 리더 역할을 수행하지 않더라도, 보고 체계는 주의 깊게 살펴야 할 부분과 책임져야 할 도메인 등을 정해주기에 스태프 엔지니어의 **업무 범위**에 큰 영향을 미칠 것이다.

스태프 엔지니어는 적어도 본인의 업무 범위 내에서만큼은 단기 및 장기 목표에 영향력을 행사하며 주요한 의사결정이 무엇인지 알아야 한다. 조직 및 기업의 변화에 관해 유의미한 의견을 내야 하고, 영향력을 행사하지 못하는 사람들을 대변해서 기술 결정이 잘못 이루어지지 않도록 막아야 한다. 또한, 시니어 엔지니어와 스태프 엔지니어의 다음 세대를 구축하고 성장시키는 것에 대해 항상 생각해야 하며, 그들이 성장할 수 있도록 다양한 프로젝트와 기회를 제공해야 한다.

때에 따라서는 매니저가 스태프 엔지니어의 스킬 역량과 에너지 대부분을 그들이 담당하는 도메인에 있는 문제를 해결하는 데 투입하기를 기대할 수도 있다. 스태프 엔지니어는 본인의 업무 시간을 일부는 팀에, 나머지는 조직 내에 있는 기회에 쓰는 식으로 나누어서 쓴다. 책임자와의 보고를 통해 높은 업무 수준과 전체적인 조직 업무를 담당하는 역할을 기대했으나, 실제로는 책임자의 팀 업무나 기술 업무를 맡게 될 수도 있다. 따라서 스태프 엔지니어라면 본인이 업무적으로 어떤 방향성을 추구하는지 분명히 하는 것이 중요하다.

다만 위기 상황에서는 당연히 여러분의 업무 범위를 벗어난 일일지라도 해야 한다. 시스템이 중단되면 '내 업무가 아니다.'라는 개념이 없어진다. 일상 업무에서 벗어나야 하고, 필요할 때마다 리더십을 발휘해야 하며, 배워야 할 것을 습득하고 고칠 점은 고쳐야 한다. 스태프 엔지니어의 업무상 장점 중 하나는 업무 범위 설정이 자유롭다는 것이다.

아무튼 일시적이고 유동적이더라도 스태프 엔지니어라면 본인의 업무 범위를 확실히 설정할 것을 추천한다.

지나치게 넓은 업무 범위 설정 시 발생하는 문제

업무 범위를 너무 넓게 설정하거나 명확하게 정의하지 않는다면 다음과 같은 문제를 겪을 수 있다.

■ 영향력 부족

스태프 엔지니어가 어떤 문제든지 담당할 수 있다면, 모든 문제가 스태프 엔지니어에게 쏠릴 수도 있다. 특히 필요한 인원보다 적은 수의 경력자로 구성된 조직에 있다면 말이다. 사이드 업무는 어느 기업이나 늘 존재한다. 실제로 목표를 설정하지 않은 상태에서도, 사이드 업무만으로도 새로운 역할을 아주 쉽게 만들어낼 수 있을 정도다. 이를 방지하기 위해서 사이드 업무[23]를 너무 많이 벌이지 않도록 주의하자. 그냥 성취감도, 목표도 없는 잡일로 끝날 수도 있다.

■ 장애물 발생

모든 업무를 처리하는 법을 아는 경력자가 있다면 그 사람이 반드시 모든 미팅에 참석해야 한다는 통념이 있다. 그러나 이것은 조직의 생산 속도를 높이기보다는 되레 그 사람 없이 일을 처리하기 어렵게 만들고, 진행 속도를 늦추어서 악영향을 끼친다.

■ 의사결정 피로감

모든 것을 다 해내려고 하는 고집을 떨쳐 내야 한다. 그럴 경우 일을 결정하는 데 지속적인 비용이 발생하기 때문이다. 4장에서는 스태프 엔지니어가 어떤 일을 선택해야 하는지를 자세히 다룰 것이다.

■ 관계 부진

일을 쉽고 즐겁게 하려면 다른 팀과 우호적인 관계를 유지하는 것이 중요하다. 그러나 너무 많은 팀과 협력하면 이러한 관계를 유지하기가 어려워진다. 게다가 다른 엔지니어도 가까운 스태프 엔지니어와 함께 일함으로써 얻을 수 있는 **멘토링**과 **후원**을 받지 못하게 되기에 손해를 본다.

---

23 '사이드 업무(https://oreil.ly/LDRd5)'는 주요 미션과는 상관없지만, 코인이나 경험치를 쌓기 위해 선택적으로 하거나 재미로 도전할 수 있는 비디오 게임의 보너스 스테이지와도 같다. "음, 나는 이 땅에 공포를 몰고 온 악마를 물리치기 위해 삼엄한 요새로 가던 참이지만, 먼저 당신이 잃어버린 고양이부터 찾아주고 나서 모험을 계속할 것이다."와 같은 상황을 상상해보라.

스태프 엔지니어가 모든 것을 다 해낼 수는 없다. 본인만의 분야를 명확하게 정하고, 그 안에서 영향력을 행사하고 성과를 내야 한다. 몇 가지 문제를 선별해서 이를 해결하는 데 집중하자. 그리고 이것들을 모두 해냈을 때 비로소 다른 분야로 넘어가자.

너무 좁은 업무 범위 설정 시 발생하는 문제

업무 범위를 너무 좁게 설정하는 것도 조심하자. 가장 일반적인 예는 스태프 엔지니어가 같은 직급이나 하급 매니저에게 정보를 공유해야 하는 개별 팀에 속한 상황이다. 물론 매니저 입장에서는 팀 내 디자인과 기술 계획을 짤 수 있고 팀 프로젝트의 기술 전문 리더가 될 수 있는, 경력이 많은 엔지니어가 있는 것이 좋다. 그러면 해당 엔지니어도 팀이 가진 기술과 문제 부분에 깊게 파고들 수 있고, 모든 뉘앙스를 이해할 수 있기 때문이다. 그러나 스태프 엔지니어의 입장에서는 너무 좁은 업무 범위를 설정하는 데 따른 위험 요소들을 조심해야 한다. 다음과 같은 문제를 겪을 수 있다.

■ 영향력 부족

업무 범위를 너무 좁게 설정하면 스태프 엔지니어의 전문성이 필요하지 않은 부분에 시간을 낭비할 수 있다. 만약 개별 팀의 기술에 깊게 파고들기로 했다면, 그 핵심 컴포넌트와 주요 업무가 개별 팀이 아니라 기업 차원에서 매우 중요한 것이어야 한다.

■ 기회비용 낭비

스태프 엔지니어의 스킬 역량은 수요처가 넘쳐난다. 이런 상황에서 만약 개별 팀에 배정된다면 팀보다 훨씬 규모가 큰 조직 내의 다른 문제보다는 팀에 관련된 문제를 최우선으로 해결하게 될 수 있다. 또한, 매니저가 쉽게 다른 팀으로 보내려 하지 않을 수도 있다. 수요처는 넘쳐나는데, 기회비용을 낭비하게 되는 것이다.

■ 다른 엔지니어들의 성장 방해

스태프 엔지니어가 업무 범위를 좁게 설정하면, 업무량이 충분하지 않고 경력이 적은 엔지니어들이 스태프 엔지니어의 그늘에 가려지고, 배움의 기회를 빼앗길 수도 있다. 즉, 스태프 엔지니어가 모든 기회를 독식한다면 다른 하급 엔지니어들에게는 기회가 돌아가지 않는다.

■ 오버 엔지니어링

엔지니어가 역량에 비해 상대적으로 쉬운(좁은) 업무를 맡으면 간혹 간단한 문제에도 지나치게 복잡한 기술적인 해결책을 사용하는 경우가 있다. 이는 한가한 엔지니어가 스스로 문젯거리를 만드는 것이다. 스태프 엔지니어의 업무는 보다 어려운 문제를 고도의 기술로 해결하는 것이다.

어떤 기술 도메인과 프로젝트는 매우 난해해서 엔지니어 한 명이 평생 일해도 끝내기 어렵다. 스태프 엔지니어라면 본인이 맡은 일이 여기에 해당하는지 반드시 확인하자.

1.3.3 스태프 엔지니어의 역할 정의

일단 스태프 엔지니어의 업무가 충분히 영향력 있는 일이라고 인정받는다면, 여러분은 다양한 방식으로 일할 수 있다. 여기에는 본인이 맡은 업무량이 무엇인지 정의하는 것도 포함된다. 다음 질문을 통해 스스로 업무 역할을 정의해보자.

깊게 파고들 것인가, 아니면 넓게 파고들 것인가?

본인이 스태프 엔지니어라면 다음 질문에 답해보자. 단독 문제에 집중하는 것이 좋은가, 특정 기술 분야에 초점을 맞추는 것을 선호하는가? 아니면 단독 문제는 필요할 때만 관여하고 여러 팀과 여러 가지 기술을 폭넓게 보려는 경향이 있는가? **깊이 우선** 또는 **너비 우선**은 여러분의 개인적인 성격과 업무 스타일에 달렸다.

꼭 정답이 있는 것은 아니지만, 여러분이 선호하는 스타일이 여러분의 업무 범위와 일치한다면 좀 더 수월하게 정할 수 있다. 예를 들어서 조직과 사업의 기술 방향성에 영향을 미치고 싶다면 좀 더 폭넓은 기회를 선호할 수 있다. 그런 사람이라면 조직의 의사결정이 이루어지는 곳에 꼭 참여해야 하고 많은 팀에 영향을 미치는 문제를 해결하고 싶어 하기 때문이다. 한 가지 아키텍처 문제만 깊게 파고들면서 이런 일을 하려면 성공하기 어렵다. 반면에 특정 기술 도메인의 전문가가 되고자 한다면 초점을 좁게 잡아야 하고 대부분의 시간을 그 도메인에 쏟아부어야 한다.

네 가지 분야 중에서 선호하는 것은 무엇인가?

구글의 저명한 엔지니어인 요나탄 전거 Yonatan Zunger 는 트위터에 올린 글[24]을 통해 전 세계의 모든 직업에 필요한 **네 가지 기술**을 다음과 같이 정의했다.

■ 핵심 기술
코딩, 소송, 콘텐츠 제작, 만들기 등 일반적인 실무자가 처리하는 모든 기술

■ 프로덕트 관리
어떤 업무를 해야 하는 이유를 파악하고 해당 업무에 관해서 상세하게 설명할 수 있는 기술

■ 프로젝트 관리
목표 달성, 혼란 제거, 업무 추적, 장애물 파악 및 제거 등 실용성을 따지는 기술

■ 인사 관리
한 그룹의 사람들을 팀으로 만들고, 그들의 기술과 경력을 성장시키고 멘토링하며, 그들이 직면하는 문제들을 해결하는 기술

전거는 직급이 높을수록 한 사람이 이 네 기술을 다 갖춘 경우는 드물다고 했다. 하지만 다른 사람들이 높은 직급의 사람을 볼 때는 '경력이 쌓일수록 네 가지 기술을 자유자재로 구사하며 관련 업무를 손쉽게 해내겠지.'라는 기대감이 생긴다고 말했다.

실제로 모든 팀과 프로젝트는 방금 다룬 네 가지 기술을 다 요구한다. 스태프 엔지니어도 마찬가지다. 그렇다고 해서 여러분이 이 네 가지를 다 뛰어나게 잘할 필요는 없다. 모든 사람은 적성이 서로 다르기에 선호하는 업무도 당연히 모두 다르다. 그래도 여러분은 이 분류를 통해서 스스로 어떤 일을 즐기고, 어떤 일은 절대 하지 않기를 바라는지 명확하게 알 수 있을 것이다. 그래도 확신이 안 선다면 각 분야에 관해서 친구와 대화할 때 여러분이 분야마다 어떤 감정을 표출하는지 친구에게 관찰해달라고 부탁해보면 좋다. 그리고 정말로 싫어하는 분야가 있다면 그 일을 대신 해줄 수 있는 사람과 함께 일하는 것도 좋다. 깊이 우선이든 너비 우선이든, 핵심 기술만으로는 지속적인 성장을 이루기 힘들다는 것을 알게 될 것이다.

---

24 「역할과 영향: 스태프를 넘어선 개인 기여자(Role and Influence: The IC trajectory beyond Staff)」, https://oreil.ly/3S9HE

코딩 작업은 어느 정도로 수행해야 하는가?

스태프 엔지니어는 핵심 기술 업무를 하면서 코딩도 자유롭게 할 수 있다. 코딩 스킬이 현재 여러분이 그 자리에 이르는 데 도움을 준 스킬인데도 핵심 기술 업무를 수행하느라 코딩 실력이 녹슬거나 뒤처진다고 느끼면 당연히 불편할 수 있다. 몇몇 스태프 엔지니어는 꾸준히 코드를 읽고 많이 리뷰하지만, 정작 작성은 많이 하지 않게 된다. 반면에 어떤 스태프 엔지니어들은 매일 코드를 짜며 프로젝트의 핵심 기여자가 되기도 한다. 그 외의 다른 스태프 엔지니어는 프로젝트를 지연시키지 않는 선에서, 중요하지는 않지만 본인에게 흥미롭거나 교육적인 프로젝트를 찾아서 코드를 작성한다.

여러분의 성격이 매일 코딩하지 않을 때 불안해지는 성격이라면 폭넓은 아키텍처를 다루면서 영향력을 행사하는 역할을 맡아서는 안 된다. 아니면 적어도 불안감을 없앨 수 있는 다른 계획을 세워서 스스로 해결할 수 있는 큰 문제를 마련하는 것이 낫다. 이렇게라도 자꾸 코딩 업무에 뛰어드는 것을 자제해야 한다.

만족감이 정체된다면 어떻게 할 것인가?

코딩 관련 피드백은 바로 받을 수 있다. 성공적으로 컴파일되거나 테스트 통과를 못 하면 바로 알 수 있기 때문이다. 매일 소소한 성과 검토를 보는 것과 같다. 반면에 업무 수행 관련 피드백은 다르다. 스태프 엔지니어가 되었을 때 여러분이 올바른 길로 가는지 피드백을 받을 수 있는 루트가 구축되어 있지 않다면 실망할 수도 있다.

기업에서 장기적이고 여러 조직이 관여된 프로젝트를 진행하거나 전략 및 문화가 변화하는 상황에서는 여러분이 하는 일이 잘 진행되는지에 대한 신호를 주는 데까지 몇 달 또는 그보다 더 오랜 기간이 걸릴 수 있다. 장기적인 피드백 사이클을 가진 프로젝트를 진행하면서 불안해하거나 스트레스를 받는 성격이라면 믿을 만한 매니저에게 일이 어떻게 돌아가고 있는지 주기적으로 솔직하게 말해달라고 부탁하면 좋다. 만약 그럴 수 없는 경우라면 좀 더 짧은 시간 내에 성과를 낼 수 있는 프로젝트를 담당하기를 권한다.

매니저의 업무 중 일부분을 대신하고 있는가?

대부분의 스태프 엔지니어에게는 직속 부하 직원이 없지만, 그렇지 않은 경우도 있다. 기술 리드 매니저TLM, Tech Lead Manager는 스태프 엔지니어로서 팀의 기술 리더이자 팀을 관리하는 역할까지 모두 수행하는 직무다. 이는 어렵기[25]로 유명한[26] 일[27]이기도 하다. 성공적인 인사 관리와 기술적 성과에 대한 책임을 져야 하는 직무이기 때문이다. 실제로도 필자는 기술 리드 매니저들이 두 가지 스킬을 모두 함양할 시간이 부족해서 경력을 쌓을 기회가 없다고 한탄하는 이야기를 많이 들었다.

어떤 사람들은 몇 년간 매니저 역할을 해보고 난 후에 스태프 엔지니어 역할을 맡는 식으로 왔다 갔다 하면서 두 가지 스킬 수준을 모두 최상으로 유지한다.[28] 9장에서는 '**진자**'처럼 양쪽으로 스킬 역량을 기르는 방법에 관해서 좀 더 알아볼 것이다.

네 가지 유형 중에서 나에게 맞는 유형은 어떤 것인가?

'스태프 유형' 관련 칼럼[29]에서 윌 라슨은 스태프 엔지니어의 역할을 뚜렷하게 구분해서 설명했다. 여러분의 역할이 무엇인지, 또는 어떤 유형이 되고 싶은지 정의해보자.

■ 기술 리드
매니저와 협업해서 하나 이상의 팀을 이끈다.

---

25 「기술 리드 매니저의 유혹과 이를 피하는 방법(The Lure of the Tech Lead Manager and Why You Should Avoid it)」, *https://oreil.ly/8eFBM*

26 「기술 리드 매니저의 역할은 덫이다(Tech Lead Management roles are a trap)」, *https://oreil.ly/uRrBq*

27 「기술 리드 매니저 역할의 어려움(Being a Tech Lead-Manager is Hard)」, *https://oreil.ly/8S4vR*

28 체리티 메이저(Charity Major)의 「엔지니어와 매니저 관계의 진자 운동(The engineer/manager pendulum)」(*https://oreil.ly/aV16i*)은 이 주제에 관해 훌륭하게 설명한 글이다.

29 「가이드/스태프 본보기(Guides/Staff archetypes)」, *https://oreil.ly/cYVGl*

■ **아키텍트**

핵심 분야의 기술 방향성과 퀄리티에 대한 책임이 있다.

■ **문제 해결사**

한 번에 하나의 문제를 헤쳐 나간다.

■ **오른팔**

조직에서 리더 역할을 수행한다. 리더십이 강조된 역할이다.

여러분이 윌 라슨이 언급한 유형에 속해 있지 않거나, 한 가지 이상의 유형에 속한다고 해도 문제될 것은 없다. 이것이 규범은 아니기 때문이다. 다만 이 분류는 어떻게 일하는 방식을 선호하는지 스스로 명확하게 정의하는 데 유용한 개념이다.

1.3.4 스태프 엔지니어의 주요 업무 파악

지금까지 우리는 조직 내에서 스태프 엔지니어의 업무 범위 및 위상을 대략적으로 살펴보았다. 어떤 업무 수행 방식을 좋아하는지, 어떤 기술을 선호하는지를 알아볼 수 있도록 적성을 파악하는 법도 살펴보았다. 하지만 이 모든 것을 이해하고 역할에 대해 명확하게 알고 난 뒤에도 여전히 한 가지 질문이 남는다. 바로 "여러분이 해야 할 일은 무엇인가?"다.

스태프 엔지니어들은 영향력이 커질수록 더 다양한 분야에 관심을 두도록 요구받는다. 여러분은 조직에서 코드 리뷰를 어떻게 해야 하는지 모범 사례를 담은 문서를 만들고 다른 사람들에게 의견을 구해야 할 수도 있다. 또 채용 면접을 어떻게 진행할지 결정하는 데도 여러분의 도움을 요청할 수 있다. 경력자의 지지를 받는 스태프 엔지니어가 있다면 데프리케이션deprecation[30]이 더 잘 진행될 수도 있다. 아무리 시작이 반이라고는 하지만, 겨우 월요일 아침밖에 안 됐는데 벌써 할 일이 이토록 산더미처럼 쌓여 있다. 일이 너무 많은데, 어떻게 해야 할까?

때에 따라서는 매니저를 비롯해서 보고를 받는 사람이 여러분에게 무엇에 집중해야 하는지에 대해 강한 의견을 줄 수도 있다. 심지어 어떤 특정 문제를 해결하기 위해서 여러분을 고용했을 수도 있다. 다만, 일반적으로 스태프 엔지니어들은 중요한 업무를 스스로 결정할 수 있는 자율

---

30 옮긴이_ '데프리케이션'은 '비효율성, 위험성, 다른 시스템으로의 대체 등을 이유로 사용을 금지하거나 완전히 제거하지 않은 채로 일부 시스템을 이용하지 않도록 하는 것'을 의미한다.

성을 보장받는다는 점을 명심하자. 무엇을 할지 정할 때마다 무엇을 **하지 말아야** 할지도 정할 수 있다. 따라서 본인이 담당할 업무에 대해서 스스로 신중하고 사려 깊게 생각하자.

중요한 업무를 파악하는 법

경력이 짧은 엔지니어라면 멋지게 해낸 일이 불필요한 것으로 밝혀지더라도 문제 되지 않는다. 그러나 스태프 엔지니어 직급에서는 업무를 할 때마다 기회비용이 발생하므로, 당연히 **필수적이고 중요한** 업무를 맡아야 한다.

한 가지 예를 살펴보자. "중요한 업무를 해야 한다."라는 말이 반드시 화려한 기술을 구사한다거나 부사장이 주도하는 일을 함께해야 한다는 것을 의미하지는 않는다. 오히려 제일 중요한 업무는 종종 아무도 보지 못하는 사각지대에 놓여 있다. 팀원들이 중요한 업무를 찾는 것에 관한 경험이 없어 그 필요성을 느끼기 어려울 수도 있다. 이런 일들은 존재하지 않는 데이터를 수집해야 하거나, 몇십 년 동안 건드리지 않은 코드나 서류를 훑어보는 일일 수도 있다. 게다가 언급한 업무들 외에도 단순히 끝내기만 하면 될 뿐인 성가신 일들도 많다. 이렇게 의미 있는 일은 다양한 형태로 나타난다.

그래서 여러분이 스태프 엔지니어라면 여러분이 맡은 일이 왜 **전략**적으로 중요한지에 대해서는 꼭 알고 있어야 한다. 그리고 그 일이 중요하지 않다면 다른 일을 하는 것이 맞다.

스태프 엔지니어를 필요로 하는 곳 찾기

중간급 엔지니어가 충분히 맡아서 할 수 있는 코딩 프로젝트에 시니어 엔지니어가 전념한다면 물론 훌륭하게 그 일을 해낼 것이다. 그러나 이 경우 중간급 엔지니어는 시니어급 엔지니어가 한 일에 이견을 제시할 수 없다. 적절한 분산과 관련해서 "계란을 한 바구니에 담지 말라."라는 관용구를 떠올려보자. 이 책의 내용에 적용하자면 필요한 곳에 적절한 인력을 투입하자는 말이다.

또한, 이미 많은 시니어 엔지니어가 맡고 있는 프로젝트를 선택하지 않도록 조심하자. 여러분이 성공적으로 해낼 것 같은지 아닌지를 떠나서 이미 다른 사람이 맡은 업무는 배제하자. 어떤 프로젝트는 리더가 추가되면 오히려 진행이 더뎌질 수 있다.[31] 사공이 많으면 배는 산으로 간

---

31 브룩스의 법칙(Brooks's Law)은 "이미 상당히 진행되고 있는 소프트웨어 프로젝트에 인력을 추가 투입하면 속도가 지연된다."라는 것이다. 브룩스는 이것을 '터무니없는 단순화(`https://oreil.ly/WIruQ`)'라고 겸손하게 표현했지만, 실은 어느 정도 맞는 말이다. 프레더릭 브룩스(Frederick Brooks)의 저서 『The Mythical Man-Month』(Addison-Wesley, 1995) 참조.

다. 일반적으로 코드(또는 프로젝트)를 작성하는 사람보다 현명한 목소리를 내는 사람이 더 많다면 끼어들지 않는 것이 좋다. 여러분을 정말 필요로 하고 여러분이 관심을 기울여서 이익을 낼 수 있는 문제를 선택하도록 노력하자. 4장에서는 어떤 프로젝트를 선택해야 할지에 대해서 말해보고자 한다.

1.4 범위, 유형 및 중점 사항에 맞춘 조정

여기까지 읽은 독자라면 이제는 스태프 엔지니어의 업무 범위와 위상, 업무 종류에 관해서 명확한 빅 픽처를 그릴 수 있어야 한다. 그러나 스태프 엔지니어가 아닌 다른 사람들도 그렇게 생각할까? 스태프 엔지니어의 정의와 권한을 비롯해 기타 수많은 중요한 질문과 관련된 매니저 및 직장 동료의 기대치와 스태프 엔지니어의 기대치는 상당히 다를 수도 있다. 스태프 엔지니어로 입사했다면 처음부터 이런 기대치 격차를 바로잡는 것이 좋다.

엔지니어이자 필자의 친구인 킨 신놋Cian Synnott은 스태프 엔지니어 스스로 자신의 직무에 대한 이해도를 문서(직무 이해도 문서)로 작성해서 매니저와 공유하라고 조언한다. 물론 "이곳에서 해야 할 일은 무엇인가?"와 같은 질문에 대답하는 것이 꺼려질 수도 있다. 사람들이 스태프 엔지니어가 맡은 업무가 필요 없다고 생각하거나, 그 업무를 잘하지 못한다고 생각하면 상당히 당황스러울 것이기 때문이다. 하지만 해당 기록을 작성하면, 모호한 부분을 제거하며 다른 사람과 기대치를 잘 맞춰 가고 있는지 빠르게 확인할 수 있다. 지금 확인하는 것이 나중에 성과 검토 때 하는 것보다 낫다.

쉽게 이해할 수 있도록, 규모가 큰 여러 팀과 협업이 필요한 프로젝트를 지원하는(하지만 리드하지는 않는) 너비 우선 유형의 스태프 엔지니어인 알리Ali의 역할 설명을 다음과 같은 직무 이해도 문서로 만들어보았다.

알리가 하는 일은?

개요

이 문서는 내년에 맡을 내 업무에 대한 계획을 제시한다. 내 업무의 초점은 소매 판매 엔지니어링 그룹의 성공이다. 내 업무 시간의 반을 이 그룹의 기술 방향을 설정하는 데 사용할 예정이고, 30%는 '뉴머천다이징 NewMerchandising' 프로젝트에 사용할 예정이며, 나머지 시간은 여러 조직 간 계획(API 실무단, 아키텍처 검토)과 커뮤니티 작업(면접, 시니어 엔지니어 멘토링)에 할애할 예정이다. 또한, 인시던트 지휘관[32] 교대조의 일원으로 10주마다 한 번씩 당직을 설 예정이다.

목표

- 기술 방향성을 제시하고 조직 목표를 세우는 데 기여하며 위험을 예상함으로써 소매 판매를 성공적으로 이끌기.
- 뉴머천다이징 프로젝트를 성공적으로 이끄는 컨설턴트 또는 전력승수 역할을 수행하기.
- 프로젝트의 목표 수행을 위협하는 엔지니어링 관행 또는 격차를 파악하기.
- 소매 세일즈 엔지니어링 내 팀의 아키텍처 검토 리드하기.
- 다른 판매 그룹 아키텍처 검토에 참여함으로써 교차 엔지니어링 계획을 개선하기.
- 인시던트나 문제가 있을 때, 필요시 리더 역할 하기.

샘플 활동

- 소매 판매 시 위험 요소와 기회를 다룰 수 있도록 OKR Objective and Key Results 제안하기.
- 뉴머천다이징 프로젝트의 목표와 성과물에 동의하고, 팀 차원의 동의를 얻기.
- 조직 전체의 팀 아키텍처 컨설팅하기. 아키텍처 접근 방식을 추천하고 RFC Request For Comments에 기여하지만, 주요 작성자로 활동하지는 않기.
- 시니어 엔지니어 멘토링과 코칭하기.
- 시니어 엔지니어 및 스태프 엔지니어 지원자 면접 진행하기.

성공적인 모습은?

- 소매 판매와 관련해서 향후 5년 동안 확장할 수 있는 시스템을 구축한다.
- 뉴머천다이징 프로젝트는 네 팀 모두 공통된 목표를 갖고 지속해서 발전할 수 있도록 한다.

완벽하게 쓰지 않아도 된다. **적당한 정도**로만 설정하면 된다. 이렇게 목표를 말했다고 해서 다른 업무를 못 하는 것은 아니다. 다만 이 문서는 여러분이 어떤 일을 하려고 했는지 스스로 상

---

32 옮긴이_개발자 직무 중에서 당직 시 호출을 받는 상황을 '인시던트에 대응한다.'라고 한다. '인시던트 지휘관'은 '규모가 큰 인시던트를 지휘 및 관리하는 사람'을 의미한다.

기할 수 있도록 해주고, 하려고 했던 일을 실제로 하고 있는지 체크하는 데 큰 도움이 된다.

생각했던 것보다 조금 더 빨리 초점을 바꾸기로 결정할 수도 있다. 상황은 언제든 변할 수 있기에 우선순위도 계속 바뀐다. 이 경우에는 새롭게 추가된 역할에 대한 설명과 정보를 적어보자. 본인에 대한 기대치를 명확하게 설정할수록 다른 사람도 이를 쉽게 이해할 수 있다.

1.4.1 스태프 엔지니어의 목표

스태프 엔지니어의 **목표**는 **조직을 성공으로 이끄는 것**이다. 기술 전문가 혹은 코더의 역할을 하거나 특정 팀에 소속되어 있을지라도 궁극적으로 스태프 엔지니어의 일은 조직의 목표 달성을 돕는 것이다. 그래서 스태프 엔지니어는 본인의 업무가 아니더라도 기업이 필요로 하는 모든 종류의 업무를 처리해야 한다. 결국 말이 안 되는 일을 하게 될 수도 있다! 하지만 프로젝트를 성공으로 이끌기 위해서라면 기꺼이 감당할 수 있어야 한다.

필자의 스퀘어스페이스 직장 동료 중 일부는 2012년도에 데이터 센터가 정전으로 운영이 중단됐을 때 17층 계단을 오르락내리락하며 연료를 운반했던 이야기[33]를 들려주었다. '경유통 운반'은 대부분의 기술 직업 설명란에는 당연히 적혀 있지 않지만, 운영을 위해서는 반드시 필요했던 일이었다(그리고 효과도 있었다). 또, 필자가 근무했던 ISP 기업 기계실에서 홍수가 났을 때 필자의 일은 수위를 낮추고자 쓰레기통을 서로 연결해서 늘어놓는 것이었다. 2005년도에 구글의 프로젝트가 지연되고 하드웨어 전문 인력이 부족했을 때, 필자는 며칠 동안 산호세에 있는 데이터 센터에서 서버를 설치하는 일을 했다. 프로젝트 진행을 위해서라면 무엇이든 해야 한다.

보통 '내 것이 아닌 업무'는 이처럼 극적인 일이 아니라 사소하지만 **필요한** 일들이다. 팀이 의지하는 프로젝트에 발생한 장애물을 없애기 위해 수십 번씩 대화하거나 우왕좌왕하는 신입 엔지니어가 누구인지 눈치채고 그들을 도와주는 일일 수도 있다. 다시 한번 말하지만, 여러분은 궁극적으로 조직 및 기업이 필요로 하는 그 어떤 일이라도 다 해야 한다. 2장에서는 이런 니즈가 무엇인지 이해하는 방법에 관해서 이야기하려고 한다.

---

33 「홍수에도 고객 노력으로 NYC 데이터 센터 운영 지속(Huge customer effort keeps flooded NYC data center running)」, *https://oreil.ly/6TZ2Q*

1.5 마치며

1장의 내용을 요약하면 다음과 같다.

- 스태프 엔지니어의 역할은 정의되어 있지 않다. 그렇기에 어떤 역할을 맡을지, 이 역할이 어떤 의미가 있는지 알아내고 결정하는 것은 스스로에게 달렸다.
- 스태프 엔지니어는 매니저는 아니지만, 리더 역할을 한다.
- 스태프 엔지니어는 탄탄한 기술 판단력과 경험이 필요한 역할이다.
- 스태프 엔지니어라면 본인이 발휘할 영향력의 범위와 같은 업무 분야를 명확하게 해야 한다.
- 시간은 한정되어 있다. 중요한 일, 시간을 낭비하지 않는 주요 초점을 잘 선택하자.
- 경영진과 함께해라. 여러분의 일이 무엇인지 논의하고 이에 대한 매니저의 생각은 어떤지, 무엇이 가치 있고 유익한지에 대해서 함께 이해해라. 그리고 여러분이 정한 명백한 기대치를 모두에게 보여라. 모든 기업에 모든 형태의 스태프 엔지니어가 필요한 것은 아니다.
- 가끔 이상한 일을 맡을 때도 있겠지만, 그 어떤 일이라도 기업에 필요한 일이라면 해야 한다.

CHAPTER **2**

스태프 엔지니어의
세 가지 지도

2.1 지도 작성

2.2 위치 인식 지도: 다른 관점 제공

2.3 지형 지도: 지형 탐색 방법 제공

2.4 보물 지도: 목적지 제공

2.5 개인 여정 이야기

2.6 마치며

스태프 엔지니어에게는 넓은 시야(빅 픽처)가 필요하다. 급작스러운 인시던트에 대응할 때, 미팅을 주도할 때, 혹은 누군가에게 조언해줄 때마다 그 사람들이 하는 일과 그들의 담당 분야가 무엇인가에 대한 부수적인 정보를 알아야 할 필요가 있다. 또한, 전략을 제안하고 프로젝트를 진행할 때는 조직의 일 처리 방식을 잘 알아서 앞으로 맞닥뜨릴지도 모르는 어려운 점에 대해 이해하고 있어야 한다. 그리고 관습적인 차원을 벗어나서 어느 방향으로 가는 것이 옳은지를 알지 못하면 무슨 일을 해야 하는지에 대한 올바른 결정을 내릴 수 없다.

1장에서는 스태프 엔지니어가 무엇인지, 왜 조직이 그들을 필요로 하는지에 대해서 빅 픽처 관점에서 알아보았다. 스태프 역할을 이해하는 데 도움이 되는 특징들을 정리해본 후, 보고 체계, 업무 선호도 및 현재 주요 초점과 같은 역할의 일부 측면을 더 자세하게 알아보는 프로세스를 여러분과 함께했다. 큰 차원에서 스태프 역할이 무엇인지 몰랐었다면 지금쯤은 이해했기를 바란다. 다만 여러분도 새로운 도시를 돌아다녀 보고 길을 찾아본 적이 있다면 알겠지만, **현재 위치**가 어디인지 아는 것은 시작에 불과하다. **주변 환경**에 대해서 알아야 방향을 설정할 수 있다.

2.1 지도 작성

이 장에서는 지도를 그려보면서 여러분의 업무와 조직의 빅 픽처에 대해서 알아볼 것이다. 지도의 형태는 목적에 따라 각기 다르다. 예컨대 한 장의 지도에 고도나 투표 지역 그리고 지하철 노선도를 모두 포함하기는 어렵다. 모든 정보를 밀도 높고 가독성이 떨어지게 한 장에 다 넣는 것보다는 세 가지의 다른 지도를 만드는 것이 개별 정보를 제대로 파악하는 데 훨씬 도움이 된다. 이 지도는 완벽한 지도는 아니지만, 스태프 엔지니어의 업무에 대해 생각해보고, 여러분의 위치와 조직이 어떻게 돌아가는지, 그리고 모두가 무엇을 하려고 하는지에 대해 스스로에게 질문해볼 수 있는 유용한 도구가 될 것이다.

지도를 그리는 방법은 다양하다. 엔지니어링 조직을 생각하면서 머릿속에 그려보는 방식으로 접근하거나 실제 지도를 그려볼 수도 있다. 직장 동료가 그린 지도를 서로 비교해보고 동의하지 않는 지향점과 관심 지점을 보면 많은 것을 알게 될 것이다(그리고 재미있다).

다음은 각 분류에 따른 세 종류의 지도다.

2.1.1 위치 인식 지도: 현 위치 중심 지도

넓은 측면에서, 조직과 기업에서 여러분이 속한 위치부터 시작할 것이다. 1장에서 업무 범위에 관해서 대략적으로 이야기했지만, 스태프 엔지니어의 업무 범위가 무엇인지 진정으로 이해하기 위해서는 제3자의 시각으로 보아야 한다. 경계선에 있는 것은 무엇인가? 멀리서 보았을 때 다른 사람과 비교해서 여러분의 세계(범위)는 얼마나 큰가? 뉴스 방송국이 앵커 뒤에 현 위치를 보여주는 지도를 놓는 것처럼, 이 부분을 생각해보고 그 맥락에서 보자.

사람은 한 가지 관점으로 무언가를 너무 깊게 파고들면 객관적으로 보는 것이 힘들기 때문에 **객관성**을 유지하기 위해서 위치 인식 지도가 필요하다. 객관성을 유지하지 않으면 큰 시야로 보았을 때보다 개별 팀의 걱정거리와 결정이 더 중요한 것처럼 느껴진다. 따라서 객관적인 관점을 얻을 수 있는 방법이 필요하다. 여러분이 관심을 둔 프로젝트 중에서 어떤 것이 기업 차원의 큰 지도에 보여야 하는지 아닌지에 대해 넓은 시각으로 보아야 한다. 이렇게 하면 스스로 솔직하게 잘 파악할 수 있다.

2.1.2 지형 지도: 지형 학습 중심 지도

두 번째 지도는 지형을 **탐색**하는 것에 관한 지도다. 만약 여러분이 드넓은 초원을 건너가야 할 때, 앞으로 무슨 일이 일어날지 잘 알고 있으면 훨씬 더 멀리 그리고 빠르게 갈 수 있다. 이 부분에서는 지도에 조직의 단층선을 따라서 존재하는 능선과 곡선 그리고 아무도 예측하지 않는 곳에 있는 기이한 사내 정치적 경계와 모든 사람이 피하고 싶어 하는 다루기 힘든 사람과 같은 몇 가지 위험 요소를 살펴볼 것이다. 모래바람, 조심해야 할 병든 동물, 태양에 타버린 여행자들의 시신이 넘쳐나는 곳, 건널 수 없는 사막 같은 것들이 있다면 여행을 시작하기 전에 지도에 미리 표시하고 싶을 것이다.

또한, 이 지도를 그려보면 위험과 어려움이 닥쳤을 때 추가로 탐색해볼 수 있는 경로가 있다는 것을 발견할지도 모른다. 이런 길을 발견하는 프로세스는 조직의 '성격'을 이해하고 리더의 작업 스타일과 결정이 어떻게 만들어지는지 명확하게 하는 것, 그리고 공식적인 조직과 비공식적인 조직(섀도우 조직)의 구조를 알아내는 것을 포함한다.

2.1.3 보물 지도: 목표 지점 중심 지도

세 번째 지도는 목적지와 목적지까지의 경로에 있는 지점들을 표시한 지도다. 이 지도는 여러분이 어디로 가고 있는지를 보여주고 긴 여정 중에 휴식을 취할 수 있는 곳을 알려준다. 이 모험은 아주 위험할 수 있지만, 지도만 있다면 목표인 X 표시 지점과 얼마나 가까운지 확인할 수 있다.

이런 지도를 작성하는 것은 장기적인 관점에서 업무의 **진정한 목적지**를 파악하기 위해서다. 보물 지도가 없다면 프로젝트가 그 자체로 목적지인지, 아니면 실은 진짜 목적지까지 가는 길에 놓인 마일스톤에 불과한지 알아낼 수 있다. 그리고 가끔은 목적지가 아예 없거나 몇 가지 사항은 공존할 수 없다는 사실을 깨달을 수 있다. 스태프 엔지니어는 목적이 무엇인지 명확하지 않을 때, 목적을 달성하는 방법에 아무도 동의하지 않을 때 비전 및 전략을 수립하거나, 결정을 내리거나 아니면 조직을 위한 새로운 보물 지도를 작성함으로써 조직에 큰 영향력을 미칠 수 있다. 일단 기존에 존재하는 빅 픽처에 대해서 알아보자. 새로운 보물 지도를 만드는 것은 3장에서 다루어볼 것이다.

2.1.4 전장의 안개 걷어내기

이 세 가지 지도는 아예 처음부터 만들어야 하는 것이 아니다. 가려져 있을 뿐이지, 이미 조직에 존재한다. 대부분의 사람은 새로운 기업에 입사할 때 그 기업의 빅 픽처에 대해서 전혀 모른다. 새로운 일을 시작할 때 중요한 것은 주변 정보를 구축하고, 새 조직이 어떻게 돌아가는지 배우며 모든 사람의 목표를 알아내는 것이다. 이를 비디오 게임에 비유해서 지도 중에서 아직 탐사해보지 못한 부분인 **전장의 안개**fog of war[1]라고 생각해라. 주변을 정찰하면서 안개를 걷어내면 지형을 더 잘 파악할 수 있고 주변 환경과 마을 사람들을 괴롭히는 늑대가 있는지, 없는지를 알 수 있다. 세 가지 지도도 마찬가지다. 가려진 부분을 밝혀낼수록 다른 사람들이 쉽게 이해할 수 있도록 도와주는 정보를 발견할 수 있다. 예컨대 다음과 같은 것들이다.

- 위치 인식 지도는 협업하는 팀이 조직에서 그들의 목적을 이해하고 실제 사용자가 누구인지와 그들의 일이 다른 사람에게 어떤 영향을 미치는지 이해하도록 돕는다.
- 지형 지도는 팀 간에 존재하는 마찰과 균열을 드러나게 하고, 이를 해결하기 위한 의사소통의 문을 열 수 있다.

---

1 옮긴이_ '전장의 안개'라는 용어는 일반적으로 '전쟁 게임에서 플레이어가 경험하는 상황 인식의 불확실성'을 의미하는 용어다. https://oreil.ly/P6S9K

- 보물 지도는 모두가 정확하게 무엇을 이루어내고 싶은지와 그 이유를 알도록 돕는다.

여러분이 매일 새로운 것을 배울 때마다 지도의 일부분을 명백하게 밝힐 수도 있지만, 이 외의 다른 부분도 의도적으로 반드시 밝혀내야 한다. 2장의 핵심 내용은 지속해서 주변 정보를 얻는 것과 어떤 일이 일어나고 있는지 감지하는 것이 얼마나 중요한지 아는 것이다. 이것을 알아내려면 스킬 역량과 기회 모두 필요하고, 눈에 보이지 않았던 것을 알아내기 위해서 아주 오랜 시간 동안 근무해야 할 수도 있다.

먼저 스킬 역량에 관해 이야기해보자. 필자는 팬데믹 기간 동안 아일랜드의 어느 시골에서 몇 달을 지냈다. 그때 그곳에 사는 친구들과 자연을 거니는 산책을 많이 했다. 처음에는 장갑 한 짝이나 참나무, 그리고 눈에 띄는 아름다운 것들만 주로 보였다. 하지만 친구들은 필자가 보는 것들보다 훨씬 더 많은 것을 보았다. 그들은 필자가 무심코 지나친 진흙탕을 보고 그곳에 찍힌 소나무 담비의 발자국을 가리켰다. 잔디라고 그냥 넘어갔을지도 모르는 나뭇잎을 주웠고, 그 잎이 생각보다 맛있고 후추 맛이 나며 먹잇감을 찾는 이들에게는 보물이라는 사실을 알려주었다. 심지어 어린이들도 조그마한 꽃을 알아볼 수 있었다. 아이들은 필자가 그냥 지나쳤던 야생 딸기밭 속으로 뛰어들었다. 필자가 보지 못한 것들을 그들은 어떻게 볼 수 있었을까? 그 이유는 그들은 주의를 기울이는 법을 배웠고, 무엇을 찾는지 알고 있었기 때문이다.

주의를 기울이는 것은 프로젝트나 조직에 영향을 주는 것들을 경계하는 것을 의미한다. 그리고 주변 소음으로부터 정보를 걸러내는 것을 의미한다. 이렇게 걸러진 정보를 볼 때마다 흥미를 느끼게 하고 필요한 사실들을 골라서 기억하도록 여러분의 뇌를 훈련시킨다면 지도에 세부 사항을 추가하고 새 정보를 습득하는 스킬을 얻을 수 있을 것이다.

어떤 것들이 유용할까? 업무와 관련된 맥락을 이해하고, 조직을 탐색하거나 목표를 향해 나아가는 데 도움이 되는 모든 것이 유용하다. 다음은 몇 가지 예다.

- 다가올 기업의 마케팅 추진 관련 올핸즈all-hands[2] 미팅은 생각지도 못했던 방대한 양의 트래픽이 발생한다는 힌트를 줄 수 있다.
- 책임자가 여러분이 할 시간이 없어서 맡을 수 없는 프로젝트를 하라고 했지만, 실력을 향상하기 위해 그 기회를 노리는 시니어 엔지니어가 조직에 있다는 것을 알아냈다.
- 여러분이 기대했던 플랫폼이 뒤로 밀려났지만, 그것은 결국 놀라운 투자 기회가 되었다.

----

2 옮긴이_ '올핸즈'는 '모든 이들이 다 참여하는'이라는 의미다.

- 데이터베이스가 방금 사라졌는데 네트워크 정기 점검 관련 이메일을 수신했던 것이 기억난다.

시간이 지날수록 조직 내에 돌아다니는 소식에 적응할 수 있고, 어떤 것을 **주의 깊게** 보아야 하는지 알게 된다. 어떤 이메일을 읽어야 하고 어떤 미팅에 참석해야 하는지 알 수 있다. 여러분의 뇌가 이런 정보를 자연스럽게 습득하지 못한다면, 주의 깊게 살펴보는 습관을 기르기 위해서 나중에 중요하다고 여겨질 만한 사항들을 노트에 적는 습관을 들일 것을 추천한다. 주변 정보 습득 또한 여러분의 업무 중 한 가지라는 사실을 기억해라.

다만 주의를 기울이는 것만으로는 부족하다. 영향력 있는 결정과 논의에 접근할 수 없으면 주의를 기울인다 해도 업무에 아무 도움이 안 된다. 매일 쏟아지는 미팅 참석 일정, 이메일 그리고 슬랙의 '@here' 메시지를 알고 있다 해도, 기업 내에는 여러분이 존재하는지조차 몰라서 물어볼 수도 없는 정보가 수없이 많다. 소위 **'이런 일들이 일어나는 방'**에 들어가는 방법은 무엇일까? 2장에서는 몇 가지 관련 전략을 여러분과 공유할 것이다.

2.2 위치 인식 지도: 다른 관점 제공

경력이 쌓일수록, 진정한 영향력을 행사한다는 것은 자신의 업무를 좀 더 큰 맥락에 기반해서 파악하고, 여러분이 처한 위치에 따라 여러분의 관점이 큰 영향을 받는 것을 의미한다. [그림 2-1]은 꽤 많은 관점을 제공한다.

내 위치

그림 2-1 은하계의 위치 인식 지도[3]

---

3 장 뷰포(Jean Beaufor)의 은하수 원본 이미지. 크리에이티브 커먼즈 라이선스.

당연히 여러분과 함께 일하는 사람도 나름대로 자기만의 관점이 있다. '그들의 위치'를 표시한 지도 또한 어딘가에 존재한다. 그렇기에 올바른 결정을 내리고 싶다면 주관적인 관점이 아니라 객관적인 관점에서도 볼 수 있어야 한다.

더 많은 시간을 투입해서 여러 도메인에 깊숙이 파고들고 업무 범위에 대해 배울수록, 해당 도메인에 대한 이해도는 더 복잡하고 풍부해진다. 조직 내 사람과 문제 그리고 업무 목표를 잘 이해할수록 이런 것들에 더 집중할 수 있다. 그런데 이러한 집중력은 깊이와 이해력을 가져다주지만, 특히 스태프 엔지니어에게는 위험성도 함께 줄 수 있다.

다음의 네 가지 위험 요소들에 대해 먼저 알아보자.

■ 우선순위 잘못 지정

주변 모든 사람이 같은 것에만 신경 쓰면 그 문제의 중요성이 필요 이상으로 부풀려지기 쉽다. 그렇게 되면 자기 그룹의 문제가 아닌 것들은 상대적으로 단순하고 중요하지 않은 것처럼 보일 수도 있다. 1장에서 언급했던 것처럼 갈수록 로컬 최댓값을 추구하는 팀이 보이기 시작하고, 로컬 최댓값이 정말 중요하다고 느껴지기 시작한다. 여러분이 이렇게 자기 그룹의 문제를 뚫어져라 쳐다보는 데 더 많은 시간을 쏟아부을수록 이 문제야말로 특별하고 독특하며 특별한 해결책이 필요하다고 여겨진다. 물론 가끔은 이 말도 맞다! 그렇지만 이런 식이라면 진정으로 새로운 문제를 찾는 것은 어려운 일이 된다. 기존의 기술과 해결책만 참조해도 바퀴를 다시 발명[4] 하는 데 시간을 낭비하지 않을 것이다.

■ 공감대 상실

본인이나 본인 팀의 기술에만 너무 집중한 나머지, 다른 세상이 존재한다는 것을 잊어버리거나 다른 기술이 여러분의 풍부하고 섬세한 도메인에 비해 사소하게 여겨질 수 있다. 이는 바로 앞에 보이는 것만 거대하게 보여주고 나머지는 주변으로 밀어내는 어안 렌즈로 세상을 보는 것과 같다. 자칫 잘못하면 "그들이 해결하려는 문제는 쉽다. 주말 정도만 투자하면 해결할 수 있을 걸?" 이라고 말하면서 다른 팀이 수행하는 업무를 업신여겨서 여러 직원의 공감대를 잃을 수 있다.

여러분이 사용하는 단어와 설명하기로 선택한 것과 암시적으로 남기는 것 그리고 다른 사람들에게 동기를 부여하는 것은 모두 여러분 자신의 관점에 영향을 받는다. 그래서 엔지니어가 엔지니어가 아닌 사람과 의사소통하는 것은 몹시 어려운 일이다. [그림 2-2]는 자신의 도메인에

4　옮긴이_ '바퀴를 다시 발명하는 것(reinvent the wheel)'은 '이미 만들어진 것을 처음부터 다시 만드는 것'을 의미한다.

대해 사람들이 잘못 이해하게 되는 상황이 얼마나 쉽게 발생하는지에 관해서 잘 보여준다.

또한, 공감대 상실은 팀이 문제가 가진 흥미로운 기술적 세부사항에 빠져든 나머지, 시스템이 온라인으로 돌아올 때까지 기다리는 사용자들을 잊어버리는 인시던트가 발생했을 때도 나타난다.

전문가들은 다른 사람에게 자기가 알고 있는 것을 설명할 때 일반인들도 해당 전문 분야를 익숙하게 알고 있으리라고 착각하기 쉽다.

그림 2-2 다른 사람들이 알고 있는 관점에 대해서는 잊어버리기 쉽다.[5]

■ 주변 소음 조절 실패

방금 말했던 위험 요소의 한 종류가 자기 팀의 문제점이 다른 팀의 문제점보다 더 중요하게 보이는 상황이라면, 다른 하나의 위험 요소는 정반대 상황이다. 문제를 전혀 눈치채지 못하는 것이다! 몇 달간 동일한 구성 파일 작업을 하거나 오염된 구성 파일이나 망가진 배포 프로세스에 대해 차선책을 마련하고 있다면 여기에 익숙해진 나머지 이를 고쳐야 할 점이라고 생각하지 않게 된다. 비슷한 경우로, 처음에는 여러분을 약간 짜증 나게 했던 것들이 나중에는 점점 더 짜증 나게 한다는 것을 알아차리지 못하는 수준이 될 수도 있다. 어쩌면 문제가 문제를 넘어서 이

---

5 랜달 문로(Randall Munroe)의 그림. *https://xkcd.com/2501*

제는 위기로 변질되어 가고 있지만, 더 이상 알아채지 못하고 얼마나 빨리 대응해야 하는지에 대해서 객관적으로 판단하지 못할 수조차 있다.[6]

■ **업무 목적 망각**

여러분이 사일로silo[7] 안에 있다는 것은 기업의 다른 조직에서 일어나는 일과는 멀어지게 된다는 것을 의미한다. 여러분의 조직이 원래 큰 목표를 해결하기 위한 프로젝트를 맡았다면 목표가 바뀌거나 다른 방법으로 해결되어도 프로젝트는 계속 진행될 수 있다. 그러나 프로젝트의 사소한 부분을 맡으면, 프로젝트의 **목표**가 무엇인지에 대해서 생각하지 않게 된다. 모두가 이런 사소한 부분만 맡으면 아무도 결과를 책임지지 않는 세상이 된다. 게다가 이것이 계속되면 본인이 하는 일에 대한 윤리적인 시각을 잃게 되며, 넓은 관점에서 전체적으로 바라본다면 해서는 안 될 일을 하는 자신의 모습을 보게 될 수도 있다.

2.2.1 빅 픽처 관점

기업의 조직도를 열어서 여러분의 조직과 그 조직에 관심을 갖는 사람들이 어떻게 연결되는지 확인해보자. 볼 수 있는 지도의 범위를 늘리면 여러분의 그룹이 훨씬 작아 보일 것이며, '현 위치'를 표시한 핀은 여러분이 하는 일과 멀리 떨어져 있는 것처럼 느껴질 수도 있다. 그러나 넓은 관점 없이는 영향력 있는 일을 할 수 없다. 다음 내용을 통해서 빅 픽처를 보는 방법에 대해서 알아보자.

외부 관점에서 보기

필자가 몇 년 전에 인프라팀에 새로 들어갔을 때, 몇 주 후에 직장 동료 마크Mark는 필자에게 "시스템을 설명할 때마다 네가 짓는 표정이 있어."라고 말해주었다. 물론 당시 필자는 교체가 필요한 오래된 시스템에 대해서 생각하고 있었지만, 그것이 표정으로 명백하게(그리고 무례하

---

6   삶은 개구리 증후군(Boiled frog syndrome)은 유명한 비유다. 끓는 물에 개구리를 떨어뜨리면 뜨거워서 곧바로 튀어나오지만, 온도가 아주 천천히 올라가는 물에 개구리를 넣으면 결국 물이 끓는 동안 개구리가 뜨겁다는 위기감을 느끼지 못해서 죽는 상황을 설명하는 표현이다. 점진적으로 고조되는 위험을 미리 인지하지 못하거나, 그에 대한 적절한 조기대응을 하지 못해서 결국 화를 당하게 되는 것을 비유하는 말이다. 한 가지 여담으로, 필자는 진짜 개구리는 이렇게 행동하지 않는다는 것을 알고 나서야 비로소 안심했다. 그냥 튀어나온다! 불쌍한 개구리는 그냥 내버려 두자. 그래도 이 비유는 이 상황을 설명하는 데 매우 유용하다.

7   옮긴이_'사일로'는 '기업 내에서 스스로 성이나 담을 쌓고 외부와 소통하지 않는 부서'를 의미한다.

게) 표현되는지는 몰랐다. 2년 정도 지나자 우리 팀의 노력을 바탕으로 아키텍처가 크게 발전했다. 우리는 그것을 자랑스러워했고, 필자도 잘됐다고 생각했다! 새로운 사람이 합류할 때까지는 말이다. 새로운 사람들은 자기 의견을 얼굴 표정으로 분명하게 나타냈다. 그러나 그때쯤 필자는 이미 그 팀의 내부자가 되어 있었다. 필자에게는 문제를 다시 바라볼 수 있도록 도와줄 좀 더 새로운 사람이 필요했다.

새로운 사람은 팀의 아키텍처나 기술 부채를 볼 때, 그게 생겨난 과거의 맥락을 모른다. 필자의 직장 동료인 댄 나Dan Na는 자기 블로그[8]에 올린 글을 통해서 새로운 사람은 항상 문제를 최대한 객관적으로 볼 수 있다고 말했다. 그들은 서서히 끓는 물 속에 있는 개구리가 아니다. 현재 상황을 그 모습 그대로 볼 수 있다. 그들은 선입견 없이 주위를 돌아보며 "정말 무슨 일이 일어나고 있는 거지? 이것 중에 작동하는 것이 있는가?"라고 묻는다.

> **WARNING** 새로 입사한 사람이라고 해서 무례해도 된다는 것은 아니다. 저간의 모든 사정을 다 알고 난 후에 "이건 끔찍하다! 왜 그냥…"이라고 말하기는 쉽다. 그러나 여러분이 해당 기업에 새로 입사한 사람이라면 일단은 겸손함을 가지고 모든 것이 이런 데는 다 좋은 이유가 있었으리라고 생각해라. 아마존 프린시플 엔지니어 그룹은 자사의 웹사이트를 통해서 커뮤니티 신조 중 하나인 "이전부터 있던 것을 존중하라."라는 격언을 원칙으로 삼았다는 것을 밝혔다.[9]

기업에 새로 입사하는 것은 그 기업에 대해서 완전히 객관적인 시각을 가질 수 있는 최고의 기회다. 그러나 스태프 엔지니어라면 이런 상황이 아니더라도 항상 객관적인 시각을 가져야 한다. 외부인의 시각으로 자신이 속한 그룹을 보고, 보이는 것에 솔직해져야 한다. 스스로 이런 질문을 던져보자. '나의 기술 선택은 우물 안 개구리처럼 바로 코앞만 보는 사람들만 이해 가능한 것인가?', '모든 사람이 하던 일을 그만둔다면, 다른 사람이 이를 눈치채거나 신경 쓸 때까지 얼마나 걸릴까?', '기술에 심취해서 원래 목표를 까먹었나?' 다음 네 개의 항목은 여러분이 여러분의 조직을 **외부 관점**에서 볼 수 있는 기술을 알려줄 것이다.

---

8 「조직 내 마찰 관리하기(Pushing Through the Friction)」, *https://oreil.ly/GD8Gz*

9 「엔지니어링 커뮤니티의 주요 원칙(Principal Engineering Community Tenets)」, *https://oreil.ly/2R4ET*

반향실에서 빠져나오기

모두가 같은 의견을 가진 반향실[10]에 있을 때는 다른 의견을 가진 동료나 그룹과 마주치면 충격을 받을 수 있다.

필자는 인프라 임무를 10년 이상 수행했지만, 처음 프로덕트 엔지니어링팀과 일했을 때는 큰 충격을 받았다. 그들은 엄청 빠르게 일을 진행했고, 위기 상황을 충분히 감안했으며, 사용자가 사랑하는 기능을 만드는 것이 견고한 안정성을 가진 기능을 만드는 것만큼 중요하다고 여겼다. 그들과의 토론은 필자의 신념을 뒤흔들고 한층 더 성숙하게 해주었다.

스태프 엔지니어의 업무 중에서 다른 그룹의 동료를 찾는 것은 중요한 업무다. 다른 스태프 엔지니어와 **좋은 관계**를 형성하라. 서로에게 솔직해질 수 있는 지점까지 도달하면 그 이후로는 논쟁의 여지가 없어진다. 왜냐하면 서로 충분히 호의적인 관계를 형성했기 때문이다. 자기 그룹에 대한 다른 팀의 부정적인 의견을 이해하는 것도 포함해서 말이다. 다른 사람의 논평을 이해할 수 있다면 업무를 더 잘할 수 있다. 다른 스태프 엔지니어도 여러분이 속한 팀과 마찬가지로 여러분의 팀이라고 생각하라.

이 원칙은 조직 전체에도 동일하게 적용할 수 있다. 필자는 [그림 2-3]과 [그림 2-4]에서 각 스태프 엔지니어를 하나의 그룹으로 분류하고, 각 프린시플 엔지니어를 조직으로 분류했다. 실제 구조는 이보다 더 다양하지만, 요점은 모두가 무슨 일을 하는지에 대해서 객관적인 관점을 가지려면 **자기 팀**이나 조직보다 **더 큰 무언가의 일부**가 되어야 한다는 것이다.

엔지니어링을 넘어서 프로덕트 담당자, 고객 지원팀, 관리 직원 등 여러 사람과 관계를 형성하라. 여러분의 일이 그들에게 영향을 미치고, 그들의 일도 여러분에게 영향을 미친다면, 친근하게 다가가서 그들의 관점을 이해해라. 이것은 여러분의 부서나 사업에서 중요한 것이 무엇인지에 대해서 완전히 새로운 사고방식을 제공해줄 것이다.

---

10 옮긴이_ '반향실'은 '흡음성(吸音性)이 적은 재료로 벽을 만들어서 소리가 잘 되울리도록 한 방'을 의미한다.

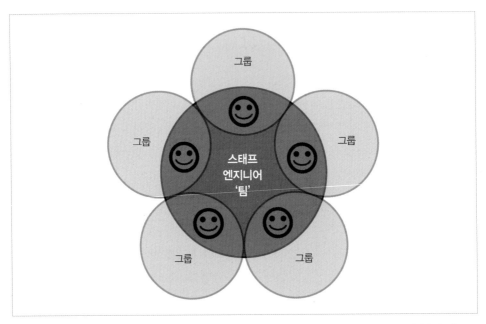

그림 2-3 소프트웨어 엔지니어 조직의 예시. 각 그룹은 여러 팀을 포함한다. 그리고 그림처럼 스태프 엔지니어들은 스스로 각 그룹의 일부에 속한다고 여길 뿐만 아니라 스태프 엔지니어로 구성된 더 큰 가상의 '팀'의 일부라고 생각한다.

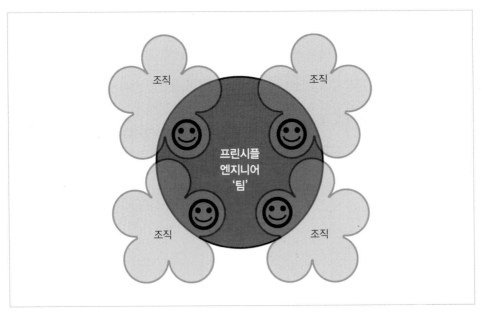

그림 2-4 기업 내에는 여러 조직이 있고, 각 조직에는 스태프 엔지니어가 있다. 모든 프린시플 엔지니어는 각 조직에 속한 동시에 프린시플 엔지니어로 구성된 더 큰 가상의 팀의 일부이기도 하다.

중요도 설정하기

엔지니어가 아닌 사람과 좋은 관계를 맺는 것은 관점을 형성하는 데 여러모로 도움이 된다. 계속 엔지니어로서만 지낸다면 자칫하다가는 기술에 심취하기 쉽다. 하지만 기술은 어떤 목적을 달성하기 위한 수단이다. 여러분의 궁극적인 목표는 여러분의 고용주가 목표에 도달할 수 있도록 돕기 위해 이 기업에 존재하는 것이다. 그렇다면 그 목표가 무엇인지 알아야 하고, 어떤 것이 중요한지 알아야 한다.

중요도나 **목표**는 상황이나 시간에 따라서 계속 변화한다. 스타트업은 거대 기술 대기업이나 지역 비영리 단체와는 다른 정의를 가진다. 완성된 프로덕트라 할지라도 초창기에는 다른 요구 조건이 필요하다. 또한, 일부 목표, 그러니까 일부 프로젝트는 다른 것보다 더 중요하다. [그림 2-5]는 우주의 중심처럼 느껴지는 프로젝트가 빅 픽처 관점에서 보았을 때는 사실 일부분에 지나지 않음을 보여준다. 시간에 따라 프로젝트의 중요도는 바뀌므로, **현시점**에서 무엇이 중요한지 파악해보자. 만약 여러분의 프로덕트가 경쟁사의 프로덕트와 비교했을 때 중요한 기능이 부족해서 많은 사용자가 이탈하는 상황이라면, 현재는 기술 부채 해결에 집중하는 것이 적절하지 않을 것이다. 반면에 모든 진행이 순조롭고 성장이 기대되는 상황이라면, 이는 여러분의 기반을 확고히 하기에 좋은 시기일 수 있다.

모든 사람이 관심을 가지도록 여러분이 시도하는 업그레이드

그림 2-5 프로젝트를 본인의 시각에서 보는 것에 대한 그림. 이 업그레이드는 조직이 수행하는 업무 중에서 가장 중요한 것일 수도 있지만, 빅 픽처 관점에서 보는 사람은 이를 중요하게 여기지 않는다.

기업의 목표는 명시된 목표와 측정 기준을 넘어서서 계속해서 확장된다. 거기에는 '존재성을 추구하는 것', '모든 직원에게 지급할 급여를 충분히 보유하는 것', '기업이 좋은 평판을 얻는 것'까지 포함되어 있다. 스퀘어스페이스의 엔지니어링 운영 책임자이자 필자의 직장 동료인 트리시 크레인Trish Craine은 이것들을 '**항상 진실한 목표**'라고 부른다. 기업의 이러한 목표는 아주 명확하며 위기가 닥쳤을 때만 직접 언급된다. 기업이 제공하는 프로덕트와 서비스는 언제나 잘 돌아가야 한다. 그리고 사용자가 이를 사용하고 싶어 해야 한다. 배포도 느리지 않아야 한다. 이처럼 여러분은 **암시적인 목표**뿐만 아니라 **명시적인 목표**까지 함께 알아둘 필요가 있다.

> **TIP** 시간이 지나고 상황이 변할수록 기업의 우선순위는 변할 것이고, 그렇게 되면 일부 지도에는 전장의 안개가 다시 드리울 것이다. 무엇이 중요한지에 관한 최신 정보를 얻으려면 다른 그룹의 올핸즈 미팅에 주의를 기울이고, 매니저와의 스킵 레벨 미팅skip-level one on one[11]을 요청하며, 여러분에게 의존하는 사용자나 팀과 직접 만날 기회를 찾아라. 혹은 여러분의 일이 왜 중요한지(또는 중요하지 않은지)에 대한 사업적 이해도가 떨어진다면 직접 물어보아라.

목표가 변하는 것도 주의하자. 왜냐하면 이에 맞춰서 여러분의 업무 범위나 초점도 변할 수 있기 때문이다. 무조건 가장 중요한 일을 해야 하는 것은 아니지만, 그래도 지금 여러분이 하는 일이 시간 낭비가 되어서는 안 된다. 지금 여러분이 하는 일이 왜 스태프 엔지니어가 해야 하는 일인지 설명하지 못한다면 잘못된 일을 하는 것일 수도 있다.

고객의 욕구 파악하기

엔지니어용 소프트웨어 개발사인 허니콤Honeycomb의 최고 기술 경영자인 체리티 메이저Charity Majors는 종종 사람들에게 "고객이 만족하지 않으면 9는 중요하지 않다."라고 적힌 스티커[12]를 나누어준다. 여기서 '9'는 서비스 레벨 목표SLO, Service Level Objective를 뜻하며, 시스템 가용성을 측정하기 위한 일반적인 메커니즘이다. 즉, '99.95%의 가용성'은 '99.95% 정도로 서비스가 가동되고 있다.'라는 것을 뜻한다. 이처럼 서비스 레벨 목표는 충분히 유용하지만, 메이저가 말했

---

11 옮긴이_'스킵 레벨 면담(미팅)'은 '매니저를 제외하고 매니저에게 보고하는 직속 부하 직원들과 미팅하는 것'을 의미한다.
12 체리티 메이저의 트윗 타래에서 티셔츠 디자인을 확인할 수 있다. *https://oreil.ly/2pxrj*

듯이 모든 것을 말해주지는 않는다. 고객의 관점에서 '가용성'의 의미를 정의하는 것이 중요하다.

마이크로소프트의 전 프린시플 엔지니어이자 엔지니어링 매니저인 모히트 설리Mohit Suley는 자신의 프레젠테이션을 통해서 자기 팀의 서치 엔진인 빙에 도달할 수 없고 신뢰할 수 없는 ISP를 추적하고 접촉하는 프로세스에 대해 말했다.[13] 그의 말에 따르면 "빙이 작동하지 않았던 것이 아니라 사용자는 DNS 서비스와 ISP, 그리고 CDN 또는 엔드포인트 등을 구분하지 않는다. 그래서 실은 작동하는 웹사이트도 많이 있고 그렇지 않은 웹사이트도 많이 있다."라고 한다. 결국 사용자의 관점에서 성공을 측정해야 할 필요가 있다(혹시 기업 내 다른 팀이 고객이라 해도 똑같이 적용된다). 고객을 이해하지 못하면 무엇이 중요한지에 대해 진정한 시각을 보유하지 못한 것이다.

기존 해결책 분석하기

앞서도 언급했지만, 아마존의 "이전부터 있던 것을 존중하라."라는 원칙은 '많은 문제가 근본적으로는 새로운 문제가 아니다.'라는 사실을 다시금 상기시켜준다. 새로운 것을 창조하기 전에 다른 사람이 이미 했던 것을 연구해보면 더 나은 해결책을 고안해낼 수 있다. 목표는 문제를 해결하는 것이지, 굳이 코드를 작성해서 해결하는 것이 아님을 기억하라. 새로운 것을 구축하기 전에 조직 내외부에 이미 존재하는 것을 이해하는 시간을 먼저 갖도록 하자.[14]

업계 관점

업계에 있는 다른 사람들이 자기 문제를 어떻게 해결했는지 이해하라. 개인 관심사에 따라서 선호하는 출판물과 자료가 각각 다르겠지만, 이 책에서는 아키텍처와 기술 전문 리더십 그리고 소프트웨어 신뢰성에 관한 귀중한 자료를 소개하고자 한다. 필자는 리드데브LeadDev[15]와 SREcon[16]의 컨퍼런스를 아주 좋아해서 최대한 참석하려고 한다. 이 글을 작성하는 시점을 기준으로 리드데브에는 새로운 스태프 플러스StaffPlus: the

---

13 「고객이 서비스를 이용할 수 있도록 보장하는 사용자가 없다(No User Left Behind: Making Sure Customers Reach Your Service)」, *https://oreil.ly/Fsj4k*

14 이런 이유로 설계 문서에는 '대안 방법' 부분이 포함되어 있어야 한다. 5장에서는 설계 문서에 대해 더 이야기해볼 예정이다.

15 경력 개발을 위한 모든 수준의 소프트웨어 엔지니어링 리더십 컨퍼런스, *https://oreil.ly/P3SYi*

16 안전성, 시스템 엔지니어링 및 작업에 관심을 가진 엔지니어들의 모임, *https://oreil.ly/S60Yy*

technical leadership event for staff engineers and up들을 위한 컨퍼런스[17]가 생겼다. 필자가 이벤트 일부를 주최해서 100% 객관적인 발언일 수는 없겠지만, 그래도 훌륭한 이벤트다.

또한, 온라인 소통 창구로는 랜즈 리더십Rands Leadership 슬랙[18]을 좋아한다. #아키텍처#architecture와 #스태프 프린시플 엔지니어링#staff-principal-engineering 채널은 필자에게는 보물 같은 존재다. 리드데브의 슬랙 채널인 #스태프 플러스#staffplus도 컨퍼런스 기간에는 활발하게 운영된다.

한편으로 필자는 인포큐InfoQ에서 발행하는 소프트웨어 아키텍트의 월간 뉴스레터[19]와 VOID 보고서,[20] 그리고 SRE Weekly[21]도 구독하는 중이다. 매니저의 관점에서는 일주일에 한 번씩 로우 시그널Raw Singal 뉴스레터[22]를 읽는다. 그리고 분기별로는 써트웍스 레더Thoughtworks Radar[23]를 간절히 기다린다.

어떤 도메인이든 간에, 해당 도메인과 관련된 출판물이 존재한다. 이를 통해서 시야를 유지하고 필요할 때마다 새로운 아이디어를 찾아라. 당연히 지속적인 학습에도 도움이 된다.

2.3 지형 지도: 지형 탐색 방법 제공

위치 인식 지도는 시야를 넓게 바라볼 수 있도록 관점에 대한 새로운 인식을 제공하지만, 실제로 지도를 이용할 때는 이것만으로는 지형을 탐색할 수 없다. 지형을 세밀하게 **보여주는** 다른 지도도 필요하다.

지질학자들은 세월이 지날수록 지구 암석권의 거대한 조각들(그림 2-6 참조)이 서로 반대로 움직이면서 산과 참호를 형성하고 지진과 화산 활동을 일으키는 구조인 **판 구조론**plate tectonics을 연구한다. **팀 구조론**도 이와 유사한 특성을 갖고 있다. 각자의 도메인이 서로 충돌을 반복하면서 능선과 균열로 이루어진 일종의 조직 지형을 형성한다.

---

17 리드데브의 새로운 컨퍼런스 소개 페이지. *https://leaddev.com/staffplus-new-york*
18 랜즈 리더십 슬랙 소개 페이지. *https://oreil.ly/ZheFA*
19 소프트웨어 아키텍트의 뉴스레터 구독 신청 페이지. *https://oreil.ly/ReBFX*
20 VOID 보고서 페이지. *https://oreil.ly/wx82Q*
21 SRE Weekly 페이지. *https://sreweekly.com*
22 로우 시그널 뉴스레터 구독 페이지. *https://oreil.ly/CwcQp*
23 써트웍스 레더 페이지. *https://oreil.ly/iu0Sy*

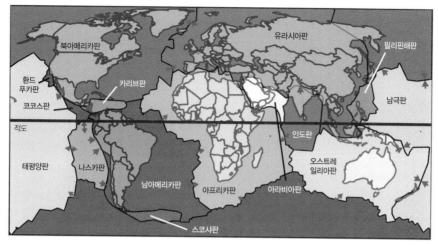

그림 2-6 단순화한 지구 구조판의 지도[24]

기업 내에서 조직 간의 관계도 이와 같다. 그래서 섣부른 조직 개편은 긴밀히 협력하는 그룹 간의 의사소통을 방해할 수 있다. 과중한 부하에 시달리는 팀은 다른 조직과는 격리되어서 자신만의 공간을 구축한다. 이런 상황에서 새로운 시니어 리더는 하룻밤 사이에 조직의 지형을 바꾸는 지진을 일으킬 수도 있다. 그렇기에 조직을 제대로 탐색하려면(그림 2-7 참조) 지형 지도가 필요하다.

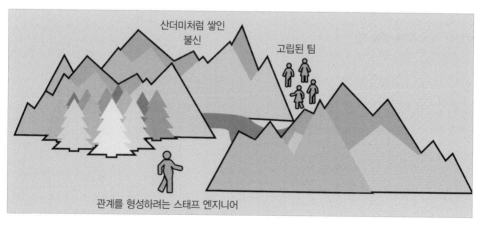

그림 2-7 스태프 엔지니어가 수수께끼 같은 지형을 탐색하는 프로세스의 비유

----

24 스콧 나시(Scott Nash) 수정. 퍼블릭 도메인(*https://oreil.ly/UdeNz*).

2.3.1 거친 지형의 위험성

상세한 지형 지도 없이 업무를 수행하게 되면 다음과 같은 몇 가지 위험 요소를 맞닥뜨릴 수도 있다.

■ 좋은 아이디어지만 설득력이 없을 때

변화의 필요성을 깨닫는 것은 이루고자 하는 것의 절반밖에 하지 않은 것이다. 진정한 변화를 위해서는 여러분이 옳다는 것을 다른 사람들에게 확신시켜야 한다. 그리고 그보다 훨씬 더 어려운 것은 여러분이 옳다는 것을 그들이 신경 쓰도록 만드는 것이다. 이러려면 **추진력**을 쌓아야 한다. 즉, 조직 내에서 여러분의 아이디어를 지지하거나 확산시키는 데 도움을 줄 사람과 함께 결승선을 통과해서 마침내 '**실현**'해낼 방법을 알아야 한다는 말이다.

■ 과거의 장애물을 제대로 파악하지 못했을 때

과거의 많은 여정을 살펴보면, 얼핏 보기에는 명백한 것처럼 보여도 실제로는 아무도 해결하지 못한 중대한 난관이 있을 수 있다. 여러분은 이전에 많은 사람이 오르지 못했던 절벽을 오르려고 시도하게 될지도 모른다. 스태프 엔지니어는 종종 경력이 적은 엔지니어보다 과거의 장애물을 더 잘 헤쳐 나갈 수 있기에 다른 사람은 실패해도 여러분은 성공할 가능성이 있다. 하지만 사람들이 과거에 어떤 장애물을 맞닥뜨렸는지 미리 알 수 있다면, 다른 길로 가거나 문제의 가장 어려운 부분부터 풀 수 있다. 그리고 그 결과로 다른 사람들에게 그 프로젝트가 노력할 만한 가치가 있는 프로젝트라는 것을 납득시킬 수 있다.

■ 모든 것이 오래 걸릴 때

조직의 내부 결정 프로세스를 이해하지 못한다면, 단순한 결정조차도 몇 달 혹은 몇 분기가 걸릴 수 있다. 조직의 계획 주기 메커니즘도 이 프로세스에 영향을 미친다. 모든 사람이 같은 목표를 갖도록 하거나 새로운 프로젝트를 진행하는 것이 더 쉬울 때도 있다. 예를 들어서 분기별 엔지니어링 OKR을 보낸 후에 즉시 계획을 발표하면 힘든 싸움을 벌여야 할 수도 있다. 그렇게 되면 목표를 향해 진전하기까지 한 분기를 더 기다려야 할 수도 있다는 점을 명심해야 한다.

2.3.2 기업과 조직

일부 엔지니어들은 기업 내에 존재하는 다양한 스킬을 '정치'로 간주해서 무시하기도 하지만, 우수한 엔지니어링에는 시스템의 일부를 이루는 인력의 고려, 주어진 문제의 명확화, 장기적인 결과의 이해, 그리고 우선순위에 대한 절충점을 만드는 방법도 포함된다. 조직을 탐색할 줄 모르면 모든 변화가 더 어려워질 수도 있다.

이번에는 전장의 안개를 걷어내는 방법과 기업의 지형을 이해하는 방법에 관해서 설명할 것이다. 지도에 무엇이 기록되는지, 직원 간의 신뢰가 얼마나 되는지, 사람들이 변화를 열망하는지 혹은 주저하는지, 그리고 새로운 계획이 어디에서 나오는지를 포함해서 기업 문화의 일부를 평가하는 것부터 시작한다. 만약 앞에서 언급한 지식들을 모두 깨닫는다면 '평균적인 여정이 쉬워질까?'와 같은 기대감도 가질 수 있을 것이다. 그다음에는 지형 지도에 표시되는 몇 가지 장애물과 지름길에 대해서 살펴볼 것이다.

기업 문화를 파악하는 질문 던져보기

필자의 면접 경험상, 구직자들은 종종 첫 질문으로 "이 기업의 기업 문화는 어떤가요?"라는 질문을 한다. 예전에는 이런 질문을 받으면 '어디서부터 말하지?'라고 고민하며 잘 대답할 줄 몰라서 쩔쩔맸다. 하지만 기업 문화 관련 내용은 기업의 어딘가에는 기록되어 있다. 그러나 요즘 사람들이 정말로 궁금해하거나 실제로 묻는 질문은 다음과 같은 질문들이다.

- 자율성이 얼마나 되는지?
- 조직의 일원이라고 느낄 수 있는지?
- 실수를 저질러도 괜찮은지?
- 나에게 미칠 영향은 어떤 부분이 있는지?
- 프로젝트 진행이 얼마나 어려운지?
- 직원들은 친절한지?

기업 문화만이 이런 질문의 해답을 결정하는 요소는 아니며, 개인과 리더도 이 요소에 포함된다. 그렇지만 조직은 그들만의 '개성'이 있으므로, 일단 기업 문화에 대해서 먼저 이야기해보자.

조직이 가치나 원칙을 공표했다면, 리더가 중요하게 생각하는 것을 알 수 있어서 큰 도움이 된다. 다만 이런 가치들은 일종의 출세 지향적인 가치다. 실제 기업의 진정한 가치는 기업 내에서 매일 일어나는 일에 반영되어 있다.

다음 질문은 엔지니어링 문화를 이해하기 위해서 스스로에게 물어보거나 동료와 이야기해볼 수 있는 몇 가지 질문들이다. 대부분 무엇이 옳고 그르다는 정답은 없다. 기업이 이런 성향 중에서 너무 한쪽으로 치우쳐 있으면 중립을 유지하기가 어렵지만, 중립 성향이라면 본인의 성향에 맞게 조절해볼 만하다.

■ 비개방형 혹은 개방형 기업 문화인가?

다들 얼마만큼의 정보를 알고 있는가? 비개방형 조직에서 정보는 돈과 같기에 아무도 쉽게 내어주지 않는다. 모든 사람의 업무 달력에 쓰인 정보는 비공개다. 슬랙 채널은 초대를 받아야만 입장할 수 있다. 요청하면 접근할 수는 있지만, 일단 그것이 존재하는지 존재 여부부터 알고 있어야 한다. 이처럼 모든 정보를 물어보아야지만 알 수 있을 때, 창의적인 해결책을 떠올리거나 어떤 것이 왜 작동하지 않는지 이해하기란 정말 어렵다.

반면에 개방형 조직에서는 모든 정보에 접근할 수 있다(심지어 엉망진창인 첫 번째 초안도 볼 수 있다). 이런 기업에서는 오히려 어떤 정보를 흡수해야 할지 선택하는 것이 피곤해질 정도다. 어떤 문서가 공적이고 조치가 필요한지, 어떤 게 초기 아이디어인지 모를 수도 있다. 게다가 개방형 정보 문화에서는 나쁜 아이디어조차 조용히 묻히기가 어려워서 오히려 큰 문제를 일으킬 수도 있다.

그렇기에 공유와 관련된 기업 문화를 파악하는 것은 아주 중요하다. 공유를 제한하는 기업에서는 상사가 비밀리에 말해준 정보를 누군가에게 다시 공유하면 상사의 신뢰를 잃는다. 반면에 좀 더 개방적인 기업에서는 정보를 공유하지 않거나 지금 일어나는 일을 모든 사람에게 알려주지 않으면, 정치적이거나 신뢰할 수 없는 사람으로 간주당한다.

■ 구두형 혹은 서면형 기업 문화인가?

말로 전달되는 것과 서면으로 전달되는 것은 무엇인가? 의사결정 시에 얼마나 많은 글쓰기와 검토가 수반되는가? 어떤 기업에서는 복도에서 대화하다가 중대한 결정을 내리거나 프로덕트 출시 후에 동료가 새 기능을 구축했다는 것을 알게 된다. 반면에 다른 직장에서는 모든 소프트웨어 변경 시 공식 사양, 요구 사항, 승인 및 승인 체크리스트를 제공해야 하기에, 한 줄을 변경하는 데 한 분기가 소요될 수 있다.

그래도 직원의 입장에서는 고맙게도 대부분의 기업은 구두형과 서면형의 **중간쯤** 되는 기업 문화다. 짧고 빠르게 대화하는 것을 선호하는 기업이라면 서류에 결정을 받아적으면서 시간을 보내는 행위에 반발하고, 아무도 한 페이지보다 긴 설계 문서를 읽어주지 않는다. 규모가 좀 더 크고 성숙한 기업일수록 변화에 좀 더 신중한 경향이 있다. 큰 기업에 근무하면서 **변경관리 티**

켓change management ticket[25]이나 **설계 문서**를 만들어놓지 않으면 허술하고 무책임해 보일 것이다. 필자가 일했던 한 팀은 팀 내에 카우보이 모자를 보유하고 있었는데, 마지막으로 '서부 개척 시대'처럼 큰 일을 해낸 팀원의 책상 위에 그 모자가 놓였다. 귀여우면서도 즐거운 추억이다.

■ **하향식 혹은 상향식 기업 문화인가?**

계획은 어디에서 생겨나고 결정되는가? 상향식 기업 문화는 팀원과 팀이 스스로 의사결정을 하고 그들이 중요하게 여기는 계획을 팀 차원에서 옹호하며 힘을 실어준다. 하지만 이런 문화는 많은 사람의 지지가 필요할 때는 사공도 많아지기에 계획의 속도가 느려진다. 특히 팀 내부에서 방향과 우선순위에 대한 생각이 서로 다를 때, 이를 결정 짓는 소위 '최종 결정자'의 부족은 자칫하면 교착 상태를 불러올 수 있다.

반면에 하향식 기업 문화를 보유한 기업에 근무하는 사람들은 계획을 선택하고 결정을 내리기가 좀 더 쉬울 수 있다. 다만 대부분의 결정이 지엽적인 맥락까지는 모른 채로 내려지는 결정이므로 최선의 결정이 아닐 수도 있다. 게다가 이런 문화에 속한 엔지니어는 통제당하고 있다고 느낄 확률이 높고, 변화가 발생하더라도 대응할 수 있는 권한을 부여받지 못한다.

스태프 플러스 엔지니어는 상당히 자율적이고 자기 주도적이어야 하지만, 조직이 다음과 같은 사항에 동의하도록 힘을 써야 한다. 매니저가 여러분이 시간을 어떻게 보낼지를 승인해야 한다면, 그들에게 확인받지 않으면 마찰이 생길 수 있다. 허가받고 일을 물려받는 것에 익숙한 사람이 상향식 기업으로 이직했다면 주도권이 없는 것처럼 보이거나 일을 해내는 데 어려움을 겪을 수 있다.

기업이 어떤 방식으로 일을 수행하는지 알게 되면 여러분의 아이디어를 동료 실무자에게 공유할지, 아니면 그들의 지지를 먼저 받아야 할지, 또는 부서 책임자를 먼저 설득해야 할지를 알 수 있다.

■ **빠른 변화 혹은 신중한 변화를 추구하는 기업 문화인가?**

신생 기업은 결정을 빠르게 내리고 새로운 기회를 잡기 위해서라면 다른 방향으로 갑자기 전환할 수도 있다. 기업의 규모가 커지고 오래될수록 변화하는 데 더 오랜 시간이 걸린다. '빠른' 조직이라면 2년이나 걸리는 마이그레이션과 같은 장기적인 프로젝트를 맡는 데 거부감을 느낄

---

25 옮긴이_'변경관리 티켓'은 '기능 추가나 기능 변경과 관련된 티켓'이다.

수 있다. 반면에 '느린' 조직은 개선하기 위해 해내기 쉬운 기회를 맞이해도 느린 움직임 탓에 놓칠 수 있다.

이런 기업 문화의 차이 때문에 여러분은 본인이 어떤 기업에서 근무하는지에 따라서 계획을 다르게 설정해야 할 필요가 있다. 번개처럼 빠르게 돌아가는 곳에 있다면 여러분의 가치를 즉시 보여주는 길을 원할 것이다. 반면에 좀 더 신중한 곳에서는 모든 계획을 다 살펴보았다는 것을 먼저 보여주어야 한다. 이것은 구두형 및 서면형 기업 문화와도 밀접한 관련이 있다.

■ 비공식 채널 혹은 공식 채널로 소통하는 기업 문화인가?

다른 그룹에 있는 사람과의 소통 방식이 어떠한가? 정보와 요청을 위한 공식적인 채널이 있을지도 모르지만, 사회 문화적인 측면에서는 비공식적인 경로도 추가로 고려해야 한다. 직원들이 대체로 우호적인 관계를 유지하는 기업이라면 질문이 생겼을 때는 DM을 보내서 커피를 마시며 서로의 아이디어를 공유할 것이다.[26]

이처럼 한 그룹의 엔지니어가 다른 그룹의 엔지니어와 쉽게 이야기할 수 있는 문화에서는 팀 간의 의사결정이 쉬워진다. 반면에 어떤 기업은 팀의 누군가와 비공식 채널을 통해서 소위 '들어가는' 것이 작업을 수행할 수 있는 유일한 방법일 수 있다. 또, 어떤 기업은 팀의 누군가와 비공식 채널을 통해서 소위 '시작점'을 확보하는 것이 일을 마무리할 수 있는 유일한 방법이다. 변경관리 티켓을 제출하고 기다리거나 다른 팀을 공동으로 관리하는 매니저를 통해서 협업 아이디어를 제출하는 것이 보편적인 기업이라면 모든 것이 오래 걸린다. 그래도 이것은 결과를 예측할 수 있고 공정하다는 장점도 있다.

여러분이 속한 조직의 **평균적인 문화**를 빠르게 이해해야 한다. 모든 사람이 엄격하게 공식 채널만 사용하는 기업이라면 뒤돌아서 물어보는 것이 무례한 행위일 수 있다. 직원들은 순서를 기다리지 않고 새치기하는 여러분을 나쁘게 평가할 것이다. 만약 비공식 채널이 일을 처리하는 보편적인 방법이라면 기업의 애완동물 메일링 리스트에서 여러분이 키우는 고양이 사진을 보고 감탄한 사람과 대화하기 위해서 한 달 동안 답장을 기다려야 할지도 모른다.

■ 할당 혹은 가능을 추구하는 기업 문화인가?

모든 직원이 업무 시간을 얼마나 보유하고 있는지 파악하는 것이 중요하다. 일손이 부족하고

---

26 공통의 관심사로 모인 슬랙 채널, 소셜 클럽 그리고 직원 리소스 그룹(ERG, Employee Resource Groups)은 조직 내의 사람들과 만나서 그들을 알아갈 수 있는 훌륭한 방법이다.

일거리가 많은 팀이라면 기존 프로덕트 로드맵에 없는 새로운 아이디어를 생각해내기 위한 발판을 찾기 어려울 수 있다. 사실 가장 빠르고 쉽게 답하는 방법은 모든 요청을 확인하지도 않고 "아니요."라고 말하는 것이다. 이런 성향을 가진 팀과 협업하기 위해서는 팀원들이 업무 시간을 크게 쏟아붓지 않도록 시간을 절약할 수 있는 계획을 세워서 영향을 미쳐야 한다. 성공 가능성을 높이려면 그들이 혼자 일하거나 약간의 도움을 받으며 일하는 상태일 때, 혹은 평소에는 바쁜 직원들이 새로운 것에 전념하지 않을 때 요청하는 것이다.

여기까지만 말하면 한가한 팀과 일하는 게 쉬워 보이겠지만, 실상은 그렇지 않을 때도 있다. 업무를 할당받지 않은 엔지니어는 좀처럼 그 상태로 있으려고 하지 않는다. 바쁜 것처럼 보이지는 않지만, 사실 소수의 헌신적인 직원들은 초기 단계의 계획을 마치 캄브리아기의 대폭발처럼 크게 터뜨리려고 몰래 준비하며 경쟁하고 있을 가능성이 크다. 이럴 때는 초기 단계에 있는 프로젝트를 선택하고, 결승선을 통과하도록 도우며, 다른 사람들도 프로젝트를 중심으로 모일 수 있도록 설득하면 더 큰 영향을 미칠 수 있다.

■ 유연한 혹은 경직된 기업 문화인가?

권력, 지위 그리고 명성은 어디에서 오는가? 다른 직원들의 신뢰를 어떻게 얻는가? 특히 학계와 대기업, 오래된 기업과 같은 일부 조직에는 명백한 계층 구조가 존재한다. 이런 기업에서는 같은 그룹의 같은 구성원들이 함께 경력 사다리를 오르고, 의사소통할 때나 의사결정할 때, 그리고 좋은 프로젝트를 진행할 때 모두 상당히 고정적인 구조를 유지한다. 개개인이 마치 톱니바퀴 같다. 즉, 주변 사람들이 위로 이동하면 여러분도 같이 위로 이동하는 구조다. 이러한 그룹에 있는 시니어 직급의 멤버들은 종종 승진을 굳이 쫓아다니지 않는다고 말한다. 이들은 본인이 있는 자리에 계속 머물면서 프로젝트를 담당하다가 조직의 지지를 받고 자기 차례가 되었을 때 승진한다.

그러나 사실 이러한 계층 구조는 성과주의를 표방하는 신생 기업이나 규모가 작거나 허술한 기업에는 일종의 저주와도 같다. 현실적으로 생각해보자.[27] 기업에서 성공하려면 **기회**와 **후원**을 얼마나 지원받을 수 있는지가 중요하다. 이런 부분은 고정 관념, 그룹 내 편애 그리고 다른 인지적 편견에 크게 영향을 받는다(더 많은 정보는 각주의 웹사이트[28] 참조). 물론 소위 '유연한' 기업은 여러분이 조직 안에서도 나름대로 자리를 바꿀 수 있도록 기회를 좀 더 제공하지만, 승진

---

[27] 능력주의의 신화(Myth of meritocracy)의 개념. *https://en.wikipedia.org/wiki/Myth_of_meritocracy*
[28] 「기술은 능력주의인가(Is Tech a Meritocracy)?」 *https://istechameritocracy.com*

하려면 그만큼 열심히 움직여야 할 것이다. 이런 기업에서는 여러분이 원하는 속도에 맞게 발전할 수 있도록 여러 그룹을 오가며 영향력 있는 일거리를 스스로 찾아야 한다. 일거리를 줄 때까지 가만히 기다리고만 있으면 아주 오랜 시간을 기다려야 할 수도 있다.

반면에 단단한 톱니바퀴와 같은 팀에서는 계층 속에서 여러분의 위치를 잘 파악하고, 여러분을 다음 단계로 나아갈 수 있게 해주는 프로젝트를 언제 시작할 것인지 아는 것이 중요하다. 다른 사람의 승진용 프로젝트를 본인이 맡을 수 있게 해달라고 제안하면 다른 사람의 심기를 건드릴 것이다. 이것을 시도했던 한 친구는 상사가 '마치 내가 남의 밥그릇을 훔치려 드는 사람'처럼 본인을 쳐다보았다고 했다.

[그림 2-8]의 슬라이더 다이어그램을 사용하여 이러한 일곱 가지 기업 문화 형태가 조직의 운영 방식에 어떤 식으로 영향을 미치는지 생각해보자. 문화에 변화를 일으키고 싶다면 오랜 시간 동안 많은 노력을 기울여야 한다. 시간이 지날수록 많은 노력을 기울이면 슬라이더를 특정 방향으로 움직일 수 있다. 그게 아니라면 적어도 기업의 슬라이더 위치를 잘 파악한 후에 일반적인 기업 문화에 반하는 일을 하지 않으면 위험을 피할 수 있다.

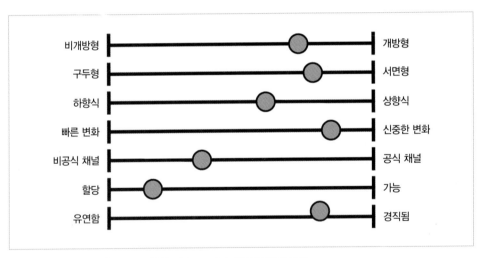

그림 2-8 대부분의 기업은 그림의 내용을 기준으로 각 속성의 중간쯤에 있다.

리더를 통해 조직 파악하기

여러분의 기업 문화를 파악하는 또 다른 방법이 있다. '리더가 중요하게 생각하는 것은?'이라는 질문을 통해서 여러분이 속한 기업의 문화를 들여다보는 것이다. 사회학자 론 웨스트럼Ron

Westrum은 2005년 자신의 논문[29]에서 다음과 같이 분석했다.

> 리더들은 보상과 처벌뿐만 아니라 상징적인 행동을 통해서도 그들이 중요하다고 느끼는 것을 전
> 달한다. 보상과 처벌 그리고 관련 자료의 선별 기준은 리더의 선호도를 따르므로, 이러한 개인의
> 선호도에 조직 전체가 몰두하게 된다. 선호도를 잘 맞추는 사람들은 보상을 받게 될 것이고, 그렇
> 지 않은 사람들은 뒤로 밀려날 것이다. 한 조직에서 오래 근무한 구성원이라면 대부분은 직감적으
> 로 이런 사인을 잘 읽는다. 반면에 그렇지 못한 사람들은 비싼 대가를 치른다.

웨스트럼은 세 가지 범주를 사용해서 조직과 그들의 정보에 미치는 영향을 다음과 같이 분류했
다(표 2-1 참조).

■ **병리학적 조직**
권력과 지위를 얻는 것이 목표이고 정보를 사재기하는 경향이 강해서 협력 수준이 저조한 문
화. 웨스트럼은 '개인적인 권력과 욕구 그리고 영광에 몰두하는 문화'라고 표현했다.

■ **관료주의적 조직**
정보가 일반적인 채널로 유통되고 변화가 어려운 규칙주의 문화. 웨스트럼은 "이런 기업은 규
칙, 위치 및 부서 범위에 몰두한다."라고 표현했다.

■ **생산적 조직**
정보가 자유롭게 돌아다니며 성과주의를 추구하고 높은 신뢰성, 높은 협력성을 가진 문화. 웨
스트럼은 이것을 '성과 자체에 대한 집중'이라고 표현했다.

표 2-1 조직이 정보를 처리하는 방법에 대한 웨스트럼 조직 유형학 모델

병리학적 조직	관료주의적 조직	생산적 조직
권력주의	규칙주의	성과주의
협력 수준 낮음	협력 수준 중간	협력 수준 높음
의사전달 차단	의사전달 무시	의사전달 훈련
책임을 회피함	좁은 책임 범위	위험 분담
조직 내 커뮤니케이션 지양	조직 내 커뮤니케이션 용인	조직 내 커뮤니케이션 권장

---

29 「조직 문화의 유형학(A Typology of Organisational Cultures)」. https://oreil.ly/rtHz5

실패가 희생양으로 이어짐	실패가 처벌로 이어짐	실패가 질문으로 이어짐
새로운 아이디어가 억제됨	새로운 아이디어가 문제로 여겨짐	새로운 아이디어가 구현됨

(지금은 구글 클라우드의 일부가 된) 데브옵스 연구 및 평가DORA, DevOps Research and Assessment 그룹은 정보가 활발하게 공유되는 높은 신뢰성을 가진 기업 문화를 보유한 기업일수록 소프트웨어 완성도가 더 좋다는 것을 보여주었다.[30] 점점 더 많은 소프트웨어 기업들이 생산적 문화를 지향하는 것은 이제는 놀라운 일이 아니다. 이것은 팀 간의 협조를 장려하고, 실패에 대해서 타인을 탓하지 않으며, 계산된 위험은 충분히 감수하되 틀에서 벗어난 창의적인 생각을 하는 문화다. 여러분의 기업 문화가 이와 같다면 정보를 공유하고 발전하기가 쉽다.

또한, 여러분의 기업 문화가 권력형, 규칙형 혹은 업무 지향 위주의 문화인지 안다면 일하는 것이 더 쉬워진다. 사람들이 더욱더 많은 정보를 공유하고 협조하며 시간을 내서 서로를 돕고 새로운 아이디어를 후원한다면 앞을 헤쳐 나갈 때 덜 위험하고 덜 좌절할 것이다.

반면에 관료주의적인 조직에 있다면 미리 계획을 짜고, 규칙을 준수하고 명령에 복종할수록 더 많은 성공을 이룰 것이다.[31] 혹은 여러분이 병리학적인 조직에 있다면, 위험에 대비해야 한다. 부드러운 포장도로 위에서 카트를 미는 것보다 조약돌 위에서 미는 것이 훨씬 더 힘들다. 여러분의 조직이 울퉁불퉁한 길 위에 있다면 업무에 더 많은 시간을 할당해야 하고 통제할 수 없는 상황이 닥칠수록 **분노**에 휩싸일 가능성이 크다.

조직의 지형 관심 지점 파악하기

다시 지형 지도 이야기로 돌아가보자. 여러분이 속한 기업이나 조직의 문화를 이해하면 여러분이 수행할 여정의 평균적인 어려움을 대략적으로 추측할 수 있다. 그러나 정말 제대로 지도를 탐색하려면 장애물이나 여정에서 만나게 될 어려운 점, 그리고 지름길도 이해해야 한다. 필자가 알고 있는 조직의 지형에 관한 관심 지점이 다음과 같이 몇 가지 있다.

---

30 「데브옵스 문화: 웨스트럼 조직 문화(DevOps Culture: Westrum Organisational Cultures)」, *https://oreil.ly/Epx4s*
31 「정부 업무 수행을 위한 사용자 가이드(A User's Guide To Getting Things Done in Government)」, *https://oreil.ly/4zT4y*

▪ 균열

기업의 판 구조론은 팀과 조직 사이에 형성될 수 있는 **균열**을 보여준다. 예컨대 [그림 2-9]는 프로덕트 중심의 소프트웨어 엔지니어링팀과 이들을 위해 서비스를 제공하는 인프라, 플랫폼 또는 보안팀 사이에 형성될 수 있는 협곡 형태의 균열을 보여준다. 집단의 문화, 규범, 목표, 기대는 서로 다르게 발전하기에 서로 간의 의사소통, 의사결정, 분쟁 해결을 어렵게 만드는 격차를 유발한다.

그림 2-9 인프라 엔지니어링팀과 프로덕트 엔지니어링팀 사이의 균열

심지어 팀 내에서도 소규모의 균열이 발생할 수 있다. 대개 업무를 진행하다 보면 실제로는 각 팀이 정의한 책임의 경계선이 분명한 경우는 거의 없고, 프로젝트 업무와 정보가 팀 간 경계선에서 손실되는 현상도 발생한다.

▪ 요새

요새fortress는 프로젝트를 수행하는 사람들을 막기로 결심한 것처럼 보이는 팀과 개인들이다. 프로젝트를 진행하기 위해서는 그들의 승인이 필요하지만, 그들은 좀처럼 시간을 내주지 않는다. 혹은 문을 가로막거나 여러분이 무언가를 요구하기도 전에 여러분의 아이디어가 나쁜 것이라고 단정 지어 버리는 것처럼 보일 정도다. 이처럼 비록 몇몇 요새는 고압적이고 폭군에 가까운 자세를 보이지만, 원래 대부분의 요새는 **좋은 의도**로 생겨났다. 그들이 문을 가로막는 이유는 요새를 지키기 위함이다. 일반적으로 요새는 팀의 코드 및 아키텍처의 퀄리티를 높게 유지하고 모든 사람을 보호하려고 노력한다.

요새의 성문을 통과하는 첫 번째 선택지는 문지기가 후원하는 사람의 후원 증표를 가져오거나 도개교를 내리기 위한 비밀번호를 아는 것이다(일반적인 암호에는 새로 암호를 변경할 때 이를 해킹할 수 있는 위험을 완화하는 조치를 취했는지, 긴 체크리스트 또는 용량 추정치 입력을 완료했는지, 혹은 허용 가능한 답변으로 엄청난 수의 문서에 주석을 다는 것 등이 포함되어 있다). 또 다른 선택지는 여러분이 모든 요점에 관해 토론하고 다른 사람들을 싸움에 끌어들여서 오래도록 피비린내 나는 전투를 지속하는 것이다. 심지어 그중 하나의 전투에서 이기는 것만 해도 시도한 것 자체를 후회할 정도로 피로스의 승리pyrrhic victory[32]가 될 수 있다. 아니면 아예 요새 진입을 포기하고 성곽을 돌아서 먼 길을 돌아갈 수도 있고, 문지기가 알려줄 수 있는 힌트를 얻지 못한 채 먼 길을 돌아서 갈 수도 있다.

■ 분쟁 구역

각 팀이 자율적으로 일할 수 있도록 분명한 경계선을 설정하는 것은 매우 어려운 일이다. 아무리 API, 계약 및 팀 헌장을 고집해도 여러 팀이 자신의 책임이라고 생각하는 업무는 필히 있을 것이고, 이러한 **분쟁 구역**을 헤쳐 나가는 것이 위험하게 느껴질 수도 있다.

필자는 한 플랫폼에서 다른 플랫폼으로 마이그레이션하는 중요한 시스템에 필요한 프로젝트를 수행한 적이 있다. 이 특정 시스템을 마이그레이션하는 작업은 필자가 담당했던 전체 프로젝트의 비중 중에서도 5% 이하밖에 안 되는 작업이라서 많은 시간을 투자하고 싶지는 않았다. 하지만 이 업무를 담당할 누군가를 찾다가 벽에 부딪혔다. 시스템의 소유권은 세 개의 팀에 걸쳐서 분산되어 있었고, 각 팀은 시스템 작동 시 서로 다른 측면을 제각기 담당했다. 그래서 아무도 특정 시스템을 새 플랫폼으로 마이그레이션하는 것이 안전할지 아닐지에 관해서 필자에게 답해줄 수 없었다. 각 팀은 필자가 물어볼 때마다 "내가 알기로는 맞는데, 그래도 저쪽 팀에도 물어봐…"라며 다음 팀을 가리켰다. 이렇듯 시스템 전체에 대해 말해줄 리더가 없었기에 마이그레이션이 가능한지에 관해서 올바른 결정을 내릴 수 있도록 충분한 맥락을 쌓기 위해 여기저기 돌아다녔지만, 결국 불가능했다. 롤백rollback[33]에 관련된 세 팀의 동의를 얻기가 그만큼 쉽지 않았다.

두 개 이상의 팀이 긴밀하게 협력해야 할 때, 모두가 같은 목표를 확실하게 알고 있지 않으면 프로젝트는 혼란에 빠지기 쉽다. 양 팀은 기술 방향성에 대해 서로 자기 팀의 생각이 맞다고 주장하며 이기려고 하므로, 협력이 부족하면 자칫 권력 다툼이 되거나 헛된 노력만 하게 될 수 있

---

32 옮긴이_ '피로스의 승리'는 '패전이나 다름없는 의미 없는 승리'를 의미한다.
33 옮긴이_ '롤백'은 배포했던 소프트웨어에 오류가 생겼을 때 '이전 상태로 되돌리는 것'을 의미한다.

다. 즉, 여러 팀 간의 업무와 책임이 겹치면 의사결정 프로세스가 복잡해지고, 그만큼 여러 사람의 시간을 낭비하면서 상황이 더 악화된다.

■ 건널 수 없는 사막

여러분은 목표를 달성하기 위해서 다른 사람들이 승산이 없다고 생각하는 싸움에 도전해야 할수도 있다. 승산이 없는 이유는 너무 큰 프로젝트라서 그럴 수도 있고, 정치적으로 지저분한 조직이라 항상 선임의 거부권 행사로 끝나버리는 요새와도 같은 상황이라서 그럴 수도 있다. 어쨌든 간에 사람들은 여러분이 도전하기 전에 이미 이것을 시도해보았기에 여러분이 그것을 다시 시도하자고 제안하면 아무리 좋은 제안이라 해도 일단 낙담하고 권태감을 느낄 것이다.

물론 그렇다고 해서 시도하지 말라는 말은 아니다! 다만 여러분은 다른 사람에게 이번만큼은 다를 것이라고 잘 설득할 수 있도록 충분한 증거를 가져가야 한다. 그러려면 이기기 어려운 싸움인지 아닌지를 미리 판단하고 잘 알고 있는 것이 좋다.

■ 잘 닦인 도로, 샛길 그리고 돌아가는 길

엔지니어가 효율적으로 일하도록 노력하는 기업은 종종 공식적인 방법에 맞춰서 일하는 것이 가장 쉬운 방법이 되도록 프로세스를 설정한다. 예를 들어서 새로운 컴포넌트를 프로덕션 production[34]에 안전하게 내보낼 수 있도록 자가 체크리스트를 보유하도록 하는 것 등이 있다. 이렇게 잘 정의된 쉬운 길을 만날 정도로 운이 좋은 사람이라면 이것이 어디에 있는지 잘 알아두고 때에 맞춰서 사용하면 된다.

물론 아쉽게도 모든 길이 도로처럼 잘 닦여 있는 것은 아니다. 개발자라면 다들 성공의 비밀 경로를 체득하기 전에 이미 공식적인 방법으로 문제를 해결하기 위해서 오랫동안 노력해보았을 것이다. 문서화되지 않은 검색 기능, 사용자 계정을 설정할 수 있는 관리자 또는 DM에 응답하는 IT 담당자와 같은 방법들이 그것이다. 때로는 공식적인 방법이 실은 모두가 사용하면 안 되는 방법일 수도 있다. [그림 2-10]은 잘 닦여 있지만, 대부분의 사람들이 가고 싶어 하지 않는 도로를 보여준다. 이럴 때는 그 길 대신 오래된 샛길을 택해야 한다. 조직 내에 존재하는 샛길을 모른다면 모든 프로세스가 다 오래 걸린다. 혹시라도 여러분이 그런 샛길을 알게 되면, 이 샛길을 반드시 이용해야 하고 이것이 더 나은 방법이라고 주장하며 문서화하지 말아달라고 팀에 요구할지도 모른다.

---

34 옮긴이_ '프로덕션'은 소프트웨어 배포의 최종 단계로 '실제 서비스가 사용자를 위해 운영되는 환경'을 의미한다.

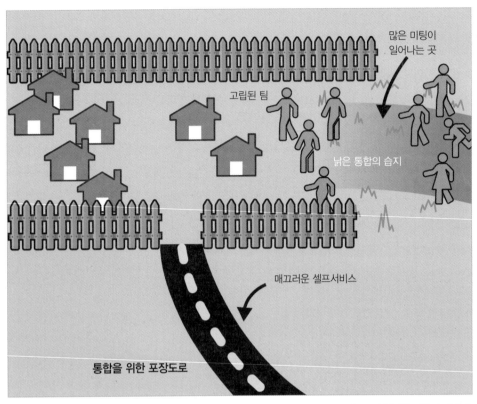

그림 2-10 새로 잘 닦인 도로는 아름답기는 하지만, 실제로 사람들이 가고 싶어 하는 대부분의 샛길은 깊은 습지에 숨겨져 있다.

2.3.3 본인만의 지형 지도 작성

여러분의 지형 지도에 있어야 할 다른 것들은 무엇인가? 자칫 잘못했다가는 떨어질 수도 있는 예상치 못한 절벽이 있는가? 다른 기업에서는 아주 괜찮지만, 현재 기업에서는 무례하다고 간주되는 행동이나 대화 방식이 있는가? 가드레일이 있을 것이라고 예상했는데 없는 곳이 있는가? 폭발하기 쉬운 곳이나 안전하다고 생각했는데 지진을 일으키는 리더(또는 예상치 못한 조직 개편)가 있는가? 사내 정치는 어떤가? 군주가 이끄는 팀인가, 의회가 이끄는 팀인가? 아니면 아예 무정부 상태인가? 누가 누구와 전쟁을 하는가?

여러분만의 지도를 그려보자. 유의해야 할 점은 지도 제작은 본질적으로 **정치적**이라는 점이다.[35] 지도에 무엇을 포함할지 결정하는 것은 여러분이 어떤 사람인가를 잘 나타낸다. 지도 중심에 무엇을 놓을지, 지도가 어느 쪽으로 치우치는지를 주의 깊게 살펴서 작성해야 한다.

조직은 조직 개편과 인수 합병, 개개인의 성격 그리고 어떤 경우에는 서로 싫어하는 사람들 때문에 이상한 형태가 되어버릴 수도 있다. 여러분이 만약에 필자가 생각지도 못한 장벽이나 정보의 전달 기관, 또는 다른 지형 생성을 생각해낼 수 있다면 한번 그 의견을 들어보고 싶다.[36]

의사결정은 어떻게 이루어지는가?

각종 정보와 의견이 기업 내에서 어떻게 돌아다니는지, 그리고 예상치도 못하게 정보와 의견이 갑자기 기록되는 상황을 지켜보는 것은 흥미롭다. 갑자기 모든 사람이 새로운 약어를 사용하거나 특정 의견을 갖고 있는데, 이것이 어디서부터 시작됐는지 알기 어려울 수 있다. 큰 희망으로 가득 찼던 프로젝트는 어느 순간부터 갑자기 이제는 실패할 가능성이 높은 프로젝트라고 일축된다. 모든 사람이 갑자기 마이크로서비스microservice[37]에 대해 환호하거나, 마이크로서비스를 버리고 서버리스serverless[38]에 호기심을 갖거나, 모듈식 모놀리식modular monolith[39]이 실용적인 상식이라고 생각할 수도 있다. 또, 어떤 팀은 이번 해에 더 많은 사람을 채용할 것을 승인받았지만, 다른 팀은 승인받지 못했다. 이런 결정은 어떻게 이루어지는 것인가? 무슨 메모가 있었나?

심지어 어떤 결정은 누구도 결정했다고 선언하지 않고 오로지 대화를 통해서만 이루어지는 것 같다. 또 다른 결정은 여러분이 있지 않은 곳에서 공식적으로 일어난다. 여러분에게 아이디어가 많은 상황이라면, 여러분의 계획이 아니라 다른 사람의 계획이 채택되었을 때 좌절감이 들수 있다. 왜 그들[40]은 여러분의 제안에 귀 기울이지 않을까? 우리 중 많은 사람이 인정하기 어렵겠지만, 사실 기술 방향성이 일치하는 것은 단지 시작에 불과하다. 여러분은 끊임없이 다른사람을 설득해야 하며 특히 **적절한** 사람을 설득할 필요가 있다.

---

35 「지도 제작의 정치(The Politics of Mapping)」, *https://oreil.ly/V5UbQ*

36 지도를 제작할 때는 초등학교 5학년 학생과 논의하는 것을 추천한다. "만약 사람들이 협력하는 것을 피오르드(fjord) 지형에 비유해보면 어떤 결과물이 나올까?"처럼 상황에 잘 맞게 질문하면 된다. 초등학생은 "두 팀이 빙하라는 큰 프로젝트를 만들기 위해 서로 협력했지만, 서로에게 화가 나서 프로젝트는 산으로 가고 남은 건 아무것도 없어요."라고 답해줄 수도 있다.

37 옮긴이_'마이크로서비스'는 '소프트웨어가 잘 정의된 API를 통해 통신하는 소규모의 독립적인 서비스로 구성되어 있는 경우의 소프트웨어 개발을 위한 아키텍처 및 조직적 접근 방식'을 의미한다.

38 옮긴이_'서버리스'는 '서버의 존재를 몰라도 된다.'라는 뜻이며, 다른 말로는 '개발자가 서버를 관리할 필요가 없는 아키텍처'를 의미한다.

39 옮긴이_'모놀리식'은 '전체 서비스에 필요한 모든 것을 하나의 거대한 서비스로 연결하는 것'을 의미한다.

40 여기서 지정되지 않은 '그들'은 여러분이 종종 충분한 정보 없이 일하고 있다는 사실을 알려주는 키워드다. 이런 생각이 들면 '그들'이 누굴 지칭하는지 다시 생각해보아라. 만약 '조직 전체'를 의미한다면 그것은 여러분의 문제다. 그럴 때는 누구를 설득해야 할지 정확하게 알고 있어야 한다. 필자는 공식 결정자들과 '섀도우' 조직에 대해 2장의 뒷부분에서 좀 더 자세하게 이야기할 예정이다.

만약 여러분이 조직 또는 기업의 의사결정이 어떻게 이루어지는지 이해하지 못했다면 의사결정 방향을 예측하거나 그 프로세스에 영향을 미칠 수 없다. 어떤 것에 관해서 다른 사람과 같은 생각을 하고 있다고 생각했지만, 갑자기 모든 사람이 다른 길을 옹호한다는 것을 알아차릴 수도 있다. 만약 여러분이 계속 그 프로세스에서 벗어나 있다고 느낀다면 이것이 바로 결정이 어떻게 이루어지는지, 누가 그 결정에 영향력을 행사하는지 모른다는 신호다.

'의사결정이 일어나는 곳'은 어디인가?

여러분이 모르는 곳에서 여러분과 여러분의 업무 범위에 영향을 미치는 결정이 매일 일어나고 있고, 그 결정에 계속 충격을 받는 상황이라면 매우 불편할 것이다. 여러분은 적어도 그 결정들이 어디서 이루어지는지 잘 알아야 하고, 여러분도 그 결정에 영향을 미치고 싶을 것이다. 일단 공식적인 채널과 중요한 결정이 이루어지는 공식 미팅 참여부터 시작해보자.

의사결정에 대한 접근성은 조직 내에서 여러분의 위치가 어디인지에 따라서 각각 다르다. 일부 결정은 분명히 여러분의 위치보다 높은 곳에서 이루어진다. 이럴 때는 보고 조직과 다른 채널에 관련 정보를 공유함으로써 영향력을 행사할 수 있다. 그렇지만 되도록이면 여러분의 담당 범위 안에서도 이런 결정이 이루어지고, 그곳에 여러분이 참여하는 것이 좋다. 만약 여러분이 뮤지컬 「해밀턴Hamilton」을 보았다면 애런 버 Aaron Burr's가 **'그런 일(결정)이 일어나는 방'**[41]에 있기를 갈망했다는 것을 기억할 것이다. 버는 그런 방에 없는 사람들은 "거래에 관해서 의견을 낼 수 없다."라고 말했다. 앞에서 말했던 외부의 객관적인 관점이 도움이 되는 상황도 있지만, 이 경우는 그렇지 않다. 기술 방향을 설정하거나 팀의 문화를 바꾸고 싶다면 여러분 본인이 의사를 결정하는 그룹의 내부자가 될 필요가 있다.

조직에서 어떤 의사결정이 일어나는지 알아내자. 조직의 결정은 매주 이루어지지만, 종종 프로세스나 기술 방향성에 대해 살펴보는 매니저와의 미팅이 있을 수 있다. 책임자는 자신에게 보고하는 사람들과 갖는 직원 미팅에서 계획을 짜는 경향이 있다. 중앙 아키텍처 그룹은 향후 경로에 대한 합의를 도출하는 슬랙 채널을 보유하고 있을 수도 있다. 조직이 어떻게 돌아가는지 빅 픽처 차원에서 잘 보이지 않는다면 결정이 어디서 이루어지는지 알려줄 수 있는 믿을 만한 사람에게 물어보자(다만 이 경우에는 의사결정에 반대하는 게 아니라 조직 내부가 어떻게 돌아가는지 이해하려는 것이라고 여러분의 목적을 명확하게 말해야 한다).

---

41 「그런 일이 일어나는 방(The Room Where It Happens)」, *https://oreil.ly/G1Csw*

혹은 '의사결정이 일어나는 곳' 자체가 아예 없을 수도 있다는 점도 유의하자. 아주 극단적인 경우, 주요 기술적 결정은 가장 경력자인 리더와의 면담에서 생겨나거나 완전 상향식으로 이루어질 수도 있다(그래서 종종 전혀 안 이루어진다).**42** 그래도 여러분이 관심 있는 결정에 관해서 '무언가가 이루어지는 방'이 있다면 그 방이 어떤 방인지, 방 안에 누가 있는지 알아보자.

의사결정 장소에 참여를 요청할 수 있는가?

중요한 의사결정이 이루어지는 미팅을 발견했다면 그 미팅에 참여하고 싶은 것이 당연하다. 하지만 여러분이 그 미팅에 참여하기 위해서는 왜 여러분이 참여해야 하는지에 대해서 설득력 있게 주장해야 할 것이다. 당연한 이야기지만, 그 이유는 여러분 자신이 아니라 **조직**에 미치는 영향에 대한 내용이어야 한다. 아무리 주변 매니저가 여러분을 인간적으로 좋아한다 해도, "이 미팅에서 배제되는 것은 제가 경력을 쌓는 데 도움이 되지 않습니다."라는 식의 주장은 그들의 마음을 바꾸지 못한다. 그보다는 여러분을 그 미팅에 참여시키는 것이 조직이 목표를 달성하는 데 큰 도움이 될 것이라는 점을 말하라. 남들에게는 아직 없거나 남들이 보여주지 못하는 것을 여러분이 갖고 있다는 것을 보여주어라. 왜 포함되어야 하는지에 관해서 설득력 있는 시나리오를 준비하고 말할 부분을 연습한 후에 참여하게 해달라고 요청하라.

그래도 아마 여러분은 거절당할 것이다. 미팅, 정확하게는 그 미팅을 주도하는 그룹에 누군가를 추가하는 일은 이미 그룹에 속한 사람에게는 결코 쉬운 일이 아니다. 미팅에 참여하는 모든 사람은 미팅 속도를 늦추거나, 토론을 연장하거나, 참석자의 취약하거나 솔직한 모습을 보여주는 상황이 발생하는 것을 원하지 않는다. 게다가 그룹이 협력하는 것에 익숙하다면, 새로운 사람이 들어올 때마다 모든 관계 역학을 재설정하고 어떤 면에서는 다시 협력하는 법을 습득해야 한다.

이런 모든 프로세스를 거쳐서 결국 초대를 받았다면 아무도 여러분을 초대했다는 것을 후회하게 만들지 마라. 윌 라슨은 자신의 칼럼**43**에서 여러분이 소위 '방'에 들어간다면 그 방에 가치를 더하는 것뿐만 아니라 자신을 포함하는 데서 발생하는 비용까지 줄일 필요가 있다고 강조한다. 준비를 마쳤고, 간결하게 말하며, 협조적이며 마찰을 일으키지 않는 참여자라는 것을 모두

---

42 「맞바람 조정: 점균류와 같은 조직(Coordination Headwind: How Organizations Are Like Slime Molds)」(*https://oreil.ly/n2nNf*)은 상향식 협동의 실패 사례에 관한 훌륭한 프레젠테이션이다.

43 「방에 들어가기(Getting in the Room)」, *https://oreil.ly/us7eX*

에게 보여주어라. 의사결정 또는 신속한 정보 공유가 목적인 미팅인데 오히려 비효율적인 미팅으로 만든다면 다시는 초대받을 수 없다.

그리고 만약 여러분이 의사결정 미팅에 들어가지 못했다면 그 사실을 개인적인 감정 차원에서 받아들여서는 안 된다. 특히 사람들이 스태프 플러스 엔지니어라는 직책이 무엇을 위해 있는지 알아가는 중이고, 아직 그 직책이 리더십 역할을 하지 않는 조직에 있다면 말이다. 만약 그들이 열심히 알아내는 동안 여러분이 사람들에게 상냥하게 대하면서 좋은 일을 한다면, 초대받지 않은 것에 대해 불평하는 것보다 더 많은 영향력을 발휘할 것이다. 상황을 이해하고, 여러분을 초대하지 않은 사람들에게도 상냥하게 대하라. 1장에서 말했듯이, 절대로 무례하게 굴지 마라.

한편으로, 절대 참여하지 말아야 할 방도 있다. 개인 기여자의 길로 가기로 했다면 보상금, 성과 관리 그리고 다른 매니저 업무 관련 논의에는 참여하지 말아야 한다. 이러한 결정에 영향을 미치는 정보를 매니저나 책임자에게 가져다줄 수는 있지만, 실제로 이를 행동으로 개시하는 것은 전적으로 그들의 의사에 달려 있다. 만약 매니저 대화가 이루어지는 방에서 큰 기술 결정이 함께 이루어진다면 주제별로 미팅을 나눌 수 있다.

마지막으로 여러분이 참여하고자 하는 방이 실제로는 생각보다 영향력이 없을 수도 있다. 필자는 수년 전에 책임자들이 모인 그룹에서 그들이 자신들의 의견이 무게감을 가지고 있지 않다고 생각하는 것을 보고 충격받은 적이 있다. 책임자는 두 단계 정도 직급이 높은 실제 영향력을 가진 사람들의 결정에 영향을 줄 수 없다는 사실에 좌절한 것이다. 그러나 알고 보니 생각지도 못했던 또 다른 '방'이 있었다. 사실은 이 외에 다른 방도 있었을 것이다! 어떤 방에 참여하고 싶은지 요청할 때는 현실적으로 행동하라.

섀도우 조직도는 무엇인가?

지금까지 공식적인 의사결정에 관해서 이야기했다. 이 프로세스를 잘 이해했다면 조직이 어떻게 의견을 형성하고 무엇을 해야 할지 결정하는 프로세스를 잘 이해할 수 있을 것이다. 하지만 이 외에도 필연적인 다른 영향력도 많고, 그중 일부는 표면적으로는 전혀 의미가 없다. 비공식적인 의사결정은 계층 구조나 직함에 근거한 규칙을 따르지 않는다. 그런 것들은 어느 정도는 중요하지만, 그것보다 더 중요한 것이 있다.

스태프 엔지니어라면 공식 기술 리더가 누구인지 아는 것도 중요하지만, 그들이 누구의 말을 귀담아듣고 어떻게 결정을 내리는지 이해하는 것도 중요하다. 만약 여러분의 인프라 조직 책임자인 젠Jan이 여러분의 아이디어에 전적으로 동의하는 것처럼 보이다가 갑자기 냉담한 모습을 보이면 어떨까? 이런 상황에서 여러분이 주의를 기울여보면 젠은 어떤 결정을 내리든 간에 가장 먼저 다음과 같이 행동한다는 것을 알게 될 것이다. 젠의 첫 행동은 바로 10년 전에 팀에 합류한 샘Sam과 상의하는 것이다. 샘은 선임은 아니지만 샘이 나쁜 아이디어라고 여기면 여러분은 젠의 동의를 얻을 수 없다. 이러한 일종의 '**영향력을 끼치는 선**'은 처음 조직에 합류했을 때는 곧바로 보이지 않는다. 그래서 여러분이 취해야 할 올바른 초기 단계는 친구를 만드는 것이고 조직이 어떻게 돌아가는지 질문하는 것이다.

브라이언 피츠패트릭Brian W. Fitzpatrick과 벤 콜린스–서스맨Ben Collins-Sussman은 자신들의 저서[44]에서 기업에 힘과 영향력을 행사하는 비공식적인 조직인 '섀도우 조직(도)'에 관해서 설명했다. 섀도우 조직을 표시한 조직도는 기업에서 영향력을 가진 그룹이 누구인지 알도록 도와주며, 실제 조직도와 다르다. 이런 인플루언서들이야말로 여러분이 변화를 일으키기 전에 가장 먼저 설득해야 할 사람들이다.

두 저자는 "조직 전반에 걸쳐서 여러 사람들을 알고 있는 '**커넥터**'"와 "직급이나 직함과 관계 없이 오랜 시간 근속한 덕분에 기업 전반에 영향력을 행사하는 '**고참**'"을 구분해서 설명한다. 이런 사람들은 기업에서 어떤 것은 되고 어떤 것은 안 되는지 잘 알고 있고, 계급과 직함을 가진 사람들이 그들을 신뢰할 가능성이 크며, 의사결정을 내릴 때 그들의 올바른 판단에 사람들이 의존하는 경향이 있다. 이런 사람들이 조직에 있다면, 그들의 동의를 얻지 못하면 결코 일을 진행할 수 없다.

2.3.4 지형 지도 최신화 방법

앞에서 위치 인식 지도를 최신 상태로 유지하는 것이 중요하다는 사실을 이야기했다. 지형 지도를 최신 상태로 유지하는 것은 더욱더 중요하다. 조직의 지형은 생각보다 빨리 변해서 기존에 알고 있었던 것들이 지금은 사실이 아닐 수도 있다. **최신화**를 위해서는 평균적으로 다음 사항을 알아두어야 한다.

---

44 『Debugging Teams: Better Productivity Through Collaboration』(오라일리, 2015), *https://oreil.ly/TrqIi*

- 의지하던 팀이 새 리더를 얻는 것

- 고대했던 프로젝트가 시작되지 않는 것

- 분기 계획이 곧 시작되는 것

- 새로운 유용한 플랫폼이 출시되는 것

- 프로덕트 매니저가 곧 장기 휴가를 떠나는 것

알고 있어야 할 정보가 정말 많다. 그렇지만 다 알아두어야 하고, 여러분이 무슨 정보를 찾고 있는지도 알고 있어야 한다. 다음은 최신 정보를 얻을 수 있는 몇 가지 방법이다.

■ 자동 공지 목록 및 채널 설계

새로운 설계 문서 공유, 사용 기간 만료 알림, 변경관리 티켓을 연결하는 전용 채널을 통해서 모든 사람의 상황을 대략적으로 쉽게 파악할 수 있다. 이런 채널이 유용하다고 생각하지만, 실제로 존재하지는 않는다면 직접 만드는 것을 고려해보아라.

■ 현장 걸어 다니기

린 생산 방식the lean manufacturing[45]은 생산실과 제작실을 걸어 다니며 어떻게 돌아가는지 살펴보는 활동인 **겜바**gemba[46]에 관해서 알려준다. 이처럼 주변 팀이 하는 일에 관해서 애착을 가질 수 있는 몇 가지 방법을 스스로 고안해보아라. 가끔씩 일어나는 변경 사항을 구성하거나, 좀 더 알고 싶은 시스템을 배포하는 것과 같은 형식일 수도 있다.

■ 숨어서 훔쳐보기

필자는 랜즈 리더십 슬랙Rands Leadership Slack[47]에 사람들이 어떻게 정보를 어떻게 얻는지 물어보았다. 특히 비밀도 아니고 중요하지 않은 정보에 주의를 기울이는 방법에 대해서 물어보았다. 다른 사람들이 말해준 방법은 선임의 달력을 보는 것, 미참석 미팅 안건을 훑어보는 것, 그리고 새로운 프로젝트를 확인하기 위해 최신 슬랙 채널 리스트를 보는 것 등이라는 것을 알게 되었다.

---

45 옮긴이_'린 생산 방식'은 주로 '생산 시스템 내에서 시간을 단축하고 공급업체와 고객에 대한 응답 시간을 줄이는 것을 목표로 하는 생산 방식'을 의미한다. *https://oreil.ly/zfdHj*

46 옮긴이_'겜바(혹은 겐바)'는 일반적으로 '작업 현장이나 핵심 프로세스가 진행되는 곳'을 의미한다. 린 제조 환경에서 겜바는 '문제를 가시화하며 실질적인 현장 개선을 모색하는 활동'이다.

47 랜즈 리더십 슬랙 페이지, *https://oreil.ly/04bad*

■ 독서를 위한 시간 내기

고도화된 서면형 문화를 가진 기업에서 계획과 변화는 RFC Requests For Comments[48]와 설계 문서, 프로덕트 개요 등을 수반하는 경우가 많다. 몇 가지 기본적인 맥락을 훑어보거나, 아니면 일부러도 시간을 내서 정독해보자.

■ 리더와 의견 나누기

여러분에게는 현재 조직이 돌아가는 상황을 알려줄 수 있는 아군과 후원자가 필요하다. 비하인드 업데이트를 듣고 여러분이 생각하는 방식이 리더의 방식과 일치하는지 자주 확인하라.

■ 사람들과 대화하기

커피 한 잔 마시며 수다를 떠는 것은 단지 친한 관계를 형성하기 위한 행위가 아니다. 맥락을 이해하는 데 정말 좋은 원천이다. 다양한 관점을 원한다면 프로덕트, 세일즈, 마케팅, 법률팀 등과 같은 엔지니어링 조직 밖에 있는 사람들과 이야기해보아라. 여러분이 프로덕트를 만들고 있다면 고객 지원팀에 있는 사람들과 친해지자. 그들은 여러분이 만드는 것에 대해서 여러분보다 더 잘 알고 있다. 매니저와도 친해지자. 매니저는 똑똑하고, 정보가 많으며, 여러 사람과 두루 친하다. 그들은 대부분 조직이 돌아가는 상황에 대해 잘 알고 있고, 기업 내에서 가장 매력적인 사람들이다. 친구를 만들어라.

> **"사람들과 대화하는 법을 모르겠어요."**
>
> 대개 엔지니어들은 '친분 쌓기'와 관련된 모든 것을 싫어하는 경향이 있다. 친분 쌓기를 생각해보면 대개 1980년대에 가식적으로 나긋나긋하게 웃으며 윗사람과 함께하는 어색한 점심 식사가 생각난다(필자만의 생각일 수도 있다). 하지만 친분을 쌓는 것은 이처럼 부정적인 것이 전혀 아니다. 게다가 사람들과 친해지면 정보를 쉽게 공유할 수 있고 서로를 도울 수 있다.
>
> 다른 사람과 대화를 시작하기가 어렵다면 제일 쉬운 시작점은 질문하는 것, 다른 사람이 하는 일에 관심을 두는 것 또는 (진심으로) 존경하는 점을 칭찬하는 것이다.[49] 대부분의 사람은 자기 일에 관해서 이야기하는 것을 즐거워하고, 누군가가 관심을 가지면 흔쾌하게 설명해준다. 잡담 스킬이야말로 여러분의 경력 전반에 걸쳐서 쏠쏠한 배당금을 지급해주는 학습 가능한 스킬이다. 그리고 여러분보다 더 주니어인 사람과 대화할 때 어색하지 않도록 분위기를 주도해야 하는 것도 여러분이 가진 일종의 책임이라는 점을 명심해라.

---

48 옮긴이_'RFC'는 '비평을 기다리는 문서'라는 의미로, '컴퓨터 네트워크 공학 등에서 인터넷 기술에 적용 가능한 새로운 연구, 혁신, 기법 등을 아우르는 메모'를 나타낸다. http://ko.wikipedia.org/wiki/RFC

49 존경하는 점에 대해 칭찬하되, 직장 동료에게 매력적이라고 하지는 말자! 일반적으로 그들이 선택한 것에 대해서만 칭찬하자. 잘 기재한 RFC나 원활한 미팅 또는 책상 위의 멋진 장난감은 아주 좋은 칭찬 요소다.

2.3.5 다리 만들기

기술 조직 내에서 발목을 잡는 문제는 대개 다른 팀과 소통하는 방법을 모르는 것, 아무도 결정권한이 없다고 느끼는 것, 혹은 권력 투쟁과 같은 인간적 문제다. 사실 이것은 몹시 어려운 문제다! 지형 지도에 정보를 추가할 때는 "이 장소에는 용이 있다!"라고 써서 다른 곳으로 이동을 유도하고픈 마음이 들 정도로 매혹적인 다른 장소를 발견할 수도 있다. 그러나 스태프 엔지니어라면 다른 사람이 가기 무서워하는 길로 가서 무서운 곳에 접근하는 것을 더 쉽게 만드는 식으로 다른 직원들에게 영향을 미칠 수 있다.

조직 간에 연결 고리가 잘 설정되지 않으면 엄청난 정보 격차가 생길 수도 있다. **웨스트럼 모델** westrum model은 이런 연결 고리를 만드는 소위 '**다리 만들기**'의 중요성을 강조한다(그림 2-11 참조). 지형에 관해서 더 잘 알수록, 아무도 보내지 않았던 이메일 요약본과 한 달 전에 이야기했어야 할 두 사람을 서로 소개하거나 프로젝트가 어떻게 서로 연결되는지 잘 보여주는 문서를 작성함으로써 다리를 만들 수 있다. 그러면 격차를 해소하는 것이 훨씬 더 쉬워진다.

그림 2-11 스태프 엔지니어는 분기별 계획 수립이 끝나기 한참 전에 두 조직 간에 다리를 세워서 연결 고리를 만들 수 있다(그림 2-9와 비교해서 보면 더 좋다).

구글의 데브옵스 웹사이트[50]는 '조직 내에서 본인의 업무를 제대로 이해하지 못한 사람(또는 조달과 같은 업무에 불만이 있는 사람)을 찾아서 커피를 마시거나 점심식사 자리에 초대하는 것'과 같은 식으로 여러분이 먼저 다리를 만들어볼 것을 추천한다.

가능하면 업무 범위를 정의해서 지형의 모든 구조판을 종합적으로 생각하고, 개별 팀에 속한 부분뿐만 아니라 모든 시스템이나 문제 도메인까지 포괄해서 빅 픽처 차원에서 생각해야 한다. 그렇게 하면 중단된 업무를 찾아내서 마찰을 중재할 수 있으며, 무슨 일이 일어나는지에 대한 하나의 이야기를 만들 수 있다. 모든 준비를 마치고 중요한 변화 사항을 제안받은 경우라면 "네, 이 마이그레이션은 좋은 아이디어입니다." 또는 "아니요, 이건 꼭 해야 합니다."라고 말할 수 있는 충분한 맥락을 갖추게 된다.

2.4 보물 지도: 목적지 제공

이제까지 두 가지 지도에 관해 이야기해보았다. **위치 인식 지도**는 현재 여러분의 위치를 알려주며, **지형 지도**는 조직 사이에서 올바른 길을 어떻게 찾아갈 수 있는지 정답을 보여준다. 하지만 우리가 향하는 목적지가 어디인지는 어떻게 알 수 있을까? 바로 세 번째 지도를 통해서 알 수 있다(그림 2-12 참조).

그림 2-12 지도상의 X 표시는 보물이 묻힌 곳을 표시한 것이다! 여러분은 이제 그곳에 가기만 하면 된다.

---

50 「데브옵스 문화: 웨스트럼 조직 문화」, *https://oreil.ly/DU4Nc*

보물 지도는 여러분이 지금 어디로 가고 있는지, 그리고 여러분이 왜 그곳에 가야 하는지에 대한 설득력 있는 근거를 제공해준다. 모험을 떠나보자!

2.4.1 반짝이는 것만 쫓을 때의 위험성

필자는 2장의 앞부분에서 어떻게 여러분이 속한 그룹의 로컬 최댓값 문제를 알아볼 수 있는지와 주변 세계에 대한 관점을 유지해야 할 필요성에 대해서 이야기했다. 시간이 지나도 동일한 관점을 유지해야 한다. 자칫하면 현재 기능을 발표하는 것이나 최근의 불만족스러운 앱스토어 리뷰와 같은 단기적인 목표에만 지나치게 집중하기 쉽다. 하지만 더 큰 차원에서 생각해라. 여러분이 가고자 하는 곳은 어디인가? 이 일을 하는 이유는 무엇인가? 단기적인 이익을 보지 말라는 말이 아니다. 그렇지만 단기적인 목표에만 집중하면 그보다 더 **중요한** 많은 것을 놓칠 수 있다. 단기적인 것만 생각하면 다음과 같은 단점들이 있다.

■ 모든 사람이 같은 목표를 갖게 하기가 어렵다

여러분이 속한 팀이 큰 계획을 모르고 있다면 잘못된 장소로 갈 수도 있다. 또한, 모든 결정이 오래 걸리고 복잡하며 많은 논의가 필요하게 된다. 어려운 점을 우회해서 지나친다는 것은 문제를 피하는 것이 아니라 성공적인 결과물을 위해서 간접적인 길을 택하는 것이다. 제대로 만든 보물 지도는 모든 사람이 이것을 본 이후에 필요한 프로세스 수정을 명확하게 이해하고 실행하도록 돕는다. 그러나 단기적인 것에만 집착하면 그렇게 하기가 어렵다.

■ 큰 일을 해낼 수 없다

팀 내의 문제나 지엽적인 문제를 해결하려는 단기 프로젝트에만 집중한다면 여러 단계로 진행되는 좀 더 크고 장기적인 문제를 해결할 수 없다. 게다가 여러분이 진행하는 프로젝트의 가치는 여러분에게는 중요할지 몰라도 다른 외부인들에게는 중요하게 보이지 않을 수도 있다.

■ 쓰레기만 쌓인다

어디로 가고 있는지 모르는 팀에는 두 가지 선택지가 있다. 첫 번째는 모든 상황을 예측하고 다각도로 생각해서 지나치게 복잡하고 유지하기 어려운 해결책을 만드는 것이다. 또는 다른 팀과 방향성도 일치하지 않고, 모든 사람이 우회해야 하는 해결책을 만드는 식으로 로컬 최댓값 결정을 내릴 수 있다.

■ **경쟁적인 기업 문화가 발생한다**

아랫선이나 상향식 계획에 의존하는 조직에서는 올바른 목표와는 완전히 다른 방향으로 열정을 모으려는 사람이 다수 있다. 그들은 모두 자기 딴에는 옳은 일을 하기 위해서 사람들을 모으려고 하지만, 자칫하면 혼란을 초래할 수도 있다.

■ **엔지니어의 성장을 저해한다**

단기적인 목표에만 집중하는 것은 여러분이 생각하는 방법과 업무의 틀을 짜는 것, 그리고 업무 간의 빈틈을 채우는 데 얼마큼의 소유권을 가져야 하는지에 대해서 우물 안 개구리처럼 좁은 시야로만 생각하도록 만든다. 여러분의 팀이 큰 프로젝트를 달성하려고 시도하고 있다면 지정된 업무 간의 차이를 파악해서 틈을 메우는 방법을 알아내야 한다. 그리고 이 과정에서 스킬역량을 쌓을 수 있다. 짧고 명확한 목표만 반복하는 팀은 좀 더 크고 어려운 프로젝트를 위한 힘을 기르지 못하고, 자기가 왜 그런 일을 했는지에 관해서 상세하게 이야기하지 못한다.

2.4.2 장기적인 안목을 보유하는 방법

모든 사람이 자신이 어디로 가는지 명확하게 알고 있다면 인생이 참 쉬워질 것이다. 다만 모든 사람이 계속해서 같은 방향을 보고 같은 길을 걸을 필요는 없다. 각 팀은 목적지에 도달하기 위해 해결해야 할 문제가 있을 때 그들만의 이야기를 통해 자신만의 루트를 창의적으로 찾아낼 수 있다. 이런 팀은 잘못된 길로 갈 가능성이 낮고 의사결정을 내릴 수 있는 충분한 정보를 보유하게 되어 위험을 회피하고 기술 부채를 줄일 수 있다. 그들은 장기적인 목표가 있고, 목표에 도달할 때까지 진정한 축하는 일어나지 않으리라는 것을 상기하며, 프로세스에서 발생하는 승리를 자축할 수 있다.

진정한 목표 파악하기

필자가 종종 사용하는 비유가 있다. 〈시드 마이어의 문명Civilization〉[51] 게임처럼 많은 전략 게임에서 볼 수 있는 **기술 계통도**에 관한 비유다. 훌륭한 게임이지만, 아직 해보지 못한 사람들을 위

---

51 이제 6편까지 출시된 〈시드 마이어의 문명〉은 수십 년 된 전략 게임이다. 여러분도 전장의 안개를 잘 파악해서 장기적인 투자와 단기적인 투자 사이에서 올바른 결정을 내려야 한다. 필자는 스태프 엔지니어에 관해 좀 더 쉽게 이해하기 위해서 여러분에게 이 게임을 해볼 것을 추천한다. 상사에게는 연구하는 중이라고 말하면 된다.

해서 이 게임에 대해서 짧게 설명해보겠다. 여러분은 제국을 건설해서 문명화를 이루려는 지배자다. 위대한 길을 가기 위해서는 과학 지식을 축적해야 하므로, 다양한 기술을 연구하기 위해서 올바른 선택이 필요하다. 여러분이 사용할 수 있는 기술 계통도는 일종의 방향성을 띤다(그림 2-13 참조). 처음에는 도자기 만들기와 사냥을 연구할 수 있지만, 게임을 플레이할수록 각 국의 기술은 점점 발전한다. 〈시드 마이어의 문명〉에서는 다리 건설과 증기기관을 연구하지 않고서는 철로를 만들 수 없다. 그리고 물리학과 공학을 연구하지 않는다면 증기기관을 만들 수 없다. 그러므로 게임을 플레이하다가 물리학을 연구하는 지점을 만나면 숨겨진 **진정한 목표**는 철도를 건설하는 것이라는 점을 알아야 한다. 다리를 건설하고 증기기관을 연구하며 열차의 차장을 위한 작은 모자를 주문할 때까지 **진정한 승리**는 없다(마지막 부분은 안타깝지만 실제로 일어나지 않는 일이다). 목적지도 모르고, 지속해서 목적지에 가려고 노력하지도 않는다면 기차를 탈 수 없다.

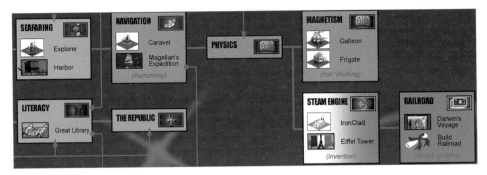

그림 2-13 마이크로프로스/액티비전사에서 만든 〈시드 마이어의 문명 II〉에 있는 기술 계통도[52]

프로젝트를 진행하다 보면 종종 어떤 기술에 투자할지 선택해야 한다. 서비스 메시service mesh[53]를 구축하는 즐거움을 얻기 위해서 새로운 서비스 메시를 만드는 것이 아니다. 마이크로서비스 프레임워크를 좀 더 사용하기 쉽도록 만드는 것이고, 팀이 기능을 좀 더 빠르게 배포하기 위해서 서비스 메시를 구축하는 것이다. 이 경우에는 시장에 출시하는 시간을 단축하는 것이 실제 목표다. 이처럼 진정한 목표를 안다면 좀 더 넓은 관점에서 제안한 업무가 목표를 달성하는 데 실제로 도움이 되는지 아닌지를 평가할 수 있다.

---

52 〈시드 마이어의 문명〉 게임 소개 페이지. *http://www.civfanatics.com*
53 옮긴이_ '서비스 메시'는 '서비스가 애플리케이션 수명 주기 전반에 걸쳐 데이터와 일관성을 공유하며 서로 통신할 수 있도록 지원하는 사전에 구성된 애플리케이션 서비스'를 의미한다.

보물 지도 공유하기

전장의 안개를 걷어내고 여정의 **진정한 목적지**를 밝히는 데는 시간이 걸릴 수 있다. 여러분이 이런 점을 잘 이해했다면 이 사실을 혼자만 알고 있지 말자. 즉, 다른 사람들에게 이런 내용을 전달하고, 동시에 그들이 왜 그 내용이 자신에게 중요한지 그 이유까지 함께 이해할 수 있도록 해야 한다. 여러분의 이야기를 통해서 여러분의 현 위치와 지금 어디로 가고 있는지, 왜 이 길을 따라가고 있는지를 그들에게 보여주어야 한다. 여행 중에 피해야 할 지점이나 알아두어야 할 지름길이 있다면 표시해놓는 게 좋다. 하지만 주의를 산만하게 하는 것까지 포함하지는 말자. 다만 무슨 일이 일어나고 있는지는 쉽게 알 수 있도록 만들자. 지도는 보물을 묘사해야 한다. 즉, 성공에 대한 명확한 정의를 제공해야 한다. 그래야 모든 사람이 그들이 목표로 하는 것을 잘 알 수 있다.

스스로가 발전하는 모습을 확인하는 것은 좋은 동기 부여가 되지만, 실제로 업무를 하다 보면 본인이 어디에 있는지 잊어버리기 쉽고 심지어는 길을 찾지 못하고 있다고 느낄 수도 있다. 이럴 때 여러분은 지도 위에 있는 사람으로서(그림 2-14 참조), 모든 사람에게 목표에 가까워지고 있다는 것을(아니면 맞는 길이라는 것을) 잘 보여줄 수 있는 위치에 있다. 지도를 **공유**해서 우리가 어디에서 왔고 어디로 가고 있는지에 대해서 이야기해라.

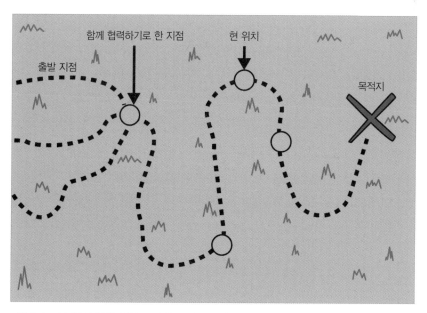

그림 2-14 여러분의 현 위치와 목표까지 얼마나 진행되었는지, 어디로 가고 있는지에 관한 이야기를 해라.

2.4.3 새로운 지도 작성

모든 직원이 제대로 된 하나의 보물 지도 위에서 일한다면, 여러분이 여기서 할 일은 더 이상 없다. 그러나 여러 개의 경쟁 경로가 있거나 계획이 전혀 없다면, 그룹이 목적지를 선택할 수 있도록 도와야 할 수도 있다. 이 지점에서 필요한 것은 어디에서 혼란이나 어긋난 부분이 보이는지에 관한 짧은 요약본을 작성해보는 것이다. 사실을 적고 공유함으로써 열린 대화(또는 아마도 논쟁)를 할 수 있다. 그러나 여러분이 할 수 있는 모든 것들, 즉 모든 질문을 하고, 〈시드 마이어의 문명〉의 기술 계통도를 추적하고, 반대하는 사람들이 서로 대화할 수 있도록 격려하고, 충분한 생각까지 하게 된다면, 여러분은 실제로 장기적인 목적지를 아직 아무도 선택하지 않았거나 여러 경쟁 목적지가 있다는 결론을 내릴 수도 있다.

이럴 때는 지도에서 전장의 안개를 걷어내도 얻을 수 있는 것이 없다. 그렇다면 **새로운 지도**를 만들어야 한다. 이것이 바로 3장에서 다룰 내용이다.

2.5 개인 여정 이야기

2장을 끝내기 전에, 여러분의 개인 여정에 관해 이야기해보자. 스태프 엔지니어로서 자기 업무의 영향력을 확인하는 과정은 오래 걸릴 수 있다. 이는 여러분의 업무에 관련된 이야기를 하는 것이 좀 더 어려우면서도 중요하다는 의미이다. 여러분이 돌이켜서 생각했을 때, 스스로 달성하고자 했던 것과 그 프로세스가 어떻게 진행되었는지에 대한 **자신만의 이야기**를 갖고 있어야 한다. 여러분과 여러분의 그룹이 함께 해낸 것은 무엇인가? 앞을 내다보았을 때 무엇을 하고자 하는지, 지금 맡은 업무가 그 목표에 어떻게 이바지하는지에 관한 이야기를 갖고 있어야 한다.

이야기를 완성하면 작은 업무도 좀 더 큰 이야기의 일부분이 된다. 이번 주에 할당받은 업무를 설명하기 어려울 수도 있겠지만, 그렇다면 '이번 달, 이번 분기 그리고 이번 연도에는 무엇을 했는가?', '보물에 가까워지고 있는가?'와 같은 점까지 고려할 줄 알아야 한다. 여러분의 여정을 제대로 이해하려면 **흔적 지도**라는 지도가 하나 더 필요하다. 이는 9장에서 다루어볼 예정이다.

2.6 마치며

2장의 내용을 요약하면 다음과 같다.

- 의식적으로 빅 픽처 관점에서 보고, 무슨 일이 일어나는지 파악하는 스킬 역량을 키워라.

- 맥락 차원에서 업무를 이해하자. 사용자가 누구인지 알고, 동료와 이야기해보고, 그룹 외부의 성공 수치를 이해하며, 무엇이 중요한지 명확하게 하자.

- 조직이 어떻게 돌아가는지, 조직 내에서 어떤 식으로 의사결정이 이루어지는지 파악하라.

- 필요한 정보가 여러분에게 도달할 수 있도록 길을 만들거나 경로를 파악하라.

- 모든 사람이 달성하고자 하는 목표를 명확히 하라.

- 여러분의 업무와 여정이 무엇인지 생각하라.

CHAPTER 3

빅 픽처 관점 수립

3.1 삭 매처 사례

3.2 비전과 전략의 개념

3.3 문서 작성 방법

3.4 실제 문서 작성

3.5 출시

3.6 삭 매처 사례 연구

3.7 마치며

빅 픽처 관점에서 보지 못한 그룹과 관련된 여러 이야기 중에서 필자가 가장 좋아하는 이야기가 있다. 필자가 한때 머물렀던 조직이 있었는데, 그 조직은 곧 올핸즈 미팅을 앞두고 있었다. 사람들은 주제를 미리 제안할 수 있었고, 주제 중의 하나로 최근에 중요 시스템 X가 먹통이 된 사건을 다루고자 했다. 필자가 이 질문에 대답하게 되었다. 필자는 이 주제 관련 내용을 준비하는 동안 거의 동시에 세 가지 DM을 받았다. 다음과 같은 DM들이다.

- **첫 번째 DM:** "시스템 X에 문제가 있었다는 것을 알지만, 시스템 X를 지원하는 팀을 충원하고 있고 확장을 지원하기 위해 복제본을 추가하고 있으니 모두를 안심시켜 주세요. 더 이상 운영 중단은 없을 것으로 예상됩니다."
- **동시에 온 DM:** "누군가가 이 질문을 해서 정말 기쁩니다! 시스템 X가 더 이상 사용되지 않을 것이며, 모두가 시스템 X에서 벗어나도록 계획해야 하는 것을 강조해야 해요."
- **그리고 마지막 DM:** "모두에게 제가 시스템 X를 발전시킬 방법을 모색하고자 실무진을 구성했다고 전해주시겠어요? 다음 분기 때 계획을 발표할 예정입니다. 이 실무진에 참여하고 싶은 사람이 있으면 저에게 연락하면 됩니다."

올핸즈 미팅은 이처럼 매우 합리적인 미래의 세 가지 길을 다른 직원들에게도 알릴 좋은 기회가 되었다. 하지만 이보다 더 먼저 드는 의문은 '왜 세 가지의 다른 계획이 있었을까?'라는 의문이다.

2장의 마지막에서는 조직의 기존 보물 지도를 발견하는 내용을 설명했다. 여러분의 그룹이 이런 목표 중 하나(모두가 잘 이해한 목표와 이를 달성할 계획)를 가지고 있다면 이미 빅 픽처를 완성한 것이다. 2부에서는 큰 프로젝트를 수행하는 방법에 관해서 이야기할 예정이다. 그러나 실제로 대부분의 경우 스태프 엔지니어는 목표가 명확하지 않거나 계획에 논란이 있다는 사실을 맞닥뜨릴 것이다. 여러분이 이 상황에 처해 있다면 다음의 내용을 계속 읽어보길 바란다.

1부의 마지막 장에서는 빅 픽처를 그리는 방법에 관해서 이야기할 예정이다. 가야 할 길이 정의되어 있지 않아서 혼란스러울 때는 그룹이 여러분의 계획에 동의하도록 해서 빠진 부분을 채워줄 수 있는 지도를 만들어야 한다. 이러한 지도는 종종 **기술 비전** 형태로 나타나며, 여러분이 가고 싶은 미래의 상태를 설명하거나, **기술 전략**과 과제를 탐색하고 구체적인 목표를 달성하기 위한 계획을 설명한다. 먼저 이러한 문서가 왜 필요한지, 어떤 형태인지 그리고 어떤 것을 포함하는지부터 설명할 것이다. 그다음에는 이러한 종류의 문서를 그룹 작업으로 만드는 방법, 즉 문서 작성의 세 단계인 접근 방식, 작성 및 출시에 대해 살펴볼 것이다.[1] 마지막으로 가상 연구 사례를 통해서 이러한 기술 중 일부가 실제로는 어떻게 사용되는지 확인할 것이다. 그러면 실제 시나리오 작성을 통해서 어떻게 접근할지 함께 생각해보자.

3.1 삭 매처 사례

삭 매처SockMatcher는 '짝이 안 맞는 양말'이라는 중요한 문제를 해결하기 위해 몇 년 전에 두 사람이 설립한 스타트업이다. 삭 매처의 모바일 앱을 이용해서 사람들이 자기가 잃어버린 양말의 이미지나 영상을 업로드하면, 백엔드의 정교한 머신러닝 알고리즘이 똑같은 양말 한 쌍 중에서 한쪽을 잃어버린 다른 사용자를 찾아낸다. 한쪽 양말을 가진 소유자 중 한 명이 자기 양말을 판다는 의사를 밝히면 알고리즘은 가격을 제시한다. 양말 소유권의 모든 변화는 분산된 양말 체인 원장을 통해서 추적할 수 있다.

여러분의 예상대로 벤처 투자자들은 삭 매처에 열광했다.[2] 삭 매처는 인터넷상에서 가장 큰 양말 짝 찾기 마켓플레이스로 빠르게 성장했다. 삭 매처는 추후 여러 양말 제조 업체와 파트너십을 맺고, 양말 짝을 추천하거나 심지어 장갑과 단추까지 추가할 수 있도록 기능을 확장했다. 또한, 제3자가 플랫폼SaaaP, Sock analysis as a Platform으로 양말 분석에 활용할 수 있도록 외부 API를 출시했다. 고객들은 이러한 새로운 기능을 좋아하게 되었다.

삭 매처의 아키텍처는 자연스럽게 성장했다. 이 모든 것은 단일 중앙 데이터베이스 및 데이터 모델을 기반으로 구축되었으며 로그인, 계정 구독, 청구, 짝 찾기, 개인화, 이미지 및 동영상 업로드 등을 관리하는 단일 바이너리를 사용했다. 프로덕트별 로직은 이러한 각 기능에 내장되어 있다. 예를 들어서 청구 코드에는 성공적인 양말 매칭 건수와 단추의 분기별 구독과 관련된 고객에게 전자 결제가 청구되는 방식에 대한 로직이 포함되어 있다. 양말 데이터와 고객 데이터는 고객의 이름, 신용카드 번호 그리고 발 사이즈와 같은 중요한 개인 식별 정보PII, Personally Identifiable Information를 포함하며 큰 데이터 스토어에 함께 저장되었다.

---

1 우리는 비전과 전략에 초점을 두지만, 이런 기술은 엔지니어링 가치와 코딩 표준 그리고 조직 간 프로젝트 계획과 같이 모든 큰 의사결정에 동일하게 적용할 수 있다.

2 시드 펀딩에 대해 이야기하고 싶은 사람이 있다면 필자에게 메시지를 보내면 된다.

삭 매처는 여러 업체와의 경쟁에서 선두를 유지하기 위해서 시스템을 확장 가능하고 재사용할 수 있는 방식을 구축하는 대신에 새로운 기능을 앱에 빠르게 배포하는 것을 우선순위로 두었다. 예를 들어서 기존의 양말 기능 외에도 장갑 기능을 별도로 추가했고, 기존 양말 데이터 모델에 필드를 추가하여 '왼쪽' 또는 '오른쪽' 항목을 별도로 표시했다. 그리고 고객이 장갑 이미지를 업로드하면 소프트웨어는 미러 이미지를 생성하고, 장갑을 양말의 한 종류로 분류한다.

삭 매처가 단추 매칭 기능을 추가하기로 결정하자 몇몇 시니어 엔지니어는 지금이야말로 매칭 가능한 새로운 객체를 쉽게 추가할 수 있는 모듈 시스템을 새롭게 만들 때라고 주장했다. 그러나 모듈 시스템 구축 대신에 사업적인 기준이 더 우선시되었다. 단추 매칭은 양말 매칭 기능의 특별한 경우로 구현되었다. 즉, 기존 시스템의 한계를 파악한 후에 이를 새롭게 다시 설계하는 것이 아니라, 기존 데이터 모델에 새로운 필드를 추가해서 한 세트의 단추 개수와 단추별 구멍 수를 지정할 수 있게 만든 것이다. 청구 코드, 개인화 하위 시스템 및 기타 컴포넌트에는 양말, 장갑 및 단추의 차이점을 구현하기 위한 하드 코딩된 사용자 지정 로직이 포함되어 있고, 대부분 "if" 문으로 코드 베이스에 구현되었다.

새로운 사업 목표도 추가되었다. 삭 매처는 식품 저장용기와 용기 뚜껑을 매칭하는 기능을 넣고자 했다. 이 기능은 기존의 기능과는 완전히 다른 특성을 필요로 했다. 양말과 달리 용기와 뚜껑은 쉽게 매칭되지 않는다. 그래서 담당 팀은 다른 매칭 모델과 로직, 완전히 새로운 공급업체와 파트너십을 구해야 했다. 게다가 삭 매처는 용기와 뚜껑 중에서 매칭되는 모델이 없을 때 고객에게 새로운 교체용 뚜껑이나 용기를 제공하고자 했다. 참고로 삭 매처의 가장 최근 프로덕트 전략은 앞으로 귀걸이, 직소 퍼즐 조각, 휠캡 등 다양한 프로덕트의 매칭 기능을 추가하는 것이다.

삭 매처의 식품 저장용기팀은 기능의 범위를 지정하고자 했다. 이들은 기존 모놀리식 시스템을 원하지 않았다. 그보다는 자체 데이터 스토어를 사용해서 자체적으로 매칭하는 마이크로서비스를 구축하고자 했다. 그러기 위해서는 인증, 청구, 개인화, 개인 식별 정보 안전 처리 및 기타 공유 기능을 위한 코드가 필요했다. 당연히 이 모든 기능은 당시에는 양말 모델에만 최적화되어 있었다. 그래서 이 기능이 저장용기 모델에서도 자체적으로 작동하길 원한다면 모놀리식 시스템에 기능을 넣거나 새로 구현해야 했다. 둘 중 어느 방식을 선택하든지 상당한 시간이 걸리는 작업이었다. 그래서 식품 저장용기팀은 장갑과 단추와 함께 더 많은 엣지 케이스edge case[3] 를 추가하여 식품 저장용기가 양말의 한 종류로 인식되도록 구분하고자 했다. 압박감이 어느 정도 있는 작업이었으나 이는 예상 가능한 수준이었다. 이때 식품 저장용기팀은 올바른 다음 단계가 무엇인지에 대해서 의견이 분분했다.

이들에게는 몇 가지 다음과 같은 과제가 있었다.

- 타사와 공유한 API는 버전이 없으므로 변경하기가 어렵다. 새로운 통합을 계획하면 이 문제는 당연히 발생한다. 그리고 시간이 오래 걸릴수록 이 문제를 해결하기가 더 어려워진다.

- 3년 전에 로그인 기능을 자체적으로 개발 및 구축한 엔지니어는 이 기능을 두고 "약간 위험한 기능이다."라고 표현했다. 이 기능은 지난 몇 년간 성장하긴 했지만, 그 누구도 자랑스러워할 만한 수준의 코드는 아니다.

- 삭 매처의 매칭 기능은 시중에서 가장 뛰어난 기능이고 고객들도 만족스러워하지만, 가끔 양말 짝이 있는데도 매칭시키지 못하는 경우가 있다.

- 한 팀원이 매우 짧은 시간 내에 짝을 찾을 수 있는 새로운 알고리즘과 시스템에 대한 아이디어를 제시했고, 모두가 이 아이디어에 열광했다.

- 모놀리식 운영을 담당하는 팀은 기업의 성장 속도를 따라가지 못한다. 지금도 확장 문제에 지속해서 대응하고 있다. 전체 디스크, 배포 실패 및 소프트웨어 버그 관련 문제점을 해결하기 위해서 매일 여러 번 호출된다.

- 점점 더 많은 엔지니어가 같은 코드 베이스에서 업무를 보고, 기존 기능을 재사용하면서 예기치 않은 동작이 늘어나고, 고객이 경험하는 버그가 더 자주 발생하고 있다. 운영이 중단될 때마다 거의 모든 팀과 고객이 영향을 받는다.

- 유명 인플루언서들이 양말을 파는 바람에 사용자 트래픽이 100배나 급증하여 운영 중단 이슈가 발생했다. 앞으로 식품 저장용기 관련 기능을 출시하면 유명 요리사들도 삭 매처 플랫폼에 들어올 것이기에 수요는 더욱 증가할 것이다.

- 모든 새로운 기능이 모놀리식 빌드 시간을 늦춘다. 게다가 불안정한 테스트는 도움이 되지 않는다. 새 버전을 빌드하고 배포하는 데는 보통 3시간 정도 걸려서 대부분의 인시던트 대응도 길어진다.

- 모바일 앱에 대한 앱스토어 리뷰 점수가 하향 추세를 보이기 시작했다.

---

3 옮긴이_ 엣지 케이스'는 '알고리즘이 처리하는 데이터의 값이 알고리즘의 특성에 따른 일정한 범위를 넘을 경우에 발생하는 문제'를 의미한다.

이 과제들에는 많은 문제가 있었지만, 대부분 기술적으로 간단하게 해결할 수 있었다. 삭 매처는 새로운 직원이 입사할 때마다 데이터 스토어 분산 저장하기, API 버전화하기, 모놀리식에서 기능 축출하기와 같은 변경 사항을 추천한다. 그래서 다양한 업무 그룹이 만들어졌다. 그런데 이렇게 이 문제에 큰 관심을 가진 사람이 스무 명이나 모였지만, 다들 서로의 의견에 동의하지 않고 본인의 의견을 주장해서 결과적으로는 문제에 집중할 시간이 없어졌다. 다들 각자 더 중요하거나 더 성공할 가능성이 있다고 여기는 특징적인 기능들이 달랐던 것이다. 이런 상황이라면 이 엔지니어링 조직은 어떤 단일 계획도 추진할 수 없을 것이다.

이럴 때는 어떻게 해야 할까? 3장의 마지막 부분에서 이 사례에 관해서 다시 이야기할 예정이다.

3.2 비전과 전략의 개념

삭 매처의 경우에서처럼, 새 기능을 추가하려고 할 때 기존 시스템의 한계를 파악했다면 다음과 같은 몇 가지 선택지가 있다. 재사용 가능한 플랫폼으로 새로운 기능을 구축해야 할까, 아니면 기존 프로덕트의 일부로 추가해야 할까? 또한, 팀 입장에서는 어렵겠지만, 새로운 프레임워크를 배워야 할까, 아니면 더 이상 사용하지 않는 프레임워크를 여전히 고수해야 할까? 각 팀은 저마다 다른 결정을 내릴 수 있다. 조직 입장에서는 이렇게 의사결정을 분산해서 더 빠르게 움직여서 문제를 해결할 수 있다. 하지만 각 팀이 스스로 결정할 때는 다음과 같은 단점도 발생할 수 있다.

- 다른 사람과 조율하지 않고 팀에 최적화된 행동을 추구하는 팀은 모두에게 나쁜 결과를 초래하는 '공유지의 비극 tragedy of the commons'[4] 문제를 일으킬 수 있다. 이것이 바로 로컬 최댓값이다.
- 의사결정이 각 팀 단위로 이루어지더라도, 어떤 집단도 단독으로 우려 사항을 해결할 권한이나 동기는 없다. 그래서 우려되는 사항을 공유해도 무시당할 수 있다.
- 팀 입장에서는 올바른 결정을 내리기 위해 필요한 맥락을 놓칠 수 있다. 행동을 취하는 사람들과 결과를 경험하는 사람들이 서로 다를 수 있다. 심지어 시간이 지나면 서로 분리될 수도 있다.

---

4 옮긴이_'공유지의 비극'은 '공유 자원의 이용을 개인의 자율에 맡길 경우 서로의 이익을 극대화함에 따라 자원이 남용되거나 고갈되는 현상'을 의미한다. *https://oreil.ly/KEPbi*

프로젝트는 중대한 미결정 사항이 있으면 지연되거나 중단될 수밖에 없다. 각 팀은 프로젝트를 미룰 경우 논란의 여지가 있는 결정을 내리게 되거나 어떤 특정 기준을 선택하기 위해 논쟁해야 할 수도 있으므로 당연히 최대한 미루려고 하지 않는다. 대신에, 그룹들은 그들 자신이 당면한 문제들을 해결하고자 로컬 최댓값, 즉 자신에게 유리한 결정을 내린다. 결국 각 팀은 자신의 선호도나 조직의 기술적 방향에 맞춘 기술을 선택하며, 종종 이러한 선택을 자신이 만든 해결책에 포함한다. 근본적인 큰 질문을 미루는 것은 앞으로 문제를 해결하는 것을 더 어렵게 만든다.[5]

조직은 이러한 큰 근본적인 문제들 중에서 일부를 해결해야 할 필요성을 깨달으면 **비전**과 **전략**이라는 단어를 많이 사용한다. 이 단어들은 비슷한 차원에서 사용될 때도 있고, 혹은 개별적인 차원에서 사용될 수도 있다. 용어에 대한 혼동을 방지하기 위해 3장에서는 몇 가지 개념을 정의하고자 한다.

3.2.1 기술 비전의 정의

기술 비전은 조직의 목표가 달성되고 가장 큰 문제가 해결된 후 찾아오는 조직의 이상적인(원하는) 미래를 의미한다. 즉, 기술 비전을 설명하는 것은 모든 업무가 끝난 후에 조직이 어떤 상태일지 설명하는 것이다. 조직에 기술 비전이 있다면 모든 사람이 세부사항까지 신경 쓰지 않고도 이상적인 미래, 원하는 미래를 더 쉽게 상상할 수 있다.

기술 비전은 전체 엔지니어링 조직의 빅 픽처에서부터 개별 팀의 작업에 이르기까지 모든 범위에서 문서로 작성할 수 있다. 기술 비전을 포괄하는 더 큰 범위의 문서를 통해서 기술 비전을 다른 직원들에게 계속 계승할 수 있고, 더 작은 범위를 다루는 문서는 기술 비전이 직접적인 영향을 미칠 수도 있다(일부 예는 그림 3-1 참조).

기술 비전은 직원들이 특정한 형태의 현실을 공유하도록 돕는다. 빅 픽처를 볼 수 있는 스태프 엔지니어라면 아키텍처, 코드, 프로세스, 기술 및 팀을 위해서 더 나은 상태를 상상할 수 있다. 다만 문제는 주변의 많은 시니어 엔지니어들도 저마다의 기술 비전을 갖고 있기에 스태프 엔지니어의 생각과 일치하지 않을 수도 있다는 것이다. 심지어 모두가 동의한다고 생각하는 상황에

---

[5] 이러한 종류의 주제들은 변화에서 특별히 핵심 역할을 담당하는 게 아니지만, 현업에서 코드와 설계 리뷰 시 여전히 많은 토론 시간을 소비하는 경우가 많다. 만약 실제로 그런 일이 일어나고 있거나 모순을 내포한 설계를 만난다면, 그것은 특정 프로젝트나 출시와는 무관하게 큰 결정을 내려야 한다는 신호다.

도 가정을 하기 쉽고 세부사항을 놓치는 경우가 많아서 나중에 이로 인한 갈등이 표면화될 수도 있다. 그래서 기술 비전은 반드시 **문서화**해야 한다. 기록의 엄청난 힘은 오해를 크게 줄여준다.

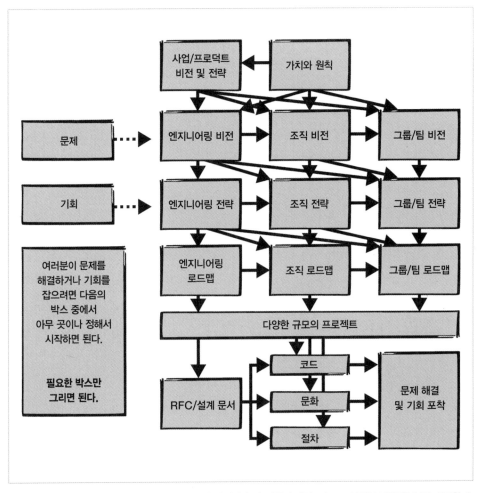

그림 3-1 문제의 크기에 따라서 엔지니어링 전체의 비전이나 팀 범위의 비전 또는 그 사이의 비전에서부터 시작할 수 있다. 다만 필요하지 않다면 굳이 비전과 전략을 짤 필요는 없다.

기술 비전은 길을 밝혀주기에 종종 '북두칠성'이나 '언덕 위에 있는 빛나는 도시'라고도 표현한다. 기술 비전은 모든 결정에 관여하는 것은 아니지만, 적어도 갈등이나 모호한 부분을 제거하고 모든 사람이 자신의 길을 선택할 수 있도록 권한을 부여해준다. 또한, 기술 비전 안에는 조직 및 직원들이 올바른 장소에 도달할 것이라는 확신이 담겨 있어야 한다.

기술 비전 문서 작성을 위한 자료

여러분이 기술 비전 문서를 작성하기로 결정했다면 다음의 자료를 참고할 것을 추천한다.

- 마크 리처즈 Mark Richards 와 닐 포드 Neal Ford 의 『소프트웨어 아키텍처 101: 엔지니어링 접근 방식으로 배우는 소프트웨어 아키텍처 기초 Fundamentals of Software Architecture』(한빛미디어, 2021)
- 스콧 버쿤 Scott Berkun 의 『Making Things Happen』(오라일리, 2008)의 4장
- 아마존의 제임스 후드 James Hood 가 쓴 「팀을 위한 기술 방향성 설정법 How to Set the Technical Direction for Your Team」[6]
- 이벤트 관리 및 티켓 발행 웹사이트인 이벤트브라이트의 대니얼 미콜 Daniel Micol 이 작성한 「3개년 기술 비전 작성 Writing Our 3-Year Technical Vision」[7]

기술 비전이 꼭 어떠해야 한다는 특별한 기준은 없다. 간결한 영감을 주는 '비전 진술' 문장이나 20페이지짜리 에세이, 혹은 프레젠테이션 슬라이드일 수도 있다. 또, 다음 사항을 포함할 수 있다.

- 상위 수준의 가치와 목표 설명
- 의사결정 시 사용할 일련의 원칙
- 이미 이루어진 의사결정 내용 요약
- 아키텍처 다이어그램

작성자에 따라서 설명 방법도 제각기 다르다. 기술 선택을 매우 디테일하게 설명하거나 상세 정보는 빼고 상위 정보만 이야기할 수도 있다.

중요한 것은 작성자가 누구든지 간에 본인의 분명한 의견 위주여야 하고, 현실적으로 더 나은 미래를 묘사해야 하며, 자기 조직의 요구를 충족시켜야 한다는 점이다. 만약 여러분이 마술 지팡이를 휘둘러서 아키텍처, 프로세스, 팀, 문화 또는 능력을 바꿀 수 있다면 어떤 형태로 바꾸고 싶은가? 그게 바로 여러분의 비전이다.

---

6 「팀을 위한 기술 방향성 설정법」, *http://oreil.ly/zhD2Q*
7 「3개년 기술 비전 작성」, *https://oreil.ly/Rew44*

3.2.2 기술 전략의 정의

기술 전략은 행동 계획이다. 여러분이 목표를 달성하기 위해서 만나게 될 장애물을 헤쳐 나가는 방법을 의미한다. 또한, 이것은 여러분이 어디로 가고 싶은지를 이해하는 것을 의미한다(이것이 방금 논의한 비전일 수도 있다). 필자는 이 장에서 단순히 전략적인 사고를 하는 것이 아니라, 특정한 문서를 의미하는 용어로 **전략**이라는 단어를 사용하고자 한다.

기술 전략은 사업이나 프로덕트 전략을 뒷받침할 수 있다. 혹은 기술 비전에 대한 파트너 문서일 수도 있고, 기술 비전에 포함된 조직, 프로덕트 또는 기술 분야 중에서 특정 분야 비전의 하위 집합을 다룰 수도 있다.

기술 비전과 마찬가지로, 기술 전략은 목적지가 아니라 목적지로 가는 경로를 명확하게 제시해야 한다. 구체적인 과제를 현실적인 방법으로 해결하고, 굳건한 방향을 제시하며, 그룹이 해결 프로세스에서 우선순위를 두어야 할 행동을 정의해야 한다. 기술 전략은 모든 결정에 관여하는 것은 아니지만, 그룹이 필요한 곳에 도달하지 못하도록 막는 어떠한 어려움도 극복할 수 있을 정도로 충분한 정보를 가지고 있어야 한다.

기술 전략 문서 작성을 위한 자료

전략에 관한 표준서라 부를 만한 책은 리처드 루멜트 Richard Rumelt 의 『전략의 거장으로부터 배우는 좋은 전략 나쁜 전략』(센시오, 2019)이다. 가능하다면 시간을 내서 읽어보기를 추천한다. 추가로 추천할 만한 자료는 다음과 같다.

- 패트릭 실즈 Patrick Shields 의 『기술 전략 파워 코드 Technical Strategy Power Chords』[8]
- 매티 토이아 Mattie Toia 의 『약속 이행: 대규모 조직의 광범위한 기술 문제 해결 Getting to Commitment: Tackling Broad Technical Problems in Large Organizations』[9]
- 윌 라슨의 『엔지니어링 전략 관련 설문조사 A Survey of Engineering Strategies』[10]
- 이븐 휴잇 Eben Hewitt 의 『Technology Strategy Patterns』(오라일리, 2018)
- 랜즈 리더십 슬랙[11], 특히 #기술 전략 #technical-strategy 과 #좋은 전략과 나쁜 전략에 관한 책 #books-good-strategy-bad-strategy 채널

---

8 『기술 전략 파워 코드』, *https://oreil.ly/EDODP*

9 『약속 이행: 대규모 조직의 광범위한 기술 문제 해결』, *https://oreil.ly/RKUwO*

10 『엔지니어링 전략 관련 설문조사』, *https://oreil.ly/tF2TU*

11 랜즈 리더십 슬랙 소개 페이지, *https://oreil.ly/04bad*

기술 비전처럼 기술 전략 문서도 1~2페이지짜리 문서가 될 수도 있고, 60페이지에 달하는 문서가 될 수도 있다. 기술 전략은 극복해야 할 구체적인 과제를 포함해서 현재 상태에 대한 진단과 그 과제를 해결하기 위한 명확한 길을 포함한다. 그리고 프로젝트의 성공 기준과 함께 다루어야 할 프로젝트 우선순위 목록을 포함할 수도 있다. 범위에 따라서는 각각의 절충점을 설명하면서 광범위하고 상위 수준의 방향이나 특정 세트에 대한 어려운 결정까지 포함할 수 있다.

『전략의 거장으로부터 배우는 좋은 전략 나쁜 전략』에서 루멜트는 '전략의 핵심', 즉 문제를 진단하고 지침으로 삼을 만한 안내를 보여주고 장애물을 우회할 수 있는 행동을 설명한다. 하나씩 살펴보자.

진단

업무를 빅 픽처 관점에서 보지 못하면 종종 '무슨 일이 벌어지고 있는 거지?'라는 의문을 가질 수 있다. 진단은 여러분의 복잡한 현실을 간단하고 명료하게 정의하는 것이다. 주변의 어지러운 소음 속에서도 특정한 패턴을 찾아내는 것, 혹은 문제를 좀 더 쉽게 이해하기 위해서 비유나 정신 모형mental model[12]을 사용하는 것 등이다. 진단을 내릴 때는 여러분이 처한 상황의 가장 본질적인 특성을 파악해서 이를 진정으로 이해할 수 있도록 노력해야 한다. 어렵고 긴 시간이 걸리는 작업이다.

안내 지침

안내 지침은 진단을 통해서 파악한 장애물을 우회하는 접근 방식이다. 안내 지침은 앞으로 나아갈 수 있도록 명확한 방향을 제시하고, 이에 뒤따르는 결정들을 더 쉽게 만들어주어야 한다. 루멜트는 "안내 지침은 앞으로 가는 방향을 표시하는 마일스톤이다."라고 말하며 짧고 분명해야 한다고 설명한다.

일관성 있는 행동

진단 및 안내 지침을 수립하면 여러분이 수행해야 할 작업과 수행하지 않아야 할 작업을 구체적으로 파악할 수 있다. 수행할 작업은 기술 외에도 다른 것까지 포함한다. 조직의 변화, 새로

---

12 옮긴이_ '정신 모형'은 '세상에서 일어날 수 있는 사건이나 상황을 묘사하는 마음의 표상'을 의미한다.

운 프로세스나 팀, 또는 프로젝트에 대한 변화 등이다. 필자는 여러분에게 특히 이 부분을 강조하고 싶다. 여러분이 처음 업무를 시작할 때 테이블 위에 있던 다른 아이디어 목록보다 실제로는 방금 나열한 작업들을 수행하는 데 더 많은 시간과 인력을 투입하게 될 것이다. 결국 여기에 집중할수록 여러분과 다른 사람들이 기대하고 있었던 일부 작업을 수행하지 못할 가능성이 높아진다. 그래도 어쩔 수 없다.

또한, 전략은 여러분의 장점을 활용해야 한다. 예를 들어서 런던의 엔지니어링 매니저인 아이작 페레즈 몬초Isaac Perez Moncho는 자사를 위해 엔지니어링 전략을 작성할 때, 긍정적인 피드백 고리를 만드는 프로세스를 살펴보았다. 몬초는 필자에게 자사의 프로덕트 엔지니어링팀은 도구를 다루는 스킬 부족, 너무 많은 인시던트, 열악한 배포 프로세스 등 많은 문제에 직면해 있다고 말했다. 하지만 그 기업은 시간만 있다면 문제를 해결할 수 있는 훌륭한 데브옵스팀을 보유하고 있었다. 그래서 몬초는 데브옵스팀에 자유로운 시간을 확보해주는 것을 전략으로 삼았다. 시간을 마련해주기만 하면 그들은 프로세스를 자동화하고 훨씬 더 많은 시간을 확보할 수 있어서 다른 문제를 해결할 수 있는 긍정적인 피드백 고리를 만들 수 있다. 이처럼 여러분의 장점을 활용하는 방법을 생각해보아야 한다.

마지막으로, 전략은 이상적인 상황에서 다른 사람이 무엇을 해야 하는지 설명하는 것이 아니다. 전략은 현실적이어야 하고 현재 당면한 제약을 잘 담고 있어야 한다. 조직에 직원을 배치할 수 없는 전략은 **시간 낭비**일 뿐이다.

3.2.3 비전 및 전략 문서의 필요성

기술 비전 및 전략은 조직에 명확성을 가져다주지만, 대부분은 아예 쓸데없을 수도 있다. 그러니 불필요한 일을 스스로 만들지 마라. 여러분이 원하는 상태나 해결하려는 문제를 쉽게 설명할 수만 있다면 여러분에게 실제로 필요한 것은 전체 문서가 아니라 문서의 목표 부분이나 단지 요청에 대한 설명만일 수도 있다.[13] 문서 없이 모든 사람의 동의를 얻을 수만 있다면 문서는 굳이 없어도 된다.[14]

---

13 5장에서 프로젝트 수행 프로세스를 살펴볼 때 이 문서에 관해서 더 이야기할 예정이다.

14 그렇긴 해도, 온라인 결제 플랫폼 스트라이프(Stripe)의 스태프 엔지니어인 패트릭 실즈(Patrick Shields)는 "'NBA에 가려면 아마추어 농구를 먼저 배워야 하므로' 기업은 모든 사람이 다양한 종류의 전략을 작성해보도록 장려한다."라고 말했다. 훌륭한 지적이다.

만약 그런데도 문서가 필요하다고 생각하면, 먼저 그것이 어떤 형태여야 하는지 생각해야 한다. 조직이 앞으로 필요로 하는 것과 옹호하는 것에 여러분이 적응해야 한다. 예를 들어서 업무 방향성이 정해지지 않아서 모든 사람의 업무 속도가 늦어지는 상황이라고 가정해보자. 그렇다면 여러분은 추상적인 상위 수준의 비전을 만들 수 있도록 그룹을 하나로 모은 다음에 그것을 실행하는 방법에 대해 더 구체적으로 알아내는 것이 좋을 것이다. 기업이 성장을 준비하는 상황이라면 최고 기술 책임자는 엔지니어링 전반에서 그룹을 구성하고 여러분에게 3년 후에 아키텍처와 프로세스가 어떻게 될 것인지 설명해달라고 요청할 수도 있다. 하지만 여러분의 그룹이 특정 아키텍처를 결정하는 지점에서 막혀 있다면, 빅 픽처 관점에서 생각하느라 시간을 소비하기보다는 현재 막혀 있는 특정 항목을 해결할 방법을 먼저 생각하자.

기술 비전과 전략을 작성하는 데는 시간이 많이 소요된다. 그러나 동일한 결과를 더 쉽게 얻을 수 있는 방법이 있다면 당연히 그렇게 해야 한다. 여러분의 조직에 필요한 것과 필요하지 않은 것을 먼저 파악하는 것이 중요하다.

3.3 문서 작성 방법

기술 비전, 전략 또는 다른 형태의 여러 팀 간 문서를 만드는 것은 사실 큰 프로젝트다. 많은 준비가 필요하고, 준비를 마친 후에도 많은 검토와 토론을 거쳐야 한다. 명심해라. 다른 사람의 지지를 받는 것은 여러분이 해결해야 할 업무 사이에 끼어 있는 잡일이 아니다. 합의도 곧 업무다. 여러분이 프로젝트에 통찰력과 대담한 비전을 가져다준다 해도, 그것은 직원들이 여러분과 함께할 수 있을 때만 그 가치를 발휘한다. 물리학의 법칙을 무시하는 공학적 해결책에 시간을 투자하는 사람은 없는 것처럼, 조직이 수행하도록 설득할 수 없는 프로젝트를 지지하는 것은 시간을 제대로 사용하지 않는 것이다.

지금까지는 기술 비전과 기술 전략을 나누어서 설명했다. 이제 3장의 나머지 부분에서는 이 두 가지를 따로 구분하지 않고 **섞어서** 이야기하려고 한다. 비전과 전략은 다른 개념이지만, 둘 다 사람을 모으고, 의사결정을 내려야 하며, 조직을 이끌고, 목표에 관한 이야기를 해야 한다는 공통점이 있다. 기술 레이더 구축[15]이나 엔지니어링 가치 설정처럼 빅 픽처를 담은 문서를 작성

---

15 「자신만의 레이더 구축하기(Build your own Radar)」, *https://oreil.ly/lPzPZ*

할 때도 이 방식을 사용할 수 있다.

이러한 문서를 만드는 것은 전형적으로 '1%의 영감과 99%의 땀'이 필요한 노력이지만, 제대로 준비할수록 실제로 적용할 수 있는 것을 만들 가능성이 높아진다. 필자는 여러분이 이 프로세스를 성공할 수 있도록 몇 가지 준비 작업에 대해 설명하고, 그 준비 작업의 결과를 생각해보며, 성공해낼 수 있는지 평가하고, 프로젝트의 공식화 여부를 결정하는 프로세스에 초대하고자 한다.

3.3.1 지루한 아이디어 받아들이기

여러분은 어떨지 모르겠지만, 필자는 처음 이 업계에 발을 들였을 때 시니어 엔지니어들이 끔찍할 정도로 심각한 기술적인 문제에 대해 통찰력 있는 획기적인 해결책을 생각해내는 마법사 같다고 생각했다. 일종의 〈스타트랙Star Trek〉의 한 장면 같았다. 워프 코어 반물질 격납고가 곧 폭발할 상황이라 엔터프라이즈호가 심각한 위험에 처해 있다. 모든 사람이 어쩔 줄 몰라 하며 당황해하는 와중에, 갑자기 조르디 라 포지Geordi La Forge 대위와 웨슬리 크러셔Wesley Crusher 중위가 "잠깐!"이라고 외친 후 '익스트림 테크노버블extreme technobabble' 버튼을 누른다. 터치 스크린은 엔터프라이즈호가 폭발하기까지 겨우 8초가 남은 상태에서 위험이 사라졌다는 것을 알려준다. 휴!

우리의 현실도 크게 다르지 않다. 가끔은 '익스트림 테크노버블'이 정답일 수도 있다. 특히 규모가 매우 작은 기업이라면 여러분은 조직 내에서 경험이 많은 사람이 해결책을 설명하고 여러분을 살려줄 때까지 꼼짝도 못 할 수 있다. 그렇지만 주변에 시니어 엔지니어가 있으면 좋은 아이디어도 충분히 있을 가능성이 크다. 현실과 〈스타트랙〉에 차이가 있다면 현실에서는 모든 사람에게 동의를 얻어야 한다는 것뿐이다.

비전이나 전략을 만들기 위해서 프로젝트에 참여할 때는 완전히 새로운 아이디어가 아니라 **기존의 아이디어**를 포함해서 준비해라. 『개발 7년차, 매니저 1일차』(한빛미디어, 2020)의 저자 카미유 푸르니에는 다음과 같이 말했다.[16]

---

16 카미유 푸르니에의 트윗 타래. *https://oreil.ly/WgEPL*

개인적으로는 엔지니어링 전략에 관한 글을 쓸 때마다 어려움을 느끼는 편이다. 왜냐하면 좋은 전략은 꽤 지루하기 때문이다. 심지어는 쓰는 것 자체가 지루하다. 게다가 대부분의 사람은 '전략'이라는 단어를 들을 때 '혁신'이라는 개념을 함께 떠올리는 편이다. 그래서 여러분이 엔지니어링 전략에 관해서 상당히 흥미로운 글을 썼다면, 사실 그것은 잘못된 글일 확률이 높다. 결국 우리가 엔지니어링 전략이라 부를 만한 전략은 대부분 새롭게 창조되는 것이 아니라 기존의 것들을 조합해서 만들어진다고 보아야 한다.

추가로 윌 라슨은 이렇게 말했다.[17] "만약 여러분의 아이디어가 정말 훌륭하다고 생각해서 업무 프로세스에 그 아이디어를 포함하고 싶은 욕구를 참을 수 없다면, 여러분의 사전 작업에 이를 포함할 수 있다. 여러분이 최고라고 생각한 아이디어 전체를 문서에 적은 뒤 그것을 삭제하고, 다시는 이에 대해 언급하지 마라. 이제… 앞으로의 일을 위해 여러분의 머리는 맑아졌을 것이다."

처음에는 '확실한 아이디어야!'라고 생각했어도, 실제로 적어 보면 반신반의한 것처럼 보일 수도 있다. 예를 들어서 "우리 모두 천재적인 아이디어로 〈스타트랙〉의 USS 엔터프라이즈호를 구하고 싶다!"와 같은 아이디어가 그렇다. 그러나 통상적으로 가능한 모든 해결책을 따져보고, 해야 할 것과 하지 말아야 할 것에 대해 의논해서 모든 사람의 동의를 얻어내고 (틀릴 수도 있는) 의사결정을 내리는 용기를 가진 사람은 조직에 꼭 필요하다.

3.3.2 이미 진행 중인 탐험에 참여하기

여러분이 작성하려는 문서를 이미 만드는 사람이 있다면, 그들과 경쟁하지 말고 그들의 여정에 함께하자. 이를 위해 다음의 세 가지 방법이 있다.

■ 공동 주도 방법

타인의 문서를 군이 인수하지 않고도 여러분은 기존 프로젝트에서 리더십을 충분히 발휘할 수 있다. 문서의 작성자와 여러분이 각자 설득력 있는 방법으로 리드할 수 있게 일을 분할할 것을 제안하라. 예컨대 한 사람은 프로젝트 전체를 관할하고, 다른 사람은 그 프로젝트 내의 개별 계획을 리드할 수 있다. 번갈아 가면서 주요 작성자가 되고 필요할 때는 서로 일을 분배하는 식으

---

17 윌 라슨의 스태프 엔지니어 관련 글. *https://oreil.ly/3TH5a*

로 **공동으로 주도**하는 방법을 제안할 수도 있다. 리더가 서로의 아이디어에 열광하고 모두 같은 방향을 바라보는 팀이라면 굉장히 효율적인 팀이 될 것이다.

■ 따라가는 방법

자존심을 버리고 그들의 계획을 **따르자**. 그들이 여러분보다 경험이 부족하다면 올바른 방향으로 이끌고 가능한 한 일을 잘할 수 있도록 도와줌으로써 더 큰 영향을 미칠 수 있다. 영화에서 굳이 주연 배우가 아니더라도 머리가 희끗희끗하고 경력이 오래된 최고의 조연 배우도 충분히 멋진 역할을 소화할 수 있다.[18] 또한, 여러분의 기술 지식을 사용해서 그들의 기술 격차를 메울 수 있다. 예를 들어서 어떤 것이 어떻게 작동하는지 정확히 이해하기 위해서 레거시 코드 베이스를 탐험해볼 수 있다. 혹은 그들이 참석하지 못한 미팅에 들어가서 그들을 대변할 수 있다. 그들을 지지하고 일을 잘 해낼 수 있도록 돕자.

■ 한발 물러서는 방법

세 번째 접근 방법은 여러분이 없어도 그 일이 성공할 것인지 파악한 후, 그것을 지지하면서 다른 일을 찾는 것이다. 해당 프로젝트에 여러분이 굳이 필요하지 않다면 다른 프로젝트를 찾자.

다른 사람이 본인의 문서를 토대로 여러분이 처음에 계획했던 것과 다른 방향으로 팀을 리드하도록 내버려 두는 것이 어려울 수도 있다. 기술 기업의 승진 시스템은 자칫하면 엔지니어가 자신이 제안한 기술 방향이 선택되면 '승리'했다고 여기게 하거나 프로젝트의 대표가 되어야 한다고 느끼게 만든다. 이런 경쟁 상황에서는 자칫하면 다른 사람들의 생각은 위협적이라고 여기게 된다. 또, 각자 모두 자신의 공간에서 리더가 되려고 하기에 지배적인 플레이와 정치적인 요소가 풍부한 게임인 '유인원 게임 ape game'[19]처럼 변질될 수 있다. 이는 협업을 크게 방해하고 훨씬 더 어렵게 만든다.

구글의 스태프 엔지니어이자 기술 리드인, 필자의 친구 로버트 코니그즈버그 Robert Konigsberg는 항상 "내 머리에서 나왔다고 해서 다 좋은 아이디어는 아니라는 사실을 잊지 마라."라고 말했다. 만약 '옳다는 것'을 '이기는 것'과 동일한 개념이라고 생각한다면, 뒤로 **한 걸음 물러서서** 실제 목표에 초점을 두자. '그들이 설정한 방향이 틀린 것인가, 아니면 단지 **다른** 것인가?' 등 **여**

---

18 주의 사항: 여러분이 항상 뒷자리에 앉아서 다른 사람을 응원하기만 하는 사람이라면 조직이 여러분의 리더십을 인정하도록 만들어야 한다. 그렇지 않으면 여러분도 빛날 기회가 있는지를 확인하라. 4장에서는 신뢰성과 사회 자본에 대해 이야기할 예정이다.

19 옮긴이_'유인원 게임'은 '각종 플레이 스타일과 정치적인 요소를 지닌 게임이다. 진화를 통해 더 유리한 생존을 확보하고, 현생 인류로 진화해서 승리하는(리더가 되는) 게임'을 의미한다.

러 관점에서 바라보도록 연습하자. 또한, 만약 여러분이 원하는 아이디어가 동료가 제시한 것이더라도 여러분이 낸 것처럼 열심히 응원할 것인가? 그렇다면 더 나은 방향으로 나아가더라도 불필요한 갈등이 생기지 않도록 조심해야 한다. 윌 라슨은 자신의 글[20]에서 다음과 같이 적었다. "개선하기 위해서 노력하는 리더가 있다면 신속하게 지원하라. 비록 여러분이 그들의 초기 접근 방식에 동의하지 않더라도 신뢰할 수 있는 사람이 이끄는 프로젝트는 항상 좋은 결과를 가져온다."

만약 여러분이 잘 지지하더라도 나중에 그 사람의 아이디어나 리더십이 **틀렸다**고 생각되면 어떻게 해야 할까? 물론 가끔은 융통성도 있어야 하지만, 그렇다고 해서 위험하고 해로운 아이디어를 지지하면 안 된다. 이 경우에는 처음부터 다시 경쟁적으로 계획을 설정하기보다는 기존의 여정에 참여해서 방향을 바꾸도록 노력하라. 협력자가 이미 구축되어 있고, 그들이 지금까지 해온 모든 것에서 배울 수 있다.

여러 사람이 '유인원 게임'을 하지 않고서는 같은 프로젝트에서 성공할 방법이 정말로 없다면, 더 넓은 범위와 더 건강한 기업 문화를 가진 곳으로 이직하는 것을 고려해라.

3.3.3 후원자 찾기

풀뿌리(상향식) 기업 문화를 지닌 기업을 제외하고, 대부분의 기업은 제대로 된 후원을 받지 못하면 아무리 노력해도 성공을 거두기 어렵다. 기술 비전이나 전략 작성을 시작할 때는 후원이 없어도 문제가 없겠지만, 현실적으로 후원이 없다면 나중에는 실행하기가 정말 힘들다. 심지어 초기의 후원은 업무를 명확하게 하고 정당화하는 것까지 도와준다. 책임자나 부사장이 여러분의 계획에 처음부터 참여한다면, 개인이 아니라 조직 수준의 보물 지도를 만들 수 있기에 시간 낭비를 줄일 수 있다. 또한, 후원자는 그룹이 합의를 시도하다가 가로막혀도 여기에 위계 질서를 추가해줄 수 있다. 후원자는 성공 기준을 설정하고, 위원회에서 결정이 어려울 때 최종 결정자 역할을 한다. 또한, 그들은 리더나 가끔 직접적인 책임이 있는 자라고 불리는 '결정자'나 그룹이 막혔을 때 최종 결정권을 행사할 수 있는 '직접적인 책임자DRI, Directly Responsible Individual'를 지명할 수 있다. 꼭 필요한 것은 아니지만 사용 가능한 선택지라고 생각하자.

---

20 「이끌기 위해서는 따라야 한다(To lead, you have to follow)」, *https://oreil.ly/TmbEr*

물론 후원자를 구하는 일은 쉽지 않다. 경영진은 안 그래도 바쁜 사람들인데 여러분은 당신의 제안에 맞춰서 그들에게 자원, 인력 그리고 시간을 할애하도록 요구하는 것이다. 그러니 후원자에게 다음과 같은 **이점**을 제공해서 기회를 극대화하자. 기업에 좋은 제안을 하는 것은 기업 차원에서 좋은 시작일 뿐이지만, 책임자의 목표와 일치하거나 책임자가 관심을 갖는 문제를 해결할 수 있는 제안을 하면 더 많은 것을 얻을 수 있다. 그들의 목표를 가로막고 있는 것이 무엇인지 알아내고, 여러분이 현재 해결하려고 하는 문제가 그 목표와 일치하는지 알아보자. 그리고 후원자는 항상 절대적으로 모두가 인정하는 진실한 목적을 갖고 있으니 여기에 초점을 맞추어보자. 만약 여러분이 그들의 팀을 더 생산적으로 만들거나 (진정으로) 더 행복하게 만들 수 있다면, 이 점이 바로 그들이 당신의 일을 후원해야 하는 설득력 있는 이유다.

한편으로, 후원자가 프로젝트에 참여하도록 설득하기 전에 먼저 '엘리베이터 피치elevator pitch'[21]를 계속 생각하고 연습하라. 50개의 단어로 그들을 설득할 수 없다면, 그 어떤 방법으로도 설득할 수 없는 것이다. 필자는 한때 구글의 엔지니어링 책임자였던 멜리사 빈드Melissa Binde를 설득해서 필자가 깊이 관심을 둔 프로젝트에 후원자가 되어주기를 요청했다. 그래서 멜리사도 이 프로젝트를 중요하다고 생각하게 만들려고 온갖 세부사항을 다 이야기했다. 필자가 한 말은 전혀 설득력이 없었지만, 그래도 멜리사는 친절하게 필자를 가르쳐주었다. "당신이 이 이야기를 하는 방식은 나로 하여금 이 문제에 대한 관심이 더 사라지게 만듭니다. 다른 사람들도 마찬가지일 것입니다. 다시 시도해보세요. 다른 각도에서 이야기해보세요."라는 말이었다. 이와 더불어서 그녀는 필자에게 몇 가지 다른 프로젝트를 시도해볼 수 있게 그녀를 설득할 기회를 주었다. 그리고 어떤 점이 그녀의 마음을 움직였는지 말해주었다. 대부분의 사람은 이런 코칭 기회를 거의 얻지 못할 것이니, 엘리베이터 피치를 최대한 갈고 닦은 상태에서 시도하라.

혹시 스태프 플러스 엔지니어가 프로젝트의 후원자가 될 수 있을까? 필자의 경험을 바탕으로 말하자면, 직접적으로 그럴 수는 없다. 후원자는 조직의 시간과 인력을 어디에 투자할 것인지 결정할 수 있는 권한이 있어야 한다. 그러나 이런 의사결정권은 주로 부서 책임자나 부사장에게 있다.

또한, 후원을 받은 후에는 그 후원이 계속 이어지는지 수시로 체크하자. 레딧의 프린시플 엔지니어인 숀 리즈Sean Rees는 스태프 플러스 엔지니어가 저지를 수 있는 가장 큰 실수 중의 하나는 임원의 후원을 지속해서 유지하지 않는 것이라고 말한다. 그는 "나는 이것이 해로운 것이라

---

21 옮긴이_'엘리베이터 피치'는 '짧은 시간 내에 후원자나 투자자에게 아이디어의 요점만 전달하는 것'을 의미한다.

고 생각한다. 왜냐하면 후원을 받더라도 상황이 바뀐다면 이 후원이 곧 사라질 수도 있기 때문이다…. 그리고 이 후원을 다시 얻기 위해서는 난국을 헤쳐 나가야 한다."라고 말했다.

3.3.4 핵심 그룹 선택하기

물론 어떤 사람들은 여행 중에 부차적인 요구에 정신이 팔리지 않도록 매우 잘 단련되어 있지만, 대부분은 약간의 책임감으로 이를 극복해낸다. 다른 사람들과 함께 일하는 것은 여러분에게 책임감을 준다. 한 사람이 산만하거나 기력이 없다 해도 다른 사람들은 추진력을 유지할 것이다. 게다가 여러분이 이 업무를 확인할 필요성을 느끼는 것은 강력한 책임감을 준다. 또한, 그룹으로 업무를 수행하면 연락처, 사회 자본 및 신뢰성을 통합하여 그룹 차원을 넘어서 **조직 차원**에 도달할 수 있다. 여러분의 업무는 당연히 모든 사람의 동의를 얻어야 하지만, 궁극적으로는 전체 조직의 방향과도 일치해야 하므로, **핵심 그룹**의 동의를 얻으면 잠재적인 의견 불일치를 조기에 발견하는 데 도움이 될 수 있다.

여러분의 문서 작성을 지원하는 소규모 핵심 그룹과 일반적인 동맹 및 지지자로 구성된 광범위한 그룹을 모집하는 것을 목표로 하라. 물론 다른 사람의 여정에 참여했다면 여러분이 바로 그들의 핵심 그룹이 될 것이다(그래도 조금 더 단순하게 설명하고자 3장의 나머지 부분에서는 여러분이 그 업무를 리드하고 있다고 가정할 것이다).

여러분의 그룹이 원하는 것은 무엇인가? 지형 지도를 꺼내보자. 여러분의 편이 되어야 할 사람은 누구인가? 누가 반대편에 서 있을 것인가? 만약 자신을 빼놓고 결정하는 것을 싫어하는 사람이 그룹에 있다면 두 가지 선택지가 있다. 여러분이 그들의 반대 의견에 대항할 수 있을 만큼 충분한 지지를 받고 있는지 확인하거나, 아니면 처음부터 그들을 여러분의 편으로 만드는 것이다. 그럴 때는 왜 그들이 여러분의 일을 반대하는지와 그들이 무엇을 원하는지를 이해하면 여러분의 편으로 만들기가 더 쉽다.

한편으로, 여러분이 작성하는 것에 관심을 갖고 도움을 주고 싶어 하는 동료들이 많을 수도 있다. 그래도 핵심 그룹의 규모는 관리하기 쉬운 수준으로 유지하라. 여러분 자신을 포함해서 2~4명이 가장 이상적이다. 시간 약속도 도움이 될 수 있다. 핵심 그룹의 일원인 모든 사람이 일주일에 8시간 또는 12시간 정도씩 이 작업에 전념해야 한다면 누구도 배제하지 않고 소규모 그룹을 유지할 수 있다(게다가 이것은 소위 관망하기만 좋아하는 '관광객'을 멀리할 수 있는 좋은 방법이기도 하다). 핵심 그룹이 아닌 사람들과는 인터뷰만 하거나 그들의 관점을 대변하도록 노력하고 초안을 검토하는 식으로 가볍게 참여하자.

그리고 일단 핵심 그룹을 구성하면, 그들이 일할 수 있도록 준비하라! 처음부터 여러분이 이 프로젝트의 리더이자 궁극적인 결정자인지, 아니면 동등한 구성원들 중에서 가장 먼저[22]인지부터 명확하게 하자. 나중에 최종 결정권을 행사하거나 위계질서를 확립하려면 처음부터 리더 역할을 강조해야 한다. 여러분이 작성 중인 초기 문서에 '**역할**' 부분을 반드시 추가하라. 여러분이 리더이든 아니든 간에, 그룹이 아이디어를 갖고, 프로젝트를 추진하며, 여러분에게 모든 질문을 쏠리지 않게 해서 다들 충분히 발언할 수 있도록 하자. 리더가 될 만한 사람이 있다면 주도할 기회를 제공하고, 그들이 주도권을 잡을 때마다 후원하자. 그들의 추진력은 앞으로 더 빨리 나아가는 데 도움이 되므로, 그들을 제지하지 말아라.

한편으로, 여러분의 더 넓은 동맹 그룹은 어떻게 할까? 그들은 계속 참여시켜라. 동맹 그룹을 인터뷰하고 그들이 여러분에게 주는 정보를 최대한 활용하자. 여러분이 작성 중인 문서가 어떻게 진행되고 있는지 업데이트 내역을 그들에게 보내고, 초안에 대해 의견을 내도록 초대하라. 여러분의 일을 지지하는 영향력 있는 사람들의 그룹이 있다면 앞으로 여러분의 길은 훨씬 쉬워질 것이고, 그들이 가져다주는 조직 전체의 지식도 더 나은 결과를 만드는 데 도움이 된다.

3.3.5 범위 정하기

그리고 해결하고자 하는 특정 문제에 대해 생각할 때는 그 문제가 조직 전체에 얼마나 확산될지까지 고려하라. 모든 엔지니어링, 팀, 시스템에 영향을 미치길 원하는가? 계획한 범위가 스태프 엔지니어의 역할 범위와 일치할 수도 있지만, 아니면 그 이상으로 확장될 수도 있다.[23]

문제를 실제로 해결할 수 있도록 충분한 근거를 다루는 것을 목표로 하되, 여러분의 스킬 역량과 영향력의 범위를 명확하게 인지하라. 예를 들어서 네트워크를 대폭 변경하려면 네트워크팀의 멤버를 핵심 그룹에 포함시켜서 해당 팀과 신뢰 관계를 구축하는 방법이 가장 현명하다. 그렇게 하지 않는 것은 오히려 일부러 갈등을 야기시키고 실패하려고 시도하는 것과 같다. 또한,

---

22 '프리머스 인터파어(Primus inter pares)'는 '동등한 것 중에서 첫째'를 의미하는 라틴어 구절이다. *https://oreil.ly/BKNe3*
23 1장의 '왜 스태프 엔지니어인가?' 부분을 건너뛰고 이 부분을 읽고 있다면 여러분의 범위는 책임감을 느끼는 도메인, 팀이다. 종종 매니저가 다루는 도메인과 겹칠 수도 있지만, 항상 그런 것은 아니다.

기업의 영향력 범위를 훨씬 벗어난 분야 계획을 작성하려면 해당 분야에서 영향력을 행사할 수 있는 후원자와 조직의 해당 부분에 대한 명확한 지도 권한을 보유한 핵심 그룹의 구성원이 있어야 한다.

무엇이 가능한지 **현실적으로** 생각해라. 만약 여러분의 미래에 대한 비전이 최고 경영자를 바꾸는 것이나 고객의 구매 패턴의 조절하는 것처럼 여러분이 완전히 통제할 수 없는 것을 포함하고 있다면, 이는 마법 같은 생각이다. 제약을 무시하거나 제약이 달라지기를 바라지 말고 해결하도록 하라.

즉, 기업의 일부만을 위한 비전이나 전략을 작성할 때는 더 높은 윗선의 계획이 여러분의 계획을 방해할 수도 있다는 사실을 인지해야 한다. 엔지니어링 전반에 걸쳐서 문서를 작성할 때도 사업 방향이 변경되면 모든 결정이 무효화될 수 있다. 정기적으로 비전을 재검토해서 조직에 적합한지 끊임없이 확인하도록 하자. 비전과 전략을 수립하다 보면 범위가 변경될 수도 있다. 그래도 괜찮다! 변경 사항을 확실히 해두면 된다.

또한, 어떤 종류의 문서를 작성할 것인지도 명확히 해야 한다. 필자는 그 시작점으로 우선 핵심 그룹 구성원들에게 그들이 어떤 문서 형태, 프레젠테이션 또는 범퍼 스티커bumper sticker[24]가 존재하기를 바라는지에 대해 명확하게 말하도록 하는 방법을 추천한다. 그다음에 사용자들에게 적합한 문서 유형과 형식을 선택하고, 마지막으로 후원자에게 적합한 문서 유형과 형식을 선택하라. 만약 그들이 특정 접근법을 선호한다면, 실행하기 전에 먼저 그 방법이 적합한지부터 알아보아야 한다. 여러분의 삶을 필요 이상으로 힘들게 할 필요는 없다.

3.3.6 실현 가능성 확인하기

여러분 앞에 놓인 프로젝트에서 얼마나 많은 큰 문제들을 찾아낼 수 있는가? 정말로 결정을 내리기 어렵거나 기술적으로 어려운 점이 있는가? 해결 방법을 찾아낼 수 없는 문제가 한두 개정도 있다는 것은 손대지 말아야 한다는 것을 의미하는 것이 아니라, 먼저 그 문제 해결이 가능한지 생각해보아야 한다는 것을 의미한다.

여기서 취할 수 있는 가장 실질적인 조치는 이전에 비슷한 일을 한 적이 있는 사람과 이야기해

---

24 옮긴이_ '범퍼 스티커'는 자동차 범퍼에 붙이는 스티커로 소위 '다른 사람이 읽도록 눈에 띄게 보여주는 메시지'를 의미한다.

보는 것이다. "내가 비전/전략을 작성하고 있는데, 현재 해결책을 알 수 없는 세 가지 문제가 있다. 시도해볼 의향은 있지만, 애초부터 해결될 수 없는 문제라면 시간을 낭비하고 싶지는 않다. 내가 막다른 골목에 닿게 될지 당신이 알려줄 수 있는가?" 또는 "나는 앞에 놓인 모든 일을 다 할 수 있을 것 같은데, 다만 한 가지 문제점이 있다. 그런데 내 상사는 이것이 시간 낭비라고 생각하고 내가 완전히 다른 일에 집중하기를 원한다. 이 일을 계속 진행할 가치가 있는가?"와 같은 질문[25]을 해보자.

중요한 문제지만, 해결할 수 있는 문제라고 생각해도 현재 여러분 **본인**이 해결하지 못하는 문제일 수도 있다. 여러분이 준비운동을 할 수 있도록 도와줄 **코치**나 **멘토**가 있는가? 아니면 여러분의 경력에 비해 너무 큰 문제인가? 프린시플 엔지니어 수준의 일을 맡는 것을 망설이는 스태프 엔지니어라면, 이런 행동이 여러분에게 나쁜 영향을 미치는 것은 아니다. 오히려 여러분은 꽤 위험 분석을 잘하고 있다.

충분한 분석 결과 문제를 해결할 수 없거나 적어도 여러분 스스로는 해결하지 못하는 문제라고 결정을 내렸을 경우에는 다음의 다섯 가지 선택지가 있다.

- 스스로에게 거짓말을 해서 이 문제를 모른 척하고, 잘되기를 빌면서 그냥 진행하기
- 여러분에게 부족한 스킬을 가진 사람을 모집해서 그들과 협력하거나 프로젝트를 리드해달라고 부탁하기(그리고 여러분은 부족한 스킬을 갈고닦기 위해서 프로젝트 중에서 작은 부분 맡기).
- 업무의 범위를 줄이고 고정 제약 조건을 추가하여 다른 형태로 변화된 문제를 다시 풀어보기.
- 아무도 여러분이 파악한 문제를 해결할 비전/전략을 문서화하지 않는다는 것을 인정한 후에 이것이 결국 여러분의 기업에 필요 없는 문제라고 결정짓고 다른 일 하기.
- 아무도 여러분이 파악한 문제를 해결할 비전/전략을 문서화하지 않는다는 것을 인정한 후에 이것이 결국 여러분의 기업에 꼭 필요한 문제라고 결정짓고 이직 준비하기.

3.3.7 공식화하기

다음으로 넘어가기 전에, 지금까지 우리가 도중에 한 질문들을 요약해보자. 다음은 기술 비전 또는 전략을 작성하기 전에 고려해야 할 체크리스트다.

---

25 이것에 대한 대답은 보통 "아니요."다.

- 우리에게 필요한 것이다.

- 해결하려고 시도했던 적이 없다.

- 기존에는 이 부분에 대해서 노력하지 않았다.

- 조직의 후원이 있다.

- 우리가 만드는 비전과 전략에 모두가 동의한다.

- 해결 가능한 문제점이다.

- 이 모든 점에 대해 나는 거짓말을 하고 있지 않다.

마지막 질문을 유심히 살펴보자. 필자는 여러분이 이 체크리스트를 모두 선택할 수 없다면 비전이나 전략 작성을 계속해서는 안 된다고 생각한다. 스태프 플러스 엔지니어가 정말로 필요한 다른 작업 대신에 비전 또는 전략에 시간을 할애할 경우, 높은 기회비용이 발생하기 때문이다.

하지만 할 준비가 되었다고 생각한다면 마지막으로 한 가지 질문을 더 해보아라. "작업에 전념하고 '큰 소리로' 작업을 시작할 준비가 되었는가?"라는 질문이다. 바로 이때가 킥오프 문서, 마일스톤, 일정 및 진행 상황 보고와 함께 비전/전략을 수립하기에 좋은 시기일 수 있다. 만약 여러분이 할 일을 뒤로 미루거나 딴 곳에 정신이 잘 팔리는 경향이 있다면 중요성을 다시 되새기자.

여기서 비전이나 전략 공개의 정도는 여러분의 **조직에 대한 이해도**에 따라 달라진다. 2장에서 작성한 지형 지도에 대해 생각해보아라. 만약 업무를 개방적으로 진행하면, 사람들이 여러분에게 정보를 가져다주고 도움을 주기가 쉽다. 반면에 만약 비밀리에 비전이나 전략을 만들어야 할 필요가 있다면, 그 이유를 먼저 헤아려보자. 후원이 부족하다는 뜻인가? 여러분의 자신감과 헌신 수준을 스스로 확신하지 못하는가? 스스로를 납득시키기 위해 먼저 약간의 일을 진행해야 하더라도, 비전이나 전략은 가능한 한 빨리 **공식화**해서 공개하는 것이 좋다. 모든 사람의 기대치를 이해하면 경쟁적인 노력에 직면할 가능성이 줄어들거나 최소한 그 경쟁을 조기에 파악할 수 있다.

3.4 실제 문서 작성

자, 이제 준비 프로세스는 끝났고 프로젝트는 공식화되었으며, 후원자와 핵심 그룹을 갖추고 서류 작성 형식도 결정했다. 업무 프레임과 범위도 정해졌다. 이제 진짜 **문서**를 작성할 시간이다.

3.4.1 작성 프로세스

이 부분에서는 비전/전략 또는 기타 광범위한 문서를 실제로 작성하기 위한 몇 가지 기술을 설명한다. 글을 쓰고, 사람들을 인터뷰하고, 생각하고, 결정을 내리는 것뿐만 아니라, 작성하는 동안 범위에서 벗어나지 않도록 하는 방법을 살펴볼 것이다. 이 방법들은 반드시 필자가 나열하는 순서대로 일어나지는 않는다. 실제로는 여러 번 반복해서 수행하게 될 것이다(그림 3-2 참조). 심지어는 여러분의 관점이 바뀌면서 '접근' 단계로 되돌아가는 경우도 있다.

항상 정보들이 넘쳐나는 탓에 문서 작성 프로세스가 별 이득이 없어질 때도 있다. 비전이나 전략 작성은 특히 메인 프로젝트가 아닌 경우에는 시간을 많이 잡아먹는 편이므로 총진행 시간과 마감일을 지정하자. 마일스톤을 설정한 경우라면 그 마일스톤을 같은 마일스톤을 다시 만나지 않고 마무리하라는 주의 사항으로 사용해라. 문서가 '완벽하지 않아도' 중단하는 것을 두려워하지 말자. 문서를 정기적으로 다시 읽어보면 상황이 어떻게 변했는지 확인할 수 있다. 놓친 부분이 있다면 나중에 추가할 기회가 있을 것이다.

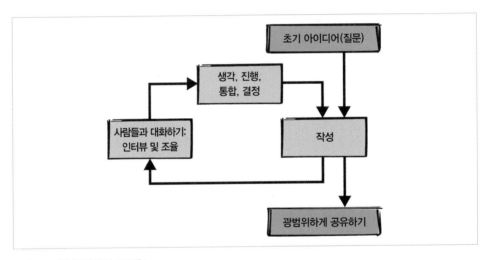

그림 3-2 비전/전략 작성 프로세스

초기 질문 단계

다음은 비전 또는 전략을 처음으로 작성할 때 물어볼 수 있는 몇 가지 질문들이다. 이 질문들은 단지 시작점일 뿐이다. 앞으로 수많은 이해관계자와 다양한 관점들이 있을 것이기에 이것은 단지 다른 사람들과 이야기하기 전에 생각을 정리할 수 있도록 도와주는 연습일 뿐이다.

■ 이미 존재하는 문서는 무엇인가?

기업의 목표나 가치 또는 게시된 프로덕트 방향과 같이 자신의 비전이나 전략을 포괄하는 것이 이미 존재하는 경우, 이미 설정된 제약 조건도 '상속'받아야 한다. 이 부분에서는 위치 인식 지도에서 보는 관점이 도움이 될 수 있다. 광범위한 기술 비전을 작성하는 경우, 조직이 향후 몇 년 내에 무엇을 달성하기를 원하는지 알아야 한다. 또한, 여러분이 상상하는 미래에는 기존 계획의 성공과 이를 뒷받침하기 위해 일어나야 하는 기술적 변화까지 포함되어 있어야 한다.

본인의 작성 범위보다 작은 범위의 팀 또는 그룹 레벨 문서도 유심히 살펴볼 필요가 있다. 때때로 더 넓은 범위의 비전이나 전략이 더 좁은 범위를 바꾸는 상황을 피할 수 없겠지만, 절충점을 생각할 때 발생할 혼란을 이해하고 미리 저울질해보는 것이 좋다.

■ 바뀌어야 하는 것은 무엇인가?

지금 가장 어려운 점은 무엇인가? 팀이 다른 팀에 대한 의존성으로 인해 일이 막히는 것에 대한 불만을 제기하는 경우, 여러분은 자율성을 강조할 수 있다. 새로운 기능 출시가 느릴 경우, 빠른 속도의 반복 절차를 원할 수 있다. 만약 프로덕트가 잘 작동하는 만큼 잘 멈춘다면, 특히 신뢰성에 초점을 맞출 필요가 있다.

여러분이 기업에서 해야 할 본인의 일을 잘 알고 있다면 여러분의 그룹이 투자해야 할 곳은 어디인가? 마크 리처즈와 닐 포드는 소프트웨어의 확장성scalability, 연장 가능성extensibility, 가용성availability 등과 같은 '아키텍처 특성'에 대해 이야기한다.[26]

빅 픽처 관점에서 생각해라. 빌드 및 배포하는 데 하루가 걸리는 코드 베이스에서 작업하는 경우, 점진적인 개선을 바랄 수도 있다. "이 작업은 반나절이면 된다!"라고 말하겠지만, 그것보다 더 타이트하게 설정하도록 하자. 사람은 스스로 한계를 타이트하게 설정할수록 그 안에서 최적의 방법을 찾아내려는 경향이 강하다. 즉, 총배포 시간 목표를 20분으로 설정해놓으면 그 목표를 향해 가는 팀은 20분이라는 목표를 달성하기 위해서 가용한 방법을 총동원하고 더 크고 용감한 아이디어를 낼 것이다. 아마도 CI/CD 시스템을 교체하거나, 그 목표와 결코 호환될 수 없는 테스트 프레임워크를 폐기하는 것도 고려할 것이다. 이처럼 사람들이 창의성을 발휘할 수 있도록 영감을 주어라(다만 이 장의 뒷부분에서도 논의하겠지만, 조직이 달성할 수 없는 목표를 설정하지는 말자).

---

26 해당 리스트는 이들의 저서인 『소프트웨어 아키텍처 101: 엔지니어링 접근 방식으로 배우는 소프트웨어 아키텍처 기초』 4장에서 확인할 수 있다.

■ 어떤 것이 좋은 것인가?

빠른 성능과 견고한 안정성을 보유하고 있고, 단순하고 깨끗한 사용자 인터페이스UI, User Interface를 사용하는 경우, 당연히 제대로 작동하는 것까지 포함해야 한다. 어쩌면 여러분은 이런 기본적인 사항들을 여러분이 더 원하는 다른 것과 의도적으로 바꿀지도 모르지만, 무의식적으로라도 그렇게 해서는 안 된다.

■ 정말 중요한 것은 무엇인가?

혹시 여러분은 여기서 일종의 패턴을 파악했는가? 이 질문은 필자가 모든 장에서 동일하게 언급한 질문이다(이후에도 계속 언급될 것이다). 비전과 전략은 다른 시니어 엔지니어의 업무에도 큰 영향을 미친다. 중요하지 않은 것에 그들이나 여러분의 시간을 낭비하지 말자. 예를 들어서 만약 다른 팀에 한 시스템을 다른 시스템으로 이전하는 값비싼 마이그레이션을 진행하도록 한다면 그 일의 끝에는 더 나은 이득이 있어야 한다. 하이 리스크에는 하이 리턴이다. 즉 더 많은 노력이 들수록 당연히 이득도 많아져야 한다.

■ 현재의 내가 했으면 하는 것과 미래의 내가 바라는 것은 무엇인가?

마지막 질문이다. 필자는 2~3살 더 많은 미래의 필자와의 대화를 상상해보는 것을 좋아한다. 세상이 어떻게 생겼는지, 우리가 무엇을 했는지, 그리고 무엇을 했으면 좋았을지 묻고 싶다. 어떤 문제들이 분기마다 조금씩 악화되고 있는데 이것을 무시하면 엉망이 될까? 가능하면 미래의 자신을 위해 노력하자. 필자는 이것을 '미래의 나에게 **쿠키**를 보내는 것'이라고 부른다. 현재의 필자가 미래의 필자에게 주는 작지만 진심 어린 선물이다.

작성 단계

이 질문들을 곰곰이 생각해본다면, 여러분만을 위한 비전과 전략 작성 주제를 파악할 수 있고, 가장 시급한 것이 무엇인지 파악해볼 수 있다. 이제 작성 단계로 넘어갈 차례다. 지금이야말로 대략적인 초안 작성을 시작하기에 좋은 시기다. 하지만 그 전에 먼저 다른 사람들이 여러분을 변화시킬 수 있도록 준비하라. 다른 사람과 대화하면서 수정하는 것을 반복하며 다음에 수행할 작업을 결정해야 한다. 단체로 작성하는 것이다.

다만 단체로 작성하는 것은 힘들 수 있기에 다음의 두 가지 방법을 우선 제안하고자 한다.

■ 리더가 논의점의 초안을 작성하도록 하는 방법

첫 번째 선택지는 그룹의 **리더**가 논의점을 담은 초안을 작성하는 것이다. 이 접근 방식은 문서가 일관된 논조를 유지하고 다른 사람들에게 우려 사항을 알리는 데 매우 유용하다. 그러나 이 초안은 당연히 작성자의 관심사와 배경에 영향을 받을 수밖에 없다는 것을 알아두자. 특히 작성자가 더 많은 영향력을 갖고 있거나 경력자라면, 검토자와 수정자는 이미 적혀진 사실을 편향적으로 판단할 것이다.

물론 작성 전에 그룹별로 많은 시간을 할애하여 이러한 편향성을 완화할 수 있다. 일부 결정에 크게 동의하지 못하겠거나 임의로 선택했다면 "나는 주사위를 던져서 이 방향을 선택했다. 선택할 수 없다면 주사위를 던져보는 것도 좋은 방법이다. 하지만 그보다는 더 좋은 방법이 있으리라고 생각한다."라고 솔직하게 말하자. 다만 이 시스템에 대해 여러분보다 더 많은 지식을 가진 사람은 쉽게 동의하지 않을 것이다. 소위 '자신 있게 개진하기는 어렵지만, 강력한 아이디어'는 주변이 돌아가는 상황을 확실히 알고 있을 때만 효과가 있다.

■ 여러 초안을 집계하는 방법

또 다른 선택지는 핵심 그룹의 각 대표자가 각각 초안을 작성하고, 그 후에 누군가가 **최종 편집자**가 되어서 이 초안을 편집하는 것이다.[27] 자동화 툴 기업 자피어Zapier의 엔지니어링 책임자인 모사바 호세이니Mojtaba Hosseini는 필자에게 자신이 이전 기업에서 이 방식을 사용한 그룹에 관한 이야기를 해주었다. 여러 개의 문서를 만드는 것은 편견 없는 다양한 의견을 얻을 수 있는 훌륭한 방법이지만, 일부 참가자들은 자신의 문서에 감정을 담게 되어 다른 참가자들을 비판하게 되었다고 한다. 그런데 그룹은 양측의 의견이 다를 때 초안을 결합하거나 최종 결정권을 행사할 수 있는 사람을 지명해놓지 않았다. 호세이니는 이 사례를 이야기해주며 이러한 문서들은 모두가 마지막에 검토할 수 있는 최종 문서에 대한 참조 문서라는 점을 처음부터 분명히 하는 것이 좋다고 말했다. 어떤 문서도 '승자'가 될 수 없으므로 의견 불일치를 조정하기 위해 최종 버전을 작성할 사람을 미리 지정해두자.

인터뷰 단계

여러분의 핵심 그룹의 아이디어와 의견에는 그 그룹에 속한 사람들의 경력이 반영된다. 그렇기

---

27 이 책의 편집자인 사라 그레이(Sarah Grey)는 이 문제를 조심스럽게 다루지 않으면 최종 편집자에게는 악몽이 될 수 있다는 사실을 말해주었다. 그녀는 모든 초안을 집계하느라 머리가 아팠다고 한다. 여러분도 이 길을 선택한다면, 이 선택에 대해 잘 알아야 한다.

에 자기 팀 외에 다른 팀의 어려운 점이 무엇인지 잘 모를 수도 있다. 그러므로 선입견을 제쳐두고 최대한 많은 사람과 대화해보자. 서로 친하거나 좋아하는 직장 동료만 골라서 이야기하지 말자. 그들은 비슷한 조직에 있을 가능성이 크다. 리더나 인플루언서 그리고 다른 조직에 있는 사람들을 찾아다니자.

초기 인터뷰에서는 광범위하고 개방적인 질문을 해야 할지도 모른다.

- "우리는 X를 위한 계획을 세우고 있습니다. 무엇을 포함하는 것이 중요합니까?"
- "같이 일하는 것은 어떨까요?"
- "마법을 부릴 수 있다면, 다르게 하고 싶은 점은 무엇인가요?"

업무 범위를 정하고 구성한 경우, 주제에 대해 어떻게 생각하는지 설명하거나 진행 중인 문서를 공유하거나 접근 방식에 대한 피드백을 요청하면서 대화 범위를 지정할 수 있다. 가능한 한 유익한 정보를 얻고 인터뷰 대상자가 이것이 자신이 하는 일의 일부라고 느끼게끔 노력하라. 필자는 항상 인터뷰가 끝나면 '또 물어보아야 했을 게 뭐가 있을까? 중요한 질문을 놓치지는 않았나?'라고 생각한다.

인터뷰는 또 다른 이점이 있다. 인터뷰 대상자에게 자신이 그들의 아이디어를 가치 있게 느끼고 작성하는 문서에 포함할 것이라는 것을 보여주기 때문이다. 이 경우 미처 고려하지 못했던 문제들을 알 수 있고, 이미 알고 있는 문제들에 대해서도 새로운 의견들을 들을 수 있다. 큰 문제가 무엇인지에 관한 생각도 서로 다를 수 있다. 마음의 문을 열고 타인의 생각을 진중하게 받아들이자.

생각하는 시간 단계

어떤 방식이든(화이트 보드에 그려보기, 적어보기, 도형 그려보기, 토론하기, 조용히 앉아서 벽보기 등) 충분히 생각할 시간을 갖고 처리하자. 필자는 개인적으로는 **글**로 적는 것이 가장 좋은 방법이라고 생각한다. 그래서 비전이나 전략을 짤 때는 자기 생각을 적어보고 이해할 때까지 다듬어보며 수정해야 한다. 또 동료들과 아이디어를 이야기하고, 스스로에게 질문하고, 뉘앙스를 구별하려고 노력하는 것으로부터 많은 것을 얻을 수 있다. 반면에 필자의 직장 동료인 칼Carl은 필자와는 다르게 머릿속에 정보를 저장하고 나면 **잠**을 자야 효과를 내는 타입이다. 그래서 그는 종종 다음 날 아침에 새로운 통찰력을 보인다. 어떤 경우에는 프로토타입을 만들어서 아이디어를 **테스트**해볼 수도 있다. 또 다른 경우에는 큰 형태의 전략만 짜고 결과는 머릿속으로 대신 실험해보아야 한다. 사색의 과정이다.

생각의 변화를 열린 마음으로 받아들이자. 집중해야 하는 부분과 풀어야 할 과제를 찾으면서 새로운 방식으로 접근할 수 있다. 이 부분에 귀를 기울여서 변화가 일어나게 하자. 사색을 통해서 여러분이 구축하는 정신 모형과 추상화는 여러분이 더 큰 생각을 하도록 도와준다.

또한, 사색의 시간은 여러분의 동기를 확인하기에도 좋은 시간이다. 이미 해결책을 선택하고 문제만 설명한다면 많은 엔지니어가 이를 걸림돌처럼 느낄 수 있다. 해결해야 할 문제를 비교하는 것으로 이야기를 시작하지만, 점차 '사용해야' 하는 기술이나 아키텍처 측면에서 모든 것을 더 낫게 만드는 것에 대해 이야기해야 한다. 신디 스리드하란Cindy Sridharan은 자신의 칼럼[28]에서 "카리스마나 설득력이 있는 엔지니어는 그들이 열정을 갖는 프로젝트가 조직에 이익을 보장하지 않더라도 어떤 혜택이 있을 것이라고 성공적으로 어필할 수 있다."라고 말했다. 여러분이 여러분 자신을 어떻게 설득하는지 살펴보아라. 진행하고자 하는 일을 제안할 때 "해야지, 근데 **왜**?"라는 질문을 스스로에게 반복적으로 해야 한다. 그것이 여러분이 달성하고자 하는 목표와 연관성이 있을 때까지 말이다. 만약 연관성이 약하다면 솔직하게 말하자. 나중에 해야 할 시간이 올 때도 있지만, 지금은 아니다.

3.4.2 의사결정

비전이나 전략을 작성하는 모든 단계에서는 **의사결정**을 내려야 한다. 3장에서는 어떤 종류의 문서를 작성할지, 누구를 참여시킬 것인지, 누구에게 후원을 요청할 것인지, 업무 범위를 어떻게 지정할 것인지, 어떤 목표나 문제에 초점을 둘 것인지, 누구를 인터뷰할 것인지, 그리고 업무를 어떻게 구성할 것인지 등 많은 초기 결정에 대해 논의했다. 비전과 전략을 통해 업무를 수행할 때는 절충점을 고려하고, 문제를 해결하는 방법을 결정하며, 어떤 그룹의 요구가 반영되지 못할 것인지 결정할 필요가 있다.

절충점 탐색

결정이 어려운 이유는 모든 선택지에 제각기 장단점이 있기 때문이다. 어떤 것을 선택하든 불

---

28 「기술적 의사결정(Technical Decision Making)」. *https://oreil.ly/DggW1*

이익이 있을 것이다. 이럴 때는 우선순위를 미리 따져보면 받아들일 수 있는 불이익을 결정하는 데 도움이 될 수 있다. 이점에 대해서도 마찬가지다. 모든 해결책은 이점이 있다!

절충점을 명확하게 하는 가장 좋은 방법 중 하나는 원하는 결과의 두 가지 긍정적인 속성을 **비교**하는 것이다. 필자는 "**~보다**"라는 말을 많이 들었다. "성능**보다** 사용편의성을 최적화하겠다."라거나 "시장에 프로덕트 또는 서비스를 빠르게 내놓기**보다** 장기적인 관점을 선택하겠다.", "('애자일 선언문'[29]을 인용하자면) 오른쪽 품목에도 가치가 있지만, 왼쪽 품목에는 더 많은 가치가 있다."라는 식이다. 이런 식으로 비교해서 절충점을 명확하게 찾아야 한다.

대략적인 의견 일치

때로는 모두가 만족할 만한 선택지가 아예 없을 수도 있다. 의견을 일치시키려고 노력하는 것은 좋지만, 완전한 합의를 목표로 하지는 말자. 모든 의견이 완벽하게 합의되는 것은 사실상 불가능에 가깝다. 즉, 완벽한 의견 일치를 원한다면 영원히 기다려야 할 수도 있기에 차라리 암묵적으로 현상을 유지하는 쪽을 선택할 수도 있다. 국제 인터넷 표준화 기구IETF, Internet Engineering Task Force의 의사결정 원칙[30]을 예로 살펴보자. 그들은 조직 내에서 의견 차이가 있을 때 완벽한 합의를 추구하기보다는 의견이 대략적으로라도 일치되는 것을 더 중요시한다. 그들은 "우리는 왕, 대통령, 투표를 거부하는 대신 대략적인 합의와 실행 코드를 믿는다."라고 이야기하며 **대략적인** 의견 일치를 선호한다. 다시 말해서 집단의 존재를 이해는 하되, 모든 사람이 무조건 전적으로 동의해야 한다고 주장하지는 않는다. 이처럼 조직 내에서 의견 차이가 있다면 "A를 선택하는 데 모든 사람이 동의합니까?"라고 묻기보다는 "A를 선택하지 않는다면 살아갈 수 없겠습니까?"라고 물어야 한다.

특히 국제 인터넷 표준화 기구 실무단은 결정을 내릴 때, 그룹의 대다수가 동의한다면 모두가 만족하지는 않았더라도 이로 인해 주요 반대 의견들은 해결되고 논의되었기를 바란다. 모든 사람을 전부 행복하게 하는 결과는 없을지도 모른다. 그래도 그런 결과가 없다 해도 괜찮다. 스티븐 루딘Stephen Ludin과 하비에르 가자 Javier Garza의 「HTTP/2 학습Learning HTTP/2」의 서문에서 마크 노팅엄 Mark Nottingham은 어떤 그룹에서 얻은 본인의 경험을 다음과 같이 기록했다. "어떤 경우에는 한 사람의 주장을 조율하기 위해서 온종일 논의하는 것보다는 앞으로 나아가는 것이

---

29 「애자일 소프트웨어 개발 선언문(Manifesto for Agile Software Development)」, *https://agilemanifesto.org/*
30 「IETF에서의 합의와 허밍에 대해(On Consensus and Humming in the IETF)」, *https://oreil.ly/x3Bds*

훨씬 더 중요하다. 그래서 대부분의 사람이 동의했을 때, 우리는 동전을 던져서 최종 결정을 내렸다."라는 내용이다.

그러나 대략적인 합의를 마쳤는데도 결론에 이를 수 없거나 동전을 던질 준비도 되어 있지 않다면, 누군가는 최종 결정을 내려야 한다. 바로 이것이 여러분이 리더 권한을 가지고 있거나 누군가가 타이브레이커tiebreaker[31], 즉 **결정자** 역할을 할 수 있다면 미리 결정을 내리는 것이 현명한 이유다. 만약 그 역할을 하는 사람이 아무도 없다면, 여러분의 후원자에게 최종 결정자가 되어달라고 요청할 수도 있다. 다만 이것은 최후의 수단이다. 여러분의 후원자는 모든 맥락을 알고 있지 못해서 그들이 모든 맥락을 이해하는 데만 해도 많은 시간이 소요된다. 게다가 결국에는 아무도 만족하지 못하는 길을 선택할 확률이 크다.

결정을 내리지 않는 선택지

선택지 A와 선택지 B 중에서 하나를 선택할 때, 선택지는 이 두 가지만 있는 것이 아니다. **아무 결정을 내리지 않는** 세 번째 선택지인 C도 있기 때문이다. 그런데 사람들은 종종 선택지 C를 기본값으로 여기고 아무 결정도 내리지 않는다. 왜냐하면 선택지 C는 얼핏 보면 누구의 편도 들지 않기에 공평하게 모두의 불만을 잠재우는 것처럼 보이기 때문이다. 그러나 사실 이것은 **최악**의 결정이다. 무언가를 결정하는 행위는 다른 곳으로 뻗어나갈 가능성을 제한하지만, 동시에 결정한 부분에 대해서만큼은 더 나은 발전 가능성을 열어준다. 결국 결정을 내리지 않는 것은 그 자체로 이미 현상을 유지하는 것을 선택하는 행위다. 게다가 문제를 둘러싼 불확실성까지 그대로 남겨둔다. 결정을 내리지 않고 선택지를 무한정으로 열어두면 유연성과 자율성을 제공하는 것처럼 보일 수도 있지만, 장기적으로는 너무 넓은 범위의 선택지만 열어두는 꼴이 된다. 게다가 결정을 내리지 않는다면, 이 결정에 의존하는 다른 결정들의 잠재 위험성도 커진다. 그리고 여러분이 이 모든 것을 감당해야 한다.

혹시 결정을 내리기 위해서 더 많은 정보가 필요하다면 다음 사항을 고려해야 한다. '어떤 추가 정보를 얻을 수 있을지?'와 '어떻게 추가 정보를 얻을 수 있는지?'다. 만약 여러분이 일단 기다리기로 선택했다면, **무엇**을 기다리는지 스스로에게 자문해보자. 모든 결정이 항상 **최선**의 결정일 필요는 없다. 다만 **적당히 좋은** 결정을 내리면 된다는 사실을 기억하라. 오랜 기간 동안 결정

---

31 옮긴이_'타이브레이커'는 '동점인 상황에서 결론(승부)을 내리는 사람'을 의미한다.

을 내리지 못하고 있다면 기한을 정하라. 즉, "시간이 얼마나 걸려도 상관없으니 지구상에 현존하는 최고의 스토리지 시스템을 선택하고야 말겠다."라는 말 대신에 "향후 2주 동안 스토리지 시스템에 대해서 충분히 조사해보고, 2주가 끝나는 마지막 날에 선택할 것이다."라고 말해보자.

때로는 결정을 연기하는 것이 최선의 선택일 수도 있다. 훌륭한 의사결정 웹사이트 중 하나인 '결정자The Decider'[32]는 결정과 보상에 관한 사례를 잘 정리해서 보여준다. 해당 사례에는 투자한 시간과 에너지에 비해 결정을 내렸을 때 돌아오는 혜택이 적을 경우, 결정이 틀렸을 때는 큰 처벌을 받지만 올바른 결정에 대한 보상은 적은 경우, 또는 상황이 저절로 정리되리라고 추측할 만한 경우 등이 있다. 그러나 가장 중요한 것은 여러분이 결정하지 않기로 결정하는 것이다. 선택지 목록에 '결정하지 않음(현상 유지)'을 추가하고 의도적으로 이것을 선택하면 된다. 대신에 그냥 포기하고 가버리면 안 된다.

여러분이 내린 결정이 훌륭한 결정인지 확신할 수 없을 때는 이 결정으로 인해서 어떤 점이 잘못될 수 있을지를 생각해보아라. 부정적인 결과를 수정하거나 완화할 만한 방법까지 포함했는가? 만약 여러 면을 살펴보고 나서 잘못된 결정을 내린 것이라면, 그 결정이 끔찍한 결과를 초래하지 않도록 만들어야 한다.

결정 공유

일단 결정을 내린 후에는 여러분이 고려했던 절충안과 최종 결정에 도달한 방법까지 포함해서 이를 **문서화**하라. 단점 또한 얼버무리지 말고 아주 명확하게 언급하고, 왜 여러분이 이 결정을 옳은 길이라고 결론지었는지 설명하라. 모든 사람을 행복하게 만드는 결정은 불가능하겠지만, 적어도 여러분은 이 문서를 통해서 여러분이 모든 주장을 충분히 이해하고 고려했다는 것을 보여줄 수 있다. 게다가 동료들에게 이러한 정보를 제공하는 것은 그들을 존중한다는 것을 보여줄 뿐만 아니라, 새로운 사람이 프로젝트에 참여할 때마다 결정을 수정해야 하는 위험을 줄이고, 그들이 프로젝트에서 발견할 수 있는 허점을 미리 보여주어서 대비하도록 돕는다. 물론 그들이 볼 수 있는 불이익을 사용자가 맞닥뜨리지 않았다는 것을 가정한다.

불행하게도 비전과 전략을 짤 때는 누군가를 기분 나쁘게 만드는 일을 피할 수 없다. 혹여라도

---

32 결정자 웹사이트, *https://thedecider.app*

여러분의 결정으로 모든 사람의 소원이 이루어진다면, 이는 여러분이 현실을 고려하지 못하고 너무 이상적인 결정을 내렸을 탓이 크다. 결정을 내릴 때는 적어도 공감대를 형성하고, 가능한 한 다른 사람의 문제를 해결해줄 수 있는 수준의 결정을 내려야 한다. 그리고 그런 결정을 내린 이유를 모두에게 공개해야 한다.

3.4.3 의견 일치 및 유지

결정을 내릴 때는 여러분의 최종 관중이 누구인지 명확하게 정의하라. 소수의 동료 개발자를 설득해야 하는가, 아니면 기업 전체를 설득해야 하는가? 그도 아니라면 기업 외부의 사람을 설득해야 하는가? 각 그룹의 사람들을 어떤 여정에 데려올 것인지 미리 생각해보자.

또한, 후원자에게도 여러분의 계획과 진행 상황을 알려주어야 한다. 그렇다고 해서 그들이 여러분의 일을 궁금해할 때 편집도 채 마치지 않은 20페이지짜리 문서를 무작정 그들에게 보내라는 뜻은 아니다. 일단 먼저 여러분이 다양한 문제에 어떻게 접근하고 있는지, 그리고 무슨 선택을 할 것인지를 명확한 문서로 요약할 수 있도록 생각을 정리하는 시간을 가져보자. 그들이 굳이 진행 중인 모든 작업을 보고 싶어 하지 않는 한, 지루한 세부사항보다는 핵심 부분 위주로 그들과 공유하라. 특히 전략을 작성할 때는 최소한 주요 체크포인트를 함께 나열해야 한다. 진단을 구성하고 안내 지침을 선택한 후, 그리고 몇 가지 조치를 제안한 후에 다시 이를 **보기 좋게** 정렬해야 한다. 만약 후원자가 여러분이 잘못된 길로 가고 있다고 생각한다면 당연히 더 늦기 전에 그것을 알고 싶어 할 것이다.

합리적인 수준 탐색

여러분은 직장인으로서 당연히 출세 지향적이어야 하지만, 아예 불가능한 길을 걸어서는 안 된다. 어떤 변화들은 너무 많은 비용이 필요해서 투자를 정당화하기가 어렵다. 또 어떤 노력은 조직의 후원을 받을 수 없다. 너무 급진적이지도 않고 극단적이지도 않아서 대중들이 수용할 수 있는 범주에 있는 아이디어를 뜻하는 용어로 '오버톤 윈도overton window'[33]라는 정치학적인 개념이 있다(그림 3-3 참조). 만약 여러분의 아이디어가 여러분을 신뢰해야 할 사람들조차 수용하기 어려운 미래지향적인 아이디어라면, 동료들은 여러분의 문서를 무시할 것이다. 그리고 결

---

33 오버톤 윈도의 개념. *https://oreil.ly/wTFcR*

국 여러분은 조직 내에서 신뢰를 잃게 될 것이다. 조직이 수용할 수 있는 수준을 제대로 파악해서 승산이 있는 승부를 하자.

그림 3-3 오버톤 윈도는 주어진 시간 내에 어떤 아이디어가 주로 정치적으로 허용되는지를 보여준다.[34]

네마와시

여러분이 이해관계자와 문서 편집을 계속해서 한다 해도, 처음으로 문서를 접하는 그룹이 내용을 충분히 이해할 수 있을 정도로 문서의 완성도를 높이는 것이 보장되지는 않는다. 필자가 협업툴 기업인 아사나Asana의 핵심 기술 리더 잭 밀먼Zach Millman과 아사나의 전략 수립에 관해서 이야기를 나누었을 때, 그는 토요타 생산 시스템[35]의 주요한 시스템 방식 중 하나인 **네마와시**nemawashi[36] 방식을 자사에 도입했다고 말했다. 네마와시는 다른 사람들과 정보를 공유하고 결정이 내려지기 전에 이미 어느 정도 의견이 합의에 이르도록 **기초를 다져 놓는 것**을 의미한다.[37] 만약 여러분의 계획에 특정한 인물이 힘을 실어주어야 한다면, 여러분은 그 사람이 이미 그 변화가 옳은 일이라고 믿는 상태에서 의사결정 미팅에 참석하기를 원할 것이다. 필자가 이런 네마와시의 개념을 배웠을 때는 항상 "투표권이 있다는 것을 알기 전에는 투표를 요구하지 마라."라는 비유로 배웠지만, 정확한 의미를 담은 이런 단어가 있다는 것을 알게 되어 매우 기쁘다.

---

34 토론토 가디언의 「롱콘과 오버톤 윈도(The Long Con And The Overton Window)」(*https://oreil.ly/dANiZ*) 이미지를 바탕으로 재구성함.

35 「네마와시: 토요타 프로덕트 생산 시스템 가이드(Nemawashi: Toyota Production System guide)」, *https://oreil.ly/Namw7*

36 옮긴이_'네마와시'는 '정식 발표 전에 관계자와 대화하고 지원과 피드백을 모아서 변경을 제안하거나 프로젝트 변경 토대를 조용히 마련해두는 일본식 사업 방식'을 의미한다. *https://oreil.ly/cu6py*

37 잭 밀먼이 본인의 칼럼(*https://oreil.ly/zJhkc*)에서도 말했듯이, 여러분이 계획을 수립할 때는 미리 일대일 면담에서 여러 의견을 수렴한 뒤 실제로 의사결정권자들이 그룹으로 만나기 전에 여러분의 필요에 따라서 계획을 조정해두는 것이 좋다.

스트라이프의 기술 고문인 키비 맥민Keavy McMinn은 그녀가 깃허브에 있는 동안에 만든 전략에 대해서 이와 비슷한 이야기를 들려주었다. 그녀가 기업 전체와 문서를 공유할 준비를 마쳤을 때, 그녀는 이미 자기 상사와 더 위의 상사에게서 완벽한 동의를 얻은 상태였고, 엄청난 사전 작업까지 마친 상태였다. 그래서 의사결정권자들은 그 업무에 직원을 배치해야 한다는 것을 이미 잘 알고 있었다. 문서를 작성하는 것은 해당 업무에 추진력과 활력을 심어준다. 또한, 더 많은 청중이 세부사항을 명확히 파악하고 결정에 동의하는 데 큰 도움이 된다.

의견을 조율하는 것은 단지 여러 사람을 설득하라는 의미가 아니다. 이것은 **쌍방향**이다. 비전이나 전략에 대한 계획을 논의하다 보면 계획은 얼마든지 변경될 수 있다. 아니면 생각보다 많은 사람이 실제로 중요하지도 않은 문서의 사소한 측면에 집착하고 있다는 것을 알게 될 수도 있고, 혹은 그 부분을 삭제할 수도 있다. 여러분은 갈등을 일으키는 근원인 어떤 사항과 타협하거나, 여러분에게 중요하지는 않아도 청중에게는 반향을 불러일으키는 사항을 추가로 강조해야 할 수도 있다. 또는 심지어 목표로 삼아야 하는 더 좋은 목적지를 찾을 수도 있다. 이 모든 것은 당연히 일어날 수 있는 일이기에 문서를 작성하는 일은 오랜 시간이 걸릴 수밖에 없다.

이야기 다듬기

모든 사람이 잘 알지 못하는 비전이나 전략은 여러분에게도 가치가 없다. 만약 여러분이 결정에 영향을 미칠 만한 주요 미팅에 참석하지 않았는데도 사람들이 계속해서 잘 따라온다면 그들이 여러분의 방향을 잘 이해하고 있는 것이다. 하지만 그렇게 되기 위해서는 먼저 모든 사람의 머릿속에 해당 정보를 심어주어야 한다. 이때는 조직에 그들이 숙지해야 할 긴 문서를 주면서 이를 읽고 외우라고 하는 게 아니라, 그들이 잘 이해할 수 있도록 세심하게 도와주어야 한다. 앞서 말한 간결한 원라이너one-liner나 '범퍼 스티커' 슬로건처럼 한 줄 요약본이 큰 힘을 발휘할 수 있다. 마크 반스Mark Barnes는 자신의 칼럼[38]에서 『파이낸셜 타임즈Financial Times』의 모든 사용자가 클라우드 전략을 쉽게 기억할 수 있는 강력한 방법으로 '클라우드 전용 2020 Cloud Only 2020'이라는 슬로건을 제안했던 이야기를 설명한다. 사라 웰스Sarah Wells는 동일한 마이그레이션에 대해 자신의 칼럼[39]에서 "이것은 개발자가 인용할 수 있는 기술 전략 중 한 가지다."라는 설명을 덧붙였다. 만약 여러분의 팀 모두가 자신이 어디로 가는지 잘 알고 있고, 길을 이해했으

---

38 「클라우드만을 위한 전용 사례 만들기(Making the case for cloud only)」, *https://oreil.ly/jZ9SS*
39 「프로젝트 성공적으로 시작하기(Landing projects successfully)」, *https://oreil.ly/juTzy*

며, 이를 계속해서 반복 학습한다면 여러분이 목적지에 도달할 가능성은 훨씬 더 커진다.

또한 여러분이 설명하는 목적지에 다른 사람들도 도달하고 싶어 하도록 그들을 납득시킬 수만 있다면, 여러분의 프로젝트는 성공 가능성이 더 높아지고 사회 자본도 덜 들어갈 것이다. 그러니 문서를 작성할 때는 여러분의 말이 그들에게 어떻게 받아들여질지 생각하고 여러분이 말하고자 하는 바가 무엇인지를 분명히 하라. 2장에서 다루었던 보물 지도를 예로 들어보자. 여러분은 현재 해적들만 이용하는 전용 술집에 앉아 있다. 보물 지도를 술집 테이블 위에 펼쳐 놓고, 테이블 근처에 있는 다른 사람들이 여러분과 함께 보물 지도를 따라가도록 설득해야 하는 상황이라고 가정해보자. 여러분은 그들에게 뭐라고 말할 것인가?

당연히 여러분은 사람들이 **쉽게 이해**할 수 있고, **공감대를 형성**할 수 있으며, **편안하게 느끼는** 이야기를 하고 싶을 것이다.

가장 먼저, 여러분은 본인의 이야기를 사람들이 **쉽게 이해**할 수 있는지 확인하고 싶을 것이다. 짧고 일관성 있는 이야기는 그냥 나열하기만 하는 업무 목록보다는 훨씬 더 설득력이 있다. 이해하지 못하는 것에 열광하기는 어렵다. 흥미 있는 이야기라면 여러분이 없다 해도 그들이 그 이야기를 알아서 할 것이다. 사람들을 이해시키지 못한다면 그런 기회를 놓치는 것이다. 아무리 그들이 당신의 열정에 이끌리더라도, 계획을 정말로 이해하지 못했다면 그들은 그 계획을 옹호할 수 없다.

다음으로는 **공감**할 수 있는 이야기인지 확인해보자. 여러분에게는 흥미로운 보물일지라도 다른 사람들에게는 전혀 흥미롭지 않을 수도 있다. 그래서 여러분의 이야기 구성 방식은 아주 중요하다. 만약 여러분의 팀이 가장 성가신 문제를 해결하고, 더 행복한 삶을 살며, 감정적으로 위로받도록 하는 것이 여러분의 비전이라면, 이 비전은 팀 사람들에게 꽤 큰 설득력이 있을 것이다. 물론 이런 비전을 달성하기 위해서 다른 팀의 도움까지 필요하다면 당연히 더 많은 노력이 필요하다. 여러분의 업무가 그들의 일상을 어떻게 더 윤택하게 만들 것인지를 모두에게 보여주어야 한다.

마찬가지로, 오버톤 윈도를 되새기며 듣기 **편안한** 이야기인지 확인해보자. 사람들을 A에서 B로 여행하도록 만드는 설득력 있는 이야기는 그들이 실제로 A에 있을 때만 효과가 있다. 만약 그들이 A에서 멀리 떨어진 곳에 있다면, 여러분은 일단 그들이 A로 오도록 설득해서 그들을 데려와야만 B로 데려갈 수 있다. 즉, 여러분의 아이디어가 합리적으로 여겨지고 잘 받아들여질 때까지 기다린 후에야 그들을 다음 단계로 데려갈 수 있을 것이다.

또한, 여러분의 이야기는 사람들이 계획을 실행할 때도 도움이 될 것이다. 호세이니는 필자에게 "어려운 상황일 때는 나만 어려운 것이 아니다. 그보다는 모든 사람이 어려움을 맞닥뜨릴 수 있지만, 그 어려움을 이겨낼 수 있다는 점을 명심해야 한다. 이야기를 할 때는 여행의 목적지에 있는 행복한 부분에 관해서만 이야기하지 말아라. 그보다는 영웅들이 구덩이에 갇혔다가 다시 빠져나온 부분을 강조해서 이야기할 수 있어야 한다."라는 조언을 들려주었다.

3.4.4 최종 초안 작성

여러분이 문서를 작성하면서 몇 주 또는 몇 달이라는 긴 시간 동안 고생했더라도 모든 사람이 문서를 검토하면서 여러분만큼 열광지는 않을 것이다. 기분 나쁘게 생각하지 말자! 사람들은 좋은 의도를 가지고 있지만, 여러분의 긴 문서는 미확인 상태로 다른 사람들의 브라우저 탭에 오랫동안 열려 있을 수도 있다. 이를 피하기 위해서는 문서를 쉽게 읽을 수 있는 방법이나 핵심 내용을 잘 공유할 다른 방법을 생각해보아라. 빽빽한 텍스트를 피하고 이미지, 글머리 기호 및 많은 공백을 사용하면 좋다. 만약 여러분이 **요점**만 분명히 해서 다른 사람의 기억에 남을 수 있는 방법을 찾을 수 있다면, 더 많은 사람이 요점을 잘 이해할 것이다.

또 한 가지 방법은 '**인물**'을 활용하는 것이다. 즉, 비전이나 전략의 영향을 받는 사람들(개발자, 최종 사용자, 이해관계자가 누구인지)을 설명하고 업무가 완료되기 전과 완료된 후 그들의 경험을 설명한다. 또 다른 접근 방식은 현재 사업을 기준으로 어렵거나 비용이 많이 들거나 심지어 불가능한 실제 시나리오를 설명한 뒤, 이 시나리오가 어떻게 변화하는지 보여주는 것이다. 가능한 한 쉽고 구체적으로 설명하자. 같은 도메인의 엔지니어에게만 프레젠테이션하는 것이 아니라면 되도록이면 전문 용어를 사용하지 말자. 독자 중 일부는 그들이 모르는 몇 개의 약어나 기술적인 용어를 보는 순간 이를 이해하는 데 오랜 시간이 걸릴 것이다.

작성한 문서와 함께 사용할 **두 번째 유형의 문서**가 있으면 더 유용하다. 올핸즈 미팅 등에서 발표할 경우 슬라이드가 필요하다. 혹은 상세한 에세이 스타일이나 글머리 기호를 사용한 문서, 상위 수준의 아이디어를 담은 한 페이지짜리 엘리베이터 피치를 원할 수도 있다. 기업의 외부 사람과 편하게 공유할 수 있다면 외부 블로그 게시물을 작성할 수도 있으며, 이는 내부 사용자에게 다가갈 수 있는 또 다른 기회가 될 것이다.

3.5 출시

한 사람의 아이디어로 이루어진 비전 문서와 기업 또는 조직이 공식적으로 승인하고 이를 달성하려는 팀이 있는 비전 문서는 차이가 크다. 실제로 필자는 출시 시점에 너무나도 많은 문서가 삭제되는 것을 보았는데, 문서 작성자들이 문서를 공식화하는 방법을 몰라서 그런 것이라 생각한다.

3.5.1 문서 공식화

개인의 문서와 **조직의 문서**는 무엇이 다른가? 가장 큰 차이점은 주로 '**신뢰**'다. 신뢰는 개인의 문서 목표 부분에 최종 권한을 가진 어느 한 사람의 지지로부터 시작된다. 일반적으로 이런 사람은 여러분 기업의 책임자, 부사장, 최고 기술 책임자 또는 임원처럼 인사 매니저 경력 사다리의 최상위에 있는 사람이다. 여러분이 이미 네마와시를 사용해서 중요한 사람들과 의견을 일치시켰다면, 그 사람은 이미 여러분의 의견에 동의했을 수도 있다. 만약 그렇다면 그들이 이해관계자들에게 공식 이메일을 보낼 의향이 있는지 확인해본 뒤 문서에 그들의 이름을 지지자로 추가하라. 그리고 다음 분기의 목표를 설명할 때 이 문서를 참조해서 적절한 규모의 올핸즈로 계획을 발표하도록 이들을 초대하거나, 계획이 현실화되는 것을 보여줄 수 있는 다른 공개적인 제스처를 취하라. 만약 여러분이 그들의 후원을 받지 못한다면, 후원자에게 그 아이디어를 설득하도록 도움을 요청하라.

또한, 문서가 **공식적**으로 보이는지도 확인해야 한다. 공식적으로 보이는 내부 웹사이트에 문서를 게재하라. 이때 주석 부분이나 해야 할 업무 리스트는 문서에서 제거하자. 그리고 의견을 추가할 수 있는 기능은 제거하되, 피드백을 위해 연락처를 남겨두어라. 부서장이나 이와 유사한 사람을 연락처에 포함시킬 수만 있다면, 엔지니어 이름만 단독으로 올려놓은 것보다 훨씬 더 무게감이 실릴 것이다.

공식적으로 승인된 문서는 사람들이 결정을 내릴 때 도구로 사용될 수 있다. 그러나 문서를 공식화할 때 한 가지 더 중요한 부분이 있다. 바로 업무에 맞춰서 적절하게 인력을 배치하는 것이다. 새로운 프로젝트나 조직 간 업무를 제안한 경우, 배치된 해당 인력을 충원하려면 실제 사람이 필요하다. 작업을 수행하기 위해 예산, 컴퓨팅 능력 또는 기타 리소스가 필요하다면 방향을 합의하는 프로세스 단계에서 필요성을 제기했어야 하지만, 이 단계에서는 실제로 인력을 배치해야 하는 현실에 직면하게 될 것이다. 정기적인 우선순위 지정, 인원수, OKR 또는 예산 프로세스 범위 내에서 일하는 방법에 대해서는 후원자와 상의하자.

조직에 따라서는 개인적으로 전략을 실행해야 할 책임이 있을 수도 있고, 다른 사람에게 전략을 전달해서 작업을 수행할 수도 있다. 다만 필자의 경험에 따르면, 업무의 추진력이 유지되는 상태에서 비전이나 전략이 실제 프로젝트로 바뀔 때, 여러분이 직접 참여하고 계획을 명확하게 유지하면 성공할 가능성이 훨씬 더 크다.

3.5.2 문서 최신화

비전이나 전략을 전달했다고 해서 관심을 끄면 안 된다. 사업 방향이나 광범위한 기술 맥락은 언제든지 변경될 수 있으므로 문서는 끊임없이 **업데이트**해야 한다. 한편으로는 여러분이 선택한 방향이 잘못되었다는 사실을 알게 될지도 모른다. 충분히 일어날 수 있는 일이다. 기본적으로는 1년 안에 문서를 다시 살펴볼 준비를 하되, 문서에 문제가 있다는 것을 알면 좀 더 일찍 다시 볼 준비를 해라. 혹여라도 비전이나 전략이 더 이상 사업 문제를 해결해주지 못한다면 비전과 전략 구성을 재구성하는 것을 주저하지 말자. 새로운 정보나 변경된 정보를 설명하고 업데이트해서 새로운 이야기를 들려주자.

3.6 삭 매처 사례 연구

3장의 시작 부분에서 본 삭 매처 이야기를 다시 떠올려보자. 그 사례를 읽었을 때, 여러분은 그들이 무엇을 해야 하는지에 대한 아이디어를 가지고 있었을지도 모른다. 어떤 면에서 보면 기술 문제는 해결하기가 쉽다. 하지만 많은 사람에게 영향을 미치는 변화를 만드는 것은 절대 쉽지 않다.

여러분이 삭 매처에서 일하는 스태프 엔지니어라고 가정해보자. 다음은 여러분이 접근부터 작성 및 출시 프로세스에 도달하는 것을 이야기로 구성해보았다.

3.6.1 접근 방법

이전 프로젝트가 이제 막 끝났다. 여러분은 이제 영향력이 있으면서 노력이 제법 필요한 새로운 프로젝트를 찾고 있다. 기업의 핵심 아키텍처에 대한 재설계 계획을 수립하는 것은 확실히 그 요구에 부합한다. 또한 사업에 큰 영향을 미칠 수 있는 중요한 문제라고 여겨진다.

다만 여러분의 매니저는 이 프로젝트를 경계한다. 다른 수많은 사람이 예전에 이미 이 아키텍처의 재설계를 시도했다. 이곳은 건널 수 없는 사막일 수도 있다! 여러분은 이전 시도가 실패한 원인을 이해하기 위해서 2주라는 기간을 제안한다. 여러분의 여정이 이전의 다른 시도와는 다를 수 있다고 믿을 만한 설득력 있는 이유가 없다면, 여러분은 이를 시도하지 않을 것이다.

이전 시도 실패 원인 분석

여러분은 과거에 모놀리식 시스템을 재설계한 경험이 있는 두 명의 스태프 엔지니어와 이야기를 나누는 것부터 시작한다.

첫 번째 스태프 엔지니어인 피에르Pierre는 석 달 동안 모놀리식 시스템과 주변 아키텍처를 위한 상세한 기술 설계를 만들었다. 그러나 다른 팀들은 이 설계에 큰 감명을 받지 않았다. 그들은 피에르가 만든 일부 절충안에 동의하지 않았고, 컴포넌트의 방향성이 그들의 계획과 일치하지 않는다고 생각했으며, 그들이 구현해야 할 해결책을 건네받는 것도 좋아하지 않았다. 결국 다른 직원들의 열정을 모을 수 없어서 피에르는 프로젝트 진행이 불가능하다고 판단했다. 그는 아직도 이 이야기를 할 때마다 상당히 투덜거린다.

또 다른 스태프 엔지니어인 제네바Geneva는 재설계를 시도하기 전에 연합을 구축했다. 그녀는 실무단을 만들었고, 이는 많은 관심을 받았다. 다양한 참가자들은 처음에는 함께 일하기를 열망했지만, 곧 이 실무단은 격렬한 논쟁에 빠져서 합의점을 찾을 수 없었다. 미팅 시간 때마다 시간을 낭비하는 수준이 되자 제네바를 포함한 사람들은 실무단 미팅에 불참하기 시작했다.

모놀리식 시스템을 '해결'하는 것에 대한 의견을 가진 이들 및 다른 엔지니어들과 이야기를 나누다 보면 두 가지 패턴을 발견할 수 있다. 첫 번째는 대부분의 사람들이 "문제는 마이크로서비스가 없다는 것이다." 또는 "데이터 스토리지를 공유하기만 하면 된다."와 같은 특정 해결책을 염두에 두고 있다는 것이다. 이런 사람들은 그들의 해결책이 '채택'되기만을 원하므로 합의가 불가능하다. 두 번째 패턴은 모든 사람이 기술 문제에만 집중한다는 것이다. 기술적으로 타당한 아이디어는 많지만, 조직이 앞으로 나아갈 길을 모색하는 방법에 대한 계획은 없다.

이런 상황에서는 조직의 의견을 일치시키는 것을 문제의 핵심으로 다루면 더 성공할 수 있다. 여러분은 경영진에서 후원자를 확보해서 여러분이 제안하는 방향이 단순히 기술적으로도 좋은 해결책일 뿐만 아니라, 조직에서 **실행 가능한 수준의 방향**이라는 것을 확실히 주장해야 한다. 그리고 여러분의 방향만을 고수하기보다는 자만심을 내려놓고 실용적인 관점에서 기존의 아이디어가 성공하도록 도와야 한다.

후원자 탐색

여러분은 마지막 프로젝트 이후에 기업에서 사회 자본과 신뢰성(4장 참조)을 확보했지만, 모놀리식 시스템에 관심이 있는 많은 팀을 모두 설득하기에는 충분하지 않다는 것을 알고 있다. 또한 여러분은 어떤 결정을 내려야 하는데, 그 결정이 모든 사람을 행복하게 할 수 없다는 것도 잘 알고 있다. 완전한 합의를 기다리다가는 아예 성공조차 못 할 것이다. 게다가 여러분이 만드는 모든 계획은 새로운 엔지니어링 프로젝트를 발생시킬 가능성이 있다는 사실도 알고 있다. 만약 그 업무에 인력을 배치받지 못한다면 여러분의 소중한 시간을 낭비하는 것이기에 이 점은 조기에 파악해두어야 한다. 결국 여러분에게는 경영 후원자가 필요하다.

먼저 조디 Jody부터 시작해보자. 그녀는 모놀리식 시스템을 운영 및 관리하는 팀에 속해 있다. 그녀는 유지보수를 더 쉽게 할 수 있는 권한을 지닌 책임자다. 하지만 그녀는 아키텍처를 바꾸려는 이전의 두 번의 시도에 그녀의 팀원이 말려드는 것을 보았기에 이제는 그들이 시간을 낭비하지 않도록 사전에 보호하려고 한다. 그녀의 팀은 이미 그들만의 프로젝트를 가지고 있고, 그녀는 팀원이 또 다른 새로운 계획에 주의를 빼앗기기를 원하지 않는다. 물론 그녀는 재설계에 찬성하지만, 그것은 일종의 '올해 당장 하지 않아도 되는 일'이다. 실제로 그녀는 누구에게도 이 일을 맡길 생각이 없다.

다음 사람은 식품 저장용기 출시를 담당하는 분야의 책임자인 제시 Jesse다. 프로젝트가 점점 더 주목받으며 재개되자, 제시는 필요한 인원을 충당하기가 더 쉬워졌다. 그래서 그의 성공 지표를 여러분의 목표와 일치시킬 수만 있다면, 제시가 이 프로젝트를 후원해줄 가능성이 높다. 여러분은 제시와 대화할 때 프로덕트팀이 자율적으로 작업할 수 있고, 프로덕트 엔지니어가 더 행복해하며, 새로운 기능이 빠르게 출시되는 미래를 맞이할 수 있다는 점을 설명한다. 제시는 확신하지 못한다. 그것이 좋은 미래이긴 하지만, 하지만 사업 일정상 식품 저장용기는 올해 출시되어야 한다. 그래서 이들은 대규모 재설계 프로젝트를 마칠 때까지 기다릴 수 없다. 여러분은 어떤 해결책을 쓰더라도 식품 저장용기팀 직원들이 최대한 문제 없이 프로덕트를 출시할 수 있도록 돕는 것에 동의했다. 제시는 확신을 갖고 있으며, 그는 이제 여러분의 일을 후원하고 지원하는 것에 동의한다.

다른 엔지니어 추가

여러분은 업무에 다양한 관점과 지식을 가져다줄 수 있는 핵심 그룹원을 찾고 있다. 또한 조직 전체에 걸쳐서 동맹을 구축하고, 여러분의 계획에 회의적이거나 반대하는 사람도 참여시키기를 원한다.

먼저, 과거에 구체적인 해결책을 제안했던 스태프 엔지니어인 피에르부터 시작해보자. 그는 과거에 철저한 해결책을 만들고자 부단히도 노력했다가 실패한 상황을 아직도 상처로 여긴다. 그래서 완전히 무관심한 태도로 여러분을 만난다. 그는 기업의 리더십에 관해서 본인이 패배한 (그리고 심술궂다고 느끼는) 사항들을 말하며, 여러분의 일이 시간 낭비라고 생각한다는 자신의 의견을 분명하게 표현한다. 여러분은 그에게 이번에는 프로젝트 범위가 달라질 것이라고 설명하면서 그의 이전 계획을 현재 업무의 일부분에 사용해도 괜찮은지 묻는다. 그러자 그는 본인의 계획이 사용되리라는 생각에 전보다는 조금 더 협조적인 자세로 변한다. 그는 여전히 여러분의 그룹에 합류하지는 않지만, 인터뷰를 하고 나중에 여러분의 계획을 검토하는 것에는 동의한다.

이번에는 제네바의 차례다. 여러분은 제네바가 여러분의 노력에 동참할 것이라고 큰 기대를 걸고 있다. 그녀를 만나서 그녀에게 예전의 실무단이 아직도 존재한다고 말했더니 매우 놀라워한다. 아직도 세 명의 시니어 엔지니어들이 매주 만나서 아키텍처에 대해 이야기한다. 그들은 모놀리식 문제에 대해 많이 생각했고, 여러분이 즉시 알아차리지 못할 미묘한 부분까지 인지하고 있을 것이다. 그래서 그들을 여러분의 팀에 초대해서 적어도 두 달 동안 일주일에 이틀씩 일하도록 요청한다. 한 엔지니어인 프란Fran은 이것에 동의했지만, 나머지 두 엔지니어는 참여 의사는 있어도 많은 시간을 투자할 여력이 없다. 여러분은 매주 업데이트와 함께 실무단 미팅에 다시 참석하는 것에 동의한다.

여러분은 다른 잠재적인 동맹들과도 연락을 취한다. 다음과 같은 내용들을 포함한다.

- 식품 저장용기 프로젝트의 팀장은 특히 모놀리식 유지 관리팀에 할당된 업무 문제를 실제보다 더 쉽게 해결할 수 있다고 여긴다. 그녀는 "왜 그들은 모놀리식 시스템 내에 독립 모듈을 만들지 않는가?"라고 묻는다. 만들 계획이 있다면 그녀도 동참할 것이다.

- 데이터베이스 리더는 여러분의 프로젝트로 인해 그의 팀 업무가 예상치 못하게 중단될 수도 있다는 사실을 경계한다(과거에 그런 적이 있어서 당연한 경계심이다). 그래서 그가 계획을 조기에 검토할 수 있도록 그에게 계속 업데이트할 것을 약속한다.
- 오리지널 양말 매칭 코드를 작성한 스태프 엔지니어는 삭 매처에서 오랫동안 근무했고 영향력도 크다. 만약 그녀가 여러분의 프로젝트에 확신을 가진다면, 다른 많은 사람도 그럴 것이다. 그녀는 몇 가지 아이디어를 갖고 있는 데다가 초기 검토자가 되고 싶어 한다.

명확한 범위 설정

여러분의 핵심 그룹(여러분, 제네바, 프란)은 여러분이 하고 싶은 일과 성공할 수 있는 일에 관해서 이야기한다. 프란은 모든 아키텍처가 어떻게 발전하는지에 대한 기술 비전을 만들고 싶어 하지만, 여러분의 상황에 적합한 선택은 아니다. 여러분은 그런 영향력을 행사할 수 없으며 후원자도 그러하다. 또한, 그런 종류의 프로젝트는 식품 저장용기 출시 시기에 맞춰서 준비하기 어렵다.

핵심 모놀리식 아키텍처에 대한 비전은 어떠한가? 이 비전은 모두가 어디로 가는지 분명하게 보여주지만, 각 팀은 이 비전을 달성하는 것에 대해서 여전히 의견이 갈릴 것이다. 여러분은 광범위한 모놀리식 빌드 계획과 식품 저장용기 출시 방법에 대한 전략이 필요하다고 결정했다. 그래서 한 해 동안 일어나는 일을 묘사하고, 상위 수준의 기술 전략을 유지하는 것을 목표로 할 예정이다. 여러분은 때로는 하위 수준의 기술적 결정을 내리는 경우도 있겠지만, 그 결정에 대한 권한을 가진 사람이 없을 때만 그럴 것이다. 그리고 세부적인 구현은 작업을 수행할 팀에게 맡길 것이다. 또한, 여러분의 전략은 단지 계획으로 그치는 게 아니라 공식적이어야 한다. 즉, 이 계획은 여러분 개인이 아니라 조직이 선택한 계획이어야 한다. 그렇지 않으면 여러분은 이 프로젝트를 실패했다고 여길 것이다.

모두가 같은 생각을 하고 나면 다음과 같이 할 일을 적는다. '핵심 모놀리식 아키텍처를 발전시키면서 식품 저장용기 출시까지 지원하기 위한 상위 수준의 1년 기술 전략 수립하기.' 약간 모호하긴 하지만, 그래도 비로소 **시작점**에 섰다!

여러분은 범위와 문제에 관해 더 많이 이야기하고, 이전의 노력과 실무단 노트에 관한 링크를 수집하며, 각 사람의 의견을 최대한 일치시킨다. 여러분의 문서는 아직 거친 수준이고 핵심 그룹 외부에서 공유할 수 있는 수준은 아니지만, 아이디어를 한곳에 보관하고 모든 사람이 추가적인 생각을 덧붙일 수 있게 해준다.

여러분이 하고자 하는 일에 대해서 엘리베이터 피치를 할 수 있는 기회를 얻었다면, 여러분의 후원자인 제시와 함께 검토한다. 그는 여러분이 생성하는 문서의 작성 범위와 작성 종류에 동의한다. 여러분의 계획을 공식화하기 위해서 그는 여러분의 이름을 '직접적인 책임자DRI'로 해서 조직적인 OKR을 추가할 것을 제안한다. 조금 겁이 나지만, 그는 여러분이 그토록 바라던 공식적인 지지를 확실히 해줄 것이다. 또한, 그는 조디와 다른 책임자가 그렇게 하는 것을 괜찮아하는지 확인한 후에 OKR을 추가할 것을 제안한다.

여러분은 이를 위해 토론 채널을 만들고 관심을 가진 사람들이 있을지도 모르는 다른 채널에서 그것을 발표한다. 그래서 여러분의 담당 범위와 여러분이 생각하는 기술에 대한 메모를 공유한다. 특히 의견을 가진 사람들과는 언제든지 대화하고 싶고, 적어도 일주일에 이틀 이상은 협조할 수 있는 협력자들을 여전히 환영한다는 점을 강조한다. 전자는 많고 후자는 없다. 여러분은 대화할 사람들을 나열하고, 전략을 쓰기 시작한다.

3.6.2 작성

해결책을 마련하기 전에, 여러분이 스스로 어떤 문제를 해결하고 있는지 **확실히** 아는 것이 좋다. 물론 초기 범위인 '핵심 모놀리식 아키텍처를 발전시키면서 식품 저장용기 출시까지 지원하기 위한 상위 수준의 1년 기술 전략 수립하기'는 좀 더 명확한 설명이 필요하지만, 아직 해결책을 다룰 단계는 아니다. 일단 현 상황을 정확하게 진단해서 무슨 일이 일어나는지 설명할 수 있어야 한다.

진단

진단 시에는 여러 요소를 고려해야 한다. 다음과 같은 것들이다.

- 식품 저장을 위한 즉각적인 프로덕트를 만들 필요성이 있으며, 향후 프로덕트 라인이 더 확장될 것이라는 징후가 있다.
- 모놀리식을 운영하는 팀은 현재 너무 많은 호출을 받고 있다. 이는 지속 가능한 수준이 아니기에 변화가 필요하다.
- 매칭 알고리즘이 느리다. 더 높은 적중률로 충분히 개선할 수 있다.
- 현재 시스템은 트래픽 급증을 처리하지 못한다.

- 고객들은 성능에 만족하지 않는다.

- 로그인 시스템은 아주 오래되었고 많은 기술 부채를 갖고 있다.

- 새 코드를 배포하는 것은 느리며, 때로는 좌절감을 준다.

- 외부 사용자는 여러분이 변경하고 싶은 API에 의존한다.

- 이에 맞추어서 새로운 프로덕트를 추가하려면 몇 가지 핵심 컴포넌트의 주요 로직 변경이 필요하다.

- 많은 개발자가 모놀리식 시스템을 다루는 것을 좋아하지 않는다.

이 목록이 끝이 아니다! 여러분은 가장 중요한 사실 한 가지를 골라서 훨씬 더 간단하게 이야기한다. 여러분의 그룹은 무엇이 중요한지, 무엇이 효과가 없는지, 그리고 무엇이 훌륭한지에 대해 브레인스토밍하는 데 시간을 보낸다. 미래에는 지금보다 두 배로 더 많아진 엔지니어와 함께 같은 코드 베이스로 다섯 개의 다른 프로덕트를 보는 것을 상상해본다. 이러한 프로덕트가 극단적인 사례로 구현된다면 각 기능에 대한 사업 논리를 탐색하는 것은 끔찍할 것이며, 이러한 시나리오에서는 모든 것을 변경하는 일이 복잡하고 걱정스러운 일이 될 것이다. 빌드 속도가 느려지고 배포도 더 자주 실패한다. 만약 인플루언서 사용자가 많아지면 운영이 중단되는 사태가 더 많이 벌어질 것이다. 아무 조치도 취하지 않는다면, 이것은 현실이 될 수밖에 없다. 이런 일이 닥치지 않도록 미리 조치를 취하는 것이 좋을 것이다.

브레인스토밍 세션 후에 많은 아이디어를 고안해냈지만, 아직은 그 아이디어에 확실히 투자하고 싶지 않을 수도 있다. 대신 프로덕트팀의 일부 구성원, 엔지니어링 리더 및 실무자와 대화하면서 무엇이 중요한지 파악해볼 수 있다. 이 경우, 다음과 같은 몇 가지 새로운 정보를 배울 수 있다.

- 인플루언서들의 지지로 인한 트래픽 급증이 가용성 감소의 원인이 될 수 있다고 생각했지만, 과부하로 인한 운영 중단은 실제로 드물고 짧은 편이다. 즉, 한 달에 고작 몇 분 정도의 다운이 발생한다. 여기서는 이러한 운영 중단이 가용성 저하의 가장 중요한 원인이 아니다.[40] 실제로 가장 큰 문제점은 간단한 코드 버그에 대한 해결책을 배포하는 데 3시간이나 걸린다는 사실이다. 이전의 안정성 향상 시도는 릴리스 경로에 더 많은 테스트를 추가하는 데 중점을 두었지만, 이는 실제로 구축 시간을 늦추고 운영 중단 시간을 연장했다.

---

40 이 인플루언서 트래픽 중에서 일부를 무효화하는 것이 홍보에 부정적인 영향을 미치거나 기회를 놓친 것으로 간주된다 해도, 상황에 따라서는 최우선으로 해야 할 수 있다.

- 많은 엔지니어링팀이 모놀리식 시스템을 다루는 것에 대해 불평하지만, 그들이 실제로 싫어하는 것은 코드를 릴리스하는 것이다. 엄청난 비율의 변화는 예상치 못한 결과를 초래한다. 여러분이 만든 변화가 다른 사람을 망가뜨리는 것이 아니라고 확신하기 어렵고, 고치는 데만 해도 반나절이 걸린다. 팀은 운영 중단에 대응하느라 항상 긴장한다.
- 청구 및 개인화된 하위 시스템은 코드 베이스에서 단연코 가장 경쟁이 치열한 부분이다. 대부분의 주요 기능 변경은 이러한 기능의 한 부분 또는 두 부분 모두에 상응하는 변경을 동반하며, 로직이 상당히 복잡해서 단순한 변경을 하더라도 예상치 못한 부작용이 발생하기 쉽다.

이 외에도 여러분은 더 많은 것을 배울 수 있다. 여러분과 대화하는 모든 사람은 여러분과 대화하고자 하는 주제가 각각 다르다. 하지만 여러 사람과 면담하다 보면 특정 패턴을 파악해서 무슨 일이 일어나는지 알 수 있다. 그리고 여러 사실 중에서 가장 중요한 부분을 골라서 훨씬 더 간단한 이야기를 할 수 있게 된다.

진단 결과는 다음과 같다.

새로운 기능을 변경할 때마다 공유 컴포넌트 집합 부분에 복잡한 로직 변경이 필요하다. 이러한 컴포넌트를 수정하는 것은 오랜 시간이 걸리고 어려운 작업이다. 게다가 예상치 못한 시스템 간의 상호 작용은 팀 간 작업을 지속적으로 방해하고 장기간의 운영 중단을 야기한다. 모든 새로운 유형의 매칭 항목이 추가될수록 이러한 공유 컴포넌트 내부의 결합 지점 수를 증가시키고 문제를 더 악화시킨다. 앞으로 우리 시스템은 더 많은 매칭 컴포넌트와 더 많은 팀이 추가될 때도 개발이 중단되지 않고 이를 처리할 수 있어야 한다.

여러분이 주의해야 할 초점을 선택하는 것은 전략을 작성하는 데 있어서 가장 힘든 부분 중 하나가 될 수 있다. 이 경우 버전이 없는 API가 여전히 문제이고, 불쾌한 로그인 코드도 결국 문제가 될 것이며, 매칭 기능을 개선하는 것은 지금 당장 시도하지는 않을 진정한 기회. 이런 문제와 기회들은 실제로 존재하지만, 여러분은 현재 어려운 결정을 내리는 탓에 지금은 그 현실적인 문제와 기회를 모두 무시하고 있다.

진단을 한 후에는 후원자인 제시와 논의하고 그가 여러분이 올바른 분야에 집중하고 있다는 것에 동의하는지 확인하자. 그에게 여러분이 인지하고 있지만 우선순위가 아니어서 초점을 두고 있지 않은 문제 목록을 보여준다. 제시도 이에 동의한다.

안내 지침

이제 무슨 일이 일어나고 있는지 확실히 알았으니, 이 일을 어떻게 대처해야 할지 결정할 수 있다.

이미 앞서 제안된 안내 지침이 논의 중이다. 일부 동료들은 모놀리식 아키텍처를 완전히 타파하기 위해서 노력하고 있다. 그들은 재설계를 통해 새로운 프로덕트를 더 쉽게 추가할 수 있을 뿐만 아니라, 의도하지 않은 고장 횟수와 고장이 발생했을 때 코드 수정을 구축하고 배포하는 시간을 줄일 수 있다고 말한다. 그러나 팀은 여전히 공유 컴포넌트를 변경하는 것이 위험하다고 느낀다. 즉, 변화에 들어서면 모든 팀은 각자 자신이 맡은 서비스만 운영하게 되고, 그들 중 일부는 인생에서 처음으로 당직 호출을 받게 된다는 것을 의미한다. 마지막으로, 이와 같은 변화는 적어도 3년이 걸릴 것이며, 그 사이에 프로덕트를 출시할 수 있는 해결책은 없을 것이다. 따라서 "대신 마이크로서비스를 구축하자!"라는 것이 제약 조건이 다른 기업에는 완벽한 해결책일 수도 있지만, 현재 이 상황과 문제를 제대로 반영하지는 못한다.

대신 적은 양의 업무로 큰 영향을 미칠 수 있는 곳을 살펴본다. 명백한 지렛대 지점은 팀의 업무 진행 속도가 느려지는 두 가지 주요 공유 컴포넌트, 즉 '청구'와 '개인화'다. 이 두 가지를 쉽게 추가할 수 있다면, 각 프로덕트에 대한 하드 코딩된 로직을 갖는 대신 다른 팀들은 새로운 종류의 매칭 가능한 항목을 안전하게 추가할 수 있다. 그렇게 하면 운영 중단이 줄어들어서 팀이 기능 추가 작업에 시간을 할애하고 시스템을 더욱 개선할 수 있다. 이것이 바로 선순환이다.

확정된 안내 지침은 다음과 같다.

> 청구 및 개인화 시스템은 통합하기 쉽고 안전해야 한다.

여러분이 선택하지 않은 안내 지침에 대한 메모도 적는다. 마이크로서비스를 고려한 이유와 그 선택이 가져올 이점에 관해 설명하면서, 왜 이 선택이 문제를 해결하지 못하는지 설명한다.

조치

과제를 탐색하고 안내 지침을 시행하기 위해서 그룹이 취해야 할 조치를 대략적으로 설명한다.

여러분의 조치는 현실적인 면을 감안해야 하므로, 여러분은 청구팀, 개인화팀, 그리고 신규 항목 추가팀과 함께 조치를 검토하고 그들이 여러분의 선택에 동의하는지 확인한다. 청구팀은 이미 다른 팀이 구성 옵션을 설정하여 선택할 수 있는 청구 기능 메뉴를 제공하기 위해서 밀린 작업을 수행했다. 개인화 작업자는 각 유형의 매칭 가능한 항목에 대해 안정적인 핵심 기능과 분리된 로직을 갖춘 플러그인 아키텍처에 대한 아이디어를 고려했다. 새 항목을 추가하는 팀은 자체 플러그인 컴포넌트만 수정하면 된다. 이러한 두 가지 변화 모두 공유 컴포넌트를 모듈화하고 이에 대한 셀프서비스 액세스를 가능하게 하며, 팀은 공유 컴포넌트에 시간을 할애하는 것을 기뻐한다.

그러나 크고 위험한 변화인 부트스트래핑bootstrapping 문제가 남아 있다. 이러한 핵심 컴포넌트를 리팩터링refactoring[41]하면 많은 운영 중단이 발생할 가능성이 높아지므로, 팀은 업무 우선순위를 정하지 못했다. 여러분은 기능 플래그flag 뒤에 변경 사항을 릴리스하는 기능을 추가하는 것을 추천함으로써[42] 회귀 분석이 새로운 배포가 아니라 빠른 전환이 될 수 있다. 더 안전한 배치는 작업 비용과 위험을 크게 줄일 수 있다.

분리 작업은 하룻밤 사이에 이루어지지 않는다. 그동안 식품 저장용기팀은 이 두 가지 컴포넌트를 모두 통합해야 한다. 개인화 및 청구팀은 식품 저장용기를 시범 고객으로 취급하고 기존 시스템에 통합하는 첫 번째 버전을 작성한다. 또한, 사용할 수 있다면 셀프서비스 모델로 마이그레이션 하는 등 성공을 위해서 최적화할 의향이 있다. 그러나 이 팀은 현재 인력만으로는 격리 및 통합 작업을 동시에 수행할 수 없다. 제시는 식품 저장용기 프로젝트에 할당된 인원 중 일부를 할애해서 두 팀이 성장하도록 돕는 것에 동의한다.

다음은 여러분의 조치다.

- 단계별 롤아웃 및 빠른 롤백을 허용하는 기능 플래그 지정 시스템을 추가
- 결제팀에 엔지니어 두 명, 개인화팀에 엔지니어 한 명 추가
- 새로운 매칭 항목을 쉽고 안전하게 셀프서비스로 추가할 수 있도록 청구 및 개인화 하위 시스템 수정
- 청구 및 개인화팀이 식품 저장용기 프로덕트를 시스템에 호환하도록 한 다음 그들을 새로운 셀프서비스 접근 방식의 시범 고객으로 지정

이러한 작업은 상위 수준의 작업이다. 또한, 관련된 팀이 해결책을 직접 설계하고 많은 결정을 내릴 수 있는 자율성을 가진다. 이러한 접근법은 관련 팀에 방향과 구체적인 다음 단계를 알려

---

41 옮긴이_'리팩터링'은 소프트웨어 엔지니어링에서 '결과의 변경 없이 코드의 구조를 재조정하는 것'을 의미한다.

42 「피처 토글(일명 피처 플래그)(Feature Toggles, aka Feature Flags)」, *https://oreil.ly/ErwHv*, 8장에서 더 자세히 설명할 예정이다.

준다. 여러분이 대화를 나눈 모든 사람은 모놀리식 시스템을 더 견고하게 만들기 위해서 각자 해야 한다고 생각하는 리스트를 보유하는 등, 이 조치에 대해 상당히 다양한 견해와 제안을 갖고 있다. 그래도 여러분의 안내 지침은 노력하는 데 집중하고 목록을 짧게 유지할 수 있도록 돕는다.

프란을 계획을 작성할 주요 저자로 지명한 후 여러분과 제네바는 많은 편집점을 제안했다. 이 문서는 계획의 절충점과 여러모로 고려한 대안 및 선택하지 않은 이유를 정직하게 기술한 문서다.

후원자와 협력한 후(그는 비록 몇 가지 용어를 변경하자고 제안했지만, 전반적으로 호의적이다), 여러분은 몇몇 연합 팀과 초안을 공유하고 계획을 테스트한다. 댓글을 다는 사람도 있다. 여러분은 다른 사람들을 직접 인터뷰해서 몇 가지 걱정을 덜어낸다.

문서를 다른 사람과 **공유**할수록 여러분의 이야기에 조금씩 세세한 디테일이 더 추가된다. 점차 더 광범위한 그룹과 문서를 공유하고, 일부 미팅에서는 이 문서를 발표하기 시작한다.

3.6.3 출시

솔직히 말해서, 여러분의 계획이 보편적으로 지지받지는 못한다. 동료들 중 일부는 이 계획에 실망했고, 혹은 약간 화도 났을 것이다. 여러분의 문서는 그들이 시도했던 아이디어보다 더 '진취적인' 아이디어가 아니고 더 지루한 아이디어일 수도 있다! 심지어 어떤 사람들은 이 문제는 특별히 전략을 짜서 접근해야 하는 문제가 아니라, 단지 '그냥' 무엇을 해야 할지 결정하기만 하면 되는 문제라고 주장한다. 그들은 이 방향이 당연하다고 생각한다.

또 다른 목소리를 내는 파벌들은 그 방향에 동의하지 않으며, 그저 잘못된 것이라고 생각한다. 또 어떤 그룹은 여전히 모든 것을 마이크로서비스로 옮기는 것에 대해서 논쟁하고 있다. 또 다른 그룹은 트래픽 급증을 처리하는 데 더 집중하기를 원한다. 또한 식품 저장용기팀은 마이크로서비스로 기능을 구축할 수 있지만, 여전히 모놀리식 시스템 내부와 관련해서 많이 개발하고 있다. 일부 팀은 이런 점에 불만을 품고 있다. 그러나 이미 알려진 단점과 고려한 대안을 문서화하는 데 충분한 시간을 할애했으므로 이 모든 것이 새로운 뉴스는 아니다. 다른 사람들이 불평하는 것이 이미 수립된 계획을 바꾸지는 못한다.

다행히 긍정적인 목소리가 더 크다. 대부분의 사람은 이런 하나의 공식적이고 합의된 방향을 가짐으로써 힘을 얻는다. 여러분은 특히 처음부터 여정을 함께했던 협업 팀들의 강한 동의를 얻었다. 엔지니어링 전반에 걸친 OKR 덕분에 여러분의 가시성이 높아졌으며, 여러분의 후원자와 그의 동료들은 업무에 협조하고 인력을 고용할 의향이 있다. 여러분의 계획은 모놀리식 시스템 유지보수팀의 큰 노력이 없어도 그들의 부담을 덜어줄 것이다. 그래서 조디는 뜻밖에도 그녀의 팀이 플래그 시스템 기능을 제공하는 것을 돕기로 한다.

여러분은 향후 1년 동안 프로젝트를 계속 진행하면서 청구 모듈화 프로젝트를 직접 수행하고 개인화 작업의 조언자 역할도 수행한다. 식품 저장용기팀의 성공적인 프로덕트 출시를 축하한 직후, 프로덕트팀은 잃어버린 보드게임 조각을 맞추고자 새롭게 노력할 부분을 발표한다. 여러분의 작업은 새로운 업무를 진행하는 팀이 독립된 기능을 사용하고 이제 막 구축 작업을 시작할 수 있다는 것을 의미한다. 안정적인 시스템을 통해 모놀리식 시스템 유지보수팀은 더 이상 지속해서 대응하지 않는다. 이들 팀은 시스템 성능을 개선하기 위해 노력하기 시작했다. 개발자의 경험과 트래픽 급증에 대한 시스템의 복원력을 높일 수 있다.

노력에 집중함으로써, 여러분은 성장을 가로막는 장애물과 모든 사람의 속도를 늦추는 장벽을 제거했다. 그리고 이제 여러분은 다른 프로젝트에 도전할 준비가 되었다.

이제 이 책의 2부인 '성공적인 프로젝트 실행력' 단계로 넘어가 보자.

3.7 마치며

3장의 내용을 요약하면 다음과 같다.

- 기술 비전은 미래의 상태를 설명하고, 기술 전략은 그 상태를 달성하기 위한 행동 계획을 설명한다.

- 이와 같은 문서는 일반적으로 그룹이 함께 수행하는 작업이다. 이를 만드는 핵심 그룹은 일반적으로 작은 규모지만, 더 넓은 그룹으로부터 정보, 의견 및 일반적인 지지를 얻어야 한다.

- 문서를 실제로 만드는 방법을 미리 계획해야 한다. 이는 일반적으로 임원을 후원자로 두는 것을 의미한다.

- 문서 유형과 작업 범위에 대해서 신중하게 합의해야 한다.

- 문서 작성에는 다른 사람들과 대화하고, 아이디어를 다듬고, 결정을 내리고, 글을 쓰고, 수정하는 프로세스를 여러 번 반복하는 것이 포함된다. 꽤 많은 시간이 걸릴 것이다.

- 여러분의 비전이나 전략은 말로 잘 풀어내는 만큼 더 좋아진다.

Part

2

4장 업무 시간 한계

5장 대규모 프로젝트 진행

6장 프로젝트 중단

성공적인
프로젝트 실행력

훌륭한 스태프 엔지니어의 두 번째 핵심 역량은 '성공적인 프로젝트 실행력'이다. 스태프 엔지니어가 맡는 프로젝트는 일반적인 프로젝트보다 더 혼란스럽고 모호하다. 더 많은 사람과 함께 일하고 프로젝트를 성공적으로 이끌기 위해서는 정치적 자본이나 영향력을 더 많이 이용하고 발휘하며, 기업 문화의 변화를 주도해야 한다.

CHAPTER 4

업무 시간 한계

4.1 업무 선별

4.2 시간 측면 고려

4.3 자원 제약 고려

4.4 적합한 프로젝트 선택

4.5 마치며

사회 초년생 시절 필자는 왜 선배들이 업무를 섣불리 맡는 것을 경계하는지 궁금했다. 필자가 열심히 일해서 프로젝트에 어떤 문제가 있다는 것을 증명해냈음에도, 상사와 시니어 엔지니어들은 만사를 제쳐 두고 그 문제를 해결하려 하지는 않았다. 그들은 왜 그렇게 무관심한 것처럼 보였을까?

이제 필자가 시니어 수준, 즉 선임이 되고 나니 이해가 된다. 선임이 되면 여러분은 확장 불가능한 아키텍처, 모든 사람의 시간을 낭비하는 쓸데없는 추가 프로세스, 좋은 기회를 놓치는 순간 등 수많은 문제를 알아볼 수 있는 **안목**이 생긴다. 이런 상황에서 누군가가 문제 하나를 추가로 더 발견하면, 여러분은 그것을 체크리스트 목록에 추가하면 되는 것이다.

선임이 되면 좋은 소식과 나쁜 소식이 하나씩 생긴다. 좋은 소식은 업무가 줄어들지 않기에 일자리를 보장받는다는 것이다. 반면에 나쁜 소식은 모든 업무를 다 해낼 수는 없다는 것이다. 처음에는 당연히 여러분이 파악한 모든 문제에 전부 빠르게 대처하고 싶겠지만, 계속 그렇게 하기는 불가능하다는 것을 곧 깨닫게 된다. 결국 아예 고장 나서 고치기 어려운 수준의 문제나 해결책이 명확하지 않은 문제들은 무시해버리거나 아무런 조치도 취하지 않게 될지도 모른다.

4.1 업무 선별

4장에서는 여러분이 수행해야 할 업무를 선별하는 방법에 관해서 설명한다. 스태프 엔지니어로서 인시던트 대응 전화는 어떻게 받아야 하는지, 멘토직 요청에는 어떻게 응답해야 하는지, 특정한 사이드 프로젝트를 맡아야 하는지 등 여러분이 맞닥뜨릴지도 모르는 모든 업무를 살펴볼 것이다. 여러분은 매일 **선택의 기로**에 서야 하지만, 모든 문제를 다 다룰 수는 없다. 그렇다면 어떤 문제를 다루어야 할지 신중하게 선택하는 것이 중요하다.

물론 우리는 이미 앞부분에서 기회비용을 따져서 기업에 중요한 업무만 담당하는 것에 대해서 살펴보았다. 그러나 4장에서는 여러분 자신에게 중요한 사항을 한 가지 더 추가하고자 한다. 여러분의 성장을 돕고 명성과 행복감을 채워주는 프로젝트를 선택하라는 것이다. 이는 단기적인 관점에서는 약간 이기적인 것처럼 느껴질 수도 있겠지만, 사실 여러분의 **욕구**를 충족하는 것은 정말 중요하고 동기를 유발할 수 있는 좋은 행위다.

여러분의 시간은 유한한 자원이다. 모든 사람에게는 매주 168시간이 정확하게 주어진다. 무슨 수를 써도 평생 매주 그 이상의 시간을 얻을 수는 없다. 4장에서는 이 당연한 명제를 기반으로 여러분이 관리해야 할 **다섯 가지 자원**, 즉 '에너지', '삶의 질', '신뢰성', '사회 자본', 그리고 '스킬'이라는 자원들을 각각 살펴볼 것이다. 이 다섯 가지 자원은 여러분의 경력 위치, 최근에 이루어낸 성공 수준, 그리고 여러분의 삶에서 어떤 일이 일어나고 있는지에 따라서 매 순간 그 중요도가 달라진다. 그리고 새로운 프로젝트가 기존 프로젝트에 어떤 영향을 미칠 수 있는지도 알아본 후에 여러분에게 적합한 프로젝트 참여 '형태'를 의도적으로 선택하는 방법에 대해서도 알아볼 것이다.

4장의 마무리 부분에서는 여러분이 고려해볼 만한 몇 가지 업무 예시를 통해서 기업과 여러분에게 해당 업무의 가치를 따져볼 것이다. 긍정적인 것들을 확산시키거나 부정적인 것들을 줄이는 방법, 아니면 그냥 "아니요."라고 말해서 그것들을 하지 않기로 하는 방법들까지 다양하게 살펴볼 것이다.

업무는 산더미처럼 많지만, 사람은 여러분 한 명뿐이다. 자, 그렇다면 먼저 여러분의 일주일을 살펴보자.

4.2 시간 측면 고려

업무 면에서 기업과 약속하는 모든 행위에는 기회비용이 수반된다. 한 가지 일을 하기로 선택하는 것은 암묵적으로 다른 일을 하지 않기로 선택하는 것이다. 예를 들어서 미팅 중에 5분을 투자해서 문서의 연결 오류 문제를 해결하는 경우, 이메일에 회신하는 일이나 물 한 잔 마시는 일은 포기해야 한다. 또한, 앞으로 2년 동안 영향력이 큰 특정 프로젝트[1]에 참여하기로 동의한다면 다른 프로젝트에 참여할 수 없다. 규모와 관계없이 이처럼 모든 결정에는 **기회비용**이 든다.

4.2.1 한정된 업무 시간

필자는 본인의 가용 시간을 낙관적으로 생각하는 경향이 있다. 솔직하게 말하자면 사실 지나칠

---

1 4장에서 필자는 '프로젝트'라는 용어를 매우 포괄적인 의미로 사용할 것이다. 여기서 프로젝트는 동료의 질문에 대답하는 사소한 것부터 수년 정도는 지속될 거대한 조직 간 노력에 이르기까지 어떤 업무의 주도권이나 독립적인 작업을 의미한다.

정도로 낙관적인 편이다. 이미 중요하고 흥미로운 업무가 있는데도 누군가가 어떤 업무를 요청하면 항상 기본적으로 "그렇게 하겠습니다. 어떻게든 맞추어볼게요."라고 말한다. 그래서 필자 스스로 본인에게 이러한 경향이 있다는 것을 인식하고 나서는 시간이 유한하다는 것을 늘 명심하기 위해서 부단히 노력해야 했다.

일정 관리를 위한 **업무 달력**에는 대부분 미팅 일정만을 기록하는 경우가 많다. 집중력을 요하는 업무를 하려고 할 때, 달력에 표시된 일정은 해당 업무 자체가 아니라 그것을 **방해**하는 일들만을 보여준다. 리더십 개발 및 경영진 코칭 기업인 콘피댄티스트Confidantist 의 파비아나 타시니 Fabianna Tassini 전무는 필자에게 본인의 업무량을 관리하는 데 도움이 되는 최고의 조언을 해주었다. 바로 "미팅이 아닌 업무도 모두 달력에 일정으로 표시하라."는 조언이었다. 이것은 단지 다른 사람이 여러분의 업무 달력을 보고 미팅 일정을 설정할 수 있도록 '가능한 시간대'만 보여주는 것이 아니라, 여러분 자신에게 구체적이고 의도적인 항목까지 업무 달력에 포함하는 것이다.[2] 특히 이것은 어떤 업무가 언제 끝날지를 **시각화**하는 강력한 방법이라 할 수 있다. [그림 4-1]을 살펴보자.

여러분 본인의 업무 시간까지 업무 달력에 표기하면 그 업무를 실제로 할 시간이 있는지를 쉽게 파악할 수 있다. 또한, 이 행위는 여러분이 그동안 업무 시간을 어떻게 계획했는지 현실을 직시하도록 만들어준다. 그리고 '내가 이 일을 시작하면, 하지 않게 되는 일은 무엇일까?'라고 자문하게 만들어서 기회비용을 고려하도록 도와준다. 누군가가 여러분에게 20페이지 분량의 문서를 검토해달라고 요청했을 때, 이런 달력이 있다면 검토할 수 있는지를 바로 확인해서 빠르고 솔직하게 답변할 수 있다. 만약 요청받은 검토 업무가 원래 여러분이 하기로 했던 업무보다 더 중요한 업무라면 달력의 일정을 조정해서 검토할 시간을 만들면 된다. 나중에 동일한 업무 일정을 여러 번 변경한 것을 발견하면 업무별 중요도를 한눈에 알 수 있다. 달력을 살펴보았을 때 여러분이 기피하는 업무가 있거나 정말 중요하지 않은 업무가 있다면 그 업무는 이제 그만해도 좋다.

---

2 필자가 이 글을 쓰는 동안, 필자의 업무 달력에는 다가오는 올핸즈 미팅을 위한 슬라이드 만들기, 다음 주 월요일에 논의할 디자인 사항 파악하기, 길고 미묘한 슬랙 문서를 모두 검토하기, 그리고 필자의 집 지붕이 새는 것을 고쳐줄 수리공에게 문자 보내기 등의 일정이 포함되어 있었다. 과거의 필자였다면 미팅 전후로 이러한 업무들을 머릿속으로 떠올리는 데만 집중했을 것이다. 그러나 사실 이 업무들은 모두 필자가 이번 주에 해야 할 대부분의 미팅보다 더 중요하다.

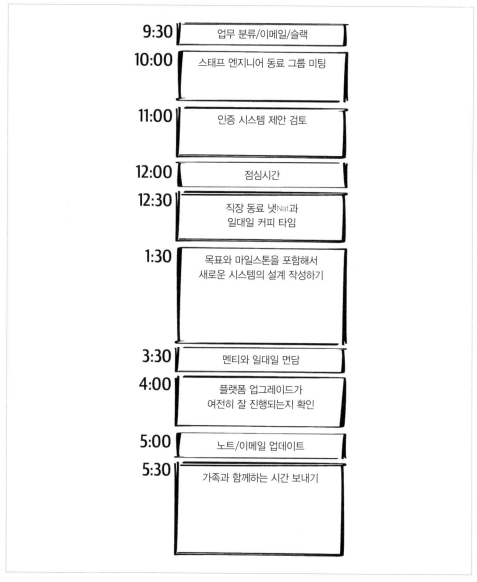

9:30	업무 분류/이메일/슬랙
10:00	스태프 엔지니어 동료 그룹 미팅
11:00	인증 시스템 제안 검토
12:00	점심시간
12:30	직장 동료 낫Nat과 일대일 커피 타임
1:30	목표와 마일스톤을 포함해서 새로운 시스템의 설계 작성하기
3:30	멘티와 일대일 면담
4:00	플랫폼 업그레이드가 여전히 잘 진행되는지 확인
5:00	노트/이메일 업데이트
5:30	가족과 함께하는 시간 보내기

그림 4-1 필자의 일과를 표기한 업무 달력. 해당 달력은 미팅과 업무 집중 시간을 모두 표기해서 관련 사항을 한눈에 알아볼 수 있도록 했다.

다만 달력은 며칠 또는 몇 주 동안의 일정을 파악하기에는 좋지만, 장기적인 관점에서 보려면 더 빅 픽처 관점이 필요하다. [그림 4-2]는 **시간 그래프**라고 부르는 것으로, 프로젝트가 시작되기 한 달 또는 한 분기 전의 구상을 대략적으로 보여준다. 필자는 기업에서 일할 때 필요한 올핸즈 미팅, 성과 검토 등의 활동을 위해 일부 시간을 달력에서 빼놓았다. 물론 기업에 따라서 더 많거나 적은 시간을 할애해야 할 수도 있지만, 아마도 여러분은 이미 여러분의 업무 시간 중에서 일부를 여기에 사용하고 있을 것이다.

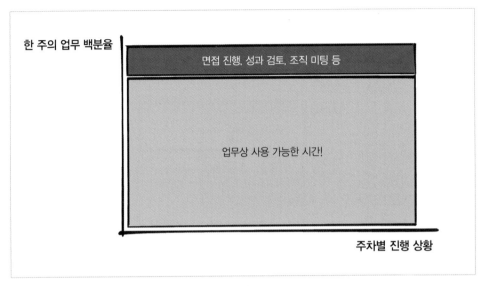

그림 4-2 한정된 업무 시간을 시각화해서 보여주는 시간 그래프

나머지 시간 그래프는 프로젝트 업무, 장기 계획 수립, 코드 및 문서 검토, 관계 구축, 기업과 업계에서 일어나는 일에 대한 최신 정보 파악, 멘토링, 코칭, 올바른 방향으로 프로젝트를 수행하는 방법 및 새로운 기술 학습에 사용할 수 있는 시간 등을 보여준다. 그리고 점심시간까지 포함되어 있다. 여러분은 새로운 업무를 맡을 때마다 이를 시간 그래프에 **블록** 형태로 추가하면 된다. 업무의 중요도에 따라 큰 블록을 추가할 수도 있고, 아주 작은 블록을 추가할 수도 있다. 다만 어느 쪽이든 그 블록들이 여러분의 일주일에서 어느 정도의 공간을 차지한다는 것은 분명하다.

4.2.2 일정 구성 방법

통상적인 업무와는 달리 리더십 관련 업무량은 예측하기가 어렵다. 위기나 운영 중단 또는 갑작스러운 시작 등으로 인해 업무량이 급증하거나 급감할 수 있다. 또한, 프로젝트에 예상보다 큰 도움이 필요하다면 많은 시간을 할애해야 할 수도 있다. 따라서 일정을 구성할 때는 항상 업무량의 **변동성**을 최대한 감안해야 한다.

사용 가능한 시간의 100%를 할당했는데 예상치 못한 일이 발생한다면 다른 업무를 취소하거나 야근해야 할 수도 있다. 특히 이럴 때는 시간에 구애받지 않는 업무들은 일정에서 삭제하는 것이 쉬울 수도 있다. 하지만 만약 여러분의 일정을 중요한 것들로만 채운다면, 한계에 다다랐을 때 정말 중요한 업무를 취소하게 될 것이다. 혹은 여러분이 다른 업무를 취소하지 않고 모든 업무를 다 하기로 결정한다면, 곧 스트레스와 피로로 인해 불가피하게 여러분 삶의 다른 부분까지도 부정적인 영향을 받을 것이다.

그러므로 일정을 구성할 때는 평균적으로 일주일에 몇 시간 정도를 일할 것인지, 몇 시까지 일할 것인지, 그리고 어느 시점에서 과다한 업무량을 감당하지 못하고 넘어지게 될지를 생각해두어야 한다. 필자는 일정 계획과 관련해 여러 형태의 사람들이 있다는 것을 [그림 4-3]을 통해서 여러분에게 보여주고자 한다. 계획된 일정을 잘 수행하다가 갑자기 몇 시간을 더 투자해야 할 위기나 기회를 만났을 때 A처럼 더 침착해지는 사람들이 있다. 아니면 C처럼 항상 본인의 최대 허용치만큼 일하면서 늘 스트레스를 받는 사람들도 있다. 가장 좋은 방법은 가능하면 **여유 시간**을 조금이라도 남겨두는 것이다.

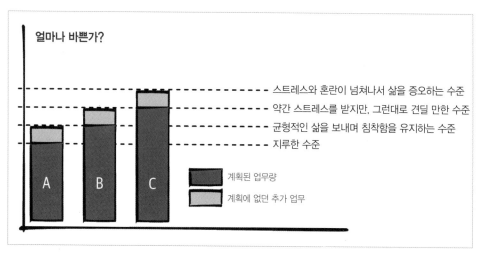

그림 4-3 여러분의 업무 일정은 본인의 역량에 비해서 얼마나 꽉 찼는가? 추가 업무가 생기면 넘어지거나 좌절하지 않고 주요 업무를 잘 처리할 수 있는가?

4.2.3 PROJECTQUEUE.POP( )?

여러분은 이미 업무 수행 시 무엇이 중요한지에 대한 관점을 보여주는 **위치 인식 지도**와 성취하고자 하는 목표를 표시해놓은 **보물 지도**를 가지고 있다. 그렇다면 이러한 정보를 사용해서 여러분이 담당하는 프로젝트의 **중요성**을 평가할 수 있어야 한다. [그림 4-4]처럼 가능한 프로젝트를 정렬하고, 각 엔지니어가 우선순위 큐priority queue의 맨 위에서부터 다음 항목의 업무를 순서대로 맡도록 할 수 있는지 생각해보자.

완전히 우선순위 순서대로 수행할 수 있는 업무

- 스토리지 레이어를 교체하는 프로젝트 이끌기
- 프론트엔드 전략 작성
- 새로 입사한 데이터 엔지니어 멘토링
- 사용자 플랫폼을 위한 API 설계
- 직장 동료 아담Adam에게 미아Mia 소개하기
- 데이터 정보 보호 훈련
- 새로운 기능 수행

그림 4-4 우선순위별로 정렬된 업무 목록 예시. 만약 자기소개를 하는 5분이라는 시간이 이 모든 프로젝트를 조금씩 뒤로 밀리게 한다면, 사람들은 이런 시간 낭비를 피하고자 한동안 아예 서로 만나지 않을지도 모른다.

사실 이 목록은 잘 정리된 업무 목록이라 말하기는 어렵다. 이 목록은 중요도 기준으로 크고 작은 업무가 혼합되어 있으며, 심지어 일부 프로젝트는 다른 엔지니어에게 더 적합하다. 그래도 중요한 것은 여러분에게 중요한 업무와 적합한 업무를 구분해서 균형 있게 업무를 선택해야 한다는 것이다.

이후의 내용에서는 특정 프로젝트가 여러분의 욕구에 얼마나 적합한지 평가하는 방법에 관해서 설명할 것이다. 읽다 보면 약간 이기적이라고 느껴질 수도 있다. 그래도 이런 등급 측정 기준을 독립적인 것으로 생각해서는 안 된다. 여러분이 하고 싶은 프로젝트를 찾았다면, 필자는 여러분이 이미 그 프로젝트가 여러분의 조직의 요구와 문화에 맞는 중요하고 유용하며 시기적절하게 달성할 수 있는 프로젝트라고 평가했다고 가정할 것이다.

여러분은 기업이나 조직이라는 기계에서 언제든지 교체 가능한 부품이 아니다. 여러분의 욕구를 충족하면서도 팀의 일원이 되는 것이 중요하다. 만약 여러분이 프로젝트를 수행하면서 건강과 행복을 유지하고 스킬을 쌓을 수 있는 방법을 찾는다면 업무를 더 잘 수행할 수 있을 것이며, 기업 역시 여러분과 지속적인 관계를 유지하는 것이 훨씬 수월해질 것이다. 모두가 이기는 윈윈 게임이다. 이제 여러분의 욕구와 필요성에 관해서 이야기해보자.

4.3 자원 제약 고려

만약 여러분이 비디오 게임인 〈심즈The Sims〉를 플레이해본 적이 있다면, 조그마한 심(사람)들이 저마다 본인의 편안함, 에너지, 사회생활 수준 등을 보여주는 대시보드(그림 4-5 참조)를 가지고 있다는 것을 기억할 것이다. 소위 **욕구판**needs panel이라 부르는 것인데, 다양한 상황에서 그 수치가 증가하거나 감소한다. 게임을 재미있고 원활하게 플레이하려면 심의 '건강'을 유지하고, '재미' 수준을 높이는 활동을 제공하며, '에너지'를 유지할 수 있도록 충분한 수면 등을 제공해야 한다. 만약 잘못해서 욕구 중 하나가 빨간색으로 변하면 심은 일단 기분이 안 좋아진다. 더 심해지면 아예 특정 활동들을 할 수 없으며, 심지어 심들이 이득을 볼 수 있는 활동조차 할 수 없게 된다.

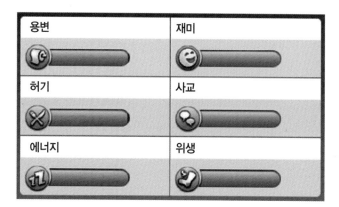

그림 4-5 일렉트로닉 아츠EA, Electronic Arts가 저작권을 보유 중인 〈심즈 4〉의 욕구판[3]

---

3 게임 뉴스와 리뷰 제공 기업인 IGN 웹사이트에서 발췌, *https://www.ign.com*

4.3.1 프로젝트 자원

물론 여러분은 게임 속의 가상 인간이 아니라 진짜 인간이다.[4] 하지만 〈심즈〉처럼 현재 여러분이 가진 다양한 욕구를 보여주는 작은 대시보드(그림 4-6 참조)를 상상해볼 수는 있다. 이 대시보드가 에너지, 신뢰성, 삶의 질, 스킬, 사회 자본의 다섯 가지 자원을 포함한다고 가정해보자.[5]

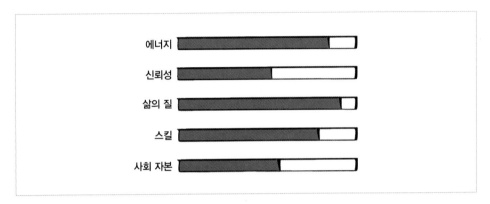

그림 4-6 특정 프로젝트에 대한 여러분의 욕구판 예시

각각의 욕구를 살펴보고, 무엇이 이 항목들을 증가시키거나 감소시키는지 살펴보자.

에너지

여러분은 모두 각자가 원하는 방식으로 자유시간을 보낼 수 있다. 다만 그 방식은 여러분이 얼마나 많은 **에너지**를 가졌는지에 따라서 상황별로 다르다. 필자의 가족이 소위 '**스마트 두뇌**smart brain'라고 지칭하는 개념이 있다. 스마트 두뇌란 한 업무에 집중해서 유용한 무언가를 할 수 있는 에너지를 의미한다. 사실 스마트 두뇌의 에너지는 쉽게 고갈된다. 일단 스마트 두뇌가 사라지면, 유용한 것을 하기 위해서는 거의 투쟁 수준으로 나 자신과의 싸움을 벌여야 한다. 때로 필자는 긴 미팅을 마치고 나면 문서를 읽을 수 있는 자유 시간이 생겨도 뇌가 흐리멍덩해져서 읽기가 어렵다. 즉, 단어를 분석할 수는 있어도 이를 정보화하거나 행간에 숨은 뉘앙스를 해석할 수 있는 에너지가 없다. 이럴 때면 트위터를 읽지 않고 문서 읽기 탭에 머무르는 것만 해도

---

4   만약 여러분이 정교한 인공지능일지라도 필자는 여전히 여러분을 환영한다. 이 책을 선택해주어서 고맙다.

5   이러한 범주는 포괄적인 범주는 아니어도 프로젝트와 여러분을 보다 정확하게 파악하는 데 유용한 모델이다. 대시보드에 무엇을 더 추가할 것인지는 스스로 고민해보아라.

평소보다 다섯 배에 달하는 의지력을 소비해야 한다. 당연히 글을 쓰기도 어렵다. 생각을 정리할 수 없기 때문이다. 심지어는 이메일에 답장하는 것조차도 불가능하다. 결국 누구나 어떤 업무를 시작하려면 에너지가 **어느 정도**는 있어야 한다.

에너지를 얻거나 빼앗기는 행위는 저마다 다르다. 필자는 일대일 면담을 한 번이라도 하고 나면 상당히 지치는 편이다. 반면에 어떤 사람들은 그 면담을 통해서 한층 더 성장하고 에너지를 얻는다. 또한, 한 번 시작하면 웬만해서는 계속 코딩 작업을 하거나 글을 쓸 수 있지만, 한 시간 정도 문서를 읽거나 디버깅하고 나면 뇌가 흐리멍덩해지고 눈앞이 흐려진다. 여러분도 본인의 특성을 스스로 잘 파악해야 한다. 여러분의 에너지를 많이 소비하게 만드는 업무와 여러분의 스마트 두뇌를 유지할 수 있도록 돕는 업무가 무엇인지를 잘 구분해서 파악해두어라.

한편으로, 여러분의 에너지는 **업무 이외의 요소**에도 영향을 받는다. 육아 중인데 아기가 새벽에 잘 깨고 쉽게 잠들지 않는다면 당연히 여러분은 에너지가 부족한 채로 하루를 시작할 것이다. 만약 새로운 집으로 이사하거나, 질병을 치료하고 있거나, 지속해서 스트레스를 받는 상황에 처해 있다면, 에너지에 큰 타격이 있을 것이다.[6] 극소수의 사람만이 본인의 에너지를 독립적으로 관리할 수 있다. 직장에 가면 여러분은 여전히 그대로의 여러분일 뿐이다.

삶의 질

스태프 엔지니어는 적어도 기술 분야에서만큼은 본인이 하고 싶은 일은 선택할 수 있는 매우 특권적인 지위를 누릴 수 있다. 물론 그 업무는 상당히 힘들 수도 있지만, 대부분 지적으로 자극을 주는 일이고, 보수가 좋은 편이며, 웬만해서는 위험하지도 않다. 즉, 우리는 매우 운이 좋다. 다만 때로는 여러분이 하는 업무가 여러분을 매우 **불행**하게 만들 수도 있다. 심지어 때로는 여러분이 원하지 않는 일을 계속해야 할 수도 있다. 왜냐하면 여러분이 원하는 목표나 미래의 **행복**한 삶에 도달하려면 꼭 겪어야 할 중간 프로세스도 당연히 있기 때문이다(자세한 내용은 9장 참조). 그래도 우리는 삶의 많은 부분을 직장에서 보내기에 당연히 직장에 대해 생각할 때는 기분 좋게 생각하고 싶을 것이다.

만약 여러분이 본인의 업무와 직장 동료들을 마음에 들어 한다면, 이는 여러분의 **삶의 질**을 크게 높여줄 것이다. 반면에 여러분이 본인의 업무를 지루해하거나 마음에 들지 않는 직장 동료

---

6 이 글을 쓰는 시점을 기준으로 전 세계는 코로나 3년 차에 접어들었다. 필자는 아직까지도 본인이 가질 수 있는 최대치의 에너지를 가진 사람을 만나지 못했다.

들과 함께 일한다면, 여러분의 직업은 행복을 조금씩 앗아갈 것이다. 또한, 여러분의 삶의 질은 다른 자원들에도 영향을 받는다. 만약 특정 프로젝트가 여러분의 에너지를 상당 부분 소비해버린다면, 당연히 다른 것들은 즐겁지 않을 것이다. 반대로 그 프로젝트가 여러분의 역량을 향상시켜주고 다른 사람들의 존경심을 이끌어낸다면, 이는 여러분에게 에너지를 주고 기쁘게 만들 것이다. 또한, 여러분이 걷는 여정을 스스로 신뢰하는지도 삶의 질에 영향을 끼친다. 여러분이 세상에 해를 끼치고 있다고 느끼는 일을 한다면, 정말 흥미로운 기술을 배우고 좋은 동료와 함께한다고 할지라도 그것이 여러분의 불편함을 해결해주지는 못할 수도 있다. 한편으로 돈은 여러분의 삶의 질을 넘어서 여러분이 부양하는 가족의 삶에도 엄청난 영향을 미칠 수 있다. 어떤 사람은 필자에게 "대기업에서 일하고 많은 돈을 번다 해도 그것이 나를 개인적으로 더 행복하게 만들지는 않아. 그러나 그 돈이 내 어머니의 간병비로 쓰인다면 내 개인적인 행복보다 더 중요한 것을 채우는 거지."라는 말을 들려주었다.

신뢰성

스태프 엔지니어라면 더 상위 수준의 문제를 다루어야 할 상황을 자주 맞이할 수 있고, 기술력 덕분에 '참호'[7]에 빠지는 상황을 덜 맞이할 수 있다. 이것이 본질적으로 나쁜 것은 아니다. 모두가 해결할 수 있는 쉬운 일이 있다. 그러나 여러분이 이런 낮은 수준의 기술적 문제를 완전히 놓아버린다면 다른 엔지니어들은 여러분이 그 기술적 문제와는 단절되어 있다고 생각해서 여러분의 기술적 판단을 불신할 수도 있다. 심지어 어떤 경우에는 정말로 그들이 옳을 수도 있다! 즉, 무엇이 가능한지, 그리고 무엇이 좋은 관행인지에 대한 여러분의 이해도는 한순간 소홀하면 시대에 뒤떨어질 수 있기에 항상 유념하고 노력해야 한다.

어려운 문제를 해결하고, 눈에 띄게 유능하며(7장 참조), 지속해서 훌륭한 기술적 판단력을 보여준다면 여러 직원들의 신뢰를 얻을 수 있다. 필자는 트위터에서 스태프 엔지니어가 신뢰성을 잃는 원인이 무엇인지에 관해서 사람들에게 직접 물어본 적이 있다.[8] 많이 나온 답변 중 하나는 스태프 엔지니어가 특정 기술의 팬이라 그 기술을 무작정 옹호했을 때 사람들이 스태프 엔지니어의 말을 신뢰하지 않게 되는 소위 '절대주의'였다.

신뢰성은 **리더로서의 능력**으로도 확장된다. 만약 여러분이 심지어 짜증 나는 사람들에게도 예

---

7 옮긴이_ 업무 면에서 '참호'라는 표현은 소위 '진흙탕 속에 빠져서 허우적대는 것처럼 매우 힘든 업무나 상황'을 의미한다.
8 스태프 엔지니어의 신뢰성에 관한 필자의 설문 트윗. *https://oreil.ly/BzVVW*

의 바르고, 명확하게 의사소통하며, 스트레스를 받는 상황에서도 침착성을 유지한다면 다른 사람들은 여러분이 진정한 '**어른**'이라고 믿게 된다. 만약 무례하거나 매우 심하게 흥분하며, 읽기조차 어려운 전문용어로 가득 찬 이메일을 보내거나, 여러분 본인만 알아들을 수 있는 횡설수설한 질문을 하면서 올핸즈 미팅을 지연하면 당연히 반대의 효과가 나타난다.[9] 여러분이 혼란스러운 상황에서 책임을 진다는 것은 전문가로서 신뢰를 쌓고 그 상황을 모든 사람이 이해하기 쉬운 상황으로 정리할 기회를 얻는 것이다. 만약 여러분 본인이 오히려 혼란의 원인으로 지목되거나 프로젝트가 잘못되었을 때 실패를 잘 처리하지 못하면 사람들의 신뢰를 잃게 된다.

게다가 신뢰성은 일종의 진입 장벽을 지닌 또 다른 자원이다. 누군가가 여러분이 성공할 수 있다고 믿지 않는다면, 여러분은 어려운 프로젝트를 수행하기는커녕 기회조차 얻지 못한다. 만약 다른 사람들이 여러분이 어떤 업무를 하는지 잘 알고 있다면, 여러분이 변화를 제안할 때마다 더 환영해줄 것이다.[10] 신뢰성에 관해서 소프트웨어 엑소시스트인 카를라 가이저Carla Geisser는 본인의 칼럼[11]에서 "해결할 수 없어 보이는 거대한 문제라 해도, 여러분이 그 일을 해낼 수 있다는 것을 보여준다면 그 뒤로는 모든 것이 쉬워질 것이다."라고 말했다.

스태프 플러스 엔지니어 이상의 직급은 빅 픽처 관점에서 문제를 보는 것과 실용적인 현장 해결책을 받아들이는 것 사이에서 **균형**을 유지해야 할 경우를 자주 마주한다. 만약 다른 엔지니어들이 스태프 엔지니어들이 소위 '본인들과는 격리된 상아탑에서 고고하게 일하며 다른 이들은 가치가 없다고 느끼는 일을 옹호하는 직책'이라고만 생각한다면, 그들에게 여러분의 '신뢰성 점수'를 파악해서 여러분이 본인의 업무를 명확하게 알고 있다는 것을 입증하는 것이 훨씬 더 중요하다. 빅 픽처 관점과 사업적인 요구를 무시하면 리더십에 대한 신뢰를 잃는다.

사회 자본

신뢰성이 다른 사람들이 여러분이 모든 것을 잘 해낼 수 있다고 믿는지를 알려주는 지표라면, **사회 자본**은 다른 사람들이 여러분을 도울지를 결정하는 데 작용하는 지표다.[12] 이 용어는 사람

---

9 이런 세 종류의 행동을 하는 사람은 실은 모든 조직에 존재한다. 즉, 일종의 '범우주적인 현상'일 가능성이 크다.

10 1장에서도 말했던 것처럼 인간은 어떤 사람을 처음으로 만나면 무의식적으로 선입견이나 편견을 갖는다. 타인의 능력에 대해서도 마찬가지다. 이런 무의식에 자리 잡은 편견은 여러분이 누군가를 얼마나 신뢰할 만한 사람인지를 판단할 때도 작용한다. 만약 여러분이 본인의 출신만으로도 다른 사람들에게 추가적인 신뢰를 얻는 혜택을 받았다면, 혜택을 받지 않은 다른 사람들을 위해서 여러분이 받은 혜택을 어떻게 사용할 수 있을지를 고민해보아라.

11 「참을성 없는 사람들에게 미치는 영향(Impact for the Impatient)」, *https://oreil.ly/MwJ5B*

12 만약 롤플레잉 게임(RPG, Role-Playing Game)을 즐기는 사람이라면, 신뢰성을 지혜 수치(WIS, wisdom), 사회 자본을 카리스마 수치(CHA, charisma)에 빗대어서 생각해보면 재미있을 것이다.

들 사이의 연결을 가리키는 용어로, 사회학에서 기원했다.[13] 그러나 이 용어를 현업에서 쓸 때는 보통 다음과 같이 해석한다. 만약 누군가가 자신을 도와달라며 여러분에게 불편한 행위를 해달라고 요청한다면, 과연 여러분은 하겠다고 대답할 것인가? 이는 아마도 다음의 사항들이 여러분에게 얼마나 영향을 끼치는지에 달려 있을 것이다. '도움을 요청한 사람들이 평소에 여러분을 많이 도와주는가, 아니면 그들은 계속해서 여러분에게 부탁만 하고 아무 대가도 지불하지 않는가?' 아니면 '지난번에 그들을 도와준 것을 후회하는가?' 등이다. 모든 사람은 각각 다른 사람들과 관계를 맺으며 자신만의 사회 자본 은행 계좌를 가지고 있다. 만약 누군가가 여러분과 신뢰 관계를 쌓았다면, 당연히 그들에게 호의를 베풀거나 그들이 어떤 일을 해도 크게 의심하지 않을 가능성이 더 높다. 결국 사회 자본은 신뢰, 우정, 그리고 누군가에게 은혜를 베풀었다거나 그들이 여러분에게 은혜를 입었다는 것을 기억할 것이라고 믿는 감정의 혼합이다.

이처럼 사회 자본은 관계성을 바탕으로 하기에 **시간이 지날수록 증가**한다. 특히 직장 생활을 하다 보면 모든 사람과 맺고 유지하는 사회 자본보다는 특정한 사람과 맺는 사회 자본의 필요성이 나날이 증가한다. 일반적으로는 여러분의 보고 체계에 있는 사람들과 좋은 관계를 유지하고 그들이 목표를 달성할 수 있도록 지원하는 식으로 그들과의 사회 자본을 쌓는 것이 좋다. 사업상 중요한 문제가 있는데 그들의 도움 요청을 거부하거나 중요한 프로젝트를 맡아서 완료하지 않는다면 호의를 잃는다. 그리고 만약 부탁은 자주 하되 보답은 절대 하지 않는다면 사람들은 이내 여러분을 돕지 않을 것이다.

사람들과 많은 시간을 보내고, 즐거운 대화를 나누며, 함께 일하고, 돕고, 사회 인맥을 쌓고, 서로를 지지할수록 사회 자본은 더 많이 쌓일 것이다. 또한, 프로젝트를 잘 완료하는 것도 사회 자본을 쌓는 행위다. 여러분이 기업의 성공을 견인했던 프로젝트를 작년에 수행했거나 모든 사람의 속도를 늦추던 설계상의 오류를 해결했다면, 다음번에 누군가에게 무언가를 요청할 때 훨씬 더 여유로운 조건에서 시작할 수 있다. 프랑스의 소설가인 알렉상드르 뒤마Alexandre Dumas의 "성공만큼 성공을 보장하는 것은 없다."[14]라는 말을 늘 명심하라.

그리고 일단 한 번이라도 사회 자본을 여러분의 계좌에 예치하면 이를 계획적으로 사용하자. 여러분의 명성이 높을 때는 다른 사람들이 쉽사리 믿기 어려운 계획이라 해도 단지 여러분의

---

13 용어를 더 자세하게 알고 싶다면 제인 제이콥스(Jane Jacobs)의 설명(*https://oreil.ly/aGbzy*)과 피에르 부르디외(Pierre Bourdieu)의 설명(*https://oreil.ly/q0a1K*)을 추천한다.

14 실제로 그는 프랑스어로 "Rien ne réussit comme le succès."이라고 했다. 같은 말이다.

신뢰성(또는 여러분을 행복하게 해주고자 하는 그들의 열망)만으로도 수월하게 시작할 수 있다. 그러니 여러분이 보유한 사회 자본을 무작정 쓰지 말고 **현명하게 투자**하자. '부당한 요청 하나' 에 사회 자본을 낭비하면 그 자본을 다시는 돌려받을 수 없다.

스킬

스킬 자원은 대개 천천히 감소하는 편이라 다른 자원과는 작동 방식이 조금 다르다. 즉, 스킬 자원의 감소라는 표현이 여러분이 알던 지식이나 스킬을 까먹었다는 것을 의미하지는 않는다 (물론 여러분이 오랫동안 사용하지 않은 스킬이라면 당연히 까먹을 것이다). 스킬 자원의 감소는 정확하게는 모든 기술은 서서히 현실과 관련성이 떨어져서 결국에는 구식이 된다는 것을 의미한다. 산업은 항상 빠르게 발전한다. 아무것도 가르쳐 주지 않는 프로젝트(또는 원하는 프로젝트나 역할과 관련이 없는 프로젝트)를 맡으면 스킬의 감소가 매우 빠르게 진행될 것이다.

여러분은 경력을 쌓으면서 다음의 세 가지 방식으로 여러분의 스킬 역량을 향상시킬 수 있다.

첫 번째는 **의도적으로 무언가를 배우는 것**이다. 수업을 듣거나, 책을 사서 읽거나, 토이 프로젝트 toy project 를 열심히 한다. 물론 이런 종류의 구조화된 학습은 종종 직장에서도 시도할 수 있다. 그러나 그럴 경우 여러분은 여기에 투자하기 위한 시간을 찾는 데도 시간을 쓰게 될 것이다. 그리고 그것이 여러분의 자유 시간을 빼앗을 것이다.

두 번째 방법은 **숙련된 사람과 긴밀하게 협력하는 것**이다. 슈퍼스타들이 모인 팀에서 가장 초보자 위치에 놓이면 평범한 팀에서 최고의 사람이 되는 것보다 더 많은 것을 배울 수 있다. 용의 꼬리와 뱀의 머리 중에서 용의 꼬리가 되는 것이 좋을 때도 있는 법이다. 위대한 사람들과 함께 일한다면 여러분도 자연스럽게 위대한 사람이 될 수 있다.

세 번째 방법이자 필자가 생각하기에 가장 일반적인 방법은, **일하면서 배우는 것**이다. 사람은 시간을 투자할수록 해당 분야를 더 잘 알고 더 잘하게 된다. 숙달하고 싶은 스킬을 연습하는 가장 쉬운 방법은 그 스킬이 필요한 프로젝트를 맡는 것이다.

물론 프로젝트와 역할을 얻어내는 데는 가끔 한계가 있다. 해당 프로젝트에 적합한 스킬을 가지고 있지 않다면 그 프로젝트를 맡을 기회가 거의 없다. 그래서 여러분이 어떤 업무를 맡는다면 관련 스킬은 매일 향상되겠지만, 이 외의 스킬은 점점 줄어들 것이다.

4.3.2 E + 2S + ⋯?

여러분이 프로젝트를 맡는 것을 고려할 때 그 프로젝트가 기업에 중요한지 여부보다 더 중요하게 살펴야 할 것이 있다. 바로 여러분의 대시보드(욕구판)에도 주의를 기울이는 것이다. 시간 그래프를 어떻게 채워야 할지 고민할 때는 새로운 프로젝트, 업무 또는 계획이 각 자원(에너지, 삶의 질, 신뢰성, 사회 자본 및 스킬)에 어떤 영향을 미칠지도 함께 고려해야 한다(그림 4-7 참조).

안타깝게도, 이를 일종의 공식으로 만들기는 어렵다. 여러분은 저마다 본인의 현재 수준과 원하는 것에 따라서 각각 다른 자원에 집중할 것이라 모든 상황을 상정하기는 어렵기 때문이다. 그래도 이 자원들을 모두 **최소 수준**이라도 유지하지 않으면 일부 프로젝트에는 아예 접근조차 할 수 없게 된다. 인생의 다른 목표들도 똑같다.

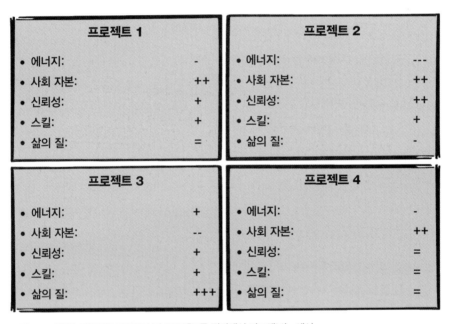

그림 4-7 자원별 영향력을 기준으로 각 프로젝트를 정리해서 비교해보는 예시

여러분이 맡은 모든 프로젝트와 작업이 이상적이어야 한다거나 여러분에게 반드시 좋아야 할 필요는 없다. 때로는 특정한 면에서 좋은 선택이라는 이유만으로 다른 면에서 볼 때는 말도 안 되는 프로젝트를 선택할 수도 있다. 특히 팀이 위기를 극복하도록 돕는 것은 중요한 업무이므로, 아마도 여러분은 본인이 선호하는 것보다 더 긴 시간 동안 일하게 될 것이다. 아니면 여러

분의 담당 프로젝트는 아니지만, 상사에게는 가장 중요한 프로젝트를 진행해야 할 때도 있다. 이럴 때는 나중에 시간을 내서 여러분의 아이디어를 깊이 고민해볼 시간을 가질 수 있으리라고 스스로 위로할 수도 있다. 때로는 아무리 객관적으로 생각해보아도 끔찍한 수준인 프로젝트를 수행해야 할 수도 있다. 어쨌든 간에 여러분이 어떤 프로젝트를 수행한다면 그 프로젝트를 해야 할 이유가 있기 때문이다. 하지만 장기적인 관점에서 여러분의 욕구가 충족되는지는 반드시 확인해야 한다.

4.3.3 빈 패킹 문제 적용

모든 프로젝트를 블록화해보면 저마다 다양한 모양과 크기를 가졌으므로 시간 그래프를 효율적으로 채우기가 쉽지 않다. [그림 4-8]은 시간 그래프를 채우는 것이 얼마나 복잡한 일인지를 보여준다. 특정한 '프로젝트 시간 블록'을 추가하면 더 중요한 다른 블록을 넣을 수 있는 자리가 없어진다. 그리고 이와 동시에 모든 자원을 양호한 상태로 유지하려면 더 복잡해진다.

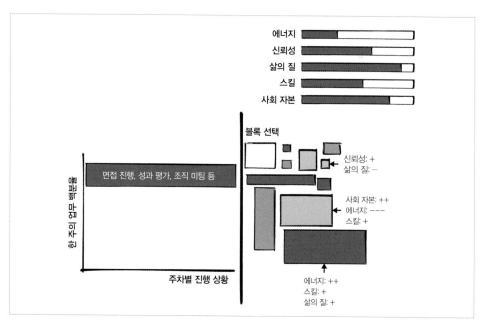

그림 4-8 본인의 모든 욕구를 고려하며 프로젝트를 선택하는 것은 마치 빈 패킹bin-packing 문제[15]를 푸는 것과 같다.

---

15 옮긴이_'빈'은 '큰 상자'를 의미한다. 즉, '빈 패킹 문제'는 '서로 다른 크기의 품목을 주어진 용량의 빈 또는 컨테이너에 포장하되, 사용되는 빈의 수는 최소화해야 하는 일종의 최적화 문제'를 의미한다.

[그림 4-8]의 프로세스는 다차원적인 수준의 빈 패킹 문제[16]다. 빈 패킹 문제는 난이도가 높은 문제이므로 이 중에서 한두 시간밖에 걸리지 않는 업무라면 너무 지나치게 깊이 생각하지 말자.[17] 즉, 여러분의 모든 프로젝트를 전부 시간 그래프에 넣을 필요는 없다. 하지만 프로젝트의 규모가 크면 클수록 무엇이 **적합**한지에 대해서 생각하는 데 더 많은 시간을 할애해야 한다.

4.4 적합한 프로젝트 선택

스태프 엔지니어들은 본인이 원한다면 매일 새로운 프로젝트와 과제들을 맡을 수 있다. 하지만 모든 업무에 대해 항상 "예!"만 외친다면 아무것도 완전히 끝낼 수 없다. 그렇다고 해서 모든 업무를 거부한다면 좋은 기회를 놓칠 뿐만 아니라 게으름뱅이로 비추어질 수도 있다. 여러분은 하루에 여러 규모의 업무를 수행할 수 있으며, 두 개 이상의 프로젝트를 동시에 수행해야 할 수도 있다. 그러면 업무가 얼마나 많아야 과중하다고 할 수 있는가? 그리고 적절한 프로젝트는 어떻게 선택해야 하는가? 이에 대해 다음 내용에서 다루고자 한다.

4.4.1 상황별 프로젝트 가치 평가

프로젝트에 참여하려면 다양한 형태의 기술이 필요하다. 그러나 여러분이 해당 프로젝트에서 어떤 업무를 담당해야 하는지 정확하게 판단할 수 있다면 업무를 제대로 계획하고 평가하기가 훨씬 쉬워진다.

프로젝트가 어디서부터 시작됐는지, 그리고 프로젝트의 특징들이 어떠한지 명확하게 파악할 수 있도록 다음의 다양한 상황들을 살펴보도록 하자.

프로젝트에 초대받아서 참여하는 상황

프로젝트에 리더 또는 다른 기여자가 필요한 상황이라 누군가가 여러분에게 이를 요청하는 경우다. 이 경우에는 해당 프로젝트가 이미 진행 중이고 어느 정도 추진되었을 가능성이 높으므

---

16 빈 패킹 문제의 개념. *https://oreil.ly/FOpGv*
17 필자는 이 부분을 글로 쓰기 위해 오랜 시간 동안 숙고했으니, 이것이야말로 아이러니한 일이다.

로, 프로젝트 시작을 위해 조직을 설득할 필요는 없을 것이다. 그리고 누군가가 여러분을 찾는 상황 자체가 여러분의 기분을 좋게 만들 것이다. 다만 이 프로젝트가 여러분이 가장 중요하다고 생각하는 업무가 아니거나 지금 당장 하고 싶은 업무가 아닐 수도 있다. 또한, 누군가가 여러분이 이 프로젝트에 잘 맞으리라고 생각했다는 사실은 뒤집어서 생각해보면 이 프로젝트가 여러분이 이전에 했던 일과 매우 비슷하다는 것을 의미할 수도 있다. 이런 프로젝트는 여러분에게 성장의 발판이 되지는 못할 것이다.

프로젝트 참여를 직접 요청해서 참여하는 상황

종종 여러분의 성장에 **좋은 기회**가 될 만한 프로젝트를 스스로 찾아낼 때가 있다. 원하는 스킬을 배울 수 있거나, 즐거운 동료들과 일하게 되거나 단순히 정말로 재미있을 것 같은 프로젝트가 있다면, 당연히 그 프로젝트에 참여하고 싶다고 요청할 수 있다. 그러나 대부분의 사람은 이렇게 물어보는 행위만으로도 이미 본인의 참여 의사를 보여준 것이라 여기고 정식으로 더 요청할 필요는 없다고 지레짐작하는 경우가 많다. 즉, 어떤 사람들은 참여 의사를 그저 암시만 하고 다른 사람이 초대하기를 기다리는 것을 선호한다. 그러나 만약 여러분이 예전에 비슷한 경험을 해본 적이 있다면 이 점을 꼭 알아두자. 아무리 여러분이 객관적으로 보았을 때 명백하게 해당 프로젝트에 가장 적합한 사람이라 해도, 이를 다른 사람이 눈치챌 때까지 막연히 기다리지는 말아야 한다. 여러분이 그 프로젝트를 맡을 수 있게 해달라고 명확하게 **요청**해야 한다.[18] 이렇게 명백하게 본인의 의사를 밝히는 행위는 오해의 소지를 차단하기에 모든 사람에게 좋고, 실제로 여러분이 그 프로젝트를 담당하게 될 확률도 더 높여준다.

새로운 프로젝트에 관한 아이디어가 있는 상황

때로 새로운 프로젝트에 도전할 수 있는 기회를 만날 때가 있다. 여러분이 스스로 주도권을 가지고 일하게 되면 특히 다른 사람들과 함께 일하기를 원할 때는 다른 사람들이 관심을 두도록

---

18 필자는 이미 2장에서 명백한 계층 구조를 지닌 조직(경직된 기업 문화)에 관해서 이야기했다. 이런 조직에서는 여러분의 차례가 되지도 않았는데 좋은 프로젝트를 달라고 상부에 요청하면 다른 사람이 눈살을 찌푸릴 것이다. 만약 여러분이 현재 그런 상황에 놓여 있다면, 이 조언이 과연 본인에게 정말로 도움이 되는지는 스스로 판단하라. 필자는 이 결정이 문화, 성 역할, 그리고 다른 요소들에 의해 영향을 받으리라는 것을 알고 있다. 질문 대 추측 문화를 더 알고 싶다면 알렉스 아이클러(Alex Eichler)의 기사 「'질문자' 대 '추측자'('Askers' vs. 'Guessers')」(https://oreil.ly/JVH8d)가 좋은 읽을거리가 될 것이다. 그래도 모든 것이 정말로 불가능하다고 여겨지는 조직이 아니라면 웬만하면 여러분이 원하는 프로젝트에 관심이 있다는 것을 최대한 적극적으로 표현하자. 프로젝트 리더를 찾는 사람이 여러분이 그 프로젝트에 관심이 있다는 것을 깨닫지 못한다면 찾는 사람과 여러분 둘 다 손해를 보는 것이다.

설득하는 논리와 이야기를 갖추어야 할 가능성이 높다. 만약 설계나 코딩 업무에 전념하고 싶은 사람이라면 이외의 다른 업무, 즉 새로운 프로젝트를 만들기 위해 조직 구조를 탐색하고, 인력을 확보하며, 사업 사례를 정당화하고, 결과를 보여주기 위한 업무에 좌절감을 느낄 수도 있다. 하지만 일단 프로젝트를 시작하면 어떤 식으로든지 여러분이 원하는 방식으로 프로젝트를 이끌 수 있기에 큰 영향을 미칠 수 있다는 사실을 명심해야 한다.

위기 발생 경보를 해결해야 하는 상황

프로젝트를 수행하다 보면 소위 위기 발생 경보가 울릴 때가 있다. 이런 경보는 프로젝트가 매우 지연되거나 엄청난 성능 저하 발생 또는 끔찍한 인시던트가 발생할 때 울린다. 이럴 때 여러분이 이 프로젝트를 다시 살려낼 수 있다. 다시 한번 말하지만, 누군가가 여러분을 필요로 한다는 것은 정말 기분 좋은 일이다. 그리고 위기를 해결하는 데 동참하는 것은 대개 여러분의 마음을 편안하게 해줄 것이다. 다만 이런 경우에 팀의 목표는 매우 명확한 합의에 기반한 계획보다는 행동을 우선시하는 경향이 있다. 그래서 이런 프로젝트는 여러분의 업무 일정에 갑작스러운 변화를 가져올 수 있다.

갑작스럽게 **위기 대응**이 필요한 상황이 발생하면 우선 급한 일부터 처리한 후에 진행 중이던 프로젝트 일정(그림 4-9 참조)으로 되돌아갈 수 있다. 이것은 중요한 **맥락 교환**context switch이다. 사실 이것은 심적으로 약간 거슬릴 수도 있고, 처리 후에 이전에 진행하던 프로젝트에 다시 집중하는 데 시간이 제법 걸릴 수도 있다. 하지만 도움을 주는 것은 항상 옳은 일이다.

다만 위기 대응 상황에 너무 자주 참여하면 자칫 스스로 성장의 기회를 찾기가 어려워질 수 있다. 또한, 위기 상황을 해결하는 데만 집중하다 보면 여러분만의 **업무 이야기**를 구성하기가 어려울 수 있다. [그림 4-9]는 위기 대응 상황과 관련해서 이를 도식화한 그림이다.

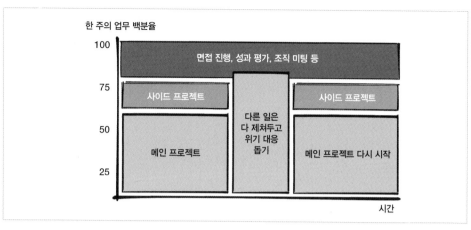

그림 4-9 위기 대응을 돕기 위해 불려 다니는 상황의 시간 그래프 예시

문제를 직접 제기하는 상황

다섯 번째 경우다. 투박한 API나 약간의 기술 부채로 인해서 시스템이 느려지면 여러분은 이 시스템을 유지하고 관리하기가 생각보다 어렵다는 점을 알게 된다. 즉, 문제를 발견한 것이다. 만약 여러분이 이미 진행 중인 모든 업무에 우선순위를 매겨놓은 상황이라면 이 새로운 수정 사항이 최우선 순위가 아님을 깨달을 수도 있다. 그러나 성가신 문제라서 더 이상 무시하기도 어려울 수 있다. 만약 그렇다면 **사이드 프로젝트**(그림 4-10 참조)를 통해서 해결해야 할 때가 된 것이다.

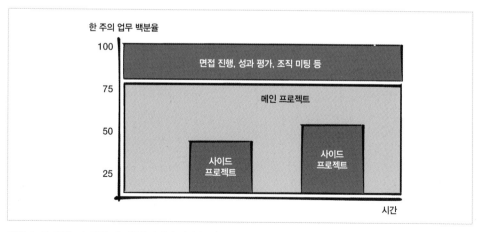

그림 4-10 사이드 프로젝트는 원래 맡아서 해야 할 메인 프로젝트의 시간을 많이 빼앗아 간다.

큰 규모의 업무를 진행하지 못하고 있다면, 작고 쉬운 문제부터 해결하는 것이 다시 **추진력**을 쌓기 위한 좋은 방법이 될 수 있다. 눈앞에 놓인 작고 쉬운 문제들을 하나씩 해결하다 보면 아마도 동료들로부터 많은 찬사, 그리고 신뢰와 사회 자본을 얻을 것이다. 물론 찬사를 받으면 기분도 좋아진다. 하지만 작고 쉬운 업무라 해도 이런 업무만 너무 많이 하면 정작 장기 프로젝트는 진행하지 못할 수도 있으니 유의하자.

사소한 프로젝트에 초대받아서 참여하는 상황

기업 전체의 테스트를 개선하는 작업 그룹과 같은 모호한 초대를 받았다고 가정해보자. 이러한 계획은 그 누구의 OKR에도 포함되지 않고, 아마 기업이 이미 투자한 프로젝트도 아닐 것이다. 결국 이 그룹에 참가하면 어떤 일이 일어날지 예측하기가 어렵다. 좋은 경우에는 흥미로운 사람들과 함께 일하는 소중한 경험을 얻고, 기업에 긍정적인 영향을 크게 미칠 수도 있다. 그러나 반대로 최악의 경우에는 **엄청난** 시간 낭비가 될 수도 있다. 이처럼 프로젝트가 어떤 방향으로 가는지 알기 어려울 때는 항상 조심해야 한다. 그래도 이런 그룹은 조직의 참여, 명확한 시간 엄수, 프로젝트 종료 기준 및 정확한 의사결정 프로세스가 있다면 효과적으로 성과를 낼 수 있다. 반면에 근본적인 문제를 해결할 권한은 없으면서 말하는 것만 좋아하는 사람들이 몰려 있는 그룹은 피하자. 이런 그룹은 업무 진행과는 하등 관련 없는 단지 **사교 모임**일 뿐이다.

누군가가 반드시 해야 할 일이 있는 상황

특정 팀이나 직원에게 속한 업무는 아니지만, 누군가는 반드시 담당해야 할 업무가 있다. 이때 여러분은 공평하게 이 업무를 맡아서 해야 한다. 이 업무는 미팅 결과로 도출한 실행 안건일 수도 있고, 다른 팀이 부탁한 예상치 못한 요청일 수도 있으며, 아무도 예상하지 못한 문제일 수도 있다. 때로 이런 업무는 고역 수준의 교활한 사내 정치 행위를 수반해야 할 수도 있고, 아니면 상당히 지루한 업무일 수도 있다. 이럴 때는 각오를 다져야 한다. 즉, 여러분 스스로 남들보다 더 많은 양의 업무를 맡을 **각오**를 해라. 조직 내에서 가장 경력자가 된다는 것은 동시에 여러분보다 경력이 적은 동료들을 보호하고 가장 성가신 일을 떠맡아야 한다는 것을 의미한다. 이런 업무를 앞장서서 맡으면 여러분은 신뢰를 쌓고 호의를 얻을 수 있을 것이다. 또한, 직원들이 업무를 수행하면서 종종 좌절감을 느끼다가도 여러분 덕분에 프로젝트가 더 이상 엉망진창이 되지는 않았다는 사실을 알고 만족감을 느낄 것이다. 물론 솔선수범하는 것은 좋지만, 사람들이 여러분에게 기대하는 다른 결과들을 무너뜨리면서까지 너무 많은 문제를 맡지는 않도록 조심하라.

간섭이 아니라 관여가 필요한 상황

스태프 엔지니어들은 군이 도움을 요청받지 않은 여러 가지 사항(그림 4-11 참조)에 대해서도 의견을 제시할 수 있다. 만약 여러분이 생각하기에 위험한 방향으로 진행되는 프로젝트를 발견했거나 특정 프로젝트를 더 좋게 만들 방법에 대한 아이디어가 생각났다면, 여러분만의 방식으로 해당 프로젝트에 뛰어들어서 대화를 나눌 수 있다. 다만 다른 사람들은 이를 어떻게 생각할지 알 수 없다. 여러분이 이렇게 간섭하는 것을 매우 환영할 수도 있지만, 그 반대일 수도 있다. 그러니 관여하려면 여러분이 변화를 일으킬 정도로 충분히 오랫동안 관여하고, 변화의 결과를 확인할 수 있을 때까지 남아 있어야 한다. 금방 손을 떼지 않도록 유의하라.

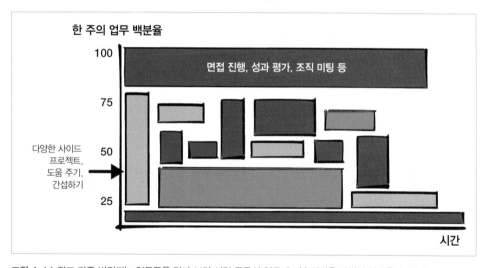

그림 4-11 작고 자주 변경되는 업무들을 맡다 보면 이런 종류의 업무가 기승전결을 갖기가 어려울 수 있다.

다른 사람들이 반드시 옳지는 않다

어떤 스태프 엔지니어들은 본인이 원래 하려고 했던 우선순위가 높은 업무보다 우선순위가 낮은 '다른 사람의 업무'를 도맡아서 하기도 한다. 시스템의 사소한 운영 중단 문제를 해결하기 위해서 본인의 업무를 뒤로 미루고 다른 사람의 업무를 돕는다든지, 다른 업무를 수행하다가도 몇 초 안에 슬랙에 응답하는 사람들이 그런 사람들이다.

물론 이렇게 갑작스럽게 배정된 업무는 의도했던 것보다 더 중요할 수도 있지만, 그런 경우는 극히 드물다. 그러니 분별력을 가져라. 다른 사람들은 여러분의 대시보드에 아주 제한적으로만 접근할 수 있다. 오직 여러분만이 본인의 자원을 돌보고 관리할 수 있다.

4.4.2 업무의 목적성 파악

새로운 프로젝트, 과제, 멘토링 준비, 미팅 등의 업무를 맡았을 때는 그 업무를 잘 이해하고 그것이 여러분의 현재와 미래에 어떤 영향을 미칠지 스스로에게 물어보아라. 즉, 여러분의 일정에 어떤 업무를 추가하고 여러분의 미래를 어떻게 만들 것인지를 스스로 구성하라. 일부 프로젝트는 처음에는 작은 규모로 시작하지만, **변곡점**(프로젝트 승인 등)에 도달한 이후로는 훨씬 더 많은 시간이 필요하다. 반면에 다른 프로젝트는 처음에는 시간이 오래 걸리지만, 나중에는 시간이 덜 걸린다. 특정 업무의 변곡점을 계산해서 나중에 소요 시간이 더 많이 필요하게 되리라는 것을 알게 된 상황(그림 4-12 참조)에서도 여전히 새로운 업무를 감당할 수 있겠는가?

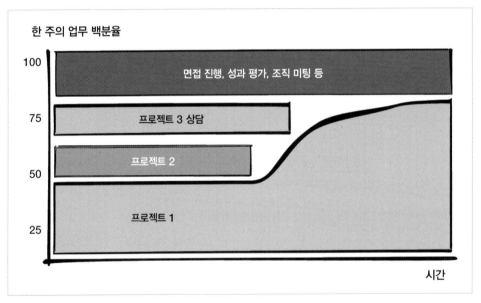

그림 4-12 본인의 업무 시간 그래프에 맞춰서 프로젝트별 가용 시간을 할당하는 상황의 예시. 프로젝트 1은 시간이 지날수록 변곡점을 지나면서 업무량과 소요 시간이 급격하게 증가한다.

업무 소요 시간 측정은 신중하게 해야 한다. 예를 들어서 매주 한 시간씩 미팅하는 것에 동의한다면, 정말 한 시간만 소요되는지, 아니면 그 미팅을 위해 추가로 준비해야 하는 시간이 있는지도 고려해야 한다. 이 외에 여러분이 안건 실행까지 담당해야 하는지 등도 살펴보아야 한다.[19] 만약 일과 중에 미팅이 없는 4시간 정도의 자유 시간이 있다면, 그중에서 적어도 3시간 정도는 생산적으로 사용할 수 있는지도 살펴보자.

규모가 작아 보이는 프로젝트라 해도 오랜 시간 동안 진행하면 실제로는 예상치 못한 많은 시간이 소요될 수 있다. 그러니 소요 시간 외에도 업무 범위 및 참여 범위까지 충분히 고려하자. 또한, 프로세스의 소유권을 인수하는 경우라면 나중에 다른 팀에 이를 양도할 수 있는지도 확인해야 한다. 일시적으로 프로젝트에 참여해서 위기 대처를 돕는 것도 가능하지만, 장기적으로 참여할 계획이 없다면 처음에만 잠깐 참여할 것임을 분명히 해야 한다. 또한, 위험한 업무를 맡거나 전혀 모르는 업무를 맡게 될 경우, 종료 기준을 명확하게 세우는 것이 특히 중요하다. 이 경우 공식적인 진행 지점, 진행 금지 지점 또는 소급 지점을 규정하거나 특정 기간 내에만 실험하기로 정함으로써 위험을 줄일 수 있다.

작은 프로젝트나 업무라 해도 여러분의 시간 그래프에 영향을 미칠 수 있고, 자원 소모나 획득 여부를 예측하지 못할 수 있다. 즉, 단 한 번의 미팅으로 여러분의 사회 자본과 신뢰성이 크게 쌓일 수도 있지만, 반대로 에너지와 사기가 떨어져 온종일 업무에 집중하지 못하게 될 수도 있다. 매우 숙련된 사람과 한 번이라도 협력해보면 여러분이 일주일 동안 스스로 혼자서 배우는 것보다 더 많은 것을 배울 수도 있다.

4.4.3 적합한 프로젝트 선택을 위한 자원 관련 질문

다음은 여러분이 신중하게 생각해보아야 할 몇 가지 자원 관련 질문이다.

에너지: 에너지의 총량은 어떠한가?

가장 먼저 에너지 자원 관련 질문이다. 가끔씩 필자는 한 번에 다섯 가지 업무를 신경 쓸 만큼의 에너지가 있다는 농담을 던진다.[20] 그래서 만약 여섯 번째 업무에 신경 쓰기로 결정하면 앞

---

19 여러분이 소위 자원 봉사자 타입의 직원이라면 충분한 시간을 더 추가해두자.
20 물론 진짜 농담이다.

의 다섯 가지 중에서 한 가지는 필자의 업무 목록에서 삭제해야 한다. 그렇지 않으면 해야 할 업무가 너무 늘어나서 실수로 가장 중요한 한 가지 업무를 놓칠 가능성이 커진다. 필자는 보통 미팅하는 동안에 추가적인 부분을 생각하거나 간단한 실행 안건에 신경을 쓴다. 하지만 그 미팅이 끝나면 그 자리는 다음 미팅의 주제들로 빠르게 채워질 것이다. 그래서 누군가가 새로운 업무에 필자를 초대한다면 필자는 기존의 여러 업무 중에서 어떤 업무를 중단할지 결정해야 한다.

만약 새로운 프로젝트에 여러분의 관심이 필요하다면, 그 프로젝트를 위한 여유 시간이 있는지를 살펴보아야 한다. 그리고 에너지는 업무 시간뿐만 아니라 '**실생활**'의 영향도 받는다는 사실을 명심하라. 만약 여러분이 인생에서 거대한 삶의 변화를 겪는 시기에 놓여 있다면, 지금은 여러분의 엄청난 에너지와 관심이 필요한 프로젝트를 시작할 때가 아니다. 모든 선택은 여러분이 다른 기회비용 대신 그것을 선택했다는 것을 의미한다. 너무 많은 것을 하려고 할수록 그중 어느 하나에 대해 그만큼 신경을 쓸 겨를이 없어진다. 여러분은 본인의 에너지를 충분히 고려해서 무엇을 할지 **선별**해야 한다.[21]

> **WARNING** 만약 여러분의 주의가 산만한 편이라면, 충동적으로 자원하거나 무언가를 하기로 동의하기 전에 적어도 몇 초 동안은 자제하는 습관을 기르도록 노력하자.

에너지: 에너지를 주는 일과 빼앗는 일은 무엇인가?

프로젝트를 살펴볼 때는 어떤 종류의 업무들이 포함되는지 살펴보아야 한다. 프로젝트를 진행하는 데 필요한 이해력을 갖추려면 매우 많은 양의 대화가 필요하다. 그런데 만약 여러분이 이러한 대화 때문에 쉽게 지치는 편이라면 남들보다 더 많은 시간과 비용을 써야 한다. 또한, 여러분이 오랫동안 집중하는 것을 어려워하는 편인데 프로젝트를 위해서 수백 페이지에 달하는 뒷이야기를 파악해야 하거나 산업 백서를 읽어야 한다면 어떨까? 이런 프로젝트는 여러분에게 굉장히 어려울 것이다.

이 외에도 같이 일할 사람 중에서 대화하기 피곤한 사람이 있는지도 점검해보자. 만약 여러분이 특정 프로젝트의 담당을 고려하는 중인데 관련된 일을 생각하는 것만으로도 피곤하다면, 프로젝트의 시작 여부를 결정할 때 이런 사항들을 잘 따져보자.

---

21 철학자 론 스완슨(Ron Swanson)은 "한 가지에 모든 신경을 쏟는 것이 반만 신경 쓰는 것보다 훨씬 더 낫다."라고 말했다. *https://oreil.ly/VEFBv*

에너지: 작은 업무에만 에너지를 소모하고 있지는 않은가?

만약 여러분의 에너지가 부족하다면 규모가 크고 모호한 데다가 복잡하기까지 한 프로젝트를 추진하기란 거의 불가능하다. 그럴 때는 업무상 공백을 메우기 위해서 우선순위가 낮은 일을 먼저 할 수도 있다. 물론 피곤한 미팅이 막 끝나고 난 뒤의 일과 마지막 시간은 책상을 정리하거나 오래된 메일을 정리하기에 좋은 시간일 수 있다. 그러나 몇몇 우선순위가 낮은 작업은 시작은 쉬울지라도 나중에 또 다른 복잡한 프로젝트로 커질 수 있으며, 이를 처리하기 위해 에너지가 필요하게 된다.

인터콤의 공동 설립자인 데스 트레이너 Des Trainner 는 본인의 블로그 글[22]을 통해 작은 영향력을 가진 소규모 업무가 엔지니어링팀에 미칠 수 있는 자성적 영향 magnetic pull 에 대해 논의했다. 그는 현재 패키지 관리 소프트웨어 기업 홈브루 Homebrew 의 파트너인 헌터 워크 Hunter Walk 가 투입하는 노력에 비해 실제로 끼치는 영향력이 어느 정도인지를 2×2 그래프를 통해서 설명했다 (그림 4-13 참조). 트레이너는 적은 노력과 작은 영향력을 가진 프로젝트와 업무에 대해 경고하면서 이를 '**간식**'에 비유해서 설명했다. 이러한 업무는 빠르게 처리할 수 있고 유용한 경향이 있으므로(그리고 기분도 좋게 만든다), 이런 업무만 많이 하는 것을 정당화하기는 쉬울지도 모른다. 하지만 트레이너는 간식의 비유를 통해서 이렇게 분석했다. "그것은 쉽게 보람을 느끼게 해주고 단기적인 문제를 해결할 수는 있지만, 실속 있는 식사는 되지 못한다. 만약 여러분이 식사를 거르고 계속 이런 간식만 먹는다면 결국에는 큰 고통을 받을 것이다."

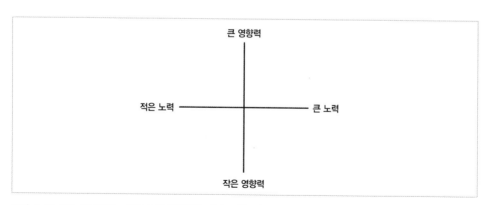

그림 4-13 모든 프로젝트는 크고 작은 영향력을 가지고 있으며, 동시에 크고 적은 노력을 필요로 한다. 적은 노력으로 작은 영향력을 끼치는 소위 작고 쉬운 프로젝트에 많은 시간을 쏟아붓지는 말자.

---

22 「우선순위를 부여하는 첫 번째 규칙: 간식 금지(The first rule of prioritization: No snacking)」, *https://oreil.ly/x5803*

여러분이 지쳤을 때는 당장 간식을 먹는 것이 쉬는 것보다 더 중요한 것처럼 느껴질 수도 있다. 그러나 **쉬어야** 에너지를 제대로 회복할 수 있다. 너무 피곤한 탓에 본인도 모르게 작은 업무에만 집착하고 있는 것은 아닌지 스스로 주의 깊게 살펴보고, 제대로 쉴 수 있는 방법을 찾자.

에너지: 에너지를 투자할 가치가 있는 프로젝트인가?

카미유 푸르니에는 자신의 기사[23]에서 본인이 담당하는 업무가 아닌데도 눈에 보이는 모든 업무를 다 해결하려고 노력할 때 겪을 수 있는 **좌절감**을 이야기한다. 조직 차원에서는 성공적으로 종료한 프로젝트지만, 세부적으로 살펴보면 여러분의 입장에서는 본인이 계획했던 것보다 더 오랜 시간이 걸리고 더 많은 에너지를 소모한 프로젝트였을 수도 있다. 이럴 때 푸르니에는 "과연 그 프로젝트가 여러분에게 노력할 가치가 있는 업무였는지 잠시 생각해보아라. 그리고 기업 내에서 여러분이 그 정도 수준으로 바꾸고 싶은 다른 것이 얼마나 많은지 생각해보아라. 만약 그런 것이 없다면, 여분의 에너지를 활용해 어떤 다른 일을 할 수 있을지 잘 생각해보아라."라고 조언한다.

삶의 질: 업무를 즐기고 있는가?

이번에는 삶의 질 자원 관련 질문이다. 먼저, 여러분의 프로젝트에 필요한 기술의 종류는 무엇인지 생각해보아라. 필자는 1장에서 모든 직업에 필요한 네 가지 기술, 즉 핵심 기술, 프로덕트 관리, 프로젝트 관리, 인사 관리에 관한 요나탄 전거의 분석을 인용했다. 이러한 기술 중에서 어떤 기술은 프로젝트에 참여하는 사람에 따라서 보유한 사람이 없는 팀이 될 수도 있다. 만약 여러분이 이 프로젝트를 주도한다면 그 공백을 스스로 메워야 한다. 공백을 메워야 하는 일을 맡는다면 이를 즐길 것인가, 아니면 실제로 하고 싶은 일이 아닌데 맡게 되었다고 원망할 것인가?

이때 여러분이 고려해야 할 다음의 몇 가지 사항들이 있다.

- 만약 여러분이 고강도의 업무를 선호하고 프로젝트의 소유권을 본인이 갖는 것을 선호한다면, 해당 프로젝트에 여러분에게 행복감을 주는 요소가 있는가? 반대로, 만약 여러분이 예측이 쉽고 통제가 가능한 프로젝트를 선호한다면, 해당 프로젝트가 여러분에게 큰 스트레스를 주는가?

---

23 「다른 사람들의 문제(OPP, Other People's Problems)」. *https://oreil.ly/YoE84*

- 만약 여러분이 혼자 일하는 것을 싫어한다면, 협업할 수 있는 사람들을 모아서 조직을 구축할 것인가? 반대로 만약 여러분이 사람들과 함께 일하는 것을 피곤하게 생각한다면, 온종일 큰 그룹에 속해 있는 것이 과연 맞는 일인가?
- 만약 여러분이 페어 프로그래밍pair programing[24]을 선호한다면, 해당 프로젝트는 여러분이 페어 프로그래밍을 할 수 있게 해주는가? 만약 여러분이 페어 프로그래밍을 싫어한다면, 해당 프로젝트는 여러분이 강제로 페어 프로그래밍을 하도록 만드는 프로젝트인가?
- 여러분은 당직을 서야 하는가? 만약 서야 한다면 당직 서는 것을 좋아하는가?
- 해당 프로젝트를 수행하기 위해서 출장이 필요한가? 만약 가야 한다면 여러분 스스로가 출장을 원하는가?
- 해당 프로젝트는 미팅, 기사 작성 또는 공개적으로 여러분이 배운 것을 공유할 기회를 제공해주는가? 만약 해준다면 여러분은 이런 것들을 수행하기를 원하는가?
- 여러분은 편안하고 안정감을 들게 해주는 사람들과 함께 일하게 될 것인가? 동료들과 함께 일하면서 긴장을 풀고 여러분의 솔직한 모습을 있는 그대로 그들에게 보여줄 수 있는가?

삶의 질: 프로젝트의 목표가 내 가치관에 부합하는가?

업무를 살필 때는 여러분의 가치관에 부합하는지도 살펴야 한다. 즉, 해당 업무가 여러분의 **가치관**과 일치해서 만족감을 줄 것인지, 아니면 가치관과 달라서 그 업무가 약간 이상하게 느껴지는지도 살펴보아야 한다. 가치관은 저마다 각기 다르다. 어떤 사람들에게 가치 있는 일이란 다른 사람들에게 피해를 주지 않는 일을 의미한다. 또 다른 사람들은 본인이 하는 일이 더 나은 세상을 만드는 일이 될 때 가치가 있다고 느낀다. 여러분의 프로젝트는 무엇을 목표로 하는가? 대부분 기업 내에서 프로젝트의 방향을 수정할 때는 여러분의 업무와 가치관이 일치하는 방향으로 수정하려고 하겠지만, 때로는 그렇지 않은 일도 하게 될 것이다. 삶의 질 차원에서 여러분의 일이 세상에 미치는 **긍정적인 영향**과 **부정적인 영향**에 대해서 생각해보고, 그것이 여러분의 개인적인 만족 차원에 어떤 영향을 미치는지도 따져보아라.

신뢰성: 기술력을 보여줄 수 있는 프로젝트인가?

다음은 신뢰성 자원 관련 질문이다. 만약 여러분이 한동안 매우 높은 난이도의 업무를 수행했다면, 여러분은 아직도 여러분이 무슨 말을 하는지 알고 있다는 것을 보여주기 위해서 때때로

---

24 옮긴이_'페어 프로그래밍'은 애자일 소프트웨어 개발 기법의 하나로, '하나의 컴퓨터로 두 명이 프로그래밍하는 방법'을 의미한다.

참호 속으로 들어가고 싶어 할지도 모른다. 프로젝트마다 적합한 기술을 사용하며 어려운 일을 제대로 수행하는 것은 여러 직원들에게 더 많은 신뢰를 줄 수 있다. 혹은 다른 세 사람이 이미 시도했다가 실패한 업무를 성공적으로 이끌거나 다른 사람이 쉽게 이끌 수 있도록 돕는다면 이는 여러분이 명성을 쌓는 데 큰 도움이 될 것이다. 이처럼 단순히 지시만 내리지 말고 초반에 여러분의 실력을 제대로 보여주고 난 후에 업무를 진행한다면 적어도 피라미드 꼭대기에서 지시만 내리는 사람처럼 보이지는 않을 것이다.

신뢰성: 리더십을 보여줄 수 있는 프로젝트인가?

리더십은 새로운 프로젝트의 결과에 대한 책임을 지고, 원활하게 자주 소통하며, 잘 진행되는 부분과 보완이 필요한 부분에 대해 적절한 수준의 세부 정보를 제공하는 형태로도 보여줄 수 있다. 물론 프로젝트를 성공시켰을 때도 당연히 조직의 신뢰를 얻을 수 있다. 그러므로 새로운 프로젝트를 평가할 때는 어떤 종류의 기술을 시연할 수 있는지, 그리고 이 프로젝트의 성공이 여러분에게 어떤 영향을 미칠지를 확인해야 한다. 또한, 실패의 위험까지도 항상 파악하고 있어야 한다. 만약 현재 승산 없는 싸움을 하고 있다면, 노력만으로도 존경받을 것인지, 아니면 비난을 받을 것인지도 판단해야 한다.

사회 자본: 기업과 매니저가 여러분에게 기대하는 수준의 업무인가?

사회 자본 관련 질문이다. 앞서 1장에서는 여러분과 여러분이 속한 조직이 여러분의 직업에 관해서 어떻게 생각하는지를 살펴보았다. 조직의 매니저는 여러분의 수준(또는 승진하려는 수준)에 최대한 적합하다고 생각하는 업무를 부여할 것이다. 만약 기업이 스태프 엔지니어의 업무를 코드 작성, 시스템 설계, 혹은 큰 프로젝트 관리라고 생각한다면 당연히 이러한 업무를 수행해야 한다.

일반적으로 보고 체계에 속해 있는 사람들에게 가장 중요한 일은 사회 자본을 구축하는 일이다. 사회 자본을 구축하는 것은 권모술수로 다른 사람을 이용하는 마키아벨리Machiavellian[25]가 되는 행위가 절대 아니다. 결국 이것도 프로젝트의 한 측면일 뿐이다. 어느 기업이든지 윗선에만 잘 보이려는 사람들은 **항상** 존재한다. 그 누구도 이런 사람들을 존경하지 않는다. 하지만 직

---

25 옮긴이_'마키아벨리'는 '다른 사람을 이용해서 자신의 힘을 쌓는 권모술수에 능한 사람'을 의미한다.

장에서 교정, 보상, 좋은 프로젝트에 대한 접근성, 그리고 미래의 승진에 영향을 미치는 사람들과의 관계는 중요하다. 엔지니어링 리더인 케이티 와일드Katie Wilde가 쓴 칼럼[26]을 참조하면 상사의 우선순위를 이해하고, 상사에게 필요한 정보를 제공하며, 상사가 성공할 수 있도록 방해되는 문제를 해결하는 것이 그들과의 관계를 잘 관리하는 일이라는 점을 알 수 있다.[27] 그들이 성공하면 여러분을 돕기 위해 쓸 수 있는 그들의 사회 자본도 당연히 늘어난다.

사회 자본: 존경받을 만한 업무인가?

프로젝트를 진행할 때는 동료와 **가치관**이 맞는지도 중요하다. 가치관 일치 여부에 따라서 동료와 함께 사회 자본을 잘 구축할 수도 있지만, 오히려 잃어버릴 수도 있다. 만약 다른 사람들이 중요한 업무라고 여기거나 아주 멋진 프로젝트라고 생각하는 것을 수행하고 있다면, 그것은 좋은 결과를 낳을 것이기에 사람들은 여러분을 더 돕고 싶어 할 것이다. 반면에 다른 사람들이 여러분의 업무를 보며 의미 없고, 잘못되었거나 심지어 옳지 않은 업무를 하고 있다고 생각한다면, 그들은 여러분을 존경하지 않을 것이다. 그러면 여러분은 그들의 도움이나 신뢰를 얻기 위해서 고군분투해야 한다. 필자는 "어떤 누군가가 불쾌한 프로젝트나 기업에서 일하는 것을 보고 정말 놀랐다."라는 식의 탐탁잖은 뒷담화를 많이 들어보았다. 만약 그 사람이 좋은 평가를 받는다면 주변 사람들은 말도 안 되는 프로젝트라 하더라도 그를 맹목적으로 지지할지도 모른다. 때로는 옳을 때도 있겠지만, 누군가의 명성과 프로젝트의 정당성을 곧이곧대로 연관 짓는 것은 **위험한** 일이다.

사회 자본: 사회 자본을 쓸모없는 곳에 낭비하고 있는가?

여러분이 주의 깊게 들어주었으면 하는 이야기가 있다. 필자는 한때 새로운 프린시플 엔지니어를 고용한 어떤 팀에서 일했다. 그는 좋은 자격을 갖추었기에 그만큼 많은 사람으로부터 존경받았다. 이전의 프로젝트는 다른 이유가 아니라 오직 그 엔지니어 덕분에 성공했다는 것이 중론衆論이었다. 그래서 우리 모두는 그가 과연 어떤 일을 해낼지 큰 기대를 하고 있었다. 그리고 그의 시작은 멋졌다! 팀에서 가장 선임인 엔지니어였던 그는 팀에 들어오자마자 생산적으로 일

---

26 「관리의 신화와 함정(The myths and traps of 'managing up')」, *https://oreil.ly/AILvi*

27 여러분이 만약 매니저보다 더 선임이거나 '여러분보다 직급이 낮은 사람에게 공유'하고(1장 참조) 있다면, 상사를 관리하는 것은 매니저를 코칭하고 그들이 성장할 수 있도록 돕는 것까지 포함된다.

하며 큰 문제를 해결하고 팀의 수준을 높였다. 우리는 그가 합류해서 정말 기뻤다.

그 팀에서 일한 지 불과 몇 주 지나지 않았을 때, 그는 모범 사례를 따르지 않는 시스템을 발견했다. 그가 틀린 것은 아니었다. 다만 그 시스템은 엉망진창이었지만, 우리가 자주 만지는 시스템이 아니었기에 굳이 고쳐야 할 필요는 없었다. 그러나 새로 들어온 프린시플 엔지니어는 어쨌든 시스템을 변경해야 한다고 주장했다. 그의 명성과 열정을 믿었기에 다른 모든 사람이 그가 원하는 대로 움직였다. 그가 이제 갓 대학교를 졸업하고 새로 입사해서 다른 프로젝트에서 일하던 주니어 엔지니어 두 명까지 그 프로젝트에 투입시켰을 때조차 아무도 반대하지 않았다. 하지만 이것은 잘못된 결정이었다. 몇 주가 지난 후, 시스템을 고치는 그 프로젝트는 그가 예상했던 것보다 약 10배의 비용과 시간이 필요하다는 사실이 확실해졌다. 하지만 그 프린시플 엔지니어는 그렇게 할 만한 가치가 있다고 주장하며 계속 본인의 판단을 밀어붙였다. 그가 현실을 받아들이고 그 프로젝트를 포기하기까지 두어 달이라는 기간이 걸렸다. 그 프로젝트에 투입되었던 주니어 엔지니어들은 이전에 진행하던 우선순위 업무를 다시 시작했고, 프린시플 엔지니어는 다른 사람들에게 더 이상 예전만큼 존중받지 않는다는 사실을 제외하고는 모든 것이 정상으로 돌아갔다. 그는 아무도 신경 쓰지 않는 싸움에 본인의 사회 자본을 **낭비한** 것이다. 안타까운 일이다.

이처럼 사회 자본을 낭비할 위험을 항상 주의하자. 또 다른 사례도 살펴보겠다. 혹시 여러분이 다른 사람들을 돕기 위해서 추천서를 쓸 때는 기업 차원에서 지원자를 면접하는 것처럼 신중해야 한다. 사실 일종의 **후원**이라고 할 만한 이런 지원은 엄밀히 말하면 여러분에게 다음과 같은 대가를 치르게 하는 행위다. 만약 그 사람이 실패하거나, 바보 같은 행동을 하거나, 아니면 다른 사람에게 후회스러운 선택이 된다면, 그것이 곧 여러분의 판단력에 대한 평가와 직결된다. 그러므로 누군가를 추천하기 전에 그 사람이 그럴 만한 가치가 있는지 반드시 확인하라.[28] 여러분이 다른 사람의 사회 자본을 빌리려고 할 때도 마찬가지다. 예를 들어서 기술 비전이나 전략을 위해 경영진의 후원을 원할 때도 이러한 역동성을 인식하라. 프로젝트를 진행하기 위해서 다른 사람의 권한이나 명성을 빌리고 있다면 그것을 낭비하지 마라. 자칫 잘못했다가는 그들이 다시는 여러분의 아이디어를 후원하지 않을지도 모른다.

---

28 8장에서 조금 더 자세하게 이야기할 예정이지만, 누군가를 지원할 때는 보통 본인과 비슷한 사람을 지원하는 경우가 많다. 무의식에 자리 잡은 잠재적인 선입견을 주의하자.

스킬: 프로젝트는 내가 배우고 싶은 것을 가르쳐주는가?

스킬 자본 관련 질문을 살펴보자. 기술은 늘 빠르게 변화한다. 그래서 여러분이 신기술을 따라가는 것에 신경 쓰지 않으면 시간이 지날수록 여러분의 스킬은 구식이 된다. 이럴 때 새로운 프로젝트를 맡는 것은 여러분이 원하는 스킬을 연마할 좋은 기회다. 딱히 스킬이 아니더라도 여러분이 맡고 싶은 역할, 현재 역할의 일부분 또는 더 많이 알고 싶어 하는 주제를 습득할 기회일 수도 있다.

앞으로 여러분의 이력서에 어떤 이야기를 추가하고 싶은가? 거대하고 모호하며, 소위 지저분한 프로젝트를 맡아서 성공적으로 수행한 경험을 강조하고 싶은가? 아니면 어려운 문제를 디버깅하거나 주요 문화 변화를 이끌어낸 경험, 주니어 엔지니어를 시니어 엔지니어로 성장시킨 경험 등을 이력서에 적기를 원하는가? 그렇다면 경험을 얻고 역량을 향상시킬 수 있는 프로젝트를 찾아보아야 한다.

스킬: 주변 사람에게서 배울 수 있는가?

어떤 선임들은 아무것도 직접 가르쳐주지는 않지만, 그들의 존재 자체가 여러분이 성장하고 일을 더 잘하도록 돕는다. 즉, 그들은 아주 유능해서 함께 일하는 것만으로도 배울 점이 많다. 실제로 대부분의 경우에는 관찰 학습observational learning[29]을 통해서 배운다. 필자는 존재하는 것만으로도 팀에 마법 같은 영향을 미치는 동료들을 실제로 보았다. 3부에서는 여러분이 그런 사람들이 되는 방법에 관한 이야기를 하는 데 대부분의 지면을 할애할 것이다. 하지만 그보다 먼저 여러분에게 그런 효과를 줄 수 있는 사람들을 찾아볼 것을 추천한다.

비록 여러분이 그룹에서 가장 경험이 많은 선임일지라도, 여전히 주변 사람들로부터 무언가를 배울 수 있다. 유능한 사람들은 심지어 그들보다 더 시니어인 사람들의 스킬 역량까지 향상시키는 경향이 있다. 이제 갓 졸업해서 기업에 입사한 신입사원은 선임들의 스킬 역량을 보며 무한한 경외감을 느낀다. 그러나 만약 선임들이 신입사원의 스킬 역량에 경외감을 느끼는 팀이 있다면, 그 팀은 서로를 존중하고 성장시키는 문화를 갖춘 팀이 될 수 있다.

결국 여러분이 원하는 스킬을 가진 뛰어난 사람과 함께 일하는 것은 눈에 띄지 않는 방식으로 실력을 한 단계 끌어올리는 방법이다. 인턴십이 가치가 있는 것도 바로 이런 이유에서다. 이런

---

29 관찰 학습의 개념. *https://en.wikipedia.org/wiki/Observational_learning*

효과가 인턴십 때만 나타나는 것이라고 속단하지 말자. 이는 여러분의 경력 전반에 걸쳐서 지속되어야 한다. 필자의 동료 중 한 명은 어떤 기업의 최고 기술 책임자와 일할 기회를 제안받았을 때 "나는 최고 기술 책임자가 사람들과 어떻게 대화하는지 배울 것이다."라고 말했다. 이처럼 프로젝트를 선택할 때는 무언가를 배울 수 있고 영감을 줄 수 있는 사람들과 함께할 수 있는지를 살펴보자.

4.4.4 적합하지 않은 프로젝트 대처 방법

지금까지 다룬 질문들을 스스로에게 해보며, 여러분 앞에 놓인 잠재적인 프로젝트 중에서 실제로 도전해볼 프로젝트를 선정하는 것이 좋다. 어떤 프로젝트를 맡아야 할지 명확한 기준을 설정할 수 있을 것이다. 처음에는 좋은 프로젝트라 여겼는데 실제로 따져 보면 하지 말아야 할 프로젝트일 수도 있고, 정말 중요한 프로젝트지만, 여러분에게는 적합하지 않을 수도 있다.

특정 프로젝트가 현재 일정에 맞지 않거나 필요하지 않다고 판단된다면 몇 가지 선택지가 있다. 첫 번째 선택지는 그 프로젝트를 겸허하게 받아들이고 끝까지 맡아서 끝내려고 노력하는 것이다. 뒤따르는 결과는 담담하게 받아들이면 된다. 다만 이는 일반적으로 많이 하는 선택이지만, 장기적인 관점에서 지속 가능한 선택은 아니다. 또 다른 선택지는 앞서 살펴본 시간 그래프에 공간을 만들기 위해 다른 업무를 취소하거나 다른 곳에서 필요한 것을 충족하여 이 프로젝트를 계속 수행하는 것이다. 또 다른 선택지는 다른 사람에게 그 프로젝트를 맡기는 것이다. 이 외에 프로젝트의 형태를 여러분이 원하는 대로 바꾸는 방법도 있다. 아니면 그냥 하기 싫다고 해도 된다. 각 선택지를 좀 더 자세하게 살펴보자.

프로젝트를 겸허히 받아들이는 선택지

첫 번째 선택지는 **겸허하게 받아들이는 것**이다. 일반적으로 적합하지 않은 프로젝트지만, 실현하기 위해서 부단하게 노력한다. 처음에는 이 선택이 마찰을 최소한으로 발생시키는 것처럼 보일 수 있다. 거절할 필요가 없으니 자기 합리화를 하며 미래의 나 자신에게 어떻게든 해낼 것이라고 다짐한다.

단기적으로 보면 이것이 올바른 결정일 수도 있다. 시간, 에너지, 스킬 역량 성장 등에 부정적인 상황이 발생하더라도 팀을 위해 이 방법을 택함으로써 중요한 프로젝트를 완수할 수 있다.

하지만 만약 여러분 자신에게 중요한 일을 미루어두고 이 프로젝트를 하고 있다면, 적어도 그 **이유**는 스스로 확실히 납득해라. 즉, 스스로에게 이런 질문을 던져보아야 한다. '이게 일시적인 상황인가?', '종료 기준은 무엇이고 언제쯤 목적지에 도착할 것으로 예상하는가?' 만약 계획을 세웠을 때 이 계획이 여러분의 자기희생을 요구한다면, 그것은 장기적으로 해서는 안 되는 선택이다.

만약 여러분에게 좋지 않은 영향을 미치는 프로젝트를 하고 있는데 끝이 보이지 않는다면, 이에 대해 여러분의 매니저와 대화를 나누어볼 수 있다. 매니저에게 "이 일은 제 에너지를 낭비하고 심지어 가족과 함께할 수 있는 시간을 빼앗고 있습니다." 혹은 "저는 승진을 원합니다. 그래서 더 중요한 일을 하고 싶습니다."라고 말해보는 것이다. 심지어 "이 프로젝트는 저를 정말 불행하게 만듭니다."라고 말할 수도 있다. 올바른 매니저라면 이 말을 귀 기울여서 들어야 한다. 기업 입장에서 한 명의 스태프 엔지니어를 고용하는 것은 상당히 어렵고 비용도 많이 드는 일이다. 대부분의 훌륭한 매니저들은 시니어 엔지니어가 그들의 일에 불만을 품고 있다면 이를 즉시 경고 신호로 받아들일 것이다. 물론 그렇다고 해서 상황이 즉시 바뀌지 않더라도, 좋은 매니저라면 상황을 개선할 방법을 찾을 수 있도록 도와주어야 한다. 반면에 여러분이 원하는 요구사항을 매우 명확하게 설명했음에도 여전히 변화를 찾아볼 수 없다면 잘못된 팀에 있거나 잘못된 기업에 있다는 신호일 수 있다.

다만 이러한 상황이 반드시 나쁜 것만은 아닐 수 있다. 여러분이 더 큰 연못으로 옮겨야 하는 큰 물고기로 성장한 것일지도 모른다. 필자의 경험에 따르면, 단순한 요구사항이나 작은 범위의 시스템이나 프로덕트와 관련된 업무를 맡은 팀에서 이러한 일이 많이 발생하는 것을 보았다. 즉, 개인이 원하는 것과 팀이 원하는 것이 항상 일치하지는 않는다. 따라서 성장하고자 한다면 다른 일을 시도해볼 필요가 있다. 이 말이 가혹하게 들릴 수도 있겠지만, 이것이 현실이다.

프로젝트에서 잘 안 맞는 면을 보완하는 선택지

프로젝트가 어떤 면에서는 잘 맞지만, 또 다른 면에서는 잘 맞지 않다면 잘 안 맞는 면을 **보완**할 방법이 없을까? 예를 들어서 메인 프로젝트에서 얻을 수 없는 즐거움을 획득하거나 스킬 역량 강화 또는 신뢰를 쌓을 기회를 주는 사이드 프로젝트를 추가할 수 있는가? 아니면 여러분이 특정한 프로젝트를 할 시간과 에너지가 없다면 다른 일정을 조정해서 시간을 낼 수 있는가? 만약 업무 달력에 일정을 표시하고 있다면 이것을 좀 더 **시각화**해서 잘 파악해볼 수 있다. 여러분

앞에 10시간 정도 소요되는 어떤 프로젝트가 놓여 있는데 그 프로젝트를 위한 시간을 내기가 어렵다면, 아마도 다른 일을 제쳐두어야 할 것이다.

여러분이 사용 가능한 시간보다 더 많은 시간과 관심이 필요한 특정 프로젝트가 있다면, 여러분이 진행 중인 여러 프로젝트 중에서 하나를 미루어놓을 수도 있다. 그래도 괜찮다. 대부분의 사람에게는 그다지 급하지 않은 프로젝트가 하나쯤은 있다. 아마도 언젠가 시간이 비어서 할 수 있기를 바라면서 계속 예의주시하는 프로젝트 말이다. 필자의 직장 동료인 그레이스 비전트 Grace Vigeant 는 필자에게 "때로는 불필요한 일을 뒤로 미룰 줄 알아야 한다."[30]와 같은 훌륭한 조언을 해준 적이 있다. 다시 해야 할 만큼 중요하지 않은 프로젝트라면 그 사실을 받아들이거나 아니면 다른 사람에게 위임하라!

프로젝트를 다른 사람에게 위임하는 선택지

지금 당장은 여러분에게 맞지 않는 특정 프로젝트가 **다른 사람에게는** 좋은 기회일 수도 있다. 동료들의 에너지, 스킬, 삶의 질, 신뢰성, 사회 자본 등 여러 자원에 대해서 생각해보고, 해당 프로젝트를 통해서 이익을 얻을 수 있는 다른 사람이 있는지 알아보자. 리더십과 관련해 여러 권의 책을 저술한 저자이자 엔지니어링 리더인 마이클 롭Michael Lopp은 본인의 강연[31]에서 리더의 일은 '공격적으로 위임하는 것'이라고 말했다. 그는 "여러분은 매번 소위 'A 학점을 받을 수 있는 업무'를 받기로 보장되어 있다. 그런데 만약 그 일을 다른 사람에게 위임한다면, 그들은 아마도 B 학점을 받을 것이다."라고 말했다. 그러나 그는 이어서 그래도 B 학점은 그들이 이런 종류의 일을 처음으로 한 것치고는 꽤 훌륭한 결과라고 주장했다. 게다가 여러분이 그들이 이 프로젝트를 꺼리고 감당하기 어려워하는 것을 알면서도 그들에게 그 프로젝트를 위임하는 것은 이미 그 사실만으로도 그들을 신뢰한다는 것을 모두에게 보여줄 수 있다고 말했다. 이 프로젝트를 맡는 다른 사람은 배울 기회를 얻는 것이다. 그리고 아마도 여러분은 그들이 B 학점이 아니라 A 학점을 받을 수 있도록 그들을 도울 수 있을 것이다.

만약 여러분이 그룹에서 최고참 시니어 엔지니어라면, 이처럼 여러분만 공개적으로 유능한 사

---

30 만약 업무 달력에 일정을 표시하고 있다면, 특정 미팅에 참석해서 아무것도 하지 않기를 택하거나 심지어 그 미팅 일정을 다시 잡는 것을 매우 자유롭게 선택할 수 있다. 필자가 알기로는 해야 할 업무를 문서로 정리하면 불필요한 일에서 손을 떼는 데 큰 도움이 된다. 왜냐하면 여러분은 매일 리스트를 최신화하면서 여전히 관심이 있는 일들을 다음에 하기 위해 복사해서 붙여넣기 때문이다. 이런 일이라면 그냥 하지 않기로 결정하고 내버려 둘 수도 있다.

31 「새로운 매니저의 죽음의 나선(The New Manager Death Spiral)」, *https://oreil.ly/sVogl*

람이 될 모든 기회를 독식하지 않도록 해야 한다. 다른 사람이 특정 프로젝트를 더 필요로 하는지 알아보고 그들을 지원하자.

프로젝트의 규모를 변경하는 선택지

프로젝트를 현재 규모로는 진행하기 어렵다면 프로젝트의 규모나 형태를 **변경**할 수 있다. 여러분이 프로젝트에 풀타임으로 참여하기는 어렵겠지만, 적어도 첫 달 정도는 참여해서 실현 가능성을 평가하거나 다른 리더의 컨설턴트 임무를 수행할 수 있다. 만약 지속적인 멘토링을 해줄 만한 시간이 없더라도 최소한 한 번 정도는 만날 수 있는 시간이 있을 것이다. 아니면 설계를 검토할 시간이 없다면 다른 사람이 검토할 수 있도록 추천할 수 있다. 혹시 지속해서 관심을 가질 만한 가치가 없는 문제라면 적어도 미팅하는 동안이라도 그 문제에 관심을 두고 진행 방법을 조언해주어라.

조금만 수정하면 좀 더 흥미로워질 수 있는 프로젝트라면, 대개 이를 논의해볼 가치가 있다. 제안했다가 거절당하는 것이 논의 자체를 하지 않는 것보다 훨씬 낫다.

그냥 하지 않는 선택지

마지막 선택은 **그냥 그 일을 하지 않는 것**이다. 이것은 말은 쉽지만, 행동으로 옮기기는 쉽지 않다! 고장 난 무언가를 그냥 내버려 두기는 생각보다 어렵다. 즉, 여러분이 해결할 수 있는 문제라는 것을 알면서도 이를 매일 무시하는 것은 어려운 일이다. 하지만 가끔은 그래야 할 때도 있다. 모든 문제가 여러분의 문제는 아니다. 나중에 해도 될 일이거나, 다른 누군가가 해야 할 일이거나, 아니면 그것이 고장 난 채로 내버려 두어도 괜찮아질 일이라면 그냥 그렇게 두자.

만약 누군가가 여러분에게 도움을 요청했는데 그 일이 여러분이 해결할 수 있는 일이라면 거절하기가 훨씬 더 어려울 것이다. 하지만 때로는 거절하는 것도 필요하다. 왜냐하면 모든 일을 다 잘 해낼 수는 없기 때문이다.

"아니요."라고 직접적으로 말하기가 불편할 수 있다. 그래서 **예의 바른** 거절 방법을 몇 가지 소개한다.[32] "이런 상황에서는 내가 두 명이었으면 좋겠어.", "불행하게도 지금은 그것을 하기에 좋은 시기가 아니야.", "나를 생각해준 것은 정말 고맙지만, 그 부탁은 들어주기가 어려워." 등

---

32 「공손하게 "아니요."라고 거절하는 열 가지 방법(10 ways to politely say "NO")」, *https://oreil.ly/RuzbG*

의 방법을 배울 수 있을 것이다. 또는 '매니저에게 물어보기'라는 블로그에서 제공해주는 훌륭한 조언[33]을 참조해보자.

> 때로는 여러분이 존경하는 사람들의 부탁을 거절하는 것도 중요하다. 누군가의 부탁을 거절한다는 것은 그 사람과의 관계가 멀어질 수도 있다는 것을 의미하기에 거절이 어려울 수도 있다. 관계에 문제를 일으키지 않으면서도 깔끔하게 거절하는 동료들을 참조해서 그 방법을 배워보자. 또한, 여러분 스스로 말투, 어조, 기타 등등을 점검해보자.

마땅한 방법이 떠오르지 않는다면 여러분이 함부로 "예스."라고 대답했다가 나중에 후회했던 때를 떠올려보자. 필요한 순간에 "아니요."라고 대답하는 것은 미래의 나 자신에게 주는 선물이다. 필자는 지메일을 사용하는데, 라벨이 없는 이메일에는 #isaidno라는 태그를 붙인다. 연구 분석가인 에이미 응우옌Amy Nguyen이 비슷한 식으로 메일을 관리한다는 트윗[34]을 보고 아이디어를 얻었다. 마감일이 다가오는 업무를 제시간에 잘 처리해내면 기분이 아주 좋다.

4.4.5 사례별 분석

다음으로 몇 가지 예를 살펴보면서 사례별 소요 비용과 이점을 비교해보고자 한다. 그리고 해당 비용을 절감하고 이점을 늘리는 방법을 검토하는 것으로 4장을 마치겠다. 필자가 제안하는 몇 가지 사례 외에도 여러분 스스로 본인만의 다른 절충안을 만들 수도 있다.

올핸즈 미팅에서 발표하는 사례

여러분은 지난 18개월 동안 진행했던 프로젝트를 방금 출시했다. 어려운 프로젝트였지만, 지난 몇 달 동안 꾸준히 잘 이끌어왔다. 그 결과 성공적으로 잘 출시되어 사용자와 여러분 모두 만족했다. 비록 여러분은 살짝 피곤하긴 하지만 말이다. 그래서 개인 휴가PTO, Personal Time Off 양식을 작성하고 제출 버튼을 클릭하려고 하는데, 때마침 부사장이 보낸 이메일을 발견했다. 그 메일은 여러분이 2주 후에 엔지니어링팀에게 해당 프로젝트에 대해 올핸즈 미팅으로 발표해달라고 부탁하는 메일이었다. 물론 2주 후면 이미 휴가에서 돌아온 후겠지만, 발표를 위해서

---

33 「작업 요청을 거절하는 방법(how to say no to a work request)」, *https://oreil.ly/KbzSV*
34 업무 일정 메일을 관리하는 방법에 대한 트윗. *https://oreil.ly/6SR5Q*

는 휴가 중에 발표 자료를 만들어야 하는 상황이다. 이럴 때는 어떻게 해야 할까?

[그림 4-14]를 토대로 기회비용을 비교해보자. 올핸즈 미팅은 여러분의 실력을 발휘할 기회인 데다가 부사장의 요청까지 더해졌다. 즉, 이 미팅을 진행하면 여러분의 신뢰성과 사회 자본을 높이는 데 도움이 되지만, 이를 준비할 시간이 필요하다. 당연히 어설픈 발표는 하고 싶지 않으니 여러분은 삶의 질을 떨어뜨리면서, 즉 휴가 시간을 써 가며 일하게 될 것이다. 이는 엄청난 에너지가 필요한 일이다. 특히 여러분은 큰 프로젝트를 출시한 직후라 매우 피곤하다. 상황을 분석해보자.

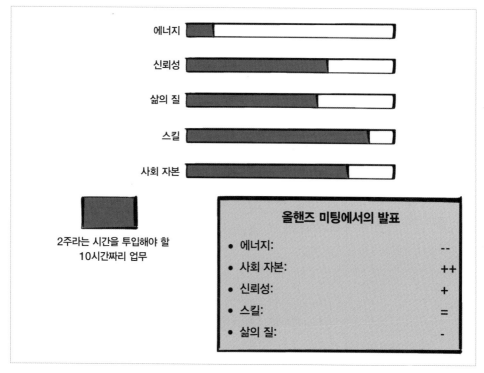

그림 4-14 추가적인 사회 자본과 신뢰성을 얻을 수 있는 업무를 고려할 때는 본인의 삶의 질과 에너지 소모를 함께 고려해야 한다.

가장 먼저 스스로에게 던져야 할 질문은 '나에게 **새로운** 기회인가, 아닌가?'다. 만약 큰 그룹 앞에서 발표하는 것에 익숙하다면, 이런 발표를 처음 경험하는 것보다 많은 것을 배우거나 많은 혜택을 받지는 못할 것이다. 다음으로 몇 가지 질문을 더 해보자. '이 발표를 해야 하는 이유가 사회 자본이나 신뢰성이 아직 부족해서 이를 더 얻고자 함인가?', '발표를 맡으면 좋은 평가를 받을 기회가 생기는 것인가, 아니면 발표를 한다는 것 자체가 이미 좋은 평가를 받고 있다는 것을 의미하는 것인가?' 등의 질문이다.

만약 이 발표가 여러분에게 그다지 엄청난 기회까지는 아니거나 절실하게 필요하지 않을 수도 있다. 필자가 이런 상황이었다면 필자는 이 발표가 다른 누군가에게는 좋은 기회가 될 수 있는지를 살펴볼 것이다. '프로젝트를 잘 수행했지만, 그만큼의 영광을 누리지 못한 사람이 또 있는가?' 아니면 '발표를 통해서 많은 것을 배울 만한 사람이 있는가?' 등 여러 가지 질문을 통해서 상태를 살핀 후에 발표를 잘할 수 있는 사람을 뽑을 것이다. 물론 그 사람이 여러분이 하는 것만큼 잘할 필요는 없다. 하지만 얼렁뚱땅 만든 엉터리 슬라이드 자료로 발표하는 사람을 추천했다가는 여러분의 평가 역시 나빠질 것이다.

반면에 이 발표가 여러분이 반드시 쟁취해야 할 기회라고 생각된다면, 발표 장면을 다시 구성해볼 가치가 있다. '좀 더 짧게 발표하고 더 적은 노력으로 끝낼 수 있는가?', '누군가와 함께 발표하기로 하고, 그들이 슬라이드 일부를 만들 수 있도록 정할 수 있는가?' 무엇보다도, '발표를 다음 올핸즈 미팅으로 연기할 수 있는가?'라는 질문도 해보아야 한다. 발표를 미룰 수 있다면 좀 더 자세한 자료를 준비할 수 있는 시간을 얻을 수 있다.

당직 업무(대기 상황)를 맡는 사례

기업에는 사용자가 겪을지도 모르는 인시던트 상황이나 여러 팀에 걸쳐서 발생하는 메인 인시던트에 대응하기 위해 인시던트 지휘관이 교대로 당직을 선다. 여러분은 이전에 인시던트 지휘관이 된 적이 없지만, 다음의 이유로 이를 선호할 수도 있다. 온콜on-call, 즉 당직 업무는 여러 팀에 걸쳐서 매우 가시적인 리더십 임무를 수행할 수 있을 뿐만 아니라 실시간으로 몇 가지 흥미로운 기술 문제를 파악할 기회다. 또한, 시스템이 고장 나면 해당 시스템에 대해서 많은 것을 배울 수 있다. 다만 이런 이점이 있더라도 당직 업무가 조금은 두려울 수도 있다. 만약 규모가 큰 시스템에서 운영 중단 상황이 발생하면 모든 시선이 여러분에게 집중되기 때문이다. 그리고 처음 이 업무를 배우면 다소 시간이 걸릴 수도 있다. 아니면 여러분은 당직을 선 지 몇 시간 만에 바로 호출을 받을지도 모른다. 이런 상황이 발생하면 어떻게 대처해야 할까?

[그림 4-15]는 당직 업무를 맡았을 때 여러분의 자원이 어떻게 변하는지 보여준다. 여러분은

이전에 인시던트 지휘관이 아니었으므로 처음으로 당직 업무를 맡는다면 매우 다양한 곳에 적용할 수 있는 스킬을 쌓을 수 있다. 또한, 중대한 사건이 발생했을 때 책임을 지는 것은 신뢰성과 사회 자본을 쌓을 수 있는 기회이기도 하다. 하지만 이 역할을 잘하려면 당연히 여러분의 시간을 어느 정도는 투자해야 한다. 그리고 몇 시간 동안 호출받다 보면 생각보다 많은 에너지가 소모될 수도 있다.

필자는 삶의 질을 기준으로 당직 업무의 장단점을 따져보고자 한다. 여러분은 에너지를 소모하고 난 후 어느 정도의 시간이 지나야 충분히 회복하는가? 만약 현재 에너지를 회복할 기력이 없다면 잠을 제대로 잘 수 없는 당직 업무로 인해 많은 기회비용을 소모하게 된다. 게다가 만약 돌보아야 할 자식이 있거나 여러분의 정신건강을 관리할 필요가 있다면, 당직 업무를 맡지 않는 것이 좋을 수도 있다.

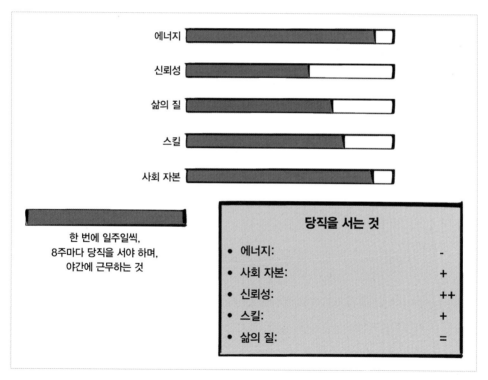

그림 4-15 교대로 당직을 서는 업무는 대부분의 경우 상당히 적은 시간을 할애하는 업무이지만, 소요 시간 대비 엄청나게 에너지를 소모하는 업무인 경우가 많다.

반면에 여러분이 최근에 피드백 주기가 긴 상위 수준의 프로젝트를 진행하고 있다면 본인의 영향력을 바로 알 수 있는 업무를 맡는 것도 **재미있는** 일이 될 수 있다. 필자의 직장 동료이자 친구인 한 매니저는 인시던트 지휘관 업무를 하고 나서 "인시던트 대응을 제대로 마치고 나서 아드레날린이 분비될 때야말로 내가 오늘 무엇을 해냈는지 정말 분명하게 알 수 있다."라고 말했다. 그리고 만약 당직 업무를 수행해서 별도의 보상을 얻을 수 있다면 이 점이 당직 업무의 단점을 보완하기에 충분한지 생각해보자. 당직을 서는 것이 여러분을 행복하게 한다면 하는 것도 좋다. 일단 6개월 동안 해보고 나서 다시 생각해보는 것은 어떨까?

평소에 원하던 흥미로운 프로젝트를 발견한 사례

여러분은 몇 년 동안 기업에서 열심히 일하며 아키텍처와 프로세스를 현대화하기 위해서 많은 업무를 수행했다. 결과적으로 여러분은 이제 다른 직원들이 많이 찾는 인재가 되었다. 기업은 테스트, 온보딩, 인시던트 대응 또는 프로덕트 준비를 어떻게 하는지에 대해 논의 사항이 생길 때마다 관련 미팅을 진행한다. 현재 진행 중인 프로세스 외에도 여러 부분에서 개선해야 할 사항이 아직도 많이 남아 있다.

어느 날 여러분은 잘 알지 못하는 분야지만, 평소에 흥미롭게 생각하던 분야에 관련된 새로운 프로젝트가 진행되고 있다는 것을 알았다. 여러분에게 이 프로젝트를 진행할 시간이 주어진다면 기본 스킬을 충분히 배워서 프로젝트를 성공으로 이끌 수 있겠다는 확신이 든다. 하지만 현재 여러분에게 여유 시간은 없다! 사용 가능한 시간이 부족하기에 자칫 잘못하면 이 프로젝트를 위험에 빠뜨릴 수도 있다. 그래도 이 새로운 일은 정말 하고 싶고 안 하면 후회할 것만 같다. 게다가 이 프로젝트는 여러분의 이력서에 추가할 만한 스펙이 될 것이다. 이런 상황에서는 어떻게 해야 할까?

[그림 4-16]은 여러분이 원하는 프로젝트가 여러분의 자원에 미치는 영향을 설명한다. 이 프로젝트는 여러분에게 행복감을 주고 배우고 싶던 스킬을 배울 수 있는 기회다. 이 프로젝트를 통해서 여러분의 신뢰성을 높일 수도 있다. 하지만 만약 여러분이 그 프로젝트를 맡았다가 실패한다면, 이 사실은 여러분에게 꽤 나쁘게 작용할 것이다. 실제로도 여러분이 사용 가능한 시간보다 더 많은 시간이 소요될 가능성이 높으므로 실패할 가능성이 상당히 크다.

이럴 때는 어떻게 해야 할까? 사실 이 문제의 해답은 여러분이 시간을 좀 더 내고 불필요한 업무들을 뒷전으로 미룰 준비가 얼마나 되어 있느냐에 달려 있다. 이런 내용은 여러분의 매니저 또는 스킵 레벨 매니저와 대화하기에 좋은 대화 주제다. 여러분의 업무를 되짚어보자. 기존 프로세스를 같은 사람이 계속 반복하는 것이 꼭 필요한가? 담당 업무 중에서 이미 어느 정도 자동화가 이루어진 업무가 있는가? 만약 어떤 업무가 꼭 필요한 업무라면, 이를 대신해줄 수 있는 사람이 있는가?

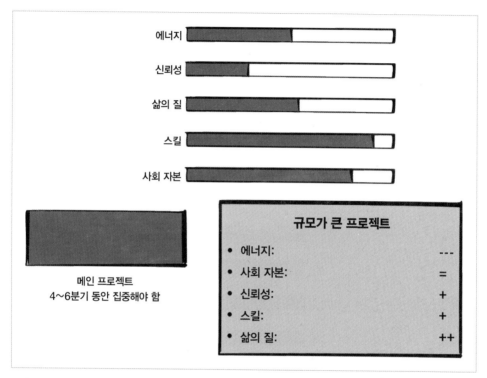

그림 4-16 규모가 크고 노력이 많이 필요하지만, 여러분이 평소에 원하던 새 프로젝트

필자는 이런 질문에 답할 수 있다면 여러분이 새 프로젝트를 맡아야 한다고 생각한다. 특히 간단한 업무를 수행하는 데 여러분의 시간을 쏟지 말아야 한다. 이럴 때는 일정상 미팅이 없는 시간대에 여러분의 업무 시간 블록을 재빠르게 채워 넣는 것이 아주 중요하다. 여러분이 먼저 일정을 정하지 않고 다른 사람이 먼저 정하도록 하면 프로젝트를 수행할 시간이 남지 않는다. 프로젝트에 소요되는 업무 시간을 먼저 업무 달력에 넣어놓고, 비어 있는 시간에 다른 사람이 미팅 일정을 추가할 수 있도록 일정을 관리하자.

스스로 하고 싶어서 하는 사례

매니저가 여러분에게 특정 프로젝트를 이끌어달라고 부탁했다. 이는 사업적으로 매우 중요하고, 가시성이 높은 프로젝트이며, 더구나 여러분이 정말 잘할 수 있는 업무다. 또한, 이 프로젝트는 여러분이 이전에 했던 어떤 프로젝트보다도 규모가 큰 프로젝트이며, 여러분의 동료들은 여러분과 함께 일하고 배우기를 원하는 사람들로 구성된 드림팀이 될 것이다. 하지만 단 한 가지 문제가 있다. 바로 이 프로젝트가 여러분이 **하고 싶지 않은 업무**라는 것이다. 그래도 이력서상으로는 이 프로젝트가 여러분의 경력에 큰 도움이 되는 터라 놓치기에는 너무 아까워서 고민이 된다. 결국 여러분은 이 프로젝트를 하지 않기로 결정했다. 이 프로젝트는 이미 여러분이 많이 수행해보았지만, 즐겁지 않은 업무들이 포함되어 있기 때문이다. 게다가 여러분은 다른 일을 하기를 갈망하고 있다. 이 외에 또 다른 프로젝트도 있다. 그 프로젝트는 여러분이 고민했던 특정 프로젝트보다는 덜 잘할 것 같지만, 아침에 출근하고 싶게 만드는 즐거운 업무다. [그림 4-17]은 이런 상황을 도식으로 보여준다. 이럴 때는 어떻게 해야 할까?

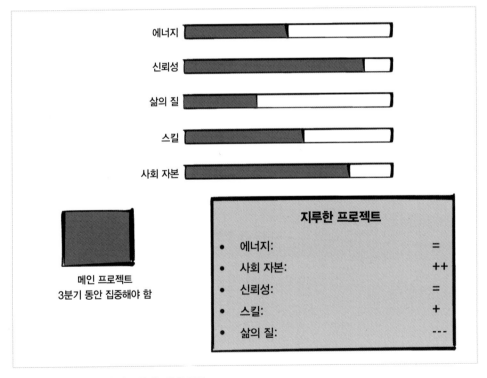

그림 4-17 좋은 기회지만, 하고 싶지는 않은 업무

만약 여러분이 어떤 것을 볼 때 부정적인 면이 강하게 보인다면 여러분의 **직관**을 믿어보는 것도 좋다. 감정적인 면에 치우치거나 자기 합리화를 하면서까지 억지로 할 필요는 없다. 아무리 좋은 기회라 할지라도 꼭 해야 하는 건 아니다.

그래도 아니라고 말하기 전에 여러분의 요구에 더 잘 맞도록 이 프로젝트의 형태를 바꿀 방법이 있는지는 고려해보자. '여러분 대신 다른 사람을 리더로 임명하는 것은 어떤가?' 아니면 '매니저에게 여전히 도움을 줄 수 있는 다른 역할에 참여하는 것이 더 좋은가?', '프로젝트를 올바르게 진행하기 위해 적어도 한 달 정도는 참여할 의향이 있는가?' 등이다. 이처럼 적합한 변경사항이 있는지는 충분히 고려해보아야 한다. 마지막으로, 여러분이 다른 일을 찾고 있다면 새로운 일이 생겼을 때 매니저와 주변 인맥이 여러분을 적임자로 떠올릴 수 있도록 그들에게 미리 이 사실을 알려주자.

4.4.6 업무 시간 관리

몇 년 전의 일이다. 필자는 업무상 조언을 구하기 위해 엔지니어링 부사장에게 이메일을 보낼까 고민 중이었다. 몇 년 전이긴 해도 잠깐 그녀와 함께 일했기에 그녀가 필자를 기억하리라고는 확신했지만, 사실 필자가 해결하려고 했던 문제는 그녀나 그녀의 조직과는 아무런 관련이 없는 문제라는 점이 필자의 마음에 걸렸다. 단지 필자가 아는 사람 중에서 필자의 문제에 도움을 줄 만한 사람으로 그녀를 떠올린 것이다. 물론 이 문제에 대한 조언을 부탁해볼 만한 사람들을 찾아보았지만, 아무도 떠오르지 않았다. 그래서 필자는 직장 동료들과의 단톡방에서 "내 업무에 문제가 있어서 그녀에게 조언을 구하고 싶은데, 그녀는 엄청 바쁜 것 같아. 그래도 그녀가 조언해준다면 정말 큰 도움이 될 거야. 그녀가 의무감이나 부담감 없이 편하게 조언해주었으면 좋겠는데, 어떻게 해야 할까?"라고 솔직하게 물어보았다. 그러자 한 동료가 필자에게 몇 년이 지난 지금까지도 필자가 애용하는 조언을 해주었다. "그녀에게 직접 물어봐. 업무를 하면서 본인의 업무 시간을 준수하고 관리하는 방법을 몰랐다면 엔지니어링 부사장 자리까지 오를 수 없었을 테니까 말이야."라는 조언이었다.

말 그대로다. 본인의 업무 시간을 제대로 관리할 수 없으면 **성공할 수 없다.** 앞에서도 계속 다룬 내용이다. 여러분의 업무 시간은 한정되어 있지만, 업무를 수행하면 할수록 업무에 들어가는 여러분의 시간은 점점 더 늘어난다. 그렇기에 여러분은 무엇을 우선시할지 신중하게 생각하고 결정해야 한다.[35] 자원도 마찬가지다. 프로젝트를 선택할 때는 여러분이 잘할 수 있도록 필요한 자원을 충분히 갖추었는지 반드시 확인하자.

다음 장에서는 대규모 프로젝트를 이끄는 것에 관해서 이야기해볼 예정이다.

4.5 마치며

4장의 내용을 요약하면 다음과 같다.

- 스태프 플러스 수준에 도달하면 여러분이 스스로 본인의 업무를 선택해야 할 책임이 커진다(완전히 자율적으로 선택하는 것은 아닐 수도 있다). 이 책임은 여러분에게 주어진 프로젝트에 참여하는 범위와 기간을 결정하는 것까지 포함되어 있다. 여러분은 기업의 모든 업무를 다 할 수는 없으므로, 해야 할 일을 신중하게 선택해야 한다.
- 여러분은 기업의 목표를 앞당길 뿐만 아니라 본인의 삶과 경력에 맞는 일을 선택할 책임이 있다.
- 또한, 당연히 본인의 컨디션 관리는 스스로 해야 한다.
- 특정 프로젝트는 다른 프로젝트보다 여러분의 삶을 더 행복하고 윤택하게 만들어준다.
- 여러분이 보유한 사회 자본과 동료로부터 얻는 신뢰성은 여러분이 쌓고 지출할 수 있는 '은행 계좌'와도 같다. 이 사회 자본과 신뢰성은 다른 사람들에게 빌려줄 수도 있지만, 적어도 누구에게 빌려줄 것인지는 신중하게 고려하고 결정하라.
- 스킬 역량은 프로젝트를 수행할 때 의도적으로 학습하면서 쌓을 수 있다. 다만 그 스킬이 여러분이 진정으로 쌓고 싶은 스킬인지는 확실히 하자.
- 프로젝트를 시작하거나 진행할 때, 여러분보다 더 적합한 담당자가 있다면 그들에게 이 프로젝트를 넘겨서 그들이 성장할 수 있도록 기회를 제공해주자. 여러분은 사회 자본을 확보할 수 있다.
- 업무에 집중하는 것은 불필요한 것들을 적절하게 거절할 줄 아는 것까지도 포함한다. 올바르게 거절하는 법을 배우자.

---

35 여러분이 사용 가능한 업무 시간은 심지어 줄어들 수도 있다. 필자가 가장 좋아하는 기사 중 하나인 윌 라슨의 기사 「중요한 일을 하라 (Work on What Matters)」(*https://oreil.ly/0QW3K*)에서 그는 "경력을 제일 우선순위에 두는 사람이라 할지라도, 모든 사람의 삶은 가족, 아이들, 운동, 멘토와 멘티가 되는 것, 취미 등과 같이 업무 이외의 다른 많은 것들로 채워질 수밖에 없다. 이것은 여러분의 삶의 질이 더 풍족해진다는 신호다. 그래도 이로 인해 발생하는 한 가지 사실을 명심하라. 여러분이 경력을 더 쌓을수록 업무를 할 시간은 점점 더 부족해질 것이다."라고 말했다. 이처럼 사용 가능한 업무 시간은 시간이 지날수록 오히려 줄어들 수도 있다.

CHAPTER **5**

대규모 프로젝트 진행

5.1 프로젝트 진행 프로세스

5.2 프로젝트 시작

5.3 프로젝트 진행

5.4 마치며

훌륭한 프로젝트 리더가 되기 위해서는 어떤 자질이 필요한가? 천재 수준으로 다 잘하는 사람은 거의 없다. 훌륭한 리더의 자질은 대개 인내심, 용기, 그리고 다른 사람들과 소통하려는 의지에서 나온다. 물론 여러분이 뛰어난 영감을 바탕으로 한 해결책을 스스로 생각해내야 할 때가 생길 수도 있다. 하지만 일반적으로 프로젝트가 어려운 이유는 기술의 경계를 넓혀야 하기 때문이 아니다. 그보다는 모호한 업무 방향, 얼키고설킨 복잡한 인간관계, 예측 불가의 레거시 시스템을 다루기 때문이다. 기업에서 특히 큰 규모의 프로젝트를 진행할 때가 있다. 이런 프로젝트는 많은 팀이 참여할 수도 있고, 크고 위험한 수준의 결정을 내려야 할 수도 있으며 매우 혼란스럽다. 이럴 때는 이 프로젝트를 견고하게 이끌며 문제를 해결하고 복잡성을 처리할 수 있는 기술 리더가 꼭 필요하다. 그리고 스태프 엔지니어는 종종 그런 리더 역할을 도맡는다.

5.1 프로젝트 진행 프로세스

5장에서는 크고 어려운 프로젝트의 진행 프로세스를 살펴보고자 한다. 모든 프로젝트는 다양한 형태로 진행되지만, 4장에서 다룬 것처럼 필자는 적어도 수개월 동안 여러 팀의 업무가 필요한 대규모 프로젝트에 초점을 맞추어서 이를 다루어보고자 한다. 그리고 여러분이 이러한 프로젝트의 기술 리더라고 가정하자. 여러분은 아마 일부 작은 부분들은 서브 리더(차상위 리더)에게 위임할 것이다. 또한, 프로젝트를 진행하는 모든 사람이 여러분에게 정식으로 체계를 갖추어서 보고하지 않더라도 여러분은 충분한 결과를 얻어낼 것이다. 여기에는 프로젝트 매니저나 프로덕트 매니저, 그리고 자기 분야를 맡은 각 팀의 엔지니어링 매니저와 같은 다른 리더들이 관련될 수 있다.[1] 하지만 결과에 대한 모든 책임은 리더인 **여러분**에게 있다. 즉, 여러분은 팀 간에 균열이 생겨나는 부분과 실제로 누구의 일도 아닌 부분까지 포함해서 전체적인 문제에 대해 항상 파악하고 생각해야 한다.[2]

스태프 엔지니어는 프로젝트가 공식적으로 시작하기도 전에 업무를 시작한다. 즉, 여러분은 프

---

1 필자가 5장에서 '프로젝트 매니저'라는 용어를 사용했지만, 실제로 여러분은 프로그램 매니저(일반적으로 공유형 목표를 가진 여러 프로젝트를 담당하는 사람)와 함께 작업할 수도 있다. 혹은 기술 전문 프로그램 매니저라는 직함을 사용할 수도 있다. 5장에서는 이러한 역할 중에서 하나라도 해당되는 사람 모두를 같은 뜻에서 '프로젝트 매니저'라는 용어로 부를 것이다. 그리고 이들은 굉장히 조직적이고 프로덕트를 제공하는 데 유능한 능력을 갖추고 있다고 가정할 것이다.

2 이미 앞서 2장에서 구조판의 비유를 설명한 적이 있다. 만약 해당 부분을 건너뛴 독자라면 팀과 조직의 개념을 생각할 때 마찰과 불안정성으로 인해 서로 반대로 움직이는 구조판이라고 상상하면서 이후의 내용을 읽으면 된다.

로젝트 시작 전에 이미 방대하고, 지도화되지 않았으며, 압도적으로 느껴지는 일련의 일들을 미리 살펴보아야 한다. 이때 지형을 최대한 낱낱이 파악하고 모든 것을 잘 이해할 수 있도록 몇 가지 기술을 소개하고자 한다. 그리고 경쟁보다는 정보를 공유하고 서로 돕는 관계를 만드는 것에 관해 이야기할 것이다.

그런 다음 프로젝트 매니저가 생각하는 것처럼 성공적으로 준비해보면 다음과 같다. 프로젝트의 성과물과 마일스톤을 검토하고, 여러분을 포함한 기대치를 설정한다. 목표를 정의하고, 책임과 구조를 추가하며, 역할을 정의하고, 성공을 위해 꼭 필요한 **기록**을 작성하는 방식으로 프로젝트를 설정한다.

더 나아가 필자는 프로젝트가 시작된 후로 여러분과 함께 해당 프로젝트를 추진하는 법을 살펴볼 것이다. 제대로 된 목적지를 찾았지만, 그곳까지 도달하려면 방향을 다소 바꾸고 코스를 수정해야 할 수도 있다. 특히 필자는 프로젝트의 틀을 짜고, 문제를 세분화하며, 정신 모형을 구축하는 등 해결책을 탐색하는 방법에 대해서도 이야기할 것이다. 프로젝트의 규모가 너무 커서 한 사람이 모든 세부사항을 다 파악할 수 없다면 이를 서술하는 프로세스가 필수다. 그다음에는 설계, 코딩 및 중대한 의사결정 프로세스에서 발생할 수 있는 몇 가지 일반적인 함정에 대해 알아볼 것이다. 5장에서는 경로상의 장애물(충돌, 정렬 오류 또는 목적지 변경)과 장애물을 탐색하는 동안에 명확하게 의사소통하는 방법에 관해서도 설명할 것이다.

프로젝트의 마무리 프로세스는 6장 이후에 다루도록 하고, 지금은 프로젝트의 시작부터 이야기해보자.

5.2 프로젝트 시작

프로젝트를 처음 시작할 때는 모든 사람이 혼란스럽다. 다들 누가 무엇을 하고 누가 책임자인지 알아내려고 이리저리 궁리하기 때문이다. 축하한다! 여러분은 이 프로젝트의 기술 리더를 맡게 되었다.

물론 여러분은 프로젝트에 참여하는 다른 사람들의 직속 부하 직원은 아니다. 다른 사람들은 여전히 그들의 매니저로부터 업무 지시를 받고 있다. 여러분에게는 이 업무를 완수해야 한다는 의무감이 있다. 하지만 아직 모든 사람이 여러분의 방향에 동의한 것은 아니다. 심지어 그들이 여러분을 도와주는 것을 동의조차 하지 않았을 수도 있다. 특히 해당 프로젝트에 여러 명의 다른 매니저나 책임자가 관련되어 있다면 그들이 무엇을 책임지고 무엇을 소유할 것인지조차 명확하지 않다. 즉, 이 프로젝트에는 다른 시니어 엔지니어들이 있을 수도 있고, 심지어 여러분보다 더 선임인 엔지니어들도 있을 수 있다. 그렇다면 그들이 여러분의 지시를 따라야 하는가, 아니면 여러분이 그들의 조언을 들어야 하는가?

5.2.1 새로운 프로젝트의 압박감을 극복하는 방법

때로는 기존 프로젝트의 모든 이력과 기존 결정, 역학 관계 및 문서 자료를 파악한 후에 기존 프로젝트에 참여할 수도 있다. 혹은 새로 시작한 프로젝트라고 해도 이미 정해진 세부 요구사항, 프로젝트 사양, 마일스톤 및 문서로 적힌 이해관계자 목록이 있을 수 있다. 그것도 아니라면 단순히 화이트보드에 적힌 낙서 수준의 글, 아니면 너무나도 긴 이메일 스레드(심지어 그중 일부는 여러분이 참조하지 않은 것)가 있을 수도 있다. 그리고 이에 따라 책임자들이 이러한 문제 해결을 위해 이 프로젝트에 자금을 후원하기로 결정했을 수도 있다. 한편으로, 기존 프로젝트에는 이런 문제에 대해 여러분에게 다양한 의견을 제시하고 싶어 하는 사람들이 있을 수도 있다. 또는 여러분이 하루빨리 마감하고 싶은 마감일이 정해져 있을 수도 있다. 이 모든 것은 프로젝트의 목표나 여러분의 역할, 프로젝트와 관련된 모든 이해관계자의 동의 이전에 벌어진다. 즉, 여러분이 기존 프로젝트에 새로운 인력으로 투입된다면 투입 전에 고려하고 살펴보아야 할 부분이 상당히 많다.

이때 여러분은 어떻게 해야 할까? 그리고 어디서부터 어떻게 시작해야 할까? 일단 여러분이 감당하기 어렵고 벅차다고 느끼는 부분부터 먼저 시작해보자.

대규모 프로젝트를 시작할 때 프로젝트에 압도당하는 것은 정상적인 일이다. 모든 것을 탐색할 수 있는 지도를 머릿속에 제대로 구상하기 위해서는 많은 시간과 에너지가 필요하다. 심지어 프로젝트 초기에는 여러분의 능력만으로는 이 프로젝트를 감당하기 어려운 것처럼 느낄 수도 있다. 하지만 필자의 친구이자 스태프 엔지니어인 폴리나 기랄트Polina Giralt는 본인의 트윗[3]에서 "이런 불편함조차 실은 일종의 학습이다."라고 말했다. 즉, 불편함을 관리하는 것도 여러분이 배울 수 있는 스킬이다.

---

[3] 폴리나 기랄트의 트윗. *https://oreil.ly/2qXQH*

불편함이나 부담감은 수많은 생각을 불러온다. 여러분은 실수로 리더의 위치에 올라왔다고 생각하거나, 프로젝트가 너무 어려워서 본인이 감당할 수 없다고 생각할 수도 있다. 또는 다른 사람들에게 실망을 안겨주거나 공개적으로 실패할 것 같은 두려움으로 고통스러울 수도 있다. 이는 심리학적으로 **가면 증후군** imposter syndrome 이라고 부르는 현상이다. 이처럼 결국 새로운 프로젝트에 대한 부담감이나 불안감은 여러분이 무언가를 배우는 것을 저해하고, 심지어 여러분의 성과에까지 영향을 미치며, 더 나아가 가면 증후군을 일종의 자기 만족감으로 착각하게 만든다.

그런데 사실 이런 감정은 4장에서 다룬 여러분의 자원 중에서 최소한 하나가 부족하다는 신호일 수 있다. 예를 들어서 여러분이 모든 에너지를 소진했거나, 업무 시간이 부족하거나, 또는 스킬이 부족하다고 느끼면 그것이 스트레스와 불안으로 발현되는 것이다. 그러니 여러분이 보유한 자원을 스스로 잘 살펴서 혹시 부족하지는 않은지 점검해보자.[4] 그리고 만약 부족하다면 다음의 질문을 스스로에게 던져보자. '더 많은 시간이나 에너지를 얻거나 더 많은 스킬 역량을 쌓기 위해서 지금 할 수 있는 일이 있는가?', '나를 도와줄 사람이 있는가?'라는 질문이다.

여러분 대신에 다른 사람이 이 일을 맡는다면 어떤 느낌이 들지 생각해보는 것도 불안감을 극복하는 좋은 방법이다. 파인드헬프 Findhelp.org 의 엔지니어링 이사인 조지 마우어 George Mauer 는 필자에게 '사실 99%의 사람들이 나보다 더 잘 알지 못한다.'라는 사실을 깨닫기 전까지는 가면 증후군을 앓았다고 말해주었다. 아마 여러분은 실제로 업무에 돌입하고 나서야 무엇을 하고 있는지 비로소 깨달을 수도 있지만, 실은 다른 사람들도 마찬가지다! 다른 사람도 그렇다는 사실에 정말 안심이 되는가? 결론은 누가 이 프로젝트를 담당하든 간에 그들도 실은 이 프로젝트를 어려워한다는 것이다.

어려움이 핵심이다. 필자는 어려움이 업무의 본질이라는 것을 깨닫고 이를 내면화했을 때 비로소 그 모호함을 다룰 수 있다는 진리를 발견했다. 복잡하고 어려운 업무가 아니었다면 기업은 여러분을 필요로 하지 않았을 것이다. 업무를 열심히 하다 보면 당연히 실수를 할 수도 있다. 그래도 중요한 것은 누군가는 이 업무를 해야만 한다는 것이다. 그렇다면 여러분이 해야 할 일은 실수를 저질렀을 때 이를 인정할 만큼 용감한 사람이 되는 것이다. 기존에 여러분이 보유한

4 더 나아가서, 여러분의 생물학적 욕구도 확인해보자. 물론 여러분의 사생활을 참견하려는 것은 아니다. 다만 평균적으로 우리 업계의 많은 사람은 수면 부족으로 인해 만성 피로에 시달리는 편이다. 규칙적이고 질 높은 수면은 회복력, 의지력과 에너지를 채워준다! 더 첨언하자면 수분 섭취도 지속해서 해주는 편이 좋다. 마지막으로 물 한 잔을 제대로 마셔본 적은 언제인가?

신뢰성과 사회 자본이 없었다면 여러분의 경력은 지금의 단계에 이르지 못했을 것이다. 실수는 여러분을 파멸시키지 못하며, 열 번이나 실수하더라도 그 실수가 여러분을 파멸시키지는 못한다. 사실 **실수**야말로 우리가 무언가를 진정으로 배울 수 있는 훌륭한 **교보재**다. 모든 것은 결국 다 괜찮아질 것이다.

다음은 새로운 프로젝트의 부담을 줄이기 위해 수행해볼 수 있는 다섯 가지 방법이다.

나를 위한 문서 만들기

프로젝트 규모와 관계 없이 다음의 사항들을 시작해볼 수 있다. 여러분을 위해 프로젝트 기간 동안 머릿속에 있는 생각들을 정리해서 이를 기록한 문서를 만든다. 이 문서는 불확실성과 소문, 팔로우, 리마인더, 할 일, 여러 가지 목록으로 가득할 것이다. 다음에 무엇을 해야 할지 잘 모를 때는 이 문서를 찾아서 과거에 여러분이 중요하다고 생각했던 것이 무엇인지 살펴보면 된다. 모든 것을 한곳에 적어 두면 어디에 적어두었는지 생각하지 않아도 된다.

프로젝트 후원자들과 대화하기

누가 이 프로젝트를 후원하는지 알아낸 뒤 그들이 여러분에게 원하는 것을 정확하게 파악하라. 그리고 그들과 함께할 수 있는 시간을 만들자. 먼저 프로젝트를 통해서 여러분이 달성하고자 하는 목표와 성공이 무엇인지 명확하게 설명할 수 있도록 준비한다. 문서로 정리된 설명일수록 더 명확하다. 그리고 그들에게 여러분의 목표에 동의하는지 물어보자. 만약 그들이 동의하지 않거나 조금이라도 모호하게 느끼는 점이 있다면, 그들이 지적한 점을 반영하고 나서 그것들이 잘 반영되있는지 다시 한번 확인하자. 특히 프로젝트 초창기에는 목표에 대해 서로 **오해**하는 경우가 놀라울 정도로 많이 발생한다. 이럴 때는 프로젝트 후원자와의 대화를 통해 올바른 방향으로 가고 있는지 확인할 수 있다. 게다가 프로젝트 초창기는 여러분의 역할이 무엇인지, 누구에게 프로젝트 업데이트를 제공해야 하는지에 대한 의문을 해소하기에도 좋은 시기다.

프로젝트 후원자의 성격에 따라서 정기적으로 조언을 받을 수도 있지만, 단 한 번의 대화 이후로 몇 달 동안 아무것도 할 수 없을 수도 있다. 이는 위험한 업무 수행 방식이지만, 실제로 현업에서 종종 발생하는 일이다. 후원자들과 대화하는 빈도가 낮을수록 모든 정보를 조기에 파악해 두는 것이 중요하다.

프로젝트의 불확실성을 공감하고 이해해줄 사람 찾기

프로젝트가 어렵고 여러분의 능력 밖의 일처럼 느껴진다면 누구와 이야기를 나눌 것인지 생각해보자. 주니어 엔지니어들은 적합한 사람들이 아니다! 물론 여러분은 앞으로 있을 몇 가지 어려움에 대해서는 그들에게 솔직하게 마음을 터놓고 대화해야 한다. 다만 그들은 기본적으로 여러분에게 안전과 안정을 기대하고 있다는 점을 명심하라. 경험이 부족한 동료들에게는 선임도 배우고 있다는 것을 보여주어야 하지만, 여러분의 두려움이 그들을 물들여서는 안 된다. 여러분의 업무는 여러분이 주도하는 프로젝트가 그들에게 삶의 질, 스킬, 에너지, 신뢰성, 사회 자본을 제공하는 프로젝트가 되도록 만드는 동시에 그들을 위해서 스트레스를 제거해주는 것이다.

그렇다고 해서 모든 걱정을 혼자 떠맡아야 한다는 뜻이 아니다. 확신이 서지 않는 부분들을 허심탄회하게 논의할 수 있는 사람을 적어도 한 명은 찾자. 그 사람은 매니저나 멘토 또는 동료일 수 있으며, 2장에서 논의한 동료 스태프 엔지니어도 여기에 해당한다. 약점을 인정하지 않거나 여러분의 문제를 해결하려 하지 않는 사람이 아니라, 잘 들어주고 인정해주며 "네, 이것은 저에게도 어렵습니다."라고 말해줄 사람을 선택하자. 물론 여러분도 그들이나 다른 사람들에게 이와 같은 사람이 되어주어야 한다.

프로젝트 초창기에 최대한 배우기

만약 문제가 너무 커서 여전히 직접 해결하기가 어렵다면, 적어도 그 문제를 통제하는 데 도움이 되는 조치를 취하는 것을 목표로 하자. 다른 사람과 대화를 나누어보거나 그림을 그려보거나 문서를 작성해볼 수 있다. 아니면 다른 사람에게 이 문제를 설명해보자. 프로젝트의 초창기는 해당 프로젝트에 관해서 아는 것이 가장 적은 시기이기도 하다. 그러니 여러분은 그냥 "제가 이런 프로젝트를 처음 맡아서 잘은 모르겠지만, 제가 이해한 바로는 이렇습니다. 제가 잘못 알고 있다면 말씀해주세요."로 말문을 연 뒤에 많은 것을 배우면 된다. 물론 나중에는 무언가를 모르는 것이 조금 부끄러울 수도 있다. 그러나 실제로는 그렇지 않다는 점을 명심하라. 모든 배움은 훌륭하다! 프로젝트 초창기에 많은 것을 모르는 그 짧은 순간도 낭비하지 말고 최대한 많은 것을 배울 수 있도록 노력하라.

나만의 장점 활용하기

필자가 3장에서 전략에 관해서 이야기할 때, 본인의 장점을 중심으로 전략을 세워야 한다고 말했던 것을 기억하는가? 이 부분에서도 똑같이 적용할 수 있다. 여러분은 많은 정보를 되도록이면 효율적으로 뇌에 저장하고 싶을 것이다. 그러니 여러분의 핵심 근육을 사용하라. 예를 들어서 코드가 가장 익숙하다면 코드를 확인하자. 만약 여러분이 인간관계를 먼저 생각하는 경향이 있다면 사람들과 대화해보자. 읽는 것을 선호한다면 서류를 찾아보자. 본인이 가진 장점을 최대로 활용해야 한다. 물론 프로젝트 초창기에는 여러분이 원하는 모든 정보를 알 수는 없다. 그러나 이렇게 행동하면 이 프로젝트가 엄청나게 어렵거나 두려운 프로젝트가 아니라 단지 또 다른 새로운 프로젝트일 뿐이라고 여러분 자신을 설득할 수 있을 것이다. 진심으로 말하지만, 여러분은 해낼 수 있다.

5.2.2 맥락 쌓기

프로젝트를 시작하면 대개 모호한 부분이 아주 많기 마련이다. 이럴 때는 2장에서 설명한 것처럼 지도를 그려보면서 여러분과 다른 사람을 위해서 올바른 관점을 설정할 수 있다. 가장 먼저 업무를 다른 관점에서 보고, 프로젝트의 목표를 이해하며, 프로젝트의 제약 조건 및 역사 그리고 프로젝트가 사업 목표와 어떻게 연결되는지에 대해 명확하게 설명하는 **위치 인식 지도**를 만들 수 있다. 그리고 여러분이 건너야 하는 지형과 그곳의 지역 정치를 식별할 수 있고 프로젝트에 참여하는 사람들이 일하는 스타일과 결정이 어떻게 내려질지를 포함하는 **지형 지도**를 만들 수 있다. 마지막으로 여러분이 어디로 가는지, 그리고 어떤 마일스톤에서 멈출지를 보여주는 **보물 지도**를 만들 수 있다.

다음은 여러분과 다른 모든 사람을 위해서 명확하게 설명해야 할 몇 가지 맥락이다.

목표 이해

이 프로젝트를 수행하는 목표가 무엇인가? 달성 가능한 모든 사업 목표와 기술 투자 및 미결 과제 부분을 모두 고려해서 왜 이 목표를 설정했는지 알아야 한다. '여러분이 이 업무를 해야 하는 이유'는 프로젝트 전반에 걸쳐서 여러분에게 동기를 유발하고 앞으로 나아갈 때의 지침이 된다. 만약 여러분이 어떤 업무를 수행하는 중인데 그 이유를 모른다면 잘못된 업무를 하고 있을 가능성이 크다. 이 경우 해결하려고 했던 실제 문제를 해결하지 못한 채로 업무를 끝낼 수도 있다. 이 현상은 6장에서 더 자세하게 이야기할 것이다.

심지어 명확한 '목표'를 이해했을 때 여러분이 프로젝트의 전제를 거부하게 되는 상황이 발생할 수도 있다. 그래도 그게 맞다. 여러분이 주도해야 할 프로젝트가 명확한 목표를 달성하지 못한다면, 그 프로젝트를 수행하는 것 자체가 모두에게 시간 낭비다. 그러니 목표는 일찍 파악할수록 더 좋다.

사용자의 정확한 욕구 파악

필자가 자주 드는 예시가 있다. 새로운 인프라팀에서 첫 주에 겪은 일에 관한 이야기다. 팀의 한 구성원이 필자에게 새로운 기능을 사용할 수 있도록 시스템을 업그레이드하는 프로젝트에 관해서 설명했다. 그는 또 다른 팀에서 이 기능을 요청했다고 말했다. 이에 필자는 상황을 파악할 기회를 얻게 되어 기뻤다. 그래서 "그들은 왜 그 기능이 필요할까요?"라고 물었다. 그러자 그는 갑자기 말을 바꾸어서 "아마도 그들은 이 기능이 필요하지 않을 수도 있어요."라고 말했다. 그리고 덧붙여서 "우리는 그들이 이 기능이 필요하리라고 예상하지만, 실제로 필요할지, 아닌지는 알 방법이 없습니다."라고 말했다. 심지어 두 팀은 같은 건물, **같은 층**에 있었다.

이 예를 보면 어떤 생각이 드는가? 가장 내부적인 프로젝트조차도 **'고객'**이 존재한다. 즉, 여러분이 설계하는 시스템은 누군가는 반드시 사용한다. 때로 여러분 스스로가 여러분이 만든 시스템의 사용자가 될 수도 있다. 그러나 대부분의 사용자는 여러분이 아닌 다른 사람들이다. 사용자가 무엇을 필요로 하는지 이해하지 못하면 올바른 프로덕트를 구축하고 배포할 수 없다. 게다가 프로덕트 매니저가 없다면 이러한 요구사항이 무엇인지 파악하는 데 상당한 어려움을 겪을 수도 있다. 그러니 사용자와 대화하고 그들이 응답하는 내용에 귀를 기울여야 한다. 사용자의 욕구를 정확하게 파악해야 한다.

물론 프로덕트 관리는 상당히 크고 어려운 분야이며, 사용자가 실제로 무엇을 원하는지 파악하기는 쉽지 않다.[5] 그만큼 사용자의 욕구를 파악하는 데는 오랜 시간이 걸리니 시간 예산을 잘 설정하자. 먼저 사용자에게 여러분이 교체할 소프트웨어의 사용 사례를 직접 보도록 요청해야 한다. 내부 사용자들에게 그들이 원하는 API가 무엇인지 설명하도록 요청하거나, 사용자가 원하는 인터페이스의 스케치를 보여주고 그들이 실제로 API와 어떻게 상호 작용하는지 확인한

---

5 이 상황에 정확하게 딱 들어맞는 내용은 아니지만, 세계 최초의 대량 생산 자동차인 모델 T에 대한 헨리 포드(Henry Ford)의 유명한 말은 다른 도메인에 있는 사람들이 어떻게 의사소통에 실패할 수 있는지를 보여준다. "내가 자동차를 만들기 위해서 사람들에게 원하는 것이 무엇이냐고 물었다면, 사람들은 더 빨리 달리는 말을 원한다고 대답했을 것이다."라는 말이다.

다. 사용자가 원하는 것을 추측하지 말고, 실제로 묻고 대답을 들어서 정확하게 파악해라. 그리고 대화할 때는 전문용어를 사용하지 말자. 전문용어를 남발하면 사용자들은 이해하지 못했어도 지레 겁을 먹고 이해했다고 대답할 수도 있기 때문이다. 여러분의 운이 좋아서 여러분의 팀에 사용자 경험UX, User Experience 연구원이 있다면, 그들의 업무를 읽어보고, 그들과 대화하고, 몇 가지 사용자 인터뷰를 살펴보면서 사용자 경험을 연구해보자.

특히 프로덕트 매니저가 해야 할 일로 치부하면서 여러분이 사용자의 욕구를 직접 파악할 수 있는 길을 무시하지 말자! 필자는 「실용적인 엔지니어The Practical Engineer」라는 뉴스레터의 저자인 그레고르 오로스Gergely Orosz가 연재하는 「프로덕트 매니저와 협업하는 법: PM의 조언 Working with Product Managers: Advice from PMs」[6]이라는 글을 아주 좋아한다. 특히 유튜브 스튜디오 프로덕트 관리직 이사인 에비 아타와디Ebi Atawodi 의 「여러분도 '프로덕트'입니다You are also 'product'」라는 논평도 아주 좋아한다. 아타와디는 엔지니어링팀도 사업의 맥락, 핵심 측정 기준 및 사용자 경험에 관심을 두고 프로덕트팀만큼 사용자를 존중해야 한다고 지적한다.

성공 측정 기준 설정

성공을 어떻게 정확하게 측정할 것인지도 정해야 한다. 새 기능을 만든다면 프로덕트의 요구사항을 정리한 문서PRD, Product requirements document[7]처럼 이미 정해진 **성공 측정**success metric 방법이 있을 수도 있다. 그렇지 않으면 여러분이 직접 측정 기준을 제안할 수도 있다. 어느 쪽이 됐든 후원자와 프로젝트의 다른 리더의 동의를 얻어야 한다.

물론 성공 측정 기준이 항상 명확한 것은 아니다. 소프트웨어 프로젝트는 때로 코드가 얼마나 작성되었는지에 파악하는 식으로 진행률을 대략 측정하지만, 코드의 존재가 곧 문제의 해결을 의미하는 것은 아니다. 심지어 어떤 경우에는 코드 라인을 **삭제했을 때** 진짜 성공할 수 있다. 여러분 프로젝트의 성공 측정 기준을 명확하게 정의하자. 프로젝트의 성공이 단순히 수익 증대, 운영 중단 감소, 프로세스 소요 시간의 단축을 의미하는 것인가? 아니면 지금 설정할 수 있는 객관적인 측정 기준이 있어서 기능의 업그레이드 전후를 객관적으로 비교할 수 있는가? 마이크로서비스 전문가 사라 웰스는 쿠버네티스 콘퍼런스인 쿠버콘Kubecon에서 「쿠버네티스로 150개 이상의 마이크로서비스를 마이그레이션하는 과제The Challenges of Migrating 150+

---

6 「프로덕트 매니저와 협업하는 법: PM의 조언」, *https://oreil.ly/l9ofc*
7 프로덕트 요구사항 문서의 개념, *https://oreil.ly/YBaZ0*

Microservices to Kubernetes」[8]라는 기조연설을 진행했다. 그녀는 이 연설에서 마이그레이션의 성공 여부를 판별하는 두 가지 측정 기준을 제시했다. 첫 번째는 클러스터cluster를 정상적으로 유지하는 데 걸린 시간을 측정하는 것이었고, 두 번째는 이 기능에 대한 불만을 슬랙으로 토로하는 팀원들의 수를 측정하는 것이었다. 두 가지 모두 충분히 객관적으로 측정 가능한 방법이다.

특히 **처음 프로젝트를 시작할 때**는 성공 측정 기준을 정의하는 데 더욱더 주의를 기울여야 한다. 만약 여러분의 신뢰성과 사회 자본이 굳건하다면 다른 사람들의 믿음을 바탕으로 프로젝트를 시작하거나 설득력 있는 문서나 영감을 주는 연설을 통해 프로젝트를 후원하도록 설득할 수 있다. 하지만 이렇게 하면 여러분 스스로 옳다고 확신하기가 어려울 것이다. 프로젝트가 어떻게 진행되는지 명확하게 파악할 수 있도록 여러분의 아이디어를 현실적인 관점에서 바라보며 측정 가능한 기준을 설정하자. 4장에서도 설명한 것처럼 이렇게 할수록 여러분의 신뢰성과 사회 자본도 더 쌓일 것이다. 다른 사람들이 프로젝트를 계속 진행하도록 동기를 유발한다고 해도 그들에게만 의존하지 말자.

후원자, 이해관계자 및 사용자 탐색

누가 이 프로젝트를 원하고, 누가 이 프로젝트를 지원하는가? 프로젝트의 주요 사용자는 누구인가? 주요 사용자는 내부 사용자인가, 아니면 외부 사용자인가? 사용자는 무엇을 원하는가? 여러분과 프로젝트의 후원자 사이에 중간자가 있는가? 만약 프로덕트 요구사항 문서가 있다면 문서에 이 모든 내용이 적혀 있을 수도 있지만, 그렇지 않다면 여러분이 직접 이 사항들을 명확하게 정의해야 한다. 첫 번째, 사용자 또는 주요 이해관계자가 누구인지, 두 번째, 그들이 원하는 것은 무엇인지, 세 번째, 언제 결과를 보고 싶어 하는지 등이다. 만약 이 프로젝트를 진행하는 추진력이 이들에게 달려 있다면 여러분은 이들에게 프로젝트를 진행하는 것을 지속해서 정당화하고 충분한 지원을 확실히 받아두어야 한다. 만약 이 프로젝트를 원하는 다른 사람들을 더 찾을 수 있다면 업무 가치를 증명하기가 훨씬 더 쉬워질 것이다.

고정 제약 조건 설정

이론적으로는 기업에 예산이나 시간 측면, 상대하기 어려운 사람들이나 현실적인 성가신 측면

---

8 「쿠버네티스로 150개 이상의 마이크로서비스를 마이그레이션하는 과제」, *https://oreil.ly/0TILj*

에 얽매이지 않고도 큰 문제를 해결할 수 있는 시니어 기술자 역할이 존재한다. 하지만 현실에서 이런 역할을 실제로 본 적이 있는가? 아마 없을 것이다. 일반적으로 여러분은 업무를 수행할 때마다 어느 정도는 제약을 받는다. 그렇다면 여러분을 제한하는 제약이 무엇인지 명확하게 이해하자. '절대로 뒤로 미룰 수 없는 마감일이 있는가?', '프로젝트 진행 예산은 충분한가?', '너무 바빠서 여러분을 도와줄 시간이 없는 팀이나 사용할 수 없는 시스템 컴포넌트에 의존하고 있지는 않은가?', '같이 일하기 힘든 사람과 함께 일해야 하는가?' 등이다.

여러분을 구속하는 제약을 명확하게 이해하는 것은 여러분 말고 다른 사람들의 기대치도 정할 수 있도록 도와준다. '단순히 기능을 제공하는 상황'과 '엔지니어를 충분히 보유하지 않은 상태에서 서로 합의점을 찾지 못한 두 이해관계자와 함께 기능을 제공하는 상황'에는 아주 큰 차이가 있다. 마찬가지로 '베타 테스트에 열심인 팀을 위해서 내부 플랫폼을 만드는 프로젝트'는 '백 명의 엔지니어가 싫어하는 새로운 시스템으로 마이그레이션하도록 설득하는 프로젝트'와는 전혀 다른 수준의 프로젝트다. 원하는 대로 되지 않는다고 현실에 분개하는 데 여러분의 시간을 낭비하지 말고, 현실을 정확하게 직시하자.[9]

위험 요소 관리

여러분의 프로젝트는 소위 '문샷moonshot' 프로젝트[10]인가, 아니면 '루프샷roofshot' 프로젝트[11]인가? 프로젝트의 상태는 거대한 열망이 느껴지는 수준의 단계인가, 아니면 이미 올바른 방향으로 가는 단계인가? 이론적으로 이상적인 프로젝트에서는 모든 참여자가 본인이 최대로 사용할 수 있는 시간과 에너지를 충분히 사용하고, 신뢰성, 스킬, 삶의 질 및 사회 자본의 향상을 이루어내며 완벽하게 자기 역할을 수행한다. 그러나 현실은 다르다. 현실의 프로젝트에서는 종종 문제가 발생하며 규모가 커지면 커질수록 위험도 더 커진다. 이에 잘 대비할 수 있도록 몇 가지 위험 요소를 사전에 예측해보자. 기한 내에 목표를 달성하는 것을 가로막는 일이 일어날 수 있는가? 만약 없어지면 프로젝트를 망칠 수도 있는 예측 불가한 요소 및 의존성이나 핵심 인물들이 있는가? 이와 같은 불확실한 부분들을 사전 예측을 통해 명확하게 밝혀낼수록 위험을 완

---

9 두말할 나위 없이, 이런 현실을 묘사할 때는 소위 '정치 노선'의 줄을 잘 타야 한다. 여러분이 어려워하는 사람이나 적대적인 팀, 혹은 우유부단한 책임자에 관해서 이야기할 때는 안 좋은 내용보다는 여러분이 쓸 수 있는 최대한의 너그러운 표현을 써라. 그럼 나중에 다른 누군가가 불가피하게 그 사람들을 묘사한 여러분의 이메일이나 문서를 그 사람들에게 다시 전달했을 때 덜 어색할 것이다. 그리고 이렇게 하면 여러분도 그들에게 공감할 수 있고 그들과 함께 일하는 방법에 대해 어느 정도는 통찰력을 갖게 될 것이다.

10 옮긴이_'문샷 프로젝트'는 '혁신적인 프로젝트'를 의미한다.

11 옮긴이_'루프샷 프로젝트'는 '조금만 노력하거나 개선하면 달성 가능한 수준의 목표를 지닌 프로젝트'를 의미한다.

화할 수 있다. 또는 이런 질문을 던져보는 것도 좋다. '내가 모르는 것은 무엇이고, 해답을 찾을 수 있는 방법은 무엇인가?', '이 프로젝트는 프로토타입으로 만들 수 있는 프로젝트인가?', '예전에 이런 종류의 프로젝트를 수행해본 적이 있는가?'

가장 일반적인 위험 요소 중 하나는 **헛된 노력**에 대한 두려움이다. 즉, 결국 사용자가 사용하지 않는 결과물을 만들어낼지도 모른다는 두려움이다. 이럴 때는 프로젝트를 진행하며 특정 부분을 반복해서 **자주 수정할수록** 위험성을 줄일 수 있다. 사용자 피드백을 받으며 진행 단계를 자주 수정하지 않으면, 마지막 출시 단계에서 성공이냐, 실패냐의 단 한 가지 가능성밖에 남지 않는다(6장에서 더 자세하게 다룰 예정이다).

프로젝트 이력 파악

비록 완전히 새로운 프로젝트일지라도, 알아야 할 그간의 **이력**이나 **맥락**이 있을 수 있다. 이 프로젝트의 아이디어는 어디에서 나왔는가? 사전에 예상했던 대로 올핸즈 미팅이나 이메일로 발표되었는가? 만약 해당 프로젝트가 완전히 새로운 아이디어에서 출발한 것이 아니라면, 지난 이력은 대개 모호하고 심지어 알고 싶지 않은 것일 수 있다. 특히 팀이 이미 문제를 해결하려고 시도했지만 실패한 프로젝트라면 나중에라도 사용되거나 구현되어야 할 가능성이 있는 프로젝트일 가능성이 높다. 또한, 기존 사용자 중에서 이 프로덕트를 사용한 사람들이 있다면 이들이 지속적인 지원을 원할 수도 있다. 아니면 예전에 해결을 시도했다가 실패한 사람들이 내는 분노와 짜증에 직면하게 될 수도 있다. 만약 이들의 열정을 다시 일으키려면 매우 신중하게 진행해야 할 것이다.

기존의 프로젝트를 처음 접하는 경우라면 무작정 그 프로젝트에 뛰어들지 말고, 먼저 다양한 **대화**를 나누어보자. 새로운 해결책을 만들기 전에 사용법이나 해결책 또는 정리해야 할 부분을 절반 정도만 먼저 완성해서 확인해보자. 그리고 다른 사람들이 이 프로젝트에 가진 감정이나 기대를 이해하고 그들의 경험으로부터 배우자. 필자가 2장에서 언급했던 대로 아마존 프린시플 엔지니어 그룹의 "이전부터 있던 것을 존중하라."라는 신조를 항상 명심하라.

팀 규모 파악

프로젝트의 규모에 따라서 몇 명의 주요 담당자 또는 팀 구성원, 리더, 이해관계자, 사용자 및 주변 역할을 대규모로 채용해야 할 수도 있다. 이들 중 일부는 여러분의 방향성에 영향을 미칠 것이고, 일부는 반드시 응답해야 하는 의사결정을 내릴 것이며, 일부는 여러분과 직접 대화를 나누지 않을 수도 있다. 물론 리더 역할을 하는 다른 사람들도 있을 것이다.

한 팀만 참여하는 프로젝트의 리더라면 해당 팀의 모든 사람과 정기적으로 대화를 나눌 수 있다. 그러나 규모가 더 큰 프로젝트라서 더 많은 팀이 참여한다면 팀별로 연락 담당자가 필요하다. 혹은 그보다 더 큰 프로젝트라면 각 부분에서 **서브 리더**가 있을 수 있다(그림 5-1 참조). 여러분의 프로젝트가 더 광범위한 프로젝트의 한 부분일 뿐이라면 여러분이 서브 리더가 될 것이다.

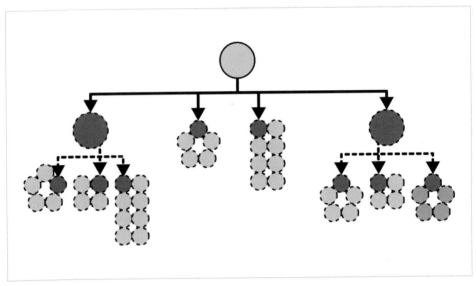

그림 5-1 프로젝트의 규모가 크다면 프로젝트를 이끄는 리더(그림 속 트리의 루트) 구조에 팀별 연락 담당자나 서브 리더가 있을 수도 있다. 이 중에서도 일부 서브 리더는 본인이 속한 팀의 업무를 감독할 수도 있다.

큰 프로젝트이고 리더가 많다면 다른 모든 리더와 좋은 업무 관계를 구축하고 서로 돕는 것이 중요하다. 권력 다툼에 시간을 낭비하지 말자. 협업해서 업무를 잘 수행하면 공동의 목표를 달성할 가능성이 훨씬 더 커진다. 그리고 업무 면에서 주변 사람들과 조화를 이루면 삶의 질이나 에너지 측면에서도 훨씬 더 시너지가 일어난다. 다만 여러 명의 리더가 있다는 것은 종종 누가 무엇을 하는지 불분명하다는 것을 의미할 수도 있다. 바로 이 점이 대부분의 갈등이 발생하는 원인이다. 그러므로 리더가 누구인지, 프로젝트에 어떻게 참여하는지, 그리고 그들이 어떤 역할을 할 것인지를 잘 파악하고 있어야 한다.

5.2.3 프로젝트 공식 구조 설정

앞에서 다룬 모든 상황을 고려해서 프로젝트를 실행하는 데 도움이 되는 **공식 구조**를 설정해볼 수 있다. 사람들의 기대치와 구조를 설정하고 계획을 수행하려면 오랜 시간이 걸릴 수 있지만, 이렇게 함으로써 성공 가능성을 높일 수 있다. 참여하는 인원이 많을수록 기대치를 공유하는 것이 더욱 중요해진다. 또한, 구조는 진행 상황을 효과적으로 제어하는 데 큰 도움이 되므로, 구조를 설정하는 것이 약간 부담되더라도 필요성을 감안해서 이를 수행해보자. 이렇게 하면 일이 더 쉬워진다.

다음은 프로젝트 구조를 설정하기 위해서 필요한 몇 가지 업무다.

역할 정의

앞에서 여러 명의 리더가 있을 때 발생할 수 있는 갈등의 위험성을 언급했다. 이번에도 이 부분부터 시작해보고자 한다. 시니어 수준에 이르면 엔지니어링 역할의 경계가 서로 모호해진다. 예를 들어서 고참 시니어 수준의 엔지니어나 엔지니어링 매니저 및 기술 프로그램 매니저 간의 역할 차이가 명확하게 구분되지 않을 수도 있다. 기본적으로 이들은 모두 소위 '방 안의 어른'[12] 역할을 맡고, 프로젝트의 위험을 식별하며 진행을 저해할 만한 것들을 제거해서 문제를 해결할 책임이 있다. 즉, 프로그램 매니저는 진행 상황별 격차를 파악하고, 프로젝트 상태에 대해 소통하며, 프로젝트를 저해하는 점을 없애야 한다. 이런 역할을 담당하는 사람이 정해져 있지 않다면 누구든 나서서 해야 한다. 기술 분야도 마찬가지다. 엔지니어만 고도화된 스킬 역량을 갖춰야 한다고 생각할 수도 있지만, 실제로 현업에서는 일부 프로그램 매니저들이 심도 있는 기술자 역할을 담당한다. 그리고 이들 중 많은 사람이 광범위한 소프트웨어 엔지니어링 경험을 가지고 있다. 이처럼 매니저나 기술 전문 프로그램 매니저가 엔지니어링 환경에서 근무하면서도 여전히 중요한 기술적 결정에 관여하고 있거나 스태프 엔지니어가 둘 이상인 경우에는 역할의 경계를 제대로 설정하기가 상당히 어렵다. 누가 어떤 부분을 담당해야 할까?

프로젝트 출범 **초창기**는 각 리더의 직무를 명확하게 설정하기에 가장 좋은 시기다. 그러니 이 시기에 반드시 각 역할을 명확하게 정의하자. 두 사람이 같은 일을 하고 있다는 것을 나중에 스스로 깨닫게 될 때까지 기다리지 말자. 모두가 자기 일이 아니라고 떠넘기다가 업무가 틈새로

---

12 옮긴이_'방 안의 어른'은 '조직 내에서 성숙한 면모를 보이며 책임을 지는 사람'을 의미한다.

빠져버리도록 놔두지 말자. 프로젝트를 제대로 수행하기 위해서는 어떤 종류의 업무가 필요하고 누가 그 업무를 담당할 것인지 확실히 정해야 한다. 가장 간단한 방법은 리더십 직책을 표로 만들어서 누가 각각 무엇을 맡아야 하는지를 정하는 것이다. [표 5-1]은 작성법 예시다.

표 5-1 리더십 직책 구분 예시 표

직책	실제 담당자
프로덕트 매니저	올라예미Olayemi
기술 리더	자야Jaya
엔지니어링 매니저	카이Kai
기술 전문 프로그램 매니저	나나Nana
엔지니어링팀	아델Adel, 샘Sam, 크라반Kravann
사용자의 욕구 파악 및 초기 요구사항 제안	프로덕트 매니저
프로덕트 성공을 위한 KPI 제공 담당자	프로덕트 매니저
타임라인 작성자	기술 전문 프로그램 매니저
프로젝트 범위 및 마일스톤 설정	프로덕트 매니저, 엔지니어링 매니저
신입사원 채용 담당자	엔지니어링 매니저
팀 상태 모니터링 및 확인 담당자	엔지니어링 매니저
팀원의 성과 및 성장 관리 담당자	엔지니어링 매니저
기술 주제 관련 멘토링 및 코칭 담당자	기술 리더
상위 수준의 아키텍처 설계 담당자	(엔지니어링팀의 지원을 받는) 기술 리더
각 컴포넌트 설계 담당자	기술 리더 및 엔지니어링팀
코딩 담당자	(기술 리더의 지원을 받는) 엔지니어링팀
테스트 담당자	(기술 리더의 지원을 받는) 엔지니어링팀
시스템 실행, 배포, 모니터링 담당자	엔지니어링팀, 기술 리더
이해관계자들에게 프로젝트 진행 상황을 설명할 소통 담당자	기술 전문 프로그램 매니저
A/B 실험 고안 담당자	프로덕트 매니저
기술 접근 방향성 최종 결정자	기술 리더
사용자가 보게 될 동작 최종 결정자	프로덕트 매니저

물론 이 표는 단지 예시일 뿐이다. 어떤 프로젝트에는 이보다 더 많은 리더가 필요하며, 반대로 더 적을 수도 있다. 특히 인프라팀처럼 내부 프로젝트를 진행할 때는 대개 프로덕트 매니저가

없다.[13] 표에 있는 업무에 다른 직업을 기재해도 괜찮다. 표를 더 정교하게 구성해보고 싶다면 책임 할당 매트릭스 도구인 RACI를 써보자.[14] RACI는 프로젝트마다 가장 일반적으로 포함되는 네 가지 주요 직책의 약자다.

■ **실무 담당자**Responsible
실제로 업무를 담당하는 사람

■ **의사결정권자**Accountable
업무 수행 시 최종적으로 업무 완료를 승인하는 승인자. 프로젝트당 최종 승인자는 한 명만 있어야 한다. 승인자는 '책임을 지는 사람'과 동일인인 경우가 많다.

■ **업무 수행 조언자**Consulted
프로젝트 수행과 관련해 견해를 공유하는 사람

■ **결과 통보 대상자**Informed
프로젝트 진행 프로세스에 대한 최신 정보를 받는 사람

프로젝트 관리에 관심이 있다면 RACI의 다양한 변형 사항을 더 읽어보면 좋다. 그러나 이 책에서는 거기까지는 다루지 않을 예정이다. RACI는 [표 5-1]의 내용을 더 자세히 구조화하기에 해당 프로젝트에 대한 모든 사람의 기대치를 더욱 명확하게 설정할 수 있다. 물론 상황에 따라서 너무 과한 방법을 쓸 필요는 없지만, 정말 필요할 때는 당연히 써야 한다. 구글의 스태프 엔지니어로 활동하는 필자의 친구는 혼란스러운 프로젝트에 RACI 방법을 사용하는 것에 대해서 다음과 같이 말했다.

> 우리는 의사결정권자가 누구인지 명시적으로 정의하기 위해서 일종의 공식적인 방법이 필요했다. RACI 방법을 쓰면서 다음의 두 가지 나쁜 패턴을 벗어날 수 있었다. 첫 번째 나쁜 패턴은 의사결정권자가 누구인지 몰라서 절대 결정을 내리지 않는 것이었다. 두 번째는 큰 수확도 얻지 못하면서 끝없이 논의하는 것이었다. 의사결정권자가 없다는 것은 결정을 내리는 프로세스가 없다는

---

13 만약 이렇게 한다면 우리 업계의 내부 해결책을 얼마나 더 개선할 수 있을지 생각해보아라.

14 책임 할당 매트릭스(Responsibility Assignment Matrix)(*https://oreil.ly/eebGs*)는 작업을 완료하기 위해 필요한 다양한 역할을 구분하는 것이다. 특히 RACI는 실무 담당자(Responsible), 의사결정권자(Accountable), 업무 수행 조언자(Consulted), 결과 통보 대상자(Informed)의 구성을 통해 프로젝트팀의 역할과 담당 업무를 파악하는 방법을 의미한다.

것이었으므로 항상 모든 결정이 번복되었다. RACI는 이 두 가지 문제점을 완전히 해결하지는 못했지만, 적어도 대부분의 사람에게 논란의 여지가 없는 구조를 제공해주었다.

그의 말처럼 논란의 여지가 없는 구조를 제공하는 것이 RACI 방법이 지닌 진정한 장점이다. RACI는 사람들이 큰 문제 없이 모든 대화를 시작할 수 있는 방법을 제공해준다.

라라 호건은 프로덕트 엔지니어링 프로젝트를 위해 대체 도구인 팀 리더 벤 다이어그램[15]을 제공한다. 이 다이어그램에는 육하원칙을 기반으로 '무엇을', '어떻게' 및 '왜'에 대한 이야기를 넣을 수 있는 중첩 원이 있다. 각 원은 엔지니어링 매니저, 엔지니어링 리더 및 프로덕트 매니저에게 할당된다. 이에 더해서 필자는 네 번째 원, 즉 '언제'에 대한 이야기를 이 다이어그램에 넣어서 프로젝트나 프로그램 매니저에게 할당할 수도 있다는 제안도 들었다.

어떤 식으로 접근하든지 간에 본인의 역할이 무엇이고 누가 무엇을 하고 있는지에 대해 모든 리더가 동의하도록 노력하라. 만약 여러분이 리더인지, 아닌지 확신이 서지 않는다면 새로운 프로젝트를 시작할 때 많은 스트레스를 받을 수도 있다. 10여 년 전의 일이다. 필자는 프로젝트의 서브 리더로서 프로젝트의 전반적인 리더 간 미팅에 참석할 때마다 필자가 해야 할 일을 제대로 했는지 확신할 수 없어서 불안한 마음으로 참석했다. 지금이라면 이럴 때 프로젝트의 전반적인 리더에게 "다음은 제가 책임지고 있다고 생각하는 업무들입니다. 이 부분에 리더도 동의하십니까? 제가 소유권을 제대로 가진 것이 맞나요?"와 같은 질문들을 하고 대화를 나눔으로써 많은 걱정을 덜 수 있었을 것이다.

역할에 대한 마지막 조언이다. 프로젝트의 리더라면 궁극적으로 프로젝트에 대한 **책임**이 있다. 이 책임에는 아무도 맡지 않은 역할을 리더가 스스로 나서서 맡거나 최소한 업무가 완료되었는지 확인하는 것까지 포함된다. 만약 팀 동료들에게 매니저가 없다면, 여러분이 나서서 그들이 성장하도록 도울 수 있다. 사용자의 요구사항을 파악하는 사람이 없다면 그 역할을 여러분이 맡아야 한다. 프로젝트 매니저가 없다면 그 역할도 여러분의 것이다. 이 외에도 더 많은 역할을 여러분이 직접 맡아야 할 수도 있다. 이 장의 나머지 부분에서는 여러분이 맡아야 할 몇 가지 업무에 대해서 추가로 설명할 것이다.

---

15 팀 리더 벤 다이어그램의 개념, *https://oreil.ly/Eoi2I*

인재 채용

만약 여러분이 직접 하고 싶지 않거나 할 시간이 없는 역할들이 있다면 이 역할을 대신해줄 누군가를 찾아야 한다. 내부에서 찾거나 외부의 누군가를 고용할 수도 있다. 아니면 프로젝트의 일부를 책임질 서브 리더를 찾을 수도 있다. 혹은 팀원이나 여러분이 모르는 특정 스킬을 찾아야 할 수도 있다.[16] 이것도 아니라면 여러분의 스킬 중에서 부족한 부분을 보완해주거나 채워줄 사람을 찾자. 만약 여러분이 빅 픽처 관점만 지니고 있다면 세세한 부분까지 파고드는 것을 선호하는 사람을 찾자. 반대의 경우도 마찬가지다. 좀 더 나아가서 여러분이 하기 싫어하는 종류의 업무를 **선호하는** 사람들을 찾을 수 있는지 확인해보자. 바로 이것이야말로 최고의 파트너십이다!

필자는 2020년 10월에 리드데브에서 「프로젝트 전반에 걸쳐서 지속해서 동기를 유발하고 성장시키는 법 Sustaining and growing motivation across projects」[17]이라는 논의를 진행할 기회가 있었다. 이 논의에서 구글의 프린시플 엔지니어인 모히트 체푸디라 Mohit Cheppudira 는 인재를 채용할 때 정확하게 무엇을 찾아야 할지에 대해서 다음과 같이 말했다.

> 큰 프로젝트를 책임지면 조직을 만들고 운영해야 한다. 이때는 조직의 요구를 올바르게 파악하는 것이 중요하다. 나는 특정 프로젝트에 관련된 모든 도메인에서 최고의 리더를 확보하기 위해서 많은 시간을 투자했다. 리더를 찾을 때는 좋은 기술적 판단력을 가진 사람일 뿐만 아니라 낙관적이고 갈등 해결에 능하며 의사소통에 능한 것 등 좋은 태도까지 가진 사람들을 찾았다. 이렇게 신뢰할 수 있는 사람을 찾은 후에는 그들이 이 프로젝트를 실제로 추진하도록 했다.

채용 결정은 중요한 결정 중 하나다. 프로젝트에 누가 참여하느냐에 따라서 마감일 준수, 업무 완성도, 목표 달성도 면에서 큰 차이가 발생한다. 여러분이 채용한 사람들의 성공은 곧 여러분 자신의 성공이고, 그들의 실패는 여러분의 실패다. 함께 일하면서 온갖 마찰을 극복하고 일을 해낼 수 있는 사람들, 즉 여러분이 의지할 수 있는 사람들을 채용하자.

범위 합의

프로젝트 매니저는 프로젝트의 시간, 예산 및 범위의 균형을 맞추기 위해서 프로젝트 관리 삼

---

16 다만 이 경우에는 한 사람의 스킬 역량에만 의존하는 것은 피하자. 그 사람이 해당 기업을 떠나면 문제가 생기므로 한 사람에게만 의존하는 것은 절대로 좋지 않은 행위다.

17 「프로젝트 전반에 걸쳐서 지속해서 동기를 유발하고 성장시키는 법」, *https://oreil.ly/o6Rj1*

각형 모델project management triangle[18]이라는 모델을 사용할 때가 있다. 종종 이 모델을 "'빠른 것', '저렴한 것', '좋은 것' 중에서 두 가지를 고르는 모델"이라고 부르기도 한다. 이처럼 프로젝트를 완수할 때는 다음과 같은 사항을 잊어버리기가 쉽다. 여러분의 팀 규모가 작다면 그만큼 할 수 있는 일이 줄어든다는 사실이다. 그러니 프로젝트 담당 범위에 대해서 미리 의견을 일치해놓자.

프로젝트의 프로덕트 전체를 한꺼번에 완료하는 경우는 드물 것이다. 특히 여러 사용 사례나 기능을 제공한다면 점진적이고 순차적으로 제공하고자 할 것이다. 그러니 먼저 무엇을 할지부터 결정하자. 그리고 목표 달성을 위한 마일스톤을 세우고 마감 날짜를 결정하자. 각 마일스톤은 '어떤 기능이 포함되어 있는가?', '사용자는 이 기능으로 무엇을 할 수 있는가?' 등 여러 사항을 자세히 설명할 수 있어야 한다.

거대한 조직 간의 수많은 프로젝트를 이끈 엔지니어링 매니저인 재키 베노위츠Jackie Benowitz는 마일스톤을 베타 테스트로 여긴다고 말한다. 모든 마일스톤은 어떤 식으로든 사용 가능하거나 데모 체험이 가능하며 사용자와 이해관계자로부터 피드백을 받을 수 있는 기회를 제공해준다. 새로운 기능이 생겨서 할 수 있는 것이 늘어나면 사용자 역시 곧 다른 일도 할 수 있다는 것을 알아차린다. 그러므로 사용자의 요구사항이 변경될 때마다 조직도 점차적인 변경에 대비해야 한다. 마일스톤을 잘 구성해놓으면 사용자와 이해관계자들이 먼저 방향이 잘못되었다고 말해줄 수 있기에 잘못된 방향을 빨리 수정할 수 있는 **기회**가 생긴다.

또한, 이는 일종의 **유연성** 측면에서도 생각해볼 수 있다. 이러한 유연성을 유지하기 위해서 어떤 프로젝트는 각각의 마일스톤을 목적지로 간주하고 다음 마일스톤 이상의 계획을 세우지 않는다. 또 다른 프로젝트는 방향 전환이 필요할 때마다 지도를 업데이트하면서 전체 프로젝트를 대략적으로만 계획하는 방법을 사용한다. 어느 쪽을 선호하든, 프로젝트 범위를 최대한 작게 쪼개서 세부적인 마일스톤을 설정하라. 게다가 마일스톤이 있으면 목표를 잘 달성하고 있는지 수시로 점검할 수 있다. 이는 큰 동기 부여가 된다. 필자는 피할 수 없는 마감일이 다가오기 전까지는 긴장감을 느끼지 못하고 행동으로 실천하지 않는 사람들을 많이 보았다. 정기적으로 결과를 내도록 마일스톤을 설정하면 사람들이 일을 뒤로 미루지 못한다. 그러므로 언제, 어떤 결과물을 내놔야 할지 명확하고 세세한 마일스톤을 설정하라.

---

18 프로젝트 관리 삼각형 모델의 개념. *https://oreil.ly/4aboG*

프로젝트가 매우 크다면, 업무를 흐름에 따라 분할하고 각각의 마일스톤을 설정해서 여러 업무 흐름workstream으로 구성하는 것이 좋다. 중요한 시점에서는 여러 업무 흐름이 상호 의존적으로 차례대로 수행되어야 할 수도 있지만, 대부분은 독립적으로 수행할 수 있다. 또한, 큰 업무를 완수하면 업무 방향을 바꾸고 프로젝트의 다음 단계를 시작할 수 있는 다양한 단계를 설정할 수도 있다. 큰 규모의 업무도 이렇게 나누면 진행하기가 한결 수월해질 뿐만 아니라 프로젝트 프로세스를 더 빅 픽처 관점에서 바라보고 생각할 수 있게 해준다. 예를 들어서 특정 업무의 흐름이 이미 정상 궤도에 올랐다면 해당 업무 내의 각 세부사항을 자세하게 살펴볼 필요가 없어진다.

기업에서 이미 프로덕트 관리 기능이나 로드맵 소프트웨어를 사용하고 있다면, 프로젝트를 단계별, 흐름별, 마일스톤별로 구성해주는 기능이 존재할 수도 있다. 아니면 모든 팀원이 한곳에 모여 있다면 화이트보드의 스티커 메모를 사용해서 같은 일을 수행할 수 있다. 방법이 중요한 것이 아니라 모든 직원이 명확하게 언제, 무엇을 하기로 했는지 **동일한** 생각을 해야 한다는 점이 중요하다.

업무 소요 시간 측정

필자는 본인의 업무 소요 시간을 정확하게 가늠하는 사람을 거의 만나보지 못했다. 어쩌면 소프트웨어 엔지니어링 업계 자체의 특성일 수도 있다. 모든 프로젝트가 각기 천차만별이기에 프로젝트가 얼마나 오래 걸릴지 알 수 있는 유일한 방법은 이전에 정확히 같은 업무를 수행한 적이 있는 경우뿐이다. 그래도 업무 소요 시간을 측정하는 것은 상당히 중요하다. 가장 일반적인 방법은 그 일을 완료할 수 있는 가장 작은 범위의 업무로 나누어보는 것이다. 작은 범위의 업무 소요 시간을 측정하는 것은 상대적으로 쉽기 때문이다. 두 번째 방식은 여러분의 측정이 항상 틀렸다고 가정하고 모든 측정 결과에 3을 곱하는 것이다. 다만 두 접근 방식 모두 아주 만족스러운 방법은 아니다!

앤드류 헌트Andy Hunt와 데이비드 토마스Dave Thomas는 프로젝트 일정 계획 수립을 고민하는 사람들에게 자신들의 저서 『실용주의 프로그래머Pragmatic Programmer』(인사이트, 2005)에서 "프로젝트 일정 계획을 제대로 수립하는 유일한 방법은 동일한 프로젝트에 대해 충분한 경험을 쌓는 것이다."라고 조언한다. 필자도 좋아하는 조언이다. 기능을 작은 단위로 배포하면 팀이 어떤 작업을 수행하는 데 얼마나 오래 걸리는지에 대한 경험을 쌓을 수 있으므로 매번 일정을 업데이트할 수 있다. 또한, 업무 소요 시간을 측정하는 것을 연습해서 그 측정이 실제로 맞는지 기록해보는 방법도 추천한다. 다른 모든 스킬들처럼 이것도 많이 하면 할수록 더 잘하게 될 것이다. 그러니 중요하지 않은 업무라 해도 업무 소요 시간 측정을 수시로 연습하고 확인해보자.

업무 소요 시간을 측정할 때는 관련 팀들의 **의견**도 고려해야 한다. 여러 팀 중에서 어떤 팀은 분기별, 연도별 주요 우선순위를 고려해 사전에 일정을 계획해놓고 해당 프로젝트에 몰입하는 상태일 수도 있다. 즉, 그 팀은 이 시기에 이 프로젝트를 제일 중요하게 여기고 있다. 그런데 이때 다른 팀은 그 프로젝트를 그 팀이 해야 하는 수많은 일 중의 한 가지일 뿐이라고 생각할 수도 있다. 그러니 되도록 빨리 필요한 팀과 대화를 나누어 해당 팀의 가용성을 파악해두어라.

특히 플랫폼 팀의 엔지니어들은 몇 달 전에 미리 요청받았다면 쉽게 구현하거나 분기별 계획 수립 시에 포함할 수 있었던 기능을 출시 직전에 추가하라는 요청을 받았을 때의 답답함을 자주 토로하곤 한다. 다른 팀에게 필요한 것을 늦게 말할수록, 그것을 얻을 수 있는 가능성은 크게 줄어든다. 그런데도 만약 다른 팀이 여러분의 요청을 수락한다면, 그것은 동시에 여러분이 그들의 현 업무를 방해하고 있다는 것이다. 여러분은 그들의 다른 프로젝트에 대한 업무 소요 시간 측정까지도 방해하는 것이다. 이 점을 명심하라.

실행 계획 논의

프로젝트가 원활하게 진행될 수 있도록 설정하는 데 도움이 되는 수많은 작은 의사결정이 있다. 모든 팀은 이 결정에 대해 논의하고 싶을 것이다. 다음은 실행 계획 논의의 몇 가지 예다.

■ 언제, 어디서, 어떻게 만날지에 대한 실행 계획 논의

얼마나 자주 미팅을 진행할 예정인가? 개별 팀이라면 매일 발표할 것인가? 여러 팀과 함께 프로젝트를 진행한다면 팀 리더는 얼마나 자주 모이는가? 정기적인 데모나 애자일 행사는 어떻게 진행할 것인가? 문제점을 성찰하는 방법으로는 회고록을 작성할 것인가, 아니면 다른 방식으로 성찰할 것인가?

■ 비공식적인 의사소통 장려하기

미팅은 정보를 교환하는 방식 중에서도 상당히 형식적인 방법이다. 게다가 대부분 매일 진행하는 것도 아니다. 그렇다면, 어떻게 하면 미팅이 열리기 전까지 사람들이 서로 쉽게 채팅하고 질문할 수 있을까? 모두가 함께 참석하는 대면 미팅을 쉽게 진행할 수 있으면 질문하고 의사소통하기가 매우 쉽다. 그러나 원격 근무하는 직원들이 점차 늘어나면서 대면 미팅도 점차 어려워지고 있다.[19] 새로운 프로젝트에서 만난 사람들은 서로 일면식이 없어서 서로에게 DM을 보내는 것을 주저할 수도 있다. 그럴 때는 SNS에서의 대화, 비공식적인 아이스브레이커icebreaker[20] 미팅, 또는 가능하다면 며칠 동안 모두가 한 자리에 모여서 서로 격려해보는 것이 좋다. 심지어 밈meme[21] 스레드와 같은 농담을 서로 주고받는 것도 서로 간의 연결고리를 만들어주는 방법이다.

■ 프로젝트 상태와 업데이트를 공유하는 방법 논의

프로젝트 후원자는 프로젝트 진행 상황을 어떤 방법으로 파악할 수 있는가? 다른 기업들은 업데이트를 어떻게 공유하는가? 정기적으로 업데이트 이메일을 보낼 계획을 세웠다면 누가, 언제 보낼 것인가?

■ 프로젝트 관련 문서를 문서 홈에 모으기

기업 인트라넷이나 내부 플랫폼에 프로젝트 관련 문서를 한곳에 모아놓을 만한 공간이 있는가? 그렇지 않다면 프로젝트 관련 문서를 작성할 때 기억할 수 있는 URL이나 눈에 띄는 링크를 사용해서 **쉽게** 찾을 수 있도록 작성하라. 문서 홈은 프로젝트를 중심으로 관련된 모든 정보와 연결되어 있어야 한다. 미팅 요약, 다음 마일스톤 설명 또는 관련 OKR의 문구를 찾을 때 문서 홈에서 시작할 수 있도록 하라. 이렇게 하면 모든 사람이 최신 정보를 동시에 얻을 수 있으며, 혼란스러운 상황에서도 정보를 쉽게 얻을 수 있는 유일한 장소를 확보하게 된다.

■ 개발 관행 파악하기

어떤 프로그래밍 언어로 개발할 것인가? 개발한 프로덕트는 어떻게 배포할 것인가? 코드 리뷰에 대한 기준은 무엇인가? 모든 것을 어떻게 테스트해야 하는가? 활성화한 기능과 함께 배포하는 것은 무엇인가? 기존에 여러 프로젝트를 잘 수행해낸 기업에서 새 프로젝트를 진행하는 경우라면 이러한 모든 질문에 대한 **표준 답변**이 있을 것이다. 그렇지 않은 기업이라면 앞으로 프로젝트를 진행하면서 내릴 기술적인 결정에 이 모든 사항이 영향을 받을 것이다. 프로젝트에 관련된 모든 사람과 논의해서 이들의 의견이 일치하도록 하라.

---

19 요즘은 사무실에 출근하지 않는 직원들도 많고, 팀원이 모두 서로 다른 도시나 다른 시간대에 사는 것도 드문 일이 아니다! 만약 팀원이 전 세계에 분포되어 있다면, 그들과 긴밀하게 협력해야 할 상황에서는 최대한 겹치는 시간대가 언제인지 파악해두어야 한다. 겹치는 시간이 하나도 없다면 의사소통 자체가 어려우므로 신뢰 관계를 구축하기도 어렵다.

20 옮긴이_'아이스브레이커'는 '처음 만나는 사람들이 어색한 분위기를 깰 수 있게 도와주는 것이나 그러한 사람'을 의미한다.

21 옮긴이_'밈'은 여러 가지 의미가 있지만, 여기서는 '유머를 위해 패러디되고 변조되며 퍼지는 미디어 속 문화 요소'를 총칭한다.

킥오프 미팅 진행

킥오프 미팅kickoff meeting은 프로젝트 설정의 일환으로 마지막으로 하게 된다. 이미 중요한 정보를 다 설정했다면 킥오프 미팅이 불필요하다고 느낄 수도 있겠지만, 서로 얼굴을 마주 보며 추진력을 갖고 프로젝트를 시작하는 것은 생각보다 큰 힘이 된다. 특히 킥오프 미팅은 모든 사람이 같은 목표 아래에서 단결하고 팀의 일원으로 명확하게 느끼게 하는 기회를 제공한다.

킥오프 미팅에서 다루어야 할 주제들은 대개 다음과 같다.

- 참여하는 사람 소개
- 프로젝트의 목표
- 현재까지 진행 상황
- 설정을 완료한 구조
- 다음에 진행해야 할 안건
- 관련된 사람이 해야 할 업무[22]
- 사람들이 질문하고 더 많은 것을 알 수 있는 방법

5.3 프로젝트 진행

프로젝트 관리와 관련해서 필자가 가장 좋아하는 강연은 구글 클라우드 플랫폼Google Cloud Platform의 부사장인 크리파 크리슈난Kripa Krishnan이 했던 「호수를 피하세요Avoid the Lake!」[23]라는 강연이다. 필자는 그간 종종 진정한 의미도 모르고 '프로젝트 운전하기driving a project'라는 용어를 사용해왔다. 그러다 크리슈난이 "프로젝트를 운전한다는 것은 가속페달에 발을 놓고 그냥 직진한다는 것을 의미하지 않는다."라고 말했을 때 이 문장의 뜻을 명확하게 알 수 있었다. 다시 말해서 운전은 그냥 직진하는 행위가 아니라 목표를 향해서 적극적이고, 신중하며, 사려 깊게 움직이는 행위이자 때로는 수동적으로 움직이는 행위다. 여러분은 운전하면서 앞으로 여러

---

22 앞에서도 다루었지만, 프로젝트를 진행하는 동안 이 점을 명확하게 하라! 새로운 리더들이 해야 할 일을 다른 팀에 요청하면 그 팀이 좋아할 것이라고 생각하기 쉽다. 그러나 다르게 생각해보면 여러분이 명확하지 않은 상태에서 무언가를 요청하면 다른 사람들은 여러분이 요청한 것이 얼마나 중요한지 알아내기 위해서도 노력해야 한다. 결국 더 많은 일을 하는 것이다. 그러니 다른 사람이 해야 하는 일을 요청할 때는 분명하게 말하자.

23 「호수를 피하세요!」, *https://oreil.ly/NHWFj*

분이 나아갈 경로를 선택하고, 결정을 내리며, 눈앞의 위험에 대응해야 한다. 만약 여러분이 프로젝트 리더라면 여러분은 운전석에 있는 것과 같다. 여러분은 모든 사람을 목적지까지 안전하게 데리고 가야 할 책임이 있다.

3장에서는 프로젝트 리더의 책임 중 하나인 의사결정을 확실히 내리는 것에 대해서 살펴보았다. 이제 프로젝트를 진행하면서 발생할 수 있는 몇 가지 다른 문제에 대해서도 살펴보겠다.

5.3.1 탐색

새로운 프로젝트에 이미 설계 문서나 계획이 이미 존재하고 'Node.js로 GraphQL Server 구축…'과 같은 구현 세부 정보가 포함되어 있다면, 대부분의 스태프 엔지니어는 해당 프로젝트를 의심할 것이다. 문제가 정말 간단하지 않은 이상(이 경우에는 과연 스태프 엔지니어가 필요한가에 대한 의심도 들 수 있다), 첫날에는 이러한 세부적인 결정을 내리는 데 필요한 정보가 당연히 충분하지 않다. 프로젝트의 진정한 요구사항을 이해하고 이를 달성하기 위해 취할 수 있는 접근 방식을 평가하려면 연구와 탐색이 어느 정도 필요하다. 목표를 명확하게 설명하기 어려운 설계를 만들거나 여러분이 설정한 목표가 구현에 대한 설명에 불과하다면, 이 탐색 단계를 충분히 거치지 않았다는 신호다.

프로젝트의 주요 측면은 무엇인가?

여러분은 프로젝트에서 무엇을 성취하고자 하는가? 프로젝트의 규모가 크면 클수록 여러분이 성취하려고 하는 것이나 성취의 결과로 일어나는 변화, 그리고 어떤 접근법으로 프로젝트에 접근하는지 등에 대해 다른 팀들이 관련 정보를 알고 있을 가능성이 더 높다. 일부 팀은 본인들이 모르는 제약 조건이나 프로젝트가 나아갈 방향에 대해서 '이 프로젝트는 우리가 관심을 두는 다른 목표도 달성하겠다고 생각해서 돕기로 결심했다.'처럼 암묵적인 가정을 하고 있을 수도 있다. 말 그대로 여러분은 모르는 그들만의 가정이기에 그들이 틀렸을 수도 있다. 결국 팀원들은 프로젝트나 사용 사례에서 중요하지 않은 작은 측면에 집착할 수도 있고, 여러분과 다른 영역 범위를 생각하고 있을 수도 있다. 이런 상황에서는 같은 것을 설명하는데 다른 용어를 사용하거나 같은 용어라도 다른 의미로 사용할 수 있다. 그러니 프로젝트의 여러 팀이 동의하고 원하는 방향을 간결하게 설명할 수 있는 지점에 최대한 빨리 도달하자.

문제를 조정하고 올바르게 구성하는 데는 시간과 노력이 필요하다. 여기에는 사용자 및 이해 관계자와 대화하고 그들이 말하는 내용과 사용하는 용어를 실제로 듣는 일이 포함된다. 그리고 다른 팀이 궁극적으로 같은 일을 하고 있는지 알아내기 위해서 다른 팀의 업무를 파악하는 것까지 포함할 수도 있다. 만약 여러분만 본인의 머릿속에 프로젝트의 목표를 잘 구상한 상태에서 해당 프로젝트에 참여한다면 이런 선입견을 제쳐두고 다른 사람들이 그 일에 대해 어떻게 생각하는지 탐구하기는 어려울 것이다. 게다가 모두가 다른 용어를 사용하거나 다른 목적지를 목표로 하는 프로젝트를 추진하는 것은 생각보다 훨씬 더 고통스러운 일이다.

탐색을 해보면 다른 사람들의 기대치를 발견하고 그들이 하는 일에 대해 명확하게 정의할 수 있다. 게다가 탐색은 프로젝트에서 가장 중요한 부분만 요약하는 방법인 엘리베이터 피치를 형성하는 데도 도움이 된다. 이에 더해서 여러분이 하고 있지 않은 일도 명확하게 설명할 수 있게 된다. 프로젝트를 탐색했을 때 해당 프로젝트가 여러분의 프로젝트와 연관된 프로젝트라면 탐색한 프로젝트가 다른 프로젝트의 하위 집합인지, 아니면 두 프로젝트가 어떤 면에서 겹치는지를 알 수 있다. 비슷해 보이지만 실제로 관련이 없는 일, 또는 전혀 관련이 없어 보이지만 예상치 못한 연관성이 있는 일을 명확하게 구분할 수 있는 것이다. 5장의 뒷부분에서는 여러분과 다른 사람들이 어떤 문제에 대해서 같은 방식으로 생각할 수 있도록 돕는 정신 모형을 구축하는 방법을 다룰 예정이다. 문제를 더 잘 이해할수록 다른 사람들을 위해서 틀을 구축하기가 더 쉬워진다.

가능한 접근 방법은 무엇인가?

일단 여러분이 실제로 수행하려는 일을 명확하게 하는 방법을 알아내자. 만약 특정 아키텍처나 해결책을 염두에 두고 프로젝트에 착수했다면, 탐색 단계에서 여러분이 짜놓은 틀이 실제로는 문제를 해결하지 못할 수도 있다는 것을 깨닫는 순간 짜증이 날 수도 있다. 특히 이런 상황에서는 여러분도 사람인지라 기존의 해결책을 버리기 아깝다는 심적인 부분까지 문제에 더해져서 해결책을 바꾸기가 쉽지 않을 것이다. 필자는 프로젝트 리더들이 이런 상황에서 본인이 내린 초기 결정에 모순되는 모든 정보에 저항하면서 원래의 해결책에 계속 매달리는 것을 보았다. 이것은 좋은 해결책이 아니다. 그러므로 모두가 동의하는 해결책을 찾을 때까지는 **열린 마음**을 갖도록 노력하자.

그리고 여러분이 만든 것은 아니지만, 기존의 해결책이 있다면 새로운 해결책을 만드는 것보다

이 해결책이 덜 흥미롭거나 덜 편리하더라도 기존의 해결책도 열린 마음을 갖고 고려해보자. 2장에서는 새로운 것을 구현하기 전에 기업과 외부를 포함한 다른 모든 팀으로부터 배우면서 관점을 구축하는 것에 관해서 이야기했다. 기존의 해결책은 여러분이 새롭게 상상했던 것과 다른 형태일 수도 있지만, 어떤 면에서는 더 나은 형태일 수도 있다. 게다가 이 해결책은 적어도 실행할 수 있는 형태를 갖추고 있다. 그러니 유연하게 받아들이는 마음가짐을 갖자. 유사한 프로젝트의 성공 여부와 어떤 부분에서 어려움을 겪었는지 등을 알고, 이러한 프로젝트의 이력으로부터 배워라. 코드를 작성하는 것은 소프트웨어 엔지니어링의 한 단계일 뿐이다. 실행 코드에는 유지, 운영, 배포, 모니터링 및 언젠가 삭제되는 프로세스까지 포함되어 있다. 새 시스템이 배포된 후라도 유지하는 데 더 적은 비용이 들어가는 해결책을 찾았다면 이를 적극적으로 고려해보자.

5.3.2 명확성 확보

프로젝트를 시작할 때 가장 중요하게 고려해야 할 부분 중 하나는 여러분이 하고자 하는 일에 대해 모두에게 정신 모형을 제공하는 것이다. 연관된 프로젝트가 많을 때는 지속해서 변경되는 부분이나 모든 의견을 파악하는 데 큰 부담이 생긴다. 그러니 여러분이 프로젝트를 주도할 때는 프로젝트를 달성하는 데 도움이 된다면 까다로운 개념을 이해하는 데 시간을 할애해야 한다. 물론 여러분에게 도움을 요청한 사람들은 다른 곳에 초점을 두고 여러분만큼 열심히 노력하지 않을 수도 있다. 그래도 이런 복잡성을 줄이기 위해서 노력하지 않는다면 사람들은 잘못된 결과를 내놓는 방식에 이끌리거나 조직에 전달하려는 명확한 이야기를 불확실하게 이해할지도 모른다.

『여행의 기술The Art of Travel』(이레, 2004)의 저자 알랭 드 보통Alain de Botton은 저서에서 외국의 역사적인 건축물을 방문하면서 새롭게 알게 되는 사실처럼, 기존에 알지 못했던 새로운 정보를 습득할 때 느끼는 일종의 좌절감에 관해서 이야기한다. 그는 마드리드의 이글레시아 데 산 프란시스코 엘 그란데Iglesia de San Francisco el Grande 성당에 방문했을 때 '성스러운 성당과 장원에 있는 16세기의 노점들은 세고비아 근처의 카르타고 수도원인 카르투야 데 엘 파울라Cartuja de El Paular에서 온 것'이라는 사실을 배웠다. 이 정보는 그가 기존에 알고 있던 어떤 사실과도 연결 고리가 없는 단순한 새로운 사실이었다. 그래서 이 사실은 그를 신나게 하거나 그의 호기심을 자극하지 못했다. 그는 이 사실을 두고 "연결 고리가 없이 구슬만 있는 목걸이처럼 쓸모없고 덧없는 것이다."라고 표현했다.

필자는 이 인용문을 좋아한다. 다른 사람들에게 무언가를 이해시키려고 노력할 때면 특히 이 인용문을 떠올린다. '어떻게 하면 이 개념을 다른 사람이 가진 기존의 지식과 연관 지을 수 있을까?', '어떻게 하면 관련성을 높여서 그들의 호기심을 자극할 수 있을까?'와 같은 생각들과 함께 말이다. 이럴 때면 필자는 연결 개념을 통해 연결 고리를 만들거나 혹은 정확하지는 않더라도 다른 사람에게 유용한 아이디어를 주기도 한다.

이처럼 서로 이해 정도를 공유함으로써 크고 복잡한 프로젝트의 복잡성을 줄일 수 있는 몇 가지 방법을 살펴보자.

정신 모형 구축

쿠버네티스를 배우기 시작하면 포드Pods, 서비스Services, 네임스페이스Namespaces, 배포 Deployments, 쿠블릿Kubelet, 레플리카셋ReplicaSets, 컨트롤러Controllers, 작업Jobs 등 새로운 용어 가 넘쳐난다. 대부분의 문서는 이 용어들의 개념을 다른 새로운 용어와의 관계를 통해서 설명 하거나 이미 이 도메인을 잘 이해하고 있는 사람들이 조금 더 완벽하게 이해할 수 있도록 추상 적인 방식으로 설명한다. 만약 이런 개념을 아예 모른 상태에서 배우면 친구나 동료들이 여러 분에게 맞춤형 설명을 해주기 전까지는 굉장히 어렵게 느껴질 것이다. 친구나 동료들은 여러분 의 수준에 맞추어서 "이 부분을 유닉스 프로세스UNIX process 처럼 생각해봐."처럼 여러분이 이 미 알고 있는 개념에 비유해서 설명해줄 것이다. 아니면 "이것은 도커 컨테이너Docker container 일 가능성이 높아."처럼 개념을 추상화할 수 있는 예시를 말해줄 수도 있다. 두 설명 모두 완벽 하지는 않지만, 사실 완벽할 필요도 없다. 여러분이 이미 이해하고 있는 다른 것과 연관 지어서 생각해볼 수 있도록 **무언가를 제공해주는 정도**면 된다.

필자는 이런 종류의 수사학적 내용을 이 책 전반에 걸쳐서 배치했다. 비디오 게임의 비유와 지 리적 은유를 사용하여 관련 개념을 설명한 것이 그 예시다. 추상적인 아이디어라 해도 원래 잘 알고 있던 다른 사실과 연결하면 그 아이디어를 설명하거나 흡수하는 것이 쉬워진다. 이것은 마치 필자가 특정 아이디어를 나중에 언제든지 다시 꺼낼 수 있는 유명한 함수function 에 넣는 것과 같다.

API와 인터페이스를 구축해서 컴포넌트의 불필요한 세부사항을 처리하지 않고도 컴포넌트를 사용할 수 있도록 하는 것처럼, 추상적인 개념을 구축해서 아이디어를 적용해볼 수 있다. '리더

선출leader-election'[24]은 '분산 합의 알고리즘distributed consensus algorithm'[25]보다 더 쉽게 이해하고 설명할 수 있는 개념이다. 이처럼 여러분이 달성하려는 프로젝트에 관해서 설명할 때 관련 도메인의 다양한 지식이 없으면 쉽게 이해하기 어려운 추상적 개념을 많이 포함해서 설명할 수밖에 없다. 그보다는 사람들에게 편리하고 기억에 남는 개념을 사용하거나, 비유를 사용하거나, 다른 사람이 이미 이해하고 있는 것과 관련지어서 설명함으로써 프로젝트가 잘 진행되도록 만들어야 한다. 그렇게 하면 사람들은 여러분이 말하는 것을 잘 이해해서 그들만의 정신 모형을 빠르게 구축할 수 있다.

명칭 공유

두 사람이 같은 단어를 사용하더라도 서로 상당히 다른 의미로 사용할 수 있다. 필자는 "나는 내가 좋아하는 어떤 동료와 대화할 때마다 항상 단어의 의미에 대해 논쟁하는 것으로 끝나버린다."라고 우스갯소리를 할 때가 있다. 하지만 일단 우리가 서로를 이해하기만 한다면 매우 미묘하면서도 넓은 대역폭으로 대화할 수 있다. 이럴 때는 실제로 동의하거나 동의하지 않는 부분에 대해서도 훨씬 더 의미 있는 대화를 할 수 있다.

2003년 에릭 에반스Eric Evans는 『도메인 주도 설계Domain-Driven Design』(위키북스, 2011)라는 저서를 통해서 시스템 개발자와 그들의 이해관계자인 실제 도메인 전문가들이 공유하는 언어를 의도적으로 구축하는 개념을 우리에게 설명해주었다. 기업 내부에서는 **사용자**, **고객** 및 **계정**과 같은 매우 일반적인 단어에도 특정한 의미가 있을 수 있다. 이러한 의미는 재무, 마케팅 또는 엔지니어링 분야의 누군가와 대화하는지에 따라서 달라진다. 여러분도 소통하고자 하는 사람들에게 특정 단어가 어떤 의미를 갖는지 이해하는 시간을 갖고, 가능하다면 그들의 단어를 사용하자. 한 번에 여러 팀과 대화하는 경우라면 사전에 그들에게 용어집을 제공하거나 사용 중인 용어의 의미를 설명하는 데 특히 주의를 기울여야 한다.

도판 사용

복잡성을 줄이려면 도판을 활용하라. 사람들이 시각화하도록 돕는 데 도판보다 더 쉬운 방법은 없다. 만약 무언가가 변경되었을 때 '전'과 '후'를 나타내는 도판 세트는 글보다 훨씬 더 명확하

---

24 옮긴이_분산 컴퓨팅에서 '리더 선출'이란 '단일 프로세서를 여러 컴퓨터에 분산된 작업들의 주최자로 지정하는 작업'을 의미한다.
25 옮긴이_'분산 합의 알고리즘'은 '분산화된 환경에서 다수의 참여자들이 통일된 의사결정을 내리기 위해 사용하는 알고리즘'을 의미한다.

다. 도판 사용의 장점은 또 있다. 하나의 아이디어가 다른 아이디어에도 들어맞는다면 중첩된 형태의 이미지로 그릴 수 있다. 병렬 개념이라면 병렬 모양으로 그리면 된다. 계층 구조가 있다면 사다리, 나무 또는 피라미드로 묘사할 수 있다. 사람을 묘사한다면 단지 상자를 그리는 것보다는 막대 모양이나 웃는 얼굴을 표시한 이모티콘을 사용하는 것이 더 명확하다.

다만 도판을 사용할 때는 **고정관념**에 유의하자. 다이어그램에서 원기둥 모양은 대부분 데이터 스토리지로 인식되기 때문에, 다른 의미로 사용하지 않는 것이 좋다. 색을 사용할 때도 주의해야 한다. 예를 들어서 녹색은 일반적으로 '좋은 것'을 의미하고 빨간색은 '나쁨, 중지'를 의미한다고 생각하는 일부 사람들은 여러분이 사용한 색의 의미를 굳이 해석하려고 할 것이다.

도판은 그래프 또는 차트의 형태를 취할 수도 있다. [그림 5-2]처럼 목표와 그 목표를 향해 나아가는 선을 보여줄 수 있다면 성공이 어떤 모습일지 쉽게 알 수 있다. 마찬가지로, 지금 상태가 여러분이 강조해놓은 위험 부분에 위치해 있다면 이를 해결할 프로젝트의 필요성이 **명확하게 인식**될 수 있다.

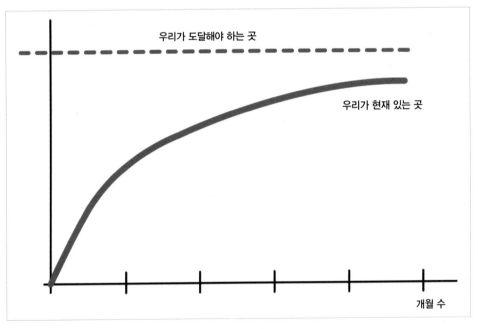

그림 5-2 목표를 향해 나아가는 프로세스를 보여주는 그래프 예시

5.3.3 설계

일단 새 프로젝트에 대한 탐색을 완료해서 업무가 명확해지면, 무엇을 설계하거나 바꿀 것인지, 그리고 어떤 접근법을 취할 것인지 등 다음 단계에 대해 많은 아이디어가 떠오를 것이다. 그래도 여러분과 함께 일하는 모든 사람이 이 생각들을 이해하거나 동의한다고 단정 짓지 마라. 다음 단계에 관해서 이야기할 때 다른 사람들이 굳이 반대 의견을 내지 않더라도, 동료들은 그 계획을 내면화하지 않았을 수도 있고 암묵적인 합의가 아무런 의미가 없을 수도 있다. 그러므로 모든 사람이 여러분과 똑같은 생각을 하고 있는지 반드시 확인해야 한다. 의견 일치를 확인하는 가장 효율적인 방법은 **기록**하는 것이다.

설계 문서의 필요성

2장에서 필자는 구두형 혹은 서면형 기업 문화를 다루었다. 대기업일수록 이런 서면형 문화일 가능성이 높고, 설계 문서를 작성하고 검토해야 한다는 기대감도 있을 것이다. 많은 사람이 공동의 이해 없이 함께 무언가를 성취하도록 하기는 매우 어렵다. 서면 계획 없이는 이해를 공유하고 있다는 확신을 갖기가 어렵기 때문이다. 기능, 프로덕트 관련 계획, API, 아키텍처, 프로세스 등에 관해서는 모든 관련 여부를 기록하기 전에는 관련자들이 똑같이 이해하고 동의하는지 알 수 없다.

물론 기록한다고 해서 모든 세세한 변화를 다 기록한 몇십 페이지짜리 심층적인 정보가 필요한 것은 아니다. 짧고 간결하며 읽기 쉬운 서류만 있어도 모든 사람이 같은 곳을 보는 데 큰 도움이 된다. 그러나 이 문서는 적어도 계획에서 중요한 측면을 포함하고 있어야 한다. 그리고 다른 사람들이 계획에서 위험 요소를 발견한다면 여러분에게 알려주도록 해야 한다. 설계 검토를 요청하는 것은 단순히 아키텍처 또는 일련의 단계의 실현 가능성에 관해 묻는 것만 의미하지는 않는다. 올바른 문제에 제대로 접근해서 해결하고 있는지와 다른 팀과 기존 시스템에 대한 가정이 올바른지에 대한 동의도 포함한다. 한 팀에서는 옳다고 생각한 해결책이 다른 팀에서는 그들의 업무량을 추가하는 일이 되거나 기존의 업무 흐름을 방해할 수도 있다. 결국 필자의 친구인 킨 신놋이 말한 것처럼 서면 설계야말로 가장 저렴한 업무 수행 방식이다.

RFC 템플릿의 중요성

이런 방식으로 정보를 공유하는 가장 일반적인 접근 방식은 설계 문서다. 흔히 RFC Request For

Comment 라고 부른다. 많은 기업이 RFC를 사용하지만, 문서를 어떻게 작성해야 하는지, 또는 그 문서가 어떻게 사용되는지에 대한 일관된 기준은 없다. 기업마다 세부사항과 형식 수준이 다 다르다. 생각보다 다소 광범위할 수도 있으며, 의견을 제시할 수도 있고 그렇지 않을 수도 있으며, 공식 승인 단계 또는 미팅을 통해 설계를 논의할 수도 있다.

필자는 이 책에서 RFC를 이야기할 때 어떤 프로세스가 가장 적합한지는 따지지 않을 것이다. 프로세스는 해당 기업 문화에 따라서 각각 다르다. 하지만 필자는 RFC 템플릿을 보유하는 것을 매우 좋아한다.[26] 여러분이 아무리 훌륭한 아키텍트라고 해도, 복잡한 시스템이나 프로세스 또는 변화를 설계하려면 기억해야 할 것이 아주 많다. 그리고 인간은 모든 것에 주의를 기울이는 데는 능숙하지 않다. 『체크! 체크리스트 The Checklist Manifesto: How to Get Things Right』(21세기북스, 2010)의 저자인 아툴 가완디 Atul Gawande 는 다음과 같이 말했다.

> 인간은 규율을 위해 만들어지지 않았다. 우리는 새로움과 즐거움을 위해 만들어졌지만, 세부적인 것에 세심한 주의를 기울이기 위해서 만들어지지는 않았다. 그래서 규율은 우리가 노력해야만 이룩하고 얻을 수 있다. 체크리스트에 의지하면 왠지 자신의 가치를 떨어뜨리는 것처럼 느껴질 수도 있다. 즉, 체크리스트를 작성하다 보면 위대한 사람들이 위험과 복잡한 상황을 다루는 방법과 정반대로 행동하는 것처럼 느껴질 수도 있다. 물론 진정한 위인은 대담하다. 그들은 즉흥적으로 한다. 그들은 프로토콜과 체크리스트를 가지고 있지 않다. 다만 이런 영웅주의에 관해서는 생각의 변화가 필요할지도 모른다.[27]

가완디는 체크리스트를 사용하면 다른 사람과 의사소통하는 데 도움이 되고, 흔한 의사소통 실수를 피할 수 있게 해주며, 모두의 동의를 확실하게 얻지 않고 암묵적인 결정을 내리는 대신 **의도적으로** 올바른 결정을 내리는 데 큰 도움이 된다고 주장한다. 좋은 RFC 템플릿은 결정 사항을 생각하는 데 도움이 되고, 잊어버릴 수도 있는 주제를 확실하게 다시 상기시켜 준다. 이런 문서를 작성하고 계획에 대한 몇 가지 질문에 답하는 연습을 거치면 중요한 문제 범주를 놓치지 않는 데 큰 도움이 된다.

---

[26] 필자는 스퀘어스페이스 엔지니어링 블로그에 샘플 템플릿을 포함한 「"네, 만약…"의 힘: 우리의 RFC 프로세스 반복(The Power of "Yes, if": Iterating on our RFC Process)」(https://oreil.ly/Pdb3l)이라는 블로그 포스트를 작성했다.

[27] 그는 계속해서 체크리스트가 생명을 구한다는 것을 보여준다. 물론 체크리스트를 읽는 사람들 중에서 생명에 중요한 시스템을 책임지는 사람은 거의 없지만, 만약 그렇다면 반드시 프로토콜과 체크리스트를 만들자!

RFC 템플릿 필수 포함 사항

일부 기업은 자체적으로 보유한 RFC 템플릿이 이미 존재할 수도 있다. RFC 템플릿이 이미 있다면 이를 따라야 한다. 그래도 좋은 RFC 템플릿을 위해서 필자가 RFC에 포함한 사항들을 소개한다. 이 사항들은 최소한 표 제목으로 포함되어야 한다고 생각하는 것들이다.

■ 맥락

필자는 특정 시공간 정보를 확실하게 기록한 문서를 좋아한다. 누군가가 2년 후에 이 문서를 우연히 발견했을 때 제목만 보아도 그들이 찾는 것과 관련이 있는지를 파악할 수 있도록 충분한 **맥락**이 기록되어 있어야 한다. 즉, RFC 문서에는 제목, 작성자 이름 및 날짜 중에서 하나 이상은 있어야 한다. 필자는 특히 '작성 날짜'와 '마지막으로 업데이트한 날짜'를 기재하는 것을 좋아하지만, 두 개 다 없는 것보다는 적어도 하나라도 있는 것이 낫다. 그리고 초기 아이디어인지, 상세 검토를 위해 전체 공개로 설정되었는지, 다른 문서에 의해 대체되었는지, 현재 작성 중인지, 작성이 완료되었는지, 아니면 보류 중인지 등 문서의 상태까지 포함해야 한다. 물론 필자는 RFC를 빠르고 쉽게 찾을 수 있도록 해주는 표준 제목 형식을 좋아하지만, 제목의 표준화 여부보다 정보의 **이용 가능 여부**가 더 중요하다.

■ 목표

목표 부분은 왜 여러분이 이것을 하고 있는지 설명해야 한다. 즉, 어떤 문제를 해결하려고 하는지, 또는 어떤 기회를 이용하려고 하는지 보여주어야 한다. 프로덕트 개요 또는 프로덕트 요구사항 문서가 있는 경우 해당 문서의 링크를 포함해서 문서 내용 요약까지 포함해야 한다. 그리고 목표는 '좋아, 하지만 왜 그렇게 하는가?'라는 질문을 제시하는 수준이 아니라, 한 걸음 더 나아가서 그 질문에 대답할 수 있는 수준이어야 한다. 즉, RFC는 검토자가 여러분이 올바른 문제를 해결하고 있다고 생각하는지 알 수 있도록 **충분한 정보를 제공**해야 한다. 그들이 여러분의 의견에 동의하지 않을 수도 있다. 그렇다면 잘못된 것을 구현한 후에야 발견되는 것보다 지금 발견하는 것이 훨씬 좋다.

또한, 목표에는 구현 세부 정보가 포함되지 않아야 한다. 예를 들어서 여러분이 필자에게 "닭의 소리를 번역하는 서버리스 API를 만들어라."라는 목표가 있는 RFC를 제출한다면, 필자는 이것이 여러분이 실제로 하려는 것이라고 믿고 RFC를 검토해서 여러분의 설계를 평가할 것이다. 하지만 실제로 어떤 문제를 누구를 위해 해결하려고 하는지 모른다면, 필자는 이것이 정말로 올바른 접근법인지 평가할 수 없다. 하지만 이미 서버리스화를 목표에 명시했으므로 정당화하지 않은 상태에서 중요한 설계 결정을 내렸을 것이다. 물론 구체적인 구현은 목표에 부합해야 하지만, 그것이 목표가 되어서는 안 된다. 설계 결정은 설계 부분에 맡겨라.

■ 설계

설계 부분에서는 목표를 달성하려는 **실제 방법**을 설명해야 한다. 문서를 읽는 검토자가 여러분이 생각한 해결책이 잘 작동할 수 있는지를 평가할 수 있도록 충분한 정보를 포함해야 한다. 그들이 알아야 할 모든 것을 알려주자. 잠재적인 사용자나 프로덕트 매니저를 위한 글을 쓰는 경우라면 사용자에게 제공하려는 기능과 인터페이스를 명확히 설명해야 한다. 시스템이나 컴포넌트에 의존하는 경우라면 그것들을 어떻게 사용할지 설명해서 검토자들이 그들의 능력을 부족하다고 오해하지 않도록 하는 것이 좋다.

설계 부분의 분량은 규정된 것이 없다. 몇 개의 단락으로 간단하게 표현하거나 꽉 찬 10페이지짜리 문서를 작성할 수도 있다. 서술형, 글머리 기호 집합, 머리글이 있는 형태 또는 정보를 명확하게 전달하는 다양한 형식으로 설계 부분을 작성할 수 있다.

또한, 수행하려는 업무에 따라 설계 부분에는 다음의 내용이 포함될 수 있다.

- APIs
- 의사 코드 및 코드 일부분
- 설계 도면
- 데이터 모델
- 와이어 프레임 및 스크린샷
- 프로세스의 단계
- 컴포넌트가 어떻게 서로 결합하는지에 대한 설명
- 조직도
- 공급 업체 비용
- 다른 시스템에 대한 의존성

RFC에서 중요한 것은 마지막까지 읽고 난 검토자들이 여러분이 무엇을 하려고 하는지 이해하도록 하고, 그것의 효과를 말할 수 있어야 한다는 것이다.

모호한 것보다는 차라리 잘못된 것이 낫다

프로젝트의 세부사항에 관해서 다른 사람들과 논의하기를 원하지 않는 사람들이 있다. 가끔 필자는 이런 이유로 사람들이 설계 부분의 작성을 꺼리거나 설계 계획 작성을 피하는 것을 보았다. 하지만 세부사항이 모호한 것보다는 차라리 틀리거나 논쟁을 벌이는 것이 시간을 더 잘 활용하는 것이다. 만약 틀렸다면 사람들은 여러분에게 그 사실을 말해줄 것이다. 그러면 여러분은 적어도 무언가를 배울 것이고 필요하다면 계획을 바꿀 수도 있다. 만약 논란의 여지가 있는 아이디어를 시도하고 있다면 동료들이 여러분의 접근법에 반대할 것인지, 아닌지를 일찍 알 수도 있다. 이처럼 설계에 대해 논쟁이 일어나거나 의견이 일치하지 않는 것은 프로세스를 변경해야 한다는 것을 의미하는 것이 아니라 궁극적으로는 여러분이 몰랐던 정보를 제공해주는 것이다.

다음은 설계를 더욱 정확하게 하기 위한 두 가지 팁이다.

- 설계 시에는 각각의 업무를 수행하는 것을 명확히 한다. "데이터는 전송 중에 암호화된다." 또는 "JSON JavaScript Object Notation[28] 페이로드payload[29]는 다음과 같다."라는 식으로 수동적인 톤으로 설계 부분을 작성하면 정작 필요한 정보는 감춰두는 꼴이라 검토자가 이 문장만 보고 나머지는 추측하도록 만든다. 이렇게 작성하는 대신에 "클라이언트가 데이터를 전송하기 전에 데이터는 암호화된다." 또는 "파싱 parsing[30] 컴포넌트가 JSON 페이로드의 압축을 해제한다."처럼 작업을 수행하는 주체가 들어가 있는 완성형 문장으로 작성하는 것이 좋다.[31]

- 필자가 생각하는 획기적인 팁도 추가로 이야기한다. 모호함을 피하기 위해서는 좀 더 많은 단어를 사용하거나 심지어 반복해서 적는 것도 괜찮다. 소프트웨어 엔지니어이자 저자인 에바 패리시Eva Parish는 본인의 블로그에 글[32]에서 다음과 같이 조언했다. "'이것'이나 '저것'이라는 대명사 대신에 명사를 써라. 조금 전에 말했던 것을 다시 언급한다 해도 정확하게 다시 설명하라. 예를 들어서 '이제 두 상자밖에 안 남았다. 이것을 해결하기 위해 우리는 주문을 더 해야 한다.'라는 문장 대신에 '이제 두 상자밖에 안 남았다. 이 부족함을 해결하기 위해서 우리는 추가로 상자를 더 주문해야 한다.'라고 쓰는 것이 좋다."라는 팁이다.

에바의 글을 읽고 나서 실제로 여러 설계 문서를 읽어보니 '이것' 또는 '저것'의 수많은 사용 사례를 발견할 수 있었다. 정보를 상당히 모호하게 하는 예였다. 예를 들어서 "기존 기능을 제공하기 위해서 구축된 오래된 해결책을 새로운 해결책으로 대체하자는 제안이 있다. B팀은 이것이 필요하므로 우리는 요구사항을 논의해

---

28 옮긴이_ 'JSON'은 '자바스크립트 객체 문법으로 구조화된 데이터를 표현하기 위한 문자 기반의 표준 포맷'으로 프로그래밍 언어나 플랫폼과는 독립적인 형태로 발전했다.

29 옮긴이_ '페이로드'는 전송되는 순수한 데이터이며 헤더와 메타데이터는 빠진다.

30 옮긴이_ '파싱'은 '컴퓨터에서 컴파일러 또는 번역기가 원시 부호를 기계어로 번역하는 프로세스의 한 단계로, 각 문장의 문법적인 구성 또는 구문을 분석하는 프로세스'를 의미한다.

31 해병대 대학교(Marine Corps University)의 레베카 존슨(Rebecca Johnson) 박사는 본인의 트윗(https://oreil.ly/zSRhh)에서 여러분이 문서를 작성할 때 수동적인 톤을 사용하는 실수를 범하는지 알아볼 수 있는 방법을 제공한다. "주어 뒤에 '좀비에 의한'이란 말을 삽입할 수 있다면, 수동적인 톤으로 작성된 문서다."라는 문장이 그것이다. 어디든지 활용 가능하다. 본문의 문장을 예시로 들면 "데이터는 (좀비에 의해) 운송 중에 암호화될 것이다."라는 문장을 써볼 수 있다.

32 「퇴고할 때 생각하는 것들(What I Think About When I Edit)」, https://oreil.ly/TExXb

야 한다."라는 식의 문장이었다. 이 문장을 보고 생각해보자. 과연 B팀에게 정말로 필요한 것은 무엇인가? 제안서? 원래 기능? 아니면 새로운 해결책인가?

글쓰기가 어려울 수도 있다. 그래도 글쓰기는 여러분이 배울 수 있는 스킬이라는 것을 명심하자. 많은 학습 플랫폼에서 기본적으로 기술 글쓰기 수업을 제공한다. 구글의 교육 프로세스인 「기술적인 글쓰기 1편Technical Writing One」과 「기술적인 글쓰기 2편Technical Writing Two」 수업을 듣는 것도 추천한다.[33] '문서 작성하기' 웹사이트[34] 또한 글쓰기를 잘하는 방법에 대한 많은 자료를 제공한다.

■ 보안/개인 정보/준수

문서를 작성할 때는 당연히 이 부분도 고려해야 한다. 다음과 같은 질문들을 체크해보자. 문서에서 보호해야 할 가치가 있는 항목은 무엇이며, 누구로부터 보호해야 하는가? 여러분이 작성한 계획은 어떤 방식으로 사용자 데이터에 접속하거나 이를 수집하는가? 그 계획은 외부에 새로운 접속점을 제공하는가? 사용하는 키 또는 암호는 어떻게 저장하는가? 내부나 외부의 위협으로부터 시스템을 보호하고 있는가? 아니면 둘 다 보호하고 있는가? 만약 여러분의 문서에 보안 문제가 없다고 생각하거나 큰 관련이 없다고 여겨진다면 일단 그 이유를 적어보자.

■ 대안으로 고려할 만한 사항/선행 기술

만약 스프레드시트를 사용해서 문제를 해결할 수 있다면 그렇게 하고 싶은가?[35] '대안 고려사항' 부분은 실제로 문제를 해결하기 위해서 존재하는 부분이다. 또한, 이 부분은 여러분이 해결책에만 매달리고 있지 않다는 사실을 다른 사람에게도 보여준다. 다른 대안을 고려하지 않아서 이 부분을 생략한다면 이는 문제에 관해서 **충분히 생각하지 않았다**는 신호다. '단순한 해결책이나 기성 프로덕트가 이 문제를 해결하는 데 적합하지 않은 이유는 무엇인가?', '다른 직원들도 비슷한 해결책을 이미 시도해본 적이 있는가?', '그랬다면 왜 그들의 해결책은 적합하지 않은가?' 등의 질문을 해보자. 만약 그럴듯해 보이는 선택지가 이미 기업 내부에 존재하는데 그것을 사용하지 않았다면, RFC 작성자는 그 시스템을 소유한 사람들에게 새로운 설계 문서를 보내서 그들이 여러 방식으로 새롭게 생각해볼 기회를 주어야 한다.

---

33 「구글의 기술적인 글쓰기 수업 프로세스 개요(Overview of technical writing courses)」, *https://oreil.ly/DUTL2*

34 문서 작성하기(Write the Docs) 웹사이트, *https://oreil.ly/g535C*

35 여러분이 스프레드시트를 좋아하고 이것을 사용해서 프로젝트를 더욱 매력적으로 만들 수 있다면 여러분에게 가장 일반적인 기술을 사용하라.

다음의 항목들은 비교적 작은 규모의 RFC에도 반드시 포함되어야 한다고 생각하는 소제목들이다. 이 제목들을 사용하면 적어도 여러분이 여러 항목을 정직하게 고려했다는 것을 보여줄 것이다. 이 외에도 여러분이 작성한 문서를 최대한으로 잘 활용할 수 있는 다른 제목들도 있다.

■ 배경

현재 진행 중인 업무는 무엇인가? 검토자가 이 설계를 평가하는 데 필요한 정보는 무엇인가? 검토자가 잘 알지 못하는 내부 프로젝트명이나 약어 또는 틈새 기술 용어들이 사용된다면 용어집을 포함하면 좋다.

■ 절충점

현재 설계의 단점은 무엇인가? 단점을 차치하더라도 이 설계에서 얻을 수 있는 가치가 있는가? 이처럼 단점을 상쇄할 만한 절충점은 과연 무엇인가?

■ 위험 요소

무엇이 잘못될 수 있는가? 최악의 상황은 무엇인가? 시스템 복잡성이나 대기 시간 증가 또는 팀의 기술 경험 부족 때문에 고민이 된다면 이 문제를 숨기지 말고 RFC에 공개하자. 이는 검토자에게 경고를 알리는 동시에 해당 기술에 대한 결론을 도출할 수 있도록 충분한 정보를 제공한다.

■ 의존성

다른 팀에게 기대하는 것은 무엇인가? 인프라를 공급하거나 코드를 작성하기 위해 다른 팀의 도움이 필요하거나, 프로젝트의 진행을 승인받기 위해 보안, 법률 또는 통신 부분이 필요하다면, 이들에게 얼마나 많은 시간을 허용해주어야 하는가? 그리고 그들은 여러분이 도움이 필요하다는 것을 알고 있는가?

■ 운영

새로운 시스템을 구현하는 경우, 이 시스템을 운영하는 팀은 누구인가? 시스템은 어떻게 모니터링할 것인가? 백업 또는 재해 복구 테스트가 필요하다면 누가 이것을 담당하는가?

기술적인 함정 유형

본서는 비록 기술을 전문적으로 파헤치는 도서라거나 시스템 설계 관련 도서는 아니지만, 설계 문서에서 자주 볼 수 있는 몇 가지 함정은 꼭 언급하고자 한다. 다른 사람들이 다음과 같은 함정에 빠지지 않도록 여러분이 먼저 관련 사항을 검토해보자. 쉽게 빠질 수 있는 오류에서 생겨나는 함정들이다.

■ 완전히 새로운 문제라고 생각하는 함정

가끔 예외는 있지만, 대개 여러분의 문제는 완전히 새로운 문제가 아니다. 필자는 이미 선행 및 관련 프로젝트를 찾아볼 것을 여러 번 조언했다. 그래도 이 사항은 여기서 한 번 더 언급할 만큼 중요하다. 다른 사람에게 배울 기회를 놓치지 말자. 또한, 기존 해결책을 재사용하는 것도 항상 염두에 두자.

■ 쉬운 문제라고 섣불리 단정 짓는 함정

어떤 프로젝트들은 보이는 것에 비해서 실제로는 훨씬 더 어렵다. 즉, 깊이 파헤쳐보기 전까지는 문제가 어렵고 복잡하다는 것을 깨닫지 못할 수도 있다. 대부분의 소프트웨어 엔지니어는 다른 도메인들도 그들의 도메인만큼 풍부하고 복합적인 프로세스로 이루어졌다는 점을 생각하지 않는 편이다. 예를 들어서 여러분이 특정 회계 시스템을 보고 난 후에 이를 더 좋고, 더 간결하며, 더 단순한 시스템으로 구축할 수 있겠다고 생각할 수도 있다. 이 경우 여러분은 왜 이전의 팀들이 **여기**에 수천 시간이나 투자했는지 이해가 안 될 수도 있다. 그러나 사실 회계 시스템(급여 시스템이나 채용 시스템 또는 당직 일정을 올바르게 공유하는 시스템도 마찬가지다) 구축은 정말 어려운 문제다. 이 문제가 사소한 것처럼 보인다면 여러분은 이 문제를 제대로 이해하지 못한 것이다.

■ 미래를 내다보지 않고 현재에만 집중하는 함정

만약 여러분이 현재 상태에 맞춰서 올바르게 설계했다고 가정해보자. 그런데 이 해결책이 과연 3년 후에도 여전히 효과가 있을까? 현재 사용자 수와 요청 수의 5배 이상을 처리할 수 있는 시스템을 설계하는 경우라면 추가로 고려할 것들이 많다. 만약 해당 시스템이 제대로 돌아가기 위해서 기업의 모든 팀이나 모든 프로덕트에 대해서 알아야 한다고 가정해보자. 그렇다면 기업이 성장하거나 다른 기업에 인수되면 어떻게 되는가? 다섯 배나 많은 프로덕트를 보유하고 있다면 어떨까? 모든 사람이 어떤 특정한 한 팀이 프로덕트에 맞춤형 논리를 추가하기를 기다리는 탓에 이 컴포넌트가 병목 현상을 일으키는 것은 아닌가? 팀의 규모가 지금의 두 배가 되더라도 팀원들이 이 코드를 기반으로 업무를 수행할 수 있는가? 기술적인 부분을 고려할 때는 현재를 넘어서 **미래**까지 생각해야 한다.

■ 머나먼 미래에 집착해서 설계하는 함정

만약 현재 사용하는 것보다 몇 배 더 큰 규모의 기술을 설계한다면, 그렇게 크게 설계해야 할 진정한 이유가 무엇인지도 고려해보자. 물론 더 많은 사용자를 처리하는 것이 사소한 문제라면 그렇게 하는 것도 좋지만, 필요 이상으로 훨씬 지나친 해결책을 설계하지 않도록 조심하자. 기술적으로 사용자 지정 로드밸런싱load balancing[36], 추가 캐싱caching[37] 또는 자동 영역 페일오버 failover[38]를 추가한다면 추가 시간과 노력이 필요한 이유를 잘 설명하자. 단순히 "우리는 나중에 이것이 필요할지도 모른다."라는 말은 필요성을 정당화할 수 없다.[39]

■ 모든 사용자를 고려하지 못하는 함정

사용자가 다섯 명 정도라면 시스템의 모든 불가사의한 규칙을 개별적으로 그들에게 직접 알려 줄 수 있다. 그러나 사용자가 수백 명 이상이라면 그럴 수 없다. 여러분은 설계 시에 충분한 계획을 세우고 이를 제대로 수행해야 한다. 사용자가 워크플로우workflow 또는 동작을 변경하는 것과 같은 해결책의 모든 부분은 매우 어렵다. 그러니 이 부분 또한 설계의 일부로 포함해야 한다.

■ 어려운 부분은 나중에 해결하려는 함정

마이그레이션에서 흔히 볼 수 있는 문제다. 시스템을 구축하고 배포하는 데 3개월 정도의 시간을 투자하여 몇 가지 간단한 사용 사례에서 시스템이 완벽하게 작동하도록 완성했다면, 더 복잡한 경우에도 시스템을 작동시킬 수 있도록 다양한 방법을 찾아야 한다. 그런데 만약 그것이 불가능하다면 어떻게 해야 할까? 프로젝트의 어려운 부분을 무시하거나 나중에 해결하려는 것은 실은 그 복잡성을 다른 사람에게 **떠넘기는 것**과도 같다. 즉, API의 모든 기존 콜러caller가 이전 버전과 호환되도록 하거나, 사용자들이 새 버전을 사용하도록 코드 변경을 요구하거나, 사용자가 불가사의하고 흩어진 정보를 해석하기 위해 자신의 로직을 쓰도록 강요하는 문제들을 그냥 떠넘기는 것이다.

---

36 옮긴이_ '로드밸런싱'은 '병렬로 운영되는 기기 사이에서 부하가 균등하게 되도록 하는 일'을 의미한다.

37 옮긴이_ '캐싱'은 '사용자들의 요청이 많은 콘텐츠를 서버에 임시저장한 뒤 필요할 때마다 바로바로 데이터를 전송하는 기술'을 의미한다.

38 옮긴이_ '페일오버'는 '데이터베이스, 웹 서버, WAS의 최신 버전을 대체 컴퓨터 시스템에 백업해두어서 1차 시스템에 장애가 발생하여 이용할 수 없을 경우 대체 시스템을 작동시키는 것'을 의미한다.

39 이 표현은 소프트웨어 엔지니어링에서 가장 비싼 표현 중 하나다.

■ 큰 문제를 더 어렵게 만들어서 작은 문제를 해결하는 함정

만약 여러분이 겨우 직원 몇 명만 두고서 소규모 프로젝트를 대량으로 맡고 있다면, 직접 해결하는 대신 허술한 방법으로 어려운 문제들을 해결하려는 사람들을 보게 될 것이다. 이런 소위 고정적인 해결책은 대개 기존 시스템 동작에 의지하는 종속성을 가지고 있다. 이런 임시변통식의 해결책을 자주 사용할수록 나중에 포괄적인 해결책을 구현하기가 더 어려워진다. 조직에서 근본적인 문제 해결에 대한 투자를 거부한다면 선택의 여지가 없을 수도 있지만, 여러분은 최소한 설계 단계에서 이 문제를 언급해야 한다. 더 큰 문제를 쉽게 할 방법을 찾기 전에 먼저 더 작은 문제부터 해결할 방법을 생각해보자.

■ 재설계할 필요가 없는데도 재설계하는 함정

만약 거대한 소프트웨어 시스템을 보고 그것을 다른 형태로 바꿀 것을 상상했다면, 얼마나 많은 일이 필요할지는 여러분 자신과 다른 사람들에게 솔직하게 말하자. 예를 들어서 사업 논리를 '그냥' 리팩터링하거나 클라우드용으로 재구성하는 것 등이다. 그러나 코드가 이미 엄청나게 모듈화되어 있고 잘 구성되어 있지 않다면(이런 경우에는 재설계가 정말 필요한지도 생각해보아라), 결국 의도했던 것보다 훨씬 더 많은 코드를 다시 작성하게 될 가능성이 크다. 그러므로 다시 설계할 것을 결정하기까지는 여러 면에서 심사숙고하는 프로세스를 거쳐야 한다. 그래도 만약 여러분의 프로젝트를 잘 살펴보았을 때 '처음부터 다시 하기'가 최고의 해결책이라면, 솔직하게 이를 인정하자.

■ 시스템의 운영 및 관리를 어렵게 만드는 함정

시간의 함정도 있다. 만약 어떤 시스템이 어떻게 작동하는지 오후 3시에 기억하려고 고군분투했다면, 새벽 3시에는 기억해내지 못할 것이다. 마찬가지로 여러분이 이직한 후 팀에 새롭게 합류하는 사람들은 이 시스템을 훨씬 더 이해하기 어려워할 것이다. 그러니 다른 사람들이 쉽게 추론할 수 있도록 무언가를 만들어야 한다. 이때는 시스템을 관찰하고 디버깅할 수 있도록 하는 것을 목표로 한다. 모든 프로세스를 가능한 한 단순하게 하고 문서화하라.

운영과 관련해서 예를 들자면 다음과 같다. 운영환경에서 실행될 것이라면 누가 이것을 요청할 것인지 결정해서 RFC에 넣자. 여러분의 팀이라면 세 명 이상(최소 여섯 명)이 있는지 확인해야 한다. 그렇지 않으면 번아웃이 오거나 인시던트에 적절하게 대응하기 어렵다.

■ 사소한 결정을 가장 많이 논의하는 함정

적절한 '바이크쉐딩bikeshedding'[40]을 좋아하지 않는 사람은 없다! '바이크쉐딩'이라는 표현은 C 프로그래밍 언어에서 기원했다. 영국의 해군 역사가인 노스코트 파킨슨Northcote Parkinson은 1957년 본인이 제창한 '사소함의 법칙Law of Triviality'[41]이라는 표현을 설명하면서 "사소한 문제는 논의하기 어려운 문제보다 훨씬 쉬우므로, 대부분의 팀이 사소한 문제에 많은 시간을 쓰는 경향이 있다."라고 했다.[42] 파킨슨은 원자력 발전소의 계획을 예로 들었는데, 그가 든 예에서 가상의 위원회는 원자력 발전소의 계획을 평가하는 대신에 대부분의 시간을 직원 자전거 보관소에 어떤 재료를 사용할 것인지와 같은 쉬운 주제를 논의하는 데 썼다.[43] 기술 업계에 종사하는 사람들은 대개 바이크쉐딩이라는 용어와 개념을 알고 있으면서도 종종 이 함정에 빠진다. 심지어 선임들도 이해하기 어렵거나 합의점을 찾기 어려운 결정에는 전혀 관여하지 않으면서 사소한 결정에는 많은 시간을 보낼 때가 있다.

지금까지 여러분과 함께 살펴본 목록은 흔하게 발생하는 수많은 함정 중에서 몇 가지에 불과하다. 아마 여러분이 이미 알고 있는 다른 함정도 많을 것이다. 다른 함정도 목록에 추가해서 함정에 빠지지 않도록 주의하자.

5.3.4 코딩

대부분의 소프트웨어 프로젝트는 새로운 수많은 코드를 작성하거나 기존 코드를 변경하는 업무를 포함한다. 이 부분에서는 프로젝트 리더가 어떻게 이런 실제 기술 작업에 참여할 수 있는지에 대해서 설명하고자 한다. 혹시 여러분이 소프트웨어 엔지니어가 아니라면 여기서 코딩이라는 표현을 여러분의 핵심 기술 업무에 의미 있는 다른 것으로 바꾸어서 읽으면 된다.

----

40 옮긴이_'바이크쉐딩'은 '중요한 현안들은 뒤로 미루어두고 덜 중요한 일을 깊이 의논하며 시간을 보내는 것'을 의미한다.

41 사소함의 법칙의 개념. *https://oreil.ly/D8nvw*

42 파킨슨은 이 외에도 "업무는 해당 업무의 완료 시간을 채울 때까지 계속 확장되는 법이다."(*https://oreil.ly/AE5w5*)라는 법칙도 제창했다. 정말 엄청난 통찰력이다.

43 한 번은 필자가 강연을 위해 작성한 83개의 슬라이드 데크를 보고 누군가가 거기에 쓰인 자전거 사진을 다른 사진으로 대체해달라는 단 하나의 의견만 낸 적도 있다. 이런 강연도 실제로 진행했다. 필자는 그들이 아이러니하다고 생각하지는 않는다.

프로젝트 진행 시 코드 작성 문제

프로젝트의 리더의 코드 업무 기여 여부는 프로젝트의 규모, 팀의 규모, 여러분의 선호도에 따라서 달라진다. 만약 소규모 팀에 속해 있다면 모든 변화를 깊이 이해하고 있을 것이다. 반면에 여러 팀이 협업하는 프로젝트에 속해 있다면 가끔씩 기능이나 작은 수정 사항을 제공할 것이다. 아니면 코드를 전혀 사용하지 않고 더 높은 수준의 업무를 수행할 것이다. 수많은 프로젝트 리더가 코드를 많이 리뷰하지만, 직접 작성하지는 않는다.

스플릿Split의 프린시플 소프트웨어 엔지니어인 조이 에베르츠Joy Ebertz는 본인의 글「스태프 플러스 엔지니어가 코드를 작성해야 하는가Should Staff+ Engineers Be Writing Code?」[44]에서 "스태프 플러스 엔지니어가 코드를 작성하는 것은 기회비용 측면에서 좋은 일이 아니다. 실제로 해당 직급인 내가 오늘날 쓰는 코드의 대부분은 나보다 훨씬 더 경력이 적은 사람도 충분히 작성할 수 있는 것들이다."라고 표현하며 이 문제를 지적했다. 그러나 한편으로 에베르츠는 코딩을 작성하면 시스템을 더 깊게 이해할 수 있고 문제를 발견하는 데 도움이 된다는 점도 동시에 지적한다. 게다가 "만약 일주일에 하루 정도 코딩을 작성했을 때 일할 의욕이 샘솟는다면, 그렇게 하라. 그러면 다른 일도 더 잘할 것이다."라는 내용도 덧붙였다. 특히 스태프 엔지니어가 실제 기술 구현 프로세스에 참여할수록 아키텍처를 결정할 때 팀의 부담을 덜어줄 수 있다.

그러나 더 어렵고 중요한 것들을 희생하면서까지 코드를 작성하는 데 기여하지는 말아라. 이는 4장에서 언급한 것처럼 더 크고 어려운 설계 관련 결정이나 조직에 중요한 일을 회피하고 여러분이 할 줄 아는 일만 맡는 **간식** 먹기와 같은 행위다.

롤모델 지향 및 병목 현상 지양

여러분은 프로젝트를 책임지고 진행해야 하기에 여러분의 업무 소요 시간은 다른 사람들의 시간보다 예측하기가 어려울 것이다. 아마 미팅도 다른 사람들보다 더 많을 것이다. 그래서 만약 여러분이 가장 크고 중요한 문제들을 떠맡게 된다면, 코딩 작업에 도달하는 데만 해도 다른 사람들보다 더 오랜 시간이 걸릴 것이다. 이는 다른 사람들의 업무 진행을 막고 병목 현상을 일으킬 수 있다. 만약 코딩을 해야 한다면 여유 시간이 있거나 업무상 꼭 필요한 때에만 수행하자.

그리고 여러분이 작성한 코드를 다른 사람들을 돕는 지렛대로 생각하자. 객체 지향 코드의 효

---

44 「스태프 플러스 엔지니어가 코드를 작성해야 하는가?」, *https://oreil.ly/mPHXC*

율적인 작성과 유지보수가 용이하도록 돕는 실용 가이드인 「OOP 99병 - 제2판99 Bottles of OOP - 2nd Edition」[45]의 공동 저자이자 깃허브의 스태프 엔지니어인 카트리나 오언Katrina Owen은 API 페이지 작성을 위한 표준 방법을 만들고 나서 필자에게 기존의 모든 테스트를 그녀의 접근 방식으로 대체하는 프로젝트를 설명해주었다. 그녀는 단순히 현재의 모든 페이지와 테스트를 변경하는 프로세스를 만든 것이 아니었다. 그녀는 앞으로도 이것을 만드는 사람은 이미 그녀가 완성하는 패턴을 사용하게 함으로써 암묵적으로 미래의 테스트도 개선하고 있었다. 즉, 다른 사람을 돕는 지렛대를 만든 것이다.

팀의 역량을 강화할 수 있는 해결책을 목표로 하되, 그 해결책을 타인으로부터 양도받지는 말자. 데이터베이스 시스템 관련 업무를 담당하는 스태프 엔지니어 로스 도널드슨Ross Donaldson은 본인의 업무 중 일부를 '스캐닝 및 지도 제작'이라고 표현했다. 그의 말을 직접 인용하면 다음과 같다.

> 나는 팀으로 돌아올 때마다 "나는 이 문제와 저 강 그리고 이 자원들을 발견했다."라고 말한다. 그러면 우리는 어떻게 이 새로운 정보에 접근할지 함께 논의한다. 팀이 앞으로 소유해야 하고, 개선해야 할 새로운 강 위에 어떻게 러프한 다리를 만들 수 있을지를 고민해본다. 기본적으로 나는 한두 가지 의견을 제시하고 사람들에게 그들이 마음대로 사용할 수 있는 도구를 떠올리도록 돕지만, 만약 그렇게 하기 어렵다면 나 자신의 감각보다는 그들의 주인의식을 우선시한다.

스퀘어스페이스의 시니어 스태프 엔지니어인 폴리나 기랄트는 다음과 같이 자신의 의견을 덧붙였다.

> 문제에서 나만 이해할 수 있는 부분이 있다면 당연히 내가 맡아서 해결하겠지만, 누군가 나와 짝을 지어 달라고 고집을 부릴 때가 있다. 응급상황이거나 내가 어떻게 고칠지 정확하게 안다면 내가 먼저 하고 나서 나중에 설명해준다. 또는 코드를 작성해서 새로운 패턴을 설정해놓고 이를 다른 사람에게 전달해서 계속 구현하도록 한다. 이것이 지식 공유를 강요하는 방식이다.

이처럼 모든 중요한 변화를 스스로 해결하기보다는 다른 사람들과 세부사항을 논의하거나 변화에 대응하기 위해 프로그래밍을 할 때 짝을 지어서 다른 사람들이 성장할 수 있도록 돕자. 짝

---

45 「OOP 99병 - 제2판」, *https://oreil.ly/kEpkE*

을 짓는 것(페어링)은 지식을 공유하고 다른 사람의 스킬 역량을 발전시키도록 돕는다. 또한, 페어링은 변경의 핵심 부분을 파악해서 동료가 업무를 완료하도록 돕는 것을 의미한다.

코드 및 변경 사항을 리뷰하는 중이라면 의견을 전달하는 방식에도 신경 쓰자. 비록 여러분이 스태프 엔지니어지만, 주니어 엔지니어들과 친하고 기탄없이 의견을 나누는 사이라고 생각할지라도 여러분이 그들의 업무에 관해서 언급하는 것은 주니어 엔지니어들에게는 위협적일 수 있다. 여러분을 제외한 팀의 나머지 사람들은 여러분이 모든 결정을 비판하거나 평가절하하는 사람이 아니라 모범을 보이는 사람이 되기를 원한다. 그래서 누군가가 **적당히 해낸** 업무를 보면 여러분이 더 잘할 수 있을 것 같더라도 괜히 관여해서 그들의 업무를 지배하지 않는 편이 더 낫다. 또한, 같은 차원에서 모든 코드 리뷰를 직접 수행하지 않도록 주의하자. 그렇지 않으면 나머지 팀원들은 아무것도 배울 수 없다.

한편으로, 스태프 플러스 엔지니어는 **팀에 대한 기대치를 설정하는 등** 암묵적인 방식으로 본보기를 보일 수 있다. 그러므로 좋은 결과를 내는 것이 중요하다. 테스트 표준을 충족하거나 초과하는 수준의 결과를 선보이고, 유용한 설명과 문서를 추가하며, 신중하게 지름길을 선택하자. 여러분이 팀에서 가장 선임으로서 팀을 잘 이끌지 못하면 팀은 망가질 수밖에 없다(롤모델에 관해서는 7장에서 좀 더 자세히 이야기할 예정이다).

5.3.5 의사소통

프로젝트를 제대로 수행하려면 **의사소통**을 잘하는 것이 중요하다. 협업하는 팀들 간에 대화가 없다면 프로젝트는 진전하기가 어렵다. 그리고 프로젝트 외부의 사람들과 대화하지 않는다면 이해관계자들은 프로젝트가 어떻게 진행되고 있는지 알지 못한다. 의사소통의 유형을 내외부의 두 종류로 나누어서 알아보겠다.

내부 의사소통: 친분 쌓기

팀원들이 정기적으로 서로 대화하고 관계를 구축할 수 있는 기회를 만들어보자. 원격으로 작업하는 팀일 경우에도 마찬가지다. 여러분이 먼저 손을 내밀어서 팀원들이 질문하기 편한 분위기를 조성해보자. 그리고 팀원들끼리도 서로 자유롭게 의견을 공유할 수 있을 정도로 서로를 편안하게 느끼도록 만들자. 공유 미팅, 우호적인 슬랙 채널, 데모 및 소셜 이벤트를 통해 관계를 더욱 쉽게 구축할 수 있다. 만약 팀원의 수가 적다면, 서로 간의 **친분**을 쌓기 위해 인접한 팀의 주요 인사들이 서로의 미팅이나 단독 발표에 참석할 수도 있다.

서로 친숙해지면 같은 질문을 하더라도 더 편안하고 안전하게 느껴진다. 엔지니어끼리 서로 친분이 없다면 "그 용어가 무슨 뜻인지 모르겠다."라거나 "방금 설명한 문제의 의미가 무엇인 가?"라고 물어보는 것이 불편할 수도 있다. 결과적으로 함께 일하고, 지식을 공유하며, 오해를 발견하는 것은 더 어려운 일이 된다. 관계 구축은 팀이 내부적으로 자연스럽게 질문을 주고받 고 모르는 것은 편안하게 인정하는 데까지 도달하는 것을 목표로 한다.

외부 의사소통: 프로젝트 진행 상태 공유하기

프로젝트에 관심을 두는 다른 사람들도 있다. 즉, 이해관계자, 후원자, 프로젝트가 완료되기를 기다리는 사용자 등이다. 외부와의 의사소통은 사용자가 무슨 일이 일어나고 있는지 쉽게 파악 할 수 있도록 하고, 언제 다양한 마일스톤에 도달할 것인지에 대한 기대치를 설정하는 것이다. 즉, 일대일 면담, 정기적인 그룹 이메일 발송 또는 프로젝트 상태를 보여주는 대시보드 작성과 같은 것들이다.

프로젝트의 진행 상황을 이해하면 프로젝트의 각 부분이 어떻게 진행되고 있는지, 누가 무엇을 하고 있는지에 대한 많은 세부사항과 뉘앙스를 알 수 있다. 그래서 상태 업데이트를 제공할 때 는 여러분이 아는 모든 정보를 공유하고 싶을 수도 있다. 그러나 더 많은 정보를 제공하는 것이 반드시 좋은 것은 **아니다**. 너무 많은 세부 정보는 오히려 전체적인 메시지를 흐리게 해서 검토 자가 중요한 정보를 파악하기 어렵게 만들 수도 있다.

그보다는 프로젝트가 앞으로 어떤 영향을 미칠 수 있을지에 관한 정보와 실제로 검토자들이 무 엇을 **알고 싶어 하는지**를 고려해서 해당 정보를 제공하는 것이 좋다. 검토자들은 여러분이 세 개 의 마이크로서비스를 제공했다는 사실은 거의 신경 쓰지 않을 것이다. 그들은 사용자들이 지금 무엇을 할 수 있는지, 그리고 언제 다음 일을 할 수 있는지에 대해서 신경 쓴다. 만약 마일스톤 상으로 중요한 중간 지점에 도달했는데 마감일까지 프로젝트를 완료하지 못할 것이라는 점이 확실해진다면, 이 정보는 이해관계자들에게 반드시 말해주어야 하는 사실이다. 그러나 마감일 에는 변동이 없지만, 개별 팀의 업무가 지연되는 것은 프로젝트 차원의 문제가 아니다. 그런데 도 이 사실을 알린다면 굳이 알리지 않아도 될 것을 알리는 것처럼 보일 수도 있다.

만약 검토자들이 정말 모든 세부사항을 알기를 원한다고 생각한다면 적어도 헤드라인으로 이

목을 끌자. 그들이 업데이트를 보면서 알아서 핵심 사실을 찾아내거나 미묘한 뉘앙스를 파악하기 위해 행간을 읽으리라고 생각하지 말자. 명확하지 않은 점이 있으면 꼭 전달해야 할 점을 설명하자. "그것은 …을 의미한다."라는 식의 표현법, "우리는 할 수 있을 만큼 …를 하고 있다."라는 식의 표현법을 연습하자.

외부와의 의사소통은 프로젝트의 상태를 현실적이고 정직하게 말하는 것을 기본으로 한다. 만약 프로젝트가 어려움을 겪고 있다면 얼굴에 철판을 깔고 모든 것이 다 잘되리라고 말하고 싶은 유혹에 흔들릴 수도 있다. 그러나 이렇게 하면 프로젝트가 끝날 때쯤에 여러분이 그간 거짓말을 일삼고 프로젝트의 문제를 숨기고 있었다는 사실을 인정해야 하는 순간이 오면 불쾌한 충격을 경험할 수도 있다. 혹시 여러분은 누군가가 소위 '수박 프로젝트watermelon project'[46]에 대해 이야기하는 것을 들어본 적이 있는가? 수박은 겉은 초록색이지만, 속은 빨간색이다. 프로젝트 진행이 막혔다면 숨기지 말고 **도움**을 요청하자.

5.3.6 안내

모든 프로젝트에는 항상 잘못될 가능성이 내포되어 있다. 계획의 핵심이었던 기술이 결국에는 적합하지 않다는 것을 나중에야 깨달을 수도 있다. 아니면 확장되지 않았거나, 테이블 스테이크table-stakes[47] 기능이 없거나, 법무팀이 위험하다며 거부한 라이선스 조건을 갖추고 있을 수도 있다. 한편으로, 기업은 사업 방향의 변화를 발표하고 이제 다른 문제를 해결해야 하는 상황이다. 아마도 프로젝트에 관련된 중요한 사람이 일을 그만두었을 수도 있다. 즉, 프로젝트를 시작하면 장애물을 만나고 방향을 바꾸어야 하는 상황들을 피할 수 없다. 만약 무언가 잘못될 것이지만, 그 무언가가 무엇인지는 아직 모른다는 것을 가정한 상태로 프로젝트를 시작한다면 더 수월하게 프로젝트를 진행할 수 있다. 이런 태도는 여러분이 좀 더 유연해지도록 도와준다. 즉, 장애물을 만나면 좌절하기보다는 이를 흥미롭게 살펴보게 만든다. 이처럼 문제를 해결하는 프로세스를 스트레스로 여기지 말고 그간 겪어보지 못했던 경험을 해볼 수 있는 기회로 여기자.

물론 여러분은 프로젝트가 장애물에 부딪혔을 때 일어나는 일에 대해서는 책임을 저야 한다. 단순히 "글쎄요. 프로젝트 진행이 막혀서 우리가 할 수 있는 일은 아무것도 없습니다."라고 말

---

46 옮긴이_'수박 프로젝트'는 '겉으로는 초록색(안전한 상태)처럼 보이지만, 실제 속은 빨간색(위험한 상태)인 프로젝트'를 의미한다.
47 옮긴이_사업 면에서 '테이블 스테이크'는 '사용자가 구매를 고려하기 전에 최소한으로 제공되어야 할 제품의 모든 측면'을 의미한다.

하고 그냥 넘어갈 수는 없다. 경로를 변경하거나, 도움을 줄 수 있는 사람에게 물어보거나, 정말로 필요하다면 목표를 달성할 수 없다는 사실까지도 이해관계자에게 알려야 할 책임이 있다. 그러니 '수박 프로젝트'는 피하자. 프로젝트의 모든 상태가 녹색이어도 해결하기가 불가능한 핵심 문제 하나가 빨간색을 띠고 있다면 그 프로젝트는 실제로 녹색이 아니다!

어떤 장애물을 마주하더라도 팀원들과 협력해서 문제를 해결할 수 있는 방법을 찾자. 변화가 클수록 이 장의 시작 부분으로 돌아가서 압도적인 부분을 다시 해결하고 제대로 된 맥락을 구축해서 프로젝트를 새롭게 시작하는 것처럼 처리해야 할 가능성이 커진다. 무슨 일이 있어도 계속해서 **의사소통을 시도**하자. 공포를 조성하거나 헛소문을 퍼뜨리는 대신에 사람들에게 사실을 전달하고 그들이 이 정보로 무엇을 하기를 원하는지 명확하게 이야기하라.

그리고 어려움을 겪고 있다면, 여러분의 프로젝트가 성공하기를 바라는 사람은 여러분만이 아니라는 것을 기억하라.[48] 여러분을 관리하는 매니저의 책임은 여러분이 성공적으로 일을 마치도록 하는 것이고, 여러분을 감독하는 책임자의 책임은 조직을 성공적으로 이끄는 것이다. 정말 도움이 필요한데도 그들에게 도움을 요청하지 않으면 그들이 일을 처리하기가 더 어려워진다. 물론 도움을 요청하는 것을 정말 싫어하는 사람들도 있다. 아니면 도움을 요청하는 것이 실패한 것처럼 느껴질 수도 있다. 하지만 만약 여러분이 무언가에 가로막혀서 도움이 필요할 때 저지를 수 있는 가장 큰 실수는 도움을 요청하지 않는 것이다. 혼자서 힘들어하지 마라.

다음 장에서는 프로젝트가 정체될 수 있는 몇 가지 이유와 정체된 프로젝트를 정상 궤도로 되돌리는 방법을 살펴보면서 장애물을 탐색하는 것에 관해서 더 많은 이야기를 하고자 한다.

---

48 4장에서 논의한 것처럼 아무도 관심을 두지 않는 프로젝트에 사회 자본을 사용한다면, 미안하지만 여러분은 혼자서 책임을 져야 한다. 그러나 필자는 동료들과 매니저가 여러분의 프로젝트에 열광할 만큼 충분한 호의를 가지고 있어서 장애물을 돌파할 때 여러분에게 도움을 주기를 바란다.

5.4 마치며

5장의 내용을 요약하면 다음과 같다.

- 스태프 엔지니어들은 다루기 어려운 문제를 맡아서 다루기 쉽게 만들 수 있다.

- 규모가 큰 프로젝트에 압도당하는 느낌이 드는 것은 정상이다. 그런 프로젝트는 어려운 프로젝트이고, 그래서 여러분과 같은 사람이 필요하다.

- 프로젝트의 모호함을 줄이고 맥락을 쉽게 공유할 수 있는 구조를 만들어라.

- 프로젝트의 성공이 무엇인지, 그리고 이를 어떻게 평가할 것인지를 명확히 하라.

- 프로젝트를 주도한다는 것은 돌아가는 사정을 지켜보는 것이 아니라 의도적으로 주도하는 것을 의미한다.

- 관계를 구축하고 의도적으로 신뢰를 쌓음으로써 업무를 더욱더 편안하게 수행하도록 하자.

- 모든 것을 문서화하자. 문서는 분명하게 쓰고 여러분의 의견을 담아야 한다. 잘못된 것을 고치고 모호한 것은 주변으로 쳐내야 한다.

- 항상 절충점은 있다. 의사결정을 내릴 때는 여러분이 무엇을 위해 최적화하고 있는지 명확하게 하자.

- 마음속에 생각해둔 이해관계자들과 의사소통을 자주 시도하자.

- 언제든지 문제가 발생할 수 있다고 생각하자. 급작스러운 방향의 변화나 구성원의 퇴사, 그리고 이용할 수 없는 의존성이 있다고 늘 가정해두고, 이를 바탕으로 해서 계획을 세우자.

CHAPTER **6**

프로젝트 중단

6.1 프로젝트의 진행이 원활하지 않은 상황

6.2 프로젝트의 길을 잃어버린 상황

6.3 프로젝트가 진정한 목적지에 도착하지 못한 상황

6.4 마치며

여러분은 프로젝트의 추진자로서 모든 사람을 목적지까지 안전하게 데려가야 할 중책을 맡았다. 하지만 지도를 따라서 여행하다 보면 여러분의 여정을 일찍 중단해야 할지도 모르는 수많은 이유를 만나게 된다. 사고, 요금소, 양들로 가득 찬 시골길과 같은 장애물과 마주치는 것이다. 아니면 지도를 잃어버리거나 지금 이 차에 타고 있는 다양한 사람들이 어디로 가는지에 대해 각각 다른 의견을 갖고 있다는 것을 알게 될 수도 있다. 그것도 아니면 실제로는 다른 곳으로 가야 한다는 것을 깨달을 수도 있다.

6.1 프로젝트의 진행이 원활하지 않은 상황

5장에서 프로젝트의 시작에 관해 알아보았다. 이번 장에서는 프로젝트의 완료나 중단에 관해서 알아보고자 한다. 먼저, 프로젝트 진행 도중에 어떤 것이 잘못되어 중단해야 하는 두 가지 상황으로 시작하겠다. 즉, 어떤 것에 막혀서 중단되는 상황과 가야 할 길을 잃어서 일시적으로 중단되는 상황이다.

그다음에는 우리의 여정을 **의도적으로** 마치는 방법을 알아보겠다. 때로는 너무 빨리 완료를 선언해서 이런 상황이 발생할 수도 있지만, 목적지 도달 여부와 상관없이 다른 이유들로 인해서 여정의 끝을 맞이하기도 한다.

그래도 이는 조직의 리더로서 여러분이 주도하지 않는 프로젝트도 도울 수 있는 좋은 기회다. 때로는 하던 일을 제쳐두고 소위 '밀기', '누르기', '작은 단계 수행(때로는 큰 기능 수행)'을 시도해 중단된 프로젝트를 재개함으로써 시간을 가장 잘 활용할 수 있다. 윌 라슨은 본인의 칼럼 「가이드/중요한 작업 Guides/Work on what matters」[1]에서 이러한 작은 시간 투자가 업무에 큰 영향을 미칠 수 있다고 말한다.

> 놀랍게도 많은 프로젝트가 성공하기 위해 작은 변화 하나만 필요하거나, 새로운 기회를 얻기 위해 빠른 수정 하나만 필요하거나, 합의를 이루기 위해 한 번의 대화만 필요할 때가 있다. 여러분이 보유한 개인적인 자원들, 즉 조직 차원의 특권이나 기업 전반에 걸쳐서 그간 여러분이 쌓아온 관계, 그리고 경험을 바탕으로 세밀한 부분까지 파악할 수 있는 능력만 있다면 최소한의 노력만 투자해

---

1 「가이드/중요한 작업」, *https://oreil.ly/LKc0I*

도 프로젝트의 결과를 바꿀 수 있다. 그리고 이것은 여러분이 해낼 수 있는 가장 가치 있는 일 중 하나다.

내용의 일관성을 유지하기 위해서 6장의 나머지 부분에서는 여러분이 중단되었던 프로젝트를 다시 주도하는 것으로 가정한다. 여러분이 어떤 프로젝트에 실제로 도움을 주고자 개입했다면, 여러분이 보유한 자원 중에 상당수가 제대로 작동할 것이다.

다만 문제를 만나자마자 바로 그 문제에 달려들 필요는 없다는 점을 잊지 말자. 4장에서도 말했지만, 여러분은 에너지 차원에서라도 **본인만의 시간을 확보할 필요**가 있다. [그림 6-1]과 같은 상황에 빠지지 말자. 너무 많은 사이드 업무와 도움에 휘말릴수록 여러분이 정말로 책임져야 할 일을 할 시간이 없어진다. 분별력을 가져라! 여러분의 도움이 가장 가치 있을 수 있는 기회를 신중하게 선별하라. 그리고 그 후에 다시 한번 물러날 계획까지 세운 뒤에 신중하게 행동을 취하자.

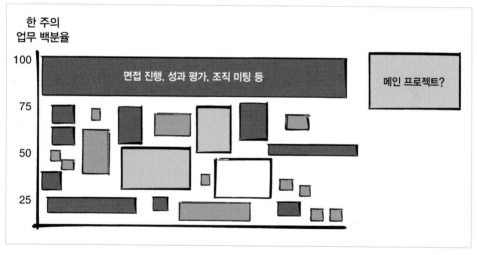

그림 6-1 약속된 메인 프로젝트의 진행을 뒤로한 채 다른 사람을 도와주며 프로젝트를 진행하는 것으로 시간을 낭비해 버릴지도 모른다.

프로젝트가 지연되는 이유 중에서 먼저 프로젝트가 막히는 상황부터 살펴보자.

6.1.1 프로젝트가 정체되고 있을 때

모든 팀이 자율적으로 움직이며 본인의 업무만 생각하는 상황은 이상 세계에서나 가능하며, 현실에서는 그렇지 않다. 규모와 상관 없이 기업의 모든 프로젝트는 여러 팀, 부서 및 직무와 엉켜 있다. 그래서 한 사람이라도 꾸물거리면 중요한 마감일을 놓쳐버릴 수도 있다. 또한, 프로젝트가 마이그레이션하거나 데프리케이션된다면 그 성공 여부는 다른 엔지니어링 팀의 업무에 달려 있게 된다. 그리고 그 과정에서 많은 기회가 가로막힐 수도 있다.

프로젝트를 가로막는 장애물을 처리해야 할 때는 다음과 같은 기술들을 사용할 수 있다.

■ 이해하고 설명하라

현재 상황을 분석하고 어디서부터 막히는지 이해한다. 그 이후에는 다른 모든 사람이 현재 어떤 일이 일어나고 있는지 동일하게 이해할 수 있도록 한다.

■ 업무를 쉽게 만들어라

대기 중인 사람들에게 많은 것을 요청하지 않음으로써 프로젝트의 막힌 부분을 해결할 수 있다.

■ 조직의 지원을 받아라

지금 여러분이 수행하는 프로젝트가 조직 차원에서 중요한 목표라는 것을 다른 사람들에게 이해시키면 일의 우선순위를 정하기가 더 쉬워진다. 조직의 지원을 받을 수 있도록 여러분 업무의 가치를 증명해야 한다. 그리고 때로는 장애물을 극복하기 위해서 상사의 도움도 받아야 한다.

■ 대안을 모색하라

때로는 여러 번 시도해보아도 장애물이 사라지지 않을 때가 있다. 그렇다면 여러분은 성공하기 위해서 창의적인 해결책을 사용해야 한다. 아니면 그 프로젝트가 현재 상태로는 더 이상 진행될 수 없다는 것을 받아들이게 될 것이다.

프로젝트를 진행하다 보면 다른 팀의 업무 완료, 이해관계자의 결정, 개별 팀 또는 개별 인물, 업무 미할당, 또는 마이그레이션에 관련된 모든 팀을 기다리느라 진행이 막힐 수 있다. 각 상황에 맞추어서 앞서 말한 기술을 사용하는 방법을 살펴보자.

6.1.2 다른 팀 때문에 프로젝트 진행이 막혔을 때

먼저 여러분의 프로젝트는 잘 진행되고 있는데, 다른 팀이 그들의 담당 업무를 완료하지 않아서 진행이 막히는 상황이 있다. 즉, 의존성 문제다. 운이 좋다면 그 팀의 리더가 여러분에게 먼저 무슨 일이 일어나고 있고 언제 업무를 시작할 수 있는지 미리 말해줄 것이다. 반대로 운이 나쁘면 여러분 혼자서 이리저리 뛰어다니며 무슨 일이 일어나는지 파악해야 할 수도 있다. 다른 팀을 무작정 기다려야 하는 상황은 좌절감을 불러온다. 그들은 여러분이 필요한 정보를 가지고 있고 출시일도 알고 있다! 그런데도 왜 그들은 이 문제에 신경을 쓰지 않을까? 그 이유를 알아보자.

무슨 일이 일어나고 있는가?

만약 여러분의 프로젝트에 관련된 다른 팀이 여러분에게 필요한 것을 제공하지 않는다면 그 이유는 거의 확실히 다음의 세 가지 때문이다. 첫 번째는 오해, 두 번째는 돌발 상황, 마지막 세 번째는 업무 우선순위 불일치다.

■ 오해

의사소통 경로가 명확한 조직에서도 가끔 정보가 손실될 수 있다. 예를 들어서 한 팀은 특정 날짜(마감일)까지 무슨 일을 해야 하는지 분명히 안다고 생각하는 반면에, 다른 팀은 마감일이 있다는 것을 전혀 알지 못하거나 그들이 요청받은 업무에 대한 해석을 **전혀 다르게** 하는 경우가 있다.

■ 돌발 상황

돌발 상황은 언제 어디서나 발생할 수 있다. 모든 직원은 갑작스럽게 그만두거나, 아프거나, 급한 휴가가 필요할 수 있다. 여러분이 의존하는 팀도 마찬가지다. 인력 부족, 과부하 또는 하향식 의존성으로 인해 장애물에 부딪힐 수도 있다. 그래서 아무리 중요한 업무더라도 때로는 마감일을 맞추기가 불가능할 수도 있다.

■ 업무 우선순위 불일치

사실 여러분이 의존하는 팀은 어떤 면에서는 놀라운 업무 진행 속도를 보여줄 수도 있다. 단지 여러분의 프로젝트에서 그 모습을 보여주지 않았을 수도 있는 것이다. 즉, 여러분의 입장에서는 지금 여러분이 중요한 업무를 수행하고 있다고 생각하더라도, 다른 팀은 훨씬 더 높은 우선순위를 가진 다른 업무를 수행하고 있을 수도 있다. [그림 6-2]를 보자. C 프로젝트는 2팀의 최우선 과제이기에 2팀은 다른 어떤 업무보다 C 프로젝트에 집중한다. 하지만 1팀에게 C 프로젝트는 세 번째로 중요한 업무일 뿐이다! 1팀은 다른 중요한 업무들을 처리하고 난 후에 시간이 생기면 C 프로젝트를 시작할 것이다.

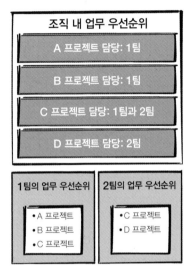

그림 6-2 팀별 업무 우선순위 불일치 예시. 각 팀은 자기 팀에게 가장 중요한 프로젝트를 맡아서 수행한다. 그림의 상황이라면 2팀은 1팀이 업무를 완료할 때까지 기다려야 할 가능성이 크다.

의존성 해결하기

다른 팀에 대한 의존성이라는 장애물을 해결하기 위해서 앞에서 살펴본 네 가지 기술들을 활용해보자.

■ 이해하고 설명하라

왜 다른 팀이 일을 진행하지 않는지부터 먼저 이해하자. 이들이 실제로 무엇이 필요한지 이해하지 못했는가? 무언가 장애물이 있는가? 이해한다는 것은 서로 대화하는 것을 의미한다. DM이나 이메일로 소통하지 말고 **직접 대화**하는 시간을 가져보자. 예를 들어서 미팅 등의 방법이 있다. 직접 연락하기 어렵다면 비공식 채널을 이용하는 것도 좋다. 2장의 내용을 참조해서 팀 또는 팀 근처에 누군가와 연결고리를 만들어놓기를 바란다.

다른 팀에게 이 업무가 중요한 **이유**를 설명하고, 여러분이 원하는 업무 종료 시점을 명확하게 설명하라. 그들이 이 업무를 수행하는 것이 과연 현실적인지, 아니면 그들에게 여러분의 문제를 해결할 수 있는 다른 해결책이 있는지 논의할 수 있도록 자리를 만들자.

■ 업무를 쉽게 만들어라

만약 시간이 없는 다른 팀에 업무를 요청해야 한다면, 그들에게 더 작은 단위의 업무를 요청해보자. 원하는 기능들을 모두 추가해달라고 요청하지 말고 일단 꼭 필요한 단일 기능만 개발하도록 요청하는 것처럼 말이다. 아니면 다른 팀이 그들만의 장애물에 가로막혀 있다면 그 장애물을 제거할 수 있도록 여러분이 도울 수 있는 일을 생각해보자. 만약 다른 팀과 여러분이 서로의 문제를 함께 해결한다면 모든 사람이 이기는 윈윈 게임이다. 이처럼 때로는 모든 사람이 다시 움직일 수 있도록 돕기 위해서 의존성의 사슬에 있는 사이드 업무를 수행해야 할 수도 있다.

아니면 다른 팀의 업무 중 일부를 또 다른 팀이 진행할 수 있다. 예를 들어, 또 다른 팀이 코드를 작성한다면 리뷰만 하면 된다. 물론 이는 여러분이 의도한 것만큼 큰 도움이 되지는 않을 수도 있다. 만약 또 다른 팀이 해당 코드 베이스를 잘 모른다면 그 팀의 어려운 코드 베이스를 읽고 변경하는 데 해당 팀의 사람들보다 더 많은 노력이 필요할 수도 있다. 그러니 팀이 그 제안을 받아들이지 않더라도 기분 나쁘게 생각하지 말자.

■ 조직의 지원을 받아라

만약 여러분을 도와야 할 다른 팀이 다른 업무를 더 우선으로 하고 있다면, 먼저 그들의 생각이 옳은지를 알아보자. 여러분이 생각하기에 그 팀의 업무 우선순위가 불분명하다면 조직의 지도부에 어떤 프로젝트를 먼저 해야 하는지 판단해달라고 요청하자. 만약 조직이 여러분의 일을 덜 중요하게 생각한다면 다른 팀이 그 팀의 우선순위 업무에 집중할 수 있도록 내버려 두어야 한다.

그러나 여러분의 프로젝트가 더 중요하다면 다른 팀의 리더에게 도움을 요청해야 한다. 요청할 때는 여러분이 필요로 하는 것, 그 프로젝트가 중요한 이유, 그리고 중요한데도 불구하고 프로젝트가 진행되고 있지 않은 이유 등 개인적인 감정을 배제하고 사실들만 전달하자. 그리고 상사에게 보고하기 전에 프로젝트 후원자나 매니저와 이 상황을 논의해보자. 그들은 여러분을 위해 기꺼이 대화를 나누며 다른 대안을 함께 고민해줄 것이다.

> **WARNING** 상사에게 보고한다는 것은 다른 팀에 관해서 불평한다거나 조직 내에서 소란을 일으키는 행위가 아니다. 그보다는 여러분을 도와줄 힘이 있는 사람과 정중하게 대화를 나누고, 함께 문제를 해결하려는 것을 의미한다.

■ 대안을 모색하라

만약 팀이 정말로 도움을 줄 시간이 없다면, 장애물을 우회하는 다른 방법을 찾아야 한다. 이는 프로젝트를 취소하거나, 다른 방향을 선택하거나, 의도했던 것보다 늦게 완료하는 것을 의미할 수도 있다. 이해관계자 및 프로젝트 후원자와 일정 변경에 관해 이야기하고 그들이 장애물을 파악하도록 돕자. 그들은 여러분이 몰랐던, 장애물을 없앨 수 있는 **아이디어**를 가지고 있을 수도 있다.

6.1.3 이해관계자의 결정 때문에 프로젝트 진행이 막혔을 때

팀이 선택의 기로에 놓일 때가 있다. 앞으로 원활한 진행을 위해 A 경로나 B 경로 중에서 하나의 경로를 택해야 하는 순간들이 그렇다. 일단 선택의 목표를 따져보자. 하나의 특정한 사용 사례를 위해서 설계해야 하는가, 아니면 더 광범위한 문제를 해결하기 위해서 노력해야 하는가? 아키텍처, API 또는 데이터 구조는 각각 어떻게 배치해야 하는가? 사실 정말로 정확한 선택을 하기 위해서는 알아야 할 세부사항들이 매우 많다. 즉, 세부사항을 모르고서는 프로젝트를 제대로 진행하기가 어렵다. 물론 여러분은 최대한 유연한 구조로 설계하고 싶겠지만, 동시에 비용이 많이 들거나 과도한 엔지니어링은 피하고 싶을 것이다. 그래도 만약 잘못된 해결책을 선택했다가 1년 만에 그 해결책을 버려야 한다면 그것이야말로 끔찍한 일이다. 이럴 때는 여러분에게 설계를 요청한 이해관계자에게 추가 정보, 즉 특정 요구사항, 사용 사례 또는 기타 결정 사항을 요청하자. 다만 이렇게 해도 실제로는 아무것도 얻지 못할 수도 있다. 어떻게 그들은 자신들이 무엇을 원하는지도 모른 채 여러분에게 무언가를 설계하도록 요청한단 말인가?

무슨 일이 일어나고 있는가?

이해관계자의 결정을 기다릴 때는 그들의 업무가 여러분의 업무보다 더 쉬운 업무라는 착각에 빠지기 쉽다. 왜냐하면 그들의 업무는 단지 그들이 원하는 것을 결정하기만 하면 되는 것이고, 여러분은 이를 실제로 구현해야 하기 때문이다. 필자는 특히 외부 엔지니어링에서 결정을 내려야 할 때 이런 편견 사례를 많이 보아왔다. 프로덕트팀은 왜 '그냥'이라는 표현을 자주 사용하는가? '그냥' 또는 '단순히'라는 단어를 많이 사용하는 데서도 알 수 있듯이, 그들의 대답은 상당히 복잡하다. 프로덕트팀이나 마케팅팀(또는 다른 사람)은 여러분이 할 수 있는 것만큼 신속한 결정을 내리지 못한다. 아니면 그들은 제대로 결정을 내리기 위해서 그들이 의지하는 누군가의 정보를 기다리고 있을지도 모른다.

또한, 그들은 여러분의 질문을 제대로 이해하지 못했을 수도 있다. 엔지니어가 엔지니어가 아닌 사람에게 엔지니어링 문제를 설명할 때 특히 흔하게 발생하는 사례다. 필자는 한 엔지니어가 어떤 이해관계자에게 "X를 원하나요, 아니면 Y를 원하나요?"라고 묻자 이해관계자가 "네, 좋습니다!"라고 대답하는 것을 본 적도 있다. 당연히 그 이해관계자는 일부러 그렇게 대답한 것이 아니었다! 맥락이 다르고 도메인 언어가 다르다는 것은 그들이 여러분이 요청한 두 가지 선택지를 제대로 구별하지 못한다는 것을 의미한다. 즉, 그들이 정보를 제대로 파악해서 올바른 선택을 하기란 불가능하다.

미결 사항 탐색하기

때로 여러분의 결정이나 진행이 이해관계자의 결정으로 인해서 가로막히더라도 이를 이해하자. 그들이 처한 상황이나 조건을 안다면 결정을 내리기가 쉽지 않다는 것을 충분히 이해할 수 있을 것이다. 다만 마냥 기다릴 수는 없다. 그래서 그들이 결정하는 데 어려움을 겪을 때 앞에서 살펴본 네 가지 기술을 활용해서 문제를 해결할 수 있다.

■ 이해하고 설명하라

여러분은 결국 그들과 같은 편이라는 것을 기억하라. 즉, 그들을 일종의 장애물로 보지 말고, 모호한 부분을 함께 해결할 수 있는지 알아보자. 의사결정을 내리는 데 필요한 정보나 승인을 알아내어 그들이 필요한 정보를 얻을 수 있도록 도움을 주자. 그 결정이 왜 중요한지, 그리고 그들이 결정하지 않는다면 더 이상 일이 진행될 수 없다는 점을 깨닫도록 돕자. 그들(여러분이 아닌)이 관심을 두는 것에 미치는 영향도 설명해주어라. 그리고 만약 그들도 어떤 것 때문에 일을 진행하지 못하고 있다면, 그들이 누구 혹은 무엇을 기다리고 있는지 파악하자.

■ 업무를 쉽게 만들어라

여러분은 이해관계자에게 어떤 식으로 질문하는가? 여러분의 질문 방식을 되짚어보고 그들이 그 질문을 어떻게 받아들이는지도 생각해보아라. 즉, 정말로 그들의 머릿속에 들어가 보려고 노력하라. '만약 내가 그들이라면 이 단어를 어떻게 해석할 것인가?', '질문이나 요청한 부분에서 쉽게 오해할 만한 부분이 있는가?' 등을 끊임없이 고민해보아라. 그리고 그림, 사용자 사례 또는 예제를 사용하여 질문을 좀 더 쉽게 재구성할 수 있는지도 생각해보자. 쉬운 이해는 쉬운 결정으로 이어진다.

때로는 명확한 결정자가 없고 다양한 이해관계자들이 얽혀 있어서 의견 충돌로 인해 결정이 나지 않는 상황도 있다. 만약 꼭 결정해야 하는 일이 이런 갈등 때문에 막혀 있다면, 여러분이 나서서 중재자 역할을 맡아라. 서로가 상대방의 관점을 이해하도록 돕고, 그들 모두에게 적합한 해결책을 찾는 것을 고려하라. 상대방의 의사결정권자로 인해서 여러분의 의사결정권자가 결정을 내리지 못하는 상황이라면, 상대방의 의사결정권자가 빠르게 결정할 수 있도록 필요한 정보를 제공하라. 시간을 내어서 그들이 서로 의사소통할 수 있도록 노력하라. 그리고 결정을 여러 세부 결정으로 다시 나누어서 생각해볼 수 있다면, 나중에 되돌리기가 어렵거나 비용이 많이 드는 결정과 실제로 중요하지 않은 결정을 나누어서 이해관계자에게 잘 설명하라.

■ 조직의 지원을 받아라

여전히 중요한 결정을 내리지 못하고 있다면 프로젝트 후원자와 상의해서 그들이 실제로 무엇을 원하는지 명확하게 확인하라. 그들은 앞으로 나아갈 방법에 대한 몇 가지 아이디어를 가지고 있을 수도 있다. 혹은 여러분은 잘 모르지만, 그들이 중요한 결정을 내리도록 압력을 가할 수 있는 미팅에 참여하고 있을 수도 있다.

■ 대안을 모색하라

아직 중요한 결정이 내려지지 않은 상황에서 프로젝트를 진행하는 것은 실제로 업무를 더 복잡하게 만드는 경향이 있다. 다만 모든 종류의 미래 상황에 대비할 수 있을 만한 해결책은 빠르게 찾아내기도 어렵고 그다지 깔끔한 형태도 아니다. 그리고 이런 해결책은 큰 비용이 필요하다. 그래서 때로는 여러 선택지를 열어두는 결정이 최선의 선택이 될 수도 있다.

그래서 올바른 결정을 내리기 위해서는 그 결정이 무엇인지 잘 추측할 수 있는 능력과 여러분이 틀릴 수도 있다는 위험을 감수하는 자세를 지녀야 한다. 만약 추측을 한다면 여러분이 생각하는 절충점과 결정을 문서화하라.[2] 그리고 의사결정권자가 여러분이 추측하고 있다는 사실을 알고 있는지, 그리고 여러분이 선택한 방향의 의미를 이해하는지 확인하라. 일어날 수 있는 최악의 상황과 나중에 해야 할지도 모르는 일에 대해 충분히 생각해보고, 할 수 있는 모든 방법을 동원해서 위험성을 완화하자.

마지막으로, **현실적으로** 생각하자. 여러분의 조직이 이런 중요한 결정을 내릴 수 없다면 지금처

---

2 쏘트웍스의 「소규모 아키텍처 의사결정 기록(Lightweight Architecture Decision Records)」(https://oreil.ly/B01Kq)이라는 문서를 참조해서 여러분이 문서화를 해야 하는 이유를 생각해보아라.

럼 이를 해결하기 위해서 여러분이 노력하는 것만이 해답인가? 비슷한 다음 결정을 내려야 할 때 또 똑같은 문제에 부딪히지는 않을까? 어쩌면 지금 상황에서는 이 문제를 해결할 수 없다는 것을 받아들여야 할지도 모른다. 그럴 때는 프로젝트 후원자와 상의해서 여러분이 문제를 해결하기 위해 여러 방법을 시도했으나 해결할 수 없었다는 사실을 상세하게 보고하고 그들이 진행 불가능에 동의하는지 확인하자.

6.1.4 개별 팀 때문에 프로젝트 진행이 막혔을 때

여러분은 모두 개별 팀 때문에 업무가 막히는 상황을 한 번씩은 경험해보았을 것이다. 정말 좌절할 만한 상황이다. 확인란을 점검하거나 컨피그config[3]를 배포하거나 다섯 줄의 코드 리뷰 요청을 검토하기만 하면 되는 상황이다. 그런데 개별 팀이나 승인자가 이를 하지 않아서 마냥 기다려야 한다. 넉넉잡아서 10분이면 충분히 끝낼 수 있는 일인데, 왜 그들은 그 빌어먹을 버튼을 클릭하지 않는 걸까?

무슨 일이 일어나고 있는가?

필자는 한때 기업의 다른 모든 팀을 위해 로드밸런싱을 구성해야 하는 팀에 속해 있었다. 우리 팀의 문서에 따르면 밸런서balancer에 새 백엔드를 추가하려면 일주일 전에 요청해야 한다고 했지만, 사실 이 요청은 30분 정도면 해결할 수 있었다. 추가 용량을 프로비저닝provisioning[4]하고, 컨피그를 변경하며, 서비스를 다시 시작해야 하는 업무였다. 특히 이 업무는 우리 팀에서 자주 하는 일인 데다가 진행 프로세스도 잘 알고 있었기에 쉬운 업무였다. 물론 다른 팀들도 이 업무가 쉬운 업무라는 것을 알아서 일주일 전이라는 사항을 지키지 않고 "내일 출시할 예정이니 오늘 로드밸런싱을 설정해주세요."와 같은 식으로 자주 요청했다. 그러나 우리는 보통 그런 요청은 수행하지 않았다.

왜 우리 팀은 일주일 전에 요청해야 한다는 사실을 문서화했을까? 당연히 우리 팀은 이 업무 하나만 수행하는 것이 아니었기 때문이다. 수백 개에 달하는 팀이 우리 기업의 밸런스 뱅크

---

3 옮긴이_ '컨피그'는 '컨피그레이션(configuration)'의 줄임말로, '프로그램의 매개 변수나 초기 설정 등을 구성하는 데 사용하는 파일'을 의미한다.

4 옮긴이_ '프로비저닝'은 '사용자의 요구에 맞추어서 시스템 자원을 할당, 배치, 배포해두었다가 필요시 시스템을 즉시 사용할 수 있는 상태로 미리 준비해두는 것'을 의미한다.

banks of balancers를 사용했으며, 로드밸런싱은 우리 팀이 지원하는 네 가지 주요 서비스 중 하나에 불과했다. 그렇기에 우리는 이 업무를 무계획적이고 즉흥적으로 발생할 때마다 처리하는 것이 아니라, 몇 주 전에 해당 업무를 미리 계획한 상태에서 수행하고 싶었다. 또한, 매번 서비스를 계속 다시 시작하지 않고, 일괄로 컨피그레이션 변경을 수행하고 싶었다. 결과적으로 우리 팀은 다른 팀에서 일주일 전이 아니라 고작 몇 시간 전에 이 업무를 요청해놓고 왜 수행하지 않았냐며 화를 내는 상황을 무시했다. 곧 우리 팀의 신조는 "여러분의 계획 부족이 저희의 비상 사태는 아닙니다."가 되었다.[5]

다시 한번 말하지만, 누구나 자기가 서 있는 위치에서 볼 수 있는 시야에는 **한계**가 있다. 즉, 여러분이 다른 팀에 있다면 세상은 지금과는 매우 다르게 보일 것이다. 여러분이 중요하다고 생각하는 요청은 누군가에게는 업무의 아주 작은 일부분에 불과할지도 모른다. 즉, 그들의 시간 그래프에서는 작은 블록일 뿐이다. 여러분 입장에서는 단 한 번의 버튼 클릭을 요청한 것이지만, 그 업무를 실제로 수행하는 개별 팀 입장에서는 수많은 사람이 저마다 한 번씩 버튼을 클릭해달라고 요청했기에 어마어마한 업무인 것이다. 그들은 진짜로 일손이 부족해서 힘들어할 수도 있다. 아니면 이런 운영방식을 개선하고자 중요한 사례를 검토하는 중일지도 모른다. 실제로 필자는 몇몇 개별 팀이 요청 처리 프로세스가 더 이상 확장될 수 없다는 사실을 깨닫고 더 나은 접근 방식을 구축하기 위해 일부 팀원을 투입하는 과정에서, 이로 인해 단기적으로는 팀의 업무 수행 속도가 느려지는 상황을 본 적이 있다.

그리고 개별 팀이 무언가를 승인할 때는 그들이 승인에 대한 **책임**을 진다는 것도 명심하라. 보안팀에게 특정 업무의 시작을 위해 버튼을 클릭해달라고 요청하거나 커뮤니케이션팀에게 외부 메시지를 승인하도록 요청할 때, 그로 인해 무언가 잘못되면 그들이 책임을 질 수도 있다. 그러므로 그들은 이러한 요청을 가볍게 생각해서는 안 된다.

아직 승인받지 못한 요청 탐색하기

개별 팀이 업무를 수행하지 않는 경우에는 앞에서 설명한 기술들을 사용해서 대부분의 문제를 해결할 수 있다. 다만 그들과 협업할 때 사용 가능한 기업 내의 표준 방법이 있다면 이러한 표

---

5   이제 와서 돌이켜보면 다른 팀들의 안타까운 점도 어느 정도는 이해할 수 있다. 운영환경에서 서비스를 실행하는 데 필요한 구성의 수는 방대했으며, 출시를 앞둔 팀은 고려해야 할 사항이 너무나도 많았다. 물론 그들도 사전에 로드밸런싱이 필요하다는 것을 깨달았어야 했지만. 로드밸런싱은 출시 전에 그들이 수행해야 할 약 15개의 업무 중 하나였다. 우리 팀이 이들을 좀 더 배려했다면 그들 스스로 이 문제를 해결할 수 있는 방법을 찾아서 알려주는 편이 더 좋았을 것이다.

준 방법을 사용해야 한다. 정말 급하지 않은 경우라면 웬만하면 팀이 이 문제를 처리할 때까지 그냥 기다렸다가 여러분의 업무를 시작하면 된다. 하지만 만약 마감일이 다가오고 있다면 문제를 바로 해결해야 한다. 다음은 앞에서 살펴본 네 가지 기술을 활용해서 문제를 해결하는 방법이다.

■ 이해하고 설명하라

개별 팀에 여러 요청이 쌓여 있는 상황에서 여러분의 업무 처리를 먼저 요청하고자 할 경우에는 일단 가능한지부터 물어보자. 이때는 되도록 예의 바르고 친절해야 한다. 바쁜 팀에게 소리를 지르기보다는 정중하게 양해를 구하면 더 좋은 결과를 얻을 수 있다. 만약 누군가가 여러분을 도와주려고 애쓴다면 감사를 표하자.

물질적인 것으로 서로 간의 감사를 표하는 기업 문화를 보유한 기업들도 있다. 만약 모든 팀이 한곳에 모여 있다면 그들에게 고급 차나 초콜릿 같은 감사 선물을 보내는 것은 어떨까? 아니면 적어도 프로덕트 출시 직후에 보내는 이메일의 감사 인사 목록에 그들을 포함해라. 그러면 여러분은 마지막 순간에 무언가를 요구한 팀으로 기억되지 않고, 팀 간의 관계 다리를 잘 만들어서 그 팀의 친구가 된 팀으로 기억될 것이다.

■ 업무를 쉽게 만들어라

의존성 문제를 해결할 때와 마찬가지로, 필요한 요청사항 중에서 핵심사항만 정리해서 최대한 간략하게 만들어서 전달하라. 최대한 짧은 분량이고 다 읽은 후에는 복잡한 대답이 아니라 "예."라고 쉽게 말할 수 있도록 요청을 구성해야 한다(그림 6-3 참조). 만약 여러분이 요청하는 팀이 받는 다른 요청들을 예시로 살펴볼 수 있다면, 어떤 정보가 누락되었는지, 어떤 점이 그 팀에게 복잡하고 논란거리가 되는지 등을 살펴보자. 그들이 여러분의 요청을 다루기 쉽게 느껴야 한다. 쉬운 요청일수록 깊이 생각하지 않고 바로 선택하기 때문이다.

```
안녕하세요, 다음 로드밸런싱이 필요합니다.

프런트엔드:   my-team-frontend-5
백엔드:       service17
위치:         브라질과 에콰도르
예상 트래픽:   위치당 100qps

감사합니다.
```

그림 6-3 모든 핵심 정보를 간략하게 잘 나열한 좋은 요청의 예시

■ 조직의 지원을 받아라

만약 마감일이 다가오는데 반드시 특정 개별 팀의 도움을 받아야만 한다면, 그 팀의 요청 대기열을 건너뛰어서 도움을 요청해야 할 수도 있다. 이때는 도움을 요청하는 팀과의 관계가 악화될지도 모르는 위험을 감수해야 한다. 기업 내의 어떤 사람도 책임자나 부사장이 본인의 힘을 이용해서 요청을 새치기하는 것을 좋아하지 않는다. 정말 어쩔 수 없다면 요청하는 팀에 명확한 이유를 잘 설명하고 분명히 사과해서 그들의 적대감을 최대한 완화하라.

■ 대안을 모색하라

사실 여러분이 요청해야 하는 팀에 있는 누군가와 친분을 쌓아놓으면 우선순위를 높일 수 있다 (물론 세상은 이렇게 돌아가면 안 되지만, 종종 그렇게 되는 경우가 있다는 점을 여러분도 잘 알 것이다). 그러나 이러한 선택지 중에서 상황상 어느 것도 선택할 수 없다면 그냥 기다려야 할 수도 있다. 그렇다면 이해관계자에게 업무가 지연된다는 것을 미리 알려주자.

6.1.5 개별 인물 때문에 프로젝트 진행이 막혔을 때

여러분의 프로젝트 진행이 개별 팀 때문에 지연될 때도 난감하겠지만, 전체적으로 중요한 프로젝트가 단 한 사람의 결정 지연 때문에 막혔을 때는 더 난감하고 좌절하게 된다. 여러분이 처리해야 할 일이 누군가의 책상 위에 놓여 있는데 그들은 그 일을 처리하지 않고 있다.

무슨 일이 일어나고 있는가?

필자는 문제를 해결하기 위해 몇 줄의 짧은 파이썬 스크립트를 작성해야 하는 동료 때문에 프로젝트의 중단을 겪었던 적이 있다. 몇 주가 지나도록 동료는 그 업무를 완료하지 않았다. 답답한 마음에 필자가 직접 코드를 작성하고 싶다는 충동이 매일 더 강해질 정도였다. 그 동료는 항상 이런저런 핑계를 댔다. 정전이 일어났다거나, 연차를 써야 했다거나, 컴퓨터 하드웨어에 문제가 있어서 이를 고치느라 하지 못했다는 것이다. 몇 주 동안 그의 느린 진행 속도에 좌절한 후, 그가 게을러서 그런 것이 아니라 단지 주눅이 들어 있다는 것을 알게 되었다. 그는 운영 리더 역할을 맡은 데다가 여러 인시던트에 대응하러 뛰어다니는 급한 업무 중심의 일에 익숙한 편이었다. 필자의 요청은 그가 코드를 작성할 수 있는 기회였지만, 그는 본인이 그 업무를 해낼수 없다고 생각했기에 시작조차 하지 못했다.

여러분의 요청을 지연하는 동료가 여러분에게 사유를 이야기했을 때 이를 핑계로만 받아들이지 말자. 그 사람은 실제로 주눅이 들어서 꼼짝도 못 하는 상황이거나 과도한 업무에 시달리는 상황일 수도 있다. 아니면 개인적인 문제로 스트레스를 받는 중일 수도 있다. 혹은 그의 상사로부터 다른 중요한 요청을 받은 상황인데, 여러분에게 그 사실을 말하기 미안해서 말하지 못하는 중일 수도 있다. 아니면 여러분이 두 번이나 설명했는데도 이해하지 못해서 또다시 물어보기가 부끄러워서 물어보지 못했을 수도 있다. 원인은 이처럼 다양하지만, 결론적으로는 여러분의 요청을 수행하지 않았다는 동일한 결과로만 나타나는 것이다.

요청을 수행하지 않는 동료의 문제 해결하기

누군가가 여러분의 요청을 처리하기 어려워할 때 여러분이 도울 수 있는 몇 가지 방법들이 있다. 물론 여러분은 그 사람의 상사나 자원봉사자는 아니다. 그러니 이들이 여러분의 요청을 미루는 것을 해결할 때는 이것이 원래 여러분의 역할이 아니라는 점은 명확하게 하자. 하지만 다음의 방법을 시도해보면 여러분이 원하는 결과를 얻을 수 있을 것이다. 게다가 만약 그 사람이 여러분보다 경력이 적은 사람이라면, 그들에게 몇 가지 기술을 가르칠 기회를 얻을 수도 있다. 네 가지 기술을 활용해서 문제를 해결해보자.

■ 이해하고 설명하라

먼저 동료에게 무슨 일이 일어나고 있는지 자세히 알아보자. 그다음에 그들과 이야기를 나눌 때가 되면 여러분의 요청이 다음 주에 완료될 거라는 그들의 약속을 곧이곧대로 받아들이지 말고 조금 더 깊이 파고들어라. 물론 실제로 무슨 일이 일어나는지 자세히 알아낼 수 없을지도 모르지만, 이를 통해 여러분이 도와야 할지를 파악할 수는 있다.

그리고 그 일이 왜 필요한지에 대해서 매우 **명확하게 설명**하라. 이것은 여러분보다 더 선임이며 업무의 경중을 따져서 일을 진행하는 스타일의 동료에게 특히 유용하다. 사업적 요구를 설명하고 이 업무를 수행하지 않으면 벌어지는 상황을 묘사하라. 동료의 업무량이 과중해 요청을 처리하기가 어렵다면 다른 방법을 찾을 수 있도록 이를 미리 말해달라고 요청하라. 여러분이 먼저 시작일과 마감일을 설정해서 공유한다면 여러분과 동료 모두 정해진 시간 내에 요청 수행 가능 여부를 알 수 있다.

■ 업무를 쉽게 만들어라

여러분의 요청을 상대방이 명확하게 알고 수행할 수 있도록 **핵심**만 요약해서 전달하자. 요청을 구조화할 수도 있고, 문제를 작게 나누거나 마일스톤을 넣을 수도 있다. 만약 프로젝트가 너무 어렵다면 프로젝트를 어떻게 작은 단위로 나눌지 감을 잡기조차 어려울 것이다.[6] 그래도 문서를 명확하고 간결하게 작성하면 동료가 본인이 요청받은 항목을 다시 찾아보거나 여러분의 요청을 제대로 파악하지 못하는 불상사가 줄어든다. 꼭 필요한 내용만 설명하자. 브라이언 피츠패트릭과 벤 콜린스-서스맨이 바쁜 임원에게 무언가를 요청할 때 쓰는 기술로 제시한 '세 발의 총알과 행동에 대한 호소Three Bullets and a Call to Action' 기술을 살펴보는 것도 좋다. 이런 상황에 확실히 효과를 발휘할 만한 기술이다.

여러분이 요청하는 것은 무엇인가?

필자는 브라이언과 벤이 자신들의 저서 『Debugging Teams: Better Productivity Through Collaboration』에서 주창한 '세 발의 총알과 행동에 대한 호소' 기술을 좋아한다. 그들은 다음과 같이 썼다. "정말 좋은 업무 요청 메일에는 그 사람이 당면한 문제를 자세히 설명하는 (최대) 3개의 요점과 하나의 행동만 들어가 있다. 이 메일은 쉽게 읽고 빠르게 이해할 수 있어야 한다. 만약 하나의 이메일에 서로 다른 네 가지 주제를 넣거나 횡설수설했다면, 요청을 받은 사람들은 아마 한 가지만 선택해서 답장할 것이다. 그리고 그들이 답한 것이 여러분이 가장 신경 쓰지 않는 항목일 수도 있다. 심지어는 그들의 정신적 부담이 너무 커서 여러분의 요청을 완전히 무시할 수도 있다."

만약 동료가 업무에 파묻혀서 허덕인다면 이들을 코칭할 좋은 기회일 수도 있다. 그들이 맡은 일은 정말 어렵겠지만, 그래도 배울 수 있다는 것을 알려주고 그들이 안심하도록 돕자. 다만 그들을 도와줄 때는 그들의 일을 대신 떠맡지는 않아야 한다. 질문을 주고받으며 그들이 스스로 올바른 길을 찾을 수 있도록 도와라.

동료가 여러분의 요청을 수행할 의지는 있지만, 시작하는 데 어려움을 겪고 있다면 그들과 함께 일할 수 있는지 알아보자. 앞에서 필자는 파이썬 스크립트를 작성해야 했던 동료의 사례를 이야기했다. 바로 이때 필자가 사용했던 해결책이 있다. 필자는 먼저 스크립트 작성을 함께하며 동료가 부담스러운 첫 단계를 이겨낼 수 있게 도와주었고, 그 이후에는 혼자서 계속할 수 있게 했다. 일종의 페어링이었다. 이 외에도 페어링은 하나의 문서를 동시에 편집하기 위해 같은 화이트보드를 사용하거나 함께 마주 보고 앉는 형식을 취할 수도 있다. 매니저를 기다려야 한

---

6 만약 여러분이 업무를 습관적으로 미루는 사람이라면, 4장에서 다룬 업무 달력을 떠올려보아라. 여러분이 수행해야 할 업무를 그 달력에 넣어라. 업무의 첫 번째 단계를 이해하는 것조차 어렵다면, 업무의 첫 단계가 무엇이 될 것인지를 파악하기 위한 프로세스도 업무로 달력에 표기하고, 그 업무를 수행하기 위한 시간을 별도로 예약하자. 미래의 여러분에게는 최소한 수행 가능한 수준의 업무를 주어야 한다.

다면 이 방법이 좋은 방법이 될 수도 있다. 어쨌든 여러분은 일대일 미팅에서 그들에게 여러분의 시간을 활용하여 필요한 업무를 함께 수행하도록 제안할 수 있다. 그리고 그동안 매니저의 모든 질문에 대답할 수 있도록 같이 준비하자.

■ **조직의 지원을 받아라**

상사에게 보고하기 전에는 최대한 여러 방식으로 해결책을 찾아보아야 한다. 그래도 누군가가 제 역할을 하지 못하는 것은 결국 **인력 관리** 문제다. 물론 매니저와 이런 대화를 나누는 것은 상당히 불편한 일이다. 그러나 만약 다른 사람 때문에 프로젝트가 실패했는데 그 실패 원인을 무시한다면 여러분의 일을 제대로 하는 것이 아니다. 필자가 앞에서도 언급했듯이, 상사에게 보고하는 것은 불평하는 것이 아니라 **도움**을 요청하는 것을 의미한다. 예를 들어서 동료가 매니저가 더 중요하다고 생각하는 일을 하느라 여러분의 프로젝트가 중단된 경우라면 해당 매니저와 대화하는 것이 우선순위를 조정하는 유일한 방법일 수도 있다.

6.1.6 업무 미할당 때문에 프로젝트 진행이 막혔을 때

요청한 일이 아무에게도 할당되지 않았을 때는 어떻게 해야 할까? 팀이 특정 문제를 해결해야 하는데 모든 사람이 해결해야 한다는 점에는 동의하면서도 본인의 업무라고 생각하지는 않는 경우가 있다. 주로 엔지니어 한 명이 해결하기에는 규모가 너무 크고 소요 시간이 많을 것으로 우려되는 업무일 경우에 이런 현상이 발생한다. 아니면 지속적인 소유권과 지원이 필요한 새로운 컴포넌트를 만드는 업무일 경우에도 그렇다. 그래도 이런 업무를 누군가는 담당해야 한다. 아마도 여러 사람이 이 업무 관련 미팅에 참석하고 RFC에 대해 많은 의견을 내겠지만, 그들 중 누구도 실제로 이 업무를 수행하고자 코드를 작성할 생각은 없다.

무슨 일이 일어나고 있는가?

이것은 2장에서 다루었던 **판 구조론**의 사례다(2장 참조). 모든 팀은 자신들이 무엇을 책임져야 하는지 명확하게 이해하고 있다. 이런 강력한 경계선은 모든 사람이 자기 업무에만 집중할 수 있도록 해준다. 하지만 이 외에도 방금 말한 사례처럼 누구에게도 속하지 않은 중요한 기초 업무도 있다. 우리는 3장의 삭 매처 사례에서도 이런 상황을 보았다. 제네바가 구축했던 실무단은 처음에는 많은 관심을 받았다. 그러나 이 실무단은 많은 난제를 다루면서 격렬한 논의에만 빠져서 합의점을 찾지 못했다. 한 사람의 힘으로 해결하기에는 너무 규모가 큰 문제였던 것이다. 즉, 누군가가 집중적으로 관심을 두지 않는 한, 해결되기 어려운 문제였다.

아무도 이 업무를 할당받지 못했다면 여러분은 누군가가 이 업무를 담당하게 될 때까지 꼼짝할 수 없다. 즉, 업무를 조금 더 작은 단위로 나누고, 최적화하거나 계획을 세울 누군가를 만날 때까지 움직이지 못한다. 그래서 엔지니어들이 이 업무와 연관된 기술 업무에 더 큰 노력을 기울임으로써 업무 미할당 문제를 계속 해결하려고 하는 것은 매우 일반적인 현상이다. [그림 6-4]를 보자. 능선을 넘어설 수 없다면 인력 부족 문제는 아닌지 의심해보아라.

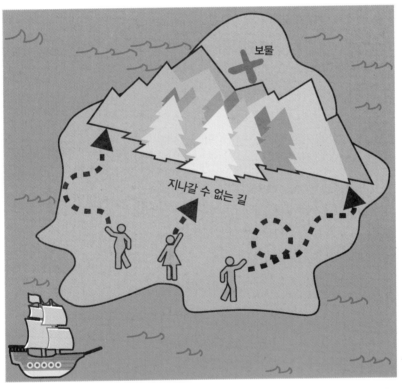

그림 6-4 어차피 능선을 넘어갈 방법을 찾을 수 없다면, 세 길 중에서 어느 길을 택하는지는 사실 그리 중요하지 않다. 하지만 대부분의 팀은 세 길 중에서 하나의 길을 고르는 데 많은 시간을 투자한다.

조직의 근본적인 문제가 해결되지 않는다면 아무리 많은 좋은 설계와 현명한 해결책을 가지고 있어도 도움이 되지 못한다. 결국 조직 격차가 문제의 핵심이다. 이를 해결하지 못한다면 시간만 낭비하는 것이다.

업무 미할당 상태 해결하기

누구도 책임지지 않는 업무 때문에 진행이 막혔다면 다음의 기술들을 활용해서 해결해볼 수 있다.

■ 이해하고 설명하라

업무의 소유권이 없는 상황이 항상 명백하게 드러나 있는 것은 아니다. 특히 업무에 밀접하게 인접한 팀이 많을 때는 더욱더 그렇다. 업무를 성공적으로 수행하는 데 가장 관심이 많은 사람은 누구인가? 당연히 여러분이다. 그러니 다른 사람들이 여러분이 소유권이 없는 그 업무의 주인이라고 착각하더라도 놀라지 말자. 일단 사람들과 많은 대화를 나누고 단서를 추적해서 무슨 일이 일어나고 있는지부터 정확히 파악하자. 정보를 해석해서 명확한 결론을 도출하는 것이다. 그리고 나서 발견한 점을 적자(다음의 내용을 참조하라)! 문장은 최대한 간결하고 명확하게 써라. 필자가 5장에서도 말했던 것처럼, 잘못된 것이 모호한 것보다 낫다. 모호함을 제거하지 않으면 어떠한 오해도 발견할 수 없다.

> **롤업** rollup
>
> 깃허브의 매니저인 데니스 유Denise Yu는 본인의 트위터에서 '롤업의 기술 The art of the rollup'[7]을 이야기했다. 그녀의 설명에 따르면 롤업, 즉 모든 정보를 한곳에 모으는 것은 요약을 통해서 '문제를 명확하게 파악하고 혼란을 줄이는' 방법이다. 특히 롤업은 어떤 문제에 수많은 뒷이야기와 여러 가지 다른 이야기의 실마리가 있는 데다가 어떤 사람들이 무슨 일이 일어나고 있는지 추적하지 못하는 상황에서 유용한 기술이다.
>
> 롤업에 포함된 사실을 파악하는 것은 지식을 쌓는 동시에 무슨 일이 일어나고 있는지 확실히 이해하는 좋은 방법이다. 그러나 롤업은 모든 정보를 한곳에 적는 것이기에 한편으로는 새로운 정보를 합성하는 것을 의미할 수도 있다. 예를 들어서 "알렉스Alex는 '새 라이브러리는 이 엔드포인트에 대한 인증을 제공할 것이다.'라고 말했다."라는 사실과 "나중에 미나Meena는 '3분기까지는 새 버전의 라이브러리로 업그레이드할 수 없다.'라고 말했다."라는 두 가지 사실을 모두 모아놓으면 '최소한 3분기까지는 인증이 없을 것'이라는 새로운 정보를 만들어낼 수도 있다.
>
> 이런 결론은 정보를 종합해서 도출했기에 여러분에게는 명백한 결론이지만, 만약 아무도 이전에 이런 결론을 도출하지 못했다면 어떤 사람들은 이 결론을 보고 상당한 충격을 받을 것이다. 즉, 맥락을 바탕으로 파악해보면 명백하고 옳은 결론이지만, 만약 아무도 이전에 그 결론에 도달하지 못했다면 일부 사람들에게는 충격으로 다가갈 수도 있다. 만약 이런 프로세스를 직접 설명한다면 여러분은 모든 사람에게 정보에 반응해서 프로세스를 정확하게 파악할 수 있는 기회를 주는 것이다.

---

7 데니스 유의 트윗. *https://oreil.ly/5U1wf*

■ 업무를 쉽게 만들어라

만약 여러분이 멘토링이나 조언을 하거나 팀에 합류할 시간이 있다면 롤업에서 이 점을 언급하라. 책임자들은 기존에 이와 같은 역할을 자처했던 소위 자원봉사자를 중심으로 팀을 구성하는 경향이 강하다. 특히 스태프 엔지니어로부터 무언가를 배울 수 있는 기회는 다른 팀원들에게 제공할 수 있는 인센티브와도 같다.

■ 조직의 지원을 받아라

이 문제를 해결할 때 가장 좋은 방법 중 하나는 조직의 지원을 받아서 여러분의 팀을 돕는 것이다. 후원자를 찾기 전에 엘리베이터 피치를 잘 단련했는지 먼저 확인하라. 그리고 말할 때는 여러분의 문제를 해결하는 데 조직이 시간을 들여야 할 이유를 설명하라. 여러분은 후원자가 여러분을 믿는 것을 넘어서 여러분의 동료와 리더십에 대한 노력을 정당화해주기를 원할 것이다.

■ 대안을 모색하라

조직 차원에서 프로젝트를 위해 인력을 배치해주겠다고 약속한 상태라면 인내심을 갖고 실행할 시간을 주자. 매니저와 책임자는 프로젝트 인력 배치 프로세스에서 선호하는 팀을 신중하게 재조정한다. 하지만 그들이 인력 배치를 통해 업무를 맡겼다고 이야기하지 않거나 자세한 설명 없이 그냥 다음 분기로 떠넘기기만 한다면, 이 프로젝트가 조직에 중요한 우선순위가 아니므로 연기해야 한다는 신호일 수도 있다.

6.1.7 너무 많은 인원이 필요해서 프로젝트 진행이 막혔을 때

마지막 장애물 유형은 여러분의 프로젝트가 모든 사람의 도움을 필요로 할 때다. 즉, 서비스 또는 컴포넌트를 사용하는 모든 팀이 업무 수행 방식을 변경해야 하는 일종의 데프리케이션이나 마이그레이션 상황 등이 있다. 이 두 가지는 모든 사람이 원하지 않는 업무일 가능성이 크다.

필자는 수많은 소프트웨어 마이그레이션 업무를 해왔기에 엔지니어들이 마이그레이션 프로젝트를 진행하며 얼마나 큰 좌절감을 느낄 수 있는지 알고 있다. 레거시 시스템에서 벗어나야 할 충분한 이유가 있다. 무슨 일이 일어나야 하는지 정확히 알고 있다. 여기에 많은 의사소통까지 나누었지만, 다른 팀들은 여러분의 이메일을 무시하고 있다. 여러분이 그들을 쫓아다니며 물어보아도 그들은 바쁘다고만 할 뿐이다. 여러분도 똑같이 바쁘다! 왜 그들은 이 일이 중요하다는 것을 깨닫지 못하는가?

무슨 일이 일어나고 있는가?

모든 팀과 모든 사람은 저마다 의견이 각기 다르다. 첫 번째로 마이그레이션 프로젝트 진행을 찬성하지만, 시간이 없는 사람이나 팀이 있다. 두 번째로, 또 다른 사람은 아예 마이그레이션을 반대할 수도 있다. 그들은 레거시 시스템을 선호하거나 새로운 시스템에 부족한 점이 있다고 생각해서 그럴 수 있다. 세 번째 그룹은 어느 쪽도 선호하지 않지만, 업그레이드, 교체 및 프로세스 변경이 지속해서 사기와 업무 속도를 떨어뜨리기에 다만 이 상황에 싫증이 났을 뿐이다. 그들은 앞의 두 방향 모두 아무런 이점을 느끼지 못한다.

마이그레이션을 추진하는 사람들과 반대하는 사람들은 모두 저마다 합리적인 이유를 갖고 있다. 그러나 절반만 마이그레이션한 시스템에 갇혀 있는 것은 누구에게나 좋은 일이 아니다. 팀은 이전 시스템과 새 시스템을 모두 지원하는 데 시간을 할애해야 하며, 특히 마이그레이션이 중단되어 취소될 위험이 있는 상황이라면 어떤 새로운 버전을 사용해야 할지를 파악하는 데 많은 시간을 할애해야 할 수도 있다.

반 정도만 진행된 마이그레이션 프로젝트 완료하기

반쯤 진행된 마이그레이션은 그 프로젝트에 참여해야 하는 모든 사람의 속도를 늦춘다. 스태프 엔지니어는 이런 상황에 개입해서 영향력을 행사할 수 있다. 다음은 마이그레이션을 완료할 수 있는 몇 가지 방법이다.

■ 이해하고 설명하라

필자는 다음과 같은 양측의 이야기를 동시에 들었던 적이 있다. 하나는 어떤 팀이 마이그레이션을 해야 하는 충분한 이유를 듣지 못했다거나 인프라팀이 좋아하지 않는 고정적인 사업이나 규정을 준수해야 하는 요청을 수행할 때, "인프라팀이 새로운 기술을 사용하기를 원해서 이런 마이그레이션을 해야 하는 것이다."라는 식으로 일종의 프레임을 씌우는 이야기였다. 동시에 문제의 팀이 이미 다른 마이그레이션에 대응하는 데 업무 시간의 반을 소비한 상태에서 팀의 목표를 달성하기 위해 필사적인 상황이 되면 "그 프로덕트팀은 기술 부채를 갖는 데 신경 쓰지 않고 새로운 기능만 만들고 싶어 한다."라는 식의 이야기를 하는 것이었다. 여러분은 두 이야기를 모두 잘 듣고 이해해야 한다. 즉, 왜 마이그레이션 프로젝트가 중요한지 이해하는 동시에 왜 그 프로젝트가 어려운지도 이해하자. 양측의 의견을 이해하고 두 의견 사이에 **다리**를 놓아주자.

■ 업무를 쉽게 만들어라

다시 한번 말하지만, 다른 사람이 무언가를 하도록 설득하려면 그 일을 하기 쉽게 만들어주어야 한다. 일반적으로 마이그레이션을 추진하는 팀이 있다면, 다른 모든 팀에게 더 많은 관련 업무를 넘기는 것이 아니라 그 팀이 추가 작업을 더 수행해야 일이 원활하게 돌아간다. 이때 **자동화**할 수 있는 단계가 있으면 자동화하자. 그리고 각 팀에서 수행할 작업(편집할 파일 등)에 관해서 더 구체적으로 설명해줄 수 있다면 그렇게 하자. 물론 이 새로운 방법은 당연히 실제로도 잘 작동해야 한다.

새 방법을 잘 만들었다면 이를 기본값으로 설정한다. 이전 경로로 안내하는 모든 문서, 코드 또는 프로세스를 업데이트해서 새 방법을 최대한 쉽게 파악할 수 있도록 한다. 그리고 예전의 방법을 선호하는 사람들과 여러분에게 도움을 줄 수 있는 사람을 동시에 파악해둔다. 조직 차원에서 새 방법을 지원해준다면 기존 방법을 써도 되는 목록을 따로 만들어두거나 기존 방법을 계속 사용하지 못하도록 만들자. 새로운 사용자에게 "현재 이 방법은 지원되지 않습니다."라는 메시지로 알려주거나 이 내용을 넣은 예전 방법을 한동안 유지하는 방법이 있다.

그리고 새 방법을 활용하는 진행 상황을 보여주는 것도 좋은 방법이다. 필자는 어떤 프로젝트에서 수백 개의 팀이 다른 엔드포인트를 사용하도록 구성을 변경해야 했다. 이때 전체 팀 중에서 새 방법을 활용하는 팀과 그렇지 않은 팀을 숫자 그래프로 만들어서 모두에게 공유했다. 그러자 사람들은 활용하지 않는 팀의 숫자를 줄이고자 어떻게든 새 방법을 활용하려고 노력했다. 이처럼 우리 뇌는 그래프가 0에 수렴하도록 해 여정을 빠르게 끝내는 것을 정말 좋아한다![8]

일부 팀은 실제로 너무 바빠서 새 방법을 미처 사용하지 못하거나 자동화의 지원을 받지 못할 수도 있다. 또한, 더 이상 아무도 소유하지 않는 컴포넌트 때문에 업데이트를 담당할 팀이 없을 수도 있다. 이때, 여러분은 이 일부 팀과 협력할 것인가, 아니면 그들을 위해서 여러분이 직접 변화를 만들 것인지를 고민해보아야 한다.

■ 조직의 지원을 받아라

다른 사람들에게 마이그레이션 업무가 조직 차원에서 우선순위 업무라는 것을 보여줄 수만 있다면 진행하기가 훨씬 더 쉬워진다. 물론 당연히 그 마이그레이션 업무는 실제로 **조직 차원**에

---

8 물론 이것은 그래프가 상황이 잘 진행 중이라는 것을 직접적으로 보여주는 경우에만 가능하다. 그래프를 보았는데 아무도 업무를 진행하지 않고 있다면 오히려 역효과가 날 수도 있다. 다만 사람들에게 영향을 미치는 사회적 측면에서 볼 때 이 그래프는 "다른 사람들은 모두 그것을 하고 있는데, 왜 우리는 하고 있지 않는가?"라는 질문을 던질 수 있다는 측면에서 매우 훌륭한 도구다.

서 중요해야 한다. 팀이 변경 사항으로 인해 어려움을 겪는 경우라면 조직은 가장 중요한 변경 사항의 우선순위를 정해서 다음 프로세스를 시작하기 전에 첫 번째 변경 사항 수정을 완료해야 한다. 그리고 리더들에게 조직의 분기별 목표나 중요한 프로젝트 목록에 마이그레이션이 반영되어야 한다고 설득할 수 있어야 한다. 만약 그렇게 하지 못한다면 그 마이그레이션은 지금 당장 필요한 프로젝트가 아니라는 신호일 수도 있다.

■ **대안을 모색하라**

마이그레이션을 끝내기 위해서 창의적인 해결책이 필요할 수 있다. 만약 여러분이 조직 차원의 권한을 가지고 있는데도 팀들이 여전히 일을 시작하지 않는다면 여러 가지 방법을 사용해야 할 수도 있다. 예전 방식에 대한 지원을 철회하거나, 아니면 인위적으로 특정 부분을 느리게 한다거나 심지어 일정 간격으로 시스템을 중단해서 마찰이 발생하도록 만들 수 있는가? 물론 이런 업무는 조직의 강력한 지원 없이는 수행하지 말아야 한다. 특히 사용자를 위한 기능에 고장을 일으킬 수도 있다면 당연히 하지 말아야 한다. 최대한 신중하라. 만약 최종 팀이 정말로 이전 시스템에서 벗어나는 것을 거부한다면 어떻게 해야 할까? 그들을 이 마이그레이션의 유일한 지지자이자 소유자로 만들어서 그들 서비스의 컴포넌트에 마이그레이션이 포함되어서 운영되도록 할 수 있는가?

6.2 프로젝트의 길을 잃어버린 상황

프로젝트가 진전할 때 어려움을 겪을 수 있는 두 번째 이유는 여러분이 길을 잃었을 때다. 즉, 눈에 보이는 특정 장애물에 의해 진행이 가로막히는 것이 아니라 단지 길을 모를 뿐이다. 길을 잃어버린 이유는 지금 어디로 가야 할지 모르거나, 문제가 너무 어렵거나, 또는 여러분의 업무를 조직적으로 지원해주는 것이 맞는지 아직 확신할 수 없기 때문이다. 각각의 상황에 다양한 기술을 사용해서 이를 해결할 수 있다.

6.2.1 목적지가 어디인지 모를 때

40개 팀이 동일한 레거시 아키텍처에서 업무를 수행하고 있다고 가정해보자. 거대한 코드 베이스 하나가 있고, 지난 10년간 잘못 내렸던 후회스러운 결정들도 있으며, 모든 팀이 소유하고 있는 복잡한 데이터도 있다. 팀은 기존 코드를 리팩터링하기가 두려워서 외부에 새로운 기능을 추가한다. 여러분은 이를 고쳐야 하는 팀의 리더로 지정되었다. 즉, '아키텍처를 현대화'하려는 조직적인 목표를 갖고 업무에 임하게 되었다. 여러분은 그 일에 대한 명확한 권한을 가지고 있는 것처럼 느끼지만, 일단 결정해야 할 일이 너무 많다. 이해관계자들도 너무 많고, 모든 문서에 엄청난 수의 의견이 있으며, 모든 미팅에서 너무 많은 의견이 나온다. 결국 몇 달이 지났는데도 프로젝트는 실질적으로는 전혀 진전하지 못하고 있다.

무슨 일이 일어나고 있는가?

우리는 3장에서 삭 매처 사례를 통해 비슷한 상황을 살펴보았다. 기업의 절반가량이나 되는 사람들이 열정적으로 관심을 두는 문제를 해결하기는 어렵다! 모든 사람은 저마다 자신만의 의견을 가지고 있다. 게다가 모든 사람은 자신들이 옳은 일을 하고 있다고 확신한다. 이 사례에서도 마찬가지다. 일단 마이크로서비스를 만드는 것을 옹호하는 그룹은 확실하게 존재한다. 또 다른 사람들은 더 안전한 변경을 도울 수 있도록 기능 플래그를 지정하고 빠른 롤백을 원한다. 다른 사람들은 이벤트 중심의 아키텍처로 전환하기를 원한다. 네 번째 그룹은 기본 데이터 무결성 문제가 해결된다면 어떤 일이 일어나든 상관하지 않는다. 이 그룹들이 전부는 아니며, 모든 수많은 제안 중에서 네 가지 그룹에 불과하다.

거대한 그룹 안에서 여러 의견이 난무하는 혼란스러운 문제를 해결하려다 보면 거의 필연적으로 정보 과다로 인해 **분석 마비**analysis paralysis 상태에 빠질 수 있다. 무엇인가 해결해야 한다는 것에는 모두가 동의하지만, 그것이 무엇인지에 대해서는 의견이 일치하지 않는다. 그래서 여러분은 이 프로젝트를 끌어나가기가 어렵다. 왜냐하면 그 프로젝트는 단지 아이디어들의 집합이기 때문이다. 즉, 여러분이 주도할 프로젝트가 없다.

목적지 결정하기

목적지가 어디인지 확실하게 모른다면 경로를 찾을 수 없다. 일단 목적지부터 정해야 한다. 다음은 목적지를 결정하기 위한 몇 가지 방법이다.

■ 역할을 명확히 하라
이렇게 큰 그룹이라면 리더가 모든 의견을 한목소리로 통일하기는 어렵다. 그러니 처음부터 여러분의 역할을 명확히 하라. 모든 사람의 의견을 듣되, 여러분이 완전한 의견 합의를 목표로 하고 있지는 않다는 것을 분명히 하라. 여러분이 궁극적으로 어떤 방향으로 가야 할지 최종 결정을 내려야 한다. 만약 스스로 결정할 능력이 없다면 프로젝트의 후원자나 조직의 리더에게 지원을 분명하게 요청하자. 그런 조직적인 지원이 없다면 아예 성공하지 못할 수도 있다.

■ 전략을 선택하라

목적지를 모른다면 당연히 목적지에 도달할 가능성이 거의 없다. 이럴 때는 전략적으로 접근해야 한다. 일단 모든 사람이 지금 어떤 문제를 해결하고 있는지 확실하게 동의할 때까지는 누구도 구현 세부사항에 대해 논의할 수 없도록 규칙을 설정하라.[9] 그리고 가능하면 소규모 그룹을 선택해서 문제를 자세히 조사하고 기술 전략을 수립하라. 이때 어떤 전략이든 최대한 균형을 추구하겠지만, 그것이 모든 사람을 행복하게 만들 수는 없다는 사실을 강조하라. 최대한 필요한 문제를 먼저 해결하고 다른 실질적인 문제들은 일단 해결되지 않았어도 그대로 둔다. 3장에서 이미 전략 작성법에 대해서 자세하게 설명했다. 짧고 고통 없는 여정이 아니라 오랜 시간이 걸릴 수도 있다는 사실을 사람들에게 미리 주지시키자.

■ 문제를 선택하라

만약 여러분의 팀에 목표를 위해 코딩 작업을 열망하는 엔지니어가 있다면, 여러분이 그보다는 먼저 전략에 시간을 투자해야 한다고 말했을 때 그들이 좌절할 수도 있다(그리고 이 발언은 사내 정치적으로도 인기를 끌기가 어렵다). 만약 여러분이 모든 가능한 도전을 평가하고 중요성에 따라서 업무 우선순위를 매길 시간조차 없다면, 아무 문제나 상관없이 일단 **하나의 문제**를 선택하자. 그렇게 하면 여러분의 그룹이 매우 현실적인 다른 문제들 때문에 다른 방향으로 전환될지도 모른다는 우려를 상당 부분 없앨 수 있다. 즉, 첫 번째 문제를 해결한 후에 다시 그 문제로 돌아갈 의향이 있다는 기대를 보여주는 것이다. 다시 한번 말하지만, 잘못된 것이 모호한 것보다 낫다. 무엇이든 결정을 내리는 것이 결정을 내리지 않고 가만히 있는 것보다 더 낫다.

■ 이해관계자를 선택하라

목적지를 잘 결정할 수 있는 다른 한 가지 방법은 이해관계자를 선택하는 것이다. "공유 데이터 스토어가 엉망이어서 전체 아키텍처를 다시 고려해야 합니다!"라고 말하는 대신에 "한 팀이 데이터를 다른 곳으로 이동하고 싶어 합니다."라는 식으로 말해서 문제를 해결할 수 있는가?

---

9 물론 이 조치가 눈에 띌 만한 효과를 내기는 어렵다. 그래도 이를 계속 시도하는 것이 중요하다. 여러분이 사람들을 소위 '잡일'에서 멀어지게 할수록 프로젝트의 성공 가능성은 훨씬 커진다.

누군가에게 무언가를 전달하는 것을 중심으로 프로젝트의 방향을 바꾸자. 먼저 한 이해관계자가 무언가를 완료하도록 돕고, 그다음에 다른 이해관계자를 도와주는 '세로 분할vertical slices'[10] 방식으로 문제를 해결하는 것을 목표로 한다. 어떤 방향으로든지 업무의 진행을 일단 시작하는 것은 교착 상태를 타개하고 다음 단계를 명확히 할 수 있다. 이렇게 해서 일단 어떤 결과가 나온다면 이를 바탕으로 전략을 세우고 빅 픽처 차원에서 목표를 설정하도록 아이디어를 재검토해보자.

6.2.2 목적지로 가는 방법을 모를 때

목적지를 알고 있지만 도착하지 못할 때가 있다. 즉, 여러분은 목적지를 잘 알고 있고 여러분의 앞을 차단하는 장애물도 없지만, 여전히 목적지에 도착하지 못하고 있다. 왜냐하면 앞에 놓인 다음 문제를 어떻게 해결해야 할지 모르기 때문이다. 아니면 프로젝트가 다음에 어떤 문제를 해결해야 할지조차 확신하지 못하고 있다. 필자는 5장에서 가면 증후군에 관해서 언급했다. 어떤 업무가 어렵다고 생각할수록 그 업무를 해결하기 어려워지는 악순환이 생긴다. 프로젝트에 관한 고민도 마찬가지다. 프로젝트에 대해 생각하는 것을 피하고 무시하는 시간이 길어질수록, 프로젝트가 실제보다 더 어렵게 느껴지는 악순환이 시작된다.

무슨 일이 일어나고 있는가?

실제로 프로젝트는 정말 어렵다! 많은 관련 주제들을 파악해야 하며, 특히 여러분의 지식 수준에서 벗어난 문제가 발생할 경우 더욱 어렵게 느껴질 수도 있다. 아니면 방법을 몰라서 어려울 수도 있다. 불가능한 과제나 기술적인 문제, 조직 차원의 장애물 등을 어떻게 극복해야 할지 모르는 것이다. 이전에 이런 문제를 겪어본 적이 없다면 무슨 일이 일어나고 있는지 인식하는 데만 해도 상당한 시간이 걸리고 해결책을 찾는 데는 더 많은 시간이 걸릴 수 있다.

올바른 길 찾기

앞으로의 경로를 **지금 모른다** 해도 **알 수 없는 것은 아니다!** 몇 가지 방법을 사용한다면 올바른 길을 충분히 찾아낼 수 있다. 다음은 올바른 길을 찾을 수 있는 몇 가지 기술이다.

---

10 옮긴이_'세로 분할' 방식은 '수직 방향으로 문제를 해결해나가는 방법'을 의미한다.

■ 문제를 분명하게 표현하라

여러분이 하려는 것을 명확하게 진술하라. 만약 명확하게 진술하기가 어렵다면, 하려는 일을 글로 쓰거나 큰 소리를 내어 스스로에게 설명해보아라. 진술할 때는 여러분이 지칭하는 대상이 누구인지, 무엇을 말하고 있는지, 무슨 일이 일어나고 있는지와 무슨 일이 일어나야 하는지 최대한 자세하게 진술해야 한다. 그리고 문제를 논의할 의사가 있는 사람과 문제에 관해 대화를 나누면서 여러분의 이해도를 끌어올리자.

■ 가정했던 사항을 재검토하라

혹시 특정 해결책을 이미 가정한 상태에서 그 해결책으로만 문제를 해결하기 위해서 고군분투하는가?[11] 그렇다면 여러분이 생각했던 특정 해결책은 정말 옳은 길인가? 즉, **모든 축**을 고려해서 이를 개선할 수 있는 해결책을 찾아보았는가? 아니면 다른 해결책도 생각났지만, 특정 해결책이 너무 쉬워 보여서 무시해버렸는가? 일단 여러분이 이 문제가 해결될 수 없다고 생각하는 이유를 큰 소리로 설명해보자. 스스로에게 해도 좋다. 그렇게 하면 예전에 알아차리지 못했던 제약 조건을 발견하고 이를 해결하는 데 도움을 받을 수 있다.

■ 여유 시간을 가져라

프로젝트의 진전이 코딩 또는 구성 문제로 인해 차단된 적이 있는가? 지금 해결하기 어렵다면, 이 문제를 다음 날 아침에 즉시 해결할 수 있는가? 때로는 숙면이나 휴가가 문제를 해결하는 데 큰 도움이 된다. 필자 역시 어떤 문제를 며칠 동안 뒤로 미루어두고 생각하지 않았는데 휴식을 취한 후에 새로운 아이디어가 샘솟는 것을 느낀 적이 있다.

■ 본인의 능력을 향상시켜라

미팅 사이에 짬을 내서 문제를 해결하려고 노력하는 것은 여러분이 생각해낼 수 있는 아이디어의 수를 제한한다. 머릿속에서 상황을 충분하게 정리하고 해결책을 생각해낼 수 있도록 여러분 스스로에게 시간을 주어라. 사실 머릿속에서 불필요한 생각을 제거하는 것만 해도 몇 시간이 걸릴 수 있다. 그래서 혼자만의 시간을 가질 수 있다면 두뇌 활동을 최고조로 끌어올릴 것을 목표로 하라. 필자는 숙면, 소화가 잘되는 음식, 충분한 수분, 그리고 빛과 공기가 좋은 공간이라는 조건을 갖추었을 때 두뇌 활동이 최고조에 달한다. 여러분의 두뇌는 여러분이 제일 잘 알고

---

11 컴퓨터 과학자인 레슬리 램포트(Leslie Lamport)는 본인의 논문인 「해결책을 설명하기 전에 문제를 먼저 설명하기(State the Problem Before Describing the Solution)」(https://oreil.ly/L01jT)에서 "정확한 문제는 해결책에 사용된 방법과는 독립적인 방법으로 해결되어야 한다. 그리고 이것은 여러분에게 놀라울 정도로 어렵고 계몽적인 일이 될 것이다. 실제로 나는 '올바른' 알고리즘으로 내가 원하는 것을 달성하지 못하게 된 상황을 여러 번 경험했다."라고 말하며 특정 해결책을 고집하는 상황을 경고했다.

있다. 여러분을 똑똑하게 만드는 것이라면 무엇이든 시도하라.

■ 선행 기술을 찾아라

여러분이 정말로 이 문제 해결에 도전하는 첫 번째 사람인가? 내외부의 다른 사람들이 시도했던 사항을 먼저 찾아보자. 굳이 소프트웨어가 아니더라도 다른 분야에서도 무엇이든 배울 수 있다. 항공, 토목 공학 또는 의학 산업은 종종 엔지니어들이 처음으로 발견했다고 생각하는 문제에 대해 이미 잘 정리된 해결책을 보유하고 있다!

■ 다른 사람들로부터 배워라

때로는 프로젝트 후원자 또는 이해관계자와 문제에 관해 대화를 나누어보면 올바른 다음 단계에 대한 추가 맥락이나 아이디어를 얻을 수 있다. 또한 기업 밖의 외부인으로부터도 이에 관해서 배울 수 있다. 대부분의 기술 도메인에는 활성화된 인터넷 커뮤니티가 있다. 이렇게 특정 주제의 **전문가들이 어울리는 곳**을 찾아서 그들이 어떻게 생각하고 어떤 키워드와 해결책을 언급하는지 살펴보자.

■ 다른 각도에서 시도해보아라

다른 각도에서 생각해보고 창의적인 해결책을 시도해보자. 기술적인 문제라면 조직적인 해결책에 대해서도 생각해보자. 조직적인 문제라면 코드로 해결하는 방법을 고려해보자. 만약 해결책을 다른 조직에 위탁해야 한다면 이 문제를 해결하기 위해서 누구에게 돈을 지불할 것이며 그들은 무엇을 할 것인지 생각해보자. 또한, 만약 여러분이 이 문제를 맡을 수 없다면 이 일은 누구에게 재배치될 것이며 그들은 이 문제에 어떻게 접근할 것인지도 생각해보자.

■ 더 작은 문제부터 먼저 시작하라

만약 여러분이 문제에 큰 압박감을 느끼고 무엇을 먼저 해야 할지 모르겠다면, 일단 작은 부분부터 시작해보자. 하나의 작은 문제를 해결하면 성취감과 진보를 느낄 수 있고 나머지 일에도 더 큰 성취감을 느낄 수 있다. 또 다른 각도에서도 생각해볼 수 있다. 이 문제를 정말 잘 풀어낼 수 있는지도 스스로에게 물어보아야 한다. 현재의 허술한 해결책으로 충분히 해결할 수 있을까? 아니면 처음부터 다시 시작하지 않도록 형편없는 해결책으로 시작해서 검토와 수정을 통해 적합한 해결책을 찾아가는 것은 어떨까?

■ 도움을 요청하라

여러분은 혼자가 아니다. 동료, 멘토 또는 전문가에게 **도움**을 요청할 수 있다. 만약 도움을 요청하는 것을 싫어하는 사람이라면 다음의 사실을 명심하자. 여러분은 다른 사람들의 경험으로부터 배움으로써 그들이 같은 것을 배우는 데 소비했던 시간을 낭비하지 않을 수 있다. 두 사람 모두 같은 해결책을 반복해서 다시 찾는 것은 정말 비효율적인 일이다.

6.2.3 현 위치를 파악하기 어려울 때

여러분이 길을 잃어버리는 상황의 마지막 형태는 여러분의 일이 정말 필요한 일인지 의문을 느끼는 상황이다. 어떤 면에서는 이것이 가장 무섭다. 여러분의 일이 정말 기업에 필요한 일이 아니라고 생각한다면 최근 여러분이 참석한 올핸즈 미팅에서 나온 새로운 계획이 여러분의 계획을 망칠까 봐 불안해질 수도 있다. 아니면 매니저나 프로젝트 후원자가 참석하는 횟수가 줄어들고 결과에 관심이 줄어드는 것을 눈치챌 수도 있다. 또는 중요한 프로젝트를 모두 나열하는 기업 발표에서 여러분의 프로젝트가 명단에 없는 것을 발견할 수도 있다. 이럴 때는 여러분과 함께 일하는 사람들도 달리 보인다. 일부 사람들은 큰 도움이 안 되는 것 같다. 그들은 여러분의 프로젝트에 대해 '언제'라는 표현보다는 '만약'이라는 표현을 더 많이 사용하고 우선순위에 다른 업무를 두고 있다. 많은 의심이 생겨난다. '그들은 여러분이 듣지 못한 것을 들었는가?', '그 프로젝트는 아직 진행 중인가?' 모든 사람이 여러분에게 아무것도 말해주지 않는다. 여러분은 '아직도 이 프로젝트를 책임져야 하는 것이 맞는가?'라는 의심이 생길 것이다. 이처럼 여러분의 프로젝트에 의심이 들 때는 어떻게 해야 하는가? 자신의 **현 위치**를 제대로 파악해야 한다.

무슨 일이 일어나고 있는가?

조직 변경, 리더 변경 및 기업의 우선순위 변경은 모두 프로젝트에 대한 조직원의 열정에 큰 영향을 미친다. 새로운 부사장이나 책임자가 배정되었는데 그들이 여러분이 해결하는 문제를 중요하게 생각하지 않을 수도 있다. 아니면 때로는 그 문제가 너무 중요해서 여러분이 원래 맡은 것보다 훨씬 더 큰 범위를 담당하고 있고, 다른 리더가 이를 해결하고 있다고 생각할 수도 있다. 여러분의 프로젝트는 정말로 취소될 위험에 처해 있을 수도 있다. 그리고 아무도 여러분에게 취소 여부를 말해주지 않는다. 이런 의사소통의 부재는 대부분 업무를 수행하는 조직과 인접한 조직에 있거나 여러분보다 선임인 사람들을 이끌어야 하는 경우처럼 파격적인 리더가 있을 경우에 흔하게 발생한다. 이때 여러분은 업무의 우선순위가 바뀌거나 결정이 이루어지는 회의에서 제외되기가 쉽다.

아니면 반대로 전혀 그렇지 않을 수도 있다. 실은 여러분의 프로젝트가 아주 잘 진행되고 있어서 지도부의 관심을 덜 받는 것일 수도 있다. 여기저기서 문제가 발생하는 상황이라면 아무도 잘 진행되고 있는 프로젝트는 굳이 확인하지 않는다. 이럴 때의 침묵은 '여러분이 하던 일을 계속하는 것'을 의미할 수 있다.

탄탄한 기반 다지기

여러분의 현 위치를 인지하지 못한 채로 계속 같은 방향으로 나아가는 것은 스트레스의 원인이 될 뿐만 아니라 시간 낭비다. 이럴 때는 다음과 같은 몇 가지 기술로 현 위치를 파악할 수 있다.

■ 조직 차원의 지원을 명확하게 하라

현재 상황을 직시하는 것은 썩 마음에 내키지 않는 일일 수도 있다. 마음의 준비를 단단히 하고 현재 상황을 알아보자. 매니저 또는 프로젝트 후원자와 대화하면서 들은 내용을 설명하고, 프로젝트를 계속 진행할 의도가 있는지 그들에게 직접 물어본다.

■ 역할을 명확히 하라

여러분이 리더라 해도 여러분의 직위를 주장하기가 꺼려지거나 여러분이 무엇을 할 수 있는지 확신할 수 없다면 본인의 역할을 공식화할 필요가 있다. 5장에서 설명한 RACI는 1장의 직무 이해도 문서와 마찬가지로 여기서 유용한 도구가 될 수 있다. 한 가지 유의해야 할 사항이 있다. 여러분이 '비공식 리더'라는 직함으로 프로젝트를 맡았다면 그 프로젝트는 실패할 가능성이 높다. 즉, 여러분이 리더라 해도 아무도 여러분이 리더인지 모른다면 여러분은 리더가 아니다.

■ 필요한 사항을 요청하라

만약 여러분이 특정 업무를 진행할 수 있는 권한이나 공식적인 인정 및 영향력을 갖고 있지 않다면 과연 누가 여러분이 필요한 사항을 지원해줄 수 있는가? 여러분은 당연히 여러분의 프로젝트가 여전히 중요하다는 확신을 갖기를 원한다. 이럴 때는 올핸즈 미팅에서 여러분의 프로젝트에 대해 언급을 요청하거나 조직의 목표에 여러분의 프로젝트를 나열해보는 것이 좋은 방법이다. 물론 원하는 결과를 얻지 못할 수도 있지만, 그래도 요청하지 않는다면 절대 얻을 수 없다.

■ 재충전하라

아무도 신경 쓰지 않는 업무를 수행하는 것은 사기를 떨어뜨린다. 만약 여러분과 팀에게 에너지가 부족하다고 느껴진다면 의도적으로 에너지를 다시 재충전할 필요가 있다. 재충전이란 마감일을 새로 정하거나, 프로그램 헌장을 새로 작성하거나, 새로운 킥오프 또는 오프사이트 미팅을 갖는 것 등이다. "프로젝트 2단계에 오신 것을 환영합니다."라는 문구로 업무를 시작하는 것이 "지금까지 해왔던 것을 계속합시다. 하지만 이번에는 다를 것이라고 맹세합니다."보다 더 큰 동기 부여가 된다. 혹은 만약 열정적인 팀원 한두 명을 새롭게 여러분의 팀에 추가할 수 있다면, 그들의 열정은 팀을 다시 움직이게 하기에 충분하다.

6.3 프로젝트가 진정한 목적지에 도착하지 못한 상황

팀이 프로젝트가 목표에 도달했다고 생각했는데도 결과적으로 문제는 해결되지 않아서 프로젝트가 중단되는 세 번째 이유가 있다.

실제로 필자는 수많은 프로젝트가 목표에 도달하지 못하고 [그림 6-5]처럼 끝나는 것을 보았다. 팀원들은 프로젝트 계획에 대한 모든 작업을 완료하고 수많은 박수갈채를 받은 후에 이미 다른 일을 시작했다. 그런데 사용자는 여전히 만족하지 못하고 있다.

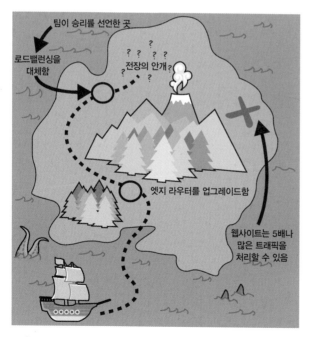

그림 6-5 팀은 승리를 선언하고 집으로 돌아갔지만, 사실 그들이 찾아야 했던 더 좋은 보물이 그대로 남겨져 있다.

이제 목적지에 실제로 도달하지 않았는데도 승리를 선언하는 세 가지 상황에 대해 알아보겠다. 즉, 명확하게 정의된 작업만 수행한 상황, 사용자에게 알리지 않은 해결책을 생성한 상황, 그리고 사용자에게 형편없는 프로덕트를 빠르게 제공하는 상황이다. 잘 읽고 이러한 최종 결과를 맞이하지 않도록 주의하자!

6.3.1 형식적인 완료만 달성했을 때

필자는 여태까지 다음과 같은 대화를 수백 번은 나누어보았다.

> "특정 기능이 정말 기대됩니다. 언제 이 기능을 사용할 수 있을까요?"
> "아, 그 기능은 이미 출시되었어요!"
> "좋습니다! 어떻게 사용하면 되나요?"
> "글쎄요…"

대개 "글쎄요…"라는 말 다음에는 사용자가 **지금 당장** 이 기능을 사용할 수 없는 이유가 뒤따른다. 설명에 따르면 그 특정 기능은 여전히 하드 코딩된 자격 증명credential[12]을 보유하고 있으며, 프로덕션이 아닌 스테이징staging[13]에서만 실행되고 있다. PR 중 하나는 아직 검토 중이다. 다른 사람은 이 일이 끝났다고 하는데, 아직 기능을 사용할 수 없다.

무슨 일이 일어나고 있는가?

소프트웨어 엔지니어들은 종종 본인의 직무를 소프트웨어를 만드는 것으로만 생각한다. 그래서 우리가 프로젝트를 계획할 때는 종종 코드 작성 관련 업무만 나열하기 십상이다. 그러나 사용자가 코드를 사용할 수 있도록 하려면 훨씬 더 많은 관련 업무를 수행해야 한다. 배포 및 모니터링, 출시 승인, 문서 업데이트, 실제 실행 등이 그 예다. 준비 중인 소프트웨어만으로는 충분하지 않다.

---

12 옮긴이_'자격 증명'은 '사용자(사람 또는 프로그램 또는 서비스)가 자신의 신원을 확인하기 위해 제출하는 정보나 증명서'를 의미한다.
13 옮긴이_'스테이징'은 '운영환경(production)에 적용/배포하기 전에 최종 테스트를 위해 확인하는 단계'를 의미한다.

론치 다클리Launch Darkly의 디벨로퍼 애드버켓developer advocate인 헤이디 워터하우스Heidi Waterhouse는 "아무도 소프트웨어를 사용하고 싶어 하지 않는다. 그들은 단지 포켓몬[14]을 잡고 싶을 뿐이다."라고 말해서 필자를 깜짝 놀라게 한 적이 있다. 비디오 게임을 하고 싶은 사용자는 코드가 어떤 언어로 되어 있는지, 엔지니어가 어떤 흥미로운 알고리즘 문제를 해결했는지에 대해서 전혀 신경 쓰지 않는다. 그들에게 중요한 것은 단지 포켓몬을 잡을 수 있는지 여부다. 만약 포켓몬을 잡을 수 없다면, 그 소프트웨어는 존재하지 않는 것이 낫다.

사용자가 실제로 포켓몬을 잡을 수 있도록 하기

프로젝트 리더라면 업무가 완료된 것만 확인하고 프로젝트의 종료를 선언해서는 안 된다. 빅 픽처 관점에서 프로젝트를 잘 살펴보아야 업무 방향이 다른 길로 빠지는 것을 막을 수 있다. 다음은 사용자가 실제로 포켓몬을 잡을 수 있도록, 즉 프로젝트를 진정으로 제대로 완료하기 위해서 사용할 수 있는 몇 가지 기술이다.

■ 완료 상태를 정의하라

업무를 시작하기 전에 업무 완료 상태가 무엇인지에 대한 합의가 필요하다. 애자일 얼라이언스Agile alliance는 '완료'의 정의[15]를 모든 사용자 스토리나 기능이 완료될 때 충족되어야 하는 기준으로 설정하는 것을 제안한다.[16] 이 기준은 모든 변경 사항을 점검해볼 수 있는 일반적인 체크리스트를 포함할 수 있다. PR 템플릿Pull Request template[17]은 일반적으로 변경 사항을 테스트하는 방법을 설명하는 부분과 개별 프로젝트에 대한 특정 기준을 포함할 수 있다. 사용자 승인 테스트를 거쳐서 새 기능을 사용하려는 사용자는 해당 기능으로 본인이 수행하고자 하는 작업을 시도해서 해당 기능이 잘 작동하고 있음을 확인할 수 있다. 내부 소프트웨어도 사용자 승인 테스트를 수행할 수 있다. 사용자 승인 테스트가 끝나고 사용자가 만족하기 전까지는 그 누구도 프로젝트가 완료되었다고 주장할 수 없다.

---

14 옮긴이_'포켓몬(Pokémon)'은 '포켓몬스터(Pocket Monster)'의 줄임말로, 포켓몬 컴퍼니가 발매하는 게임 시리즈를 의미한다. 포켓몬을 잡는다는 의미는 게임에 등장하는 몬스터를 포획하는 게임상의 행위를 말한다.

15 「'완료'의 정의(Definition of Done)」, *https://oreil.ly/3Mray*

16 또한 애자일 얼라이언스는 '완료(done)'와 '완전 완료(done-done)'를 명확하게 구별한다. 작가이자 애자일 코치인 빌 웨이크(Bill Wake)는 2022년 자신의 기사 「코칭 훈련 및 연습(Coaching Drills and Exercises)」(*https://oreil.ly/2Tsnm*)에서 "'완료'는 '진정한 완료'를 의미하는가?"라는 수수께끼 같은 질문을 던졌는데, 이에 관해서도 고찰해볼 만하다.

17 옮긴이_'PR 템플릿'은 '개발자들이 PR을 생성할 때 사용하는 표준화된 형식'을 의미한다. 여기서 'PR'은 'Pull Request'의 약자로, '협업 중인 엔지니어나 팀원들에게 특정한 변경 사항을 검토하도록 요청하는 방법'을 의미한다.

■ 스스로 사용자가 되어보아라

현재 구축하는 기능을 정기적으로 사용하는 것이 가능한가? 물론 항상 적용해볼 수 있는 방법은 아니지만, 사용자 경험을 공유할 방법이 있다면 시간을 내어서 그렇게 해보자. 여러분 스스로가 사용자가 되어보는 것이다. 이것은 소위 '도그푸딩dogfooding'[18]이나 '개 사료 먹기'[19]라고도 불린다.

■ 출시뿐만 아니라 목표에 도달했을 때 축하하라

내부 팀만 볼 수 있는 마일스톤을 달성했을 때 축하하지 말고, 사용자에게 기능을 **배포**했을 때 축하하자. 사용자가 시스템 사용에 만족하기 전까지는 축하하지 않는 것이다. 마이그레이션을 수행할 때는 새 시스템이 출시된 상황이 아니라 레거시 시스템의 운영이 중단되었을 때 축하하자.

6.3.2 완료했지만 아무도 프로덕트를 사용하지 않을 때

여러분은 혹시 플랫폼이나 인프라팀이 몇 달에 걸쳐서 일반적인 문제를 해결할 수 있는 훌륭한 해결책을 만들어서 이를 출시하고 축하까지 마쳤는데도 아무도 이 기능을 사용하고 싶어 하지 않는 상황에 좌절하는 것을 본 적이 있는가? 물론 그들은 이 기능이야말로 진정으로 사용자의 삶을 향상시키리라는 확신을 가지고 있다. 하지만 그런데도 팀들은 여전히 오래되고 어려운 방법으로 업무를 수행한다.

무슨 일이 일어나고 있는가?

특정 팀이 기술적인 업무 이상의 부분을 고려하지 않은 상황이다. 기업에서 내부적인 해결책을 만들 때 이를 단순한 해결책이 아니라 유용한 해결책으로 만들라는 방향을 공지할 때가 있다. 이럴 때 그 팀은 자신들이 창조한 해결책의 사용법 문서를 작성하는 수준에서 멈춘다. 아마도 그들이 만든 해결책을 좋아하는 잠재적인 사용자들이 있을 것이다. 그러나 사용자는 이것이 존재하는지 알 방법이 없다. 만약 사용자들이 우연히 그것을 발견한다 해도 그 해결책의 이름은 그것이 무엇을 하는지에 대한 힌트를 제공해주지 않는다. 게다가 문제에 대한 일반 검색어

---

18 도그푸딩(Eating your own dog food)의 개념. *https://oreil.ly/qHyWM*

19 옮긴이_'개 사료 먹기'라는 표현은 부정적이거나 비난의 의미가 아니라 '개발자가 자신의 프로덕트나 서비스를 직접 사용해보는 것'을 의미하는 표현이다.

도 이 해결책을 보여주지 않는다. 필자는 이러한 프로젝트들을 볼 때마다 이를 더글러스 애덤스Douglas Adams 의 소설인 『은하수를 여행하는 히치하이커를 위한 안내서The Hitchhiker's Guide to the Galaxy』(책세상, 2005)에서 필자가 가장 좋아하는 선호하는 표현의 이름을 따서 '표범을 조심하라Beware of the Leopard'라는 프로젝트라고 부른다.

> "하지만 계획서는 전시되어 있었어요."
>
> "전시되었다고? 결국 나는 계획서를 찾기 위해서 지하실까지 내려가야 했어."
>
> "그게 바로 전시 부서예요."
>
> "전등도 들고."
>
> "어, 어쨌든 아마 전등은 불이 나갔을 거예요."
>
> "계단도 없었어."
>
> "어쨌든 계획서는 찾았잖아요, 안 그런가요?"
>
> "맞아." 아서가 말했다. "계획을 찾았지. 그것은 '표범을 조심하라.'라는 팻말이 있는 폐쇄된 화장실 안에 있는 잠긴 서류함 밑바닥에 있었어."

이 대화를 보면 느껴지는 것이 있는가? 결국 이런 행위는 해결책을 만들어놓고도 그것을 숨기려고 하는 것과 같다! 정보가 들어 있는 문서는 녹색으로 표시해야 한다. 그렇지 않으면 자신이 무엇을 찾는지 모르는 사람은 이 정보를 절대 찾을 수 없다.

홍보하기

연구원이자 저자인 마이클 R. 번스타인Michael R. Bernstein은 한 강연에서 해결책을 만들어놓고도 전혀 홍보하지 않는 상황에 대해서 「마케팅이 중요한 이유Why Marketing Matters」[20]라는 제목으로 본인의 견해를 피력했다. 그는 "이것이 마치 농부가 씨앗을 심고, 물을 주고, 잡초를 뽑고, 농작물을 잘 길러낸 다음에 밭에 그냥 두는 것과 같다."라고 말했다. 농작물을 잘 재배했다면 당연히 이를 수확한 뒤에 사람들이 이 농작물을 사도록 홍보해야 한다. 사용자가 존재하는지조차 모르거나 시간을 들일 가치가 있다고 확신하지 않는 소프트웨어는 세계 최고의 소프트웨어가 아니다. 가장 중요한 것은 마케팅, 즉 홍보다. 다음은 홍보를 위한 몇 가지 기술이다.

---

20 「마케팅이 중요한 이유」, *https://oreil.ly/u65tj*

■ 사람들에게 말하라

여러분의 해결책은 사람들에게 한 번만 홍보하고 끝내서는 안 된다. 사람들에게 **계속** 알려야 한다. 엔지니어들은 자신의 소프트웨어를 굳이 홍보하지 않아도 사용자가 알아서 찾아내고 사용하리라고 쉽게 단정 지어버린다. 그래서 많은 마이그레이션이 절반만 마이그레이션된 형태로 끝나버린다. 사람들이 여러분의 해결책을 찾아서 사용할 수 있게 도와주자. 이메일을 보내고, 로드쇼를 하며, 엔지니어링팀의 올핸즈 미팅에서 이를 발표하자. 특히 나중에 여러분을 옹호하고 지원해줄 가능성이 있는 특정 사용자에게는 화이트 글러브 서비스white glove service[21]를 제공하자. 만약 여러분이 사무실에 출근해서 근무한다면 포스터를 붙이는 것은 어떨까? 그리고 다른 사람이 여러분의 해결책을 경계하거나 열의를 보이지 않는다면 여러분의 해결책을 깊이 고려해본 적이 있는지 직접 확인해보자. 대화가 시작될 수 있도록 끈질기게 말해야 한다.

■ 발견하기 쉽게 만들어라

여러분이 만든 해결책은 다른 사람이 쉽게 찾을 수 있어야 한다. 이것은 여러분이 사용하기를 원하는 사용자가 찾을 수 있는 모든 곳에 **링크를 거는 것**을 의미한다. 문서 플랫폼이 여러 개라면 해당 플랫폼에 대한 검색이 올바른 위치에 있는지 확인하자. 기업에서 단축 링크 서비스를 사용한다면 철자 오류 및 사람들이 추측할 수 있는 하이픈을 포함하여 가능한 모든 이름에 대한 링크를 설정하자.[22]

6.3.3 불안정한 기반 위에서 완료했을 때

'완료했다고 선언했지만, **실제로는 완료하지 않은**' 마지막 유형은 많은 갈등을 일으킬 수 있는 것이다. 시험용 프로덕트인 상태에서 곧바로 생산하거나 최소한 실행만 가능한 프로덕트가 생산에 들어갔을 경우다. 사용자들은 그것을 꽤 잘 사용할 수 있지만, 모든 사람이 그 프로덕트가 제대로 만들어지지 않았다는 것을 안다. 그래도 사용자는 포켓몬을 잡을 수 있기에 일은 끝났다. 프로덕트 매니저는 이제 다음 업무로 넘어가야 할 시간이라고 말한다! 하지만 엔지니어들은 앞으로 인프라가 확장되지 않거나 인터페이스를 재사용할 수 없거나 팀이 미래에 맡게 될 끔찍한 기술 부채를 떠안았다는 것을 알고 있다.

---

21 옮긴이_'화이트 글러브 서비스'는 '보다 세심하고 전문적으로 지원하고 돌보는 서비스 형태'를 의미한다.

22 여러분이 기억할지 모르겠지만, 구글에 시시포스(Sisyphus)라는 프로젝트가 있었다. 필자는 이 프로젝트에서 'go/sysiphus'와 'go/sisiphus'로 입력해도 'go/sysiphus'로 가는 짧은 링크를 설정한 누군가에게 감탄했다. 이는 좋은 보안 관행이기도 하다. 그것은 누군가가 철자가 틀린 사이트에서 가짜 서비스를 운영하지 못하도록 방지하기 때문이다.

무슨 일이 일어나고 있는가?

완성도의 문제는 차치하더라도 가능한 한 저렴하고 빠르게 물건을 출시해야 할 이유가 있을 수도 있다. 시장에 경쟁 프로덕트가 있거나 시장 자체가 없는 상황이라면, 완성도 높은 프로덕트를 출시하는 것보다 어떤 프로덕트라도 **일단 출시**하는 것이 중요한 상황이 된다. 그러나 팀이 그렇게 프로덕트를 출시하고 다른 업무를 시작해버리면 그 저렴한 해결책은 그대로 남아 있게 된다. 즉, 코드를 제대로 테스트하지 않았거나 아예 테스트할 수 없다. 이제 다른 모든 사람이 함께 해결해야 하는 설계에까지 흠이 남을 수도 있다.

필자는 오래전에 데이터 센터에서 일했는데, 거기서 배운 한 가지 사실이 있다. 바로 임시적인 해결책은 없다는 사실이다. 케이블을 깔끔하게 연결하고 레이블을 지정하지 않고 랙에서 랙으로 케이블을 연결해놓으면 서버가 해체될 때까지 그 케이블은 그대로 유지된다. 모든 임시 해결책도 마찬가지다. 임시 해결책은 나중에 제대로 정리하는 데 엄청난 노력이 필요하다.

기초 보강하기

단기적으로 조잡한 소프트웨어를 출시하는 것을 피할 수는 있지만, 이것은 지속하기 어렵다. 미래에 더 큰 소프트웨어의 문젯거리를 여러분 자신에게 떠넘기는 것이다. 여러분은 스태프 엔지니어로서 대부분의 사람보다 더 많은 영향력을 가지고 있다. 적어도 프로덕트의 품질을 적당한 수준으로 높이려면 기초를 보강하고 기준을 높게 설정해야 한다. 다음은 이를 수행할 수 있는 몇 가지 방법이다.

■ 품질 지향 문화를 구성하라

대개 특정 조직의 엔지니어링 문화는 해당 조직의 선임 엔지니어들이 주도한다. 조직에 강력한 테스트 문화가 없다면 여러분이 항상 테스트를 요청하는 사람이 되어서 올바른 방향으로 유도하자. 또는 다른 사람에게 항상 '어떻게 모니터링할 것인가?'라고 묻는 사람이나, 항상 문서를 PR로 업데이트해야 한다고 지적하는 사람이 될 수 있다. 코드 스타일 가이드, 템플릿 또는 기타 레버를 사용해서 프로젝트에 대한 주의사항 크기를 조정할 수도 있다. 8장에서는 이런 기준을 설정하고 문화를 변화시키는 것에 대해서 살펴볼 것이다.

■ 기초 업무를 사용자 중심으로 만들어라

이상 세계라면 조직은 단순히 기능에만 국한된 해결책을 제공하는 것이 아니라 미래에 대비하는 해결책을 제공하는 데 동의할 것이다. 이런 상황에서는 기능과 유지보수 업무가 건전하게 균형을 이루고 있으며, 팀은 프로젝트 업무 수행 시간의 일부분을 품질 향상을 위해서 사용한다. 초기 사용자 피드백을 얻고자 간단한 첫 번째 버전을 구축하거나 경쟁력 있는 프로덕트를 더 빨리 시장에 출시하기 위해서 기술 부채를 떠안은 팀이라 해도 항상 프로덕트를 개선하는 업무로 돌아온다.

그러나 안타깝게도 이런 이상적인 방식으로 일하는 조직은 거의 없다. 그래서 현실적으로 여러분은 프로젝트의 사용자 사례에 수행해야 할 정리 업무가 포함되어 있는지 확인하는 식으로 도움을 줄 수 있다. 이를 사용자 경험의 일부(불완전한 프로덕트는 그 누구도 선호하지 않는다는 것)로 만들거나 다음 기능의 기반을 마련하는 것으로 형식화할 수 있다. 사용자가 관련 버그 보고서를 제출하거나 서비스 운영이 중단된 후 해결해야 할 액션 아이템이 있는 경우라면 여러분의 마무리 작업을 위해서 이를 사용할 수 있다. 대화의 초점을 다시 사용자의 요구에 맞추고 여러분의 업무가 사용자에게 실질적인 영향을 미친다는 것을 보여주자.

■ 엔지니어 주도 시간을 협상하라

기업에 정기적으로 마무리 작업을 처리하는 문화가 없다면 정기적으로 마무리 작업을 처리할 업무 시간을 얻을 수 있는지 확인해보자. 필자는 이런 주간을 '수리 주간'이나 '기술 부채 주간'이라는 용어로 표현한다. 이 외에도 '20% 시간'이나 '열정 프로젝트 주간'과 같이 엔지니어링 탐구 시간에 관한 용어도 들었다. 이 시간에는 상당한 양의 기술 부채 업무를 처리할 수 있다. 또 다른 선택지는 팀에서 적어도 한 사람은 항상 문제에 대응하고 상황을 개선하는 데 전념하도록 교대 일정을 설정하는 것이다. 특정 명칭이 생겨난다거나 어떤 것들이 기술 부채로 간주될 것인지는 걱정하지 말자. 요점은 여러분이 엔지니어링 업계의 모든 사람이 필요하다고 생각하는 일을 하기 위해서 헌신하는 시간을 보낸다는 것이다.

6.3.4 프로젝트가 더 이상 진행되지 않고 중단될 때

장애물을 탐색하고 어려운 상황을 해결하기 위해서 노력하다 보면 목적지에 더 가까워질 수도 있지만, 아예 목적지에 도달할 수 없다는 사실을 알게 될 수도 있다. 프로젝트가 각종 의도에 따라서 끝나버리는 네 가지 상황을 살펴봄으로써 6장을 마치겠다. 첫 번째는 여러분이 최선을 다한 뒤에 포기하는 상황, 두 번째는 프로젝트를 일찍 끝내버리는 상황, 세 번째는 여러분의 통제 밖에 있는 세력에 의해 그 프로젝트가 취소되는 상황, 마지막은 여러분이 승리를 선언하는 상황이다.

현 위치가 중단하기 가장 좋은 상황일 때

투자를 추가하더라도 비용 면에서 가치를 얻을 수 없는 지점에 도달하면 프로젝트를 '충분히 완료'했다고 선언할 수 있다. 필자는 2장에서 로컬 최댓값에 관해 이야기했다. 우선순위가 낮은 업무를 수행하는 팀은 적어도 그들의 관점에서는 그 업무가 가장 중요한 업무이므로 그 업무를 수행하는 것이다. 반면에 어떤 팀은 그들이 수행할 시간은 없지만, 중요한 프로젝트를 다섯 개나 더 가지고 있다. 여러분의 팀은 정말 필요한 만큼 업무를 수행하고 기능을 추가하고 있는가? 그게 아니라면 이제는 성공을 선언하고, 즉 지금 업무를 포기하고 새로운 업무에 도전해야 할 때일지도 모른다. 다만 포기하기 전에 앞에서 필자가 다룬 장애 상황을 살펴보자. 혹시 여러분이 불만을 표하는 사용자를 포기하거나 기술 작업이 완료된 후에 포기하거나 반만 마이그레이션된 시스템을 포기하는 것이 아닌지 반드시 확인해야 한다. 확인한 후에 이런 문제가 없다면 포기해도 좋다. 새로운 목적지에 도착한 것을 축하한다!

잘못된 길을 걷고 있을 때

필자가 본 가장 큰 성공 사례 중 하나는 어떤 면에서 보면 실패로 간주할 수도 있는 사례다. 한 팀의 선임들이 새로운 데이터 스토리지 시스템을 만들기 위해서 몇 달 동안 업무를 수행했다. 다른 팀들도 이 업무가 완료되기를 간절히 기다리고 있었다. 그러나 업무가 점차 진행될수록 그 팀은 이 새로운 시스템이 규모에 맞게 작동하지 않으리라는 사실을 발견했다. 그래서 그들은 이 프로젝트를 중단했다. 즉, 그들이 만든 시스템이 작동 가능한 사용 사례를 찾지 않고, 프로젝트를 중단한 뒤에 상세한 회고록을 썼다.

이게 과연 실패한 프로젝트인가? 실은 전혀 그렇지 않다! 명백한 실패에 도달하기 전에 적절하게 문제를 파악해서 중단한 것이야말로 정말로 큰 성공이다. 그런데도 이 프로젝트가 중단되자 다른 팀들은 그들이 바라던 시스템을 얻지 못해서 실망했다. 하지만 스토리지팀이 해결책을 제대로 검토하지 않았다면 이 시스템이 작동하지 않는다는 사실을 발견할 수 없었다. 그리고 만약 그들이 그 기술이 효과가 없다는 것을 깨닫고 나서도 진행을 밀어붙였다면 그 프로젝트는 어차피 실패했을 것이다.

매몰비용의 오류 sunk cost fallacy **[23]**라는 경제학 용어를 들어본 적이 있는가? 매몰비용의 오류란 사

---

23 옮긴이_ '매몰비용의 오류'란 '미래에 발생할 효용이 크지 않음에도 불구하고 과거에 투자한 비용이 아까워서 하게 되는 일련의 행동들' 을 의미한다.

람들이 이미 투자한 시간, 돈, 그리고 에너지를 어떻게 보느냐에 관한 것이다. 만약 여러분이 이미 어떤 것에 많은 시간과 에너지를 쏟았다면, 그것이 좋은 것이 아니어도 될 때까지 지켜보려 할 가능성이 더 크다. 이러한 집착에서 벗어나기란 어려운 일이다. 그래도 어떤 것의 성공과 실패 여부를 객관적으로 파악하지 못하면 오랫동안 잘못된 길에 머물게 될 수도 있다.

만약 여러분이 불가능한 상황에 처해 있다면 일찍 **탈출**하라. 실패한 프로젝트를 추진하는 것은 어차피 피할 수 없는 일을 굳이 미루는 것일 뿐이다. 그리고 여러분이 더 유용한 일을 하지 못하도록 시간을 쓰는 것이다. 손실을 줄이고 중단해야 할 때를 아는 것도 현명한 판단이다. 그리고 그냥 멈추는 것이 아니라 회고록을 쓰면서 그간 일어난 일에 대해 가능한 한 많이 공유해보자. "그것은 효과가 없었다. 그래도 괜찮다. 다음은 우리가 이 일로부터 배운 것이다."라고 말할수록 실패 시의 심리적인 안정에도 도움이 될 것이다.

프로젝트가 취소되었을 때

여러분의 업무에 대한 기업의 관심은 바뀔 수 있다. 프로젝트를 수행하다 보면 해당 프로젝트가 너무 오래 걸리거나 예상보다 더 어려울 수도 있고, 프로젝트의 혜택이 더 이상 소요 비용을 정당화하지 못할 수도 있다. 아니면 새로운 임원이 다른 방향을 염두에 두고 있거나, 시장 상황이 바뀌었을 수도 있으며, 조직이 지나치게 몸집을 확장한 탓에 삭감할 다른 부분을 찾고 있을 수도 있다. 어떤 이유에서든, 여러분의 프로젝트가 멈출 때가 있다. 경영진 중에서 누군가가 여러분을 따로 불러서 이런 어려운 소식을 전해줄 때가 있다. 불행 중 다행으로 운이 좋으면 이처럼 다른 사람들보다 먼저 알게 될 때도 있다.

이런 상황에서는 일단 여러분의 감정부터 잘 추스르고 다독여야 한다. 즉, 이 상황에서는 기분이 안 좋을 수 있다. 팀과 프로젝트가 취소된 이유를 이해하고, 모두가 취소하는 데 동의했더라도 누구나 자신이 구축한 계획과 마일스톤을 갑자기 포기하면 정말 짜증이 날 수밖에 없다. 그간 했던 일이 헛수고처럼 느껴질지도 모른다. 만약 여러분이 프로젝트를 취소하는 결정 관련 논의에 직접 참여하지 않았다면 이것이 여러분의 개인적인 실패처럼 느껴질 수도 있다. 화가 나고, 실망스럽고, 속은 것처럼 느껴진다. 그리고 여러분에게 많은 영향을 미치는 결정인데 여러분이 존재하지 않는 곳에서 이루어진 것에 대해서 분개할 수도 있다. 당연히 이것은 정당한 불만이다. 만약 매니저들이 큰 기술적 결정을 내리지만 기술 분야 사람들의 의견을 참조하지 않는다면, 이 부분에 관해서 대화해볼 필요가 있다. 하지만 사실 대부분 이러한 결정은 여러분보다 훨씬 더 빅 픽처 관점에서 상황을 보고 여러분과는 다른 무언가를 최적화하는 사람들에 의해 더 상위 수준에서 내려지는 결정이다.

결론적으로 이런 상황에서는 여러분의 감정을 스스로 추스르고 **결정을 받아들여야 한다.** 매니저나 결정권을 가진 팀과 함께 끝까지 대화를 나누어보자. 더 큰 차원의 빅 픽처를 이해하고 가능한 한 다양한 관점에서 생각해보자. 그런 다음에 팀이나 서브 리더와 대화하자. 그들에게 무슨 일이 일어나고 있는지 말해주고 나서 그 이유를 설명해주자. 그들이 이 소식에 제대로 반응할 수 있도록 그들에게 충분한 시간을 주자. 그리고 그들이 여러분에게 나쁜 소식을 전하거나 프로젝트를 '구하지 못한' 사람으로서 프로젝트의 리더인 여러분에게 화가 날 수도 있다는 사실을 존중하자. 그들이 프로젝트가 취소된 이유를 여러분이나 다른 리더에게 직접 듣는 것이 중요하다. 그들이 가십거리나 대량으로 발송된 이메일 또는 기업 올핸즈 미팅을 통해서 이 사실을 알게 하지 마라.

그리고 여러분과 팀원들에게도 시간을 주자. 충분한 시간을 주고 가능한 한 깔끔하게 프로젝트를 종료하자. 실행을 중지할 수 있으면 실행을 중지하고, 코드를 삭제할 수 있으면 삭제한다. 혹시라도 이 프로젝트가 나중에 다시 시작될 가능성이 있다면, 미래의 엔지니어가 이 프로젝트를 잘 이해할 수 있도록 모든 업무를 최대한 **문서화**하자. 물론 이런 재시작은 그 가능성을 현실적으로 먼저 생각해보아야 한다. 혹시 여러분이 이 프로젝트에서 배운 것이 있다면 **회고록**을 작성하는 것도 좋다.

프로젝트가 여러분의 의도와 다르게 급작스럽게 취소되는 것이 공정하지는 않다. 담당 프로젝트의 취소는 여러분의 승진이나 성과에 장애물로 작용할 수 있다. 여러분의 팀원이나 관련 인원 또한 마찬가지다. 그러니 이 경우에는 취소된 업무를 맡은 사람의 성과를 다른 방식으로 입증할 수 있는 모든 방법을 최대한 시도해보자. 팀 구성원이 다른 프로젝트로 이동하는 경우에는 새로운 매니저에게 그 동료의 성공 사례에 관해서 설명하고, 성과 검토 시간에 동료와 대화하거나 동료 평가를 작성할 것을 제안해볼 수 있다. 만약 누군가 승진 직전에 있다면 그들이 다시 처음부터 본인의 성과를 쌓아야 하지 않도록 그들이 여태까지 쌓아온 업적을 새로운 리더에게 반드시 알려주자.

그리고 모든 프로세스를 마치면 그동안 이 팀과 함께한 경험을 서로 **축하**하자. 업무를 함께 잘 수행하던 팀을 해체하는 것은 슬픈 일이지만, 이 중단을 인정하고 다음에 그 사람들과 다시 일할 기회를 찾아보자.

목적지에 잘 도달했을 때

마지막으로, 목표에 잘 도달해서 프로젝트를 중단(종료)할 수도 있다. 그렇다면, 축하한다! 여러분은 시작한 일을 해냈다!

다만 축하하기 전에 목적지에 실제로 도착했는지 다시 확인해보자. 다음의 질문을 던져보자. '측정 가능한 목표 수준에서 원하는 결과를 보여주고 있는가?', '사용자가 포켓몬을 잡을 수 있는가?', '기초는 견고하고 깨끗한가?' 이 질문들에 정확하게 답할 수 있다면 목표에 잘 도착한 것이다. 정말 마지막이라면 승리를 선언할 때가 됐다. 여러분의 성공을 특별하게 축하할 수 있도록 시간을 내자. 대부분의 팀에 축하라는 것은 파티, 선물 또는 휴식을 의미한다. 아니면 이메일을 통해서 글로 축하하거나 올핸즈 미팅에서 축하하는 방식도 있다. 기업 블로그의 내외부 프레젠테이션이나 기사 작성을 통해 팀원 및 여러분에게 목표에 잘 도착했고 축하한다는 것을 가시적으로 보여주자. 그리고 회고록을 작성해보자. 회고록을 작성하는 것은 단지 잘못된 점들을 보려는 것이 아니라, 제대로 수행한 부분을 보고 많은 것을 배우기 위해서도 중요하다.

프로젝트 수행 시에 사람들이 서로 돕거나 의사소통을 잘했던 것처럼 특정 기업 문화를 돋보이게 하고 널리 알리려면 프로젝트 수행 중에 있었던 실사례를 강조해서 이야기하면 된다. 여러분이 보고 싶던 행동을 실제로 보여주었거나 기대 이상의 일을 해낸 사람들의 성과를 널리 알리자. 프로젝트의 성공은 여러분이 높이 평가하는 특정 기업 문화를 널리 알리고 다른 사람들에게 우수한 엔지니어링이 무엇인지 보여줄 수 있는 환상적인 기회다.

이 책의 3부 '조직 차원의 레벨업'에서는 여러분의 조직에 우수한 엔지니어링을 보여주는 방법을 다루고자 한다.

6.4 마치며

6장의 내용을 요약하면 다음과 같다.

- 여러분은 프로젝트의 리더로서 프로젝트가 왜 중단되었는지 명확하게 이해하고 다시 시작해야 한다.
- 여러분은 조직의 리더로서 다른 사람들의 프로젝트를 시작할 수 있도록 도와야 한다.
- 프로젝트가 중단되었다면 필요한 일을 설명하거나, 다른 사람이 수행해야 하는 업무를 줄이거나, 조직 차원의 지원을 명확히 하거나, 단계를 높이거나, 대체 계획을 수립하여 이를 해결할 수 있다.

- 목적지를 정의하고, 수행해야 하는 역할에 동의하며, 필요할 때 도움을 요청함으로써 표류 중인 프로젝트를 명확하게 파악할 수 있다.

- 프로젝트가 확실하게 완료되지 않는 이상 섣불리 승리를 선언하지 말자. 코드를 다 작성한 것은 단지 마일스톤 하나를 지나친 것에 불과하다.

- 때로는 여러분이 준비가 됐든 안 됐든 간에, 프로젝트의 마감을 맞이하게 될 수도 있다. 그럴 때는 축하하고 회고하면서 잘 마무리하자.

Part

3

7장   롤모델 역할

8장   선한 영향력 전파

9장   경력 사다리 설계

조직 차원의
레벨업

훌륭한 스태프 엔지니어의 세 번째 핵심 역량은 '조직 차원의 레벨업'이다. 스
태프 엔지니어는 팀, 조직의 동료, 기업이나 업계 차원에서 엔지니어의 표준 및
스킬 역량을 향상시켜야 할 책임이 있다. 이는 스스로 롤모델이 되어서 무의식
적으로 영향력을 발휘하는 것뿐만 아니라 가르침과 멘토링을 통해 의도적으로
영향력을 발휘하는 것도 포함된다.

롤모델 역할

7.1 훌륭한 업무 수행의 기준

7.2 스태프 엔지니어의 역량: 유능함

7.3 스태프 엔지니어의 역량: 책임감

7.4 스태프 엔지니어의 역량: 목표 파악

7.5 스태프 엔지니어의 역량: 미래 대비

7.6 마치며

필자의 친구 카를라 가이저는 필자가 스태프 엔지니어가 되었을 때 "네 생각을 함부로 말하지마."라고 조언해주었다. 그녀는 "네가 입 밖으로 냈던 어설픈 생각을 사람들이 이미 프로젝트인 것처럼 떠들고 다닌다는 것을 한 달쯤 후에야 알게 될 거야."라고 덧붙였다. 또한, 필자의 동료인 로스 도널드슨은 "스태프 엔지니어가 된다고 해서 여러분이 틀렸을 때 용서받을 수 있다는 것은 아니다. 다만 '임금님 귀는 당나귀 귀 이야기'처럼 말할 때마다 조심해야 한다는 것을 의미한다."라는 말로 스태프 엔지니어의 역할을 단적으로 묘사했다.

이것은 스태프 엔지니어라는 직책의 축복이자 저주다. 여러분이 스태프 엔지니어가 된다면 사람들은 여러분이 무슨 말을 하든지 그것을 잘 알고서 말한다고 생각할 것이다. 따라서 여러분은 실제로 본인이 무슨 말을 하는지 잘 파악해야 한다! 또한, 다른 사람이 여러분의 업무를 검토할 때는 많은 부분을 생략할 가능성이 있으며 여러분의 아이디어는 다른 사람의 아이디어보다 더 신뢰받을 것이다. 사람들은 여러분을 안내하기보다는 여러분이 자신들을 안내해주기를 기대할 것이다.

7.1 훌륭한 업무 수행의 기준

여러분은 이제 롤모델이 되었다. 즉, 다른 사람들이 여러분의 행동을 보고 배우게 될 것이다. 여러분은 이제 '방 안의 어른'이 되었으며, 무엇을 말하든 다른 사람의 의견보다 더 무게감이 실린다. 혹시 '이 문제를 누군가가 나서서 말해야 한다.'라는 생각이 든 적이 있는가? 이제 그 '누군가'가 바로 여러분이다. 여러분은 경험이 부족한 동료들에게 여러분의 올바른 행동을 보여주어서 그들을 우수한 엔지니어로 이끌어야 한다. 8장에서는 **적극적이고 의도적으로** 조직과 동료에게 더 나은 방향으로 영향(력)을 미치는 방법에 대해 알아볼 것이다. 다만 먼저 7장에서는 **수동적인** 영향력을 다루고자 한다. 즉, 여러분이 엔지니어이자 한 사람으로서 행동하는 것에서 발휘되는 영향력에 대해 알아보겠다.

7.1.1 스태프 엔지니어의 업무상 가치

여러분의 기업에는 문서로 명시된 가치나 엔지니어링 원칙처럼 우수한 엔지니어링이 무엇인지를 정의한 서류가 있을 것이다. 하지만 기업이 가장 중요하게 생각하는 것은 직원들의 승진

조건이다. 조직이 아무리 협업과 팀워크를 장려한다고 주장하더라도, 스태프 엔지니어가 소위 '영웅적인' 단독 노력으로 그 수준에 도달해버리면 그 메시지는 쉽게 흐려질 수 있다. 또한 엔지니어링 원칙에서 철저한 코드 리뷰 문화를 설명한다 해도 시니어 엔지니어가 PR을 읽지 않고 승인해버리면 다른 사람들도 자동으로 코드 리뷰를 승인하게 된다. 즉, 여러분이 하는 일은 암묵적으로 다른 사람의 업무 유형과 기준 설정에 큰 영향을 끼친다.

엔지니어링은 컴퓨터 시스템과 소통하는 수준에서 끝나는 것이 아니라 이는 여러분이 타인과 이야기하는 방식과 관련이 있다. 따라서 훌륭한 엔지니어가 되는 것은 때로는 좋은 동료가 되는 것으로 연결된다. 만약 여러분이 성숙하고 건설적이며 책임감이 있는 사람이라면, 이제 막 입사한 엔지니어들에게 바로 이것이 시니어 엔지니어가 해야 하는 일이라고 알려주어야 한다. 반면에 여러분이 거들먹거리거나, 까다롭거나, 혹은 영원히 다가가기 어려운 사람이라면, 이제 막 입사한 사람들에게는 바로 **그 모습**이 선임 엔지니어의 표준이 되어버린다. 결국 여러분이 매일 하는 행동이 여러분의 기업 문화를 형성한다.

7.1.2 롤모델의 개념

여러분이 원하지도 않았는데 롤모델이 되는 것이 불편할 수도 있다. 하지만 다른 직원들처럼 엔지니어 역시 나이가 들고 경력이 쌓일수록 이미 존재 자체만으로도 조직에 큰 영향을 미친다. 좋든 싫든, 여러분은 기업의 **엔지니어링 문화의 기준**이 되었다. 그러니 여러분이 지닌 영향력을 좀 더 진지하게 받아들일 필요가 있다. 롤모델이 된다는 것은 여러분이 공인이 되거나, 더 크게 소리를 지르거나, 자기주장을 내세워야 한다는 것을 의미하지는 않는다. 수많은 최고의 리더는 조용하고 사려 깊으며, 좋은 결정과 효과적인 협업을 통해서 조직에 선한 영향을 미친다. 그리고 조용한 동료들에게도 그들을 이끌 능력이 있다는 것을 보여준다.

만약 리더가 되는 것이 두렵다면 스스로 노력해야 한다. 작은 부분부터 시작해보자. 예를 들어서 공식적인 자리에서 누군가의 성공을 칭찬하거나 새로운 사람을 멘토링하는 것을 제안해볼 수 있다. 새로운 프로그래밍 언어나 기술을 배우는 것처럼 리더십 또한 여러분이 습득해야 하는 기술이다. 더 많이 연마할수록 리더십을 발휘하기가 더 쉬워진다.

여러분이 먼저 최고의 엔지니어이자 최고의 동료가 되자. 업무를 성공적으로 수행하면서 다른 사람들이 그 모습을 보게 하라. 그리고 다른 사람들도 같은 방식으로 행동하도록 돕자! 이 방법에 대해서는 8장에서 다시 논의하겠다. 이것이 바로 롤모델이 되는 것이다.

7.1.3 스태프 엔지니어의 훌륭한 업무 수행 기준

7장에서는 여러분이 롤모델이 되기 위해서 필요한 네 가지 역량을 설명할 것이다. 이 역량들은 여러분이 계속해서 배우려고 노력해야 하는 자질이나 스킬이다. 물론 만점을 받아야만 '진정한 엔지니어'가 될 수 있는 것은 절대로 **아니다**. 또한, 취사선택해서 배워야 하는 역량도 아니다. 다만 이 역량들은 여러분이 롤모델이 되기 위해서 이상적으로 **갖추어야 할** 역량들이다. 우리 모두는 아직도 누군가의 롤모델이 되기 위해서 노력해야 하는 길 위에 서 있다.

한 가지 더 주의해야 할 점이 있다. 기술 산업계에는 각종 조언이 넘쳐나는데, 이 조언은 대부분 주관적이다. 즉, 조언 목록은 어디든지 넘쳐나며 모범 사례도 상황에 따라서 다르기 때문에 주의해야 한다. 여러분에게도 위험하거나 특별한 상황이 있을 것이다. 만약 필자의 조언이 여러분의 판단과 다르다면 여러분의 판단을 믿어라. 스태프 엔지니어에게는 통념이 틀렸을 때 이를 눈치챌 수 있는 **감각**이 있다.

7장에서 살펴볼 네 가지 역량은 크게 유능함, 책임감 있는 방 안의 어른이 되는 것, 목표를 명확하게 파악하는 것, 그리고 미래를 내다보는 것이다.

먼저, 유능함부터 살펴보겠다.

7.2 스태프 엔지니어의 역량: 유능함

스태프 플러스 엔지니어 또는 선임으로서 여러분의 역할 중 하나는 팀이 해야 할 일들을 나서서 맡고, 그 업무를 안정적이고 성공적으로 수행하는 것이다. 유능함 역량에는 경험과 지식을 축적하고 유지하는 것, 자기 인식 능력을 갖추는 것, 상위 기준을 설정하는 것이 포함된다.

7.2.1 경험 및 지식 축적

리더십이 아무리 뛰어나더라도 '뛰어난 스킬 역량' 없이는 기술 리더가 될 수 없다. 빅 픽처에 기반한 사고력, 성공적인 프로젝트 실행력, 신뢰성 및 영향력은 개인의 풍부한 경험과 지식을 바탕으로 발현된다. 기업에서는 여러분이 경험과 지식을 보여주기를 **기대하고** 여러분을 고용한다.

경험 축적

구글의 스태프 엔지니어인 스테파니 반 다이크Stephanie Van Dyk는 분석을 통해서 그녀의 직업에 필요한 기본 스킬 역량과 그녀의 오랜 취미인 방직공에 필요한 스킬 역량 간의 유사점을 도출했다. 그녀는 "스킬 역량은 끊임없는 학습과 연습을 통해서 기를 수 있다."라고 말했다. 그리고 "스킬 역량은 타고나는 역량이 아니다. 그 누구도 숙련된 방직공이나 숙련된 컴퓨터 엔지니어로 태어나지는 않는다."라고 말하며 경험의 중요성을 한층 더 강조했다.

이처럼 경험은 타고나는 것이 아니라 오랜 시간 동안 관련 분야에 자신을 노출하고 공부하는 행위를 통해서 쌓인다. 즉, 스킬 역량을 개발하는 데는 부단한 노력이 필요하다. 독서를 통해서도 많은 것을 배울 수 있지만, 문제를 스스로 해결하면서 자신만의 스킬을 쌓는 것과 어떤 해결책이 효과적인지 파악하는 것은 독서만으로는 한계가 있다. 시니어 소프트웨어 엔지니어이자 바이올리니스트인 폴라 멀둔Paula Muldoon은 오케스트라에서 연주하는 경험에 빗대어서 필자에게 스킬 역량에 관한 조언을 들려주었다. "당신은 본인의 업무에 대한 걱정이 없을 정도로 당신의 스킬 역량을 키워서 다른 사람들이 하는 일에 거의 전적으로 집중할 수 있도록 해야 한다."라는 말이었다. 그녀의 말처럼 스킬 역량이 제2의 천성天性이 될 수 있도록 스킬을 연마하는 데 많은 시간을 투자하라.

스킬 역량을 늘리기 위해서 얼마만큼의 시간을 투자해야 할까? 미국 토목 공학회ASCE, American Society of Civil Engineers는 「초기 경력 엔지니어Early career engineers」[1]라는 글을 통해서 엔지니어링 등급을 다음과 같이 구분하였다.

- **5등급**Grade V: 통상적인 직함(시니어 엔지니어, 프로그램 매니저) – 경력 8년 이상
- **6등급**Grade VI: 통상적인 직함(프린시플 엔지니어, 디스트릭트 엔지니어, 엔지니어링 매니저) – 경력 10년 이상
- **7등급**Grade VII: 통상적인 직함(책임자, 시티 엔지니어, 디비전 엔지니어) – 경력 15년 이상
- **8등급**Grade VIII: 통상적인 직함(사무국 엔지니어, 공공사업 책임자) – 경력 20년 이상

소프트웨어 엔지니어링 분야는 이보다 상대적으로 덜 엄격한 기준이 적용된다. 특히 직급은 기업마다 매우 다양하다. 대부분의 기업은 직급이나 직함을 결정할 때 경력의 연수를 깊이 고려

---

1 「초기 경력 엔지니어」, https://www.asce.org/engineergrades

하지는 않지만, 일반적으로 스태프 엔지니어는 최소 10년, 프린시플 엔지니어는 최소 15년 이상의 경력이 있다.

여러분의 실력을 향상시킬 수 있는 최적기를 성급하게 지나치지 말자. 일부 조직들은 상대적으로 경력이 적은 사람인데도 매니저나 스태프 엔지니어 같은 고위 직책을 제공함으로써 최고의 인재를 채용한다. 즉, 높은 직책을 통해 경력을 쌓을 수 있다고 여러분을 유도할 수도 있다. 하지만 소프트웨어 엔지니어인 체러티 메이저는 「엔지니어링 관리: 진자 또는 사다리Engineering management: The pendulum or the ladder」[2]라는 자신의 칼럼에서 다음과 같이 경고했다.

> 엔지니어로서 확고하게 고참 자리에 오르기 전에는 절대로 매니저 역할을 맡지 말아라. 나에게 이 것은 적어도 7년 이상의 코드 작성과 배포 경력을 갖추는 것을 의미한다. 그게 아니라면 적어도 확실히 5년 이상은 되어야 한다. 누군가가 여러분에게 매니저라는 직책을 제안하면 그것이 일종의 칭찬처럼 느껴질 수도 있다. 그러나 사실 이것은 여러분의 경력이나 능력을 쌓는 데 아무런 도움을 주지 못한다.

스태프 플러스 역할도 마찬가지다. 스킬 역량을 쌓는 것과는 멀어지는 역할을 맡게 된다면, 그전에 심사숙고하는 과정을 거쳐라. 자칫 잘못하면 스킬 역량을 제대로 쌓을 수 있는 최적기를 여러분 스스로 차버릴 수도 있다.

여러분의 기술 스킬 역량은 충분한가?

필자는 가끔 엔지니어들이 다른 사람들에 대해서 이야기할 때 "그는 충분한 스킬 역량을 갖추지 못했다."라고 묘사하는 것을 듣는다. 이런 말은 일종의 프레임과 같다. 이런 말을 하는 사람들은 상대방을 무시한다는 것을 차치하고서라도 이 묘사는 상대방이 가지고 있는 스킬 역량 대신에 그가 어떤 사람인지를 묘사할 수 있다고 주장한다.[3] 그러나 이 말은 사실 '충분한 스킬 역량을 갖춘 사람'이 될 가능성을 제거한 표현이다. 만약 여러분이 누군가를 이런 식으로 묘사하는 경향이 있다면, 이런 말 대신에 좀 더 정확하게 표현하자. 다음과 같은 표현들을 고려해볼 수 있다.

- 그들은 기술적인 실무를 충분히 수행하지 않았는가?

---

2 「엔지니어링 관리: 진자 또는 사다리」, *https://oreil.ly/vmIuH*
3 이 말은 때로는 '소위 괴짜처럼 보이지 않는다.' 또는 '엔지니어처럼 보이지 않는다.'라는 의미도 있다. 우리 모두는 우리가 지닌 암묵적인 편견(*https://oreil.ly/jRVit*)을 깨달아야 할 필요가 있다. 다만 여기서 필자는 여러분이나 동료들이 스킬 역량을 키우려고 할 때 이를 진정으로 도우려는 사람들에게 이야기하는 것이다.

- 그들은 당신의 전문 도메인을 모르는가?
- 그들은 특정 스킬이 부족한가? 그렇다면 부족한 스킬은 무엇인가?

"스킬 역량이 충분하고 다양한 지식을 갖고 있다."라는 표현이 "모든 주제를 알고 있다."라는 표현의 동의어는 아니다. 가끔은 새로운 도메인을 만나면 여러분이 이를 잘 모를 수도 있다. 그래도 괜찮다.

도메인 지식 축적

소프트웨어에는 각각 고유의 전문 지식과 어휘를 보유한 매우 다양한 기술 분야가 있다. 또한, 각 분야는 저마다 고유한 특성이 있다. 그래서 모바일 개발, 알고리즘 컴퓨터 과학 또는 네트워킹을 안다고 해서 프론트엔드 UX 프로젝트를 준비할 수는 없다. 마찬가지로 핀테크 분야에서 수년간의 경험이 있다고 해서 건강관리 스타트업의 창업을 준비할 수는 없다. 하지만 새로운 기술이나 도메인에 관심이 있다면, 당연히 이를 배워볼 수는 있다. 이 경우에는 심지어 매우 경력이 많은 엔지니어들도 초보자가 될 수 있다.

새로운 분야에 도전하면 필연적으로 여러분에게 아직 없는 스킬이나 새로운 도메인의 지식이 생길 것이다. 게다가 함께 일하는 후배 엔지니어들에게 배워야 한다는 사실을 깨달을 수도 있다(이것은 좋은 일이다). 그리고 이 지점에서 여러분의 기술적 지식이 기초를 제공해줄 수 있다. 새로운 도메인이라서 문제의 세부사항까지는 인식하지 못할 수도 있지만, 여러분이 그간 쌓아온 일반적인 경험을 바탕으로 살펴보면 적어도 **문제의 형태를 인식**할 수는 있다. 여러분이 현재 마주한 문제를 기존에 알던 다른 문제의 패턴과 일치시킬수록 낙동강 오리알이 될 확률이 줄어든다.[4] 여러분의 경험이 더 넓을수록 새로운 지식을 더 많이, 그리고 더 빨리 배울 수 있다.

새로운 기술 분야나 사업 도메인으로 이직할 때는 빠르게 학습하는 방법을 신중하게 생각해보아야 한다. 최대한 효율적인 방법으로 스킬을 배우기 위해서는 적절한 절충점과 자원 제약 사항, 일반적인 주장과 편견, 그리고 농담까지도 이해해야 한다. 현재 시장에 나와 있는 기술을 알아보고 그 사용법을 파악하는 방법도 있다. 또는 관련된 핵심 문헌을 읽어서 해당 도메인에서 '유명한 사람들'이 누구이고 그들이 무엇을 옹호하는지 알아보자(트위터를 사용해서 알아보

---

4 필자는 내부 기술 스택을 모든 것에 사용하는 것으로 유명한 기업인 구글에서 12년을 근무한 후 새로운 일을 시작했을 때 이런 종류의 패턴 매치 방식에 의존했다. 일단 화이트보드에 필자가 아는 수많은 시스템을 모두 그린 후에 "이런 것이 있는데, 이런 상황에서 사용해볼 수 있을까요?"라고 질문했다. 그리고 나서는 "오, 그게 엔보이(Envoy)가 하는 일이구나! 좋아, 알았어!"라고 말했다.

면 유용하다). 그런 다음에 경험을 쌓을 수 있도록 몇 가지 프로젝트를 실제로 담당해보자. 이런 프로세스를 거치면 새로운 분야나 도메인에서도 이전과 같은 수준으로 능력을 발휘할 수 있다.

지식의 최신화

시니어 엔지니어가 된다는 것은 한편으로는 성장 마인드와 향상을 위한 추진력을 스스로 갖추는 것을 의미한다. 기술 리더가 갑자기 지난 10년 동안 아무도 활용하지 않았던 '모범 사례'나 이제는 누구도 사용하지 않는 고인물이 된 기술을 고집하면 모두 당황할 수밖에 없다. 그러니 스태프 엔지니어라면 업계에서 일어나는 변화를 계속 주시하자. 더 이상 코드 분야에 예전처럼 깊이 빠져들지는 못하더라도, 코드에 관련된 모든 일이나 앞으로 발생할 문제를 사전에 감지할 수 있는 특별한 감각은 유지해야 한다. 최신 도구 혹은 요즘 트렌디한 도구의 정확한 명칭이나 실제 사용 방법까지는 알지 못하더라도 적어도 어떻게 알아내야 하는지는 알아두자.

또한, 여러분이 맡은 역할이 여러분이 계속 배우는 것을 방해하는지도 파악해보자. 특히 기술 측면에서 너무 멀리 떨어진 상태로 **기업이 어떻게 운영되는지**만 배우게 되는 상황은 경계해야 한다. 물론 좋은 선택을 하기 위해서는 사업에 대해서도 충분히 배워야 하지만, 기술적인 면도 항상 가까이하자. 9장에서는 학습에 대해서 좀 더 이야기할 것이다.

> ### 스태프 엔지니어도 끊임없이 배우고 있다는 것을 증명하라
>
> 주니어 엔지니어들은 **평생 학습**이 시니어 엔지니어의 필요조건 중 하나라는 것을 알아야 한다. 또한, 학습이라는 여정에는 결코 끝이 없다는 사실도 깨달아야 한다. 기술과 지식은 마법처럼 한 번에 전달되는 것이 아니라, 꾸준한 학습을 통해서만 이루어진다. 그러니 여러분은 스태프 엔지니어로서 배움에 대해 개방적인 자세를 지니고, 여러분이 어떻게 학습하는지를 주니어 엔지니어들에게 보여주자. 생소한 지식이나 논리적 비약을 포함하는 진술을 할 때는 여러분이 왜 그런 결론에 도달했는지, 이를 위해서 어떤 정보를 사용했는지, 그리고 어떻게 그 정보를 얻었는지와 같은 사항들까지 함께 알려주자. 즉, 여러분의 주변 사람들이 쉽게 이해할 수 있도록 부족한 정보를 채워주자. 주니어 엔지니어가 학습을 어려워하지 않도록 스태프 엔지니어인 여러분도 꾸준히 배우고 있다는 것을 확실하게 보여주어라.

7.2.2 자각의 중요성

엔지니어의 스킬 역량은 지식과 경험을 기반으로 하며, 이러한 능력을 실무에도 적용할 수 있어야 한다. 업무에 능력을 적용하는 것은 자신이 무엇을 해낼 수 있는지, 얼마나 오래 걸릴지, 무엇을 알지 못하는지 **제대로 파악**하는 것에서부터 시작된다. "나는 이것을 해낼 수 있어!"라고 스스로 선언할 수 있고, 여러분이 해내려는 업무에 대해 잘 아는 것과 같은 의미다. 결국 역량이란 문제를 해결해낼 수 있다는 자신감을 갖추는 것을 의미한다. 역량을 갖추었다고 해서 거만하게 굴거나 이해할 수 없는 전문용어로 설명하거나 과시할 필요는 없다. 진정한 자신감은 여러분이 오랫동안 업무를 수행하며 스스로를 신뢰할 수 있을 때 생겨난다.

보유 지식 파악

자기 업적을 자랑하는 것을 좋아하는 사람들도 있지만, 그렇지 않은 사람들도 있다. 여러분이 어떤 성향이든 간에, 자신이 알고 있는 것과 모르는 것에 대해 자신감 있고 솔직하게 인식할 수 있는 수준에 이르도록 노력해야 한다. 여러 분야 중에서도 여러분이 많이 알고 있거나 특별히 숙련된 분야가 있을 것이다. 이러한 분야의 기술로 필요한 문제를 해결하는 프로세스에서 자신감을 얻어라.

한편으로, 역량을 갖춘다는 것이 최고가 되어야 한다는 것을 의미하지는 않는다. 필자는 가끔 기술자들이 자신이 전문가라고 주장하기를 부끄러워하는 것을 보았다. 왜냐하면 그들은 항상 **자신보다 더 나은 기술자**를 떠올릴 수 있기 때문이다. 부끄러워할 필요는 전혀 없다. 여러분의 기준을 '업계 최고'로 설정하지 말아라. 겸손함 때문에 수동적으로 행동하면 아무에게도 도움이 되지 않는다. 업무와 관련된 특정한 스킬이 필요할 때, 다른 사람이 당신에게 "혹시 당신은 정규 표현regular expression을 잘하지 않나요?"[5]라고 물어볼 때까지 조용하게 기다리지 말아라. 그 전에 여러분이 자발적으로 나서서 도와줄 수 있다고 말하는 것이 좋다. 이것은 자랑이 아니라 단지 사실을 진술하는 것이다.

만약 여러분이 어떤 스킬로 업무에 기여할 수 있는지 정확하게 안다면 여러분이 나서서 도울 수 있는 곳, 여러분이 좋은 멘토가 될 수 있는 곳, 그리고 여러분이 아직 배워야 할 것들을 알게 될 것이다.

---

5 해당 상황을 풍자한 웹툰, *https://xkcd.com/208*

지식 부재 인정

모든 지식을 갖추는 것은 불가능하다. 그러므로 모르는 것을 아는 척하지 않는 것이 중요하다. 괜한 허세를 부리면 배울 기회를 놓치거나 잘못된 결정을 내릴 수 있다. 또한, 다른 사람의 롤 모델이 될 기회까지 놓칠 수도 있다. 여러분이 모든 것을 알고 있지는 않다는 것을 겸허하게 인정하고, 그 대신에 사람들에게 여러분이 꾸준히 배우고 성장하는 모습을 보여주어라. 이러한 모습은 주니어 엔지니어들에게 지속해서 학습하는 길이 당연하다는 것을 보여줄 수 있다.

또한, 여러분이 무지無知한 부분도 인정해야 한다. 무지를 인정하는 것은 기술 리드, 시니어 엔지니어, 멘토, 매니저 및 팀 문화에 영향력을 끼치는 사람으로서 여러분이 할 수 있는 가장 중요한 일 중 하나다. 필자는 레딧에서 유래한 용어로 "제가 5살인 것처럼 설명해주세요Explain it like I'm five years old."라는 뜻의 약어인 'ELI5'[6]를 요청하는 것을 좋아한다. 이것은 '제가 어느 정도 이해했는지를 추측하지 말고 그냥 기초부터 모두 설명해주세요. 제가 이미 알고 있는 것을 말해준다 해도 기분 나쁘게 생각하지 않을 것을 약속합니다.'라는 의미도 담겨 있다(여기에 담겨 있는 사회적 통념은 관련 주제에 대한 아주 기초적인 수준의 지식부터 설명해주어도 기분 나쁘게 생각하지 않겠다는 의미다).

우리는 다른 사람과 협력하거나 올바른 결정을 내리기 위해 세상의 존재하는 공유 지식을 머릿속에 담으려고 노력하면서 삶의 많은 시간을 의사소통하는 데 사용한다. 만약 대화를 나눌 때 무언가를 모른다는 것을 인정하고 싶지 않아서 허세를 부리면 이후의 모든 프로세스가 지연될 것이다. 여러분이 선임으로서 모르는 것을 솔직하게 인정한다면 다른 사람들도 그렇게 할 것이다.

상황이나 맥락 이해

자기를 객관적으로 바라보는 **자기 인식**이란 여러분이 자신만의 관점을 가지고 있고, 여러분이 처한 상황이나 맥락이 다른 사람에게도 적용되는 보편적인 것이 아니며, 여러분의 의견과 지식이 **여러분 자신**에게 특화되어 있다는 것을 이해하는 것이다. 다른 분야의 팀과 대화하거나 비기술자에게 기술 주제를 설명할 때는 2장에서도 다루었던 것처럼 항상 반향실에서 빠져나와야

---

6 옮긴이_'ELI5'는 청자가 화자에게 요청하는 것으로, '복잡하게 설명하지 말고 청자가 5살인 것처럼 가정해서 쉽게 설명해주세요.'라는 의미다.

한다. 그들이 어떤 정보를 모르는지 여러분이 알수록, 이를 통해 서로 간의 지식의 차이를 메울 수 있다(이러한 관점을 구축하는 것과 관련된 내용은 2장을 참조하라).

무언가를 자세하게 설명하는 것보다 간단하게 설명하기가 훨씬 더 어렵다! 쉽게 설명하려면 해당 주제를 더 깊이 이해하고 더 많은 자기 인식의 과정을 거쳐야 한다. 하지만 쉽게 설명하는 것이야말로 전문성을 보여주는 진정한 지표다. 만약 여러분이 어떤 주제를 쉬운 언어로 설명해서 비전문가들이 이미 이해하고 있는 다른 사실과 연관 지어서 이해할 수 있도록 한다면, 이는 여러분이 그 주제를 진정으로 이해했다는 것을 뜻한다.

7.2.3 상위 기준 유지

여러분이 세운 기준은 다른 사람들의 업무 수행 방식의 기준이 된다. 따라서 상위 수준의 업무가 어떤 것인지 알아야 하며, 여러분이 가장 즐기는 부분뿐만 아니라 여러분이 하는 모든 일에서 상위 기준을 세우는 것을 목표로 하라. 가능한 한 명확한 문서를 작성하는 것이 좋다. 소프트웨어가 고장 난다면 그것을 처음으로 깨닫는 사람이 여러분이 되어라. 물론 모든 일에는 절충점이 있다. 그래서 때로는 강력 접착 테이프로 문제를 재빠르게 멈추어두는 것이 해결책인 것처럼 보일 때도 있다. 하지만 문제를 해결할 때는 여러분의 흥미 위주가 아니라 실제로 타당한 해결책을 생각해서 **옳은** 결정을 내려야 한다.

건설적인 비판

상위 수준의 기준을 세우는 것은 한편으로는 여러분의 업무 수행 능력을 최대한 끌어올리는 것을 의미한다. 자존심이 중요한 것이 아니다. 다른 사람에게 일을 더 잘 해낼 수 있도록 도와달라고 부탁할 수 있다면 얼마든지 부탁하자. 코드 리뷰, 설계 검토 및 동료 평가를 요청해볼 수 있다. 또한, 괜찮은 아이디어가 생각나면 동료들을 초대해서 허점이 있지는 않은지 함께 찾아보자. 허점을 찾아서 '이를 댓글로 달아달라고 요청'할 때는 실제로 허점을 써주는 동료를 원망하지 말아야 한다. 오히려 이는 더 나은 해결책을 도출할 수 있는 좋은 기회다. 모든 피드백을 적용하지는 않더라도 항상 **진지하게** 받아들이자. 여러분의 해결책은 여러분을 대표하는 것이 아니며, 그 해결책이 여러분을 정의하는 것도 아니다. 마찬가지로 여러분의 업무에 대한 비판은 여러분에 대한 비판이 아니다(물론 여러분도 다른 사람에게 건설적인 비판을 하게 될 것이다. 이에 대해서는 8장에서 다시 살펴보겠다).

실수 인정 및 수용

모든 면에서 완벽한 사람은 없다. 여러분도 언젠가는 실수할 수 있고, 심지어 큰 실수를 저지를 수도 있다. 코드를 리뷰하는 프로세스에서 기업에 엄청난 추가 비용을 발생시키는 버그를 알아차리지 못했을 수도 있다. 심지어는 여러분이 그 코드를 작성했을 수도 있다! 아니면 여러분이 미팅에서 한 발언으로 인해서 누군가가 울었다는 사실을 나중에 알 수도 있다.

실수라는 것은 누구나 저지를 수 있는 일반적인 것이다.[7] 인간은 완벽하지 않다. 실수는 우리가 무언가를 배울 수 있는 방법이다. 가장 중요한 것은 실수 그 자체가 아니라 실수에 어떻게 대응하느냐다. 방어적인 태도를 보이거나, 비난을 회피하거나, 다른 사람이 수습해야 할 정도로 여러분의 멘탈이 산산이 조각날 수도 있다. 그래도 여러분이 유능해지기 위해서는 본인의 실수를 제대로 인정할 필요가 있다. 실수를 저질렀다고 해서 자책하지 말자. 다만 그 영향을 부정하거나 그 실수가 정말로 자기 잘못이 아니라고 주장해서는 안 된다. 무슨 일이 일어났는지 빠르게 인정한 후에 그 실수를 **바로잡기 위해서** 노력해야 한다. 모든 사람이 필요한 정보를 습득할 수 있도록 빠르고 명확하게 의사소통해야 한다. 만약 무고한 다른 사람이 비난을 받을 위험이 있다면, 그들이 잘못한 것이 없다는 사실을 분명하게 밝혀라. 혹시라도 다른 사람의 감정을 상하게 했다면 그 상처를 인정하고 제대로 사과하자. 입장을 바꾸어서 여러분이 같은 상황을 겪는다면 기분이 안 나쁠 것이라 해도, 상대방의 감정은 항상 존중해야 한다.

운영 중단을 야기하거나 비용이 많이 드는 실수를 저질렀다면 나중에 무슨 일이 일어났는지, 이를 어떻게 복구했는지, 무엇을 배웠는지에 대해 이야기하는 회고 시간을 가져보자. 본인의 역할을 솔직하고 사실적으로 인식하자. 본인의 실수를 축소시키지 않아야 일어난 일을 직시하기가 훨씬 쉬워진다.

실수를 하면 따끔하고 조금 아플 뿐이다. 여러분이 야기한 문제를 해결하는 것은 여러분이 그 순간에 가장 하고 싶지 않은 일일 수도 있다. 하지만 팀의 호의와 사회 자본을 원활하게 유지하는 것이 **최선**이다. 만약 여러분이 잘 대처해서 여러분이 야기한 문제를 해결한다면, 오히려 동료들로부터 더 많은 존경을 받을 수도 있다. 그리고 리더가 실수에 대해 개방적일수록 다른 사람들도 비슷한 환경에 처했을 때 같은 행동을 할 수 있다. 이는 팀의 심리적 안정에도 큰 도움이 된다.

---

7   만약 '나는 유능하고 조심스러워서 실수하지 않는 사람이다.'라고 생각한다면 실수를 저질렀을 때 오히려 더 큰 고통을 겪게 될 것이다.

신뢰성 획득

역량에 대한 필자의 마지막 생각은 다음과 같다. 신뢰할 수 있는 사람이 되어야 한다. 필자가 종종 쓰는 가장 큰 칭찬 방식 중 하나는 "알렉스가 그 미팅에 참석할 것이므로 저는 갈 필요가 없습니다."라고 말하는 것이다. 필자가 그런 말을 할 때는 단순히 필자가 없어도 알렉스가 미팅에서 필자의 의견을 잘 대변할 것이라고만 말하는 것이 아니다. 여기에는 필자가 미팅에 참석하지 않아도 충분히 옳은 결과가 도출되리라는 것을 알고 있다는 사실을 표현한다는 의미도 담겨 있다. 또한, 믿을 만한 사람 덕분에 상황이 잘 관리되리라는 것을 의미하기도 한다. 즉, 알렉스는 믿을 만한 사람이므로 필자가 굳이 갈 필요가 없다고 말하는 것이다.

신뢰성에 대한 평판은 4장에서 이야기한 신뢰성과 사회 자본에 관한 내용에도 담겨 있다. 여러분이 일을 잘 해내고 통제할 수 있는 수준으로 만드는 모습을 보일수록 사람들은 점점 더 여러분을 신뢰한다. 맡은 업무를 잘 해낼 수 있도록 신뢰받는 사람이 되어라.

신뢰성은 시작한 일을 제대로 끝마칠 때도 쌓인다. 6장의 기술을 사용하여 여러분의 업무가 갑자기 막히거나 너무 일찍 중단되지는 않는지 상황을 확인할 수 있다. 일이 지루하거나 어려워져도 **끝까지 붙잡고 고수하라**. 그리고 기업이 인력을 올바르게 사용하고 있지 않다고 생각해서 프로젝트를 의도적으로 중단하게 되었을 때는 그 결정을 책임지고 다른 사람들에게 전달하자. 여러분은 그 일에 대한 책임을 받아들였으니, 해당 업무를 끝까지 이끌어서 결승점을 통과해야 한다.

그리고 이를 통해 시니어 엔지니어로서 갖추어야 할 두 번째 특성은 책임감 있는 사람이 되는 것이라는 사실을 알 수 있다.

7.3 스태프 엔지니어의 역량: 책임감

좋든 싫든, 고위직이나 스태프 관련 직함은 여러분을 권위 있는 인물로 만든다. 〈스파이더맨〉에서 철학자 벤 삼촌이 피터 파커에게 말한 것처럼, 큰 힘에는 큰 책임이 따른다with great power comes great responsibility. 선임이 될수록 여러분 외에는 아무도 '방 안의 어른'이 되지 않는다는 사실을 깨달아야 한다. 바로 **여러분 자신**이 '무언가를 해야 하는 누군가'가 되어야 한다.

이번에는 책임의 세 가지 측면, 즉 소유권, 책임 및 침착함에 대해서 살펴보겠다.

7.3.1 소유권 행사

스태프 엔지니어는 계획대로 진행되는 부분뿐만 아니라 문제 전체에 대한 책임을 소유한다. 즉, 여러분이 다른 사람을 위해서 해당 프로젝트를 주도하는 것이 아니라 **여러분 자신이 소유**한 프로젝트인 만큼 프로젝트가 실패하거나 진행되도록 가만히 관망만 해서는 안 된다는 것이다. 업무 중에서 어떤 부분이 잘못되면 자존심 때문에 해결을 회피하기보다는 일이 불가능하다는 것을 빠르게 인정하고 중단을 결정해야 한다. 물론 문제를 탐색하는 데는 결과에 대한 책임도 뒤따른다(6장에서는 업무 진행 중에 막힌 부분을 해결할 방법을 제시했다. 이러한 상황에 도움이 되는 조언이니 참조하면 좋다).

온라인 사진 공유 서비스 플리커Flickr의 존 올스포John Allspaw가 본인의 글[8]에서 다룬 '본인의 치부를 가리는 엔지니어링CYAE, Cover Your Ass Engineering'과 같은 상황[9]은 최대한 피하자. 다음과 같은 상황이다

> 성숙한(어른이 된) 엔지니어들은 그들에게 주어진 책임을 받아들인다. 만약 그들이 본인의 일에 대해 책임을 지는 데 필요한 권한이 부족하다면 그것을 바로잡기 위한 방법을 찾는다. 반면에 CYAE 의 예시는 "이것은 내 잘못이 아니다. 다른 사람들이 망가트렸고 잘못 사용한 것이다. 나는 그것을 사양대로 만들었으니 그들의 실수나 부적절한 사양에 대해서는 책임질 수 없다."라는 것이다.

또한, 소유권은 여러분의 좋은 판단력을 활용하는 것을 의미한다. 업무를 수행하면서 끊임없이 허가를 요청하거나 여러분이 옳은 일을 하고 있는지 일일이 확인할 필요는 없다. 하지만 그렇다고 개인적으로 숨어서 일하라는 것은 아니다. "허락을 구하는 것보다 용서를 구하는 것이 낫다."라는 표현도 있지만, 프로덕트 및 배송 조언자인 엘리자베스 에이어Elizabeth Ayer는 이보다 더욱더 개방적이고 예측 가능한 접근법을 제공한다. 그녀는 본인의 칼럼인 「용서를 구하지 말고 의도를 발산하라Don't ask forgiveness, radiate intent」[10]를 통해서 업무를 수행하기 전에 무엇을 하려는지 신호를 보낼 수 있는 아이디어를 제공한다. 이 방법을 사용하면 다른 사람들에게 여러분의 행동에 대한 맥락을 제공하고, 여러분이 위험한 일을 하려고 할 때 개입할 기회를 만들 수 있다.

---

8 「시니어 엔지니어가 되는 것에 관하여(On Being A Senior Engineer)」, *https://oreil.ly/lfRcs*

9 옮긴이_좀 더 첨언하자면, 올스포는 성숙한 엔지니어는 CYAE를 실행하지 않는다고 표현함으로써 CYAE를 우회적으로 지적했다. 그의 표현에 따르면 성숙한 엔지니어들은 잘못이 있을 때 앉아서 변명만 하지 않고 일어서서 그들에게 주어진 책임을 기꺼이 받아들인다. 즉, CYAE는 이와 반대로 본인의 치부를 의식적으로 가리려는 것을 의미한다.

10 「용서를 구하지 말고 의도를 발산하라」, *https://oreil.ly/fXxG4*

에이어는 의도를 제대로 표현할 때의 또 다른 이점을 언급한다. "'표현하는 사람'은 일이 잘못될 경우에도 책임을 진다. 그것은 허가를 구하는 것처럼 책임을 전가하지 않는다."라는 이야기가 그것이다. 이러한 특성 또한 소유권의 핵심이다.

의사결정의 이면 파악

일부 분야의 전문 엔지니어는 문서에 최종 승인 도장을 찍어야 하는 책임이 있다. 예를 들어서 엔지니어는 건물의 구조적 무결성에 대해서 승인할 수 있다. 그렇게 함으로써, 그들은 문서가 구조적으로 안전하다는 것을 증명하고 그들이 저지른 실수에 대해 법적 책임을 지는 것에 동의한다. 그들은 개인적으로 그 결정에 대한 책임을 전가받는 것이다.

현재 소프트웨어 엔지니어는 기술 리더로서 이러한 종류의 전문적인 책임을 지지는 않는다. 그래도 여러분은 **최종 결정**을 내리고 **결과를 책임**질 준비가 되어 있어야 한다. 특히, 의사결정이 필요할 때는 망설이지 말고 결정을 내리자. 여러 선택지를 따져보고 최선의 결정을 내린 뒤에 여러분의 추론을 설명하자. 그리고 절충안을 고려할 때는 스스로에게 솔직해지자. 여러분이 생각하지 않았던 선택이 최선의 조치라는 것을 깨달으면 여러분의 선택에 반대하는 투표를 할 수 있는 용기도 가져야 한다.

즉, 결정을 소유하는 것은 여러분이 틀릴 수도 있다는 점을 받아들이는 것까지 포함한다. 그러므로 잘못된 결정에 대해 지불해야 할 비용을 가능한 한 낮추고, 만약 여러분이 틀렸다는 것이 밝혀진다면 그 점까지도 책임져야 한다.

명백한 상황에도 질문하기

선임이 되었을 때의 장점 중 하나는 누구도 명백한 점에 관해 질문을 하려고 하지 않을 때 여러분이 나서서 물어볼 수 있다는 것이다. 다음은 몇 가지 명백한 질문에 대한 예시다.

- 두 명의 엔지니어만 있는 팀에서 아주 중요한 마이크로서비스를 운영할 계획을 세웠다. 여러분은 어떻게 이런 마이크로서비스의 당직 업무를 처리할 생각인가?
- 오래된 시스템을 유지하기 위해 열심히 일하는 대신에 이 오래된 시스템에서 벗어나는 데 필요한 점이 무엇인지 평가했는가?
- 사용자가 여러분이 무시하라고 했던 API의 증가하는 필드에 의존하기 시작하면 어떻게 되는가?

- 이런 불가능한 제안을 보안팀과 검토했는가?
- 플랫폼에서 하지 말라고 계속 요청하는 이 활용 사례를 사용자에게 지원하려면 무엇이 필요한가?

여러분은 리더로서 겉으로 정확하게 표현되지 않았던 이런 **암시**적인 사항들을 분명하게 **명시**해야 할 책임이 있다. 만약 후배 엔지니어가 이런 질문을 하면 팀원들은 한숨을 쉬며 "그래, 우리도 당연히 그 생각은 이미 해봤어."라고 말하며 어물쩍 넘어갈 수도 있다. 그러나 전문가가 질문하면 팀원들은 설계 문서에 관한 이러한 질문에 명확하게 답변해야 한다는 것을 깨닫는다. 아니면 처음으로 질문을 진지하게 고려하게 된다!

업무 전가 금지

몇 년 전에 필자는 콘퍼런스의 강연 연설문을 작성하여 인기를 끌었다. 물론 그렇다고 해서 소위 "수달이 손을 잡고 잔다."라는 영상이 나왔을 때처럼 크게 입소문을 타며 유명해진 것[11]은 아니었지만, 기술 관련 트위터를 휩쓸며 해커 뉴스의 1면을 강타할 정도였다. 즉, 좋은 측면에서 어느 정도는 입소문을 탄 것이다. 이 강연은 경력 사다리에는 존재하지 않지만, 팀을 성공으로 이끄는 데 필요한 리더십과 차단 해제, 온보딩, 알림, 멘토링 및 스케줄링과 같은 행정 업무에 관한 것이었다. 필자는 이런 종류의 일을 '**접착제 작업**glue work'[12]이라고 부른다.[13]

강연에서 한 이야기가 왜 많은 사람 사이에서 회자되었을까? 아마 큰 공감을 얻었기 때문일 것이다. 왜냐하면 모든 프로젝트는 앞서 말한 대로 리더십과 행정 업무 없이는 성공할 수 없지만, 이런 종류의 일은 어떤 보상을 받을 수 있다거나 공정하게 할당되는 경우가 거의 없기 때문이다. 이런 상황에 처하게 되면 대개 주인의식이 강한 후배에게 떠넘겨지는 경우가 많다.

그런데 문제는 후배들이 너무 많은 행정 업무나 리더십 업무를 맡게 되어서 기술적인 업무를 충분히 수행하지 못한다는 것이다. 그들은 본인의 개발자 인생에서 가장 중요한 기술 학습 기간에 스킬 역량을 쌓지 못하고 이런 업무를 하면서 보내게 된다. 이런 행동은 장기적으로는 그들이 제대로 된 경력을 쌓는 것을 방해할 수 있다. 그러나 그들은 지금 이 프로젝트를 성공시키

---

11 옮긴이_수달들은 물 위에서 잘 때 떠내려가지 않도록 서로 손을 잡고 잔다. 한때 밴쿠버의 한 아쿠아리움에서 두 마리의 수달이 손을 잡고 자는 영상이 2주 만에 100만 회가 넘는 조회수를 기록한 적이 있다. 어떤 내용이 거의 입소문만으로 인기가 늘어난 대표적인 사례 중 하나다.

12 옮긴이_'접착제 작업'은 말 그대로 '스킬 역량을 요하는 작업은 아니지만, 팀이 성공을 위해 원활하게 업무를 수행할 수 있도록 하는 행정 작업(주니어 엔지니어 온보딩, 로드맵 업데이트 등)'을 의미한다.

13 접착제 작업을 설명한 필자의 블로그 글. *https://noidea.dog/glue*

기 위해서 접착제 작업을 해야 한다. 게다가 단지 프로젝트가 완성되는 것만 기뻐하는 리더들은 이런 문제에 특별히 개입하지 않는다.

여러분의 조직이나 프로젝트에 접착제 작업이 필요할 때는 이 작업의 필요성을 인식하고 누가 접착제 작업을 수행하는지 파악해야 한다. 매니저, 승진 위원회 및 미래의 고용주는 스태프 엔지니어가 이러한 접착제 작업을 수행하면 이 일을 **리더십**으로 간주하지만, 후배 엔지니어가 수행할 때는 이와 같은 업무를 아예 **무시**해버릴 수도 있다. 따라서 여러분이 업무의 소유권을 갖고 있다면, 이처럼 누구의 일도 아니지만 목표를 달성하는 데 도움이 되는 일을 여러분이 도맡아서 해라. 그 대신 후배들에게는 그들의 경력을 발전시킬 업무를 위탁하자.

7.3.2 프로젝트 책임 담당

동료들이 좀 더 가치 있는 일을 하도록 하는 것은 필자가 다음에 이야기할 사항의 한 예다. 바로 상황을 **책임지는 것**이다. 책임을 진다고 해서 반드시 사전 권한이 있어야 한다는 것은 아니며, 균열이 보이면 그 균열을 메우기 위해서 나선다는 뜻이다.

긴급 상황 조정

혼란을 통제하는 능력은 기술 리더십의 핵심적인 측면이다. 보안 시스템이 침입을 감지하거나, 데이터베이스가 삭제되거나, 미국 동부 지역US-East-1에 유성이 떨어진다면 많은 대응 인원이 있을 것이다. 그러나 이들이 함께 작업하지 않으면, 그 후의 혼란은 오히려 문제를 더 악화시킬 수 있다. 이런 상황에서 만약 누군가가 문제를 통제하고 조정한다면 모든 것이 더 잘될 것이다.

안타깝게도 조정은 여러분이 조정 중이라는 것을 **모두가 알고 있는 경우**에만 제대로 작동한다. 즉, 명확하게 책임을 지지 않으면 여러분만 열심히 떠들어대는 꼴이 된다. 결국 중대한 재해가 발생하기 전에 비상 계획을 미리 수립해서 조정자의 역할을 다른 사람들이 잘 이해할 수 있도록 하는 것이 가장 이상적인 방안이다. 대표적인 예로는 사람들이 가장 선호하는 인시던트 지휘 시스템[14]이 있다. 그렇지 않다면 여러분은 여러분이 조정하는 중이라고 발표한 후에 앞으로

---

14 인시던트 지휘 시스템(*https://oreil.ly/DUxaG*)은 1960년대에 미국의 소방서에 도입된 시스템이다. 현재 미국에서 발생하는 대부분의 응급 서비스 상황에 재난 대응을 조정하기 위해서 사용되고 있다. 인시던트 지휘 시스템을 정의하는 역할 중 하나는 화재와 싸우는 것이 아니라 조정하고 지휘하는 것이 직업인 인시던트 지휘관이다. 이 역할은 혼란스럽거나 여러 팀에 걸쳐서 발생하는 소프트웨어 중단 유형을 해결할 때도 적합하다.

어떤 일을 할 것인지에 대한 기대감을 설정하는 방법을 찾아야 할 것이다. 이 경우에는 여러분의 조정이 정말로 가치가 있는지 확인해보아야 한다. 이를 위한 몇 가지 방법은 명확하게 메모하고, 응급 상황에 관련된 모든 사람이 동일한 맥락을 가졌는지 확인하며, 모든 사람에게 그들이 무엇을 언제 하는지에 대한 의도를 전파하도록 요청하는 것이다.

앞장서기

이 장의 앞부분에서 필자는 여러분이 모르는 것을 인정하고 명백한 질문을 하는 것에 관해서 이야기했다. 실제로 비상시에는 이 두 가지를 동시에 해야 하는 경우가 많다. 팀들이 문제를 해결하기 위해서 정보를 공유할 때는 그들 모두가 문제를 해석할 수 있는 맥락을 가지고 있지 않은 경우가 많다. "특정 서비스FooService는 1%의 401 오류를 일으키고 있다."와 같은 객관적인 사실은 서비스의 일반적인 내용을 모르는 사람에게는 도움이 되지 않는다. 이게 과연 나쁜 상황인가? 무슨 일이 일어나고 있는지에 대한 이론이 있는가? 특정 서비스는 이러한 운영 중단 상황에 어떤 영향을 미치는가?

이럴 때는 앞에 나서서 "당신이 방금 저에게 준 정보만으로는 무엇을 해야 할지 모르겠어요!"라고 말할 수 있는 용기를 가진 사람이 필요하다. 여러분이 앞장서서 물어보자. 기술 분야는 자존심과 불안감으로 가득 차 있다. 대부분의 후배들은 선임들 앞에서 자신이 무언가를 모른다고 인정하는 것을 무서워한다(그리고 그렇게 하면 위험할 수도 있다). 그럴 때는 선배들이 대신 물어보는 것이 더 안전하다.

깜짝 놀라는 척에 관하여

종종 시스템 관리자와 소프트웨어 엔지니어들이 "당신은 정말로 리눅스Linux를 사용해 본 적이 없습니까?"라고 물어보며 거짓으로 깜짝 놀라는 척할 때가 있다. 이는 사실 지옥에서 온 나쁜 오퍼레이터BOFH, Bastard Operator From Hell[15]라는 도구 중 하나로, 아직 학습 중인 사람들(소위 신입nobs들과 부진한 사람lusers들)에게는 모멸감을 주고 경험이 많은 기술자들은 우월감을 느낄 수 있도록 하는 도구다.

이런 환경에서 어떻게 질문을 할 수 있을까? 대부분의 사람은 이런 상황에서 질문하지 못한다. 여러분도 그럴 것이다. 최대한 굳은 표정을 유지하며 몰라도 따라가기 위해서 노력한다. 그리고 여러분이 아는 주제로 바뀌기를 내심 바란다. 절대로 피할 수 없을 때에만 개인적으로 도움을 요청한다. 이렇게 하면 학습하는 데 훨씬

---

15 지옥에서 온 나쁜 오퍼레이터의 개념. *https://en.wikipedia.org/wiki/Bastard_Operator_From_Hell*

더 오랜 시간이 걸린다.

그러나 리커즈 센터Recurse Center(당시에는 해커 학교라고 불렸다)는 「사회적 규칙Social rules」[16]이라는 문서를 통해서 이 현상을 지적했다. 이들이 이러한 행동에 명칭을 부여한 것은 사람들이 이러한 행동의 문제점을 인식하고 다른 사람들에게 그런 행동을 하지 말라고 요구하는 데 힘을 실어 주었다. 리커즈 센터는 규칙을 낮게 유지하기 위한 메커니즘을 구축하고, "사회적 규칙은 가볍습니다. 사회적 규칙을 어기는 것을 두려워해서는 안 됩니다. 사회적 규칙은 모두가 하는 일들이고, 하나를 깨는 것이 당신을 나쁜 사람으로 만들지는 않습니다. 만약 누군가가 '야, 너는 그저 놀라는 척했을 뿐이야.'라고 말한다면, 걱정하지 마세요. 사과하고 잠깐 반성하고 넘어가세요."라고 말했다.

거짓으로 놀라는 척만 하지 말고 더 멀리 나아가자. 누군가가 기본적인 질문을 한 것에 대해 사과할 때 그것은 좋은 질문이라고 격려하는 사람들이 생겨날수록 **쉽게 질문할 수 있는** 좋은 문화가 구축된다. 이러한 문화는 엔지니어들이 학습하고 성장하기 쉬운 환경이다.

미팅 주도

누군가가 주도적으로 책임을 지는 것이 매우 도움이 되는 곳 중 하나가 바로 미팅이다. 만약 미팅에 참여한 특정 그룹이 수동적이거나, 산만하거나, 직장 내의 미팅인데도 사적인 대화로 주제를 바꾸는 경향이 있다면, 참석자 중 누구라도 (이론적으로) "좋습니다, 이제 우리의 의제를 시작합시다."라고 말해서 주제에 집중하도록 할 수 있다. 그러나 대부분의 미팅 참석자는 그역할을 나서서 맡지 않는다. 필요하다면 여러분이 나서서 그런 역할을 맡자. 가장 먼저 의제가 있는지 확인해보자. 미팅을 시작할 때 논의할 항목을 수집하거나 사전에 의제를 발송하는 예를들 수 있다. 미팅을 통해서 얻고자 하는 목표를 떠올리며, 주제가 너무 다른 방향으로 흘러간다면 본래의 주제로 다시 돌아가자.

만약 미팅 노트(회의록)가 없다면, 정말로 함께 모여서 미팅할 가치가 있었을까? 미팅 노트는접착제 작업의 좋은 예다. 일반적으로 후배가 미팅 내용을 필기하거나 미팅 노트를 작성하면그는 미팅에 직접 참여하기가 어려울뿐더러 다른 사람들도 그 업무를 낮은 수준의 행정 업무로간주하는 경향이 있다. 그러나 만약 선임이 필기를 한다면 느낌이 다르다. 다른 사람들은 그 선임이 미팅이 효과적인지 확인하는 것으로 생각해서 모두 감명할 것이다!

미팅 노트는 프로젝트를 진행하는 데 큰 도움이 되므로, 주저하지 말고 자발적으로 작성하자.

---

16 「사회적 규칙」, https://oreil.ly/WLk0r

가장 중요하다고 생각하는 사실을 기록하고, 결정을 문서화하며, 결정을 가장 먼저 작성할 수 있다. 또한, 작성 후에는 모두를 미팅에 초대해서 작성한 내용을 함께 검토할 수 있다. 이는 여러분이 진행자로서 모든 사람이 생각하고 정리할 시간이 필요할 때 "잠깐만요, 지금까지 작성한 내용을 검토 좀 해볼까요?"라고 말하면 된다. 이런 행동은 미팅의 흐름을 제어하는 데 유용한 장치다.

명확한 지적

여러분이 책임지고 주시해야 할 또 다른 상황은 누군가가 공식 채널에서 무례하게 굴거나 모욕적인 말을 하는 것과 같은 어색한 상황이다. 그 채널에 있는 다른 사람들은 이 상황에 이의를 제기하고 싶어도 그들이 그런 말을 할 수 있는 사회 자본, 즉 권한이 부족하다고 느껴서 하지 못할 수도 있다.

이럴 때 여러분은 리더의 **지위**를 이용해야 한다. 즉, 다른 사람을 대변해서 지적할 것은 확실하게 지적하라. 많은 엔지니어처럼 필자도 이런 상황이 불편해서 소프트웨어 개발 기업 데일리 Daily 의 엔지니어링 부사장인 사라 밀스테인 Sarah Milstein 에게 조언을 구한 적이 있다. 그녀는 소위 '고급 인간관계 advanced humaning'[17] 문제에 직면했을 때 항상 두려움 없는 사람처럼 행동하는 유형의 인간이다. 그런 그녀가 매니저가 소리 내어 잘못된 점을 지적하는 것이 마법처럼 쉬운 일이 아니라고 말했을 때 필자는 실망했다. 그녀는 항상 이런 일을 할 때마다 생각보다 쉽지 않고, 하기 싫어서 끔찍하다고 느끼는 감정의 아드레날린이 쉽게 사라지지 않는다고 필자에게 고백했다. 여러분도 그럴 것이다. 그냥 그 불편함을 받아들이자. 어색하리라고 속단하면서 아예 지적하지 않는 것보다는 차라리 말하는 것이 훨씬 낫다. 완벽한 정답을 말할 필요는 없고, 때로는 완벽한 정답이 없을 수도 있다. 그래도 **공개적으로** 지적해야 한다.

일반적으로 좋은 피드백 방법은 칭찬은 공개적으로 하고 비판은 개인적으로 하는 것이지만, 이런 상황에서는 여러분이 공개적으로 피드백을 해야 한다. 만약 여러분이 의도한 메시지가 잘못 전달되어 다른 사람들에게 여러분이 제대로 지적하지 않은 것처럼 보인다면, 메시지를 제대로 전달할 수 있는 환경을 만들어야 한다. 즉, 만약 누군가가 집단에게 이 잘못을 지적받는다면, 그 집단을 대표해서 그들을 지지할 필요가 있다. 아무도 이 문제를 해결하지 않는다면 여러분

---

17 옮긴이_'고급 인간관계'는 '일상적인 인간관계가 아니라 매니저로서 의사소통하고 관계를 구축하는 것'을 의미한다. 이 예에서는 매니저로서 무례한 직원에게 그들의 잘못을 지적하고 소통해야 하는 상황을 말한다.

그룹의 역학 관계는 이상하고 불편해질 것이다.

물론 이런 상황에 재빠르게 대처할 수 있다면 가장 좋겠지만, 그렇게 하지 못했다면 상황이 조금 진정된 후에 다시 "저는 이 문제점이 아직도 해결되지 않았다고 느끼고 있습니다. 그 당시에 당장 해결했으면 좋았겠지만, 지금이라도 이 점에 관해서 이야기하고 싶습니다."라며 말해보는 것도 괜찮다. 밀스테인은 이 문제를 해결함으로써 "그룹의 에너지가 올바른 여정으로 갈 수 있는 장소를 제공할 수 있다."라고 말했다. 그녀는 "거의 항상 어려운 상황에서 내가 말을 꺼내준 것에 대해 누군가가 나중에 감사를 표했는데, 이 점에 대해서 매우 감사한다."라는 말도 덧붙였다.

다음은 밀스테인이 알려준 몇 가지 기술이다.

- 여러분이 형성하고자 하는 팀 문화를 사람들에게 설명하고, 그 문화를 참고점으로 사용하자. 예를 들어서 "여러분은 이곳에서 서로에 대한 존중이 엄청나게 큰 가치라는 것을 알고 있습니다. 서로에 대한 존중은 우리가 일을 해내는 방법의 일부입니다. 당신이 방금 말한 그 메시지는 그러한 가치를 위반했습니다."라고 말할 수 있다.

- 여러분이 그 사람과 **같은 편**에 설 수 있다는 것을 보여주자. 예를 들어서 만약 어떤 사람이 긴박한 뉴스거리에 관해서 타인에게 상처를 주는 농담을 했다면, "어려운 상황을 유머를 사용해서 극복하려는 점은 이해하지만, 이 미팅에 참석한 사람 중에 그 일에 영향을 받는 사람이 있을 수도 있다는 점을 명심하면 좋을 것 같습니다."라고 말하는 것이다. 이렇게 말하면 그때 왜 그 사람이 그런 농담을 했는지에 대해 이해한다는 것도 보여줄 수 있다.

- 사적인 대화라면 "저는 당신이 공정성에 대해 정말로 신경 쓴다는 것을 알고 있으므로, 당신이 말한 내용 중에서 의도치 않게 함축된 내용이 있어서 이 부분을 말씀드립니다."라며 그 사람의 가치관에 호소할 수 있다.

마지막으로, 이런 상황에서 반드시 여러분이 혼자서 모든 것을 처리해야 하는 것은 아니다. 여러분은 팀 문화의 문제를 해결할 능력과 책임이 있지만, 이 상황은 사실 **행동 문제**이기도 하다. 만약 같은 문제가 반복해서 발생한다면 해당 매니저에게 말하여 문제 해결에 도움을 줄 수 있다. 즉, 이것은 개인 기여자의 역할이 아니라 매니저의 역할이다.

7.3.3 차분한 분위기 형성

방에서 책임감 있는 어른이 되기 위한 마지막 요소는 침착함이다. 늘 피곤하고 스트레스를 받는 사람들은 종종 올바른 진행 방법에도 동의하지 않는다. 만약 여러분이 차분하고 건설적인 태도를 유지하고 비난하지 않는다면, 다른 사람들도 그런 모습을 보여줄 것이다.

문제 분해

만약 여러분이 거대한 문제를 다루고 있다면 그 문제를 **분해**할 방법을 찾아보자. 상대적으로 작은 문제를 다루고 있다면 그 문제가 지금처럼 **작은 수준에서 유지**될 수 있도록 하자. 누군가가 여러분에게 우려가 될 만한 상황을 전달한다면, 침착해지고 난 후에 다시 질문하는 것이 좋다. 일단 사람들이 왜 여러분에게 그런 말을 했는지에 대해서 이해해보자. 그냥 본인의 문제를 누군가에게 털어놓고 싶었는데, 그 대상으로 여러분을 택한 것인가? 아니면 그들은 여러분이 어떤 조치를 취해주기를 바라고 있는가? 여러분이 충분히 이해한다고 생각하는 주제에 대해서도 호기심을 가져보아라. 정확하게 파악해보고 문제가 있으면 겸허하게 인정하자. 그들과 같은 정보를 비슷한 수준으로 이해하고 있는 상황이라면, 당황하지 않는 것처럼 보이는 것만으로도 동료의 불안을 줄이기에 충분하다.

문제 상황에서 여러분이 해결할 수 있는 것을 지점을 파악한다고 하더라도 반사적으로 반응하지 말자. 선임이 소란을 피우는 것은 사소한 문제도 크게 키우거나 시끄러운 문제로 만들어 버릴 수 있기 때문이다. 여러분이 모든 사실을 알고 있고 함께 참여함으로써 동료들에게 진정으로 돕고 있다는 확신을 주자. 만약 여러분의 행동이 상황을 진정시키기보다는 증폭시킬 것 같다면, 그 일에 관여하지 않는 것도 고려해보자. 또한, 6장의 시작 부분에 있는 경고를 기억하라. 즉, 이 사이드 업무가 여러분의 시간을 올바르게 사용하는 업무인지도 확인해야 한다.

마지막으로, 여러분의 걱정이나 좌절감을 공유할 때는 어디에 공유할지 신중하게 고려하라. 문제가 있다는 것을 인정하는 것은 좋지만, 그 문제에 대한 걱정을 여러분보다 경력이 적은 사람들도 느끼도록 해서는 안 된다. 여러분의 걱정을 그들도 똑같이 느끼도록 요구하는 것은 공평하지 않다. 더 나아가서 여러분이 그들을 화나게 한다면 오히려 문제를 증폭시키는 것이다. 그렇다고 해서 고민을 혼자만 앓고 있어야 한다는 것은 아니다. 매니저, 가까운 동료 또는 5장에서 말했던 허심탄회하게 논의할 수 있는 사람에게 여러분의 의견을 말할 수 있다. 다만 여러분의 걱정을 말하는 것이 사회적으로 불평하는 것인지, 아니면 다른 사람이 무언가 하기를 원하는지는 명확하게 하자. 특히 다른 리더들과 일대일로 면담할 때는 그들이 어떤 행동을 취하기를 요구하는지, 아니면 여러분이 무언가를 준비하고 있는지, 그것도 아니라면 단순히 맥락을 공유하는지를 명확히 하라. 그렇지 않으면 그들은 반사적으로 반응해서 여러분이 방금 화만 내려고 했던 문제를 오히려 증폭시킬 수도 있다.

남 탓 금지

필자는 아직도 생산 프로세스에서 저지른 첫 번째 실수를 기억한다. 고객 기록을 업데이트하다가 실수로 고객 계정 전체를 삭제해버린 실수였다. 필자는 당시 22살이었고, 팀과 업계에 처음 합류한 신입이었다. 그래서 이 일에 대한 책임을 지는 것이 필자의 짧은 경력의 끝과 동의어일 수도 있다는 점에 완전히 겁을 먹었다. 그러나 당시 직장 동료였던 팀Tim은 필자가 저지른 실수를 직접 처리해주었다. 필자는 아직도 "새로운 사람들이 그들의 첫 번째 실수를 어떻게 처리하는지 보는 것은 항상 흥미로워. 이런 실수는 우리도 다 한 번씩 해본 실수야."라고 말해준 팀의 반응을 결코 잊지 못한다. 정말 다행이었다! 물론 필자는 여전히 스스로에게 화가 났지만, 대신에 메스꺼움은 사라졌다. 만약 필자의 동료들이 첫 번째 실수에서 모두 무사히 살아남았다면, 필자도 충분히 살아남을 수 있을 것이다. 특히 팀은 고객 데이터를 복구해야 하는 귀찮은 작업을 수행하면서도 필자에게 친절하게 대해주었다.

사실 대규모 운영 중단은 비싼 값을 치르는 대신에 무언가를 확실하게 배울 수 있는 값비싼 배움의 과정이다. 어차피 큰 비용을 지불해야 한다면, 차라리 이 경험을 통해서 모두 무언가를 배우는 것이 좋다! 누군가가 실수를 저질렀거나 무언가를 깨뜨려서 엣지 케이스를 발견했다면, 차라리 이 경험을 통해 모두가 안심하고 대화할 수 있는 환경을 만들어라. 만약 여러분이 호기심을 갖고 비난하는 것을 피한다면, 다음과 같은 질문을 하기가 더 쉽다는 것을 알게 될 것이다.

- 정확하게 무슨 일이 일어났는가?
- 그들에게 다음 문제가 발생하게 만든 요인은 무엇인가?
- 그들이 알고 있어야 했지만, 당시에는 알지 못했던 정보가 있는가?
- 그들의 정신 모형은 현실과 무엇이 다른가?

일관성 유지

여러분은 혹시 모든 결정권을 완전하게 보유한 리더와 일해본 적이 있는가? 여러분이 그들과의 미팅을 준비해야 한다면 어떻게 준비해야 할지 모를 수도 있다. 그들은 어느 날은 상위 수준의 프로젝트 완료 날짜에만 관심이 있다가도, 다음 날에는 가장 작은 기술적 결정을 정당화할 것을 요구한다. 이들은 한 가지 목표가 가장 중요한 사업적 요구사항이라고 말하다가도, 프로젝트 계획 조정을 마치자마자 다른 것을 우선시한다. 이러한 아수라장에 놓이면 여러분은 현재 위치가 어디쯤인지조차 모른다.

그런 리더가 되지 말자. 그 대신에 **일관성 있고 예측할 수 있는 리더**가 되어서 조직 내에 안정감과 평온함을 부여하자. 동료들이 여러분에게 무언가를 도와달라고 요청할 때는 무엇을 기대할 수 있는지 그들도 알아야 한다. 여러분이 이런 리더가 된다면 변화가 생기거나 어려운 상황에 처했을 때 여러분이 그 현장에 나타나서 여러분만의 표현 방식으로 동료들을 안심시킬 수 있다. 변화는 때로는 두려울 수도 있기에 그들은 여러분에게 의존하면서 안정감을 얻을 수 있다.

스트레스를 받거나 감당할 수 없을 정도의 업무를 수행할 때는 한결같은 모습을 보여주기가 어려울 수도 있다. 결국 한결같다는 것은 여러분 스스로를 **잘 돌보는 것**을 의미한다. 4장에서 다루었던 [그림 4-3]을 기억하라. 여러분의 삶에서 계획에 없던 급작스러운 추가 업무를 위한 공간을 항상 어느 정도는 남겨두어야 한다. 여러분 자신을 위해서라도 지속 가능한 방식으로 일하자. 휴가를 떠나거나, 충분한 휴식을 취하거나, 업무 외에도 여러분을 행복하게 하는 방법을 찾는 것이 그런 방법들이다. 여러분은 동료들을 위해 지속 가능한 일을 모델링하고 있다는 사실을 항상 명심하자.

7.4 스태프 엔지니어의 역량: 목표 파악

롤모델이 될 수 있는 시니어 엔지니어의 세 번째 역량으로 넘어가자. 여러분은 지금 여기서 무엇을 하고 있는지 기억해야 한다. 단순히 기술을 기억하라는 것이 아니다! '무언가를 성취하기 위해서 노력하는 사업'이나 '여러분이 시작하는 임무'처럼 더 넓은 맥락에서 여러분이 실제로 무엇을 하고 있는지 이해해야 한다. 여기서는 사업적 맥락(및 예산 맥락)을 의사결정 상황에 적용하고, 팀의 업무뿐만 아니라 사용자가 관심을 두는 더 큰 문제를 해결하는 방법에 대해서 살펴보겠다. 그리고 개인이 아니라 팀으로서 목표를 달성하는 것에 대해서 생각해보고자 한다.

7.4.1 사업 맥락 이해

시니어 엔지니어로서, 여러분은 현재뿐만 아니라 미래에 대한 책임도 지닌다. 스트레스나 과부하 상황에서 견딜 수 있는 소프트웨어를 만드는 것도 항상 여러분의 책임이다. 여러분은 목표를 가진 기업(또는 비영리 단체, 정부 기관 또는 기타 조직)에서 일하고 있다. 다만 소프트웨어는 그러한 목적을 달성하기 위한 수단이지, 그 자체가 목적은 아니다.

변화 적응

필자는 자원봉사 차원에서 해커톤hackathon[18]에 참가한 적이 있다. 그때 필자의 팀 리더는 필자의 코드를 보고 이렇게 말했다. "와! 테스트? 그거, 어…좋아요." 비록 그는 예의 바르게 말했지만, 그의 입장에서는 이 테스트를 상당히 특이하게 여기고 중요한 요소가 아니라고 생각하는 것이 필자에게도 분명하게 느껴졌다. 그로서는 정확도보다 속도가 훨씬 더 중요했기에 필자의 코드는 나중에 폐기될 운명이었다. 결국 이 부분에서 필자는 시간을 낭비했다.

빠른 해결책이 더 나을 때도 있고, **안정적인 해결책**이 더 나을 때도 있다. 시장 출시 기간이 기업의 생존에 필수적인 요소로 여겨진다면, 초기 버전을 제대로 출시하는 것이 아름다운 코드와 아키텍처를 갖추는 것보다 훨씬 더 중요하다.[19] 마찬가지로, 휴일 프로모션이나 주요 스포츠 행사에 동반할 소프트웨어를 배송해야 한다면 불완전한 해결책이 늦는 것보다 훨씬 낫다.

운영 중단 상황에서도 우선순위가 변경되는 경우가 있다. 한 번에 두 개의 인스턴스만 오프라인 상태가 되도록 항상 서비스를 다시 시작하는 규칙이 있을 수 있다. 그러나 모든 것이 중단되었을 때, 여러분의 일반적인 원칙들은 논외가 될 수 있다. 이럴 때 가장 빠른 해결책은 전원을 껐다가 다시 켜는 것이다. 중간급 엔지니어라면 깨끗하고 기술적으로 우아한 해결책이라는 플라톤적 이상을 위해서 노력할 수도 있지만, 그들의 선임인 멘토는 먼저 시스템을 다시 온라인 상태로 만들고 나중에 정리하면 된다는 사실을 그들에게 가르쳐줄 것이다.

사업이 변화하면 우선순위도 달라진다. **그래도 괜찮다.** 어쩔 수 없는 일이다. 성장, 인수, 새로운 시장 개척 또는 운명에 따라 기업이 새로운 방향이나 심지어 새로운 문화를 추구하게 되면

---

18 옮긴이_'해커톤'은 해킹(hacking)과 마라톤(marathon)의 합성어로 '기획자, 개발자, 디자이너 등의 직군이 팀을 이루어서 제한 시간 내에 주제에 맞는 서비스를 개발하는 공모전'을 의미한다.

19 다만 다른 모든 것을 아예 배려하지 않고 오직 기업의 생존만을 최우선과제로 삼아서는 안 된다. 즉, 다른 사람들을 위험에 빠뜨리거나, 악용하거나, 혹은 다치게 하는 소프트웨어를 출시하는 대가로 기업이 생존하도록 해서는 안 된다. 이렇게 하면 기업이 시간과 에너지를 번다 해도 도덕적 기준은 도외시하는 것이다. 우리는 9장에서 가치에 대해서 더 자세히 살펴볼 것이다.

여러분의 목표는 버려질 수도 있다. 이 점이 마음에 들지 않거나 여러분의 가치관에 맞지 않는다면 여러분은 다른 곳으로 떠날 수도 있다. 하지만 만약 여러분이 단지 변화에 분개하기만 한다면, 현 위치에서 계속 불행한 시간을 보내게 될 것이다. 그러니 모든 것은 변할 수 있다는 점을 인지하고, 변화를 **새로운 도전**으로 받아들이자.

예산 고려

상위 엔지니어링의 표준은 언제나 기업이 우수한 엔지니어링에 기꺼이 투자할 수 있는 금액과 상관관계에 있다. 금액과 상관관계에 있다는 의미는 이를 너무 의식해서 원칙을 버리고 엉터리 소프트웨어를 구현해야 한다는 의미가 아니라, 일할 때 예산을 항상 염두에 두어야 한다는 의미다. 다른 사람들이 인력, 공급 업체 도구 등에 제한된 비용을 사용할 수 있다는 사실을 명심하라.

한편으로, 그렇다고 해서 예산에 집착할 필요는 없다. 특정 프로젝트에 대해서 정말로 비용을 들일 가치가 있는지 파악하려고 애쓰다 보면 우유부단해질 수 있다. 하지만 어떤 종류의 지출이나 저축 또는 새로운 수익이 비중 있게 간주되는지는 살펴보자. 즉, 기업이 어떻게 돈을 버는지 이해하고, 이 상황이 여러분에게 좋을 때인지, 아니면 어려울 때인지를 파악하자. 조직에 특정 프로젝트나 특정 부분에 시간을 투자할 것을 제안할 때는 이러한 사실을 고려해야 한다.

신중한 자원 사용

필자는 인적 자원이 많은 구글에서 일하고 '성장'하면서, 인원이 한정되어 있고 프로젝트에 직원을 배정하는 데 기회비용이 든다는 것을 깨닫는 데 10년이 넘는 세월이 걸렸다. 즉, 여러분의 내리는 기술적 판단 중 하나는 한정된 인원을 현명하게 쓰는 '지출'이다.

여러분에게는 혁신할 수 있는 지점, 새로운 것을 발명할 수 있는 지점, 또는 시스템 중 하나를 조금 더 개선할 수 있는 지점에 대한 수많은 아이디어가 있을 것이다. 이 중에서 사업에 실제로 필요한 일을 선택해야 한다. 여러분의 팀은 유한한 시간과 에너지를 가지고 있다. 그러니 이것이 시간과 에너지를 제대로 사용하는 방법인지 늘 고민해야 한다. 댄 매킨리Dan McKinley가 작성한 「지루한 기술 선택Choose Boring Technology」[20]을 참고해서 '혁신 토큰innovation tokens'[21]을 어

---

20 「지루한 기술 선택」, *http://boringtechnology.club*
21 옮긴이_ '혁신 토큰'은 매킨리가 제안한 개념으로 '제한된 토큰을 주고 기술이나 프레임크를 선택하거나 강제함으로써 무제한으로 신기술을 채택하지 못하도록 방어하는 전략'을 의미한다.

디에 써야 할지도 고민해보자. 즉, 기업의 '창의적이거나 이상하거나 어려운 일을 할 수 있는 제한된 능력'에 대해서 신중하게 생각하자. 만약 여러분이 한정된 몇 군데만 투자할 수 있다면, 현재 여러분의 결정이 맞는지 정말 신중하게 고민해야 한다.

가장 재미있다고 생각하는 결과물을 만들지 말고, **가장 유용한 결과물**을 만들자. 그리고 어떤 것을 연마하다가도 충분하다는 생각이 들면 완료를 선언하라.

7.4.2 사용자 맥락 이해

한번은 필자가 수백 명의 동료가 있는 큰 카페에 공급 업체 담당자와 함께 앉아 있었던 적이 있다. 필자의 동료 미치Mitch와 필자는 공급 업체가 요청했던 기능이 어떻게 준비되었는지에 관한 설명을 들었다. 그러나 필자가 그 기능을 실제로 사용해보려고 하니 제대로 작동하지 않았다. 필자가 노트북을 꺼내서 제대로 작동하지 않는 모습을 공급 업체 담당자에게 직접 보여줄 때까지 우리는 서로 말다툼을 했다.

담당자는 한동안 고민하더니 "아, 이제 알겠어요."라고 말했다. 그리고 이어서 필자에게 "당신은 크롬을 사용하고 있군요. 이 기능은 파이어폭스와 인터넷 익스플로러에서만 작동합니다."라고 말했다(이 일은 아주 예전에 일어났던 일이다). 그는 곧 "하지만 걱정하지 마세요. 크롬을 사용하는 사람은 많지 않아요."라는 말을 덧붙였다.

"주변을 둘러보세요." 미치가 카페테리아 주위를 가리키며 대답했다. "보이시나요? 이곳에 있는 모든 사람이 크롬을 사용합니다." 이 사례에서 느껴지는 점이 있는가? 너무나도 많은 팀이 현실에는 존재하지 않는 가상의 완벽한 사용자[22]만을 위한 기능을 만든다. 소프트웨어를 실제로 사용하는 사용자를 파악하고, 사용자가 어떻게 사용하는지까지 제대로 파악해야 한다. 즉, 여러분이 만들고자 하는 것을 사용자가 실제로 사용할 수 있는지 확인해야 한다. 그리고 더 나아가서 그들이 원하는 것을 사용할 수 있는지도 확인해야 한다.

이 문제를 바로잡는 방법은 상당히 고전적이지만 효과적인 방법이다. 노트에 받아 적어라! 여러분이 생성하려는 정확한 요구사항을 명확히 하고, 이러한 요구사항을 광범위하게 공유해야 한다. 코드 작성을 시작하기 전에 제안된 API를 검토하자. 만들기 전에는 사용자 인터페이스의 모형을 보여주어야 한다. 자주 확인하고 업데이트를 표시하라. 그리고 다시 한번 CYAE를

---

22 필자의 몇몇 친구는 '완벽한 구형 사용자'라는 표현을 사용했다.

피하라. 사양에 맞게 구축했든, 아니든 간에 사용자를 만족시키지 못하는 프로덕트는 잘못된 프로덕트다.

7.4.3 팀 맥락 이해

업무에 집중하는 방법에 대한 필자의 마지막 조언은 여러분이 이 일을 혼자 하는 것이 아니라는 점을 깨닫는 것이다. 물론 여러분은 팀에서 최고의 코드 작성자이거나, 가장 경험이 많은 엔지니어이거나, 가장 빠른 문제 해결자일 수 있지만, 그렇다고 해서 모든 문제를 혼자서 해결해야 하는 것은 아니다. 여러분의 조직은 경쟁하는 개인들의 모임이 아니라 팀이다. 여러분이 없으면 팀이 아무것도 할 수 없는 조직이 되어서는 안 된다. 즉, 여러분이 단일 실패 지점이 되어서는 안 된다. 이렇게 하면 지속할 수 없으며, 이런 식의 프로세스는 근본적인 문제를 감추는 것일 뿐이다.

필자는 여러분에게 스스로를 인식하라고 조언했다. 여기서 더 나아가서 팀의 능력을 인식하라. 만약 여러분이 다른 사람이 더 나은 일을 할 수 있도록 힘을 실어줌으로써 여러분의 목표에 도달할 수 있다면, 그것은 여러분이 스스로 그것을 해결하는 것과 같은 종류의 승리다. 여러분의 영향력을 생각할 때는 개인적인 차원을 넘어서 여러분이 없었다면 일어나지 않았을 일을 만드는 힘이라고 생각하라.

7.5 스태프 엔지니어의 역량: 미래 대비

앞에서 살펴본 것처럼 무엇인가를 신속하게 시장에 내놓는 것이 최우선인 상황도 있지만, 대부분의 출시는 장기적인 계획에 따라서 이루어진다. 여러분이 작성하는 코드와 아키텍처는 5년 또는 10년 후에도 여전히 사용될 가능성이 높다. 상호 간에 연결된 운영환경을 구성하는 소프트웨어 시스템은 이보다 훨씬 더 오래 지속될 수 있으며, 각 컴포넌트는 후속 컴포넌트에 영향을 미친다.[23] 타이터스 윈터스Titus Winters는 『구글 엔지니어는 이렇게 일한다』(한빛미디어,

---

23 테세우스의 배(Ship of Theseus)의 개념. *https://oreil.ly/nBaaK*. 모든 개별 컴포넌트는 수년 동안에 걸쳐서 교체될 수도 있지만, 기본 시스템은 지속된다. 이는 모두 형이상학적인 건축물과 같다.

2022)에서 "소프트웨어 엔지니어링은 시간이 지날수록 통합되고 있다."라고 표현했다. 이처럼 소프트웨어의 영향력은 상당 기간 지속될 것이다.

조직, 코드 베이스 및 생산 환경은 여러분이 해당 기업에 입사하기 전부터 존재했을 것이다. 그리고 아마 여러분이 다른 기업으로 이직한 후에도 존재할 것이다. 그러니 지금 이 순간을 위해서 미래의 속도나 엔지니어링 능력을 희생해서 최적화하지는 말아라. 여러분이 개인적으로 기를 수 없는 씨앗을 심는 것도 괜찮은 일이다.

여기 여러분이 지금 이 순간을 넘어서 생각해야 할 몇 가지 방법을 소개한다.

7.5.1 미래의 나를 위해 현재의 내가 준비해야 할 사항

3장의 '현재의 내가 했으면 하는 것과 미래의 내가 바라는 것은 무엇인가?'라는 질문을 떠올려 보자. 어떤 계획을 세우거나 업무를 수행할 때는 미래의 나 자신과 미래의 팀까지도 이해관계자로 생각해야 한다. 결국 여러분이 지금 내리는 결정은 그들이 처리해야 하는 업무다.

방향 공표

비록 자세한 내용까지는 알지 못하더라도 여러분의 큰 **방향**이 무엇인지는 명확히 하라. 예를 들어서 팀들은 새로운 시스템으로의 주요 마이그레이션을 시작할 준비가 되지 않았다는 이유로 때로는 오래된 시스템의 사용 중지 날짜를 발표하는 것을 기피할 수 있다. 그러나 여러분은 오래된 시스템을 폐지하려는 **의도**를 발표할 수 있다. 만약 모든 사람이 마이그레이션이 1~2년 후에 시작되리라는 계획을 알고 있다면, 새로운 프로젝트를 수행할 때 오래된 시스템에 많은 시간을 투자하지 않아도 된다는 사실을 알 것이다. 이로 인해 어떤 팀들은 자유 시간을 확보할 수 있고, 더 나아가서는 여러분이 요청하지 않아도 새로운 시스템으로 마이그레이션할 수 있다. 큰 계획을 알게 되어 현재 해야 할 업무가 줄어든다면 사람들은 기대치를 형성하고, 본인의 업무 시간을 절약하며, 미래 시스템 관련 데프리케이션 프로젝트를 조금 더 쉽게 수행할 것이다.

정리정돈

여러분은 혹시 마지막 사람이 뒷정리를 마치지 않은 공구 창고에서 일해본 적이 있는가? 상당히 끔찍한 일이다. 드릴을 사용하려는데 배터리가 방전되어 있다. 보안경은 케이스에 들어 있지 않고 다른 곳에 놓여 있다. 사포를 찾으려면 상자 세 개를 뒤엎어야 한다. 바닥은 쓰레기로 뒤덮여 있다. 이런 환경은 일종의 규칙이 없는 혼돈 상태다. 여기서 작업하려면 예상 시간의 3배 이상이 걸린다.

이제 여러분이 원하는 모든 도구가 쉽게 손에 잡히는 상황, 즉 업무 환경이 정돈된 상황은 어떤 상황인지 생각해보자. 모든 업무가 **제대로 흘러갈** 것이다. 그러므로 다음에 작업할 모든 사용자를 위해서 운영환경, 코드 베이스 또는 설명서를 적합하게 정리해놓는 데 여러분의 시간을 할애하자. 코드를 손상시키지 않고 리팩터링할 수 있는 테스트를 작성한다. 여러분이 스타일 가이드를 설정해놓으면 여러분의 문제 접근법을 따라 하는 사람들은 그 코드 스타일 가이드를 따를 것이다. 모든 사람이 실행하지 말아야 하는 위험한 스크립트나 로컬에서 변경되었지만, 소스에는 업데이트되지 않은 환경 설정과 같은 함정을 남겨두지 말아라. 최대한 안전하게 실행될 수 있는 환경을 만들자.

최적화

또한, 도구를 정리하는 데만 그치지 말고 **환경을 개선**하는 데 지속해서 투자하자. 빠르고 안전하게 업무를 수행할 수 있다면 반복적인 일에 소비하는 시간이 줄어들 것이고, 그만큼 더 많은 일을 할 수 있다. 속도를 높이면 안정성도 향상된다. 문제를 감지하거나 수정 사항을 구현하는 데 걸리는 시간을 1분 단위로 단축할 수 있다. 그러면 모든 운영 중단 시간을 1분씩 단축할 수 있다.

소형 빌드, 직관적인 도구, 취약한 테스트 수정 또는 삭제, 반복 가능한 프로세스, 모든 부분의 자동화 등 더욱더 신속하게 프로덕트를 구축, 배포할 수 있도록 최적화하는 법을 찾자. 그리고 도구, 플랫폼 또는 프로세스를 구축하는 데는 시간이 걸리는 편이므로 투자처를 신중하게 판단하자. 그래서 진정으로 변화를 일으킬 수 있는 최적화 업무를 선택하자.

기억의 제도화

누군가가 기업을 퇴사할 때마다 여러분은 제도적인 지식을 잃는다. 물론 운이 좋다면 여러분은 모든 정보를 본인의 머릿속에 저장한 선임을 만날지도 모른다. 하지만 결국 불가피하게 그들마저 이직하는 때가 온다.[24] 이렇게 되면 오래된 시스템이 고장 났을 때 "아, 그래, 나는 우리가

---

24 이것이 바로 테세우스의 배의 예시다! 모든 사람이 바뀌었지만, 조직은 남아 있다.

전에 이 문제를 마주했을 때를 기억해. 지난번에 우리는 이렇게 했어."라고 조언해줄 수 있는 사람이 아무도 없다.

당시 구글의 프린시플 엔지니어이자 필자의 동료였던 존 리즈John Reese는 가끔씩 이런 소위 '시스템 역사학자' 역할을 맡았다. 그는 사이트 신뢰성 조직이 어떻게 진화했는지, 그리고 운영 소프트웨어가 어떻게 변화했는지에 대한 기록을 큐레이션했다. 그는 개인의 기억이 아니라 조직 차원의 제도적인 기억을 만들고자 본인이 가장 잘 아는 생태계의 부분에 관한 심층적인 기사를 쓰고, 다른 사람들을 인터뷰해서 과거를 들춰내며 형성 당시의 시스템과 관행을 문서로 만들었다. 비록 지금 그는 구글에서 퇴사했지만, 그가 만들어낸 역사는 새로운 큐레이터들과 함께 아직도 살아있다.

대부분의 조직에는 의도적으로 본인의 이력을 기록하는 사람은 없다(그래도 기록하는 것이 좋다). 그러나 모든 정보는 기록을 통해서 미래로 전달될 수 있다. 여기에는 여러분이 생각하고 있던 것을 설명하는 의사결정 기록, '모두가 알고 있는' 명백한 것들을 포함하는 시스템 다이어그램, 그리고 무슨 일이 일어나는지에 대한 맥락을 포함하는 코드 코멘트를 포함할 수 있다. 기록을 작성하는 방법과 검색 가능한 키워드를 포함해서 미래의 직원들이 여러분이 무엇을 했고 왜 그렇게 했는지 이해할 수 있도록 도와주어라. 미래의 직원들이 알지 못할 만한 점을 끊임없이 고민해보아라.[25]

7.5.2 실패 가능성 예측

필자가 가장 좋아하는 사건 회고록은 AWS Amazon Web Services가 다운되어 운영 중단이 발생했던 사건에 호스팅 기업인 호스티드 그래파이트Hosted Graphite가 대응했던 내용을 당시 직원이었던 프란 가르시아Fran Garcia가 기록한 「AWS 장애로 인해 로드밸런서가 어떻게 중단되었는지, 멀리서 보면 으스스한 행동이었다Spooky action at a distance, how an AWS outage ate our load balancer」[26]라는 회고록이다. 이 회고록은 제목 그대로 AWS의 장애로 인해 로드밸런서가 어떻게 중단되

---

25 이를 위해 참고 자료를 추천한다. 산디아 국립 연구소(Sandia National Laboratory)는 보고서를 통해서 지금 우리가 사용하는 언어가 사라진 10,000년 후에 미래의 인간이 핵 폐기물 저장소에 들어가는 것을 방지하고자 그림 정보를 만드는 개념을 세웠다. 장기 핵폐기물 경고 메시지(Long-term nuclear waste warning messages)라는 개념이다(*https://oreil.ly/PWTxV*). 물론 이렇게 먼 미래까지 생각할 필요는 없지만, 그래도 여러분이 구현하는 시스템이 적어도 10년 후에도 존재할 것에 대해서는 대비해야 한다. 10년 후의 사람들이 알아야 할 점은 무엇인가?

26 「AWS 장애로 인해 로드밸런서가 어떻게 중단되었는지, 멀리서 보면 으스스한 행동이었다」, *https://oreil.ly/zsPgE*

없는지를 설명하는 글인데, 멀리서 보면 으스스한 동작으로 인해 다운된 것에 관해 쓴 글이다. 필자가 이 회고록을 좋아하는 이유는 호스티드 그래파이트가 AWS를 사용하지 않았음에도 해당 팀이 운영 중단의 영향을 받았다는 것에 상당히 놀랐기 때문이다.[27] 그들에게는 이 문제를 예측할 방법이 없었다.

여러분의 시스템에는 이런 예측할 수 없는 장애가 몇 개나 있는가? 예측 불가능한 장애가 많다고 가정해보자. 분산 컴퓨팅의 오류Fallacies of distributed computing[28]로 네트워크는 실패할 것이고, 하드웨어도 제대로 동작하지 않을 것이며, 이 때문에 사람들은 일을 멈추어야 할 때가 자주 발생할 것이다. 시스템에는 항상 버그가 존재한다. 그리고 생각지도 못한 시스템 부분 간의 이상한 상호 작용이 문제를 일으킬 수 있다.

모든 부분에서 발생할 문제를 예측할 수는 없다. 그러나 **몇몇 특정한 부분**에서 발생할 문제는 예측해볼 수 있다. 여러분이 예측했던 문제가 실제로 발생하면 어떻게 할 것인지 사전 계획을 세워라. 그렇게 하면 프로덕트가 실패할 수도 있다는 마음가짐이 생길 것이다. 성공 경로를 구상하는 것만큼 철저하게 오류 경로를 테스트하고, 프로덕트가 기대하는 수준의 응답을 하지 못할 때는 합리적이고 사용자 친화적으로 작동하도록 해야 한다. 시스템이 작동하지 않는 경우를 확인해서 이에 어떻게 대응할 것인지 미리 계획을 세워두자.

예를 들어서 앞에서 언급한 인시던트 지휘 시스템을 소개하는 경우를 들 수 있다. 실제로 시스템을 적용하기 전에 미리 대응을 연습하는 등 비상 상황에서 함께 작업하는 방식에 대한 규칙을 추가하는 형태로 주요 인시던트에 대한 사전 계획을 수립할 수 있다. 일반적으로 재해 계획은 항상 실제 적용 시에 문제가 생기는 편이므로, 카오스 엔지니어링Chaos engineering[29] 도구 또는 운영 중단 제어 도구를 사용해서 재해를 미리 시뮬레이션해보아야 한다. 훈련, 게임의 날 또는 탁상 연습tabletop exercises[30]을 통해서 응답이 이루어지지 않는 부분을 파악할 수 있다. 물론 백업 복원을 테스트하지 않은 경우라면 백업이 없다고 가정해야 한다.

---

27 궁금한 독자들을 위해 문제에 대해서 상세하게 설명하면 다음과 같다. 이 운영 중단으로 인해 수많은 호스티드 그래파이트 사용자들의 속도가 한꺼번에 느려지고 단시간 연결이 계속 열려 있게 되었다. 결국 로드밸런서의 한계에 도달할 때까지 연결 수가 증가해 다른 사용자가 연결할 수 없게 된 문제다. 이럴 때 문서를 작성하는 것은 좋은 방법이다.

28 분산 컴퓨팅의 오류 개념, *https://oreil.ly/OuP1u*

29 카오스 엔지니어링의 개념, *https://oreil.ly/NWys8*

30 옮긴이_ '탁상 연습'은 '팀 구성원이 비공식적인 환경에서 만나서 비상 상황에서 본인의 역할과 특정 비상 상황에 대한 대응에 대해 논의하는 토론 기반 세션'을 의미한다.

7.5.3 유지보수를 위한 최적화

소프트웨어는 한 번 만든 후에는 적어도 몇 년 동안 유지보수가 필요하다. 운영환경에서 예전 파일을 실행하려면 모니터링, 로깅, 업무 지속성, 확장 등이 필요하다. 다시 코드를 건드리지 않더라도 기술 또는 규제 환경에 따라 Y2K용으로 업데이트하거나 IPv6 또는 HTTPS를 지원하거나 SOX Sarbanes-Oxley Act, GDPR General Data Protection Regulation 또는 HIPAA Health Insurance Portability and Accountability Act 와 같은 규정 준수 문제를 고려해야 한다.

소프트웨어는 생성하는 데 걸리는 시간보다 유지 기간이 훨씬 긴 편이므로, 유지하기 어려운 코드를 만들어서는 안 된다. 다음은 미래에 이러한 시스템을 유지해야 하는 여러분 자신과 미래의 팀을 도울 수 있는 몇 가지 방법이다.

이해 준비

여러분이 새로운 코드를 만들거나 새로운 시스템을 설계하고 있다면 지금 이 순간 그것을 가장 잘 이해하는 사람은 여러분이다. 물론 아마 팀원들도 그 시스템이 어떻게 작동하는지에 대한 정신 모형을 충분히 갖추고 있을 것이다. 다만 그 지식이 매일 조금씩 사라질 수 있다는 점은 유의하라. 시간이 지나면 코드나 시스템을 만들던 순간의 이해도 수준을 유지하기가 어렵다. 특히 지금 시스템을 이해하기 어렵다면, 2년 후에는 이해하기가 훨씬 더 어려울 것이다. 작동에 이상이 생겨서 다시 정신 모형을 재구성해야 할 때가 되면 행운에 기대야 할 수도 있다.

미래의 직원들이 여러분의 시스템을 제대로 이해할 수 있도록 하려면 두 가지 방법을 사용할 수 있다.

한 가지 선택은 교육과 실제 경험에 집중하는 것이다. 시스템에 대한 지속적인 교육을 실행해서 향후 이 시스템 관련 작업을 수행할지도 모르는 모든 사람에게 완벽하게 교육을 할 수 있다. 그리고 그들이 실제로 발생할 수 있는 문제를 처리할 수 있도록 충분한 시간을 보냈는지 확인해볼 수 있다.

또 다른 방법은 사람들이 필요로 할 때마다 시스템을 최대한 쉽게 이해할 수 있도록 하는 것이다. 즉, 미래에 작업할 사람을 주요 청중으로 삼은 문서를 작성하는 것이다. 해당 문서는 명확하고 짧은 소개, 적어도 한 개 이상의 크고 간단한 그림(데이터가 이동하는 방향을 표시하기 위해서 화살표를 사용할 수 있다), 그들이 궁금해할지도 모르는 모든 사항을 담은 링크를 포함한 문서다. 그다음에는 시스템의 내부 작동에 대해서 가능한 한 명확하게 설명한다. 도구, 추적 또는 유용한 상태 메시지를 통해 작업 내용을 확인할 수 있다. 그리고 이를 통해서 시스템을 최대한 쉽게 **관찰**할 수 있도록 한다. 검사, 분석 및 디버깅을 쉽게 하도록 돕는 것이다. 특히 이 문서를 단순하게 만드는 것이 중요한데, 이 점은 바로 아래에서 설명하겠다.

단순명료화

필자가 좋아하는 소프트웨어 엔지니어 마틴 파울러 Martin Fowler 는 다음과 같이 말했다. "바보는 컴퓨터가 이해할 수 있는 코드를 작성할 수 있습니다. 훌륭한 프로그래머는 인간이 이해할 수 있는 코드를 작성합니다."[31]라는 말이다. 시니어 엔지니어들은 가끔 가장 화려하고 복잡한 해결책을 내놓는 것이 본인의 기량을 보여주는 길이라고 생각한다. 하지만 실은 복잡한 것을 만들기는 쉬워도, 그것을 단순하게 만들기는 훨씬 더 어렵다!

어떻게 단순하게 만들 수 있을까? 더 많은 시간을 투자하자. 여러분이 연구하는 문제의 해결책을 생각할 때 첫 번째로 떠오르는 방법을 '첫 번째 방향'으로 삼자. 그리고 적어도 동일한 시간만큼 다른 해결책에도 시간을 할애하자. 시스템을 단순하게 설계하는 방법을 이해했다면 좀 더 단순하게 만들 방법을 찾자. 좀 더 적은 양의 코드와 분기점 그리고 팀 수, 좀 더 적은 유지보수 시간, 적은 양의 실행 중인 바이너리 수, 파일 수 등의 방안을 통해서 더 쉽게 만들 수 있는지 확인해보자.[32] 시스템이 오래 지속될수록 시스템을 최대한 단순화하는 데 더 많은 시간을 할애해야 한다. 시스템이 단순할수록 시스템이나 코드를 이해할 수 있는 정신 모형을 더 쉽게 구축할 수 있다.

한편으로, 복잡성에 대해서 보상하는 조직 관행을 주의하자. 스태프 데이터 과학자인 라이언 하터 Ryan Harter 는 「스태프 플러스 수준에서 보이지 않는 작업에 대한 신용 획득 Getting credit for invisible work at the Staff+ level」[33]이라는 칼럼을 통해서 사람들이 본인이 힘든 일을 하고 있다는 것을 증명하기 위해서 복잡한 해결책을 만드는 상황을 분석했다. 그는 "저는 사람들이 화려하게 출시하고자 머신러닝을 사용하는 것을 보았습니다. 그러나 우리가 정말로 원하는 것은 복잡한 문제에 대한 간단한 해결책입니다. 작업의 복잡성은 '작업의 복잡성'은 무언가를 최대화하는

---

31 『리팩터링 2판(Refactoring: Improving the Design of Existing Code)』(한빛미디어, 2020)

32 코드 줄이 너무 적어서 다시 난독화되고 복잡해진다면, 도를 넘었다. 우리는 스턴트 프로그래밍이 아니라 이해 가능성을 목표로 해야 한다.

33 「스태프 플러스 수준에서 보이지 않는 작업에 대한 신용 획득」, *https://oreil.ly/Su2IS*

것이 아니라 부담 비용이 늘어나는 것입니다!"라고 자기 의견을 덧붙였다.

복잡한 문제를 처리할 때는 시스템의 어느 부분에 복잡성을 부여할 것인지 결정하는 것이 중요하다. 복잡성을 부여할 부분이 사업 논리나 성능 최적화와 같은 무서운 모듈일 수 있다. 전체 시스템을 볼 때 해당 컴포넌트의 복잡성을 이해하지 않고도 다른 모든 것을 추론할 수 있도록 해서 복잡한 부분을 쉽게 이해하도록 돕고, 수정해야 할 때는 그 복잡한 요소에만 집중할 수 있도록 하는 것이 좋다.

해체 대비 설계

언젠가는 여러분의 시스템도 운영이 중단되는 상황을 맞이할 것이다. 그렇게 되면 그 시스템을 운영하는 사람들은 어떤 고난의 과정을 거쳐야 할까? 다른 시스템의 논리를 깊이 파고들어서 사업 논리를 파악해내거나 어떤 데이터에 접속하고 있는지를 이해하기 위해서 코드를 통해 추적해야 할까? 아니면 깔끔한 인터페이스와 간단한 컷오버cut-over[34] 프로세스를 거치면 될까?

모든 아키텍처는 진화하고 컴포넌트는 중앙으로 안정화될 것이다. 지금은 새 시스템, 라이브러리 또는 프레임워크를 연결하는 것이 더 빠른 것처럼 보일 수도 있지만, 나중에는 어떻게 될지 신중하게 생각해보자. 다른 사람들이 시스템 위에 구축한 것을 파괴하지 않고도 나중에 교체하는 것이 가능할까?

여러분이 **개인적으로** 10년 후에 이 컴포넌트를 해체해야 한다는 사실을 미리 알고 있다고 가정해보자. 미래의 여러분은 현재의 여러분보다 할 일이 많아서 바쁠 것이다. 미래의 여러분을 돕기 위해서 현재의 여러분은 무엇을 할 수 있는가? 지금부터 깔끔한 인터페이스를 추가하거나, 어떤 클라이언트가 여전히 서버를 사용하고 있는지 쉽게 확인할 수 있도록 하거나, 통합 중인 두 시스템 사이에 결합도를 낮추는 방식으로 설계할 수 있는가? 처음부터 컴포넌트를 해체하기 쉽도록 만들어놓으면 모듈화되고 유지보수하기 쉬운 컴포넌트를 만들 수 있다.

7.5.4 미래의 리더 준비

팀을 구성하는 것은 미래 계획에서 중요한 부분이다. 물론 여러분이 직접 문제를 해결하거나

---

34 옮긴이_'컷오버'는 '주어진 특정 시점에서 시스템의 기능을 그 후속자로 변환하는 일'을 의미한다.

프로젝트를 이끌면 다른 사람들이 하는 것보다 더 쉽고 빠르게 진행할 수도 있겠지만, 그렇다고 해서 여러분이 무조건 그 일을 맡아야 하는 것은 아니다. 주니어 엔지니어들은 미래의 시니어 엔지니어들이다. 그들에게 배울 수 있는 공간과 실습의 기회, 점점 더 어려운 문제를 해결할 기회를 주어야 한다. 8장은 그들의 스킬 역량 수준을 지속해서 향상시키는 방법에 대해서 더 많이 다룰 것이다.

존 올스포는 「시니어 엔지니어가 되는 것에 관하여」[35]라는 기고문을 썼다. 그의 말을 인용하고자 한다.

> 다른 사람들이 여러분과 얼마나 함께 일하고 싶어 하는지야말로 여러분이 엔지니어로서 얼마나 성공할 것인지를 직접적으로 보여주는 지표다. 모두가 함께 일하기를 원하는 엔지니어가 되어라.

만약 여러분이 이번 장에서 무언가를 크게 배우거나 느끼지 못했다면, 마지막 문장만이라도 마음속에 새겨두자. **성공의 척도는 다른 사람들이 여러분과 함께 일하기를 원하는지 여부다.** 만약 그렇지 못하다면 여러분의 접근 방식을 재평가하자.

7.6 마치며

7장의 내용을 요약하면 다음과 같다.

- 이제 여러분의 말과 행동에는 더 무게감이 실릴 것이다. 신중해지자.
- 시간을 투자하여 지식과 전문성을 쌓자. 능력은 경험에서 나온다.
- 여러분이 알고 있는 것과 모르는 것에 관해서 확실하게 자각하라.
- 일관성 있고, 신뢰할 수 있는 사람이 되어라. 또한, 여러분도 다른 사람들을 신뢰할 수 있도록 노력하라.
- 위기에 처했거나 모호한 프로젝트를 담당할 사람이 아무도 없을 때는 책임을 떠맡아라.
- 누군가가 무언가를 말해야 할 때는 여러분이 그 누군가가 되어라.
- 차분함을 유지하자. 문제를 더 크게 만들지 말고 작게 분해하자.
- 사업, 예산, 사용자 요구사항 및 팀의 역량을 파악하자.

---

35 「시니어 엔지니어가 되는 것에 관하여」, *https://oreil.ly/aANg3*

- 미리 계획을 세우고 도구를 최신으로 유지해서 미래의 여러분을 도와라.

- '분명'한 점도 적어두어라.

- 실패를 예상하고 대비하라.

- 해체하기 쉬운 소프트웨어를 설계하라.

- 성공의 척도는 다른 사람들이 당신과 함께 일하기를 원하는지 여부다.

CHAPTER **8**

선한 영향력 전파

8.1 선한 영향력이란?

8.2 조언

8.3 교육

8.4 가드레일

8.5 기회

8.6 마치며

여러분 본인이 성장하는 것을 넘어서 주변 사람들의 실력은 어떻게 향상시킬 수 있을까? 스태프 엔지니어로서 여러분의 업무 중 하나는 동료들의 업무 수행 능력 향상을 지원하고, 더 나은 해결책을 구상하며, 결과적으로는 더 나은 엔지니어가 되도록 돕는 것이다. 우리는 이미 7장에서 조직 차원의 **롤모델** 엔지니어를 목표로 3부를 시작했다. 이를 위해 가장 기본적인 방법은 여러분이 할 수 있는 최고의 엔지니어링 역량을 발휘하고, 그것을 다른 사람들이 배우도록 하는 것이다. 일반적으로 '선한 영향력'이라는 표현은 바로 이것을 의미한다. 다른 사람들은 여러분이 따라 하기를 바라는 방식으로 행동할 것이다.

더 나아가서 8장에서는 다른 사람들의 스킬 역량과 조직의 엔지니어링 문화를 개선하기 위해서 여러분의 선한 영향력을 발휘할 수 있는 적극적인 방법을 다루어보고자 한다.

8.1 선한 영향력이란?

여러분보다 스킬 역량이 부족하거나 수준이 낮은 사람과 일한다고 해서 좌절할 필요는 없다. 오히려 그들의 실력을 한 단계 더 끌어올리기 위해서 여러분의 시간을 적극적으로 활용할 수 있다.

다른 엔지니어들이 더 나은 역량을 발휘하도록 돕는 것이 왜 그렇게 중요할까? 다음과 같은 이유 때문이다. 첫 번째, 우수한 엔지니어링은 필연적으로 여러분 혼자만이 아니라 다른 사람과 함께하는 데서 완성된다. 만약 여러분의 동료들이 더 나은 일을 한다면, 여러분도 더 나은 일을 할 수 있다. 물론 몇몇 엔지니어는 혼자서도 본인의 역량을 기대 이상으로 잘 발휘할 수 있다. 그러나 가장 최고의 전문가조차도 언젠가는 반드시 혼자 해결하기에는 너무 큰 문제를 만날 것이다. 결국 동료들이 더 나은 엔지니어가 되도록 도울 수 있다면, 여러분은 더 유능한 사람들과 일하게 되는 것이다. 그리고 이것은 여러분의 일이 더 쉬워진다는 것을 의미한다. 즉, 더 나은 엔지니어는 더 나은 소프트웨어를 의미하며, 이는 더 나은 사업 결과와 동의어다.

두 번째 이유는 산업이 계속 변화하기 때문이다. 여러분의 엔지니어링 조직이 지금은 업계의 최첨단을 달린다고 해도 미래의 어느 시점에는 모두가 채택하기를 원하는 새로운 아키텍처, 도구 또는 프로세스가 등장할 것이다. 이때 여러분이 새로운 기술에 영향을 미치거나 이를 가르치는 방법을 알지 못한다면 함께 일하는 팀들은 최신 기술을 사용할수록 더욱더 좌절감을 느낄 것이다.

마지막 세 번째 이유는 다른 엔지니어의 역량을 끌어올리는 것이 이미 그것 자체로 옳은 일이기 때문이다. 여러분은 조직 내에서 선임으로서 조직 차원의 소프트웨어 개발 역량뿐만 아니라 산업 전반의 동향과 발전 방향에도 큰 영향을 미친다. 코드 품질, 신뢰성 및 사용성 향상에 자부심을 느끼는 것과 마찬가지로, 상위 기준 설정에도 자부심을 가질 수 있다. 만약 여러분이 중간급 엔지니어 동료들을 환상적인 엔지니어가 되도록 가르친다면, 그들이 10년 후에 가르칠 중간급 엔지니어들은 어떠할지까지도 상상해볼 수 있을 것이다. 여러분은 미래에도 사용될 높은 기준을 세우고 있다.

8.1.1 선한 영향력 전파하기

대부분의 직원에게 영향력을 통해 리더십을 발휘하는 과정은 개인적인 관계에서 시작된다. 누군가의 코드를 리뷰하거나, 인턴십을 진행하거나, 신입사원을 멘토링하는 것이다. 소규모 팀을 이끌 때는 팀의 각 구성원과 일대일 미팅을 진행할 수 있다. 하지만 여러분의 직책과 담당 범위가 늘어날수록 이처럼 개별적인 상호작용을 통해서 영향력을 행사하기는 어려워진다. 물리적인 시간으로만 따져도 여러분의 하루를 다 써도 그럴 시간이 충분하지 않을 것이다. VM웨어 VMware의 프린시플 엔지니어인 브라이언 릴리즈Bryan Liles는 본인의 칼럼[1]에서 "VM웨어에서 제가 하는 일은 약 14,000명의 엔지니어에게 제 영향력을 미치는 일입니다. 저는 '14,000명의 엔지니어가 더 나은 엔지니어가 될 수 있도록 제가 무엇을 할 수 있을까?'라고 늘 생각하고 고민합니다."라고 말했다.

여러분의 연공 서열, 범위, 그리고 포부에 따라서 훨씬 더 적은 사람들, 아니면 더 많은 사람에게 영향력을 미치는 것을 목표로 할 수 있다. 8장에서는 동료, 팀 또는 그룹의 스킬 역량 향상에서부터 전체 조직이나 업계의 궤적을 바꾸는 것에 이르기까지 작은 범위와 큰 범위 수준으로 나누어서 선한 영향력을 발휘하는 프로세스를 살펴볼 것이다. 가장 먼저, 여러분이 영향력을 끼칠 수 있는 세 가지 계층별 범위에 관해 설명하고자 한다(그림 8-1 참조).

■ 개인 차원
다른 사람의 스킬 역량 성장을 돕는다.

---

1 「더 나은 다리 건설하기(Building a better bridge)」, *https://oreil.ly/ScVHa*

■ 그룹 차원

새로운 기술이나 접근 방식의 변화를 동시에 여러 사람에게 제공함으로써 영향력을 확장한다.

■ 촉진제 차원

여러분이 만드는 변화가 직접적인 영향력을 행사하는 것을 넘어선다. 여러분이 물러난 후에도 여러분의 긍정적인 영향력이 계속 이어지도록 하는 흐름이나 공동체 구조를 설정한다.

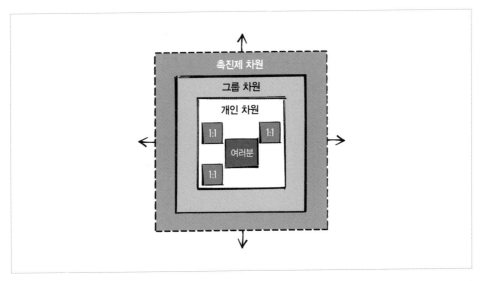

그림 8-1 영향력 계층 구조. 그림에서처럼 그룹의 영향력은 개인의 영향력보다 크고 방대하다. 이 단계에 이르면 더 이상 큰 노력을 투자하지 않아도 영향력의 촉진이 이루어진다.

또한, 영향력의 발현 형태도 고려해야 한다. 다음은 여러분의 동료를 한 단계 더 끌어올릴 수 있는 네 가지 영향력 발현 형태다. 설명과 함께 계층 단계별로 예시를 제시했다.

■ 조언

먼저 요청을 받았든, 아니든 양쪽에 조언하는 것에서부터 시작한다. 개인적인 차원에서는 멘토링, 동료에 대한 피드백 또는 질문에 대답하는 것 등이 있다. 이후 글쓰기(문서화, 기사 작성 등)와 발표를 통해서 여러분의 조언을 그룹 차원으로 확장할 수 있다. 이렇게 해서 동료들이 서로 쉽게 조언할 수 있도록 기업 문화를 변화시킨다면 나중에는 여러분이 없어도 조직이 성장하는 촉진제 차원에 도달할 수 있다.

■ **교육**

훈련, 페어링, 섀도잉(따라 하기) 또는 코칭을 통해 개인에게 의도적으로 기술을 가르치는 것을 살펴볼 것이다. 그다음에는 온보딩 자료 활용, 코드랩codelab, 수업 및 워크숍을 활용해서 이를 그룹 차원으로 확장한다. 이 구조에서 촉진제 차원은 학습자를 교육자로 만드는 것, 커리큘럼 을 구성하는 것, 그리고 모든 사람이 접하는 주제에 영향을 미치는 것이다.

■ **가드레일**

사람들이 안전하게 일할 수 있도록 가드레일을 제공하는 방법에 대해 알아본다. 개인을 위해 코드 리뷰, 설계 검토를 진행하고, 여러분이 타인의 프로젝트에 가드레일이 되는 방법에 대해 다룰 것이다. 그룹 차원에서는 방향을 벗어났을 때 다시 정상 궤도에 올려놓을 수 있는 몇 가지 프로세스, 정책 및 자동화 시스템에 대해 알아보고자 한다. 마지막으로, 촉진제 차원에서는 가 드레일의 궁극적인 단계에 해당하는 기업 문화의 변화에 대해서 살펴본다.

■ **기회**

마지막으로, 사람들이 배우는 것을 돕는 기회를 제공하고 실제 사람들을 연결함으로써 그들이 성장하도록 돕는 것을 살펴볼 것이다. 필자는 개인을 위해 위임, 후원, 그리고 좋은 일을 강조 하는 것에 대해서 이야기하고자 한다. 그룹 차원에서 여러분이 팀에게 줄 수 있는 가장 큰 기회 는 뒤로 물러나서 그들이 성장할 수 있는 공간을 만들고 스포트라이트를 공유하는 것이다. 이 메커니즘에서는 여러분이 후원한 초보자와 중간급 엔지니어들이 역동적이고, 숙련되고, 문제 를 해결하는 선임이 될 때 촉진제 차원에 이른다. 그들은 여러분이 상상하지 못했던 새로운 기 회를 만들어낸다.

표 8-1 선한 영향력을 계층별 및 형태별로 발현하는 예시 비교

	개인 차원	그룹 차원	촉진제 차원
조언	멘토링, 지식 공유, 피드백, 동료 평가	기술 조언, 문서화, 기사 작성, 발표	멘토십 프로그램, 기술 조언 강연
교육	페어링, 섀도잉, 코드 리뷰, 설계 검토, 코칭	교육, 코드랩, 수업, 워크숍	온보딩 커리큘럼 구성, 학습자 가 교육자 수준에 이르도록 트 레이닝하기
가드레일	코드 리뷰, 설계 검토, 변경관리 검토	프로세스 구성, 린터linter^{2}, 스타일 가이드	프레임워크, 기업 문화의 변화

2 옮긴이_ '린터'는 '소스 코드를 분석해서 코드 내의 버그, 오류나 정해진 규칙을 따르지 않은 부분이 있는지 찾아주는 도구'를 의미한다.

기회	위임, 후원, 응원, 서포트	스포트라이트 공유, 힘 실어주기	기회를 제공하는 문화 구성. 여러분의 슈퍼스타 주니어 동료들이 세상을 바꾸는 것을 자랑스럽게 지켜보기

이러한 계층과 발현 형태는 여러분이 반드시 완료해야 하는 체크리스트가 아니라, 필요시에 사용 가능한 선택지 목록이라고 생각하라. 여러분의 장점을 살리면서도 즐길 수 있고, 쉽게 찾을 수 있으며, 더 잘하고 싶은 것들을 시도하라. 한편으로. 이것들이 계층 구조로 짜여 있다 해서 '작은' 것들을 건너뛰어서는 안 된다. 코드 리뷰나 후원을 통해서 동료의 성장을 이끄는 것은 기업 전체에 파급 효과를 일으킬 것이다. 심지어 전 세계를 변화시키는 기술자들도 여전히 투자할 가치가 있다고 믿는 사람들에게는 조언을 아끼지 않는다.

마찬가지로 [표 8-1]의 오른쪽 열에 있는 촉진제 차원 유형의 영향력을 추구하는 데 너무 집중할 필요는 없다. 너무 많은 프로그램과 프레임워크를 보유하면 조직에 부담이 될 수 있으며, 새로운 것을 설정하는 것보다 기존 계획에 참여함으로써 더 많은 영향을 미칠 수 있다. 예를 들어서 대개 이미 존재하는 온보딩 커리큘럼을 사용해서 교육하는 것이 별도의 교육 계획을 새롭게 세우는 것보다 더 가치가 있다. 또한, 어려운 설계를 수행하는 개별 팀을 이끄는 것은 종종 RFC 프로세스를 세밀하게 수정하는 것보다 훨씬 더 중요하다. 먼저 개인과 그룹 차원에서 업무를 수행하고, 필요성과 가치가 매우 분명할 때만 더 **광범위하게** 나아가라.

조언부터 시작해보자.

8.2 조언

"조언의 가치는 당신이 지불한 금액에 따라서 다르다."라는 격언이 있다. 그리고 대부분의 조언은 듣기에 거북한 것이 사실이다. 대개 조언은 나쁜 신호와 좋은 신호가 함께 섞여 있고, 조언을 받는 사람에게 꼭 필요한 맞춤형 조언이 아닌 경향이 있다. 하지만 모든 사람은 때로 조언을 필요로 한다. 그리고 조언해주는 것은 여러분의 경험을 공유할 수 있는 좋은 방법 중 하나다. 만약 여러분이 성공과 실패 경험을 두루 갖추고 있다면, 다른 사람들도 그것들을 통해서 배우도록 도와주어라.

조언을 부탁하는 사람이 어떤 사람인지 파악하라

조언해주기 전에는 일단 환영받을 만한 일인지 먼저 생각해보아라. 누군가가 물어볼 때 해주는 조언은 다른 사람이 먼저 무언가를 요청한 것이다. 그럴 때는 무언가를 추천하거나, 그들의 일에 대해 피드백해주거나, 무엇을 해야 할지 결정하는 것을 도와줄 수 있다. 그러나 물어보지 않았을 때 조언하면 요청받지 않은 조언을 하는 것이다.

그러므로 여러분의 생각을 말하기 전에 다른 사람이 그 생각을 공유해달라고 요구했는지부터 확인해보아라. 그리고 여러분이 그들에게 도움이 되는 것과 확실하지 않은 것을 말할 수 있는 충분한 맥락을 보유했는지도 고민해보아라. 만약 여러분의 조언이 환영받을지 확실하지 않다면, **그들에게 직접 물어보아라.**

원치 않는 조언이라 해도 가치 있는 때가 있다. "당신의 슬라이드는 놀라웠지만, 당신은 발표할 때 주로 땅바닥을 바라보며 이야기하는 편인 데다가 당신이 하는 말은 이해하기 어렵습니다."라는 조언은 사실 말하기에도 어렵고, 아마도 요청받지 않은 조언일 것이다.[3] 하지만 여러분의 역할과 그 사람과의 관계에 대해서 생각해보자. 어떤 조언들은 낯선 사람들이 아니라 친구들이 해주어야 한다. 또한, 그냥 무작정 곧바로 조언하지는 말자. 먼저 "제가 조언을 좀 해도 될까요?"라고 질문해서 그들의 허락을 구하라.

다음은 요청받지 않은 조언이라 해도 도움이 될 수 있는 몇 가지 상황이다.

- 그 사람이 앞을 내다볼 수 없는 상황에 있다고 생각할 때 조언할 수 있다. "네가 물어보지 않았다는 것은 알지만, 네가 말한 그 업무 상황은 좋아 보이지 않아. 너는 더 나은 대우를 받을 자격이 있어."라는 조언이 그렇다.

- 여러분은 핵심 정보를 가지고 있지만, 상대방은 모를 때 조언할 수 있다. "나는 네가 특정Foo 플랫폼을 사용할 거라고 말하는 것을 들었어. 그런데 내년에 기업 차원에서 그 플랫폼을 사용하지 않으리라는 것을 알고 있어서 이를 미리 말해줄게."라는 조언이 그렇다.

아무도 묻지 않는 주제에 대해 요청하지 않은 조언을 하고 싶다면, 조언하는 대신에 블로그에 글을 쓰거나 그 조언을 트윗하는 방법을 고려해보자.[4]

8.2.1 개인 차원

누군가가 처한 상황에 대해서 개인적으로 조언해줄 수 있는 몇 가지 방법이 있다. 이 방법에는 그들의 멘토가 되어주는 것, 그들의 질문에 답해주는 것, 그들이 한 일에 관해서 논평하거나 성과 검토 시간에 동료들에게 피드백을 주는 것이 포함된다.

---

[3] "조심하세요! 뒤에 곰이 있어요!"라는 조언도 요청받지 않았지만 가치 있는 조언이다.

[4] 다만 조언이 필요하다고 생각하는 사람의 실명을 거론하거나 조언하기를 부끄러워할 필요는 없다.

멘토링

멘토링은 엔지니어가 경험할 수 있는 리더십의 첫 번째 경험일 때가 많다. 공식적인 멘토링 프로그램이 있는 기업이라면 여러분은 새로운 사람이 방향을 잘 잡을 수 있도록 돕기 위해 멘토로 배정될 수도 있다. 그리고 멘토십mentorship[5]은 유기적으로 발생할 수 있다. 누군가의 옆에 앉아서 여러분을 소개하고 그들의 질문에 대답하다 보면, 여러분은 어느 순간 비공식적인 멘티와 함께 있는 자신을 발견할 것이다.

여러분의 관점을 알려주고 그동안 배운 것을 공유함으로써, 다른 사람들의 학습을 가속화하고 그들이 불필요한 실수를 하지 않도록 도움의 손길을 내밀 수 있다. 또한, 여러분이 예전에 겪어본 비슷한 상황을 예시로 들어서 설명해주거나 여러분이 무엇을 했는데 그 결과가 어땠는지에 관해서 그들에게 알려줄 수 있다. 깃허브의 시니어 엔지니어링 이사인 네하 바트라Neha Batra는 자신의 칼럼[6]을 통해서 멘토링을 "본인의 경험을 공유하여 엔지니어가 그것을 스스로 활용할 수 있게 하는 것이다."라고 설명했다. 멘토링은 여러분의 경험에 초점을 맞추어야 한다는 사실을 명심하라.

다만 여러분에게는 충분히 효과가 있었던 조언이라 해도 다른 사람에게는 효과가 없을 수도 있다. 작가이자 경영 코치인 라라 호건(8장에서 이 이름을 특히 많이 언급할 예정이다)은 "어떤 사람에게는 효과가 있는 조언('미팅에서 더 크게 말하라!', '상사에게 임금 인상을 요청하라!' 등)이라 해도 다른 사람에게는 나쁜 조언이 될 수 있다. 왜냐하면 다양한 집단의 구성원들은 무의식적으로 각각 다르게 평가받고 다르게 대우받기 때문이다."라며 이런 상황을 경고했다.[7] 10년 전의 최선의 관행이 현재의 젊은 동료에게는 적합하지 않을 수 있으며, 여러분이 경험한 사회적 상황이나 기술적인 환경은 동료가 직면한 경험에 잘 대응하지 못할 수도 있다. 필자는 동료들이 대상을 잘못 겨냥한 조언을 할 때 이를 반박한 적도 있다. "책임자에게 DM을 보내서 미팅에 초대해달라고 하세요."라는 조언은 책임자가 본인의 동료일 때나 쉽게 할 수 있는 말이다. 책임자가 상사의 상사일 때는 훨씬 더 어려운 일이다.

멘토와 멘티가 대화를 나눌 때, 멘토는 멘티가 원치 않는 조언을 하지 않도록 조심해야 한다.

5　옮긴이_ '멘토십'은 '멘토가 제시하는 영향이나 안내, 방향'을 의미한다.

6　「멘토, 코치, 스폰서: 엔지니어를 위한 가이드(Mentor, coach, sponsor: a guide to developing engineers)」, *https://oreil.ly/2QWel*

7　「Resilient Management」(A Book Apart, 2019) 부록에서 발췌.

예를 들어서 멘티에게 어려운 프로젝트를 설명할 때 멘토인 여러분이 자주 쓰는 조언은 여러분이 같은 상황에서 어떻게 할 것인지를 설명하는 것이다. 그러나 사실은 멘티들이 실제로 필요로 하는 것이 무엇인지 알아내야 더 친절하고 정확하게 조언할 수 있다. 아마 그들은 도움을 원할 수도 있다. 아니면 그들은 단지 다른 사람들도 그들이 지금 겪는 문제나 상황을 똑같이 어려워하리라는 데서 안도감을 얻고 싶어 할 가능성도 크다. 그것도 아니면 그들은 고무 오리 디버깅rubber duck debugging[8] 관점에서 그들이 직접 문제를 풀고자 여러분에게 무언가를 설명하는 중일 수도 있다. 혹은 단지 불평하고 싶은 마음에서 말했거나 그들이 지금까지 해온 것에 대해 동정과 축하를 받고 싶어서 그랬을지도 모른다. 이럴 때일수록 그들이 원치 않는 조언을 하면 전혀 고려하지 않고 말하는 것이다. "혹시 불평하고 싶은 공간이 필요합니까? 아니면 정말로 조언을 구하고 있습니까?"라고 물어본 다음에 그들의 요청에 따라서 행동하는 것이 좋다.

게다가 멘토링은 신입사원들만을 위한 것이 아니다. 필자에게도 수십 년의 경험을 가진 멘티들과 가끔 조언을 구하는 필자만의 멘토들이 있다. 또한, 멘토링은 항상 멘티만 조언을 받는 것이 아니다. 여러분의 멘티 역시 여러분에게 새로운 관점을 알려주거나 여러분보다 더 잘 아는 주제에 대해서는 여러분을 가르쳐줄 수도 있다.

만약 여러분이 멘토링 관계를 시작했다면, 멘토십이 성공할 수 있도록 세부적인 부분까지 잘 설정하자. 예를 들어서 일주일에 한 번씩, 6주 동안 만날 수 있도록 기대치를 설정하는 것이다. 그리고 여러분이 달성하고자 하는 사항에 대해 멘티의 동의를 얻어라. 멘티는 새로운 기업에 들어가서 편안함을 느끼거나, 새로운 코드 베이스를 배우거나, 새로운 역할을 위해 노력하고자 업무적인 조언을 받고 싶어 하는가? 만약 이 모든 것을 미리 해결할 수 있다면, 멘토링을 한다고 해놓고 방에 앉아서 가만히 서로를 쳐다보며 "우리가 무슨 이야기를 나누기로 했나요?"라고 이야기할 가능성이 줄어든다.

지식 공유

여러분이 아무리 방대한 지식을 가졌다 해도 모든 사람이 여러분에게 질문하기를 두려워한다면 여러분의 지식은 머릿속에만 머무는 것이다. 따라서 다른 사람이 접근하기 쉬운 사람이 되도록 노력하자. 업무 스타일에 따라 집무 시간을 명시하거나, DM으로도 쉽게 다가갈 수 있는

---

8 고무 오리 디버깅의 개념. *https://oreil.ly/vCJ0t*

사람이 되거나, 함께 일하는 팀 근처에서 시간을 보내는 것 등이 그 예시다. 이럴 때 소파가 있는 사무실 공간은 매우 유용하다.

그리고 다른 사람들이 여러분에게 다가가는 것이 노력할 만한 가치가 있도록 하자. 일부 엔지니어들은 직접적인 질문에만 대답하는 경향이 있다. 묻는 내용 이상의 말은 하지 않는데, 이는 본인의 지식을 지키기만 하는 행위다.

> "/user 엔드포인트가 사용자의 전체 이름을 알려주나요?"라고 주니어 엔지니어가 물었다.
>
> "아니요."라고 시니어 엔지니어가 대답했다. "그것은 사용자 이름만 제공할 수 있습니다."
>
> 후배 엔지니어는 한 시간 동안 문제를 해결하려고 애쓴 후 "전체 이름을 알려줄 수 있는 다른 엔드포인트가 있나요?"라고 긴장하며 물었다.
>
> "물론이죠." 선임 엔지니어가 말했다. "/fulluser를 사용하면 됩니다."

한 시간이나 낭비하다니! 시니어 엔지니어는 문제를 해결할 수 있는 정보를 충분히 가지고 있는데도 그 정보를 전달할 생각조차 하지 않았다. 물론 그렇다고 해서 여러분이 당면한 주제와 연결될 수 있는 모든 배경을 **일일이** 알려주어야 한다는 뜻은 아니다. 하지만 직접 요청받지 않았더라도 암묵적으로 요청하는 조언이 무엇인지는 이해하고 알려주어야 한다. 잘 모르겠으면 동료가 무엇을 하려고 하는지 물어보고 도움이 필요한지 직접 물어보아라.

코드와 설계 리뷰는 암묵적인 질문에 답하고 조언해주는 또 다른 시간이 될 수 있다. 만약 여러분의 동료가 더 나은 방법으로 문제를 해결할 수 있다고 여겨진다면 그들에게 그 방법을 말해주자. 하지만 단순히 흥미로운 정보를 공유하는 것인지, 아니면 그들에게 방향을 바꾸라고 조언하는 것인지에 대해서는 명확하게 하라. 현재의 접근 방식을 싫어한다는 의미로 이런 조언을 한다는 맥락 없이 무작정 "특정 Foo 라이브러리도 여기서 작동할 것입니다."와 같은 조언을 하는 것은 말하는 사람도, 듣는 사람도 답답한 일이다.

도메인에 대한 정보는 기술력을 넘어서는 차원의 정보다. 조직을 탐색하고 작업을 수행하는 방법을 배웠다면 멘티와 다른 동료들에게 전달할 수 있는 귀중한 지식을 갖춘 셈이다. 2장에서 구축한 지형 지도를 공유하라!

피드백

필자의 여러 업무 중에서 자진해서 하는 역할 중 하나는 콘퍼런스 강연에서 연설할 동료들을 위해서 시험 청중 역할을 자처하는 것이다. 필자는 기술 강연을 듣는 것을 좋아하는 데다가 그것을 잘하기 위해서 많은 시간을 투자했으므로, 필자가 해당 역할을 맡으면 강연자와 필자 모두에게 이익이 된다. 필자는 강연을 보면서 재미있거나, 통찰력이 있거나, 교육적인 부분을 찾아서 이를 기록으로 작성한다. 그러나 필자는 콘퍼런스 강연 중에서 흐름이 좋지 못한 부분이나 필자가 틀렸다고 생각하는 부분, 그리고 흐름이 끊어지는 부분도 모두 지적한다. 즉, 좋든, 나쁘든 필자는 강연자에게 **진실**을 전해준다. 그렇지 않으면 강연자의 시간을 낭비하는 꼴이기 때문이다.

누군가가 여러분에게 문서나 코드 리뷰, 콘퍼런스 강연을 검토해달라고 요청했다면 훌륭하다고 생각하는 부분은 친절하게 짚어주되, **최대한 정직한 피드백**을 제공하자. 건설적이고 비판적인 피드백을 제공하기란 쉽지 않다. 무엇이 제대로 작동하지 않는지 정확하게 파악해서 왜 그것이 좋지 않은지 설명하기 위해 단어를 찾는 노력까지 수반해야 하기 때문이다. 그러나 말하기 꺼려지더라도 진실을 숨긴다면 동료를 진정으로 도울 수 없다.

동료 평가

기업에 공식적인 성과 평가 주기가 있다면 특정 종류의 피드백(동료 평가)을 요청할 수 있다. 이 평가는 대개 두 종류의 청중을 포함하는데, 피드백을 작성할 때는 이 두 청중을 모두 고려해야 한다.

첫 번째 청중은 여러분에게 피드백을 요청한 사람이다. 그들이 진정으로 본인을 개선하는 방법을 알고자 요청했다고 가정해보자. 이때 필자는 피드백을 주는 사람들이 '이 사람(요청자)은 무엇을 더 잘할 수 있을까?'라고 고민하며 고군분투하는 것을 본 적이 있다. 왜냐하면 대부분의 요청자는 부정적인 부분을 지적하는 피드백을 비판으로 받아들이기 때문이다. 하지만 '여러분의 동료가 더 **잘할** 수 있는 것은 무엇인가?'라는 질문을 최대한 문장 그대로 받아들여라. 어떻게 하면 그들이 더 잘할 수 있을까? 만약 아무것도 생각해낼 수 없다면, 왜 그들이 한 단계(또는 두 단계 이상) 더 높은 직급이 아닌 이유가 무엇일지 스스로에게 물어보고, 그들이 그 직급에 도달하기 위해 집중해야 하는 행동에 대해서 조언을 건네자.

다만 여러분이 작성한 피드백은 그 사람의 매니저나 승진을 위해 평가하는 다른 사람들에게까지 읽히게 될 수 있다는 점도 염두에 두어야 한다. 동료의 성장을 돕고 해결해야 할 패턴을 인식하는 데 필요한 정보를 피드백하자. 하지만 여러분의 말이 어떻게 인식될지, 그리고 여러분이 묘사하는 피드백을 잘 모르는 누군가가 앞뒤 맥락을 잘 이해할 수 있을지도 고려해보아라. 또한, 충분히 가능성이 있는 사람의 승진을 실수로 망칠까 봐 그의 성장에 도움이 되는 피드백을 제공하는 것을 망설인다면, 이메일이나 사적인 자리를 통해서 피드백을 전달하는 방법도 고려해보아라.

그리고 멘토십에 관한 조언처럼 피드백 역시 어떤 사람에게는 효과가 있다고 해도 다른 사람에게는 끔찍한 피드백이 될 수도 있다는 점을 명심하라. 이 점은 특히 의사소통 방식에 대한 전반적인 조언으로 여겨도 좋다. 예를 들어서 "앞에 나서서 좀 더 공격적으로 행동하라."라는 조언은 그런 행동을 하는 사람들을 리더처럼 보이게 하지만, 반대로 그 사람들을 곤경에 빠뜨릴 수도 있다. 사실 이는 기술 업계에 종사하는 여성들이 흔히 듣는 농담이다. 처음 동료들로부터 평가를 받을 때 "공격적이다."라는 피드백을 받으면 시니어 역량을 발휘하고 있다는 것을 의미한다.[9] (물론 바로 이때가 "이 사람은 좀 더 적극적이어야 한다."라는 피드백을 안 듣게 되는 타이밍일 수도 있다. 즉, 양날의 검과 같은 피드백이다) 따라서 암묵적인 편견Implicit stereotype[10]을 조심하고, 똑같은 행동을 다른 사람에게는 어떻게 설명하고 있는지에 관해서 인지해보자. 그 사람이 한 행동은 '협의점을 찾는 행동'이었는가, 아니면 '결정 장애 행동'이었는가? 그 사람이 한 행동은 '창의적이고 현실적인 행동'이었는가, 아니면 '프로답지 못한 행동'이었는가? 종종 행동에 대한 평가는 여러분이 누구에 대해 어떻게 이야기하느냐에 따라서 크게 바뀐다. 프로젝트 인클루드Project Include의 직원들은 본인들이 작성한 문서[11]를 통해서 피드백을 제공할 때 도움이 되는 더 많은 권장 사항을 제시한다.

8.2.2 그룹 차원

여러분도 사람인지라 조언이 필요한 사람들을 개별적으로 일일이 만나거나 전체 조직에 대한 피드백을 전부 직접 작성할 수는 없다. 그럴 수 있는 시간이 충분하지 않다. 그러나 여러분이 원하는 주제로 기술 강연을 하거나 기사를 쓰면 관련된 몇몇 사람들에게 큰 도움이 될 것이다. 이것은 여러분의 조언이 가진 영향력을 확대하는 훌륭한 방법이다.

----

9 2014년은 좋은 한 해였다.

10 암묵적인 편견의 개념. *https://oreil.ly/KYbCm*

11 「피드백 제공(Providing feedback)」. *https://oreil.ly/UMO42*

몇 년 전, 구글의 자원봉사자 그룹은 테스트의 품질을 높이기 위해서 창의적인 해결책을 생각해냈다. 그들은 간단한 한 장 분량의 조언을 적은 '화장실에서 테스트하기Testing on the Toilet'[12]라는 문서를 만들어서 화장실 벽에 게시했다. 이는 누구도 요청하지 않은 조언의 극단적인 예시지만, 그런데도 흥미롭고 재미있어서 사람들에게 인기가 있었다!

여러분이 더 많은 사람에게 조언을 전하고 싶다면 조언을 글로 적어보자. 문서화하면 어떤 작업을 수행하는 방법을 반복해서 설명할 필요가 없다. 자주 묻는 질문, 사용법, 심지어 채널 주제에 대한 설명도 글로 한 번만 쓰면 된다. 여러분이 작성한 글은 많은 사람이 읽을 수 있다. 그리고 기업 외부의 사람들에게도 해당되는 내용을 작성한다면, 블로그 게시물이나 기사로 공유하는 것까지도 고려해보자.

더 나아가서 마이크와 청중을 만날 기회도 찾아보자. 올핸즈 미팅이나 기술 주제 강연에서 발표할 자리를 얻을 수 있는가? 때로는 이런 기회를 이용해서 해당 자리의 주제 메시지를 전달하는 동시에 여러분이 보내고 싶은 메시지도 **함께** 전달할 수 있다. 필자는 언젠가 필자가 선택한 인시던트에 대해 많은 사람 앞에서 발표해달라고 초대받은 적이 있다. 그 당시 필자는 의존성 관리와 어떤 시스템에 의존하는지에 대해 숙고하는 것이 얼마나 중요한지에 대해서 사람들에게 이야기하려고 노력하고 있었다. 그래서 필자는 해당 강연에서 최근의 운영 중단 인시던트 때문에 발생한 순환 의존성으로 인해 벌어진 시스템 복귀 불가능 사태에 관해서 설명했다.[13] 즉, 이런 큰 미팅에서 운영 중단 사례를 함께 설명함으로써 필자가 공유하고자 하는 메시지를 강조할 수 있었다. 필자가 원하는 메시지를 공유하기에 적합한 청중이 있는 좋은 기회였기 때문이다.

8.2.3 촉진제 차원

여러분이 다른 사람들의 성장을 더욱더 촉진하고 싶다면 여러분이 관여하지 않아도 서로가 조언을 나눌 수 있도록 흐름을 만들어놓자. 여러분의 동료들이 서로를 쉽게 도울 수 있도록 만들어라.

만약 여러분의 팀이나 조직이 어떤 것이 어떻게 작동하는지 이해하는 방법으로 일대일 대화에

---

12 「'화장실에서 테스트하기' 소개글(Introducing 'Testing on the Toilet')」, *https://oreil.ly/F2bnz*
13 "X는 Y 없이 시작할 수 없었고 Y도 X 없이 시작할 수 없었기에 두 개 모두 실행 불가능했다."라는 내용이었다.

만 의존한다면, 여러분이 할 수 있는 가장 강력한 행동 중 하나는 사람들이 이런 내용을 문서화하도록 격려하는 것이다. 다만 구두형 문화를 가진 기업에서 갑자기 **모든 것**을 글로 적으라고 하면 반감을 얻기 쉬우므로 처음에는 작은 것부터 시작하면 좋다. 작지만 의미 있는 변화에 집중하자. 사용하기 쉬운 설명서 플랫폼이 부족한가? 팀이 일반적으로 중단을 맞이하는 상황에 대한 FAQ를 작성할 수 있는가? 여러분의 책임자는 분기별 문서 작성일을 할당할 수 있는가?

월별 기술 강연이나 점심시간에 하는 학습 미팅을 통해서 더 많은 사람에게 조언할 수 있다. 이것은 단순히 일반적인 미팅을 예약하는 것보다 더 큰 약속이다. 대화를 요청하고, 미리 알림을 보내며, 직접 연습한 뒤에 그 연습을 녹화해서 시청한다. 시작하기 전에는 어떤 일인지 확실하게 인식해서 업무 시간 그래프를 잘 계획하되, 최소한 세 명 이상의 사람과 작업을 분담하는 것이 좋다.

마찬가지로 여러분은 멘토십 프로그램을 만들어서 멘토십을 더 확장할 수 있다. 일반적으로 멘토십을 관리하는 작업은 예상보다 많은 시간이 소요된다. 또한, 이 작업은 대개 엔지니어의 작업이라고 간주하지 않는 편이므로 자칫 너무 많은 시간을 빼앗기지 않도록 주의해야 한다. 만약 멘토십 프로그램을 만드는 데 관심을 두는 매니저를 찾을 수 있다면, 그 프로그램도 직무의 일부라는 것을 그들에게 쉽게 이해시킬 수 있다. 다른 사람이 멘토십 프로그램을 만들도록 설득하는 것 역시 촉진제 차원의 활동이다.

8.3 교육

선한 영향력을 발휘할 수 있는 두 번째 형태로 넘어가 보자. 조언에서 한 단계 발전한 것은 바로 가르치는 것이다. 사람들에게 무언가를 '알려주는' 것과 무언가를 '가르치는' 것의 차이는 무엇일까? 그 차이는 바로 '**이해하는 것**'이다. 여러분이 무언가를 조언한다면 그 조언이 주제와 어떤 관련이 있는지 설명할 것이다. 이런 조언을 듣는 사람은 여러분의 조언을 무조건 받아들이거나 흘려들을 수 있다. 반면에 여러분이 무언가를 가르칠 때, 가르침을 받는 사람은 여러분으로부터 정보를 받는 것뿐만 아니라 스스로 그 정보를 내면화하도록 노력한다.

이런 의도적인 교육은 단지 선임 엔지니어가 주니어 엔지니어를 돕기 위해서 하는 것이 아니다. 의도적인 가르침은 누군가가 새롭게 팀에 합류할 때, 또는 여러분이 다른 사람보다 더 많은 도메인 지식을 가지고 있을 때 유용하다. 예를 들어서 필자는 동료에게 그들의 시스템에 대한 개요를 물어보는 것을 좋아한다. 개요에 대한 설명을 들으면서 전체적인 아키텍처에 관해서 지식의 부족한 부분을 메울 수 있기 때문이다. 이때는 화이트보드를 사용해서 시스템이 다른 시스템과 상호 작용하는 방식을 더욱 명확하게 파악할 수 있다. 또한, 해당 시스템에 관련된 문서에 참조하거나 추가할 수 있는 자체 다이어그램을 작성할 수도 있다.

8.3.1 개인 차원

여러분과 함께 일하는 사람들 사이에 지식의 격차가 있다면 반드시 가르칠 기회가 있다. 이는 공식적인 훈련이나 코칭 형태일 수도 있다. 아니면 페어링, 섀도잉 및 리뷰처럼 함께 협력해서 업무를 해내는 형태로 가르칠 기회도 많다.

주제 탐색

여러분이 들었던 최고의 수업들을 떠올려보아라. 그 수업은 과연 어떤 면에서 성공적이었는가? 필자가 추측해보면 그 수업에서 여러분은 이전에는 가지지 못했던 새로운 스킬이나 이해력을 기반으로 목표한 바를 수행할 수 있게 되었을 것이다. 이처럼 훌륭한 수업은 학습자를 위해 주제를 '잠금 해제'하여 호기심과 흥미를 유발한다.

교사들은 수업 계획에 공식화한 구체적인 목표를 바탕으로 교육을 진행한다. 여러분이 만약 무언가를 가르치고 있다면, 교사들처럼 구체적인 목표를 수업 계획에 공식화해야 한다. 다음은 이를 위해 활용할 수 있는 몇 가지 질문 예시다.

- 여러분은 시스템에 대한 개요를 제공하고 있는가? 그렇다면 세션이 끝날 때쯤에는 학습자가 화이트보드에 직접 시스템을 그려서 다른 사람에게 설명할 수 있도록 하는 것을 목표로 한다.
- 여러분은 코드 베이스를 훑어보고 있는가? 그렇다면 첫 번째 전체 요청을 보내는 데 필요한 모든 정보를 제공하는 것을 목표로 한다.
- 여러분은 사람들에게 특정 도구나 API를 어떻게 사용하는지 보여주고 있는가? 그렇다면 세션이 끝날 때까지 학습자가 스스로 처리할 수 있는 일반적인 시나리오 3~5개 정도를 설명하는 것을 목표로 한다.

성공적인 교육은 학습자가 직접 스스로 학습하고 지식을 활성화하는 것을 포함한다. 학생들은 배우는 것뿐만 아니라 배운 것을 잘 활용해야 한다. 도구를 직접 사용하거나, 명령어를 입력하거나, 여러분의 노트북 대신에 배우는 사람들이 본인의 노트북으로 배운 것을 보여주는 등의 행동을 통해 배우는 사람이 학습을 주도할 기회를 찾아보자. 다이어그램이나 코드 스니펫code snippet[14]처럼 다시 참조할 수 있도록 '인공적인 사실 형태'로 교육을 끝낼 수 있다면 훨씬 더 좋다.

페어링, 섀도잉 및 리버스 섀도잉

또 다른 교육 방법도 있다. 다른 사람과 함께 일하는 것이다. 함께 일하는 프로세스를 통해 교육하는 방식으로는 동료가 일하는 것을 관찰하는 섀도잉, 함께 협력해서 일하는 페어링, 배우는 사람이 일을 주도하고 가르치는 사람은 그들이 일하는 것을 관찰하며 피드백을 제공하는 리버스 섀도잉 등 다양한 방식(그림 8-2 참조)이 있다.

그림 8-2 함께 협력해서 일하는 프로세스를 통해서 배우는 교육 방식의 종류. 상황에 따라 적합한 교육 방식을 사용한다.

섀도잉은 시연試演을 통해서 교육하는 방법이다. 섀도잉에서 학습자를 이르는 '섀도우'는 시연자가 스킬을 실행하는 모습을 관찰하고 스킬을 활용하는 방법을 메모한다. 섀도잉은 여러분이 눈에 보이는 롤모델이 되어 동료에게 상위 기준에 따라서 업무를 수행하는 방법을 보여줄 좋은 기회다. 페어링 방법을 사용하면, 이를 보면서 배워야 하는 섀도우는 협력자인 동시에 공동 작업자가 되어 실제 업무를 함께 수행한다. 페어링은 함께 코드를 작성하거나, 문서를 공동으로 작성하거나, 아키텍처 화이트보드에 같이 그려보기 또는 함께 문제를 해결하는 형태로 진행된다. 이는 역할 모델링을 위한 또 하나의 기회인 동시에 교육을 위한 기회다. 함께 일하면 실시간으로 지식을 공유하고 학습자가 정보를 이해했는지 직접 확인해볼 수 있다.

마지막으로, 학습자가 업무를 수행하고 여러분은 관찰하면서 피드백을 제공하는 '리버스 섀도

---

14 옮긴이_'코드 스니펫'은 '작은 단위의 코드 및 코드 예시'를 의미한다.

잉'을 수행할 수 있다. 대부분의 학습자는 공부할 때 아무리 주의를 기울였더라도 이런 식으로 지식을 활성화하고 과제를 연습하는 것을 통해서 가장 많이 배울 것이다. 리버스 섀도잉은 앞에서 다루었던 가드레일의 한 유형으로 사용될 수도 있다. 이에 대해서는 8장의 뒷부분에서 설명하겠다.

코드와 설계 리뷰

코드와 설계 리뷰도 훌륭한 교육 형태가 될 수 있다. 이 프로세스에서 동료가 알지 못하는 위험 요소를 확인해서 그들에게 이를 강조하고 안전한 대안을 제시할 수 있다. 그리고 여러분이 다른 사람들에게서 더 보고 싶어 하는 행동들을 장려할 수도 있다.

선임 엔지니어가 해주는 리뷰는 주니어 엔지니어에게 큰 자신감을 북돋아 줄 수 있다. 다만 잘 못된 리뷰는 누군가의 자신감을 북돋아 주기보다는 반대로 자신감을 꺾어버릴 수도 있다. 여러분이 잘난 척하거나, 제멋대로 굴거나, 이해하지 못하는 댓글만 계속 달아준다면 학습자의 멘탈이 붕괴될 수도 있다.

여러분이 교사로서 해야 할 일은 학습자의 **자신감과 성장 마인드를 유지**하는 방식으로 지식을 전달하고 문제를 지적하는 것이다. 코드 리뷰의 더 자세한 내용은 가드레일 부분에서 다시 다룰 예정이다. 그때는 시스템 손상을 방지하기 위해서 리뷰하는 것에 관해서도 이야기하겠지만, 일단 지금은 리뷰할 때 염두에 두어야 할 몇 가지 방향을 먼저 설명하고자 한다. 다음과 같다.

■ 맥락 이해

여러분이 리뷰하려는 코드나 시스템의 맥락을 정확하게 인식하자. 동료(학습자)는 현재 프로그래밍 언어나 기술에 익숙하지 않아서 배우기를 원하는가? 아니면 단지 위험을 최소화하기 위해서 검토자가 필요한 것인가?[15] 현재 여러분이 검토하는 업무가 어느 단계에 있는지도 이해하라. 초안이 잘 작성된 수준이라면 기초와 접근 방식을 다루는 것부터 시작하되, 세부사항까지 까다롭게 검토할 필요는 없다. 아니면 모든 사람이 이미 검토를 마친 상태이고 이것이 출시 전의 마지막 리뷰라면, 지금은 큰 방향성에 대한 질문을 할 때가 아니다. 이때는 실제 사용 시에 무엇이 잘못될 수 있는지 각별히 주의해서 검토해야 한다.

---

15 필자는 학습자의 입장에서 변경에 대해서 설명할 때는 맥락까지 함께 제공해서 최대한 검토자들을 이해시키려고 노력했다. 예를 들어서 "저는 이 언어에 익숙하지 않습니다. 그래서 만약 어떤 부분이 이상하게 보인다면, 그것은 아마 제가 의도적으로 선택한 스타일이 아닐 수도 있어요! 저는 무엇이 관용적인지에 대한 의견과 조언을 언제나 환영합니다."라고 말하는 것이다.

■ 이유 부연 설명

"'shared_ptr'을 사용하지 말고 'unique_ptr'을 사용하세요."와 같은 코드 리뷰 코멘트는 코드 작성자에게 지금 당장 무엇을 해야 하는지만 알려준다. 이렇게 하면 코드 작성자는 그다음에 무엇을 해야 할지 모를 것이다. 가르친다는 것은 단지 사실만 알려주는 것이 아니라, 이해를 함께 나누는 것을 의미한다. 코드 작성자는 방금 알려준 내용에 관련된 설명서를 읽어볼 수는 있어도 그렇게 해야 하는 이유는 모를 수도 있다. 관련 기사나 특정 스택 오버플로 게시물(일반 설명서가 아닌)에 대한 짧은 설명이나 링크를 제공해주면 학습을 돕는 지름길이 된다.

■ 제안 제공

만약 학습자의 설계 중에서 한 부분이 이해하기 어렵다면, "이 부분을 좀 더 명확하게 해주세요."라고만 말하지 말아라. 이렇게만 말하면 학습자는 무엇을 해야 할지 모른다! 여러분이 알고 싶은 점을 명확하게 말하면서 몇 가지 제안도 함께 공유하자.

■ 중요한 사항의 명확한 표기

학습자의 경험이 부족하면 여러분의 조언이 어느 수준의 조언인지 판단하기가 어려울 수 있다. 어떤 조언은 매우 중요하지만, 어떤 조언은 단지 알아두면 좋은 조언일 수도 있다. 또 다른 어떤 조언은 단지 여러분의 개인적인 선호에 따른 조언일 수도 있다. 그러니 조언할 때는 주석을 달아서 명확하게 이야기하라. 다음은 몇 가지 예다.

- "대신에 여기에 매개 변수화된 쿼리를 사용하세요. SQL 인젝션 공격에 노출되어 있어요. 악의적인 사용자가 데이터베이스를 삭제해버릴 수도 있습니다."

- "이 접근 방식은 문제가 없지만, 싱글톤 패턴singleton pattern[16]은 피하는 것이 좋습니다. 다음 링크는 그 이유에 대해서 설명해주는 스타일 가이드 부분의 링크입니다."

- "작은 두 개의 마이크로서비스보다 더 큰 마이크로서비스 하나를 구현하는 것을 추천합니다. 유지 및 관리하기가 더 쉬울 것 같습니다. 물론 이것은 제안이고, 사실 두 가지 다 괜찮은 것 같아요. 선택권은 당신에게 있습니다."

- "이 이야기는 단지 트집을 잡는 것처럼 보일 수도 있겠지만, 일단 제 생각을 말해볼게요. 이 파일의 다른 철자들은 모두 미국식 영어이므로, 'organisation' 대신에 'organization'이라고 적는 것이 맞습니다."[17]

---

16 옮긴이_'싱글톤 패턴'은 '객체의 생성과 관련된 패턴으로서 특정 클래스의 개체가 오직 한 개만 존재하도록 제한하는 패턴'을 의미한다.
17 내 삶의 일부다(웃음).

■ 조언 단계별 제공

스퀘어스페이스 엔지니어링 블로그에 코드 리뷰에 관한 글[18]을 작성한 소프트웨어 엔지니어 존 터너 John Turner 는 코드 리뷰를 한번에 끝내지 말고 여러 번에 걸쳐서 할 것을 추천한다. 처음에는 상위 수준의 코멘트, 그다음에는 더 자세히 코드를 리뷰하는 방식이다. 그는 "코드가 원래 해야 할 일을 하지 않는다면, 들여쓰기가 정확한지, 아닌지는 중요하지 않다."라며 리뷰를 단계별로 할 것을 제안했다. 이 조언은 RFC를 작성할 때도 효과가 있다. 만약 여러분의 첫 번째 의견이 코드 작성자가 잘못된 문제를 해결하고 있다는 것이라면, 수백 개의 기술적 제안을 추가로 남기는 것은 전혀 도움이 되지 않는다.

■ 명확한 의견 표시

여러분의 의견을 확실하게 밝혀라. 코드 배포를 중단하자는 것인지, 아니면 현재까지 만든 변화에 만족하는지 여부를 분명하게 밝히자. 즉, 좋고 나쁘고를 확실하게 표현하자. 특히 설계 문서에 "이 점은 특히 좋아 보이네요."라는 식으로 명시적으로 언급하라. 코드 리뷰는 대개 변경 사항을 병합해도 안전하다고 생각하는 버튼을 클릭하는 것으로 끝나는 경향이 있다. 그러나 검토자가 많을 때는 다른 검토자가 승인할 때까지 각 검토자가 승인하는 것을 참조하라. 여러분에게 배포에 대한 이견이 없다면 확실하게 여러분의 의견을 말해주자.

저연차 엔지니어일수록 여러분의 제안이 위협적으로 느껴지거나 틀렸다고 생각되더라도 여러분의 제안에 의문을 제기하는 것을 꺼릴 수도 있다는 사실을 명심하라. 여러분의 의견을 최대한 친근하고, 접근하기 쉽고, 인간적으로 전달할 방법에 대해서 생각해보자. 전체 요청이나 RFC에 많은 작업이 필요할 때 가장 좋은 접근 방식은 동료에게 수많은 댓글을 남기는 대신에 동료와 대화하거나 페어링을 통해 협력하는 것이라는 사실을 기억하라.

코칭

개인 차원에서 교육하는 마지막 형태는 코칭이다. **멘토링**이 여러분의 개인적인 경험을 공유하는 것이라면, **코칭**은 사람들이 스스로 문제를 해결하도록 가르치는 것이다. 동료가 스스로 배우며 문제와 본인만의 관계를 구성하는 것은 시간이 조금 더 걸릴 수 있지만, 여러분이 그들에게 직접 답을 제공하는 것보다 훨씬 더 많은 것을 배울 수 있다. 물고기를 잡아주는 것보다 낚

---

18 「코드 리뷰 문화 만들기, 제2부: 코드 검토자(Creating a Code Review Culture, Part 2: Code Reviewers)」, *https://oreil.ly/3VLqa*

시하는 법을 알려주는 것과 같다.

코칭은 꽤 단순한 것처럼 들리는 일련의 이상한 스킬들로 구성되어 있지만, 그것들을 배우는 데는 시간과 의도적인 노력이 필요하다. 그러니 여러분이 코칭을 쉽게 잘할 것이라고 기대해서는 안 된다! 다음은 좋은 코칭을 하기 위해서 여러분에게 필요한 세 가지 주요 역량이다.

■ 열린 질문

열린 질문은 "예."나 "아니요."로 대답할 수 없는 질문이다. 열린 질문은 단답형 질문보다 훨씬 더 많은 정보를 제공한다. 해결책으로 시작하기보다는 문제를 파헤치려고 노력하라. 코칭을 받는 사람이 아직 고려하지 않았을 수도 있는 문제의 측면을 최대한 파악하고 해결하는 데 도움이 되는 형태의 질문을 하라.

■ 적극적인 경청

여러분이 들은 것을 되새겨보고 정말로 이해했는지 확인한 다음에 그들이 말한 것을 어떻게 이해했는지 그 사람에게 들려주어라. 이를 통해 동료들은 자신이 이해받을 수 있다는 느낌을 받게 된다. 그리고 강력한 공감대를 형성해서 사람들이 덜 외롭게 느끼도록 도울 수 있다. 또는 되짚어보는 과정을 통해서 동료에게 그들이 어떤 일을 겪고 있는지 설명할 수 있는 새로운 방법을 제공하고, 그들이 새로운 해결책을 생각해내도록 도와줄 수 있다.

■ 반응 유도

코칭을 받는 사람이 스스로 반영할 수 있도록 충분한 공간과 침묵을 제공해주어라. 만약 여러분에게 대화하다가 침묵이 발생하면 반사적으로 뛰어들려는 경향이 있다면, 뛰어들기 전에 머릿속에서 다섯까지 세어서 상대방이 먼저 뛰어들 수 있도록 하라.

처음 코칭할 때는 말하지 않거나 바로 돕지 않는다는 것이 매우 이상하게 느껴질 것이다. 정답이 있으면 그냥 알려주어야 하는 것이 아닌지 의문도 들 것이다. 그러나 이는 틀린 것이다. 경영 컨설턴트인 줄리아 밀너 Julia Milner 는 TEDx 강연[19]에서 "상황의 모든 세부사항까지 다 알 수는 없다. 여러분이 해결책을 제시하면 코칭을 받는 사람은 '그렇지만…'이라고 대답하며 여러분의 조언이 효과가 없는 이유를 반사적으로 말할 가능성이 높다. 그러니 그 대신에 좋은 코칭을 제공하라. 좋은 코칭은 코칭을 받는 사람이 스스로 최고의 아이디어를 끌어내고, 스스로 반

---

19 「좋은 리더들은 어떻게 조언하는가? 대답은 간단하다. 그들은 하지 않는다(How do good leaders give advice? The short answer: They don't)」, *https://oreil.ly/ghwkC*

성할 수 있는 공간을 제공하며, 효과적인 해결책을 혼자 발견하는 여정을 거칠 수 있도록 돕는 것을 포함하는 것이다."라고 말했다.

8.3.2 그룹 차원

한 번에 한 사람을 가르치는 것은 그 한 사람에게는 좋은 기회가 될지라도 정보를 느리게 퍼뜨리는 방법이다. 이럴 때는 수업을 위한 자료를 만들어서 수업의 규모를 조정할 수 있다.

물론 수업을 편성하는 데는 엄청난 노력이 필요하다. 그러나 처음으로 가르칠 때는 지불해야 할 비용이 크지만, 다시 가르칠 때마다 그 비용을 줄일 수 있다. 개별적인 가르침과 마찬가지로, 여러분의 수업은 학습자들이 마지막에 무엇을 알거나 할 수 있는지에 대한 구체적인 목표가 있는 상태에서 진행되어야 한다. 학습자들이 배운 것을 연습할 수 있도록 연습 문제나 특정한 방법을 포함해서 교육을 확장하라.

만약 여러분의 수업을 비동기적으로 만들고 싶다면, 학습자들이 자신만의 속도로 수업을 들을 수 있도록 교육 프로세스를 구성해보아라. 좋은 예시는 학생들이 코틀린 언어로 무언가를 만들거나 연습 문제를 풀면서 단계별로 학습하도록 돕는 코드랩 튜토리얼 프로세스다.[20]

필자는 항상 자금이 부족하고 자원봉사자들, 인턴들, 단기 체류 프로그램에 참여하는 사람들로 구성된 팀과 함께 살아남아야 하는 프로젝트에 종종 참여하곤 했다. 팀원 중에서 많은 사람이 신입이었고, 심지어 업계 경력이 없는 사람들도 있었다. 그런 사람들에게 코드 베이스(위협적인 네트워킹 라이브러리)를 보라고 하면 무서워서 도망가리라는 것을 잘 알았기에 우리는 교육 코스를 직접 구성하고 이를 **문서화**했다.

첫째 날, 우리는 그들에게 두 가지 전체 요청을 보내도록 했다. 하나는 농담 저장소에 농담을 추가하는 것이었고, 다른 하나는 팀 목록에 팀원의 이름을 추가하는 것이었다. 그들이 코드 리뷰 프로세스에 익숙해질 수 있도록 이 프로세스를 앞뒤로 반복해야 하는 이유를 제시해야 했다. 둘째 날에는 조금 더 익숙해질 수 있도록 소규모 클라이언트와 서버를 학습자들이 구축하고 실행하도록 했다. 운영환경에서 실행되는 데이터를 보고 UI와 내보내는 로그 및 메트릭을 확인하도록 했다. 그다음에는 새로운 로그 메시지를 추가하거나 논리를 수정하는 등 라이브러

---

20 코틀린 코안(*https://oreil.ly/XXtus*)은 좋은 예시이며 즐겁게 해볼 수 있다. 구글에도 수많은 훌륭한 코드랩(*https://oreil.ly/Oql0A*)이 있다.

리를 로컬로 변경하여 코드가 여전히 작동하고 모니터링 데이터에서 변경 사항을 확인할 수 있음을 스스로 증명할 수 있도록 했다. 이 방법은 학습자들에게 매우 효과적이었다. 두 번째 주에 실제로 필요한 변경 사항을 코드에 적용했을 때 그들은 더 이상 코드를 작성하는 것을 두려워하지 않았다.

기업에서는 인턴과 같은 기여자들이 3개월 정도만 머무는 상황이 종종 발생한다. 이때 여러분은 이들을 빨리 이해시킬 필요가 있다. 우리는 모든 새로운 기여자를 위해 이처럼 잘 문서화된 교육 프로세스를 활용했다. 투자한 만큼의 성과를 보는 데는 오래 걸리지 않았다.

8.3.3 촉진제 차원

여러분의 학습자였던 사람들이 성장해서 다른 학습자들을 가르치도록 하면 수업의 규모를 더 늘릴 수 있다. 교사마다 스타일이 다르니, 다른 사람들이 가르치는 스타일이 여러분과 다르다고 해도 이를 받아들여라. 여러분이 가르친 학습자들이 새로운 교사가 되어서 그들만의 수업을 시작하도록 하라. 새로운 교사들은 슬라이드와 연습 문제를 편집할 수 있는 접근권을 필요로 할 것이다. 그렇지 않으면 그들이 자신만의 슬라이드와 연습 문제를 만들 수 있도록 지원을 필요로 할 수도 있다. 그들이 만든 교육 프로세스를 검토해서 정직한 피드백을 제공하라. 그들은 여러분에게 배우기를 원한다. 그래도 일단 그들이 다른 사람들에게 수업을 가르치기 시작하면, 그 수업에 대한 책임은 전적으로 그들에게 있다(이 시점에서 필자는 보통 슬그머니 빠져나와서 교수직에서 물러난다).

여러분의 교육 프로세스를 모든 엔지니어에게 적용할 수 있다면, 해당 강의를 **온보딩 커리큘럼**이나 **내부 학습 및 개발 프로세스**에 추가해보자. 모든 신입사원에게 일일이 연락해서 강의를 알려주기 전에 그들 스스로가 필요한 지식을 찾아 배우도록 하자. 만약 여러분의 기업이 아직 이런 종류의 학습 문화를 갖추지 못했다면 온보딩 프로세스를 만드는 것을 옹호하거나, 학습 경로를 전도하거나, 코드랩을 쉽게 만들 수 있는 구조를 설정함으로써 큰 영향을 미칠 수 있다.

8.4 가드레일

여러분이 절벽 옆의 산책로를 따라서 걸을 때 옆에 있는 난간을 떠올려보자. 그 난간은 기대기 위한 것이 아니라, 떨어지는 것을 막기 위해 있는 것이다. 작은 실수는 여러분을 파멸로 이끌지 못한다. 난간, 즉 가드레일은 여러분이 가장자리를 넘어가는 것을 막아준다. 또한, 가드레일은 자율성, 탐험, 혁신을 장려한다. 안전할수록 더 빨리 움직일 수 있다. 이 부분에서는 먼저 개별적인 수준에서 시작해서 규모에 맞게 동료를 위한 가드레일을 추가할 수 있는 몇 가지 방법에 대해 알아볼 것이다.

8.4.1 개인 차원

진행하기 두려운 프로젝트라면 코드, 설계 및 변경관리 사항을 리뷰하고 프로젝트에 대한 지원을 제공해서 동료들에게 가드레일을 제공할 수 있다.

코드, 설계 및 변경관리 리뷰

필자는 이미 앞에서 코드와 설계 리뷰가 어떻게 훌륭한 교육 도구가 될 수 있는지에 대해서 설명했다. 효과적일 수 있는 세 번째 유형의 리뷰도 있다. 그것은 바로 **변경관리**다. 변경관리는 여러분이 변경하기 전에 무엇을 할 것인지 정확하게 적고, 다른 누군가가 여러분이 올바른 단계들을 설명했다는 것에 동의하도록 하는 과정이다. 코드 리뷰와 비슷하지만, 명령행이나 올바른 순서로 버튼을 클릭하는 것과 같은 실행 단계를 상세하게 설명한다.

이처럼 코드, 설계 및 변경관리 리뷰를 강력한 가드레일로 활용하여 동료들을 도울 수 있다. 자신들의 업무가 검토받을 수 있다는 사실을 알게 되면 독립적으로 일할 때도 더 자신감을 가질 수 있다. 모든 사람이 운영 중단을 유발하거나 작동하지 않는 아키텍처를 구축하는 데 수 개월을 소비하지 않도록 점검을 필요로 한다. 가드레일은 그들이 위험한 실수를 저지르는 것을 피하도록 도와준다.

좋은 가드레일을 구축하고 싶다면, 절대로 모든 변경 사항에 도장을 쉽게 찍어주지 말자. 코드의 모든 라인, 설계의 모든 부분, 제안된 변경 사항의 모든 단계를 **주의 깊게** 살펴보자. 다음은 여러분이 살펴보면서 스스로에게 던져야 할 질문들이다.

■ 이 일은 정말로 해야 하는 일인가?

동료는 어떤 문제를 해결하려고 하는가? 그들은 다른 사람과의 대화를 통해 해결되었어야 할 문제를 해결하기 위해서 기술적인 해결책을 사용하고 있는가?

■ 이 일이 실제로 문제를 해결할 수 있는가?

해결책은 효과가 있는가? 사용자가 필요한 것과 기대하는 것을 해결할 수 있는가? 오류나 오타가 있는가? 버그가 있거나 성능에 문제가 있는가? 잘 돌아가지 않는 방식의 시스템 설계법을 제안했는가?

■ 실패를 어떻게 처리할 것인가?

이상한 엣지 케이스, 잘못된 형식의 입력, 네트워크가 무작위로 사라지거나 로드가 급증하거나 기타 문제가 발생했을 때 해결하는 방법은 무엇인가? 시스템 문제는 완전히 실패할 것인가, 아니면 사용자가 비용을 지불한 서비스를 제대로 제공하지 않고 데이터를 손상시키거나 그들의 돈을 낭비하는가? 그리고 어떻게 문제를 발견할 것인가?

■ 이해할 수 있는가?

다른 사람들이 새로운 코드나 시스템을 유지하고 디버깅할 수 있는가? 컴포넌트 또는 변수의 이름이 직관적으로 지정되었는가? 명확하게 선정된 장소에만 복잡성이 존재하는가?

■ 빅 픽처 관점에 들어맞는 일인가?

변경 사항이 선례가 되거나 다른 사람이 따라 하고 싶어 하지 않을 패턴을 생성하는가? 미래의 변경 사항을 위해 다른 팀들이 추가 작업을 하도록 강요하는가? 또한, 변경 사항이 중요한 출시와 비슷한 시기에 계획되어 위험성이 있지 않은가?

■ 알아야 할 사람들이 알고 있는가?

모든 사람이 변경 사항에 대해서 알고 있는가? 필요한 모든 조치에 대해 담당자가 있는가? 아니면 어떤 팀이 무엇을 하고 있는지에 관해서 명확하지 않은 수동적인 형태의 의견이 많은가? 관련된 사람들은 다른 사람들이 그들에게 무엇을 기대하는지 잘 알고 있는가?

여러분은 검토자로서 모든 것을 다 알지는 못할 수도 있다는 마음가짐을 가져라. 다만 모를 때는 모르는 것을 확실하게 질문해서 체계적으로 알아내자. 좋은 가드레일은 여러분이 안전하게 지키려는 사람과 같은 편이다. 즉, 그들이 성공하기를 바라지, 모든 일을 막아버리는 문지기가 아니다.

프로젝트 가드레일

감당하기 버거운 프로젝트를 맡아본 적이 있는가? 그렇다면 수준 높은 프로젝트는 스킬 역량을 쌓을 수 있는 훌륭한 방법이라는 것을 알 것이다. 그래도 어려운 프로젝트는 여러분의 가슴을 조마조마하게 한다! 어려운 일을 한다면 당연히 실패할 가능성도 더 높다. 이럴 때 예전에 비슷한 규모나 형태의 프로젝트를 해본 경험이 있는 동료가 있다면, 그들의 경험이야말로 여러분이 프로젝트를 안전하게 완료할 수 있도록 가드레일 역할을 해줄 수 있다. 물론 그렇다고 해서 그들이 여러분을 위해 일한다거나 여러분이 저지를 수 있는 모든 실수로부터 보호해주지는 않겠지만, 그들은 여러분이 회복 불가능한 상황에 가까워진다면 미리 경고해줄 것이다. 바로 이것이 프로젝트 가드레일 역할이다.

필자도 주도하기 버거운 프로젝트를 이끌었던 적이 있다. 그 프로젝트는 필자가 예전에 했던 그 어떤 일보다 더 많은 일을 해내야 했고, 더 많은 이해관계자와 훨씬 더 많은 정치적인 관계를 맺고 있었다. 매주 팀장을 만날 때마다 그는 필자에게 "그냥 궁금해서 그러는데, 사업 우선순위상 두 가치가 상충하는 이런 상황에서 균형을 어떻게 맞출 계획입니까?"라고 프로젝트에 관한 질문을 던지곤 했다. 물론 필자에게는 특별한 계획이 없었다. 사실 필자는 이 문제가 서서히 다가오고 있다는 것을 알아차리지조차 못했다. 하지만 이 질문은 필자가 문제를 직시할 수 있도록 도와주었고, 마침내 필자는 앞으로 나아갈 길을 제안할 수 있었다. 그때는 미처 깨닫지 못했지만, 지금 생각해보면 팀장이 했던 역할이 바로 가드레일 역할이었다. 그는 필자가 벼랑 끝으로 몰리고 있음을 자각하고 있는지 매번 확인했다. 그리고 필자가 무엇을 해야 할지 모른다면 가르쳐줄 준비가 되어 있었다.

프로젝트 가드레일이 되는 것은 경력이 부족한 사람을 돕기 위해서만은 아니다. 프로젝트를 이끌거나 어려운 일을 맡은 모든 동료를 도울 수 있도록 여러분이 프로젝트 가드레일 역할을 도맡을 수 있다. 설사 경험이 풍부한 사람이라 해도 본인이 터득하지 못한 새로운 기술을 사용하는 프로젝트에서는 다른 사람으로부터 도움을 받을 수 있다. 만약 누군가가 여러분에게 프로젝트의 멘토나 조언자가 되어달라고 요청한다면, 그들은 아마도 여러분에게 가드레일 역할을 바라고 있을 것이다.

가드레일은 **안전**뿐만 아니라 **지지**도 제공할 수 있다. 라라 호건은 본인의 글[21]에서 고위 경영진

---

[21] 「위임은 예술이지, 과학이 아니다(Delegation is an art, not a science)」, *https://oreil.ly/gAC0X*

과 함께 설계를 검토하거나 아이디어에 대한 옹호를 약속받는 등 프로젝트를 도울 수 있는 구체적인 방법과 동료가 언제 어떻게 도움을 요청해야 하는지에 대해 명시적으로 설명할 것을 제안했다. 그녀는 "만약 B가 3일 동안 응답하지 않으면 저에게 이메일을 보내세요. 저는 당신을 위해서 힘을 써보겠습니다."라는 식으로 말하는 방법을 제안했다.

8.4.2 그룹 차원

여러분이 **모든** 변경 사항을 검토하고 **모든** 프로젝트를 지원할 수는 없다. 그렇게 하려고 시도할수록 모든 사람의 업무 속도가 느려질 뿐이다. 모든 사람에게 방해가 되지 않고 팀이나 조직을 위해서 가드레일을 추가할 수 있는 방법에 대해 알아보자.

프로세스 구성

여러분은 동료들에게 올바른 일을 개별적으로 가르치는 대신에 단계별 표준을 설정해서 조직이 그 표준을 따르도록 설득할 수 있다. 예를 들어서 기업에서 새로운 기능을 출시하는 '올바른 방법'은 무엇인가? 출시 전의 프로세스에 다음과 같은 질문에 대한 답변을 포함할 수 있다.

- 보안 승인이 필요한가?
- 마케팅팀이나 고객 지원팀에 어느 정도 공지를 해야 하는가?
- 피처 플래그[22]를 통해서 기능을 배포해야 하는가?
- 추가해야 할 표준 모니터링이나 이벤트 및 문서가 있는가?
- 다른 팀들에게 추가 업무량을 예상해달라고 미리 공지해야 하는가?

그리고 이보다 더 많은 질문이 있다! 기업이 성장하고 조직 구조가 복잡해질수록 더욱더 다양한 방식으로 출시가 중단되거나 홍보 시 혼란이 야기될 가능성이 커진다. 하지만 이 과정을 통해서 비로소 올바른 프로세스가 탄생한다.

프로세스에 대한 의견은 다양하다. 어떤 사람들은 명확한 단계와 표준화에서 오는 안정성을 확보하는 것을 우선순위로 삼는다. 한편으로 다른 사람들은 생각 없이 프로토콜을 따르는 것보다

---

22 옮긴이_'피처 플래그'는 '코드 변경이나 배포 없이 플래그 변경으로 프로그램의 동작을 변경할 수 있게 하는 소프트웨어 개발 방법 중의 하나'를 의미한다. '피처 토글'이라고도 한다.

스스로 생각할 줄 알아야 하며 체크리스트와 승인은 단지 프로세스를 느리게 할 뿐이라고 주장한다. 사실 둘 다 맞는 말이다. 그래서 절충점이 필요하다. 그러나 기업의 규모가 커질수록, 사람들이 매번 같은 질문을 하지 않아도 올바른 일을 수행할 수 있도록 도와주는 프로세스가 필요하다는 점은 명확해진다.

다음은 프로세스 또는 체크리스트를 추가하는 것이 도움이 될 수 있는 몇 가지 다른 예시다.

- 대규모 운영 중단 사태 또는 보안 인시던트에 대응
- RFC 또는 설계 공유 및 합의
- 새로운 기술 또는 프로그래밍 언어 채택
- 여러 조직에 걸쳐서 이루어지는 의사결정 및 기록

일반적으로는 프로세스를 되도록 가볍게 만드는 것을 목표로 한다. 중복되는 단계와 중앙 차원의 승인 프로세스가 많고 대기 시간이 긴 복잡한 절차가 있는 프로세스는 좋은 가드레일이 아니다. 이러한 경우, 사람들은 절차를 회피하기 위해 노력할 가능성이 있다. 올바른 길이되, **쉬운** 길로 만들어라.

프로세스 서론

다음은 필자가 직장에서 프로세스 FAQ 문서를 위해 작성한 소개글이다. 도움이 된다면 얼마든지 사용해도 좋다.

'주제'를 어떻게 다루어야 하는지에 대한 질문이 많다. 그러나 이런 프로세스를 얼마나 규범적으로 다루어야 하는지에 대해서는 균형을 맞추기가 어렵다.

- 만약 아무것도 적어놓지 않으면 대부분의 사람들은 아무 정보가 없다는 사실을 싫어한다. 그리고 아무것도 할 줄 모른다고 불평한다.
- 만약 가이드라인을 적으면 사람들은 그 가이드라인을 일종의 법처럼 해석한다. 그리고 엣지 케이스를 다루지 않았으므로 무조건 틀렸다고 주장한다.
- 만약 모든 엣지 케이스를 다 적으면 수많은 정책과 법률 용어로 이루어진 위협적인 바인더가 탄생할 것이다. 게다가 이 방법이 모든 상황을 전부 다룰 수 있는 것도 아니다. 또한, 모든 사람은 여전히 이 가이드라인을 싫어한다!

이 문서에서는 이처럼 자주 묻는 질문에 대해서 대부분의 정답을 제공하고자 한다. 물론 이 대답들이 모든 상황에 완벽하게 들어맞는 것은 아니다. 그래도 그냥 지나치지 말고 한 번쯤은 고려해보는 것이 좋다. 그래도 만약 이 대답들이 여러분이 처한 상황에 전혀 도움이 되지 않는다면, 도움이 된다고 생각하는 일을 하라. 모든

> 지침이 정답일 수는 없다(이 가이드라인이 많이 틀렸다면 변경해도 좋다).
>
> 의심이 된다면 다음의 절차를 따르라. 여러분이 하는 일에 관련된 다른 사람들에 대해서 생각해보고, 그들이 최선을 다하려고 노력하는 합리적인 사람이라고 가정하며, 여러분 역시 최선을 다하려고 노력하는 합리적인 사람이 되어라.[23]

서면 결정

옳은 일을 더 쉽게 만드는 또 다른 방법이 있다. 사람들이 같은 주장을 반복하지 않도록 한 번 내린 결정을 기록하는 것이다. 서면 결정은 결정에 대한 피로감을 일부나마 해소해준다. 이 방법은 우리가 보통 X를 해야 한다고 제안하면 그 규칙을 따르는 것이다.

다음은 서면 결정의 네 가지 예시다.

■ 스타일 가이드

구글의 스타일 가이드 사이트[24]는 프로젝트의 스타일 가이드에 관해서 "프로젝트의 스타일 가이드는 '프로젝트의 코드를 작성하는 방법에 대한 일련의 규칙(때로는 임의적이다)'이다. 모든 코드가 일관된 스타일일 때 거대한 코드 베이스를 이해하기가 훨씬 쉽다."라고 설명한다. 여기서 **단어 스타일**은 사용 가능한 이름 지정 규칙부터 오류 처리, 사용해도 괜찮은 언어 기능에 이르기까지 다양한 분야를 다룬다. 결정을 한 번만 내리고 결정된 부분을 기록하라. 그렇게 하면 팀이 모든 새 프로젝트에 적용되는 사항인 "변수 이름을 정할 때 소문자 카멜 케이스camel case[25]를 사용합니까? 아니면 스네이크 케이스snake case[26]를 사용합니까?"라는 논의를 반복하지 않도록 할 수 있다. 또한, 같은 코딩 스타일을 사용할수록 더 일관된 코드를 갖출 수 있다.

■ 포장도로

일부 기업은 지원이 잘 이루어지는 표준 기술 세트를 문서화해서 팀이 '잘 포장된 도로'에서 벗어나지 않도록 권장하거나 의무화한다. 필자는 써트웍스 테크놀로지 레이더Thoughtworks

---

23 이 조언은 인생에 대한 조언으로 생각해도 좋은 조언이다.
24 구글의 스타일 가이드 사이트, *https://oreil.ly/gkUmT*
25 옮긴이_'카멜 케이스'는 '중간 글자들은 대문자로 시작하지만, 첫 글자는 소문자인 표현 방식으로 낙타와 모양이 비슷한 문자 형태'를 의미한다. 'numberOfPeople'을 예로 들 수 있다.
26 옮긴이_'스네이크 케이스'는 '글자 중간에 언더바가 들어 있는 표현 방식으로 뱀처럼 생긴 문자 형태'를 의미한다. 'number_of_people'을 예로 들 수 있다.

Technology Radar에서 사용하는 방식, 즉 기술을 '채택Adopt', '시험Trial', '접근Access' 및 '중단 Hold'으로 표시하는 형식[27]을 좋아한다.

■ 정책

기업은 "모든 팀은 운영 중단이 발생하면 회고록 작성을 실천해야 합니다."와 같은 규칙을 만들 수 있다. 다만 규칙이 시행되면 이를 어겼을 때는 업무를 수행하지 못하는 것으로 간주되어 성과 검토에 영향을 미칠 수 있다. 규칙을 최대한 적게 제정하라. 엣지 케이스는 항상 존재하는데다가 모든 엣지 케이스를 다루기는 어렵다. 게다가 정책이 너무 많으면 사람들은 그들이 해야 할 모든 일을 다 기억하지 못한다.

■ 기술 비전 및 전략

기술 비전 또는 전략 문서 작성(3장 참조)은 팀이 문제를 해결하는 경로를 스스로 선택할 수 있도록 명확한 방향을 제공해준다.

자동화 시스템과 리마인더

소프트웨어 컨설턴트인 글렌 메일러Glen Mailer는 사람들이 올바른 일을 하는 것을 되도록 쉽게 기억하도록 방법을 찾고 있다. 이것은 말 그대로 올바른 해결책을 사용자의 전면에 제시하는 것을 의미한다. 그는 모든 사람이 프로젝트 시간을 추적하기 위해 타임시트를 사용해야 하는 기업을 예로 들었다. 그러나 사람들은 누군가가 올바른 해결책을 마련할 때까지 타임시트에 업무 시간을 기록하는 것을 종종 잊어버렸다. 그래서 그들은 출구 쪽 머리 높이 부근에 타임시트와 펜을 배치해놓았다. 누군가가 퇴근하려고 그 문을 밀면, 타임시트가 바로 그들의 눈 앞에 나타나게 해서 기록을 잊어버리기 어렵도록 만든 것이다.

이처럼 만약 여러분이 어떤 프로세스나 서면 결정을 도입하려면, 이 새로운 시스템을 자연스럽게 사람들에게 도입할 수 있는 방법이 있는지 고려해보자. 더 좋은 방법은 사람이 군이 수행하지 않고도 자동화된 시스템이 올바른 일을 하도록 하는 것이다. 다음은 이와 관련된 몇 가지 예시다.

■ 알림 자동화

배포 프로세스 주간 안내를 다른 사람에게 직접 상기시키는 대신에 자동화 기능을 설정해서 해

---

27 써트웍스 테크놀로지 레이더에서 사용하는 기술 표기 방식 소개. *https://oreil.ly/FUHQP*

당 작업 관련 캘린더 초대와 DM을 자동으로 보내자. 자동화된 알림에는 프로세스에 관련된 링크가 포함되어야 한다.

■ 린터

코드 린터가 가능한 한 많은 스타일 가이드를 검사하고 시행하도록 해서 코드 검토자들이 일일이 스타일을 체크할 필요가 없도록 한다.

■ 검색

검색 결과가 올바른 정보를 제공하는지 확인해야 한다. 만약 검색 결과가 부정확할 경우, 모든 '잘못된' 문서들이 올바른 위치를 가리키는 헤더를 포함하도록 수정해야 할 수도 있다. 이렇게 함으로써 검색을 통해서 올바른 정보를 찾을 수 있도록 해야 한다.

■ 템플릿

만약 모든 RFC에 보안 부분이 포함되어야 한다면, 보안 부분을 포함한 쉬운 RFC 템플릿이 제공되도록 해야 한다.

■ 컨피그 검사기 및 사전 제출 장치

장치 테스트를 자동으로 실행하거나 구성을 커밋하기 전에 안전 검사를 실행하는 자동화를 추가할 수 있는가? 구글의 데이터 센터 안전 시스템인 SRSly가 좋은 예시다. "서버의 5% 이상을 한 번에 재부팅 할 수 없다." 및 "최근에 해당 서버 관련 온콜이 있었다면 이 시스템의 서버를 해제하지 마십시오."와 같은 가드레일을 설정할 수 있다.[28]

8.4.3 촉진제 차원

개별 동료를 위한 가드레일이 되는 것보다 메시지 확산을 강화하는 자동화 시스템, 정책 및 프로세스를 구축해야 한다. 하지만 이것들은 여전히 여러분에게 의존하는 것들이다. 여러분이 여러분의 메시지를 다른 사람들이 받아들이고 따르기를 원한다면, 그 메시지가 신뢰할 만하고 중요한 내용을 담고 있어야 한다. 더 나아가, 조직 내에서 메시지를 무시하고 다른 방법을 사용하

---

28 크리스티나 슐먼(Christina Schulman)과 에티엔 페로(Etienne Perot)가 진행하는 재미있는 강연(https://oreil.ly/k8ohr)을 통해서 SRSly에 대한 이야기를 들어볼 것을 권한다. 이 강연에는 자동화된 시스템이 데이터 센터의 모든 디스크를 한 번에 삭제하도록 하는 명령을 실수로 전송했다는 사례가 포함되어 있다. 그래도 그들이 지적한 것처럼 만약 아주 간단한 것을 효율적으로 자동화한다면, 자동화된 시스템은 매우 효율적으로 그렇게 할 것이다.

는 것이 이상하게 여겨지는 상태에 도달해야 한다. 가장 효과적인 가드레일을 만드는 것은 가장 실행하기 어려운 기업 문화의 변화를 시도하는 것과 같다. 즉, 가드레일을 기업 문화의 일부로 만들어야만, 기업이 규정 준수 이상의 가치를 추구하게 된다.

대부분의 기술 기업은 코드 리뷰와 테스트를 작성한다. 하지만 항상 그랬던 것은 아니다! 오늘날 우리가 당연하게 여기는 모든 가드레일은 사실 그 가드레일을 도입하는 변화가 얼마나 가치 있는지부터 논쟁한 사람들 덕분에 도입된 것이다. 만약 여러분이 기업 문화의 변화를 유도하고 있다면 인내심을 가져라. 모든 사람이 여태까지와는 다른 방식으로 행동하도록 만드는 데는 많은 시간과 헌신적인 노력이 필요하다. 그래도 그렇게 하는 것이 잘못된 프로세스를 추진하는 것을 수동으로 멈출 수 있는 유일한 방법이다.

기업 문화를 쉽게 바꿀 수 있는 몇 가지 방법을 추가로 소개한다.

실제 문제 해결

기업 문화의 변화는 조직이 필요로 하는 부분과 밀접하게 일치해야 한다. 여러분이 어떤 제안을 하더라도 사람들로부터 "왜 그렇게 해야 하나요?"라는 수많은 '이유 관련 질문'에 직면하게 될 것이다. 포부만 늘어놓지 말고 실제로 기업이 이를 통해서 얻을 수 있는 이점은 무엇인지에 관한 대답을 준비하라.

담당 범위 선택

설계 검토를 위한 프로세스를 설정하기보다는 설계 검토에 대한 **존중**을 심어주고, 팀이 자기 팀에 맞는 좋은 설계를 스스로 선택하리라는 **믿음**을 심어주기 위해서 노력하라. 즉, 여러분은 간단한 기본값을 제공하되, 모든 사람이 정확히 동일한 프로세스를 따르는지에 대해서까지 신경 쓸 필요는 없다.

지원

프로세스와 자동화는 올바른 작업을 쉽게 수행할 수 있도록 원하는 변화를 지원해야 한다.

동맹 구성

혼자서 기업 문화를 바꾸려고 하지 마라. 여러분이 동맹과 함께한다면 이상적인 차원에서 여러분의 동맹들은 여러분이 바꾸려는 조직에 높은 수준의 후원자들과 영향력을 행사하는 사람들을 포함시킬 것이다. 2장에서 언급한 **섀도우 조직도**를 참조하라.

8.5 기회

우리가 살펴볼 선한 영향력의 마지막 발현 형태는 사람들이 성장하는 데 필요한 경험을 찾는 것이다. 사람들은 가르침이나 코칭 그리고 조언으로부터 배우는 것보다 **직접 수행**하면서 더 많은 것을 배운다. 모든 프로젝트나 역할은 가시성, 관계 및 스펙을 쌓을 기회다. 더구나 이 모든 것은 추가 기회로 이어질 수 있다. 이런 경험을 동료들에게 개별적인 차원 및 더 큰 규모 차원에서 전달할 수 있는 방법을 살펴보자.

8.5.1 개인 차원

여러분은 선임으로서 다른 사람들이 성장할 기회를 찾는 것을 많이 돕게 될 것이다. 다른 사람에게 업무나 역할을 위임해서 프로젝트와 학습 경험을 직접 제공할 수 있다. 그뿐만 아니라 사람들에게 과제를 제안하거나, 그들이 해낸 일을 대외적으로 홍보하거나, 그들에게 도움이 될 수 있는 정보를 직접 제공함으로써 도움을 줄 수도 있다.

위임

위임은 본인의 업무 중에서 일부를 다른 사람에게 맡기는 것을 의미한다. 여러분이 다른 사람에게 위임할 때는 누군가에게 프로젝트를 그냥 던져주고 떠나는 것이 아니라, 결과에 투자하는 것이다. 여기서 '결과에 투자'하는 것이란, 위임한 프로젝트의 모든 어려운 부분을 직접 관리하거나 처리하려는 유혹을 떨쳐내고, 성공적인 결과를 위해 적극적으로 지원하는 것을 의미한다. 하지만 여러분이 업무 중 일부를 다른 사람에게 위임할 때는 **진정으로** 모두 넘겨주어야 한다. 라라 호건이 본인의 글[29]에서 말한 것처럼, 여러분이 업무를 '아름답고 깨끗하게 포장된 선물'로 다듬은 후에 그 업무를 위임하면 동료들은 오히려 많이 배우지 못한다. 그 대신 그들에게 '지저분하고 특정한 범위는 없지만 그래도 약간의 안전망을 갖춘 프로젝트'를 위임한다면 그들은 그들의 문제 해결 능력을 연마하고, 그들만의 지원 시스템을 구축하며, 본인의 스킬 역량을 성장시킬 기회를 얻게 된다. 엉망진창인 프로젝트는 달리 생각하면 쉽게 얻을 수 없는 좋은 학습 기회와 같다.

또한, 위임을 받는 사람에게 적합한 난이도의 일을 위임하자! 이제 갓 대학을 졸업하고 입사한 신입 엔지니어에게 혼란스러운 프로젝트를 위임하지 말아라. 여러분이 업무를 위임할 사람을 찾을 때는 자명한 사람 이외의 사람들도 고려해보아야 한다. 프로젝트를 A+ 수준으로 완벽하게 수행할 수 있는 사람은 그 기회로부터 아무것도 배울 수 없다.[30] 대신에 그 업무가 조금 버겁겠지만 충분한 지원을 받는다면 능히 해낼 수 있는 사람을 찾아라. 그리고 그들에게 충분한 지원을 약속하라. 여러분은 그 일이 그들의 실력으로 충분히 해낼 수 있다는 것을 깨닫도록 약간의 압박을 줄 필요도 있다. 그들은 아직 자신이 프로젝트 리더, 인시던트 지휘관이 아니라고 생각할 수도 있다. 그러나 선임인 여러분이 그들을 그렇게 생각한다는 사실이야말로 그들에게 엄청난 자신감을 심어줄 것이다. 그들에게 제공할 수 있는 가드레일을 설명하고, 그들이 이 프로젝트를 처리할 수 있다고 생각하는 이유를 명확하게 설명하라.

한편으로, 위임할 때는 **여러분과 똑같은 사람은 없다는 사실을 유의**하라(미안하지만 아직 그런 기술은 없다). 위임받은 사람은 필연적으로 여러분이 했던 것과는 다른 방식으로 문제나 프로젝트에 접근할 것이다. 그들의 가드레일이 되어서 그들을 지도하고 좋은 질문을 하는 것은 좋다. 그러나 그들의 일에 사사건건 끼어들고 싶은 충동은 억제하라. 그들이 목표를 달성할 수 있는 한, 그들이 자기 방식대로 하도록 놔두자. 최근에 퀍Quip의 최고 운영 책임자인 몰리 그레이엄Molly Graham은 본인의 글[31]에서 위임을 '여러분의 레고를 주는 것'이라고 표현했는데, 필자는 이 표현을 정말 좋아한다. 다음과 같은 글이다.

---

29 「매니저의 에너지 누출(Manager energy drain)」, *https://oreil.ly/PJ06s*

30 "다른 기업으로 옮기지만, 현재 하는 일을 똑같이 하면 됩니다."라는 패턴은 구인 공고에 흔히 사용하는 표현이다. 물론 이것이 효과가 있을 때도 있지만(우리는 9장에서 이직 동기를 탐구할 것이다), 필자가 본 가장 성공적인 채용은 사람들에게 이전과 동일한 역할을 부여하는 것이 아니라 한 단계 성장할 수 있도록 높고도 조금은 무거운 역할을 제공하는 것이다.

31 「스타트업의 성장을 위해 '여러분의 레고를 건네는 것'과 기타 계명들('Give Away Your Legos' and Other Commandments for Scaling Startups)」, *https://oreil.ly/ltqKy*

새로운 사람에게 여러분의 레고를 건네면, 그가 여러분의 레고 탑을 제대로 짓지 못할까 봐 불안해할 수 있다. 또한, 그들이 재미있고 중요한 레고를 가져가 버릴 수도 있다. 아니면 여러분이 짓고 있던 레고 탑의 일부를 그들이 가져가 버린다면 여러분을 위한 레고는 남아 있지 않을 것이다. 그러나 규모가 큰 기업에서는 위임하는 것, 즉 여러분이 건설 중인 레고 탑의 일부를 새로운 사람에게 건네는 것이야말로 더 크고 더 나은 레고 탑을 만드는 유일한 방법이다.

여러분이 레고를 포기할 때 주의해야 할 핵심 행동 중 하나는 여러분이 프로젝트에 관련된 질문을 받았을 때 이를 대신해서 대답해주는 대리인이 되는 것이 아니라, 위임받은 사람에게로 질문을 **돌려야** 한다는 점이다. 즉, 누군가가 여러분에게 프로젝트에 관해 질문할 때, 여러분은 프로젝트의 현재 상태를 잘 알고 있다고 생각할 수도 있다. 그러나 그런 질문에 대답하는 것은 여러분을 일종의 접점처럼 만들고, 잠재적으로는 프로젝트를 위임받은 동료의 소유권을 약화시키는 행위다. 게다가 여러분은 심지어 틀린 답을 가지고 있을지도 모른다! 대신에 프로젝트를 인계받은 사람에게 가시성을 부여해주자. 그들이 그 주제의 전문가이자 소유자라는 점을 주목하고, 그들이 내리는 결정을 신뢰한다는 것을 보여주어라. 프로젝트 소유자에게 새로운 사람을 연결해주면 이러한 연결을 통해 발생하는 추가 기회를 제공하는 것이다. 다음번에 그 프로젝트에 관심 있는 사람이 질문할 때는 누구에게 물어보아야 할지 알게 될 것이다. 그리고 그 프로젝트는 여러분이 할 일이 아니다.

후원

후원은 영향력 있는 여러분의 현위치를 사용하여 다른 사람을 지지하고 옹호하는 것이다. 후원은 멘토십보다 더 적극적인 행위다. 단지 조언해주는 것을 넘어서 다른 사람들을 위해서 의도적으로 기회를 열어주는 것이기 때문이다. 또한, 후원은 다른 것보다 더 많은 일이 요구된다. 만약 여러분이 훌륭한 후원자가 되고 싶다면 동료가 무엇으로부터 이익을 얻고, 어떤 기회를 찾는지 알아야 한다. 즉, 여러분은 그들의 성장에 여러분의 시간과 사회 자본을 투자해야 한다.

카네기 멜론 대학교의 조직 행동 및 이론 부교수인 로절린드 차우Rosalind Chow는 본인의 글[32]에서 '후원의 ABCD'라고 부르는 개념에 대해서 설명했다. 다음과 같다.

---

32 「여성과 유색인종만을 멘토로 삼지 마세요(Don't Just Mentor Women and People of Color. Sponsor Them)」, *https://oreil.ly/Ndm87*

- **홍보하기** Amplifying

동료의 잘하는 일을 대외적으로 홍보하고 그가 이룬 성취를 다른 사람들이 알게 한다.

- **격려하기** Boosting

좋은 기회가 있을 때 동료를 추천하고 그들의 스킬 역량을 널리 알린다.

- **네트워크 구축하기** Connecting

동료에게 필요한 인맥을 만들어주고, 그들이 만나지 못했을 사람들을 만날 수 있도록 돕는다.

- **지지하기** Defending

동료가 부당하게 비난을 받으면 그들을 옹호하고, 그들에 대한 부정적인 인식을 바꾼다.

후원을 통해서 제공하는 기회들은 작은 것처럼 보일 수도 있지만, 이 작은 기회가 동료들을 나중에 더 큰 기회로 이끈다. 즉, 여러분이 작은 프로젝트를 이끌 누군가를 추천한다면, 그들은 이를 통해서 눈에 띄게 되어 나중에는 더 큰 것을 이끄는 데 선택될 수도 있는 것이다. 여러분이 누군가에게 잘했다고 큰 소리로 말하거나 그들의 일에 대해서 댓글을 달거나 심지어 리트윗할 때마다 여러분은 그들이 잘하고 있다는 신호를 대외적으로 보내는 것이다. 그리고 여러분의 네트워크에 있는 다른 사람들이 그들에 대해 알 기회가 생겼을 때 그 사람을 떠올릴 수 있도록 하는 것이다. 만약 다른 팀의 누군가가 슈퍼스타가 되고 있다면, 그들이 일을 잘한다는 것을 그들의 상사가 알 수 있도록 하라. 만약 동료 성과 평가를 작성해야 하는 기업에 근무하고 있다면 평가 시에 그가 잘한 일을 기록으로 남기는 것도 좋은 방법이다.

후원할 때는 어떤 사람을 후원해야 할까? 성장할 기회를 원하는 사람들과 본인이 좋은 일을 할 수 있다고 믿는 사람들을 찾자. 여러분은 그들을 추천할 때마다 여러분의 사회 자본을 소비하는 것이다. 그래서 실제로 기회를 원치 않거나 노력을 기울이지 않는 사람들에게 기회를 주어서 여러분의 사회 자본을 낭비하지 말자. 잠재력을 가진 투자 가치가 있는 동료를 후원하라. 하지만 이때 유의해야 할 점도 하나 있다. 바로 사람들이 본인과 비슷한 사람을 더 호의적으로 평가하는 인지적 편견의 일종인 집단 내 편애in-group favoritism를 조심하라. 이에 관해서 로터스 Lotus의 설립자이자 사회적인 영향력을 위한 케이퍼 센터Kapor Center[33]의 공동 설립자이며 의장인 미치 케이퍼Mitch Kapor는 케이퍼 센터 웹사이트에서 "우리는 실리콘 밸리의 성과주의에

---

33 케이퍼 센터 웹사이트, *https://oreil.ly/bb01B*

관해서 종종 이야기합니다. 사람들은 자신과 비슷한 사람들을 고용하는 경향이 있기 때문입니다."라고 말했다. 여러분이 어떤 사람을 추천하거나 돕는지 주의를 기울이고, 우연히 자신과 닮은 사람들만 후원하는 것은 아닌지 확인해보자. 여러분도 모르는 사이에 여러분과 비슷한 사람을 편애하고 있을지도 모른다.

인맥 구축

여러분이 역할이나 프로젝트를 위임할 수 없고 추천을 요청받지 않더라도, 여전히 그들이 존재한다는 것을 아는 것만으로도 기회를 제공할 수 있다. 스태프 플러스 엔지니어들은 함께 일하는 다른 엔지니어들보다 더 넓은 맥락을 갖고 있다. 2장에서도 설명한 것처럼 여러분은 단지 **무언가를 알아내는 데** 더 많은 시간을 보내게 될 것이다. 동료들에게 도움이 될 기회가 있는지 주의깊게 살펴보자. 논문에 관련된 콘퍼런스 콜을 할 수 있는 기회, 팀의 리더 역할을 맡을 수 있는 기회, 누군가가 배우기를 원하는 스킬이 제공되는 새로운 내부 교육 프로그램에 참석할 수 있는 기회 등을 떠올릴 수도 있다. 이처럼 동료들을 정보와 연결해서 그들의 선택권을 확장해줄 수 있다.

8.5.2 그룹 차원

앞에서 필자는 영향력을 발현하는 여러 형태를 이야기하면서 이미 사람들에게 가시성을 제공하고 리더십과 가르치는 스킬을 배울 기회를 제공하는 것을 설명했다. 하지만 여기 기회를 제공하는 것을 그룹 차원으로 확장할 수 있는 방법이 있다. 바로 여러분의 무대를 공유하는 것이다.

스포트라이트 공유

팀이나 프로젝트에서 가장 선임으로서, 여러분은 잘하는 것들이 많을 것이다. 바로 이 점 때문에 여러분은 모든 어려운 문제에 달려들고 싶다는 충동을 느낄지도 모른다. 그렇게 하면 여러분 스스로가 팀을 위대한 길로 이끄는 지략과 지식이 풍부한 슈퍼스타인 것처럼 느껴져서 기분이 좋을 수도 있다. 그러나 사실 여러분의 그런 행동은 팀의 나머지 사람들을 무색하게 하고, 그들이 성장하는 것을 막는 것이다.

대신에 여러분의 스타성을 모든 사람이 더 나은 일을 할 수 있도록 돕는 것으로 치환하자. 다른 사람들이 여러분 만큼은 아니어도 **충분히** 잘한다면 그냥 그렇게 하도록 내버려 두자. 그것이 그들이 배우는 방법이다. 즉, 무대를 공유한다는 것은 위임하는 것 외에도 다른 사람들이 그 일을 완료해야 할 필요성을 느끼게 해서 그 기회를 잡거나 스스로 다른 사람에게 위임하는 것을 배우면서 리더십 스킬 역량을 쌓을 공간을 만드는 것이기도 하다.

다음은 여러분이 스포트라이트를 공유하고 있는지 확인할 수 있는 몇 가지 방법이다.

- 그룹 미팅에서 누군가가 질문하면 공백을 두어서 팀의 다른 사람에게 분명하게 발언권을 넘겨준다.
- 여러분이 참석해야 하는 미팅에 여러분보다 주니어인 동료를 추가하고, 그들이 현재 하는 일에 대해 말하도록 한다.
- 주니어인 동료가 하는 일에 관련된 설계 또는 코드를 리뷰할 수 있도록 하고, 그들의 의견이 중요하다는 것을 확실하게 표현한다.

> **WARNING** 물론 여러분이 모든 프로젝트의 대표가 되는 것은 팀이 성장하는 것을 제한하지만, 반대로 모든 프로젝트의 대표가 되지 않는 극단적인 방법도 문제를 야기할 수 있다. 혹시라도 여러분이 프로젝트의 모든 점을 다른 사람에게 위임하는 것을 선호한다면, 여러분의 업무 수행 방식이 관리 규정과 일치하는지 반드시 확인하라. 대부분의 매니저는 스태프 엔지니어들이 직접 업무를 수행하고 가시적인 성과를 내기를 기대한다. 아무도 여러분이 무엇을 하는지 확신하지 못할 정도로 다른 사람을 지원하는 역할에만 몰두하지는 말아라.

8.5.3 촉진제 차원

더 나아가서 설사 여러분이 없다고 해도 기회와 후원의 흐름을 유지하도록 조치를 취할 수 있다. 대부분의 직장에는 멘토링의 개념은 있지만, 후원에 대해서는 잘 이해하지 못할 수도 있다. 기회를 제안할 수 있도록 동료들을 가르쳐서 그들 스스로 명백한 후보들을 가려내도록 하자. 몇 가지 아이디어를 소개한다. 포괄적인 인터뷰 프로세스[34]를 옹호하거나 암묵적인 편향을 설명해줄 수 있는 연사를 초빙하거나 개방형 팀 역할을 내부 채용 게시판에 게시하는 문화를 조성하는 것 등이다.

---

34 포괄적인 인터뷰 프로세스를 설명한 문서. *https://oreil.ly/PdxHq*

여러분이 업계에서 촉진제가 되는 가장 좋은 방법은 동료들이 위대한 일을 하는 훌륭한 엔지니어가 될 수 있도록 권한을 부여하는 것이다. 중간급 엔지니어를 시니어 엔지니어로, 나아가 스태프 엔지니어로 **성장할 기회**를 제공해야 한다. 그리고 그들에게 조언, 가르침, 가드레일을 제공하고, 그들을 따를 사람들에게 기회를 제공하도록 가르치자. 여러분이 성장을 도운 스태프 엔지니어들은 그들을 따르는 또 다른 미래의 스태프 엔지니어들을 키울 것이다. 여러분의 리더십은 그렇게 앞으로도 계속 이어질 것이다.

> **WARNING** 누군가가 여러분의 직급으로 승진하려면 지금의 여러분만큼 잘할 필요는 없다. 다만 그들은 여러분이 처음 그 직급으로 승진했을 때만큼만 잘하면 된다. 만약 여러분보다 능력이 없는 사람들이 여러분의 직급에 계속 올라오는 것을 본다고 해서 수준이 낮다고 비웃을 필요는 없다. 오히려 그것이 여러분이 성장했다는 것을 의미하는 것은 아닌지 생각해보아야 한다.

8장의 시작 부분에서 필자는 여러분이 동료들의 스킬 역량을 향상시켜야 하는 세 가지 이유를 나열했다. 더 많은 일을 하고, 기술을 최신 상태로 유지하며, 업계를 개선하는 것이다. 여기 네 번째 이유가 하나 더 있다. 다른 사람들의 성장은 곧 여러분 자신의 성장이다. 일을 다른 사람에게 위임할 수 있다면 여러분은 더 크고 어려운 문제에 대해서 책임을 지고 나머지 그룹에게 일부를 넘겨줄 수 있다. 동료들이 할 수 있는 일이 늘어날수록, 여러분도 더 많은 일을 해낼 수 있다. 브라이언 릴리즈는 본인의 칼럼[35]에서 "여러분이 승진할 방법은 여러분의 뒤에 준비된 후보군을 구축하는 것이다."라고 표현했다.

어느 순간이 되면 여러분은 여러분이 하던 일을 하는 사람들을 보면서 여러분이 한 단계 올라갔다는 것을 깨달을지도 모른다. 만약 그렇다면 여러분은 이제 무엇을 해야 하는가? 9장에서는 다음에 무엇을 해야 할지 살펴보고자 한다.

---

35 「더 나은 다리 건설하기」 *https://oreil.ly/ScVHa*

8.6 마치며

8장의 내용을 요약하면 다음과 같다.

- 여러분은 조언, 교육, 가드레일 및 기회를 동료들에게 제공함으로써 그들을 도울 수 있다. 구체적인 상황에 가장 도움이 되는 것은 무엇인지 확실하게 이해하자.

- 일대일로 개개인에게 도움을 주고 싶은지, 그룹을 한 단계 업그레이드하고 싶은지, 아니면 한층 더 영향을 주고 싶은지 생각해보자.

- 여러분의 경험과 조언을 제공하되, 그것을 과연 다른 사람들이 환영할 것인지는 반드시 확인하라. 글로 쓰는 것과 강연은 여러분의 메시지를 더 멀리 전파할 수 있다.

- 페어링, 섀도잉, 리뷰 및 코칭을 통해 다른 사람들을 교육할 수 있다. 수업 형태로 교육을 진행하거나 코드랩을 작성하면 그 가르침을 더 확장할 수 있다.

- 가드레일은 사람들이 자율적으로 일할 수 있도록 돕는다. 리뷰를 제안하거나 동료들을 위해서 여러분이 가드레일이 되자. 프로세스와 자동화 그리고 기업 문화 변화를 통해서 가드레일을 체계적으로 정리하라.

- 기회는 조언보다 훨씬 더 가치가 있을 수도 있다. 여러분이 누구에게 후원하고 위임하고 있는지 생각해보아라. 또한, 팀에서 스포트라이트를 받을 수 있는 기회를 공유하라.

- 여러분의 일을 위임할 계획을 세워라.

CHAPTER 9

경력 사다리 설계

9.1 적절한 방향 설정

9.2 직업 적합성

9.3 현 위치에서 나아갈 수 있는 경로

9.4 새로운 길로 나아가는 경로

9.5 선택의 중요성

9.6 마치며

지금까지 우리는 스태프 엔지니어의 역할을 이해하고자 긴 여정을 시작했다. 여정을 걷는 동안 스태프 엔지니어 역할의 범위와 주요 초점을 살펴보고, 조직 탐색, 전략 및 비전 작성, 우선순위 설정, 프로젝트 주도, 장애물 탐색, 우수한 엔지니어링 구조 구축, 동료를 한 단계 더 성장시키기 등의 일을 해냈다. 정말 장대한 여정이었다! 이제 우리는 스스로를 깊이 살펴볼 수 있는 마지막 주제에 도달했다. 즉, 여러분이 지금 무엇을 하는지 살펴보는 것을 넘어서 여기서는 앞으로 어디로 가야 할지를 살펴볼 것이다. 그 길은 바로 스스로 레벨업하는 길이다.

레벨업은 무엇을 의미하는가? 그 의미는 상황에 따라서 다르며 진정한 의미는 여러분 자신에게 달려 있다. 그래서 처음에는 이 책에서 계속 언급한 '무엇이 중요한가?'에 관한 주제로 되돌아가는 것에서부터 시작하고자 한다. 먼저 빅 픽처 관점에서 여러분의 경력과 여러분이 어디로 갈 것인지, 다음 단계를 위해서 무엇이 필요한지를 살펴볼 것이다. 그리고 여러분이 원하는 방향으로 나아가는 단계에 있는지 평가해보겠다.

사실 스태프 엔지니어의 역할은 1장에서도 말했지만, 느슨하게 정의된 편이라 앞으로의 경로 또한 느슨하게 정의되었다는 사실이 그다지 놀라운 일은 아닐 것이다. 일단 몇 가지 선택지를 살펴보고 스태프 플러스 역할에서 앞으로 더 나아간 다른 사람들의 이야기를 여러분에게 들려주고자 한다. 물론 이 이야기들은 여러분이 할 수 있는 범위를 보여주는 사례에 불과하지만, 어쩌면 여러분의 여정에 영감을 줄 수도 있다.

마지막으로, 여러분의 경력 전반에 걸쳐서 여러분이 가질 영향력을 이야기해볼 것이다. 여러분은 선임으로서 조직 차원을 넘어서 우리 업계의 리더 중 한 명이다. 그래서 여러분이 내리는 모든 선택에는 책임이 따르고, 다른 사람들의 선택에도 영향을 미친다. 그리고 오직 여러분 자신만이 본인의 경력을 이끌어 갈 수 있는 유일한 사람이다. 이 점에서부터 내용을 시작하겠다.

9.1 적절한 방향 설정

대기업에서 근무하는 필자의 친구 A는 본인의 경력 관리 여정을 전형적인 롤플레잉 PC 게임인 〈디아블로Diablo〉에 비유해서 설명해주었다. 그는 "나는 모든 몬스터를 죽여서 그 던전을 통과했어."라고 말한 뒤에 "결국 나는 레벨업을 위해서 필요한 경험치를 다 모았지."라고 말했다. "하지만 그 후에… 나는 방금 또 다른 새로운 던전에서 다시 모험을 시작했어. 심지어 몬스터들의 레벨도 같이 올라갔어! 이러면 레벨업한 것이 대체 무슨 소용이야?"라고 반문했다.

여러분에게 있어서 목적은 무엇인가? 여러분은 어디로 가고 있는가?

2장으로 돌아가 보자. 2장에서 여러분은 여러분의 직무를 정확하게 묘사할 수 있도록 세 종류의 지도를 그렸다. 이제 네 번째 지도를 그릴 차례다. 네 번째 지도는 **흔적 지도**다. 여러분의 경력 관리 여정을 산악 지형을 가로지르는 여정에 비유해보자. 지도에는 이미 수많은 흔적이 표시되어 있다. 어떤 흔적은 이미 수많은 사람이 지나간 듯한 흔적이고, 어떤 흔적은 또 너무 긴편이다. 일부 흔적은 살짝 흐릿하게 보이지만, 그래도 마일스톤을 참조하면서 가다 보면 목적지에 충분히 다다를 수 있다. 또 어떤 길은 뒤틀린 것처럼 생긴 데다가 오히려 목적지에서 멀어지는 것처럼 보인다. 그러나 사실 그 길이 여러분의 목적지로 가는 유일한 방법일 수도 있다.

지도는 모든 목적지를 표시해주지 않는다. 수많은 흥미로운 목적지들은 오히려 흔적을 벗어나서 새로운 길로 가야만 다다를 수 있다. 만약 여러분이 [그림 9-1]처럼 항상 이미 표시된 흔적들만 참조해서 다음 목적지를 선택한다면, 여러분은 계속 다른 사람들의 발자취를 따라서 그들이 이미 갔던 다음 던전으로만 가게 될 것이다. 그러면 여러분이 실제로 가고 싶었던 목적지들을 놓칠 수도 있다.

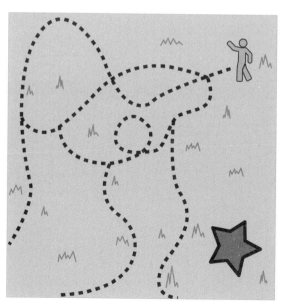

그림 9-1 지도상에 있는 수많은 흔적 예시. 흔적만 따라가서는 절대로 목적지(별표)에 도달할 수 없다. 다만 그래도 지도가 있다면 목적지로 갈 방법을 찾을 수 있다.

여러분은 어디로 가야 할까? 여러분은 마일스톤이 확실하게 표시된 명확한 목적지를 알고 있을 수도 있지만, **정확히** 어디로 가는지는 모르고 여행하고 싶은 대략적인 방향만을 알고 있을 수도 있다. 아니면 아예 아무 곳도 가고 싶지 않을 수도 있다. 그저 여행을 즐길 뿐이다.

그래도 필자는 9장의 나머지 부분을 이야기할 때 여러분이 현재 지점에서부터 어떤 **특정한** 목적지에 도달하고 싶어 한다고 가정할 것이다. 경력을 쌓는 것은 경력 사다리를 오르는 것, 연공서열을 따르는 것, 지금보다 책임감을 더 갖추는 것, 권력이나 부를 늘리는 것으로 인식된다. 하지만 실제로는 그렇지 않다. 그런 것들은 단지 흔적들의 일부일 뿐이다. 여러분에게 진정으로 중요한 것이 무엇인지 깨달아야 한다.

9.1.1 여러분의 우선순위는 무엇인가?

스태프 엔지니어인 킨 신놋은 「경력 개발에 대한 내 생각How I think about career development」[1]이라는 글을 통해서 우선순위 목록을 작성하는 방법을 소개했다. 이는 여러분이 경력을 쌓는 목적지를 향해서 여정을 떠날 때 방향성을 유지하고, 여러분의 직업이 여러분이 삶에서 원하는 것을 실제로 지원하는지 확인할 수 있는 좋은 방법이다. 그리고 이런 목록을 만드는 것은 여러분에게 중요한 것이 무엇인지에 대해 성찰할 수 있는 훌륭한 방법이다. 여러분에게 있어서 직업과 삶의 우선순위는 무엇인가? 다음은 몇 가지 일반적인 예시다.

■ **경제적 안정**

빚을 갚는 것, 대학 등록금을 준비하는 것, 은퇴를 대비해서 저축하는 것 등 경제적인 안정을 가장 중요하게 여길 수 있다.

■ **가족 부양**

여러분에게 의존하는 가족이 있다면, 그들을 돌보고자 돈을 벌기 위해서 여러분이 선호하지 않는 직업을 수행할 수도 있다. 또한, 같은 이유로 좋은 복지 혜택을 갖추고 해고에 대한 두려움 없이 안정적으로 급여를 주는 직장을 선호할 수도 있다.

■ **유연한 일정**

육아나 돌보아야 할 어르신이 있다거나 만성 질환이나 장애가 있다면, 이런 상황을 이해하고

---

1 「경력 개발에 대한 내 생각」, *https://oreil.ly/4ShIX*

수용해주는 유연성 있는 업무 일정을 원할 수도 있다. 아니면 여러분이 즐기는 일을 할 수 있도록 자유 시간을 많이 주는 일정을 원할 수도 있다.

■ 지적 만족

특정 도메인에서 세계적인 수준에 이르거나 어떤 도전에도 대처할 수 있는 사람이 되고자 지적인 만족을 원할 수도 있다. 어쩌면 이런 사람이야말로 3장에서 이야기한 엔터프라이즈호를 구해내는 사람일 것이다!

■ 성공의 롤모델

동료들의 존경을 받는 것, '업계에서 유명한' 사람이 되는 것, 또는 다른 사람들이 여러분의 성공을 보고 희망을 얻을 수 있도록 여러분이 성공의 **롤모델**이 되는 것을 주요 가치로 여길 수도 있다.

■ 재미 추구

멋지고 흥미로운 프로젝트, 즉 여러분이 활기차고 재미있다고 생각하는 일들을 하고 싶을지도 모른다.

■ 도전정신

상상했던 것보다 더 큰 도전을 해보는 것을 놀라운 일이라고 느낄 수 있다.

■ 부의 축적

우리가 (현재) 높은 보상을 받는 산업에서 일한다는 것이 믿을 수 없을 정도로 얼마나 운이 좋은 일인지 잠시 되새겨보자! 여러분은 이렇게 경력을 쌓으면서 높은 보상을 받고, 가능한 한 많은 돈을 은행에 저축하기를 원할 수도 있다.

■ 경험 추구

여러분에게 영향을 미치는 결정을 다른 사람들이 내리는 것을 달가워하지 않는 성격이라거나 여러분 스스로 대표가 되기를 원할 수도 있다. 나아가서 궁극적으로는 기업을 설립하거나 독립적으로 일하고 싶어서 자신감을 얻고자 스킬 역량, 경험 및 인맥을 구축하려고 할 수도 있다.

■ 변화 창조

아마도 여러분의 평생의 목표는 세상을 더 좋게 만들거나 오래가는 여러분만의 유산을 남기는 것일지도 모른다. 그것은 기술을 가르치거나, 무언가를 발명하거나, 기술을 더 친근하게 만드는 공동체를 구축하는 것일 수도 있다. 아니면 그것은 여러분이 원하는 진정한 변화를 일으키는 도구로써 기술을 사용하는 것을 의미할 수도 있다. 즉, 사람들의 삶을 개선하는 프로덕트를 만들거나 여러분을 필요로 하는 대의大義를 지원하는 것이다.

■ 본업 유지

성공적인 음악가로 활동하거나 여러분의 텃밭을 아름답게 가꾸는 것처럼 여러분이 **정말로** 관심을 두는 일을 하고자 현재 이 일을 하고 있을지도 모른다.

이 외에도 친구를 사귀고 싶어서, 세계를 여행하고 싶어서, 본인의 건강을 제대로 돌보고 싶어서 등 수많은 우선순위가 있다. 정답은 없다. 여러분이 하려는 일은 지극히 개인적인 것이고, 여러분의 경력에 따라서 모든 것이 바뀔 가능성이 있다. 현재 여러분 삶의 우선순위 목록에 무엇이 있는지 잠시 생각해보자.

9.1.2 어디로 가야 하는가?

우선순위 목록은 여러분이 가려는 방향을 설정하는 것은 돕지만, 정확히 어디로 가야 하는지는 알려주지 않는다. 정확하게 어디로 가는지 알기 위해서는 여러분만의 흔적 지도를 그리고 몇 가지 마일스톤을 표시해야 한다. 흔적 지도에 담을 세부 정보의 양과 해당 세부 정보가 다루는 시간이 얼마나 될지는 오로지 여러분에게 달려 있다. 여러분이 먼 목표를 가지고 있다면, 목표를 향해서 가까이 갈 수 있도록 몇 가지 세부적인 단계를 계획해보아라. 5년 후의 여러분은 어떤 모습인가? 그 모습이 되려면 지금 무엇을 해야 하는가?

다른 지도와 마찬가지로 흔적 지도 역시 여러 명이 함께 그릴수록 더 나은 지도를 만들 수 있다. 여러분의 경험만으로 지도를 그린다면 보이지 않는 길은 끝내 지도에 넣을 수 없다. 단지 여러분이 서 있는 곳에서 보이는 길만 넣을 수 있을 뿐이다. 많은 자료를 읽고, 미팅에 참석하며, 특히 다른 사람들에게 그들의 여정에 관해 물어봄으로써 여러분의 시야를 넓힐 수 있다. 그리고 여러분이 관심을 두는 길을 택한 다른 사람들을 찾아서 그들과 여러모로 대화를 나누어보자.

물론 매니저가 여러분의 경력 여정에 도움을 줄 수 있을지도 모른다. 그러나 그것은 결코 보장된 길이 아니다. 특히 지금은 더 그렇다. 스태프 플러스 엔지니어 이상의 수준에 도달하면 매니저는 여러분을 **어떻게** 도와야 할지조차 모를 수 있다. 즉, 여러분은 아마 그들이 가지 않은 길을 가고 있을 수도 있다. 선임이 된다는 것이 모든 것을 알고 있다는 것과 동의어는 아니다. 선임이 되어도 여전히 도움과 각종 지도가 필요하다. 그것은 조언, 가르침, 그리고 가드레일의 다른 원천들을 찾는 것과 여러분이 성장하는 것을 도울 기회들을 찾는 것은 오직 여러분에게 달려 있다는 것을 의미한다.

만약 여러분이 생각만 해도 흥분되는 야심 찬 길을 발견했다면, 그 길을 걷는 것을 진심으로 고려해보자. 아무리 명확한 마일스톤이 있다고 해도 그것만 참고해서 경로를 선택하고 싶다는 유혹을 뿌리치고, **보이는 것 이상**을 볼 수 있도록 노력하라. 어떤 길은 더 어렵거나, 더 위험하거나, 더 적은 지원을 받는 길일 수도 있다. 그러나 여러분이 원하는 야심 찬 목표가 그 길의 끝에 있다면 과감하게 도전해라. 만약 현재 위치에서는 여러분이 원하는 역할, 영향, 또는 생활방식을 성취할 수 없다고 해도 여러분은 여전히 원하는 목표를 향해서 갈 수 있다. 그리고 이를 통해서 여러분이 어디로 가야 할지 더 많은 것을 알 수 있는 유리한 지점으로 이동할 수 있다. 경력을 쌓는 것은 긴 시간이 걸린다.

9.1.3 무엇에 투자해야 하는가?

여러분이 원하는 목표에 도달해서 중요한 것을 성취했다고 가정해보자. 어떤 것들이 보이는가? 성공한 미래의 여러분은 지금의 여러분이 가지고 있지 못한 어떤 스킬을 가지고 있는가? 이력서에는 어떤 역량이 담겨 있는가? 어떻게 시간을 보냈고 누구를 알게 되었는가? 역할과 기회를 선택할 때는 이러한 질문들을 스스로에게 물어보아라.

스킬 역량 강화

필자는 사람들이 가끔 본인은 함수 프로그래밍, 말하기 또는 스토리텔링 등에 서툴다고 말하는 것을 본다. 그렇게 표현하는 것보다는 아직 레벨업한 능력이 아니라고 표현하는 것은 어떨까? 만약 이를 비디오 게임에 비유해서 설명해도 괜찮다면, 모든 능력을 〈파이널 판타지Final Fantasy〉 게임처럼 여러분이 습득하고 레벨업해야 할 것들이라 여겨보자. 게임에서 모든 임무는 여러분의 능력을 향상시킬 수 있도록 점수를 준다. 여러분이 올해 새롭게 5점이라는 능력치 포인트를 얻었다고 가정해보자. [그림 9-2]에 따르면 현재 여러분의 파이썬 능력치는 14레벨이다. 여러분은 능력치 포인트를 파이썬 스킬이 15레벨이 되는 데 투자할 수도 있고, 아니면 자바스크립트나 다른 스킬 레벨에 투자할 수도 있다. 그것도 아니라면 완전히 새로운 스킬 레벨에 투자할 수도 있다.

그림 9-2 올해 능력치 포인트를 어떤 스킬 레벨에 투자할지 선택하는 예시

"본인이 잘하는 것만 집중해야 한다."라고 말하는 사람들이 있다. 필자는 이 말에 전혀 동의하지 않는다. 잘하는 것만 하지 말고, **잘하고 싶은 것**에 집중하고 노력해야 그 스킬을 익히고 잘할 수 있다.

기술 분야의 모든 것은 시간을 투자하면 학습할 수 있다. 물론 전부 다 배울 수는 없다. 세상에는 여러분이 기술 도메인이나 기술을 배울 수 있는 시간보다 더 많은 기술이 존재하므로, 모든 분야에서 전문가가 될 수는 없다. 그래도 괜찮다. 강력한 팀은 모든 기술을 골고루 다 잘하는 사람으로 구성된 것이 아니라 필요한 스킬을 보유한 각각의 전문가들로 구성된다. 만약 목표에 도달하기 위해 필요한 스킬이 있는데 여러분이 그 능력을 갖추지 못했다고 해도 불안해하지 말아라. 그것들은 단지 지금 갖추지 못했을 뿐이지, 영원히 갖출 수 없는 것은 아니기 때문이다. 여러분은 아직 여러분의 능력치 포인트를 그 스킬에 투자하지 않았을 뿐이다.

그래도 여러분의 여정을 필요 이상으로 힘들게 하지는 말아라. 여러분이 온종일 하는 일이 여러분을 흥분시키는 대신에 두려움만 주거나 지치게 한다면, 목표를 향해서 가는 다른 길을 찾자.[2] 체리티 메이저는 본인의 칼럼[3]에서 빠르게 성장하는 우리의 산업을 따라가려면 컨디션을

---

2 필자는 디나 레비탄(Dina Levitan)이 그녀가 도끼 던지기에 소질이 없는 것이 아니라 던지기 스타일에 맞지 않는 도끼 종류를 사용하고 있었다는 것을 깨달은 이야기(*https://oreil.ly/lt25t*)를 좋아한다. 그녀는 "물론 우리는 목표물을 맞히는 법을 배울 수 있지만, 그래도 적절한 도끼를 선택하는 것이 중요하다."라며 목표를 향해서 나아갈 때 적절한 방향 설정의 중요성을 이야기했다.

3 「엔지니어링 관리: 진자 또는 사다리」, *https://oreil.ly/jumRI*

잘 관리해야 한다고 지적한다. 그는 "기술 분야에서 지속해서 경력을 제대로 쌓기를 원한다면, 여러분은 평생 동안 지속해서 배울 필요가 있다. 그럴 때일수록 a) 무엇이 여러분을 행복하게 하는지 안 뒤에 b) 대부분의 시간을 여러분을 행복하게 하는 일에 집중하라. 여러분에게 행복을 주는 일을 하는 것이야말로 여러분에게 에너지를 준다. 결국 여러분을 지치게 하는 일을 할수록 성공과는 멀어진다."라고 조언하였다.

어려운 스킬을 연습할수록 그 스킬은 결국 여러분의 장점이 될 것이다. 그리고 스킬을 사용하는 데 드는 에너지도 줄일 수 있다. 게다가 스킬 역량을 키우는 것은 생각보다 힘든 일이 아닐 수도 있다. 그러니 먼저 해당 스킬이 여러분에게 어떤 가치가 있는지 알아보아라. 각자 쉽다고 느끼는 스킬이 다 다르기에 여러분의 초점을 어디에 두어야 할지는 오직 여러분에게 달려 있다.

가면 증후군

업계에 막 진출한 신입 엔지니어들은 얼마나 수많은 스태프 엔지니어가 가면 증후군을 느끼는지를 알게 되면 놀랄 것이다. 여러분의 선택이 기술 전략이나 사람 또는 시스템 설계에 영향을 미치는 것을 보다 보면 일종의 불안감을 느낄 수도 있다. 일부 시스템 사용자들은 코드 작성에 더 많은 시간을 투자하지 못하는 것을 의아하게 생각한다. 일부 프로덕트 엔지니어들은 본인들이 '당연히' 더 능숙하게 운영 관리를 해야 한다는 사실에 압박감을 느낀다.

가면 증후군은 심지어 여러분이 계산된 위험을 감수하는 것조차 안전하지 않다고 느끼도록 만들어서 여러분의 성과를 떨어뜨리는 끔찍하고 불안한 느낌이다. 그러나 사실 스태프 엔지니어가 되어도 가면 증후군을 흔하게 겪을 수 있다. 이 사실이 여러분에게 위안이 되었으면 좋겠다. 그러니 여러분을 긴장하게 만드는 스킬 역량이 있다면 스스로 다듬을 기회를 찾아보자. 어려워 보이는 스킬이라 해도, 그 스킬은 단지 여러분이 학습하면 알 수 있는 **또 다른 주제**일 뿐이다. 다만 여러분이 '가면 증후군'을 심하게 겪고 있다면, 휴식을 취하는 것이 무엇보다 우선이다. 모든 사람이 모든 것을 다 아는 것은 아니다.

인맥 구축

스킬 역량을 쌓는 것만으로는 여러분이 원하는 곳으로 이동하기에 충분하지 않다. 여러분에게는 인맥도 필요하다. 한 기사에 따르면 70~85% 정도의 일자리는 공고를 거치지 않고 인맥으로 채용이 이루어진다고 한다. 내부 프로젝트에 리더가 필요할 때는 리더 역할을 맡은 사람들 사이에서 서로 누굴 추천하는지 물어보는 대화가 비공식적인 채널에서 활발하게 이루어진다. 또한, 관계자들은 콘퍼런스에 강연자가 필요하거나 프로젝트에 유료 컨설턴트가 필요하면 대개 본인들이 아는 사람들에게 연락하는 경향이 있다. 결국 인맥을 잘 구축해놓을수록 이득이 생긴다.

다양한 분야의 사람과 인맥을 쌓아두면 그 사람들의 행동 양식은 어떤지, 소위 '유능한' 사람들과 '전문가인' 사람들의 유사성은 어떤지, 그들은 어떻게 의사소통하는지에 관해서 통찰력이 생긴다.[4] 탄탄한 인맥을 구축한다는 것은 여러분이 조언을 구하고 배울 수 있는 전문가를 곁에 둔다는 것을 의미한다.

최고 기술 책임자인 이베트 파스쿠아Yvette Pasqua는 본인의 칼럼 「동료의 도움을 바탕으로 엔지니어링 리더십 발휘하기Engineering leadership with a little help from my friends」[5]에서 내향적인 에너지를 모두 소모하지 않아도 지속해서 인맥을 구축하는 방법에 관해 이야기했다. 그녀는 "만약 여러분이 누구와 이야기하거나 어떻게 대화를 시작해야 할지 모르겠다면, 작은 팁을 주고자 한다. 사실 우리 중에서 그 방법을 아는 사람은 아무도 없다는 것이 바로 팁이다."라고 말했다. 파스쿠아는 대화를 나누고 싶은 사람들에게 먼저 손을 내밀고, 그들이 흥미로워하는 특정 주제에 관해서 이야기하도록 권한다. 또한, 여러분에게 에너지를 주는 그룹과 커뮤니티에만 가입해서 그 사람들과 일대일로 대화할 것을 권한다.

내성적인 사람들이나 사회성이 적은 사람들에게는 대화 자체가 고통스러울 수도 있다. 그래도 다른 사람과 대화하는 것이 좀 더 수월해질 수 있도록 도와주는 팁이 많이 있다. 필자는 작가이면서 본인의 표현에 따르면 '사회화를 배우는 사람'인 바네사 반 에드워드Vanessa Van Edward의 '사람들의 과학'[6]이라는 웹사이트를 아주 좋아한다. 「인맥을 구축하는 방법How to Network」[7]이라는 그녀의 기사를 보면 사람들과 대화하는 자리에서는 어디에 서야 하는지, 사람들의 이름을 어떻게 기억할 수 있는지, 행사에서 사람들과 어떻게 대화하는지 등에 대한 팁을 배울 수 있다. 다시 한번 말하지만, 이 모든 것은 배울 수 있다.[8]

---

4 이것이 대표성이 중요한 또 다른 이유다.

5 「동료의 도움을 바탕으로 엔지니어링 리더십 발휘하기」, https://oreil.ly/JHTrC

6 사람들의 과학 웹사이트, https://oreil.ly/fkXsx

7 「인맥을 구축하는 방법」, https://oreil.ly/JXjuH

8 필자가 들은 바에 따르면 컨퍼런스에서 소위 '자신감 있게' 대화하는 사람 중 절반은 실은 일종의 소프트웨어를 통해 상호작용을 관리하는 프로세스를 실행하는 것이다. 그들은 이런 사회적 활동을 제대로 수행하기를 원한다.

가시성 확보

만약 여러분이 특정한 스킬을 갖고 있다고 해도 아무도 여러분이 그 스킬을 갖고 있다는 사실을 알지 못한다면 해당 스킬 역량이 필요할 때 여러분을 찾지 않을 것이다. 사람들에게 여러분이 문제를 해결하거나, 통찰력 있는 질문을 하거나, 혼란스러운 상황이 발생할 때 명확한 전략을 가지고 나타나는 모습을 보여주어라. 그러면 그들은 다음에 그런 기회가 생기면 여러분을 떠올릴 것이다. 또한, 여러분은 이 과정에서 흥미로운 사람들도 만나게 될 것이다. 그들은 여러분이 양쪽 모두와 관련된 일을 하고 있다는 것을 알게 되었으므로, 앞으로 연락을 취할 가능성이 더 높다.

오픈 소스 기여, 업계의 실무단 활동, 기사 작성, 팟캐스트 송출, 영상 및 콘퍼런스 강연 등으로 외부의 명성을 쌓을 수 있다. 이러한 종류의 외부 활동은 보통 선택 사항이지만, 여러분이 특정한 역할이나 연줄을 찾을 때 놀라울 정도로 도움이 될 것이다. 또한, 이는 업계 전반에 걸쳐서 선한 영향력을 미칠 수 있는 방법이기도 하다. 일부 고용주들은 채용을 돕거나 기업의 프로덕트나 서비스에 대해 대중의 관심을 끌도록 외부 활동을 장려한다. 그리고 외부 활동을 많이 수행할수록 여러분은 소위 '**공인**'이 된다. 공인 활동은 어느 정도 투자가 필요한 활동이다. 즉, 이는 여러분의 능력치 포인트를 사용하는 곳 중 하나다.

기회를 제안받는다고 해서 무조건 수락할 필요는 없다. 하지만 원하는 것을 얻을 수 있는 기회라면 그 기회를 헛되이 버리지는 말아라. 여러분이 할 수 있다는 것을 보여주자. 예를 들어서 콘퍼런스에서 강연하는 것을 수락했다면 최선을 다해 발표 자료를 준비하자. 비행기에서 급하게 준비한 발표 자료를 사용해서는 안 된다.[9] 오픈 소스 커뮤니티에 가입했다면 이야기할 때 논쟁부터 시작하지 말아라. 그보다는 사람들에게 여러분이 좋은 인성을 갖고 있고 침착하게 일하는 모습을 보게 해라. 눈에 띄는 방식으로 유능함을 드러내라.

역할 및 프로젝트 선정

사실 스킬 역량, 가시성 및 인맥을 구축하는 가장 효율적인 방법은 이를 업무의 일부로 만드는 것이다. 시간을 투자할수록 그 모든 것을 더 잘하게 될 것이다. 특히 업무로 삼으면 직장에서

---

9 물론 여러분이 급하게 만든 발표 자료로 연습도 없이 무대 위에서 능숙능란하게 발표를 진행해서 기립박수를 받을 만한 재능을 가진 소수의 사람 중 한 명일 수도 있다. 다만 필자는 그런 사람들을 대상으로 이야기하는 것이 아니다. 여러분이 그런 사람이라면 그 재능을 그대로 발휘하면 된다. 그리고 그 비밀을 필자에게도 알려주면 좋겠다.

하는 일이 되므로 전문성을 더 빠르게 얻을 수 있다. 한 경험이 다른 경험으로 이어지면서 전문성이 갖추어진다. 예를 들어서 스토리지 시스템을 만드는 데 5년을 소비하면 그다음부터는 스토리지 시스템을 만드는 데 능숙해진다. 그러면 관련 스킬 역량을 보유하게 되고, 관련 업무 경험을 여러분의 이력서에도 추가할 수 있다. 특히 여러분의 전 직장 동료들은 스토리지 전문가를 고용할 상황이 되면 여러분을 먼저 떠올릴 것이다. 한편으로, 인기 있는 모바일 앱을 개발하고 운영 및 관리하는 데 5년이라는 시간을 보내면 이전의 경력과는 완전히 다른 경력을 쌓는 것이다. 그래도 그쪽 관련 역할을 맡기가 쉬워진다.

그러니 여러분이 하고 싶은 경험을 줄 수 있는 역할을 **신중하게** 선택하라. 대기업에서만 배울 수 있는 것이 있고, 중소기업에서만 배울 수 있는 것이 있다. 또, 어떤 경험은 매니저가 되어야 배우기가 더 쉽고, 어떤 경험은 정말로 실무 차원에서 일해야만 얻을 수 있다. 만약 어떤 경험이 필요할지 잘 모르겠다면, 여러분이 원하는 역할을 하고 있거나 여러분이 원하는 삶을 살고 있는 다른 사람을 찾아보자. 그리고 어떤 중요한 경험이 그들을 지금의 모습으로 만들어주었는지 그들에게 직접 물어보자(물론 링크드인에서 그들의 이력을 몰래 훔쳐볼 수도 있겠지만, 실제로 대화해보면 더 많은 것을 알 수 있다).

그리고 시간을 투자하는 것에 더 능숙해질수록 여러분이 가지고 싶은 스킬 역량을 줄 수 있는 역할과 프로젝트를 심사숙고해서 선택하자. 1995년에 트래블러시티 Travelocity 에 입사한 이래로 10개 이상의 스타트업에서 엔지니어링 리더로 활동한 메이슨 존스 Mason Jones 는 "지식을 확장하고 경험을 넓힐 수 있는 역할을 일관되고 사려 깊게 선택한 것이야말로 내가 한 일 중에서 가장 가치 있는 일이었다."라고 말하며 이 점에 동의한다.

9.2 직업 적합성

모든 직업은 여러분이 장기적인 목표를 향해 성장하도록 돕는 동시에 욕구도 충족해준다. 그런데 불행하게도, 이 두 가지를 모두 만족시키지 못하는 직업을 가진 사람들도 있다. 여기에서는 여러분의 직업이 본인에게 적합한지를 살펴보는 것으로 시작해서 여러분의 희망 목록과 일치하는 직업을 수행할 수 있을지를 평가하고자 한다.

9.2.1 주시해야 할 다섯 가지 지표

현재 여러분이 수행하는 역할은 여러분의 목표에 가까워지도록 해주는 역할인가? 혹시 그와 반대로 오히려 멀어지는 것은 아닌가? 경험이 풍부한 엔지니어링 책임자인 케이트 휴스턴Cate Huston 은 「직장을 그만둘 때가 되었다는 다섯 가지 신호5 Signs It's Time to Quit Your Job」[10]라는 기사를 통해서 이를 체크해볼 수 있는 다섯 가지 지표를 다음과 같이 제시한다.

- 지금 무언가를 배우고 성장하는 중인가?

- 다른 곳에서도 쓸 수 있는 스킬을 배우고 있는가, 아니면 단지 현재 조직의 문제 상황에 대처만 하는가?

- 팀에 다른 사람을 채용하는 것에 대해서 어떻게 생각하는가?

- 얼마나 자신감을 느끼는가?

- 얼마나 많은 스트레스를 받는가?

훌륭한 일자리는 여러분이 목표를 향해서 성장할 수 있도록 도와주며, 자신감과 능력을 높은 수준으로 끌어올려 준다. 반대로 좋지 못한 일자리에서는 정체停滯, 좋지 못한 동료와의 협력, 지원 부족, 불가능한 마감일 또는 기타 어려움을 일으키는 나쁜 문제들이 발생할 수 있다. 그리고 여러분이 이 문제에서 벗어났어야 할 지점을 훨씬 지나쳐버리면 그 문제점들은 알아차리지 못할 정도로 계속해서 더 악화될 수 있다. 필자는 건강하지 못한 직장 환경에 있는 친구들이 본인은 다른 곳으로 이직할 역량이 부족하다고 속단하는 것을 본 적이 있다. 그럴수록 그들은 현재 역할 수준에서 정체되고, 시간이 지날수록 스킬 역량이 부족한 상황에 놓인다. 휴스턴은 "가끔은 5년 차 경력자가 1년 차 경력자와 같은 수준일 수도 있다."라고 말했다.

그리고 휴스턴은 「본인 경력의 직접적인 책임자가 되는 것Being the DRI of Your Career」[11]이라는 또 다른 기사에서 고용주는 시간을 벌면서 여러분의 '브랜드'만 빌리고 있다고 이야기했다. 많은 엔지니어가 개인의 브랜드화에 관해서 부담스러워한다. 하지만 값비싼 헤어스타일을 한 세련된 사람들을 생각해보아라. 브랜드는 개인이 다른 사람들에게 어떻게 비추어지는지를 나타낸다. 만약 여러분의 직업이 여러분을 탐나는 인재로 만들어 주지 않는다면 휴스턴의 말을 떠올려보자. 휴스턴은 "여러분의 고용주는 여러분에게 많은 임대료를 지불해야 한다. 왜냐하면 그렇지 않으면 그들이 시장 가치를 파괴하는 것이기 때문이다. 때로는 충분히 지불할 때도 있지

---

10 「직장을 그만둘 때가 되었다는 다섯 가지 신호」, *https://oreil.ly/7JLMI*
11 「본인 경력의 직접적인 책임자가 되는 것」, *https://oreil.ly/qw2J2*

만, 그렇지 않을 때도 많다. 그리고 사람들은 이를 너무 늦게 깨닫는 경향이 있다."라고 말했다.

여러분도 사람인지라 어떨 때는 지표가 잘 들어맞을 때도 있지만, 다른 날에는 그렇지 않을 때도 있을 것이다. 그래서 필자는 다음의 방법을 추천한다. [표 9-1]의 질문들을 사용해서 여러분의 친구들에게 다음의 지표를 몇 달 동안 추적 확인해달라고 부탁하는 방법이다. 이처럼 시간이 지날수록 지표가 어떻게 흘러가는지 집중적으로 추적해보아야 한다.

표 9-1 휴스턴의 다섯 가지 지표를 바탕으로 구성한 지표 추적용 질문지

지표	지금 무언가를 배우고 성장하는 중인가?	다른 곳에서도 적용할 수 있는 스킬을 배우고 있는가, 아니면 현재 조직의 문제 상황에 대처만 하는가?	여러분의 기업이 인맥으로 모집하는 것을 어떻게 생각하는가?	얼마만큼의 자신감을 느끼고 있는가?	현재 직업이 여러분에게 육체적으로도 좋은 직업인가?
점수에 따른 수준	0점: 성장을 아예 멈추었다. 5점: 엄청난 성장을 이루고 있다.	0점: 현재 조직의 문제 상황에 대처하고 있다. 5점: 다른 곳에서도 쓸 수 있는 스킬을 배우고 있다.	0점: 도덕적으로 모순된다. 5점: 괜찮다.	0점: 자신감이 사그라든다. 5점: 자신감이 쌓인다.	0점: 엄청난 스트레스를 받고 있다. 5점: 건강하다고 느껴진다.
〈날짜〉					
〈날짜〉					
...					

지표를 추적해보면 최근의 편향만으로 판단을 내리는 것을 방지하고, 시간이 지날수록 여러분이 변했는지 추적해서 빅 픽처 관점을 지니도록 돕는다. 만약 과거를 돌아보았을 때 대부분의 상황이 좋아졌다는 사실을 안다면, 한 달 동안 상황이 좋지 않더라도 분노를 터트릴 가능성이 줄어든다. 또한, 몇 달 동안 계속해서 상황이 좋지 않거나 시간이 지날수록 지표가 더 나빠지는 경우에는 여러분이 좋지 않은 상황에 처해 있다는 것을 알 수 있다. '어색한 선장'Captain Awkward 웹사이트'[12]는 나쁜 지표에 관해 자문해볼 수 있도록 **쉴즈붑**Sheelzebub **원칙**을 제시한다. 해당 웹사이트에는 "만약 현재 상황이 그대로 유지된다면, 여러분은 한 달, 또는 6개월, 또는 1년, 또는 5년 동안 더 계속할 수 있는가? 그렇다면 얼마나 더 지속할 수 있는가? 현재 역할에서 원

---

12 어색한 선장 웹사이트. *https://captainawkward.com*

하는 것을 얻을 수 있는가?"라는 질문들이 있다.

9.2.2 장기적인 목표를 위한 직업 선택

여러분의 직장은 건강한 환경인가? 잠시 시간을 내어서 우선순위 목록을 살펴보고, 여러분의 업무가 여러분의 욕구를 얼마나 잘 충족하고 있는지 평가해보자(그림 9-3 참조). 무엇이 훌륭한지 확실히 인식하고, 무엇이 부족한지 확인하자. 흔히 사람들은 좋은 것을 쉽사리 당연하게 여기는 경향이 있다.

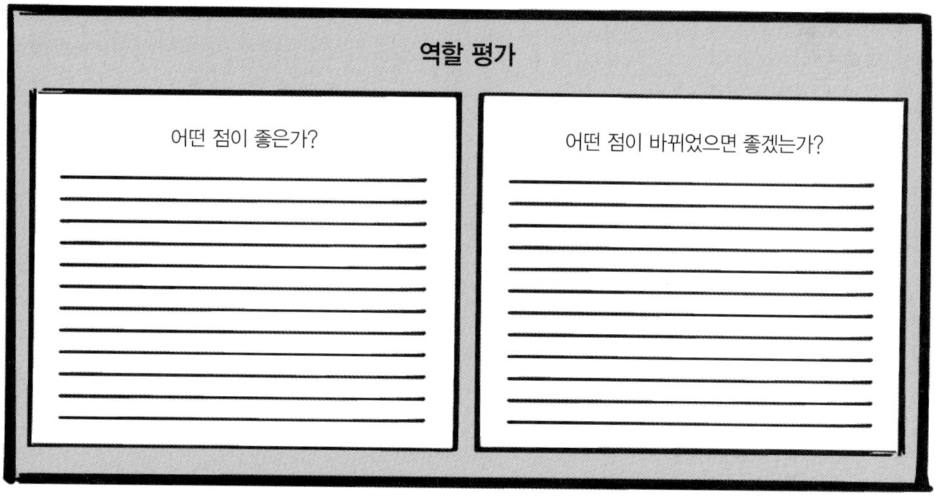

역할 평가

어떤 점이 좋은가?	어떤 점이 바뀌었으면 좋겠는가?

그림 9-3 여러분의 역할을 평가해보자. 어떤 점이 좋은지, 어떤 점이 바뀌었으면 좋을지 생각해보자.

여러분의 직업이 아무리 훌륭해도 여러분은 본인의 직장이 완벽하다고 확신하지는 않을 것이다. 즉, 여러분의 우선순위 목록에 있는 모든 것을 충족하는 역할을 찾기란 **불가능**에 가깝다. 돈을 많이 버는 업무는 종종 세상에 좋은 일을 하는 것과는 상반되는 일이다. 또한, 가장 많이 배우는 업무는 가장 권위 있는 역할을 하는 것과는 다를 수 있다. 그리고 여러분이 경력 면에서 큰 성취를 이루어낼수록 여러분 삶의 다른 측면을 위해서 시간과 에너지를 쓰기는 어려워진다. 바로 이런 점이야말로 아무도 여러분이 직업을 결정할 때 대신해서 결정해줄 수 없는 이유다. 우리는 모두 저마다 절충점을 찾아서 직업을 선택한다. 하지만 최적이 아닌 부분을 살펴보고, 다른 부분에서 큰 손해 없이 변경할 수 있는지 고민해보아야 한다.

한 직장에 머물러야 하는 이유

만약 무언가를 바꾸려고 할 때는 기존 상태를 수정하거나 새 상태로 이동하는 두 가지의 선택지가 있다. 어떤 선택지를 골라야 할지 몇 가지 이유를 고려해보자. 가장 먼저, 현재 여러분의 역할이 여러분의 욕구를 대부분 충족해주고 목표를 향해 가도록 하는지 살펴보아야 한다. 스태프 엔지니어링 분야는 장기간 한곳에서 쌓은 경험이나 도메인 지식 및 관계를 잘 활용할 수 있는 분야다. 다음은 한곳에서 오랫동안 일하는 것이 좋은 몇 가지 이유다.

■ 피드백 루프

한곳에 오래 머물면 여러분 행동의 결과를 확인해서 피드백 루프를 구축할 수 있다. 엔지니어들이 많이 이직할수록 모든 사람은 본인의 업무 결과 대신에 다른 사람이 과거에 결정한 사항의 결과를 주로 보게 된다. 게다가 한곳에 머물면 여러분이 이끈 동료들이 시니어 또는 스태프 엔지니어가 된 후에 스스로 롤모델이 되는 모습을 볼 수도 있다.

■ 깊이

단일 도메인이나 단일 환경을 깊이 파고들수록 관련 도메인의 이해도도 당연히 더 깊고 섬세해질 것이다. 지식을 기반으로 할 수 있는 무언가를 직관적으로 잘 이해하려면 오랜 시간이 걸린다. 또한, 예전에 해본 일을 하면 더 빠르게 진행해서 처리할 수 있다.

■ 관계

여러분은 그간 조직 전체의 사람들과 친해지는 데 많은 시간을 투자했을 것이다. 그리고 그만큼 신뢰가 가고 함께 일하는 것이 즐거운 사람들도 만났을 것이다. 여러분은 그 사람들과 상호 신뢰 관계를 충분히 잘 구축했으므로. 심지어 기술적인 의견에서 불일치가 발생하더라도 서로에게 쉽사리 화내지 않고 공동체적인 관점에서 잘 해결할 수 있다. 이와 같은 상호 신뢰 관계는 쌓는 데 아주 오랜 시간이 걸리는 사회 자본이다.

■ 맥락

어떤 조직을 탐색하는 방법을 배우는 데 시간과 노력을 투자하는 것은 다른 조직에서는 사용할 수 없는 스킬 역량을 갖게 되는 것이다. 여러분은 여러분 조직만의 OKR 프로세스를 알고, 새도우 조직도를 알고 있으며, 일을 어떻게 처리하는지도 알고 있다.

■ 익숙함

여러분은 여러분의 업무, 일정, 그리고 조직 사람들을 잘 알고 있다. 만약 여러분이 종교적인 이유로 주기적으로 개인적인 휴일을 보내거나, 매일 오후에 학교로 아이를 데리러 거거나, 목요일 점심시간에 항상 보크bocce 게임[13]을 하고 있다면 여러분은 본인의 일정을 그렇게 보내기로 이미 여러분의 기업이나 조직과 협의를 마친 상태다. 여러분의 생활을 충분히 고려한 일정인 만큼, 아마 이를 바꾸고 싶지 않을 것이다.

이직해야 하는 이유

반면에 여러분은 간격을 두고 이직하고 싶어 할 수도 있다. 다음과 같은 좋은 이유들 때문이다.

▪ 고용 가능성

한 기업에 매우 오랫동안 머무르면, 다른 곳에서 사용되는 스킬 역량을 배우지 못하고 그 문화에서 일하는 방법만 배울 수 있다. 바깥세상은 늘 변화하기에 여러분은 뒤처질 수도 있다. 더 많은 기술과 도메인 지식을 최신으로 유지할수록 더 많은 기회가 생겨난다.

▪ 경험

어느 한곳에서만 얻을 수 있는 경험과 보고 배울 수 있는 사람들에는 한계가 있다. 한곳에서 모든 경험을 했다면, 이제 새로운 경험을 할 준비를 해볼 수도 있다.

▪ 성장

때때로 이직하면 여러분의 현재 수준이나 범위에서 쉽게 한 단계를 더 올라갈 수 있다. 현재 여러분의 단계에서는 다음 단계로 가는 것이 현실적으로 너무 먼 것처럼 느껴질 수 있다. 그리고 승진하기 위해서 여러분이 관심이 없는 사내 정치 행위나 업무를 해야 할 수도 있다. 만약 여러분이 현재 있는 곳에서 중요하고, 도전적이거나, 눈에 보이는 프로젝트에 여러분의 이름을 올리기 위해서 고군분투하고 있다면, 이런 과정을 통해서 이루는 승진보다 새로운 직장을 찾아보는 것이 쉽고 빠른 길이 될 수도 있다.

▪ 연봉

이직은 연봉을 올리는 지름길이 될 수 있다. 어떤 기업들은 현재 근무하는 직원들에게 업계 평균 수준의 연봉을 지급하지만, 종종 신입사원만이 더 나은 급여, 주식 보조금, 그리고 고용 보너스를 협상해볼 수 있다.

---

13 옮긴이_'보크 게임'은 이탈리아식 '볼링 게임'의 일종이다.

■ 불일치

모든 기업에 성장할 수 있는 모든 경로가 존재하는 것은 아니다. 여러분이 만약 여러분의 조직이 실제로 필요로 하지 않는 주제에 관한 업계 전문가가 되려는 경우가 그렇다. 아니면 여러분이 흥미를 느끼는 프로젝트가 조직에서 투자하고 싶지 않은 프로젝트일 수도 있고, 여러분이 리더십을 발휘할 기회에 비해서 조직 내에 너무 많은 선임이 있을 수도 있다. 그렇다면 이제는 다음 단계로 넘어갈 때가 되었다. 모든 조직에 모든 역할이 필요한 것은 아니다. 즉, 특정 역할은 특정 조직에서만 필요할 수도 있다.

여러분에게 무엇이 필요한지에 따라서 다음 단계가 각각 달라질 것이다. 다음 내용에서는 현재 자리에서 나아갈 수 있는 길과 현재 위치에 머무르는 길, 역할이나 기업을 바꾸는 길에 관해서 살펴보겠다.

9.3 현 위치에서 나아갈 수 있는 경로

어디로 나아가야 하는가? 다음과 같은 선택지들이 있다.

9.3.1 하던 일 계속하기

만약 여러분의 현재 직장이 여러분에게 필요한 것을 충분히 제공해준다면 아무것도 바꿀 필요가 없다. 우리 업계의 특성상 이직이 중요한 키워드인 것은 필자도 잘 알고 있다. 그래서 정기적인 '새 일자리' 공고를 보면 여러분의 마음도 흔들릴 수 있다. 그래도 여러분이 성장 중인 틈새시장에 있다면 같은 팀에 머물면서 수십 년 동안 배우고 성장할 수 있는 여지가 있을 것이다. 아니면 여러분은 더 이상 성장하고 싶지 않을 수도 있다. 즉, 현재의 스킬 역량을 활용하면서 은퇴할 때까지 같은 일을 계속하고 싶을 수도 있다.

만약 여러분이 후자의 입장이라면, 빠르게 변화하는 우리 산업의 특성에 대해서 경각심을 가질 필요가 있다. 기술과 사업은 끊임없이 변화하고 리더십 역량도 최신 정보를 학습하지 않으면 서서히 구식이 된다. 사회적 규범, 의사소통 스타일, 모범 사례 등 모든 것이 바뀐다. 그래서 같은 자리에 가만히 있다고 해도 말 그대로 가만히 있는 것이 아니라 적어도 최신 정보를 습득할 정도로는 움직이고 배워야 한다.

9.3.2 승진 추구하기

어떤 기업에서는 동일한 역할을 계속 맡아야만 다음 직급으로 승진시켜준다. 여러분의 영향력과 지식이 확장될수록 여러분과 매니저는 여러분이 승진해야 할 때라고 느낄 것이다.

더 높은 직급으로 승진하면 더 많은 돈을 벌 수 있고, 더 높은 직위와 더 큰 신뢰를 얻을 수 있다. 1장에서도 말했듯이, 높은 직급은 여러분이 특정 대화에 초대되어야 한다는 것을 증명하는데 시간과 에너지를 소비하는 것을 절약해준다. 그리고 솔직히 승진하거나 더 큰 일을 제안받으면 일단 여러분의 기분이 좋아진다. 하지만 그 느낌은 조금 더 들여다볼 필요가 있다. 그 느낌은 정말로 직급 때문에 생기는 것인가, 아니면 실제로 급여, 명성, 흥미로운 도전, 더 넓은 범위, 존중, '그런 일이 일어나는 방'에 초대되는 것, 성장에서 오는 느낌인가? 그것도 아니라면완전히 다른 것에서 오는 느낌인가? 이 중에서 아무거나 다 괜찮지만, 적어도 승진할수록 여러분이 원하는 것을 얻을 수 있어야 한다. 그렇지 않으면 새로운 직함에 빠르게 좌절감을 느끼게 될 수도 있다.

또한, 승진이 기업에서 어떤 의미인지 이해하라. 누가 승진할지는 책임자가 결정하는가? 여러분의 업무를 명확하게 검토하는 추진위원회가 있는가? 물론 대부분의 기업에는 다음 직급에서 요구하는 경력 사다리에 관한 설명이 문서화되어 있지만, 대개 세부적인 사항까지 다 적혀 있지는 않다. 또한 얼마나 많은 사람이 승진할 수 있는지, 또는 얼마나 많은 사람이 특정 역할에 존재할 수 있는지에 대한 규정이 있을 수도 있다. 그럴 때는 리더십이 필요한 적절한 규모의 범위나 프로젝트가 없으면 승진하기가 어렵다.

여러분이 승진을 원한다면 매니저와 상의하고 그들에게 가르침을 요청하라. 여러분이 원하는 직급에 있는 사람들과 인맥을 쌓고, 그들은 어떻게 그 직급에 이르렀는지 이해하라. 만약 다른 사람이 최근 몇 년간 그 역할을 수행하는 상황인데, 그들의 발자취를 좇으면 그들에게 위협감을 느끼게 할 수도 있다. 그러니 여러분은 그들의 위치를 기대하는 것이 아니라, 그들이 승진했을 때처럼 영향력을 갖게 되는 것을 기대하고 있다는 것을 명심하라.

9.3.3 워라밸 추구하기

여러분이 성공할수록 업무량이 더 줄어들 수도 있다. 필자가 젠스 랜틸Jens Rantil이라는 엔지니어와 이야기를 나누었을 때 그는 자신이 "예전보다 80% 정도의 업무량만 수행하는 대신에

20% 정도의 급여를 삭감하는 조건으로 훨씬 작은 기업의 스태프 엔지니어 역할로 이직했다.” 라고 말했다. 이에 관해서 그는 “매주 목요일이 마치 금요일 같아서 놀랍다!”라는 표현을 덧붙였다. 그는 80% 정도만 일하는 곳으로 이직한 것은 본인은 여가 시간에 좀 더 가치를 부여하는 성격이기에 워라밸을 고려해서 내린 첫 번째 결정이라고 했다(다만 임금 삭감은 즉각적인 급여에만 영향을 미치는 게 아니라 은퇴를 위한 저축에도 영향을 미친다는 점은 기억해야 한다). 랜틸처럼 80% 정도만 일하는 것은 워라밸과 관련한 일반적인 이직 형태다. 그러나 필자는 더 나아가서 엔지니어들이 60%, 40%, 심지어 20%의 시간 정도만 일하도록 조정하는 것도 보았다. 또한, 일부 고용주들은 여러분의 역량을 일주일에 하루만 사용하고 싶어 할 수도 있다.

만약 여러분이 업무 시간을 줄이고 있다면, 그 시간들이 어떤 결과를 일으키는지는 숙고하라. 업무에 집중할 시간을 뒤로하고 그냥 쉽게 미팅에 참석해버릴 수도 있다. 그러나 그렇게 하는 것이 여러분을 행복하게 만드는 것이 아닐 수도 있고, 그렇게 하면 매니저가 원하는 결과를 얻지 못할 수도 있다. 아니면 여러분이 재미있게 느끼는 업무를 하고자 추가 시간 동안 무급으로 일해야 할 수도 있다. 만약 여러분이 일주일에 5일씩 야근을 해야 한다면 왜 4일만 일해도 된다고 생각하는지에 대해서 확실히 밝혀라.

여러분의 기대치를 매니저와 팀의 기대치와 일치시켜라. 만약 여러분이 여전히 승진하고 싶거나 흥미로운 프로젝트를 이끌고 싶다면 이 점을 매니저가 확실하게 알게 하라. 당직, 연휴 주간 또는 병가로 결근한 주간과 같은 특정 상황을 어떻게 처리할 것인지에 대해 동의를 얻어야 한다. 특히 많은 팀이 여러분이 일하는 시간을 줄이는 것에 열광하지 않을 것이라는 점에 주의하라. 인원 할당의 관점에서 생각해보자. 팀은 정해진 수의 엔지니어를 보유하고 있기에 여러분이 근무 시간을 줄이면 다른 사람이 그 부족한 시간을 보충해줄 수 없다. 하지만 더 짧은 시간 안에 많은 것을 성취할 수 있을 수도 있다. 필자가 이야기를 나누어본 한 사람은 하루에 5시간 씩만 일하기 시작했는데, 그렇다고 해서 더 적은 양의 업무를 처리하게 된 것은 아니라고 했다. 그들은 생산적으로 일하는 시간이 하루에 4시간 정도밖에 되지 않기 때문이다.

9.3.4 팀 변경하기

현재 고용주가 만족스럽지만, 여러분이 변화할 준비가 되었다면 내부적인 인사이동 조치가 훌륭한 방법이 될 수 있다. 여러분은 여러분의 맥락, 관계, 신뢰성, 사회 자본을 상당량 유지하면서도 새로운 것을 시작할 수 있다. 힐티Hilti의 소프트웨어 아키텍처 리더인 뷰린 아사베스나

Burin Asavesna는 이런 일종의 재시작을 게임에서 숙련된 사용자가 새로운 캐릭터를 만드는 것에 비유했다. 이때는 기술적으로는 처음부터 다시 시작하지만, 현실적으로는 이미 플레이하는 법을 잘 알고 있기에 잘 해낼 수 있다.

또한, 팀이나 조직 내에서 인사이동을 하는 것은 다른 팀과 현재 팀의 다리를 이어주는 훌륭한 방법이 될 수 있다. 여러분은 여전히 이전 팀과 연락할 수 있으며, 지식과 문화를 새로운 팀에 가져다준다. 게다가 새로 들어간 팀에 외부인으로서의 시각과 다른 조직에서 그 팀을 어떻게 생각하는지에 대한 시각도 제공할 수 있다.

9.3.5 새로운 전문 분야 구축하기

기술 분야의 폭이 넓다는 것은 항상 새로운 것을 배울 수 있다는 것을 의미한다. 이미 알고 있는 점과 매우 비슷한 다른 것을 즐겁게 배우거나, 지식에 새로운 차원을 추가하거나, 완전히 새로운 스킬 역량에 많은 능력치 포인트를 배분할 수도 있다. 심지어 우연히 새롭게 전문 분야에 대한 지식을 쌓을 수도 있다. 대부분의 가장 흥미로운 혁신은 하나 이상의 도메인에 매우 익숙한 사람들이 해낸다. 즉, 전문 도메인의 경계에서는 흥미로운 일들이 일어난다!

새로운 전문 분야를 구축하는 것은 새로운 팀을 구축하는 것 이상을 의미할 수도 있다. 나아가서 이것은 일시적이거나 영구적으로 다른 경력 사다리로 이동하는 것을 의미할 수도 있다. 전 프린시플 엔지니어인 루 비샤르Lou Bichard는 「소프트웨어 엔지니어링에서 프로덕트 관리로 이동한 것에 대한 3개월간의 성찰From Software Engineering ⇒ Product Management (A 3 Month Reflection)」[14]이라는 글을 통해서 '프로덕트 지향 엔지니어'에서 공식적으로 프로덕트 매니저가 되는 프로세스를 다루었다. 그는 "조금이라도 다른 일을 하기 위해서 시간을 보내면 여러분의 업무에 새로운 관점이 생겨나는 데 도움이 된다."라고 말했다.

9.3.6 탐색하기

몇몇 기업은 여러분이 단기적인 업무를 맡거나, 새로운 팀에 참여하거나, 돌아가면서 여러 팀에서 일하는 로테이션 프로그램에 참여하거나, 또는 잠깐 새로운 팀에서 일하도록 장려한다.

---

14 「소프트웨어 엔지니어링에서 프로덕트 관리로 이동한 것에 대한 3개월간의 성찰」, *https://oreil.ly/51xAs*

한 대기업의 스태프 소프트웨어 엔지니어는 6년 동안 한 팀에 있다가 이런 종류의 업무를 수행하는 상황에 관해서 필자에게 이야기해주었다. 그녀의 기업은 로테이션 프로그램을 포함해 광범위한 탐색 기회를 제공해주는 기업이었다. 그래서 그녀는 현재 속한 팀 외에 다른 팀을 탐험하는 시간을 갖기로 했다. 그 후 그녀는 2년에 걸쳐서 성숙한 인프라를 연구하는 대규모 사이트 안정성 팀, 최근 출시된 프로덕트를 연구하는 소규모 연구팀, 그리고 새로운 오픈 소스 프로덕트를 개발하기 위해 비영리 단체와 협력하는 중간 규모의 팀을 합쳐서 총 세 팀에서 시험적으로 업무를 수행해보았다. 이렇게 엄청나게 다른 경험을 한 후에, 그녀는 연구팀이야말로 그녀의 관심사와 일치하고 그 팀에서 많은 성장 기회를 얻었다는 사실을 분명하게 깨달았다. 그래서 그녀는 그 뒤로 지금까지 1년 반 동안 연구팀에서 일하고 있다.

9.3.7 매니저 역할 도전해보기

경영 분야의 업무에 관심이 있는가? 일부 스태프 엔지니어는 완전히 관리 업무로 이동해서 계속해서 성장한다. 또 다른 사람들은 개인 기여자 역할로 돌아가기 전에 매니저 진로를 잠깐 시도해본다.

체리티 메이저는 본인이 쓴 아주 유명한 기사인 「엔지니어와 매니저 관계의 진자 운동」[15]에서 몇 년마다 매니저와 개인 기여자 역할을 의도적으로 왔다 갔다 하는 '엔지니어와 매니저 관계의 진자'라고 부르는 아이디어를 소개했다. 메이저는 경력 진로를 한 개만 선택하고 그 진로에만 머물러야 한다는 고정관념을 거부한다.

> 전 세계적으로 최고의 최전선 엔지니어링 매니저들은 2~3년 이상 실전을 벗어나지 않는 사람들이다. 최고의 개인 기여자는 관리 경험을 한 사람들이다. 그리고 세계 최고의 기술 리더들은 종종 이 두 가지를 모두 하는 사람들이다. 그들은 매니저도 했다가 개인 기여자도 했다가 하며 진자 운동처럼 왔다 갔다 한다.

다만 메이저는 경영 업무를 하는 것을 승진하는 것으로 간주해서는 안 된다고 강조한다. 매니저는 단지 여러분이 또 다른 전문 스킬 역량을 쌓는 직책의 변화다. 사람들을 관리하는 리더십에서 기술 리더십으로, 또는 그 반대로 갈 때는 지위에 변화가 없어야 한다. 각각의 진로는

---

15 「엔지니어와 매니저 관계의 진자 운동」, *https://oreil.ly/1eBJs*

별도의 스킬 역량을 구축하고 나머지 다른 쪽의 스킬 역량을 향상시킬 것이다. 하지만 그녀는 "여러분은 엔지니어링과 경영 중에서 한 번에 하나만 개선할 수 있다."라고 말하며 경영과 기술 리더십 두 가지를 동시에 시도하는 것은 추천하지 않는다.

반면에 윌 라슨은 「기술 리드 매니저의 역할은 덫이다」[16]라는 본인의 글을 통해서 두 가지 역할을 모두 할 수 있는 **혼합형 엔지니어/매니저** 역할이 항상 나쁜 것만은 아니라고 주장한다. 물론 이는 팀 매니저와 기술 기여자로서 탄탄한 경험을 쌓아야만 가능하다. 하지만 그는 "팀 매니저와 기술 기여자로서의 경험을 모두 쌓고 나서 여러분이 원하는 경력과 가깝다면 두 가지 역할 모두 해보는 것을 시도하는 것에 동의한다. 다만 지속해서 그런 혼합형 역할을 하며 경영 경력을 쌓는 것은 권하지 않는다."라는 말을 덧붙였다.

만약 여러분이 이런 종류의 혼합형 역할을 하게 된다면, 여러분이 필요할 때 위임하거나 기댈 수 있는 다른 선임들을 준비된 후보군으로 구축해서 이를 지속할 수 있도록 계획을 세워두어야 한다.

9.3.8 처음으로 직속 부하 직원 관리하기

만약 여러분이 이전에 인사 관리를 시도해본 적이 없다면 어떻게 될까? 매니저가 되거나 직속 부하 직원을 관리한 적이 없다면, 직장에서 처음으로 관리직을 맡는 것은 위험할 수 있다. 그러나 여러분은 다음과 같은 세 가지 이유로 직속 보고자 역할을 맡을 준비가 되어 있을 수도 있다.

- 미래의 목표를 위해 관리 경험이 필요하다면 결국 최종적으로 해당 스킬 역량을 쌓아야 한다.
- 의사결정과 맥락이 매니저 경력 사다리에 있는 사람들에게만 제공되는 기업이나 팀에 있다면 관리, 경영 진로를 수행해야만 프로젝트를 수행하는 데 더 많은 영향력을 끼칠 수 있다.
- 현재 여러분이 경력 사다리에서 가장 높은 단계에 있는데 다음 단계의 사업 문제에 관심이 있다면(특히 조직이 현재 경력 사다리에 다른 단계를 추가하도록 설득할 수 없는 경우), 팀을 관리하는 것이 여러분 경력 성장의 다음 단계일 수도 있다.

어떤 기업들은 직속 부하 직원을 갖춘 스태프 엔지니어의 개념이 있지만, 어떤 기업들은 스태

---

16 「기술 리드 매니저의 역할은 덫이다」, *https://oreil.ly/wnP3C*

프 엔지니어에게 직속 부하 직원이 없다. 이런 상황에서는 직속 보고자를 맡으면 진로 변경을 하는 것이다.

여러분이 시니어 매니저, 책임자 또는 부사장과 직급이 같은 개인 기여자 직급에 익숙하다면, 동일한 범위에서 조직을 관리해야 한다고 주장하는 것이 좋을 수도 있다. 구글의 보안 엔지니어링 책임자이자 직속 보고자 역할을 맡은 전직 스태프 엔지니어인 아만다 워커Amanda Walker 는 다음과 같이 이와 관련된 조언을 했다. 그녀는 더욱더 높은 조직 차원의 역할을 맡기 위해서는 그전에 매니저 역할을 맡는 데 시간을 할애할 것을 권장한다. 그녀는 "소프트웨어 엔지니어 역할을 맡는 것이 소프트웨어 엔지니어를 관리하는 데 도움이 되는 것처럼, 매니저 역할을 맡는 것이 다른 매니저를 관리하는 데 도움이 됩니다. 여러분이 잘했던 스포츠 종목을 지도하는 것이 하지 않았던 종목을 지도하는 것보다 당연히 더 쉽습니다."라고 말했다.

그러나 전반적인 조직 차원에서 일하는 데 익숙하다면 단일 기능 팀을 관리하는 역할로 돌아가는 것은 매력적이지 않을 수 있다. 이때 한 가지 가능한 절충안은 팀 간 프로젝트에서 기술 리드 또는 팀 리더 역할을 맡아서 해당 팀의 소수 인원에 대한 관리 책임을 맡을 기회를 찾아보는 것이다.

또한, 매니저로서 다른 사람을 이끄는 방식은 직속 부하 직원의 삶에도 영향을 미치므로, 여러분이 매니저가 된다면 직속 부하 직원에게 좋은 매니저가 될 수 있도록 경력을 쌓는 데 시간을 투자하라. 메이저는 「엔지니어링 관리: 진자 또는 사다리」[17]라는 본인의 글에서 이를 위해서는 최소 2년은 근무해야 한다고 말한다.

> 만약 여러분이 정말로 매니저가 되고 싶고 기회를 만났다면 매니저가 되어라! 여러분이 2년 동안 완전히 매니저 역할을 맡는 데 전념할 준비가 되어 있다면 그렇게 하는 것이 좋다. 경영 스킬을 배우고 사람을 관리하는 것을 좋아하는 데는 적어도 1년 이상이 걸린다. 만약 여러분이 2년간 매니저 역할을 맡아보겠다는 약속을 확실하게 못 하겠다면, 아마도 지금은 때가 아니다. 매니저가 너무 자주 바뀌는 상황은 팀에 방해가 된다. 그리고 다른 일을 하고 싶어 하거나 노력하지 않는 매니저에게 직속 부하 직원이 보고하도록 하는 것은 공정하지 않다.

경영에 전념하는 것은 오랜 시간이 걸린다는 사실을 받아들이는 것을 의미한다. 코딩, 아키텍처 또는 기술적인 업무를 다른 업무처럼 많이 하지 못할 것으로 예상하라. 아니면 코딩과 기술

---

17 「엔지니어링 관리: 진자 또는 사다리」, *https://oreil.ly/7xGlc*

업무를 아예 하지 않을 수도 있다는 사실을 인지하라. 카미유 푸르니에는 『개발 7년차, 매니저 1일차』에서 "단순했던 시절에 대해 향수를 느끼는 것과 포기하는 것에 대해서 약간의 두려움을 느끼는 것은 괜찮다. 하지만 모든 것을 한꺼번에 할 수는 없다. 훌륭한 매니저가 되려면 사람들을 관리하는 데 집중해야 하며, 이를 위해서는 개인 기여자가 해야 하는 기술 업무에 집중하는 것을 포기해야 한다."라고 말했다.

또한, 메이저는 「엔지니어와 매니저 관계의 진자 운동」[18]에서 "만약 여러분이 매니저라면, 여러분의 일은 경영을 더 잘하는 것이다. 이전의 영광에 집착하려 하지 마라."라고 말하며 동의 의사를 밝혔다.

9.3.9 본인만의 틈새시장을 찾거나 만들기

고위 리더 역할은 종종 특정한 요구를 수반한다. 같은 기업에서 있더라도 어떤 스태프 엔지니어 역할은 깊이 있는 설계 능력을 갖춘 사람을 필요로 하고, 다른 역할은 조직을 넘나들 수 있는 숙련된 프로젝트 리더를 필요로 하며, 또 다른 역할은 추가로 리더십 역할을 맡을 수 있는 사람이 필요하다. 여러분의 경력이 쌓일수록, 일반적인 역할에 맞추어야 하는 상황보다는 여러분만의 **특정한 스킬 역량**을 필요로 하는 곳을 찾게 될 가능성이 더 크다.

8장에서 레고 이야기를 한 몰리 그레이엄은 「다음 직업 선택하기 Choosing your next job」[19]라는 본인의 글에서 경력은 두 단계로 진행된다고 말한다. 그녀의 말에 따르면 첫 번째는 먼저 여러분의 장점이 무엇인지를 배우는 것이고, 그다음은 소위 '여러분에게 맞는 **틈새시장**'을 찾는 것이다. 그레이엄은 "행복은 여러분이 좋아하는 일과 잘하는 일의 교차점에 있는 역할을 찾는 데서 온다."라고 말했다. 그러나 그녀는 다음과 같은 경고도 덧붙였다.

> 여러분에게 완벽하게 맞는 역할처럼 들리지만, 그 일을 맡는 것을 상상할 때마다 지친 감정이 느껴지는 역할은 조심하라. 만약 여러분을 지치게 하는 그 일이 친구들과 가족들이 멋지다고 생각하는 그냥 '멋진' 일이라면 두 번 주의하라. 왜냐하면 여러분의 자아는 그 일을 하는 대부분의 나날들이 싫어지리라는 것을 직감하지만, 여러분은 다른 사람의 시선을 의식해서 그냥 그 일을 받아들

18 「엔지니어와 매니저 관계의 진자 운동」, https://oreil.ly/gs701
19 「다음 직업 선택하기」, https://oreil.ly/XhUGB

일 수도 있기 때문이다. 여러분이 특별하지만, 하기 싫어하는 그 역할의 벤 다이어그램은 경력상의 실수로 이어질 수 있다.[20]

여러분에게 잘 맞는 역할을 찾을 수 있는 한 가지 방법은 그 역할을 스스로 직접 만드는 것이다. 이 기회에 조직에 있는 역할 공백을 메우면서 동시에 여러분이 좋아하는 일자리를 만들 수 있다. 키비 맥민은 본인이 속한 기업에서 변화를 위한 준비가 되었을 때, 매니저와 본인의 목표를 공개적으로 논의하는 것이 자유롭다는 사실을 깨달았다. 바로 "이것이 제가 잘하고 정말로 하고 싶은 것입니다. 어떻게 하면 당신과 기업에 가장 큰 가치를 제공할 수 있습니까?"라는 질문으로 시작하는 논의였다. 그들은 상호 이익이 될 수 있도록 스트라이프에 기술 고문이라는 새로운 역할을 만들었다.

맥민은 그녀가 그럴 수 있는 특권적인 위치에 있었고, 무언가 새로운 것을 편안하게 요청할 수 있었기에 본인에게 맞는 역할을 만드는 것이 가능했다고 말한다. 즉, 이 방법은 모든 사람이 사용할 수는 없다. 다만 그녀는 "이처럼 나에게 맞는 역할을 충분히 만들 수 있다는 사실이 **여러분에게 도움이 될 수도 있다!** 여러분을 지지할 수 있는 사람들과 함께 새로운 역할을 만드는 아이디어를 탐구할 수 있는 권한을 여러분에게 부여하라. 아무도 그런 대화를 이끌어줄 수도 없고 이끌어 주지도 않는다. 실험한다고 생각하고 말을 꺼내보면 조금은 덜 부담스러울 것이다."라는 조언을 건넸다.

필자가 콘피댄티스트의 리더십 전무인 파비아나 타시니로부터 받은 또 다른 훌륭한 조언은 "만약 여러분이 역할을 직접 만들 기회가 생긴다면, 그 역할은 여러분이 좋아하는 일을 많이 포함해야 한다."라는 조언이다. 여러분에게 에너지를 주는 일을 새로운 역할에서 70% 정도는 차지하도록 만들자. 그리고 나머지 30%는 여러분이 연습해서 더 잘하고 싶은 것이어야 한다. 물론 기업 입장에서는 여러분이 새롭게 만드는 역할이 실제로 해당 기업에 필요해야 한다. 그리고 이 과정에서 여러분은 본인과 고용주 양쪽에 맞는 역할을 찾기 위해서 어느 정도는 타협해야 할 수도 있다.

---

20 또한, 그레이엄은 "나는 여러분을 잘 아는 사람들이 항상 '여러분처럼 생긴 다음 단계 역할'을 찾아준다는 사실을 발견했다. 결국 여러분을 잘 모르는 사람들은 항상 여러분이 지금까지 했던 일을 권유한다."라는 말을 덧붙였다. 사실 이는 필자의 경험과도 일치한다.

9.3.10 새 직무 심사숙고해서 선택하기

새로운 직장에서 다시 시작하는 것은 완전히 다른 관점을 제공해준다. 그리고 여러분이 경험하지 못했던 도메인에서의 경험 격차를 채워줄 수 있다. 원하는 경험에 따라서 조직 크기, 기술 범위, 도메인 또는 문화를 선택할 수 있다. 이때 가능하면 '리바운드rebound'[21]하지 않도록 노력하라. 몰리 그레이엄은 본인의 칼럼[22]을 통해서 "가끔 직장에 다니다가 행복하지 않거나 번아웃이 오면, 여러분은 '즐거운 직업'을 선택하는 경향이 있다. 연애할 때의 리바운드 관계처럼 리바운드 직업은 현재 상황에서만 벗어날 수 있도록 도와줄 뿐이다. 결국 그것이 최선의 선택이거나 가장 건강한 장기적 선택은 아닌 경우가 많다."라고 썼다. 그녀는 "현재 여러분을 비참하게 만드는 것과 반대되는 것을 선택하는 것은 결코 행복으로 이어지지 않는다. 이렇게 하는 것은 단지 여러분이 나쁜 상황에서 벗어나는 것만 도와줄 뿐이다."라고 덧붙였다.

만약 여러분에게 선택권이 있다면, 새로운 역할을 선택할 수 있도록 충분히 시간을 보내서 실제로 찾고 있는 역할이 무엇인지 정확하게 이해하라. 단지 여러분에게 처음으로 연락해온 채용 담당자의 메일을 보고 무작정 달려들지 말아라. 여러분은 더 좋은 역할을 담당할 자격이 있다.

스태프 플러스 역할은 기업마다 서로 다르기 때문에, 미래의 고용주와 함께 그 역할이 그들에게 어떤 의미를 갖는지, 그리고 여러분의 직무가 무엇이 될 것인지에 대해 허심탄회하게 대화를 나누어보자. 스태프 엔지니어인 에이미 엉거Amy Unger는 「스태프직 면접에서 배운 여섯 가지 사항6 things I learned interviewing for Staff positions」[23]이라는 본인의 글에서 "각 기업이나 심지어 여러분이 대화를 나누는 각 매니저도 그들이 어떤 스킬 역량을 찾는지에 관해서 정리해서 명확하게 표현하지 못하는 경우가 많다."라고 말했다. 그러므로 역할에 관련해서 최대한 많이 질문하고 대화하라.

스태프 플러스 면접 평가표는 표준화된 양식이 존재하지 않는다. 그래서 코딩 퍼즐, 시스템 설계, 이전에 맡았던 프로젝트, 다양한 리더십 시나리오에서 수행할 업무에 대한 질문 또는 "여러분이 이러이러한 것을 했던 시간에 대해 말해보세요."라는 질문 등 다양한 형태로 이루어진다. 또한, 수많은 조직이 면접 평가표를 사전에 공유한다. 만약 그렇지 않다면 채용 담당자에게

---

21 옮긴이_'리바운드'는 '반발'이라는 의미로 '무작정 본인이 원하지 않는 쪽을 피하는 선택'을 의미하는 표현이다. 연애 시 '리바운드 관계' 는 '과거 관계에서 있었던 상처를 잊고자 무작정 새로운 연애 관계를 시작하는 것'을 의미한다.

22 링크드인에 작성한 그레이엄의 칼럼. *https://oreil.ly/PQz9Q*

23 「스태프직 면접에서 배운 여섯 가지 사항」. *https://oreil.ly/02zWd*

면접관들이 무엇을 기대할지 물어보는 것이 좋다. 그러면 여러분이 진정으로 면접을 볼 준비가 되었는지 확인할 수 있다. 그리고 채용 담당자로부터 받은 질문은 새로운 기업이 그 역할을 어떻게 생각하는지에 관한 힌트로 사용하라. 여러분도 면접관들을 인터뷰하고 있다는 사실을 기억하라.

9.3.11 이직을 통해 직급 올리기

다른 기업에 취직하는 것은 여러분을 **재창조**할 기회다. 또한, 현재 위치에서 불가능한 역할을 찾아볼 수도 있다. 현재 여러분이 경력 사다리에서 승진 프로세스를 통해서 자신을 증명하기 위해서 고군분투하고 있다면, 때로는 다른 기업에서 다음 직급을 위해 면접을 보는 것이 더 쉬운 길일 수도 있다. 만약 여러분의 기업이 너무 느리게 성장해서 더 많은 고위 리더를 필요로 하지 않거나, 누군가가 그만둘 때까지 다른 프린시플 엔지니어나 시니어 매니저를 위한 공간이 없다면, 여러분은 때때로 이직을 통해서 더 많은 기회를 찾을 수 있다.

특히 여러분이 새로운 기업에서 필요로 하는 도메인의 전문가라면 이직하고 직급을 한 단계 올리기가 더 쉽다. 다만 다음 직급에 걸맞은 성과를 내는 동시에 의료 또는 건설 산업처럼 새로운 분야를 배우기를 원한다고 말하는 것은 상대방을 이해시키기 어려울 수 있다.

다음 일자리를 찾았다면 업계에서 실제로 그 일자리를 다음 직급으로 인정하는지 확인하라. 1장에서 언급했던 *levels.fyi* 웹사이트는 다양한 기업의 수많은 경력 사다리를 모아놓은 웹사이트로, 같은 직함이더라도 기업마다 다른 직무와 업무 범위를 의미하는 바를 아는 데 도움을 줄 것이다.

9.3.12 이직을 통해 직급 내리기

때때로 여러분은 더 작은 업무 범위, 더 적은 급여, 덜 유명한 직함, 또는 신입 역할처럼 어떤 면에서는 후퇴하는 것처럼 보이는 길을 택할 수도 있다. 만약 여러분이 **모든 것**을 개선하거나 증가시키는 것만을 고려한다면, 선택지가 제한될 것이다. 특히, 더 큰 기업으로 옮기는 것은 종종 역할에 대한 더 높은 기대치를 요구받지만, 그에 상응하는 직급 강등을 동반한다. 다만 직급을 강등하는 것은 종종 연봉을 줄이지 않고도 가능하며, 기술적 지식 기반을 강화하거나 여러분이 즐기는 종류의 일을 더 많이 할 기회가 될 수 있다. 현재 데이터도그Datadog에서 시니어 엔지니어로 일하는 조시 카더란Josh Kaderlan은 이전 기업에서 준 스태프 엔지니어 직함을 포기하는 것이 쉬웠던 이유에 관해서 "직함을 새로운 직업의 동기 요인으로 삼는다면, 여러분의 기회를 점점 더 제한하는 것과 같다. 직급에 집착하지 않고 내가 더 이상 모든 대화에서 가장 선임이 아니며, 나보다 더 많고 다양한 경험을 가진 사람들로부터 배울 기회가 있다는 점을 위주로 생각해보면 이 새로운 환경이야말로 충분히 보람 있는 환경이다."라고 말했다.

또 다른 엔지니어인 스테이시 개먼Stacey Gammon은 본인의 경력은 엔지니어와 매니저 역할을 모두 맡는 혼합형과 비슷하지만, 본인은 이를 기술 리더십과 실제 코딩하는 역할 사이를 이동하는 것으로 생각한다고 말했다. 필자와 그녀가 이야기를 나눌 때, 그녀는 상장 기업에서 리더십에 중점을 둔 프린시플 엔지니어 역할을 떠나서 코딩 작업에 더 많은 시간을 쏟을 수 있는 다른 '작은' 역할을 맡는 여러 기업의 제안을 받아들일지 고민하고 있었다.

9.3.13 스타트업 창업하기

여러분이 변화를 찾고 있고 스스로가 상사가 되고 싶다면, 기업을 창업할 수도 있다. 스포티파이의 전 스태프 머신러닝 엔지니어인 제임스 커크James Kirk는 필자에게 자기가 최고 기술 책임자가 되어서 스타트업을 공동 창업한 이야기를 해주었다. 그는 필자에게 "나는 무언가를 시작하는 것에 관심이 있었다. 왜냐하면 무언가를 시작하는 것은 도전적이고 보람 있는 일이기 때문이다. 사실 이 생각은 이렇게 긁어내기 전까지는 몇 년이고 계속 가려운 부분과도 같았다. 그래서 나는 몇 년 전에 지역 벤처 캐피털 및 그들의 커뮤니티와 인맥을 쌓기 시작했다. 결국 그들을 통해서 현재 공동 설립자가 된 사람을 만났다. 우리는 아이디어를 내기 시작했고, 마침내 우리가 정말로 흥분했던 몇 가지 아이디어들을 발견했다. 그래서 우리는 벤처 캐피털의 투자를 받아서 하던 일을 그만두고, 본격적으로 스타트업 설립을 시작했다."라고 말했다.

만약 여러분이 여러분의 사업을 시작할 준비를 하고 있다면, 이것이야말로 먼저 준비에 집중해야 할 좋은 이유가 될 것이다. 여러분은 스태프 엔지니어로서 다른 수입이 없어도 여러분을 지원할 수 있는 충분한 현금망을 구축한 상태다. 커크는 "실제로 다니던 기업에서 퇴사하기 전에 몇 년 동안 저축해둔 기술 업계의 연봉이 없었다면, 나는 위험을 감수하기가 쉽지 않았을 것이다."라는 말을 덧붙였다.

9.3.14 독립적으로 일하기

또 다른 형태는 컨설팅, 계약, 인디 앱 개발, 교육 또는 기타 아르바이트를 하는 식으로 독립적으로 일하는 것이다.

소프트웨어 컨설턴트이자 여러 프로그래밍 도서의 저자인 에밀리 바첼Emily Bachel은 독립적으로 일할 때의 진정한 이점은 자유라고 말한다. 그녀는 "나는 내가 하루를 어떻게 보낼지 스스로 결정할 수 있다. 독립적으로 일하면 무언가를 읽고 배우고, 내 생각을 공유할 시간이 많다. 또한, 흥미로운 장소에 갈 수 있고, 새로운 사람들을 만날 수 있으며, 흥미로운 코딩 문제를 풀 기회도 있다."라고 말했다.

바첼은 독립적으로 일할 때는 기존의 인맥으로부터 이익을 얻을 수 있으므로, 잠재적인 협력자이자 고객인 여러분의 인맥들이 여러분이 무슨 일을 할 수 있는지 알고 여러분에게 접근하리라는 점을 강조했다. 그녀는 "마케팅은 항상 계속된다. 나는 매년 약 10개의 콘퍼런스와 지역 행사에서 연설하고 기사를 게재하는 것을 목표로 하고 있다. 또한, 사람들이 소셜 미디어를 통해 나를 찾을 수 있도록 소셜 미디어(트위터 및 링크드인)에 포스팅을 게시하는 데도 시간을 투자한다."라고 말했다.

다만 컨설팅이 모두에게 맞는 일은 아니다. 컨설턴트인 블라드 이오네스쿠Vlad Ionescu는 이에 관해서 "중후반의 경력을 시작하려는 사람들에게도 컨설팅은 다른 스킬이 요구되는 상황이 많고, 고객 탐색 등의 업무가 필요하기에 큰 전환이며, 대부분의 사람이 생각하는 것만큼 매력적이지 않다. 보통 안정적인 FAANG[24]에서 근무하는 것보다 적은 급여를 받고 더 많은 스트레스를 받는 편이다. 그래서 많은 사람이 컨설팅하는 것을 즐기고 그 일에 적합한 역량을 갖고 있지만, 희망만 품고 시작한 많은 유망한 엔지니어가 현실을 맞이하면 심하게 번아웃을 겪는다."라고 말하며 경고를 남겼다.

그러니 여러분이 어떤 일을 시도하는지 먼저 충분한 이해가 필요하다. 가능한 절충점이 무엇인지 확실히 파악해서 그 절충점을 참조하라. 그리고 스타트업을 설립하는 것과 마찬가지로, 안전한 현금망을 구축함으로써 위험성을 줄여라.

마지막으로, 독립적이라는 것은 다른 역할을 수행할 때 자동으로 받았던 지원 구조를 잃게 된

---

24 옮긴이_ 'FAANG'은 한국의 '네카라쿠배'와 비슷한 표현으로 페이스북(Facebook)(현 메타), 아마존(Amazon), 애플(Apple), 넷플릭스(Netflix) 그리고 구글(Google)의 앞글자를 따서 'FAANG'이라고 부른다.

다는 것을 의미한다. 박스Box의 스태프 엔지니어링 역할을 그만두고 전임 인디 앱 개발자가 된 크리스 바셀리Chris Vasselli는 "기업에 있는 동안 가능한 한 많은 팀과 전문가로부터 배워라. 프런트엔드, 백엔드, 데스크톱, 모바일, 설계, 보안, QA, 현지화localization, 빌드 및 배포, 심지어 마케팅, 성장 및 사업 개발까지 모두 다 배워라. 인디 개발자라면 여러분은 이 모든 일을 스스로 책임져야 한다."라고 조언하였다. 여러분은 **혼자서** 여러 가지 일을 할 준비를 마쳐야 한다.

9.3.15 전업하기

기술 역할을 수년 동안 맡다 보면 어떤 사람들은 무언가 다른 일을 하는 것에 관심이 생긴다. 이는 본인의 기술 경험과 배경을 다른 종류의 문제를 해결하는 데 사용하는 것으로, 교육, 학계, 정책 또는 연구로 경력을 전환하는 것을 의미한다.

필자가 새로운 방향으로 전환한 사람 중에서 그 예시로 가장 적합하다고 여기는 사람은 피터 라이온스Peter Lyons다. 그는 인튜이트Intuit의 스태프 엔지니어 역할을 떠나서 파트너인 요리사 크리스텔라 케이Christella Kay와 팀을 이루어 프로그래머들을 위해 일종의 센터[25]를 설립했다. 그는 이제 코드를 작성하는 대신에 팬케이크를 뒤집는다. 그는 코로나바이러스 격리가 그에게 중요한 것이 무엇인지 깨닫는 데 도움을 주었다고 말했다. 그리고 "팬데믹은 우리가 진정으로 관심을 두는 것과 하루를 함께 보낼 수 있도록 우리의 생활 방식을 뒤집는 변화를 만드는 동기를 유발했다."라는 말도 덧붙였다.

9.4 새로운 길로 나아가는 경로

그리고 만약 이직을 한다면 다시 신입으로 돌아갈 준비를 해라. 이직 후에는 여러분이 2장에서 그렸던 지도들이 모두 구식이 된다! 같은 조직에서 새로운 역할을 수행하더라도 다른 장소와 상황에서 시작하게 될 가능성이 높다. 따라서 원근법을 다시 파악하고, 새로운 위치 인식 지도를 그려야 한다. 그리고 새로운 지형, 문화, 정치를 배우면서 새로운 지형 지도를 그려야 한다. 또한, 여러분이 어디로 가는지 이해하는 데 도움이 되는 새로운 보물 지도가 필요할 것이다.

---

25 초점 재설정 센터(Focus retreat center) 웹사이트, *https://oreil.ly/aJtsl*

작가이자 분산 시스템 엔지니어인 신디 스리드하란은 「가장 높은 곳에서 성공하기 어려운 이유 Why Success Is Often Elusive at the Highest Echelons」[26]라는 본인의 글에서 이전 규칙을 사용하여 새로운 일을 시도할 때의 위험성에 대해서 다음과 같이 경고했다.

> 지난 몇 년 동안 같은 조직에서 함께 성장한 리더가 아니라 새로 고용된 모든 시니어 리더라면, 조직이 진정으로 필요로 하는 리더가 되기 위해서 전적으로 헌신하기가 쉽지 않다. 많은 리더는 조직을 형성할 때 과거 본인이 속했던 기업과 반대의 접근법을 취한다. 혼란을 안정화하는 임무를 맡은 조직에 투입된 엔지니어링 리더들은 종종 많은 인센티브를 받는다. 그러나 내 경험에 따르면 이런 사람들은 현재 새로운 조직의 요령을 배우고 조직 문화에 맞게 리더십 스타일을 조정하려는 사람들보다 더 자주 실패하는 경향이 있다.

그러니 새로운 역할에 무작정 뛰어들지 말아라. 최대한 많은 사람과 이야기할 시간을 가져라. 인맥과 연락하는 방법, 많은 것을 아는 방법, 올바른 방에 있는 방법을 알아보아라. 섀도우 조직도를 학습하라. 몇 가지 문제를 해결하되, 겸손한 자세로 이전의 기술적 결정에는 충분한 이유가 있다고 가정하라. 모든 것에는 절충점이 있다. 여러분 주변의 엔지니어들을 어떻게 레벨업할 수 있는지 알아보아라. 그리고 무엇이 중요한지 이해하라. 또한, 여러분의 업무 달력이 곧 미팅 일정으로 가득 찰 때까지 비교적 조용한 시간 그래프를 잠시나마 즐겨라.

9.5 선택의 중요성

드디어 이 책의 막바지에 이르렀다! 앞으로 여러분의 길을 선택하는 것에 관해서 마지막으로 할 말이 있다. 이것은 여러분의 경력에 관한 것이 아니라, 업계의 선임으로서 해야 할 여러분의 직업에 관한 것이다.

여러분은 소프트웨어를 진지하게 받아들일 필요가 있다.

소프트웨어를 만드는 것은 물론 재미있다. 창의력을 발휘할 수 있는 여지가 있고, 약간의 변덕스러운 경향도 있다. 그리고 우리들 대부분은 정장을 입고 출근하지 않는다. 그러나 사실 소프

---

26 「가장 높은 곳에서 성공하기 어려운 이유」, *https://oreil.ly/HfjSK*

트웨어는 모든 사람의 삶에 엄청난 영향을 미친다. 앱 충돌application crash로 인해 누군가가 이미 반쯤 쓴 에세이를 분실하거나, 잘못된 입력 유효성 검사로 인해 누군가의 건강 보험 청구가 삭제될 때, 우리는 사람들의 시간을 낭비하고 그들에게 불안과 스트레스를 야기하는 것이다. 인공 지능과 알고리즘 편향의 위험은 이미 잘 문서화되어 있다. 소셜 네트워크의 남용, 개인 정보의 유출, 그리고 의도적으로 중독성이 있는 앱들은 사람들의 삶을 파괴한다. 우리의 선택으로 인해서 사람들이 고통받을 수도 있다.

게다가 소프트웨어는 사람들의 생명에 직접적인 영향을 미치는 시스템에 사용되고 있으며, 이는 앞으로 더욱 보편화될 전망이다. 현재 여러분이 레벨업을 돕는 엔지니어들이 나중에 비행기, 의료 분야 또는 원자력 발전소를 책임질 수 있다. 그래서 우리는 신입 엔지니어들에게 생명공학 분야의 특징인 근면과 보살핌의 가치를 가르칠 필요가 있다. 캐나다 엔지니어들은 자신들의 직업의 의무와 윤리를 상기하기 위해서 **아이언 링**faceted ring[27]을 착용하는 것으로 유명하다.[28] 우리도 동종업계에 종사하는 사람으로서 이런 사고방식을 가질 필요가 있다.

소프트웨어 엔지니어들은 4~5년 정도 지나서 선임으로 간주되는 시기에 이르면 배울 것이 더 많다는 사실을 잊어버릴지도 모른다. 2~3년마다 많은 엔지니어가 이동하는 곳에서는 장기적인 목표보다는 현재의 시점(그리고 현재의 이익과 현재의 프로모션)에 중점을 두고 설계할수록 인센티브를 받을 수 있다. 그래도 미래를 대비해야 한다. 요즘 대학생과 청소년들은 이미 해야 할 일이 산더미처럼 많다. 그들에게 엉터리 시스템과 기술 부채를 남기지 말아라.

여러분은 이 일을 진지하게 받아들일 수 있고, 정말로 즐길 수 있다! 창의력과 재미있는 것을 할 수 있는 공간들이 많다. 그래도 좋은 판단력을 지녀야 한다. 여러분의 소프트웨어가 어떻게 사용되는지 잘 알아보자. 무엇을 협상할 수 있고 어떤 점은 협상할 수 없는지 분명히 하라. 여러분은 여러분이 생각하는 것보다 더 많은 영향력을 가지고 있다. 여러분이 하는 선택은 중요하다. 선임이 하는 일이 산업의 문화를 결정한다.

좋은 소프트웨어를 만들어라. 좋은 소프트웨어 경력을 쌓아라. 좋은 소프트웨어 산업을 구축하라. 지금까지 이 책을 읽어주어서 고맙다. :)

---

27 아이언 링의 개념, *https://oreil.ly/uEw7I*

28 옮긴이_'아이언 링'은 '캐나다에서 교육을 받은 많은 엔지니어가 직업과 관련된 의무와 윤리를 상징하고 상기하기 위해 착용하는 반지'를 의미한다.

9.6 마치며

9장의 내용을 요약하면 다음과 같다.

- 여러분은 여러분의 경력 사다리 설정과 앞으로의 선택에 대한 책임이 있다. 무엇에 집중할 것인지에 대한 수많은 선택지가 여러분 앞에 있다. 어떤 점을 중요하게 여길지 충분히 고민하고 신중하게 선택하라.

- 스킬 역량, 가시성, 관계 및 경험을 통해서 기회에 대한 접근성을 높일 수 있다.

- 시간을 투자할 가치가 있다면 모든 것을 배울 수 있다.

- 가끔 여러분 스스로를 확인하고 현재 역할이 여전히 여러분에게 필요한 것을 주는지 확인하라. 좋은 점과 안 좋은 점을 모두 살펴보아라.

- 한 명의 고용주와 오랫동안 함께 일해야 하는 훌륭한 이유들이 있다. 반대로 이직해야 하는 훌륭한 이유들도 있다. 어느 쪽이든 경로에 대한 몇 가지 선택지가 있다.

- 소프트웨어는 지구상의 거의 모든 사람의 삶과 생계에 막대한 영향을 미친다. 그 책임을 진지하게 받아들이자.

INDEX

ㄱ

가드레일   349

가면 증후군   217, 286, 393

가용성   80, 157

간식   193, 254

개방형   86

개인 기여자   34, 100

개인 식별 정보   115

개인 휴가   204

건널 수 없는 사막   95, 152

건설적인 비판   317

겜바   102

격려하기   379

결과 통보 대상자   229

결정자   132, 143, 144

경력 사다리   34, 89, 403

고급 인간관계   326

고무 오리 디버깅   353

고찰   101

공식 채널   88

공식화   134

공유지의 비극   118

공인   395

관료주의적 조직   91

관찰 학습   199

구두형   86, 243

권력주의   91

규칙주의   91

균열   93

그런 일이 일어나는 방   98, 403

기술 계통도   107

기술 레이더 구축   125

기술 리더   34

기술 리드   59

기술 리드 매니저   59

기술 부채   79, 298

기술 비전   114, 119

기술 전략   114, 122

기술 전문가   34

기술 전문 프로그램 매니저   43

기업 문화   85, 309

기회비용   169, 207

깊이 우선   56

ㄴ

내 것이 아닌 업무   64

너비 우선   56

네마와시   146

네임스페이스   240

네트워크 구축하기   379

능력치 포인트   391

ㄷ

다리 만들기   104

다중 경로 경력 사다리   35

당직 업무   206

데브옵스 연구 및 평가   92

데프리케이션   60, 280

도그푸딩   294

도메인 지식   313, 400

도커 컨테이너   240

돌아가는 길   95

동료 평가   355

INDEX

ㄹ

랜즈 리더십 슬랙   82
레거시 시스템   41
레플리카셋   240
로드밸런싱   251
로우 시그널 뉴스레터   82
로컬 최댓값   38, 106
롤모델   256, 309, 389
롤백   94, 284
롤아웃   160
롤업의 기술   279
루프샷 프로젝트   224
리더   45
리더 선출   240
리드데브   81
리바운드   411
리버스 섀도잉   360
리팩터링   160, 252, 284, 336
린 생산 방식   102
린터   349

ㅁ

마이그레이션   87, 94, 281
마이크로서비스   97
마일스톤   70, 136, 228, 232, 276
마키아벨리   196
매니저   35
매몰비용의 오류   299
맥락 교환   186
멘토링   203, 352
멘토십   352
모듈식 모놀리식   97
모놀리식   116

문샷 프로젝트   224
문서화   120, 270, 365
문제 해결사   60
미결 사항   269
밈   235

ㅂ

바이크쉐딩   253
반향실   77, 316
방 안의 어른   227, 308, 319
배포   240
밸런서   271
밸런스 뱅크   271
버그 목록   43
범퍼 스티커   133
변경관리 티켓   86
변곡점   190
병리학적 조직   91
보물 지도   70, 174, 220, 415
보크 게임   401
부사장   51
부트스트래핑   160
분산 컴퓨팅의 오류   338
분산 합의 알고리즘   241
분석 마비   284
분쟁 구역   94
브레인스토밍   157
브룩스의 법칙   61
비개방형   86
비공식 채널   88
빅 픽처 관점   301
빅 픽처 관점의 사고력   37
빈 패킹 문제   183

INDEX

빠른 변화   87

사소함의 법칙   253

사용자 경험   222, 298

사이드 업무   54

사이드 프로젝트   187

사일로   75

사회 자본   153, 169, 179, 223

삭 매처   115

삶은 개구리 증후군   75

삶의 질   169, 177

상향식   87

샛길   95

생산적 조직   91

섀도우 조직   69

섀도우 조직도   100, 101, 376

섀도잉   349, 360

서면형   86, 243

서버리스   97

서브 리더   226, 231

서비스   240

서비스 레벨 목표   80

서비스 메시   108

선한 영향력   44, 346

설계 문서   42, 81, 87, 103, 243

성공적인 프로젝트 실행력   37

성공 측정   222

성과주의   89, 91

세로 분할   286

세 발의 총알과 행동에 대한 호소   276

수박 프로젝트   258

쉴즈뎁 원칙   398

스네이크 케이스   372

스마트 두뇌   176

스킬   169

스킵 레벨 매니저   52, 209

스킵 레벨 미팅   80

스타일 가이드   372

스태프 엔지니어   34

스태프 플러스   312

스태프 플러스 엔지니어   45

스테이징   292

슬라이더 다이어그램   90

시간 그래프   171, 183

시니어 매니저   35

시니어 스태프 엔지니어   35

시스템 역사학자   337

신뢰성   153, 169, 178, 223, 319

신중한 변화   87

실무 담당자   229

싱글톤 패턴   362

써트웍스 레이더   82

아랫선 공유   52

아이스브레이커   235

아이언 링   417

아키텍트   41, 60

암묵적인 편견   356

업무 달력   170, 201

업무 소요 시간 측정   191

업무 수행 조언자   229

업무 이야기   186

업무 흐름   233

에너지   169, 176

INDEX

엘리베이터 피치　130, 238, 280

엣지 케이스　117, 329, 371

역 콘웨이 전략　41

연장 가능성　137

오른팔　60

오버톤 윈도　145

올핸즈 미팅　114

완료　293

요새　93

욕구판　175

우선순위 큐　174

워크플로우　251

원라이너　147

웨스트럼 모델　104

위치 인식 지도　69, 82, 174, 220, 415

위키피디아의 버그 목록　43

위험 분석　134

윗선 보고　51

유인원 게임　128

유연함　90

의사결정　97

의사결정권자　229

의사결정 원칙　142

의사결정 장소　99

의존성　266

익스트림 테크노버블　126

인사 관리　57, 194

인시던트　63, 68, 168, 186, 206, 274, 371

인시던트 지휘관　63, 206, 377

인시던트 지휘 시스템　323

ㅈ

자격 증명　292

자기 인식　316

자성적 영향　193

작업　240

잘 닦인 도로　95

잡일　40, 54

장애물　92, 123, 162, 215, 262

전장의 안개　70

절충점　47, 141, 371

접착제 작업　322

정규 표현　315

정신 모형　123, 238, 240, 339

제약 조건　134, 137, 223, 287

조직 차원의 레벨업　38

지도　68

지름길　92

지옥에서 온 나쁜 오퍼레이터　324

지지하기　379

지형 지도　69, 83, 135, 220, 415

직무 설명란　45

직무 이해도 문서　62

직속 보고자　46, 407

직속 부하 직원　46, 407

직접적인 책임자　129, 156, 397

집단 내 편애　379

ㅊ

참호　178, 196

책임자　35

최고 경영자　49

최고 기술 책임자　40

최적화　336

최종 결정자　87

최종 직급　36

INDEX

친분 쌓기　103

ㅋ

카멜 케이스　372
카오스 엔지니어링　338
캐싱　251
커넥터　101
컨트롤러　240
컨피그　271
컷오버　341
코드랩　349
코드 베이스　45, 116, 128, 157, 267, 335, 353
코드 스니펫　360
코칭　363
콜러　251
쿠블릿　240
클러스터　223
킥오프 문서　135
킥오프 미팅　236

ㅌ

타이브레이커　143
탁상 연습　338
테이블 스테이크　258
토이 프로젝트　181
팀 구조론　82
팀 리더 벤 다이어그램　230

ㅍ

파싱　247
판 구조론　82
페어링　256, 276, 349, 360, 363
페어 프로그래밍　195
페이로드　247
페일오버　251
포드　240
포켓몬　293, 302
표범을 조심하라　295
품질 지향　297
프로덕션　95
프로덕트 관리　57, 194, 221
프로비저닝　271
프로젝트 관리　57, 194
프로젝트 관리 삼각형 모델　231
프로젝트 시간 블록　183
프로젝트 운전하기　236
프린시플 엔지니어　35
플래그　160
피로스의 승리　94
피처 플래그　370

ㅎ

하이퍼 스페셜리스트　58
하향식　87
함수　240
해커톤　331
핵심 기술　57, 194
혁신 토큰　332
혼합형 엔지니어/매니저　407
홍보하기　379
화이트 글러브 서비스　296

INDEX

화장실에서 테스트하기   357

확장성   137

회고록   234

회의록   325

후원자   129, 153, 218

흔적 지도   387, 390

C

CYAE   320, 333

E

ELI5   316

F

FAANG   414

J

JSON   247

P

PR 템플릿   293

R

RACI   229, 290

RFC   63, 103, 243, 350

S

SREcon   81

SRE Weekly   82

V

VOID 보고서   82

숫자

2×2 그래프   193

기호

#isaidno   204